“일찍이『[illegible] 경전(經傳)의 글을 인용하여 의논이 정확했고 말한 바가 관계가 있는 것이었다. 주강(晝講)은 조용하지 못하나, 야대(夜對)에서는 사세가 세밀하게 논할 수 있으니, 모름지기『대학연의』로 야대를 하겠다.”

—『중종실록』, 중종 17년(1522년) 3월 12일

“진덕수가 10년 동안 깊이 생각한 공부가 매우 부지런했다. 이제 이 책을 보니 어렴풋이 그 사람이 곁에 있는 듯하며, 그것이 다스리는 도리에 있어서 매우 절실하고 지극하니, 마땅히 각별하게 유의하겠다.”

—『숙종실록』, 숙종 23년(1697년) 윤3월 27일

임금이『대학연의』와『서경(書經)』의「요전(堯典)」두 대문(大文)을 외고, 기로소 아홉 사람으로 하여금 차례로 읽게 하였다. 읽기를 마치고는 음식을 내려 극진히 즐거워하였고, 임금이 어제(御製)를 내려 여러 신하로 하여금 화답하여 올리게 하니, 왕세손 역시 지어 올렸다.

—『영조실록』, 영조 48년(1772년) 10월 21일

『대학연의보(大學衍義補)』는 곧 나라를 다스리는 큰 법칙으로서 그 글됨이 참으로 진선진미하여, 내가 일생 동안 좋아한 것이 바로 이 글에 있었다. 20년 전에 이 책을 손수 베끼었는데, 요즘에 또 다시 읽으면서 다시 베끼어 서산(西山)의『대학연의』와 합해서 내용을 가려 뽑고, 또『대학』의 경문(經文)·전문(傳文)과 주자의 장구(章句)를 각단(各段)의 첫머리에 기재해서 초계 문신들로 하여금 정서(淨書)하도록 하였으며, 또 호남의 유생들로 하여금『대학』1본(本)을 교정하도록 하였다. 이것이 모두 나의 요즘 공부하는 대략인데, 요는 나의 심신에 유익함을 위해서일 뿐이다.”

—『정조실록』, 정조 22년(1798년) 4월 19일

대학연의 下

大學衍義
대학연의
下

성현의 말씀과 제왕의 역사로 읽어낸 『대학』 풀이

진덕수 지음 | 이한우 옮김

해냄

차례

대학연의 上

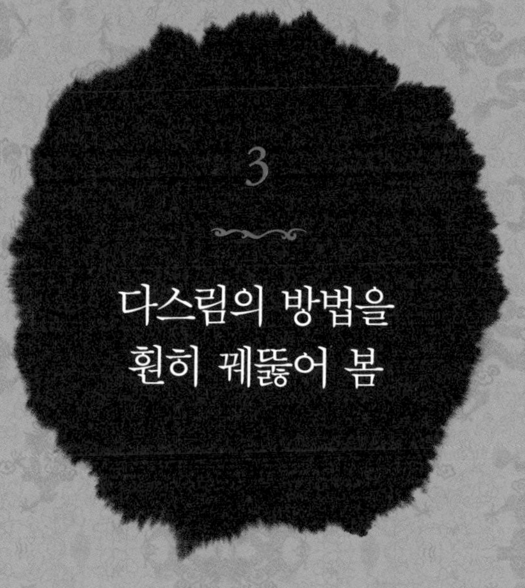

3

다스림의 방법을 훤히 꿰뚫어 봄

다움을 행할 때와 형벌을 행할 때의 선후를 가려내는 것

(『서경(書經)』) '순전(舜典)'

일정한 형벌을〔典刑〕 따르되〔象〕 유배형으로 다섯 가지 형벌〔五刑〕[1]을 용서해 주셨다. (또) 장형(杖刑=鞭)은 관가의 형벌로 삼고 회초리〔扑〕로 종아리를 때리는 벌은 (학교에서 아이들을) 교육하는 형벌로 삼되 돈(황금)으로 속죄할 수 있는 방도를 만드셨다. (그리고) 본의 아니게 지은 죄는 풀어 사면하고 확신에 찬 범죄자는 죽이는 형벌을 행하되 삼가고 또 삼가서 형벌 시행을 신중히 하셨다.

공공(共工)은 유주(幽洲)[2]로 유배하고〔流〕, 환두(驩兜)는 숭산(崇山)[3]에 내쫓고〔放〕, 삼묘(三苗)의 제후들은 삼위(三危)[4]로 몰아내고〔竄〕, 곤(鯀)은 우산(羽山)[5]에 가두어〔殛〕 넷을 각각 그에 맞게 벌하니 천하가 모두 복종했다.

신이 가만히 살펴보겠습니다. 순(舜) 임금께서는 왕위를 섭정(攝政)하여[6] 당시의 정사를 맡아 처리했습니다. '일정한 형벌을 따르다〔象以典刑〕'라는 말은 형벌을 쓰는 법을 일정한 원칙에 따라 써서 마치 사람들에게 하늘에 드리운 별들〔象〕을 보여주듯이 했다는 뜻인데 이는 죄를 피하는 것은 쉽게 하고 범하는 것은 어렵게 하기 위함입니다.

다섯 가지 형벌은 무거운 벌인데 죄는 무겁지만 그 사정이 봐줄 만하면〔可矜〕 용서하여〔宥〕 유배형에 처하는 것입니다.[1] 몽둥이와 회초리를 쓰는 형벌은 그 죄가 극히 가볍고 그 사정 또한 놓아줄 만하면〔可原〕 죄를 거의 면해줍니다〔贖〕. 그러나 죄를 면해주되 그 즉시 하지 않는 것은 비록 죄가 가볍기는 해도 뉘우침을 알도록 해주기 위함입니다.

곧장 용서해 주면 뉘우침이 따라서 생겨나지 않아 작은 과오가 오히려 재앙과 원망에 이르게 되어 백성들이 더 불행해질 수 있습니다. 그래서 죄를 사면해 주는 절차를 둔 것이니 이것이 이른바 성인(聖人-순임금)의 어진 마음〔仁〕입니다.

(죄인들끼리) 서로 등을 맞대고 의지하면서 전혀 뉘우칠 줄을 모르면 그런 간사한 백성은 선량해질 수가 없습니다. 그래서 형벌을 가하는 것이니 이것이 이른바 성인의 의로운 마음〔義〕입니다.

봄에는 낳아 살게 하고 가을이 돼야 죽이는〔春生秋殺〕 (하늘과 땅의) 큰 이치는 하나같이 사사로움이 없는〔無心〕 데서 나오는 것이니 삼가고〔欽=敬=愼〕 또 삼가는 것이 이와 같아야 합니다. 일찍이 (순임금께서) 형벌을 행할 때는 불쌍해하지〔恤〕 않음이 없었습니다.

삼가라〔欽〕는 말과 불쌍히 여기라〔恤〕는 말, 이 두 가지는 수많은 빼어난 이들이 서로 전해주고 전해 받은 것으로 이것이 바로 그 심법(心法)이며 형벌을 쓰는 것〔用刑〕은 단지 한 가지 일일 뿐입니다.

사흉(四凶)[7]의 죄를 다섯 가지 형벌〔五刑〕로 다스리지 않고 유배를 보내 용서한 것은 이미 어짊〔仁〕이 지극한 것이고, 그들을 네 곳의 오랑캐 지역으로 뿔뿔이 흩어놓아 중국 안에 더 이상 못 있게 한 것은 의로움〔義〕을 다한 것입니다.

죄인 네 명과 천하의 복종하지 않은 나라는 순임금이 형벌을 내린 것이 아니라 천하가 실제로 형벌을 내린 것입니다. 유(流), 방(放), 찬(竄), 극(殛)을 옛 학설에서는 주살(誅殺)로 보았는데 그렇지 않습니다. 주살했다면 저잣거리나 조정에서 하지 네 오랑캐 지역〔四裔(사예)〕에서 하지는 않았을 것입니다. 대체로 유(流)다 방(放)이다 하는 것은 일정한 지역에 머물러 살도록 하는 것이고, 찬(竄)이다 극(殛)이다 하는 것은 구금하여 묶어두는 것입니다.

우리 송나라에 들어와 태조 황제께서 『서경』을 읽으시다가 이 부분에 이르러 이런 말씀을 남기셨습니다.

"사흉의 죄를 유찬(流竄)에서 그치게 했구나. 후세에도 형벌을 행하는 사람들은 이를 내면의 원칙으로 삼아야 할 것이다."

아! 이것이 진실로 이른바 세상은 달라도 사람의 마음은 같다고 한 것일 것입니다.

1 流(유), 放(방), 竄(찬), 殛(극) 네 가지는 모두 유배형이다.

1) 오형은 묵형(墨刑), 비형(剕刑), 궁형(宮刑), 의형(劓刑), 대벽형(大辟刑)다섯 가지다. 묵형은 문신을 새기는 것이고, 비형은 발뒤꿈치를 베는 것이고, 궁형은 거세하는 것이고, 의형은 코를 베는 것이고, 대벽형은 죽이는 것이다.

2) 북예(北裔)에 있었다.

3) 남예(南裔)에 있었다.

4) 서예(西裔)에 있었다.

5) 동예(東裔)에 있었다.

6) 요임금이 아직 죽지 않은 상황에서 정치를 맡겼다는 뜻이다.

7) 공공, 환두, 삼묘, 곤을 가리킨다.

(『서경』 '순전(舜典)'에서) 순임금이 말했다.

"기(棄)[1]야! 백성들〔黎民〕이 곤궁하여 굶주리고 있다. 너를 후직(后稷)[2]으로 삼으니 (나아가서 백성들이) 때에 맞춰 백 가지 곡식을 파종하도록 하라!"

순임금이 말했다.

"설(契)[3]아! 백성들이 서로 친하지 못하고 부자, 군신, 부부, 장유, 붕우 다섯 가지 질서〔五品〕가 가지런하지 못하다. 너를 사도(司徒)[4]로 삼으니 공경하는 마음으로 다섯 가지 가르침[5]을 펴되 너그러움이 있어야 한다."

순임금이 말했다.

"고요(皐陶)야! 남북의 오랑캐들이 우리 중국〔夏=華〕을 위협하고〔猾=亂〕 약탈과 살인을 일삼으며 안팎을 어지럽히고 있다. 너를 형관〔士〕으로 삼으니 (죄를 범한 자는) 오형(五刑)에 따라 죄를 받도록 하고, 처벌은 세 곳으로 나눠 집행토록 하라.[6] 그리고 다섯 가지 유배형에는 머무는 곳〔宅=居〕이 있도록 하되 다섯 가지 머무는 곳은 세 등급으로 거처하게 해야 할 것이다.[7] 오직 공명정대〔明〕해야만 (백성들이) 진실로 (형벌을) 믿고 따를 것〔允〕이다.[8]

1 신하의 이름이다.

2 농업을 책임지는 관직명이다.

3 신하의 이름이다.

4 교육을 책임지는 관직명이다.

5 부자유친, 군신유의, 부부유별, 장유유서, 붕우유신 다섯 가지다.

6 공안국에 따르면 큰 죄는 다 들판에서 집행하고, 대부는 조정에서 집행하며, 선비는 저잣거리에서 집행한다.

7 큰 죄는 네 곳의 오랑캐 지역으로 보내고, 그 다음은 구주(九州)의 외곽으로 보내고, 그 다음은 천 리 밖으로 보낸다.

8 형법을 쓰는 도리는 반드시 공명정대한 판단〔明察명찰〕이 있은 다음이라야 백성들이 믿고 따르게 된다.

신이 가만히 살펴보겠습니다. 순임금이 관직을 명한 것을 보면 먼저 곡식을 파종토록 했고, 그다음에 가르침을 베풀었으며, 그런 연후에 형벌의 문제를 언급했습니다.

대체로 먼저 백성들의 몸을 길러주고 그다음에 백성들의 마음을 좋은 쪽으로 키워내어 법에 걸리지 않도록 한 다음에 마침내 형벌을 설치했습니다. 그리고 형벌을 베풀 때에도 반드시 그 사정을 살피고 이어서 지은 죄에 딱 맞도록 벌을 주려 했습니다. 이 또한 앞 장에서 본 바 있듯이 불쌍해하는〔恤휼〕 뜻이 있는 것입니다.

삼가고〔欽흠〕 불쌍해하는 마음〔恤휼〕, 이 둘은 성인이 형벌을 쓰는 마음〔心심〕이요, 공명정대하여〔明명〕 믿고 따르게 하는 것〔允윤〕은 성인이 형벌을 쓰는 법도〔法법〕입니다.

(『서경』 '대우모(大禹謨)') 순임금이 말했다.

"고요야! 생각건대 이 신하와 백성들이 행여 나의 정치를 범하지 않은 것은 네가 사사(士師)가 되어 다섯 가지 형벌〔五刑(오형)〕을 밝히고, 그로써 다섯 가지 가르침〔五敎(오교)〕이 잘 펼쳐지게 해서 내가 정치를 잘 할 수 있도록 (보좌)해주었기 때문이다. 형벌을 쓰되 형벌이 없도록 해주어 백성들이 중화(中和)에 맞도록 해준 것, 이는 곧 너의 공이니 (앞으로도 계속) 힘쓰도록 하여라!"

고요가 말했다.

"폐하의 (임금)다움〔德(덕)〕에는 아무런 흠결이 없습니다〔罔愆(망건)〕. (폐하께서는) 아랫사람을 대범함으로 대하고 뭇 신하와 백성들을 너그러움으로 통치하셨습니다. 죄인을 벌할 때는 그 죄가 자손들에게는 미치지 않도록 하고, 공이 있는 사람에게 상을 줄 때는 그 은택이 자자손손 미치도록 하셨습니다. 잘못을 용서함에 있어서는 최대한 관대하게 처리했고, (의도적인) 범죄를 처벌함에 있어서는 최소한의 관용도 없이 엄격하게 처리하셨습니다. 죄에 의심스러운 바가 조금이라도 있으면 가능한 한 가벼운 쪽으로 처벌하려 했고, 공이 있는 경우에는 반대로 의심스러운 바가 조금 있더라도 가능한 한 무거운 쪽으로 시상하려 하셨습니다. 죄 없는 사람을 (잘못 판단하여) 죽이기보다는 (죄형을 행사함에 있어 최대한 조심하여) 차라리 정해진 법대로 하지 않는 잘못을 범하는 게 낫다고 하시면서 (죽이기보다는) 살리기를 좋아하는 다움〔德(덕)〕을 보여주시어 백성들의 마음과 하나가 되셨습니다. 그리고 바로 이 때문에 백성들은 관리들이 시키는 바를 어기지 않았습니다〔不犯(불범)〕."

순임금이 말했다.

“나로 하여금 내가 원하는 바대로 통치를 할 수 있게 해주어 온 세상이 바람에 풀잎이 기울어지듯〔風動〕 교화가 이루어졌으니 오로지 이는 너의 훌륭한 공이다.

신이 가만히 살펴보겠습니다. 순임금은 백성들이 중화(中和) 혹은 중도(中道)에 맞도록 해준 것〔民協于中〕이 고요의 공이라 했고, 고요는 백성들이 관리들이 시키는 바를 범하지 않도록 해준 것〔不犯〕이 순임금의 임금다움〔德〕이라고 했으니 (순임금과 고요 같은 뛰어난) 임금과 신하 사이에 헛되이 서로를 칭찬하는 일이 있었겠습니까?

순임금이 형률을 제정한 것은 단지 교화가 미치지 못하는 영역을 보충하기 위함이었고, 형률을 쓸 때에도 본래는 형벌이 없도록 하려는 데 그 진정한 목표가 있었던 것입니다. 고요가 형률을 다루는 사사(士師)가 되어 순임금의 이 같은 마음을 제대로 구현했고, 형률의 집행이 공명정대함을 백성들에게 보임으로써 신하와 백성들로 하여금 임금의 정사를 어기지 않도록 했으며, 백성들이 좋은 쪽〔善〕으로 나아가고 죄를 멀리하도록 하여 (백성들이) 중화에 맞도록 해주었습니다. 그리하여 형률을 만든 것이 이처럼 진정으로 그 형률을 쓸 데가 없는 단계에까지 이르게 했으니 이것이 바로 순임금이 고요를 아름답게 여긴 점입니다. 이에 고요는 즉각 이 모든 것은 다 순임금의 임금다움에서 나온 것이지 자신의 공이 아니라고 말했습니다.

순임금께서는 신하들을 대할 때는 대범〔簡〕하여 번잡스럽게 하지 않았고, 신하들을 부림에는 너그러워 다그치는 바가 없었습니다. 아버지가 죄를 지었을 때 그 죄가 아들에게 미치지 않도록 한 것은 악을 미워하는 것을 줄이려 함〔短(단)〕이었고, 상을 줄 일이 있을 때는 본인은 물론 후세에까지 미치도록 한 것은 선을 좋아하는 것을 늘리려 함〔長(장)〕이었습니다. 또 실수로 잘못한 것은 그것이 아무리 크더라도 반드시 용서해 주었고, 거리낌 없이〔不忌(불기)〕 잘못한 것은 그것이 아무리 작더라도 반드시 벌했으니 앞의 것은 이른바 실수로 인한 잘못〔眚災(생재)〕이라 용서하여 풀어준 것〔肆赦(사사)〕이고, 뒤의 것은 뉘우칠 줄 모르고 또 저지른 잘못〔怙終(호종)〕이라 무거운 형벌로 다스린 것〔賊刑(적형)〕입니다. 또 죄에 의심스러운 바가 조금이라도 있으면 가능한 한 가벼운 쪽으로 처벌하려 했고, 공이 있는 경우에는 반대로 의심스러운 바가 조금 있더라도 가능한 한 무거운 쪽으로 시상하려 했으니 진실로 두터운 마음이 지극했던 것입니다. 또 죄를 지으면 죽이는 것이 나라의 정해진 법이지만 죽여서는 안 될 사람을 죽일 수 있기 때문에 그런 사람을 죽여 법을 남용하는 것보다는 잠시 동안 죽음을 면하게 함으로써 오히려 정해진 법을 어기는 것이 나을 수도 있다고 했으니 빼어난 이의 마음은 단 한 명의 죄 없는 사람이라도 죽일까 두려워했고 그리하여 하늘과 땅의 어짊을 상하게 하지 않으려 했습니다. 이것이 이른바 살리는 다움을 좋아하는 것입니다.

그리고 순임금의 이같이 살리는 다움을 좋아하는 마음은 백성들의 마음을 넉넉하게 해주었습니다. 그래서 그 백성들도 또한 스스로 자신들의 삶을 사랑하며 두 번 다시 유사(有司)가 시키는 바를 어기지 않고 어떤 말을 해도 깊이 음미하여 점점 자신의 것으로 만들어갔으니 어찌 이것이 하루아침에 생겨난 힘 덕분이겠습니까?

순임금의 임금다움은 비록 하늘이 만물을 덮고 땅이 만물을 실을 만큼〔覆載(복재)〕 크고 넓지만 굳이 고요가 아무런 흠결도 없으시다〔罔愆(망건)〕고 말한 것은 대개 이처럼 허물이 거의 없었다는 뜻입니다. 그렇다면 그 다움이 순임금에 미치지 못하는 자가 그 어찌 스스로 자만할 수 있겠습니까?

고요가 이미 순임금의 임금다움을 칭송하고 순임금이 다시 고요의 아름다움을 칭찬했으니 대체로 서로 칭송하고 칭찬하는 가운데 일찍이 서로를 더욱더 채찍질하는 뜻이 없지 않았습니다. 이것이 바로 순임금 때의 바람직한 임금과 신하의 관계였다고 하겠습니다.

(『논어(論語)』「위정(爲政)」) 공자는 말했다.

"백성을 법령〔政〕[1]으로써 인도하고 형벌〔刑〕로써 가지런히 하면 백성이 법망을 면하려고만 하고 부끄러움이 없게 된다. 백성을 다움〔德〕으로써 인도하고 예(禮)로써 가지런히 하면 부끄러움을 알게 되고 또 감화될 것이다."

신이 가만히 살펴보겠습니다. 법령과 형벌〔政刑〕은 백성들의 몸을 금지시키는 것이어서 백성들은 죄만 면하려 할 뿐 부끄러워하는 바〔所媿恥〕가 없습니다. (반면에) 다움과 예〔德禮〕는 백성들의 마음을 좋게 해주는 것이어서 부끄러워하는 바가 있게 되고 동시에 좋음〔善〕에 이르게 됩니다.

1) 여기서는 政을 정치나 정사로 보지 않고 법령을 다스리는 것으로 본다.

(『논어』「안연(顔淵)」) 계강자(季康子)가 공자에게 정치에 관해 물으면서 이런 질문을 던졌다.

"만일 무도한 자를 죽여 없애 나라가 도리〔道〕가 있는 데로 나아간다면 그것은 어떻습니까?"

공자는 말했다.

"대부(大夫)여! 정치를 하면서 어찌 죽임〔殺〕을 쓸 수 있겠습니까? 대부께서 좋아지고자 한다면 자연스레 백성들이 좋아질 것이니, 군자의 군자다움은 바람〔風〕이요 소인의 소인다움은 풀〔草〕입니다. 풀에 (죽임과 같은) 거센 바람이 가해지면 풀은 반드시 쓰러지고 말 것〔偃〕입니다."

신이 가만히 살펴보겠습니다. 백성의 본성은 원래 좋습니다. 그래서 위정자가 좋은 길로 이끌면 백성들은 좋은 쪽으로 따라가지 않은 적이 없으니 어찌 죽임의 방법을 쓸 수 있겠습니까? 군자와 소인은 그 위치에 따라 달리 불리는 것이니 군자의 군자다움은 바람이 사물을 움직이는 것과 같고 소인의 소인다움은 풀이 바람에 따라 이리저리 왔다 갔다 하는 것과 같습니다. 그러니 바람이 부는데 풀이 쓰러지지 않는 일은 없으며, 위에서 좋음을 좋아하는데 백성들이 좋아지지 않는 일은 없는 것입니다.

(『한서(漢書)』) 한나라 문제(文帝) 때 가의(賈誼)가 상소를 올려 말했다.

"무릇 사람의 지혜는 이미 지나간 것〔已然〕은 잘 볼 수 있지만 앞으로 일어날 것〔將然〕은 잘 볼 수가 없습니다. 무릇 예(禮)라는 것은 앞으로 일어날 것을 사전에 금지하는 것이며, 법(法)이라는 것은 이미 지나간 것을 사후에 금지시키는 것입니다. 이런 이유로 인해 법이 쓰이는 바는 쉽게 볼 수 있지만 예가 행해지는 바는 알기가 어렵습니다.

무릇 칭찬하며 상을 주어 좋은 일을 권면하고 형벌을 주면서 나쁜 일을 징계한다면, 옛날의 뛰어난 임금들〔先王〕이 지킨 이러한 정치는 견고하기가 쇠나 돌과 같았고, 그런 명령은 (백성들이) 믿는 바가 사계절과 같았고[1], 근거로 삼는 그런 공적인 마음〔公〕은 하늘과 땅과 같아서 아무런 사사로움이 없을 것이니 어찌 돌아보아 (그런 정치를) 쓰려 하지 않으십니까?

그렇지만 "예에 따르면", "예에 따르면"이라고 하는 것은 아직 싹이 트기 전에 나쁜 것을 끊어버리는 것을 중요하게 여기며, 또 아직 (일이 자라나지 않아) 작고 미미할 때 가르침을 행하는 것을 중요하게 여기기 때문입니다. 또 이렇게 하여 하루하루 백성들로 하여금 좋은 쪽으로 나아가게 하고 죄로부터 멀어지게 만들지만 정작 백성들은 스스로 알지 못함을 중요하게 여기기 때문입니다. (『논어』「안연」에서) 공자는 말했습니다. "송사를 듣고서 결단을 내리는 일은 내가 한다 해도 다른 사람들과 크게 다르지 않겠지만 정작 나의 관심은 송사 처결을 잘하는 것보다는 반드시 송사를 처음부터 하지 않도록 하는 데 있다."

임금 된 자로서 사전에 버릴 것과 취할 것을 가장 먼저 살피는 것만큼 중요한 일은 없습니다. 버리고 취하는 것이 안에서 알맞게 정해지면 안위(安危)의 싹이 밖에 응해서 그대로 나타날 것입니다. 안정됨〔安〕은 하루 만에 안정되는 것이 아니고, 위태로움〔危〕도 하루 만에 위태로워지는 것이 아닙니다. 안정됨이나 위태로움은 점점 이뤄지는 것〔漸〕이 쌓여 그렇게 되는 것이니 세심하게 살피지 않으면 안 됩니다.

임금이 쌓아가는 것은 그가 취하고 버리는 것에 달려 있는 것이니 예와 의리〔禮義〕로써 백성을 다스리면 예의를 쌓는 것이고, 형벌(刑罰)로써 백성을 다스리면 형벌을 쌓는 것입니다. 형벌이 쌓이면 백성들은 원망하여 배신하고, 예의가 쌓이면 백성들은 화합하여 서로를 내 몸과 같이 여기게 됩니다.

그래서 세상의 임금들이 백성들이 선하게 되기를 바라는 것은 다 같겠지만 백성들을 선하게 만드는 것은 혹시 다를 수도 있습니다. 어떤 임금은 다음을 기르는 가르침〔德敎〕으로 백성을 이끌고, 어떤 임금은 법률과 명령〔法令〕으로 백성을 몰아갑니다. 덕교(德敎)로 이끌 때는 다음과 가르침이 넉넉해서 백성들의 기픔〔民氣〕이 즐거우며, 법령(法令)으로 몰아갈 때는 법률과 명령이 각박해서 백성들의 풍속이 서글픕니다. 서글프고 즐거운 감정은 그대로 화복(禍福)에 응하게 됩니다.

진(秦) 나라 임금(-진시황)이 자신의 종묘를 높이고 자손을 편안케 하려는 마음은 탕왕(湯王)이나 무왕(武王)과 같았을 것입니다. 그러나 탕왕과 무왕은 자신들의 다음과 행실〔德行〕을 넓히고 크게 해서 600~700년 동안 왕통을 잃지 않았지만 진나라 임금은 천하를 다스린 지 10여 년 만에 크게 실패했습니다. 이것은 다른 이유 때문이 아닙니다. 탕왕과 무왕은 취할 것과 버릴 것을 정함에 있어 미리 깊이 살폈지만 진나라 임금은 취할 것과 버릴 것을 정함에 있어 깊이 살피지 않았기 때문입니다.

무릇 천하는 큰 그릇입니다. 그래서 그릇을 둘 때 안전한 곳에 두면 안전하고 위태로운 곳에 두면 위태롭습니다. 천하의 정세〔情〕는 그릇과 다를 바가 없기 때문에 천자가 그것을 어디에 두느냐에 달려 있습니다.

탕왕과 무왕은 천하를 인의(仁義)와 예악(禮樂)에 두어 다움의 혜택〔德澤〕이 넉넉했고 금수와 초목이 널리 풍족했으며, 다움이 만맥(蠻貊)과 사이(四夷)에 미쳤고 여러 자손이 수십 대에 걸쳐 이어졌으니 이는 천하가 모두 함께 들어서 아는 바입니다. (반면) 진나라 임금은 천하를 법령(法令)과 형벌(刑罰)에 두어 다움의 혜택이 하나도 없었고, 원망과 미움이 세상에 가득 차 아랫사람이 진나라 임금을 원수 대하듯 증오했고, 재앙이 점차 그 몸에 미쳐 자손이 족살되어 끊어졌으니 이는 천하가 모두 함께 봐서 아는 바입니다. 이것이 바로 명백한 효험이자 큰 증험이 아니겠습니까?

사람들이 하는 말 중에 "말을 듣는 법은 반드시 그 일에 비추어 보아야 하고, 말하는 자는 감히 없는 말〔妄言〕을 해서는 안 된다"는 게 있습니다. 이제 예의가 법령만 못하고 교화가 형벌만 못하다고 말하는데 폐하께서는 어찌 은(殷-상(商)) 나라와 주(周) 나라 그리고 진나라의 일에 비추어보지 않으십니까?"

신이 가만히 살펴보겠습니다. 상나라의 형벌 제도는 경전에서는 별도로 보이지 않고 오직 (『서경』「상서(商書)」에서) 이윤(伊尹)이 탕왕을 칭송하는 말에서 잠깐 볼 수 있습니다.

"가혹함〔虐〕 대신 너그러움〔寬〕으로 정치를 하시니 백성들이 믿고〔允〕 그리워했습니다."

한나라 역사를 보면 간사스러운 자들을 감독하는 형벌을 쓸 때 살가죽〔肌膚〕을 해쳐서 악을 징계한 것은 상나라의 형정(刑政)과는 전혀 거리가 멉니다. 배우는 사람은 오로지 경전만을 믿고 따를 뿐입니다. 따라서 예를 들면 주나라의 형벌 제도는 주관(周官)에 다 갖춰져 있으니 대사도(大司徒-교육 책임자)는 여덟 가지 형벌〔八刑〕로 백성들을 거두도록〔糾〕 되어 있습니다. 그러기에 앞서 삼물(三物)[2]을 백성들에게 가르친 다음에 백성들을 거두는 것은 불효(不孝), 불목(不睦-친족간에 화목하지 못함), 불인(不姻-인척간에 화목하지 못함), 부제(不弟-형제간에 화목하지 못함), 불임(不任-맡은 일을 제대로 못함), 불휼(不恤-어려운 사람을 돕지 않음), 그리고 말을 지어내고〔造言〕 백성들을 어지럽게 하는 것〔亂民〕뿐입니다. 그리고 이런 형벌에 대해서는 삼가며 잘 가르쳐야 합니다.

(『주례(周禮)』에 따르면) 대사구(大司寇-법무 책임자)는 나라의 삼전(三典)을 담당하는데 첫째는 새 나라〔新國〕에서의 형벌은 가벼운 법전〔輕典〕을 쓰고, 둘째는 평상시 나라〔平國〕에서의 형벌은 중간급 법전〔中典〕을 쓰고, 셋째는 어지러운 나라〔亂國〕에서는 마침내 무거운 법전〔重典〕을 쓰도록 돼 있습니다. 평상〔平〕이라는 것은 평소 그렇다는 것이고, 무거운〔重〕 것은 부득이해서〔不獲已=不得已〕 그렇게 할 뿐이었습니다.

(『주례』에 따르면) (대사구 아래) 소사구(小司寇)는 팔벽(八辟)이 나라의 법으로 터 잡게 하는 일을 담당하는데 첫째는 왕실 종친〔親〕에게 죄가 있으면 먼저 의논〔議〕을 제기하고, 둘째는 오랜 친구〔故〕에게 죄가 있으면 먼저 의논〔議〕을 제기하고, 이어 어진 관리〔賢〕, 뛰어난 관리〔能〕, 공을 세운 사람〔功〕, 나라를 위해 애쓴 사람〔勤〕에게도 고위

관리〔貴〕나 빈객〔賓〕과 마찬가지로 죄가 있으면 먼저 의논〔議〕을 제기하지 않음이 없는 것이 팔벽입니다. 그러나 일찍이 팔벽은 실제로는 시행된 바가 없는 법입니다.

(『주례』에 따르면) 사자(司剌)는 세 가지 용서〔宥〕와 세 가지 사면〔赦〕의 법을 관장하는데 모르고 지은 죄, 실수로 지은 죄, 깜빡 잊어버리고 지은 죄는 용서하고, 어리고 약해서 지은 죄, 나이가 너무 많아 지은 죄, 어리석어서 지은 죄는 사면합니다. 그리고 일찍이 이런 경우에도 죄를 더하지 않았습니다.

이처럼 인애(仁愛)하고 충후(忠厚)함이 지극한 것은 유우(有虞-순임금의 성)에 버금가고 주나라 성왕(成王)과 강왕(康王)의 치세 때에는 형벌을 쓰지 않고 지나간 것이 거의 40년이었으니 이것이 이른바 천하를 어짊과 의로움〔仁義〕에 두었다는 것입니다.

반면 진(秦) 나라는 효공(孝公) 때 상앙(商鞅)을 등용해 신법(新法)을 채택하고 수레의 폭이 6척을 넘으면 처벌했으며 길에 재를 버려도 처벌토록 하여 위수〔渭〕 가에서 죄수들을 판결하니 강물이 시뻘겋게 됐습니다. 그리고 진시황이 이미 상앙과 더불어 여섯 개 나라를 멸했을 때에는 스스로 수덕(水德)의 통치를 편다고 하면서 강경하면서도 엄혹하게 하여〔剛毅戾深〕 모든 일을 다 법에 따라 해결했고, 일체의 어진 은혜〔仁恩〕와 화합하는 의로움〔和義〕을 배제한 채 각박함으로 일관했습니다. 이에 일단 법을 어기면 오랫동안 사면하지 않았고, 다시 이사(李斯)의 말을 써서 감히 시서(詩書)[3]를 실수로라도 언급하면 저잣거리에서 목을 베었고, (유학자들이 즐겨 하듯이) 옛일로써 지금의 일을 비판하는 사람은 집안까지 모두 죽였으며, 그 바람에 옥사를 담당하는 자들이 총애를 입어 전횡을 일삼았고 공자를 스승으로 모신다는 자들은 모두 다 중형으로 다스렸습니다.

2세 황제에 이르러서는 조고(趙高)의 계책을 받아들여 대신과 여러 황실 친척들에게도 주륙을 행하여 죄에 얽힌 이들이 줄을 이었고, 가까이에서 모시는 신하와 친족들이 죽음을 면하지 못했으며, 여섯 공자(公子)가 살육을 당해야 했습니다. 그리고 또 이사의 계책을 받아들여 그의 백성을 가혹하게 몰아세우는 정책〔督責之術〕을 시행하니 수많은 사람들을 죽인 자가 우수한 관리〔良吏〕로 간주됐습니다. 이것이 이른바 천하를 형벌과 법률에 두었다는 것입니다.

주나라는 왕위를 이어받기를〔享國=亨國〕 800여 년이나 했지만 진나라가 망한 것은 겨우〔纔〕 2대에 불과했으니 이른바 '명백하고 큰 효험의 입증〔明效大驗〕'이라는 말이 어찌 헛된 말이겠습니까?

한나라 문제는 본래 이처럼 너그럽고 어진〔寬仁〕 군주였고 가의가 올린 대책을 시행했으며, 백성들을 다움으로 교화〔德化〕하는 데 힘썼고 중대 범죄를 결단하여 옥사를 처리한 것이 400건에 불과해〔斷獄四百〕 형벌 제도를 거의 그냥 두다시피 했습니다. 그러나 그 후에 왕씨에게 나라의 권세가 옮겨가자 한나라는 걱정과 근심으로 끙끙 앓았고, (후한을 세운) 광무제가 다시 옛 제도를 회복하자 그 왕업을 누린 햇수〔歷年〕가 거의 주나라와 상나라에 버금갔지만 후세에는 그에 미치는 군주가 나오지 않았으니 가의의 대책은 참으로 옳고 백성들에게 믿음을 더해주는 것이라 하겠습니다.

그러니 후세의 임금들이 교훈으로 삼지 않을 수 있겠습니까?

1) 사계절이 변함없이 찾아오듯이 그 명령을 조금도 의심하지 않고 믿고 따랐다는 말이다.

2) 백성을 가르치는 세 가지 일인 육덕(六德), 육행(六行), 육예(六藝)를 말한다. 육덕(六德)은 지(知), 인(仁), 성(聖), 의(義), 충(忠), 화(和)이고, 육행(六行)은 효(孝), 우(友), 목(睦), 인(婣-혼인), 임(任-책임), 휼(恤)이며, 육예(六藝)는 예(禮), 악(樂), 사(射), 어(御), 서(書), 수(數)다.

3) 이는 『시경』과 『서경』을 가리키지만 넓게는 유학 전반을 포함한다.

(『한서』) 한나라 무제(武帝) 건원(建元) 초에 동중서(董仲舒)가 대책을 올려 말했다.

"신이 삼가 『춘추(春秋)』에 담긴 애씀의 사례들〔文〕을 찾아보니 임금다운 도리〔王道〕의 실마리를 구하는 것은 바름〔正〕에서 가능합니다. 바름은 임금의 다음〔次〕이고 임금은 봄〔春〕의 다음이었습니다[1].

봄이란 하늘이 행하는 바요 바름이란 임금이 행하는 바입니다. 그 뜻은 위로는 하늘이 행하는 바를 받들고, 아래로는 자신이 행하는 바를 바르게 함으로써 임금다운 도리〔王道〕의 실마리를 바르게 한다는 것에 지나지 않습니다. 그렇기 때문에 임금 된 자가 어떤 일을 하고자 할 때는 마땅히 하늘에서 그 실마리를 구해야 하는 것입니다.

하늘과도 같은 도리〔天道〕 중에서도 가장 큰 것은 음양(陰陽)입니다. 양은 다움〔德〕을 만들고 음은 형벌을 만듭니다. 형벌은 죽이는 일을 주관하고 다움은 살리는 일을 주관합니다. 이 때문에 양은 항상 한여름〔大夏〕에 거하면서 만물의 생장과 양육을 자신의 일로 삼으며, 음은 항상 한겨울〔大冬〕에 거하면서 텅 비어 아무것도 하지 않는 상태를 지키기만 할 뿐입니다.

이로써 볼 때 하늘은 다움의 힘을 빌려 활동할 뿐이요, 형벌의 힘을 빌려 움직이지 않는다는 것을 알 수 있습니다. 하늘은 양으로 하여금 위에서 다움을 베풀어 한 해의 일을 주관하게 하고, 음으로 하여금 아래에 잠복하여 엎드려 있다가 가끔 나와서 양을 돕도록 했습니다. 따라서 양이 음의 도움을 얻지 못하면 양 또한 혼자서는 한 해의 일을 완성할 수가 없습니다. 그러나 끝내 양을 가지고 1년의 처음을 이름 지은 것은 바로 하늘의 뜻입니다.

(따라서) 임금다운 임금〔王者〕은 하늘의 뜻을 받들어서 일을 집행합니다. 고로 다움과 가르침〔德敎〕의 힘을 빌려 다스릴 뿐 형벌의 힘을 빌려 다스리지 않습니다. 형벌의 힘을 빌려 세상을 다스릴 수 없는 것은 마치 음의 힘을 빌려 한 해의 일을 완성할 수 없는 것과 같습니다. 정치를 행하면서 형벌의 힘을 빌리는 것은 하늘(의 뜻)에 순종하지 않겠다는 것입니다. 그래서 옛날의 뛰어난 임금들은 그런 식으로 하지 않았습니다.

지금은 옛 임금들께서 만들어놓은 다움과 가르침의 관리들은 폐지하여 쓰지 않고, 법률을 담당하는 관리들만 써서 백성들을 다스리고 있으니 혹시 형벌의 힘을 빌려 다스리려는 뜻이 아니겠습니까?

공자는 (『논어』「요왈(堯曰)」에서) 말했습니다. "(백성을) 가르치지 않고서 죽이는 것을 일러 학정〔虐〕이라고 한다." 백성들에게 학정이 쓰이고 있는데 온 세상에 다움과 가르침의 혜택이 돌아가기를 바라니 이는 이루어지기 힘든 일입니다."

신이 가만히 살펴보겠습니다. 동중서가 『춘추』를 배움으로써 임금다운 임금은 다움〔德〕을 자신의 임무로 생각하지 형벌을 가하는 것을 자신의 주된 임무로 생각하지 않는다는 뜻을 미루어 헤아리고 밝혀낸 것은 참으로 좋은 일이라고 하겠습니다.

그러나 양(陽)으로 만물을 낳게〔生〕 하고 음(陰)으로 만물을 이루어〔成〕 내는 것이니 (결과적으로) 그 효과〔功〕는 하나입니다. 음은 비록 한겨울에 잠복해 있지만 마침내 조화(造化)의 밑바탕이 됩니다. 그래서 대개 굳세지〔貞〕 않으면 으뜸〔元〕이 될 수 없고, 문을 닫지〔闔〕 않으면 열〔闢〕 수가 없으니 겨울 동안 깊숙이 잠복해 있은 다음이라야 능히 봄에 활짝 피어날 수 있는 것입니다. 그렇다면 (동중서는) 음이 겨울에 숨어 지냄으로써 텅 비어 아무것도 하지 않는 상태를 지키기만 할 뿐이라고 했는데 이는 거의 그렇지 않다고 할 수 있습니다.[2]

그러나 바야흐로 무제가 즉위한 초기에 무재(武才)가 출중하고 명쾌한 결단력을 갖고 있어 동중서는 거꾸로 무제가 형벌을 가하는 것을 자신의 주된 임무로 여기는 잘못을 범할까 봐 걱정했던 것입니다. 그래서 하늘과도 같은 도리〔天道〕를 들어 임금다운 길〔王道〕을 밝힘으로써 살리는 것을 좋아하고 죽이는 것을 싫어하는〔好生惡殺〕 마음을 일깨워주었으니 동중서의 말은 진실로 무제의 경계하는 바〔箴砭〕가 됐습니다만 그 후에 장탕(張湯)과 조우(趙禹)의 무리들이 조정에 나아가서 견지법(見知法)과 고종법(故縱法)을 시행하니[3] 마침내 (무제는) 형벌을 가하는 것을 자신의 주된 임무로 여기게 되어 온 나라에 그로 인한 해독이 흘러넘쳤습니다.

그러니 동중서를 두고서 말을 아는 사람〔知言〕이었다고 하겠습니까?[4]

1) 공자가 『춘추』에서 '은공원년 춘왕정월(隱公元年 春王正月)'이라고 했는데 여기에서 순서가 춘(春), 왕(王), 정(正)이다.

2) 진덕수는 음의 역할을 과소평가한 동중서의 견해에 대해 비판적이다.

3) 이때 장탕과 조우의 무리는 '견지고종감림부주법(見知故縱監臨部主法)'을 시행했다. 『한국고전용어사전』에 의하면 "'견지(見知)'는 타인이 죄를 범한 것을 알고 있으면서도 고발하지 않았을 때 그 사람을 같은 죄로 처벌하는 법이고, '고종(故縱)'은 타인이 죄가 있는 줄을 알면서도 고의(故意)로 놓아주었을 때 처벌하는 법이며, '감림부주(監臨部主)'는 관할하의 하급 관서나 부하가 부정을 저질렀을 경우 그 윗사람이 죄를 받는 법을 말한다. 따라서 '견지고종감림부주법'은 책임 있는 관리가 죄를 알고도 고발하지 않거나 고의적으로 죄인을 놓아주었을 때의 처벌법을 가리키는 용어"라고 한다.

4) 진덕수가 동중서를 비판적으로 평한 이유를 알려면 '말을 아는 사람'의 뜻을 알아야 한다. 이 말은 『논어』의 맨 마지막 문장이다. 여기서 공자는 말했다. "말을 알지 못하면 사람을 알 수 없다." 결국 동중서가 한무제의 사람됨을 제대로 몰랐던 사람이라는 뜻이다.

(『한서』) 한나라 선제(宣帝) 때 (정위사(廷尉使-일종의 검찰 관리)인) 노온서(路溫舒)가 글을 올려 말했다.[1]

"신이 듣건대 진(秦) 나라는 열 가지의 잘못[2]을 저질렀습니다. 그중

한 가지는 지금도 있는데 옥사를 다스리는 관리가 그것입니다. 진나라 때에는 (황제가) 문학(文學-이것은 유학을 가리킨다)을 부끄러워하고 무용(武勇)을 좋아했으며, 어질고 의로운 선비를 천하게 여겼고 옥사를 다스리는 관리를 귀하게 여겼으며, 바른 말 하는 사람을 비방한다고 했고 잘못을 지적하는 사람을 요망한 말을 한다고 했습니다.

그래서 훌륭한 유학자들은 세상에서 쓰이지 못했고, 충성스럽고 선량하고 간절한 말들은 모두 가슴속에 묻어야 했기 때문에 겉으로 칭송하고 아첨하는 소리만이 매일 임금의 귀에 가득했고, 헛된 아름다움이 마음을 그을리게 하여 실제 일어난 재앙에 대한 경고를 막아버렸습니다. 이것이 바로 진나라가 천하를 잃게 된 이유입니다.

바야흐로 지금 천하가 폐하의 두터운 은혜를 입어 전쟁의 위험도 잊었고 굶주림과 추위의 고통도 없습니다. (하지만) 부자와 부부가 가정을 평안케 하려고 온 힘을 다해 노력하지만 태평스러움이 여전히 미흡한 것은 옥을 다스림이 어지럽기 때문입니다.

무릇 감옥이라는 것은 천하의 사람들이 자신들의 목숨을 맡기는 곳입니다. 죽은 자는 다시 살릴 수 없으며 신체가 한번 끊어지면 다시 붙일 수 없습니다. 『서경』에 이르기를 "(재판을 할 때는) 죄 없는 사람을 죽이기보다는 차라리 법에 어긋나도 내버려두는 것이 더 낫다"고 했습니다.

그런데 지금 옥을 다스리는 자들은 그렇지가 않습니다. 위아래 사람이 서로 본받아가면서 각박하게 다스리는 것을 잘하는 것(明[명])으로 여깁니다. 그 각박함이 더 심한 자일수록 공정하다는 이름을 얻고 정말로 공평한 자는 대부분 후환을 입게 됩니다.

그래서 옥사를 다스리는 관리는 어떻게 해서라도 사람을 죽이려고 듭니다. 증오해야 할 사람이 아닌데도 스스로 편한 길〔自安〕을 택해 사람을 죽게 만듭니다. 이리하여 죽은 자의 피가 시장에까지 흘러내리고 형을 받아야 할 무리들이 어깨를 나란히 하며 줄을 서 있습니다. 또 사형당한 사람의 수가 한 해에만 만여 명이 됩니다. 어짊이나 태평스러움이 여전히 미흡한 것도 대개 이 때문입니다.

무릇 사람의 정이란 편안하면 삶을 즐기려 하고 고통스러우면 죽음을 생각하게 됩니다. 채찍과 몽둥이 아래에서 무슨 대답인들 얻지 못할 것이 있겠습니까? 그래서 죄수들은 고통을 이기지 못하고 없는 말을 지어내 그들에게 보여주고, 옥사를 다스리는 사람은 그런 지어낸 말들을 이용하고 법률을 무리하게 적용하여 그 죄수의 죄를 입증했다고 합니다.

그리고 이를 위에 보고할 때는 기각될 것을 두려워하여 단련시키고 말을 꾸며댑니다. 대개 이렇게 해서 온갖 법조문을 끌어대어 (바로 죽여도) 마땅한 듯이 보고서를 완성시키니 고요(와 같은 명석한 판단력을 가진 관리)가 듣는다 해도 오히려 죽이고도 남을 자라고 판결할 것입니다.

어째서 그렇겠습니까? 주도면밀하게 범죄 이유를 날조한 자가 많고 법조문도 잘 꾸며대니 그 죄가 너무나도 명백해 보이기 때문입니다. 그래서 속담에 이르기를 '땅에다가 금만 그어놓고 감옥이라고 해도 들어가지 않으려 해야 하고, 나무를 깎아놓고 그것을 옥리(獄吏)라고 해도 절대 마주해서는 안 된다'고 했던 것입니다. 이는 모두 혹독한 옥리를 풍자한 것이니 참으로 비통한 말입니다. 그러므로 천하의 환란 중에서는 형옥(刑獄)만 한 것이 없고, 법을 파괴하고 정도를 어지럽히며 혈육들을 갈라놓고 도리를 가로막는 것으로는 옥을 다스리는 관리만큼 심한 것이 없는 것입니다.

이것이 이른바 (진나라가 저지른 열 가지의 잘못 중에서) 지금까지 이

어지는 한 가지 잘못입니다."

황상은 깊이 공감하여 곧바로 조서를 내려 말했다.

"최근에 옥리가 법을 교묘하게 써서 법조문이 아주 깊이 스며드니 이는 짐의 부덕의 소치다. 무릇 옥사를 결단하는 것이 온당치 않아 죄 있는 사람으로 하여금 더 사악한 마음을 불러일으키고, 죄 없는 사람은 억울하게 죽임을 당하여 아버지와 아들이 비통해하고 한스러워하니 짐은 이를 깊이 마음 아파하노라!

지금은 정위사(廷尉使)를 파견하여 각 군(郡)과 더불어 감옥에 관한 사무를 추국하도록 하고 있으나 맡은 일이 가볍고 녹봉도 박하니 정위평(廷尉平)을 설치하고 녹실을 600석으로 올리고 인원도 네 명을 두도록 하라. 정위평은 일을 공평무사하게 처리토록 힘씀으로써 짐의 뜻에 맞도록 하라."

이리하여 전국에서 사람을 뽑아 정위(廷尉)로 삼고 이들로 하여금 밝게 살피고 너그럽게 용서하는 형정을 베풀도록 하니 (명망이 높았던) 황패(黃霸) 등이 정평(廷平)이 됐다.

이에 해마다 가을이면 최후의 옥사를 논의할 때 황상은 언제나 선실(宣室)[3]로 나아가 재계하고 머물면서 일을 결단하니 옥사와 형벌이 공평해졌다는 평이 나왔다.

신이 가만히 살펴보겠습니다. 노온서의 글은 비록 옥리의 문제를 주로 해서 다루고 있지만 그 내용을 잘 들여다보면 당시의 임금을 은근히 나무라고 있다〔譏〕고 하겠습니다. 그래서 처음에 진나라 시절 옥사를 다스리는 관리를 이야기하면서 그들이 스스로 귀해진 것이 아니라 황제로 말미암아 귀해졌다는 점을 지적했던 것입니다.

다음으로 위아래 사람이 서로 본받아가면서 각박하게 다스리는 것을 잘하는 것〔明〕으로 여겼다고 했으니 아랫사람이 이처럼 각박하게 한 것은 사실상 위에서 시켜서 그렇게 한 것입니다.

그리고 또 다음으로 스스로 편한 길〔自安〕을 택해 사람을 죽게 만든다고 했는데 이는 당시 관리들이 쉽게 사람을 죽일 수 있었던 것이 실은 위에서 바라는 바였기 때문이었다는 것을 보여줍니다. 그래서 만일 진심으로 사람을 죽이기 싫어하게 되면 그것은 위의 바라는 바를 어기는 것이기 때문에 곧장 위태로워졌다는 뜻입니다.

대체적으로 효선제(孝宣帝)는 비록 뛰어나고 밝은〔賢明〕 군주이기는 했지만 실제로는 형명(刑名)의 학문을 좋아했습니다. 그래서 그 속마음이 이렇게 드러난 것이니 (아랫사람들이야) 황상이 좋아하는 바를 삼가 받들지 않을 수 있었겠습니까?

'채찍과 몽둥이 아래에서 무슨 대답인들 얻지 못할 것이 있겠습니까?'라는 말과 '나무를 깎아놓고 그것을 옥리(獄吏)라고 해도 절대 마주해서는 안 된다'라는 말은 불과 10여 개의 단어에 불과하지만 당시 벼슬아치들이 얼마나 참혹하고 각박하게 죄를 옭아매었는지 하는 실상과 간악한 옥리들의 무자비하고 원통하게 만드는 행태를 절절하게 보여주고 있습니다. 땅에다 금만 그어놓고 감옥이라고 해도 들어가지 않으려 해야 한다고 했으니 하물며 진짜 감옥은 어떻겠으며, 또 나무를 깎아놓고 그것을 옥리(獄吏)라고 해도 절대 마주해서는 안 된다고 했으니 하물며 진짜 옥리와 마주하게 되면 어떠했겠습니까?

노온서의 말을 읽어보면 그는 참으로 슬퍼하고 깊이 마음 아파하고 있습니다. 이에 선제는 감동하고 깨닫는 바가 있어 정위평이라는 부서를 새로이 설치하고 몸소 나아가 결단을 했으니 참으로 충직한 말을 잘 듣는 군주였다고 할 만하겠습니다. 그러나 선제의 통치는 뒤에 가서 패왕의 도리와 뒤섞였으니 결국 형벌이 주공과 소공〔周召〕의 가르침을 대신하고 법률이 『시경』과 『서경』의 가르침을 대신케 하다가[4] 마침내 세상의 비판을 면치 못했습니다만 사신(史臣)은 이렇게 기록했습니다. "옥사와 형벌이 공평해졌다는 평이 나왔다〔獄刑號爲平矣〕." 여기서 평〔號〕이라는 말은 이름만 그랬다는 것이지 실제로는 그렇지 않았다는 뜻입니다.

그러니 임금은 자신이 좋아하는 바를 삼가지 않을 수 있겠습니까?

1) 그의 상소를 흔히 '다움을 높이고 형벌을 완화해야 하는 글〔尙德緩刑書〕'이라고 부른다.

2) 그 열 가지는 다음과 같다. 봉건제의 폐지, 장성의 축성, 금인(金印)의 제작, 아방궁 건설, 분서, 갱유, 여산 진시황 능묘 축조, 불사약 구하기, 태자 부소에게 정치를 맡겨 함정에 빠트린 것, 형리를 중용한 것이다.

3) 미앙궁에 있는 방으로 중요한 일을 결제할 때 사용하던 방이다.

4) 원래 이는 관요(寬饒)가 했던 말로 '以刑餘爲周召以法律爲詩書'이다. 직역하면 '형여로써 주소가 해야 할 바를 하게 하고 법률로써 시서가 해야 할 바를 하게 한다'는 것인데 그것을 풀어서 옮긴 것이다. 참고로 진덕수는 이 표현을 줄여 '刑餘周召 法律詩書'라고 표현했다.

(『자치통감(資治通鑑)』) 수나라 문제(文帝)는 도적들이 횡행하자 명을 내려 1전(錢) 이상을 훔친 자는 모두 목을 베어 저잣거리에 내버리는 기시형(棄市刑)에 처하도록 했고, 혹시라도 세 명이 함께 공모해서 오이 하나를 훔치다가 발각되면 즉시 죽이라고 했다. 이에 길 가는 사람들은 모두 늦게 일어나고 일찍 잤으며 온 천하가 두려움에 벌벌 떨었다. 몇몇 사람들이 일을 집행하는 관리에게 겁을 주며 말했다.

"내가 어찌 재물을 요구하는 사람이겠습니까? 다만 억울한 죄를 덮어쓴 사람을 위해 이곳에 왔을 뿐이오. 나를 대신해서 지존께 말씀을 올려주시오. 예로부터 나라를 세우고 법을 만들어왔지만 1전을 훔쳤다고 해서 죽이는 일은 없었소. 그러니 나를 대신해서 반드시 전하지 않으면 내가 다시 왔을 때 당신네 관리 무리들은 살아남을 수 없을 것이오!"

황제가 이를 듣고서 그 법을 정지시켰다.

신이 가만히 살펴보겠습니다. 수 문제가 형벌을 통해 도둑을 잡도리하는 것〔戢(집)〕이 지극히 엄했습니다만 그런데도 결국은 도둑들을 근절시키지 못했고 법도 결국은 시행되지 못하기에 이르렀습니다. 당나라 태종(太宗)에 이르러 요역을 가볍게 해주고 부세를 엷게 하여 백성들이 입고 먹을 수 있는 문을 열어주자 몇 년도 지나지 않아 바깥문을 닫지 않았고 길에 돈이 떨어져 있어도 줍지 않았습니다. (백성을 위해) 잃고 얻는 바에 대해서는 이를 거울로 삼으면 될 것입니다.[1)]

1) 진덕수는 수 문제를 황제로 인정하지 않아 문제(文帝)라고 부르지

않고 그냥 문(文)이라고 칭했지만 여기서는 문제로 옮겼다. 참고로 사마광은 문제라고 부른다.

(『자치통감』) 수나라 문제가 일찍이 화가 크게 난 나머지 6월인데도 사람을 장살(杖殺)시키려 하자 대리소경(大理少卿) 조작(趙綽)이 굳게 간쟁했다.

"늦여름에 속한 달은 하늘과 땅이 만물을 성장시키는 때이니 그럴 때는 사람을 죽여서는 안 됩니다."

황제가 말했다.

"6월이 비록 태어나고 자라는 때라고는 하지만 이때에는 반드시 천둥과 번개가 있으니 우리가 하늘을 본받아서 행하면 어째서 안 된다는 것인가?"

결국 그 사람을 죽였다.

신이 가만히 살펴보겠습니다. 수 문제는 "6월에는 반드시 천둥과 번개가 있다"고 했는데, 천둥과 번개가 비록 위력이 있지만 원래는 사물을 죽이는 것이 아닙니다.

『주역(周易)』('설괘전(說卦傳)')에서 "만물을 움직이게 하는 것 중에 천둥만큼 빠른 것〔疾(질)〕은 없다"고 했으니 그것은 해의 밝음〔烜(훤)〕, 비의 젖음〔潤(윤)〕, 바람의 흩어짐〔散(산)〕과 함께 온갖 생물이 살아나게 하는 데 똑같이 작용합니다. 세상의 기운이 악화되고 사나워지면 (경우에 따라) 우레가 쳐서 사람을 죽이는 일이 있기는 하지만 천둥과 번개가 일부러 사람을 죽이려 해서 그렇게 되는 것은 아닙니다.

수 문제가 교묘한 말로 사람을 죽이려 하면서 그 사사로운 분노를 드러냈으니 하늘과도 같은 이치를 알지 못함이 참으로 너무 심했다고 할 수 있습니다. 당나라 정관(貞觀-태종) 때에 이르러 율령을 개정하여 봄부터 가을이 되기 전까지는 사형을 금지시킨 후에야 옛날에 사형을 집행할 때는 가을과 겨울에 했던 본래의 취지가 회복되었습니다. 여기에 인정과 폭정〔仁暴〕(인폭)의 차이가 있다고 하겠습니다. 이것이 바로 다스려짐과 어지러움〔治亂〕(치란)이 나뉘는 것이라 할 것입니다.

(『자치통감』) 당나라 태종(太宗)이 일찍이 『명당침구도(明堂針灸圖)』[1]를 열람하다가 사람의 다섯 장기〔五臟〕(오장)가 모두 등과 가까워 침을 잘못 놓게 될 경우 그 피해는 죽음에 이르게 할 수 있다는 대목을 보고서 한숨을 쉬며 말했다.

"무릇 채찍형은 다섯 가지 형벌 중에서 가장 가벼운 것이고, 죽음은 사람이 가장 중하게 여기는 것인데 어찌 지극히 가벼운 형벌을 집행하다가 혹시라도 죽음에 이르게 할 수 있겠는가?"

드디어 조서를 내려서 죄수들에게 매질을 할 때 등을 치지 않도록 했다.

신이 가만히 살펴보겠습니다. 수나라 양제(煬帝)가 형벌을 쓸 때는 간혹 먼저 혀부터 자르곤 했는데 당나라 태종이 형벌을 쓸 때는 등에 차마 채찍을 사용하지 못하도록 했습니다. 이를 보면 수 양제의 잘못은 걸주(桀紂-하나라 걸왕과 상나라 주왕)보다 심한 반면에 태종이 어지러움을 제압한 공은 거의 탕무(湯武-상나라 탕왕과 주나라 무왕)에 버금간다고 할 것입니다.

1) 당나라 때 대표적인 침구류 의학서다.

(『자치통감』) (당나라 때) 하내(河內-허난성 선양시) 사람 이호덕(李好德)이 (정신질환에 걸려) 요사스러운 말〔妖言〕을 하다가 죄를 얻어 하옥되자 대리승(大理丞) 장온고(張蘊古)가 이호덕은 병으로 인해 미쳤으니 법으로 다루는 것은 온당치 않다고 했는데, 치서시어사(治書侍御史) 권만기(權萬紀)가 장온고의 말은 사실이 아니라며 탄핵하는 주문을 올렸다. 이에 태종은 크게 화가 나 장온고의 목을 베도록 했는데 이미 장온고가 죽은 후에야 크게 후회하며 그로 인한 조서를 내렸다.

"사형은 비록 지금 즉각 결정하더라도 두 차례의 복주〔二覆〕를 거쳐야 한다."

그리고 한참 지나서 여러 신하들에게 말했다.

"죽은 사람은 다시 살아날 수가 없다. 그래서 죄수를 판결할 때 두 번 복주를 한다 하더라도 그 경각의 순간에 어떻게 깊이 생각할 겨를이 있겠는가? 지금부터는 마땅히 이틀 동안에 다섯 차례 복주할 것이며, 형 집행일에는 상식(尙食-음식 담당 관청)에서 술과 고기를 올리지 말고 교방(敎坊)과 태상(太常)에서는 음악을 연주하지 말라."

그리고 여러 주(州)에 내려보낼 사형수는 세 번 복주하고, 그 집행일에도 음식을 간략하게 하고 음악을 철폐하라는 뜻을 내렸다.

태종은 빼어난 무재를 갖고서 천하를 평정했으나 타고난 자질과 성품이 어질고 너그러웠다. 즉위 초에는 위엄과 형벌로 천하를 떨게 하는 정사를 펼쳤으나 위징(魏徵)이 상소하여 임금다운 정치〔王政 왕정〕는 어짊과 은혜〔仁恩 인은〕를 베푸는 데 바탕을 두고 있으며, 그 때문에 백성을 사랑하고 풍속을 두텁게 하는 것이라는 뜻을 올리자 태종은 흔쾌히 그것을 받아들여 너그럽고 어질게〔寬仁 관인〕 천하를 다스리고 형벌은 더욱 신중히 써서 정관 4년(630년) 한 해 동안 사형으로 판결 받은 사람은 29명뿐이었고, 정관 6년(632년)에는 친히 갇혀 있는 죄수들을 살펴보면서 사형수들을 보면 마음 아프게 생각해 390명을 풀어서 집으로 돌아가도록 했으며, 이듬해 가을에 와서 사형을 받도록 했다. 실제로 그해 가을이 되자 390명 모두 형을 받으러 조당(朝堂)에 나아왔으며 단 한 사람도 도망치거나 숨은 사람이 없었다. 태종은 그들이 진실한 믿음을 보였다고 기뻐하면서 모두 사면해 주었다.

신이 가만히 살펴보겠습니다. 당은 수를 잇는 나라였는데 수나라 문제가 법률의 준엄함〔法之峻 법지준〕을 써서 그렇게 된 반면 당나라 태종은 형벌의 너그러움〔刑之寬 형지관〕을 써서 이렇게 됐으니 수나라는 2대를 거치며 천하를 잃었으나 당나라는 거의 3백 년 동안 나라를 향유할 수 있었던 것입니다. 이를 보면 하늘은 어진 정치[仁]와 사나운 정치[暴]에 대해 명확하게 보답합니다. 가의는 주나라와 진나라를 나란히 세워 비교했지만 신은 여기서 당나라와 수나라를 나란히 논의했으니 그 뜻은 거의 비슷하리라 생각합니다.

바야흐로 후대의 임금들은 거울로 삼아야 할 것입니다.

(『자치통감』) 당나라 헌종(憲宗)은 빼어난 자질과 과감한 성품 그리고 사람과 사리에 밝고 단호한 일처리[英果明斷]를 할 줄 아는 군주로서 즉위하면서부터 여러 차례 대대적인 주살(誅殺)을 해야 했고, 여러 변경의 진들을 제압하면서 각종 반란을 다스려야 했다. 그 과정에서 형벌을 써야 할 때에는 법대로 처리하면서도 너그럽고 인자한 것을 좋아했다.

이때 이길보(李吉甫)와 이강(李絳)이 재상이 됐는데 이길보가 말했다.

"천하를 다스리는 데는 반드시 상과 벌을 써야 합니다. 폐하께서는 자주 사면령을 내리시고 세금을 덜어주셔서 굶주린 백성들을 구제하여 그 은덕이 지극합니다. 반면에 법령과 형벌은 아직 떨치지 못해 조정의 안팎이 나태합니다"

이강이 말했다.

"지금 천하는 크게 잘 다스려지고 있다고는 할 수 없지만 그렇다고 크게 혼란스럽다고 할 수도 없습니다. 옛날 평온한 시기에 예로부터 치세를 바라는 임금은 다움으로 교화하는 일을 우선해야 하는 것이고, 폭란(暴亂)의 시기에는 형벌을 쓰는 것을 주로 해야 하는 것이니 길보의 말이 지나치다고 하겠습니다."

헌종은 이강의 말이 옳다고 여겼다. 그런데 얼마 후에 사공(司空) 우적(于頔)도 황상에게 형벌을 통해 위엄과 권위를 세워야 한다고 권했다. 이에 헌종은 두 재상에게 말했다.

"우적은 짐으로 하여금 백성들의 마음을 잃게 만들려는〔失人心〕 간사한 뜻을 품고 있다."

신이 가만히 살펴보겠습니다. 헌종은 얼마든지 이강의 말을 따를 수 있었으니 태종이 위징의 말을 받아들인 것과 같았다고 하겠습니다. 이랬기 때문에 원화(元和-헌종의 연호)의 치세는 거의 정관(貞觀)의 치세에 버금갈 수 있었던 것입니다.

간사한 소인은 용의주도하게 번번이 엄혹한 형벌과 준엄한 법률로 다스릴 것을 임금에게 설득하니 (진나라의) 이사와 조고가 2세 황제에게 했던 것이 바로 그것입니다. 그러나 헌종은 우적이 간사스럽게 황제로 하여금 백성들의 마음을 잃게 만들려는 속셈을 간파했으니 '밝다〔明〕'고 하겠습니다.

이상은 다움을 행할 때와 형벌을 행할 때의 선후를 가려내는 것에 대해 논했습니다.

의리와 이익의 경중을 분별해 내는 것

(『맹자(孟子)』) 맹자가 양(梁) 나라 혜왕(惠王)을 만나 뵈었다.

왕이 말했다.

"노인께서 천리를 멀다 않고 이렇게 왔으니 가령 앞으로 내 나라에 이득이 될 일이 있겠는가?"

맹자가 답했다.

"왕께서는 하필이면 이득을 말씀하십니까? 단지 어짊〔仁〕과 의로움〔義〕 두 가지뿐입니다. 왕께서 '어찌하면 내 나라에 이득이 있겠는가'라고 말하면 대부들은 (그것을 보고서) '어찌하면 내 집에 이득이 있겠는가'라고 하고, 선비와 일반 백성들은 '어찌하면 내 한 몸에 이득이 있겠는가'라고 하여 윗사람과 아랫사람이 서로 상대방을 향해 이득을 취하려 할 경우 결국 나라는 위태로움에 빠지고 말 것입니다.

만승(萬乘-일만 대의 전차)의 나라(천자나 황제의 나라)에서 그 천자를 시해하는 자가 있다면 그는 분명 천승(千乘)을 가진 집안에서 나올 것이고, 천승의 나라에서 그 임금을 시해하는 자가 있다면 그는 분명 백승(百乘)을 가진 집안에서 나올 것입니다.

만승의 나라에서 (공이 되어) 천승을 취하고 천승의 나라에서 (경대부가 되어) 백승을 취하는 것이 (비록) 적은 것은 아니지만 만일 의리를 뒤로 하고 이득을 앞세운다면 (나머지 구천 승이나 구백 승마저) 빼앗지 않고서는 결코 다 먹었다고 생각하지 않을 것입니다.

어진 마음을 갖고 있으면서 그 어버이를 버리는 자는 없으며, 의로운 마음을 갖고 있으면서 그 군주를 뒤로 하는 자는 없습니다.

왕께서는 오로지 어짊과 의로움 두 가지만을 말씀하셔야지 하필이면 이득을 말씀하셨습니까?"

신이 가만히 살펴보겠습니다. 맹자가 혜왕을 처음 알현했을 때 혜왕은 첫머리로 나라에 이득이 될 일〔利國(이국)〕을 물었습니다.

대개 춘추시대로부터 (맹자가 살았던) 전국시대에 이르면서 선왕의 도리〔先王之道(선왕지도)〕는 불분명해지고 사람들의 마음〔人心(인심)〕은 안 좋은 쪽으로 퇴락해 아는 것이라고는 (도리가 아니라) 이익뿐이었습니다. 맹자는 이 같은 사특한 마음을 비판할 생각으로 곧장 왕에게 고했습니다.

"왕께서는 하필이면 이득을 말씀하십니까? 단지 어짊과 의로움〔仁義(인의)〕 두 가지뿐입니다."

어짊이란 본래의 마음〔本心(본심)〕이 갖추고 있는 온전한 다움〔全德(전덕)〕이며 의로움이란 마땅한 바른 이치〔正理(정리)〕입니다. 나라를 다스리는 자는 마땅히 윗자리에 있으면서 어짊과 의로움을 몸에 갖춰야 하고 이익에 마음을 써서는 안 될 것입니다.

만일 임금이 스스로 나라에 이득이 되는 것을 찾게 되면 대부들도 자기 집안에 이득이 되는 것을 찾게 될 것이며, 일반 선비나 백성들 역시 자신들에게 이득이 되는 것을 찾아 아래위 할 것 없이 경쟁적으로 이득을 구하려 할 것이니 나라가 어찌 위태로워지지 않겠습니까?

무릇 어짊과 의로움을 밑바탕으로 한다면 이는 백성들을 이치〔理(이)〕로 이끌게 될 것이고, 이득을 숭상한다면 이는 백성을 욕심〔欲(욕)〕으로 이끌 것입니다.

이치가 밝아지면 신분의 높고 낮음〔尊卑(존비)〕과 위아래〔上下(상하)〕의 질서가 분명하게 정해지고, 이치가 밝지 못하면 모두가 혈기를 갖고서 욕심을 추구하게 되어 만족함을 모른 채 위에서 갖고 있는 것까지 가로채려는 마음이 그치질 않을 것입니다. 이렇게 되면 왕위를 찬탈하고 임금을 시해하는〔簒弑(찬시)〕 일이 일어나게 되어 그 해악은 이루 다 셀 수가 없게 될 것이니, 아! 얼마나 두렵습니까?

무릇 어진 마음을 갖고 있으면서 그 어버이를 버리는 자는 없으며, 의로운 마음을 갖고 있으면서 그 군주를 뒤로 하는 자는 없습니다. 그리고 그것은 억지로 그렇게 하는 것이 아닙니다. 어짊은 사랑〔愛(애)〕을 위주로 하는데 사랑 중에서는 부모 사랑〔愛親(애친)〕만큼 큰 것이 없고, 의로움이라는 것은 마땅함〔宜(의)〕인데 마땅함 중에서 임금을 높이는 것〔尊君(존군)〕에 앞서는 것은 없습니다. 온 세상 사람들이 다 어짊과 의로움으로 말미암아서 행동하게 된다면 그 부모를 사랑하지 않는 사람이 없고 그 임금을 높이지 않는 사람이 없을 것입니다.

삼대의 태평성대 때 오랫동안 통치가 이어지면서도 오랫동안 평안할 수 있었고〔長治久安(장치구안)〕[1] 아무런 후환도 없었던 것은 그 때문이라 하겠습니다. 그러니 나라를 다스리는 자가 어짊과 의로움을 버리면 앞으로 어찌 장치구안(長治久安)을 구할 수 있겠습니까?

그래서 맹자는 다시 한 번 말했습니다.

"왕께서는 오로지 어짊과 의로움 두 가지만을 말씀하셔야지 하필이면 이득을 말씀하셨습니까?"

『대학』의 마지막 장은 천하를 평정하는 것〔平天下(평천하)〕을 논하면서 이렇게 말합니다.

"나라는 의리를 이익으로 여기지 이익을 이익으로 여기지 않는다."

이를 잘 미루어 헤아려보면 이익을 구하려는 폐단은 결국은 재앙으로 이어진다는 뜻이니 이렇게 되면 설사 좋은 뜻을 가진 사람이 나온다 해도 어떻게 해볼 수가 없게 되는 것입니다. 옛 성인들과 후대의 현인들〔前聖後賢(전성 후현)〕이 이익을 탐하는 마음을 피하고 서로 상대방의 것을 빼앗으려는 마음을 막으라고 한 것은 둘 다 같은 입에서 나온 것입니다.

나라를 다스리는 자는 이 점을 자세히 살펴서 도모해야 할 것입니다.

1) 당나라의 수도 장안(長安)은 바로 이 말에서 따온 것이다.

(『맹자』) (송나라의 저명한 학자인) 송경(宋牼)이 한번은 초(楚) 나라로 가려는데 그 도중에 석구(石丘)에서 맹자와 마주쳤다.

맹자가 물었다.

"선생께서는 어디로 가시는 길이십니까?"

송경이 답했다.

"내가 듣기에 진나라와 초나라 사이에 전쟁이 벌어졌다고 합니다. 그래서 장차 초나라 임금을 찾아 뵙고 잘 설득하여 싸움을 그만두게 하되, 만일 초나라 임금이 불쾌해하면 다시 진나라 임금을 찾아 뵙고 잘 설득하여 싸움을 그만두게 하도록 할 작정입니다. 두 임금 중에 마땅히 내 뜻과 합치되는 바가 있을 것입니다."

맹자가 말했다.

"저는 (두 임금에게 말씀하시고자 하는 바의) 그 세부적인 것을 묻고 싶지는 않습니다만, 개략적인 뜻이라도 듣고 싶습니다. 설득을 하신다고 했는데 어떻게 하실 것입니까?"

"나는 마땅히 (지금처럼 전쟁을 했을 때의) 그 이롭지 못한 것들을 말해 줄 것입니다."

"(전쟁을 중단시키려는) 선생의 뜻은 참으로 훌륭합니다만 (그들을 설득함에 있어) 선생이 내세우는 명분은 가능성이 없는 듯합니다. 선생께서 이익이나 이로움을 명분으로 삼아 진나라와 초나라의 임금을 설득하시면 두 임금은 이익이 된다고 하니 기뻐하면서 모든 군사 행동을 중단할 것이고, 이는 모든 군사들로 하여금 종전(終戰)을 환영하여 이익이 됨을 기뻐하게 만들 것입니다. 신하 된 자가 이익을 마음에 품고서 그 임금을 모시고, 자식 된 자가 이익을 마음에 품고서 그 아버지를 섬기고, 동생 된 자가 이익을 마음에 품고서 그 형을 섬긴다면, 이는 임금과 신하, 아버지와 자식, 형과 동생이 마침내 인의(仁義)를 내팽개치고 이익을 마음에 품고서 서로 상대하게 될 것이니 그러고서도 (나라나 가정이) 망하지 않은 것은 없었습니다.

(반면에) 선생께서 인의를 명분으로 삼아 진나라와 초나라의 임금을 설득하시면 두 임금은 인의를 기뻐하면서 모든 군사 행동을 중단할 것이고, 이는 모든 군사들로 하여금 종전을 환영하여 인의를 기뻐하게 만들 것입니다. 신하 된 자가 인의를 마음에 품고서 그 임금을 모시고, 자식 된 자가 인의를 마음에 품고서 그 아버지를 섬기고, 동생 된 자가 인의를 마음에 품고서 그 형을 섬긴다면, 이는 임금과 신하, 아버지와 자식, 형과 동생이 마침내 이익을 따지는 심사를 버리고 인의를 마음에 품고서 서로 상대하게 될 것이니 그러고서도 임금다운 임금이 되지 못한 자는 없었습니다. 하필이면 (설득의 명분으로) 이익이나 이득을 말씀하십니까?"

신이 가만히 살펴보겠습니다. 전국시대는 병란(兵亂)의 재앙이 극심했던 때입니다. 만일 송경의 한마디로 인해 병란이 그친다면 어찌 백성들의 큰 복이요, 어진 사람들이 참으로 간절히 바라는 바가 아니겠습니까?

그러나 일단 이익을 먼저 생각하는 마음이 한번 열리면 임금과 신하, 아버지와 아들, 형과 동생이 장차 이익만을 추구하려 할 것이니 춘추시대에 시해당한 임금만 36명입니다. 이는 기본적으로 다 이익을 탐해서 일어난 것이니 그 화(禍)는 병란보다 더 심했다고 하겠습니다. 이 때문에 성현들은 그것을 막는 데 준엄하지 않을 수 없었던 것입니다.

『순자(荀子)』

의로움과 이익을 탐하는 것〔義利〕은 사람들이 둘 다 갖고 있는 것이다. (그래서) 요순(堯舜)이라도 백성들이 이익을 바라는 욕심〔欲利〕을 없앨 수는 없지만 그러한 욕심이 의로움을 좋아하는 마음〔好義〕을 이기지 못하게 할 수는 있고, 걸주(桀紂)라도 백성들이 의로움을 좋아하는 마음을 없앨 수는 없지만 그러한 마음이 이익을 바라는 욕심을 이기지 못하게 할 수는 있다.

그리하여 의로움이 이익을 이기게 되면 치세(治世)가 되고, 이익이 의로움을 이기게 되면 난세(亂世)가 된다. 위(임금)에서 의로움을 중시하면 의로움이 이익을 이기고, 위에서 이익을 중시하면 이익이 의로움을 이긴다.

고로 천자는 많고 적음〔多少〕을 말하지 않고, 제후는 이롭고 해로움

〔利害〕을 말하지 않고, 대부는 얻고 잃는 것〔得喪〕을 말하지 않고, 선비는 재화의 유통에 관심을 두지 않는다. 또 나라를 가진 임금은 소와 양을 기르지 않고, 대신들은 닭과 돼지를 기르지 않으며, 총경(冢卿-장관급)들은 폐백을 사고팔지 않고, 대부는 장원(場園)을 만들지 않는다.

선비 이상은 다 이익을 얻는 것을 수치로 여겨서 백성들과 사업을 다투지 않고, 나눔을 행하는 것을 즐겁게 여겨서 쌓아두고 보관하는 것은 부끄럽게 여긴다.

신이 가만히 살펴보겠습니다. 순경(荀卿-순자)의 논의가 좋기는 합니다만 의로움과 이익을 탐하는 것이 둘 다 사람이 가진 것이라고 했는데 이는 사람의 원래 본성〔本性〕을 모르는 것입니다. 본성이 가진 것은 의로움뿐이며 외부의 사물이 나를 덮친 후에야 이익을 탐하는 마음〔利心〕이 생겨나는 것입니다.

또 (순자는) 말하기를 "요순이라도 백성들이 이익을 바라는 욕심〔欲利〕을 없앨 수 없고, 걸주라도 백성들이 의로움을 좋아하는 마음〔好義〕을 없앨 수는 없다"고 했습니다.

무릇 걸주가 백성들의 의로운 마음〔義心〕을 없앨 수 없는 것은 그것이 떳떳한 마음이기 때문에 제아무리 폭군이라도 그것을 빼앗을 수 없기 때문입니다. 하지만 만약 요순이 백성들의 이익을 탐하는 마음〔利心〕을 없앨 수 없다고 한다면 이른바 백성들이 (좋은 쪽으로) 바뀌게 되는 것은 과연 어째서 그렇습니까?

성인의 교화〔化〕가 하늘과 땅과 더불어 함께 흘러가는 까닭은 바로 백성으로 하여금 좋은 쪽으로 옮겨가게 하여〔遷善〕 죄를 멀리하게 만들기 때문인데 순자는 이를 몰랐습니다. 만일 백성이 이익을 탐하는 마음을 갖고 있고 그것을 제거할 수 없다고 한다면 이른바 좋은 쪽으로 옮겨가는 것이 불가능해지는 것인데 순자는 이를 몰랐습니다.

무릇 이익(을 탐하는 마음)이라는 것은 사람의 마음을 갉아먹는 좀벌레이니 갖고 있어서는 안 되는 것입니다. 그러니 성현의 가르침을 배우는 자는 반드시 이 같은 마음을 제거한 이후에야 좋은 일을 할 수 있고 백성을 교화하려는〔化民(화민)〕 자는 반드시 이런 마음을 없앤 이후에야 남을 다스릴 수 있을 것입니다. 그러니 어찌 요순의 백성들이 이익을 탐하는 마음을 갖고 있었겠습니까? 순자는 사람의 본성을 나쁘다〔人性爲惡(인성위악)〕고 보았기 때문에 그 논의하는 바도 이와 같았던 것입니다. 이에 신은 그것을 바로잡지 않을 수 없습니다.

(『염철론(鹽鐵論)』) 한나라 소제(昭帝) 시원(始原) 6년(기원전 81년)에 해당 부서〔有司(유사)〕에 조서를 내려 군국(郡國)에서 천거한 현량과 유학자들에게 백성들의 고통을 해결할 수 있는 방안을 묻자 한 유학자가 답했다.

"그윽이 듣기에 사람을 다스리는 도리는 음탕함의 근원을 막고 도리와 다움〔道德(도덕)〕의 실마리를 넓히며, 말단의 이익을 누르고 어짊과 의로움을 여는 것이니 이익을 취하는 것을 보여주지 않으신 연후에야 가르침과 교화〔教化(교화)〕를 흥하게 할 수 있고 풍속을 좋은 쪽으로 바꿔놓을 수 있습니다.

지금 군국에서 소금과 철과 술을 전매하고 있고 균수관(均輸官)을 두어 백성들과 이익을 다투고 있으니 도타운 인심은 어디론가 없어지고 탐욕과 비루함이 널리 퍼지고 있습니다. 그로 인해 백성들 중에서 근본으로 나아가려는 자는 적고 말단을 좇는 자는 많습니다. 원컨대 이것들을 다 혁파하셔야 합니다."

어사대부(御史大夫) 상홍양(桑弘羊)은 그것을 어렵다고 생각하며 이렇게 말했다.

"이것은 국가의 중대한 업무이니 그것이 있어 사방의 오랑캐들을 제압할 수 있고 변방을 안정시킬 수 있는 재용을 마련할 수 있습니다. 따라서 그것을 혁파하는 것은 불편합니다."

또 다른 유학자가 말했다.

"나라를 가진 자(-임금이나 군주)는 (재물의) 적음을 걱정하지 않고 서로 고르지 못함을 근심하며, 가난함을 근심하지 않고 서로 편안치 못함을 근심한다고 했습니다.[1] 고로 천자는 많고 적음〔多少〕(다소)을 말하지 않고, 제후는 이롭고 해로움〔利害〕(이해)을 말하지 않고, 대부는 얻고 잃는 것〔得喪〕(득상)을 말하지 않고 어짊과 의로움을 쌓아[2] 백성들의 풍속을 바로 해주고 다음과 행실〔德行〕(덕행)을 넓혀 백성들을 품는다고 했습니다. 이 때문에 가까이에 있는 자는 와서 의탁하고 먼 곳에 있는 자도 기뻐하며 복종하니 어진 정치〔仁政〕(인정)는 천하에 적이 없는데[3] 어찌 재용을 쓸 것입니까?"

유학자는 또 말했다.

"나라가 비옥하고 기름진 땅을 충분히 갖고 있으면서도 백성들이 제대로 먹을 수가 없는 것은 상공업은 크게 번성하고 있으면서도 농업〔本業〕(본업)이 황폐하기 때문입니다. 또 산과 바다의 온갖 재화들이 넘치면서도 백성들이 제대로 쓸 재물이 없는 것은 백성들이 필요한 것을 생산하는 데는 힘을 쏟지 않으면서 쓸데없는 사치품들만을 지나치게 제작하기 때문입니다.

고제(高帝-유방)께서 상업을 금하고 상인의 벼슬길을 막은 것은 탐욕스럽고 비루한 습속을 막으려는 것이었습니다. 또 상인들이 이익을 구하는 길을 막은 것은 백성들이 잘못되는 길을 막은 것이지 어찌 황상께서 이득을 얻으려 함 때문이었겠습니까? 『춘추공양전(春秋公羊傳)』에서는 '제후가 이익을 좋아하면 대부가 인색해지고, 대부가 인색해지면 선비들이 재물을 탐하고, 선비가 재물을 탐하면 백성들이 도적질을 하게 된다'고 했습니다. 이는 이익을 구하는 구멍을 터주는 것이며 사람들에게 범죄를 저지르는 계단을 제공해 주는 것입니다."

또 다른 유학자가 말했다.

"백성들은 재물을 집안에 감추고 제후는 자신의 봉국에 감추며 천자는 온 세상〔海內(해내)〕에 숨깁니다."

또 다른 유학자가 말했다.

"한나라 문제 때는 소금과 철로 인한 이익이 없었지만 백성들은 부유했습니다. 지금은 그런 이익이 있는데도 백성들은 곤궁합니다. 그리고 이런 이익은 하늘에서 떨어지는 것도 아니고 땅에서 솟아나는 것도 아니며 하나같이 백성들로부터 취한 것입니다. (올해는) 배나무와 매실나무에 과실이 주렁주렁 열렸으니 내년에는 결실이 줄어들 것이고, 새로운 곡식이 익었으니 묵은 곡식은 다 먹어야 합니다. (자연의 이치로 보자면) 하늘과 땅으로 하여금 동시에 가득 차게 할 수는 없습니다. (천지자연의 일이 이러한데) 하물며 사람의 일〔人事(인사)〕이야 어떠하겠습니까? 따라서 이쪽에 이익이 되면 반드시 저쪽에는 해로운 것입니다.

상앙이 형법을 엄하게 하고 재물의 이익을 장려하니 진나라 사람들이 편안히 살지 못하여 모두 효공(孝公)에게 가서 울었고 진나라는 나날이 위태로워졌습니다."

또 다른 유학자가 말했다.

"옛날에 토지제도는 백성들을 기르기에 충분했고 백성들은 그것으로 충분히 임금을 받들 수 있었습니다. 천승의 나라, (사방) 백 리의 땅에서 공(公), 후(候), 백(伯), 자(子), 남(男)은 각각 구하는 바를 다 채울 수 있었고 그 원하는 바를 넉넉히 얻을 수 있었습니다.

그러나 진나라는 만국의 땅을 취했고 사해의 부를 갖고 있었지만 대궐이 컸고 재용도 많은 데다가 군주의 욕심이 많아 밑에서 백성들이 그 요구를 감당할 수가 없었습니다.

전하는 말에 '푸줏간에 썩은 고기가 있어도 나라에는 굶주리는 백성들이 있고, 푸줏간에 살진 말이 있으면 길에는 배곯는 백성들이 있다'고 했습니다.

지금 개와 말을 기르고 곤충과 짐승을 먹이는 것, 쓸데없는 관리와 급하지 않은 일 등으로 인해 아무런 효과도 없는데 정작 입고 먹는 것은 관리들에게 달려 있는 것이 대부분이니 위에서는 쓸 물건이 부족하고 밑에서는 궁핍에 시달리고 있는 것입니다. 그런데도 근본(-농업)은 저버린 채 (관리들이) 백성들과 다투어 풀을 뽑고 상인들과 다투어 시장에서 이익을 취하려 하니 이는 밝은 군주 하에서는 있을 수 없는 일이며 국가에 도움이 되는 일도 아닙니다."

승상 전천추(田千秋)가 말했습니다. "선왕의 도리가 오랫동안 흩어져버려[軼_일] 복구하기가 어렵습니다. 그러니 현량과 유학을 공부한 선비들의 말이 깊고 원대하나 행하기에는 쉽지 않으니 (그들의 좋은 말들이) 세상에 제대로 쓰일 수 있겠습니까?"

드디어 논의는 끝났다.

신이 가만히 살펴보겠습니다. 한나라 무제가 통치하던 시절, 안으로는 사치가 크게 일어나고 밖으로는 네 오랑캐를 상대해야 했습니다. 이에 세금을 가혹하게 거둬야 한다는 신하들이 득세해 염철법과 균수법과 술의 전매법을 시행했고, 이익을 말하는 자들이 세금으로 거둬들일 수 있는 것이라면 가을철 털오라기까지 찾아내니 백성들은 그 명을 감당할 수가 없었습니다.

소제가 즉위 초에 곽광(霍光)에게 정치를 맡긴 다음 현량과 유학을 공부한 선비들에게 백성들의 고통을 해결할 수 있는 방안을 묻자 대답하는 자들은 말단에 불과한 이익을 억누르고 어짊과 의로움〔仁義〕(인의)을 흥기시켜야 한다는 것을 가장 앞세워 말했습니다만 상홍양에게 저지당하고 전천추에게 막혀서 그들의 바른 논의는 끝내 뜻을 펼칠 기회를 갖지 못했고 술의 전매권 하나만 겨우 혁파했을 뿐입니다.

그러나 현량과 유학을 공부한 무리들이 의로움과 이익〔義利〕(의리)을 나누어 구별했으니 그들의 말은 후세의 모범이 될 수 있다고 여겨 여기에 그 개략을 뽑아서 일부라도 드러내 보았습니다.

1) 이것은 『논어』 「계씨(季氏)」에 나오는 공자의 말이다.

2) 이것은 순자의 말이다.

3) 이것은 『맹자』 「공손추장구(公孫丑章句)」에 나오는 말이다.

(『자치통감』) 당나라 태종 때 치서시어사 권만기가 글을 올렸다.

"선주(宣州-안후이성 쉬안저우구)와 요주(饒州-장시성 포양현) 두 곳에서 큰 은광이 발견됐으니 이를 채취하시면 일 년에 수백만 민(緡-돈꾸러미)을 얻을 수 있을 것입니다."

황상이 말했다.

"짐은 귀하기로는 천자의 자리에 있으니 부족한 것은 재물이 아니고, 다만 훌륭한 말〔嘉言(가언)=昌言(창언)〕로써 백성을 이롭게 할 수 없는 것이 한스러울 뿐이다. 수백만 민을 얻는다 한들 한 명의 현능한 인재를 얻는 것만 하겠는가? 경은 일찍이 한 명의 현능한 인재를 올리거나 한 명의 불초한 인재를 물리치지는 않은 채 오직 세금과 은의 이익만 말하는구나. 옛날에 요임금과 순임금은 산에다 옥구슬을 버렸고 계곡에 옥구슬을 던져버렸으며, 한나라의 환제(桓帝)와 영제(靈帝)는 마침내 돈을 모아서 사사로이 쌓아 놓았는데 경은 내가 환제나 영제 같은 자가 되기를 바라는가?"

이날로 권만기를 관직에서 내쫓아 집으로 돌아가게 했다.

신이 가만히 살펴보겠습니다. 태종은 이른바 재물을 천하게 여기고 다움을 귀하게 여긴〔賤貨貴德(천화 귀덕)〕 군주라 하겠습니다. 태종은 말하기를 "수백만 민을 얻는다 한들 한 명의 현능한 인재를 얻는 것만 하겠는가?"라고 했으니 이는 옛날이나 지금을 통틀어 명언이라 하겠습니다. 천하를 가진 자는 마땅히 이를 깊이 체화해야 할 것입니다.

(『자치통감』) 당나라 덕종(德宗)이 (몽진하여) 봉천에 있을 때 행궁의 처마 밑에 여러 도에서 올라온 공물을 쌓아두고 방(榜-표시)을 붙여 경림대영고(瓊林大盈庫)라고 불렀다. 이에 육지(陸贄)[1]가 상소를 올려 간언했다.

"신이 듣기에 '법을 만들 때 가볍게 징수하는 법을 만들어도 그 폐단은 오히려 탐욕스러워지는 것인데 탐욕스러운 법을 만들었으니 장차 그 폐단이 어찌 되겠는가?'[1)]라고 했습니다. 남들에게 의로움을 과시하고자 하면 오히려 그 우환은 사사로운 것(욕심)이 되고, 사람들에게 사사로움(욕심)을 보이고자 하면 그 우환은 반드시 그치지를 않는다는 말입니다. 그래서 성인이 가르침을 행할 때는〔立敎〕(입교) 재물을 낮춰보고 예양(禮讓)을 높였으며, 이익을 멀리하고 청렴함을 중시했던 것입니다.

천자는 재물이 있고 없음을 묻지 않고, 제후는 많고 적음을 말하지 않습니다. 이는 뇌물이 사람의 마음을 자극하여 재앙의 실마리를 열고 풍속과 가르침〔風敎〕(풍교)을 상하게 하여 나라와 집안을 어지럽힐까 두려워해서입니다. 이 때문에 창고를 두터이 채워 쌓아두는 것은 필부의 부유함이요, 나누기에 힘써 백성들의 마음을 거둬들이는 것은 천하의 부유함이라 했습니다. (그런데) 어찌 지극한 존엄〔至尊〕(지존)을 반드시 떨어트려 해당 부서들의 일을 대신케 하며, 천자의 자리를 욕되게 하여 필부가 쌓아두는 것을 본받을 수 있겠습니까?

경림고(瓊林庫)와 대영고(大盈庫)라는 제도는 옛날에는 없었는데 연로한 자들의 말을 들어보면 개원(開元-당 현종의 연호) 때 시작됐습니다. 세력을 얻고자 하는 권신들이 권력을 탐하여 온갖 꾸밈과 아첨〔飾巧求媚〕(식교구미)으로 말을 올려 마침내 군읍의 공물과 부역〔貢賦〕(공부)을 해당 지역별로 나누고 부세(賦稅)는 해당 부서에 책임을 지도록 위임해 비용을 지급하도록 했으며, 나머지 공헌물들은 모두 천자에게 귀속토록 해서 천자의 사사로운 필요를 받들도록 하니 현종(玄宗)은 기뻐하며 이 두 창고를 새로 짓도록 했습니다. 이로부터 방탕한 마음과 사치욕이 싹텄고 거의 나라를 잃을 뻔했으며 끝이 좋지 못했던 것입니다. 『예기(禮記)』에 말하기를 '재물이 그릇되게 들어오면 반드시 그릇되게 나간다'고 했습니다. 그런데 어찌 그것을 내놓고 본받으려 하십니까?

지금 세상 곳곳에서는 굳셈을 숭상하여 사사로이 군사를 키우고 각 도에서 올리는 공물들을 사사로이 취하면서 몰래 군정을 살펴가며 조정에 대한 원망을 키우고 있다고 합니다.

무릇 나라가 일을 시행할 때에는 공공(公共)으로써 마음을 쓰면 사람들이 반드시 즐거워하여 따르지만 사사로운 받듦〔私奉(사봉)〕으로써 마음을 쓰면 사람들은 반드시 어겨서 배반할 것입니다. 남의 위에 있는 사람은 마땅히 그 마음을 깨끗이 씻어내어 세 가지 사사로움이 없음〔三無私(삼무사)〕을 받들어 백성들을 하나로 모아야 합니다. 그런데도 사람들이 혹시 따르지 않거든 그때 가서 형정(刑政)을 써야 합니다.

그렇다면 백성들에게 이익을 베풀고 자신에게는 사사로움을 금하는 것은 천자가 천하를 다스리는 도구라고 할 수 있습니다. 이 도구를 내팽개치고 힘쓰지 않아 백성들에게 이익이 되는 것을 막고 자신의 사사로운 이익만 행한다면 사람들에게서 탐하는 마음을 없애려 해도 불가능할 것입니다.

지금 이 두 창고에 있는 진귀한 재물들을 탁지(度支-조선시대의 호조)에서 맡아 관리하지 않는 것은 곧 천자의 사사로운 이익을 행하는 것이고, 경비를 지급해 주지 않는 것은 백성들에게 이익을 베풀지 않는 것입니다. 그러니 인심이 흩어지고 백성들이 원망하는 것은 진실로 당연하지 않겠습니까?

폐하께서는 진실로 겹겹이 포위됐던 은나라의 우환을 지금의 일처럼 생각하시고 평소 모든 일을 혼자서 마음대로 다 하시려던 바를 돌이켜보고 경계하시어 재물의 사용을 너무 지나치게 풍요롭게 하지 마시고 좋은 옷과 음식들을 반드시 아랫사람들에게 나누어주십시오.

두 창고에 있는 재화는 모두 다 공이 있는 사람들에게 내려주시고 단번에 회포를 풀어 백성들과 함께 즐기시며, 이렇게 한 뒤에 납공(納貢)의 일은 반드시 해당 부서에서 책임지도록 하셔야 합니다.

이렇게 하시면 혼란은 반드시 바로잡힐 것이며 적들은 반드시 평정될 것이니 이것이 바로 얼마 안 되는 저축〔小儲〕을 나누어 큰 저축〔大儲〕을 이루는 것이고, 작은 보물〔小寶〕을 덜어내어 큰 보물〔大寶〕을 튼튼히 하는 것입니다."

1 이때 육지는 한림학사(翰林學士)였다.

신이 가만히 살펴보겠습니다. 덕종은 이익을 독점하여 자기 마음대로 했으니 임금의 공적인 모습이라고는 할 수 없었습니다. 이에 육지가 간언을 했고 여기에 지금 그 일부를 뽑아놓았으니 세상의 경계로 삼아야 할 것입니다.

이상은 의로움과 이익〔義利〕의 무겁고 가벼움을 분별해 내는 것에 대해 논했습니다.

1) 이 말은 『춘추좌씨전(春秋左氏傳)』 소공(昭公) 4년에 나오는 말이다.

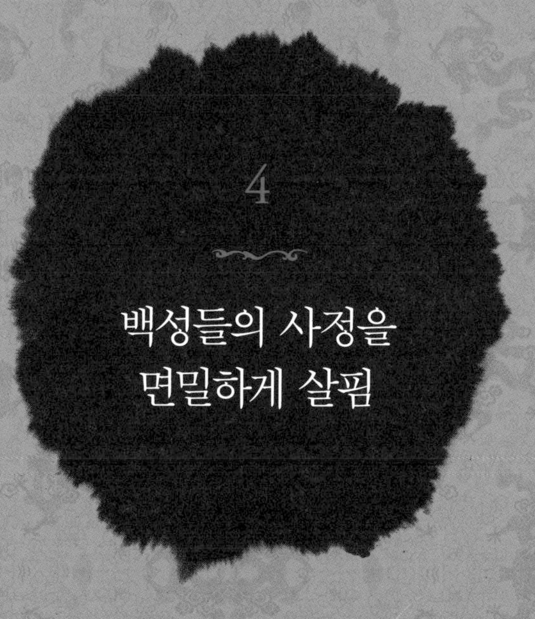

4

백성들의 사정을 면밀하게 살핌

(『서경』) '태서(泰誓)'[1]

옛사람들의 말 중에 "나를 어루만져주면 임금〔后=君〕이고 나를 학대하면 원수다"라고 했는데 일개 사내〔獨夫=一夫〕[1)]인 수(受-주왕)가 크게 위협과 사나움을 보이니 그는 너희들 대대로의 원수다.

1 주나라 무왕이 은나라 주왕(紂王)을 정벌하고 나서 이 글을 지어 여러 선비들의 경계로 삼도록 했다.

신이 가만히 살펴보겠습니다. (주나라) 무왕이 옛사람의 말을 들어서 백성들의 평소 솔직한 마음 상태〔常情〕를 이처럼 밝혀 보여주고 있습니다. 임금과 백성의 나뉨〔分〕이 어찌 나를 학대했다고 해서 마침내 원수로 삼는 식으로 되겠습니까? 그러나 임금과 백성의 나뉨을 (절대적으로) 신뢰할 수 있는 것은 아니기 때문에 백성들의 평소 솔직한 마음 상태를 깊이 살피지 않으면 안 될 것입니다.

1) 주왕이 왕위에 있긴 하지만 천명이 이미 끊기고 인심이 이미 떠났기 때문에 정당성을 잃은 일개 사내임을 강조하기 위해 이런 표현을 쓴 것이다.

(『서경』) '강고(康誥)'[1]에서 말했다.

"하늘은 두려워해야 하지만 열렬히 하면〔忱=誠〕 도와줄〔棐〕 것이고 백성들의 사정〔民情〕은 크게는 볼 수 있으나 사정이 어려운 백성〔小人〕은 지켜주기가 어려우니 (너는) 가서 네 마음을 다하고 안일한 즐김〔逸豫〕에 젖어들기를 좋아하지 않아야 이에 백성들을 잘 다스릴 수 있을 것이다. 내가 듣기에 (백성들은) 말하기를 '원망은 큰 데 있지 않고 또한 작은 데도 있지 않고, (오직) 이치를 따라서 하느냐〔惠=順〕 그렇지 않느냐 그리고 (백성을 위해) 힘쓰느냐〔懋=勉=務〕 그렇지 않느냐에 달려 있을 뿐입니다'라고 했다."

1 무왕이 강숙(康叔-무왕의 아우)을 위(衛) 땅에 봉해 주고, 이 글을 지어 경계로 삼도록 했다.

신이 가만히 살펴보겠습니다. 이것은 (주나라) 무왕이 (아우인) 강숙에게 (백성을 위해) 힘쓰라고 하는 말입니다. 강숙이 나라를 봉읍으로 받아 나아가게 되어 임금의 책임을 갖게 됐기 때문에 그에게 일러준 것입니다. 그 말은 (일부 풀어서 보면) 이렇습니다.

"하늘의 명〔天命〕은 늘 일정한 것은 아니니 비록 심히 두려워해야 할 만하지만 그러나 열렬하게 한다면 네가 하려는 일을 도와줄〔輔=棐〕 것이다. 백성들이 좋아하고 싫어하는 사정은 대략은 알 수 있지만 사정이 어려운 백성〔小民=小人〕은 지켜주기가 어려울 수밖에 없다."

그렇다면 사정이 어려운 백성은 어째서 지켜주기가 어려운 것이겠습니까? 옛말에 "만 가지 일을 다 얻고서도 혹시 한 가지 일을 잃어 원망을 부를 수 있고, 만인에게 기쁨을 주고서도 혹시 한 명의 사내의 원망을 사서 난이 일어날 수 있다"고 했습니다. 이것이 바로 지켜주기가 어려운 까닭입니다.

하지만 강숙이 가서 그 나라를 다스림에 있어 무슨 다른 말을 해줄 것이 있었겠습니까? 네 마음을 다하고 스스로 안주하지 말며 안일한 즐김을 좋아하지 않는다면 그것이 바로 백성들을 잘 다스리는 이치인 것입니다.

옛날에 사람들은 혹 작은 잘못〔小失 소실〕으로도 원망을 산 적이 있으니 그 때문에 "원망은 큰 데 있지 않다"고 말한 것이며, 또 큰 과실〔大過 대과〕로 원망을 산 적도 있으니 그 때문에 "원망은 작은 데도 있지 않다"고 한 것입니다.

물론 원망이 오직 한 가지 단서에서 생겨나는 것은 아니겠지만 반드시 따를 필요가 없는 것을 따르고, 반드시 힘쓸 필요가 없는 것에 힘을 쓰고, 사람들이 소홀하게 여기는 것을 하나라도 감히 소홀히 여기지 않게 되면 어찌 원망이 없을 수 있겠습니까?

(무왕이) 처음에는 하늘과 백성을 함께 말하다가 끝에 가서는 오직 백성만을 이야기하는 데로 돌아간 것은 백성의 마음이 곧 하늘의 마음이기 때문입니다. 따라서 능히 사정이 어려운 백성을 잘 지켜준다면 능히 하늘의 명도 보존할 수 있을 것입니다.

『춘추곡량전(春秋穀梁傳)』에 이런 말이 있다.

“재물을 다 쓰게 하면 원망〔怨〕이 따르고, 힘을 다 쓰게 하면 원한〔懟〕을 갖게 된다.”

신이 가만히 살펴보겠습니다. 이 또한 백성들의 평소 솔직한 마음 상태〔常情〕를 말하고 있습니다. 그래서 뛰어나고 어진 임금들은 세금과 부역을 가볍게 해서 백성들이 재산을 다 쓰게 하지 않았고, 요역(徭役)을 덜어주어 백성들이 그 힘을 다 쓰게 하지 않았습니다.

(『맹자』) 제나라 선왕(宣王)이 행궁인 설궁(雪宮)으로 맹자를 불러 만나보고서 이렇게 말했다.

“(그대 같은) 현자에게도 이런 즐거움이 있는가?”

맹자는 대답했다.

“있습니다. (그런데) 일반 사람들은 (즐거움을) 얻지 못하면 윗사람을 비난합니다. 즐거움을 얻지 못했다고 해서 윗사람을 비난하는 것은 잘못이지만 백성의 윗사람이 되어 백성들과 더불어 함께 즐기지〔與民同樂〕 못하는 것도 역시 잘못입니다.

백성의 즐거움을 (자신의 즐거움처럼) 즐거워하는 자에 대해서는 백성들도 역시 그의 즐거움을 (함께) 즐거워하고, 백성의 근심을 (자신의 근심처럼) 근심하는 자에 대해서는 백성들도 역시 그의 근심을 (함께) 근심합니다. 천하와 더불어 즐거워하고 천하와 더불어 근심하면서도 왕 노릇을 제대로 못하는 자는 없습니다."

신이 가만히 살펴보겠습니다. 백성의 윗자리에 있는 자가 궁실(宮室)을 갖는 즐거움을 알고 백성 된 자 역시 거처하는 곳의 편안함을 바라니 자신의 즐거움을 바탕으로 해서 백성들의 근심을 (미루어 헤아려〔推(추)〕) 풀어주려고 도모함을 일러 백성들과 더불어 함께 즐긴다〔與民同樂(여민동락)〕고 합니다. 또 백성들의 근심을 바탕으로 해서 (미루어 헤아려) 감히 자신의 즐거움을 마구잡이로 풀어내지 않음을 일러 백성들과 더불어 함께 근심한다〔與民同憂(여민동우)〕고 합니다.

(이처럼) 임금이 근심과 즐거움을 백성들과 함께 하는데 백성들이 자신들의 근심과 즐거움을 임금과 더불어 함께 하지 않는 일은 거의 없습니다. 따라서 임금 된 자는 자신의 즐거움을 즐거움으로 여기지 말고 천하의 즐거움을 (진정한) 즐거움으로 삼아야 하고, 자기의 근심을 근심으로 여기지 말고 천하의 근심을 (진정한) 근심으로 삼아야 할 것입니다. 이렇게 하는데도 천하의 민심이 그런 임금에게로 돌아가지 않는 일은 없습니다.

(『맹자』) 제나라 선왕이 물었다.

"사람들은 다 내가 명당(明堂)[1]을 부숴야 한다고 말한다. 그걸 부숴야 하는가? 그냥 둬야 하는가?"

맹자가 대답했다.

"무릇 명당이라는 것은 임금의 당(堂)입니다. 임금께서 올바른 임금의 정사〔王政〕를 행하실 뜻이 있다면 결코 부수지 마십시오."

이에 제 선왕이 "올바른 임금의 정사에 대해 들어볼 수 있겠는가?"라고 하자 맹자는 이렇게 대답했다.

"옛날에 문왕께서 주나라의 옛 땅인 기(岐) 땅을 다스릴 때 농사짓는 자에게는 9분의 1을 세금으로 받았고, 벼슬하는 자에게는 대대로 녹봉을 주었으며, 관문과 시장에 대해서는 살펴만 보고 세금을 걷지 않았고, 저수지를 파거나 고기잡이 하는 것을 금하지 않았으며, 죄인을 처벌할 때 처자식은 벌하지 않았습니다. 늙어서 부인이 없는 사람이 홀아비〔鰥〕요, 늙어서 지아비가 없는 사람이 과부〔寡〕요, 늙어서 자식이 없는 사람이 무의탁 노인〔獨〕이요, 어린데도 부모가 없는 사람이 고아〔孤〕입니다. 이 네 가지는 세상에서 가장 곤궁한 백성이자 어디 하소연할 데도 없는 자들입니다. (그래서) 문왕께서 힘써 정사를 행해 인(仁)을 베풀 때 반드시 이 네 부류의 사람들을 먼저 했습니다. (그래서) 『시경』에 이르기를 '괜찮구나, 부자들이여! 애처롭구나, 외롭고 힘든 자들이여!'라고 했던 것입니다."

제 선왕이 "참 좋은 말이도다!"라고 하자 맹자는 "왕께서는 그처럼 좋다고 하시면서 왜 실행하시지는 않습니까?"라고 되물었다. 이에 제 선왕은 "과인에게는 병통이 있다. 과인은 지나치게 재물을 좋아한다"고

답했다.

이에 맹자는 이렇게 말한다.

"옛날에 공유(公劉)도 재물을 좋아했습니다. 『시경』에 이르기를 '노적가리 쌓고 창고에 채우고 마른 양식을 싸서 전대와 자루에 넣고서 백성을 편안케 하고 나라를 빛낼 것을 생각하여 활과 화살을 펴놓으며, 창과 방패와 도끼를 들어 이에 비로소 길을 떠났구나!'라고 했습니다. 따라서 집에 머무는 자에게는 노적가리와 창고가 있고, 길 떠난 자에게는 봇짐에 싼 양식이 있는 뒤에야 이에 비로소 길을 떠날 수 있는 것입니다. 왕께서 재물을 좋아하시거든 (이처럼) 백성들과 더불어 함께 좋아하신다면 제대로 왕 노릇 하는 데 무슨 어려움이 있겠습니까?"

제 선왕이 다시 "과인에게는 병통이 있다. 과인은 지나치게 여색을 좋아한다"고 말하자 맹자는 이렇게 답한다.

"옛날에 태왕(太王)이 여색을 좋아하시어 그 왕비를 사랑했습니다. 『시경』에 이르기를 '고공단보(=태왕)가 아침에 말을 달려 서쪽 물가를 따라서 기산(岐山) 아래에 이르러 이에 강녀(姜女)와 더불어 와서 집터를 보았다'고 했습니다. 이런 상황에 처했는데도 안에서는 원망하는 여인이 없었고 밖에서는 (빼앗긴 여인을 돌려달라고) 비는 지아비가 없었습니다. 왕께서 여색을 좋아하시거든 (이처럼) 백성들과 더불어 함께 하신다면 제대로 왕 노릇 하는 데 무슨 어려움이 있겠습니까?"

신이 가만히 살펴보겠습니다. 이 장 또한 앞 장과 같은 뜻입니다. 문왕이 힘써 정사를 행해 인(仁)을 베풀 때 반드시 홀아비〔鰥(환)〕, 과부〔寡(과)〕, 무의탁 노인〔獨(독)〕, 고아〔孤(고)〕 네 부류의 사람들을 먼저 했습니다. 그래서 맹자는 이 네 가지는 세상에서 가장 곤궁한 백성이자 어디 하소연할 데도 없는 자들이어서 (그래서) 문왕께서 먼저 했다고 말한 것입니다.

신이 이를 고찰해 보건대 어디 하소연할 데도 없는 자들을 학대하지 않고 곤궁한 사람들을 내팽개치지 않는 것은 요순 때부터 이미 그렇게 했던 것이니 문왕이 (이 당시) 기 땅을 다스린 마음은 곧 요임금과 순임금이 천하를 다스릴 때의 마음과 같다고 할 수 있습니다.

선왕이 맹자의 말을 잘 알면서도 스스로 말하기를 자신은 능히 실행에 옮길 수 없다고 한 것은 지나치게 재물과 여색의 굴레에 얽매여 있기 때문이었습니다. 이에 맹자는 공유(公劉) 대왕[2)]의 사례를 들어 임금 된 자가 어찌 창고에 쌓인 부를 필요로 하지 않았겠는가, (다만) 오로지 이런 마음을 미루어 헤아려 백성들도 역시 자신들의 집에 노적가리를 쌓아두기를 바라는 것만이 있을 뿐이다고 했습니다. 또 (태왕의 사례를 들어) 임금이 어찌 왕비의 받듦이 없을 수 있겠는가, (다만) 오로지 이런 마음을 미루어 헤아려 백성들도 역시 배우자를 갖는 안락함을 갖기를 바라는 것만이 있을 뿐이다고 했습니다.

무릇 공유는 재물을 좋아했던 것이 아니라 평소 머물 때는 창고에 쌓아둔 것이고, 길을 나설 때는 전대와 자루에 넣었을 뿐이니 그 당시 백성들 역시 평소 머물거나 길을 나설 때 모두 다 그것으로 먹고 살아 아무도 굶지 않을 수 있었습니다. 여기에서 (공유가) 백성들과 더불어 함께하고자 했던 바〔與民同欲(여민동욕)〕를 볼 수가 있습니다.

(무릇) 태왕은 여색을 좋아했던 것이 아니라 강녀와 함께 집터를 보았을 뿐이니 당시 궁궐 내에는 원망하는 여인이 없었고, 백성들 사이에서는 자기 여인을 돌려 달라고 비는 지아비가 없었던 것입니다. 여기에

서 (태왕이) 백성들과 더불어 함께하고자 했던 바를 볼 수가 있습니다.

공유가 백성들과 더불어 함께하고자 했던 바가 이와 같았으니 나라를 얻어 흥하지 않을 수 있었겠습니까?

후세의 임금이 온 천하의 부를 사사로이 소유해 거교(鉅橋)[3]와 낙구(洛口)[4]에 곡식을 산처럼 쌓아두었지만 (정작) 백성들은 옛날보다 먹을 것이 없었고, 여섯 궁녀들의 받듦을 누려 연희(燕姬)와 조녀(趙女) 같은 궁녀가 대궐에 차고 넘쳤지만 (정작) 백성들 대부분은 홀아비와 고아였습니다. 이러니 재앙과 변란이 어찌 생겨나지 않을 수 있었겠습니까?

오로지 어질고 빼어난 임금이라야 좋은 음식〔玉食(옥식)〕을 먹으면서도 늘 백성들이 풀뿌리도 배불리 먹지 못함을 근심하고, 빈어(嬪御-왕비나 후궁)와 함께 있으면서도 늘 백성들이 제대로 가정을 이루지 못하는 것을 염두에 두었으니 이런 마음을 미루어 헤아려 이러한 정사에 행한다면 그것은 거의 (어진 정치에) 가깝다고 할 수 있을 것입니다.

1) 주희는 명당을 주나라 천자가 동쪽 지방을 순수(巡狩)하면서 제후들에게 조회받던 곳이라고 풀이했다.
2) 후직(后稷)의 후손으로 주나라 세력이 그에게서 비롯되었다.
3) 은나라 주왕의 큰 곡식 창고가 있던 곳의 이름으로 주나라 무왕이 은나라를 멸망시키고 이 창고 안의 곡식을 꺼내 나눠주며 백성들을 진휼했다고 한다.
4) 황하 기슭의 지명으로 큰 창고가 있었다.

(『한서』) 한나라 문제(文帝) 때 조조(鼂錯)가 현량의 자격으로 대책문을 올려 말했다.

"삼왕(三王) 때에는 신하와 임금 모두 현능했습니다. 그래서 함께 계책을 세우고 서로 도우니 천하를 안정시킴에 있어 (추진하는 일마다) 백성들의 마음〔人情〕에 뿌리를 두지 않는 것이 없었습니다.

그리하여 백성들의 마음이란 오래 살고 싶지 않은 바가 없으니 삼왕이 나고서 해를 당하지 않았습니다. 또 백성들의 마음이란 부유하게 되고 싶지 않은 바가 없으니 삼왕이 나고서 가난으로 인한 곤란을 겪지 않았습니다. 그리고 백성들의 마음이란 평안하고 싶지 않은 바가 없으니 삼왕이 나고서 위태로워지지 않았습니다. 그리고 또 백성들의 마음이란 쉬고 싶지 않은 바가 없으니 삼왕이 그 힘을 아낄 수 있게 하여 여력이 남도록 해주었습니다.

그리고 삼왕이 법령을 만들 때에는 백성들의 마음과 맞아떨어진 후에야 그것을 시행했고, 백성들을 동원하여 부릴 때에는 사람의 일〔人事〕에 바탕을 둔 후에야 시행했으며, 늘 남들에게 시킬 때는 내 입장에서 바꿔 생각하고 시행했습니다. 사람의 정으로 볼 때 싫은 것을 남들에게 강제로 시키지 않았고, 사람의 정으로 볼 때 원하는 것을 남들에게 강제로 금하지 않았습니다.

(삼왕은) 이렇게 다스렸기 때문에 천하의 사람들은 그 정사를 즐거워했고, 그 (백성)다움〔德〕으로 돌아가 임금 보기를 마치 부모처럼 했고, 따르기를 마치 흐르는 물에 떠 있는 듯이 한 것입니다."

신이 가만히 살펴보겠습니다. 한나라 초는 삼왕시대와의 거리가 그렇게 멀지 않아 진나라 이전〔先秦〕의 옛이야기들이 남아 있었을 것이니, 이 말들도 조조가 생각해 낸 말이라기보다는 오히려 옛 사람들이 남긴 말이라 할 수 있을 것입니다.

무릇 백성들의 마음이 원하는 바〔所欲〕를 순순히 따르면 안정되고 그것을 어지럽히면〔擾〕 위태로워집니다. 그래서 삼왕시대의 임금과 신하들은 서로 늘 일깨워주기를 "자기의 욕심을 따르느라 백성들을 어겨서는 아니 될 것이다"라고 했습니다. 조조의 대책문은 대체적으로 여기에 뿌리를 두고서 부연 설명을 한 것인데 그 세세한 항목들이 아주 극진합니다. 다만 그것을 다시 총괄해서 요약하면 몇 가지 단서로 정리할 수 있을 것입니다.

첫째로 '병사들을 궁지에 몰아서는 안 되고 군대의 동원을 남발해도 안 된다〔不窮兵不黷武〕'고 한 것은 백성들의 생명을 온전하게 하기 위함이고, 둘째로 '서둘러 정벌에 나서지 말고 마구 세금을 거둬서는 안 된다〔不急征不橫斂〕'고 한 것은 백성들의 재산을 넉넉하게 해주기 위함이고, 셋째로 '가혹하고 어지러운 정치를 하지 말라〔不爲苛擾之政〕'고 한 것은 백성들의 주거와 일상을 안정시키기 위함이고, 넷째로 '장기적인 요역 사업은 일으키지 말라〔不興長久之役〕'고 한 것은 백성들의 힘을 기르기 위함이니 모든 일은 어짊〔仁〕을 그 바탕으로 하면서 역지사지하는 마음〔恕〕으로 행해야 합니다.

삼왕이 이른바 백성들의 마음을 그 바탕으로 삼았다는 것은 바로 이것들을 가리키는 것일 뿐입니다.

한나라 문제의 다스림을 깊이 살펴보면 옛 성군들에 다 미치지는 못했지만 너그럽고 어질고 자연스럽고 고요했으니〔寬仁安靜〕 거의 빼어난 임금〔聖君〕의 정치에 다가갔다고 할 수 있을 것입니다. 따라서 어찌 조조의 대책이 문제의 그 같은 정치를 이끌어낸 것이겠습니까? 다만 무제의 경우에는 그 대책과는 정반대의 길을 걷다가 결국 위란(危亂)에 이르게 됐으니 그 때문에 신은 조조의 대책문에서 일부를 취해본 것입니다.

(『자치통감』[1]) 당나라 덕종이 봉천(奉天)에 있을 때[2] 육지(陸贄)가 상소를 올려 말했다.

"현재 가장 시급한 일은 여러 백성들의 사정〔群情〕을 깊이 살피는 데 있습니다. 백성들의 심정이 간절히 바라는 것이 있으면 폐하께서는 그것을 먼저 시행하시고, 백성들의 심정이 심히 싫어하는 것이 있으면 폐하께서는 그것을 먼저 없애주셔야 합니다.

(위에서) 바라고 싫어하기〔欲惡〕를 천하와 더불어 하는데 천하 백성들의 마음이 거기로 돌아가지 않는 일은 없었습니다."

또 말했다.

"항상 사람의 욕심을 거슬러서 자기 몸이 어려워하는 바를 시행하시고 성심성의를 다하여 백성들이 병통으로 여기는 것을 없애주셔야 합니다. 많은 사람들이 논의하는 바를 가만히 듣고서 백성들의 마음〔群情〕에 대해 깊이 생각해보니 사방에서 조정 안팎의 뜻이 서로 어그러지는 것〔乖〕을 걱정하고 있고, 백성들은 또 임금과 신하 간의 도리가 서로 떨어져 있는 것〔隔〕을 걱정하고 있었습니다. 군국(郡國)의 뜻이 조정에 전

달이 되지 않고 조정의 진정〔誠〕은 폐하가 계신 계단〔軒陛〕을 오르지 못하고 있습니다.

폐하의 은택이 아래로 퍼져가는 통로는 없고 아래의 사정〔下情〕이 위로 올라오는 길은 막혀 있어 폐하께서는 듣지를 못하십니다. 현실적으로 중요한 일들〔實事〕은 반드시 알려지질 않고 폐하께서 알게 되는 일들은 반드시 실상〔實〕이 아닙니다. 위아래가 그 사이에서 막히고 진실과 거짓이 그 사이에서 뒤섞여, 쌓인 원망들이 속으로 들끓고〔嚚嚚〕 터질 듯한 비방이 자자하니 아무리 의심하여 막히는 바를 없애려고 해도 과연 그것이 가능하겠습니까?

신이 (그 방법을) 말씀드리겠습니다. 문무 신하들이 조회에 참석하는 날에는 특별히 이끌어서 만나보시고 친히 방향을 담은 말씀〔敍言〕을 내려주시어 화란(禍亂)이 생겨나게 된 이유에 대해 날날이 논하도록 하시고, 폐하의 허물을 스스로 뉘우치는 뜻을 명확하게 보이시어 신하들 각각으로 하여금 득실(得失)에 대해 숨김없이 말하도록 하시고, 거듭해서〔仍〕 일일이 대면하여 진술하는 것을 들으시고, 또 군무(軍務) 중 여가가 있을 때면 수시로 불러들여 필부들의 작은 선행들〔片善〕을 일일이 채록하여 버리지 않으신다면 얼마 안 가서 천하의 지혜가 다 모여서 (폐하의) 귀 밝음과 눈 밝음〔聰明〕을 돕고 천하의 마음이 다 순종하며 (폐하의) 가르침과 명령〔敎令〕을 따르게 될 것입니다. 이렇게만 된다면 임금과 신하가 뜻이 같은데 누가 따르지 않을 것이며, 또 멀고 가까움이 없이 다 마음이 폐하께로 돌아올 텐데 누가 난을 일으키겠습니까?"

상소가 올라갔으나 황상은 시행하지 않았다. 육지가 또 말했다.

"나라를 바로잡는〔立國〕 요체는 백성들을 얻는 데〔得衆〕 있고, 백성들을 얻는 요체는 백성들의 속마음〔情〕을 정확히 보는 데 있습니다. 그래서 중니(仲尼-공자)는 (『예기』에서) '백성들의 마음은 빼어난 임금의 밭이다〔人情聖王之田〕'라고 말했습니다. 이는 다스리는 도리〔理道=治道〕가 거기서 나온다는 뜻입니다.

(『주역』에 건(乾) 괘가 밑에 있고 곤(坤) 괘가 위에 있는 것을 태(泰) 괘라 하고 곤괘가 밑에 있고 건괘가 위에 있는 것을 비(否) 괘라고 했으며, 위에서 덜어서 밑에 더해주는 것을 익(益) 괘라 했고 밑에서 덜어서 위에 더해주는 것을 손(損) 괘라 했습니다.)

때〔時〕의 비괘, 태괘와 일〔事〕의 손괘, 익괘가 온갖 변화〔萬化〕를 연계시키게 되는 것은 반드시 백성들의 마음〔人情〕을 근거로 해서이기 때문에 아래위가 서로 교류하면 편안하고〔交而泰〕 교류가 막히면 편안치 못하며, 스스로 덜어내면 남들이 더하게 되고 스스로 더하게 되면 남들이 덜어내는 것입니다. 따라서 백성들의 속마음〔情〕의 득실(을 정확히 알아내는 것)이 어찌 쉬울 수 있겠습니까?

따라서 임금을 배에 비유하면 백성은 물입니다. 물은 배를 띄울 수도 있고 뒤집을 수도 있습니다. 배는 곧 임금의 도리〔君道〕요, 물은 곧 백성들의 속마음〔人情〕입니다. 배가 물길을 순하게 따르면 뜨고 거스르면 가라앉듯이 임금이 백성들의 마음을 얻으면 굳건하고 잃으면 위태로워집니다. 이 때문에 옛 성군들은 백성들의 위에 있으면서도 반드시 백성들의 마음에 의거하여 천하의 마음을 따르려 했지 감히 천하의 사람들로 하여금 자신의 욕심을 따르게 하지 않았던 것입니다."

덕종은 육지의 말을 따를 수 없었다.

신이 가만히 살펴보겠습니다. 덕종은 매사를 자기 마음

대로 하고 싶은 욕심이 강해 천하의 사정〔情〕에는 눈감아버렸습니다. 이로 인해 건중(建中)의 난이 일어났으니 육지는 간절하게 그 말을 다 했으나 덕종은 듣는 척도 안 했습니다. 당나라의 정치는 이때부터 날로 쇠퇴의 길에 접어들었습니다. 이를 보면 (덕종처럼) 밝지 못한 임금이 더불어 말할 수 있는〔與言〕 자이겠습니까?[3)]

이상은 백성들이 따르고 등 돌리는 연유를 논한 것입니다.

1) 일부는 육지의 상소문 모음집에서 별도로 인용하고 있다. 즉 괄호 안의 부분은 『자치통감』에서는 생략돼 있으나 문맥을 이해하기 위해 상소문 모음집에서 찾아 보충했다.
2) 주차(朱泚)가 반란을 일으켜 덕종은 이곳으로 몽진해야 했다.
3) 이 말은 『논어』 「위령공(衛靈公)」에 나오는 공자의 말에서 따온 것이다. 문맥도 동일하다. 공자는 말했다. **"더불어 말할〔與言〕 만한 사람인데도 그 사람과 더불어 말을 하지 않는다면 사람을 잃는 것이요, 더불어 말할 만한 사람이 아닌데도 그 사람과 더불어 말을 한다면 말을 잃는 것이니 사람을 볼 줄 아는 사람은 사람도 잃지 않고 말도 잃지 않는다."**

농민들이 편안해하고 걱정하는 실상

『시경』 '고사리를 캐며〔采薇〕'[1]는 변경을 지키는 수자리〔戍役〕를 보낸 것을 읊은 시다. (주나라) 문왕 시절에 서쪽으로는 오랑캐 곤이(昆夷)의 우환이 있었고, 북쪽으로는 험윤(玁狁-북쪽 오랑캐로 훗날의 흉노)의 난이 있었으므로 천자(天子)[1]의 명령에 따라 장수를 명하여 수자리를 보내서 중국을 방어했다. 그래서 '고사리를 캐며〔采薇〕'를 노래하여 보냈다.

그 첫 장이다.

"고사리 캐고 또 캐건만 / 고사리 또 그 자리에서 나오네. / 돌아가리라 돌아가리라 / 한 해가 또 저무는구나. / 잘 방 없고 쉴 집 없으니 / 북쪽 오랑캐 때문이네. / 편안히 앉아 쉴 겨를도 없으니 / 북쪽 오랑캐 때문이네."

그 다음 장이다.

"고사리 캐고 또 캐건만 / 고사리 또 그 자리에서 부드러워지네. / 돌아가리라 돌아가리라 / 마음도 근심 가득하구나. / 근심하는 마음 애태우니 / 굶주리고 목마르네. / 내 수자리 언제 끝날지 모르니 / 돌아가 안부를 전하게 할 자도 없네."

세 번째 장이다.

"고사리 캐고 또 캐건만 / 고사리 또 그 자리에서 억세지네. / 돌아가리라 돌아가리라 / 또 10월이 찾아오는구나. / 나랏일〔王事〕을 튼튼히 아니할 수 없으니 / 편안히 거처할 틈도 없네. / 근심하는 마음 깊이 병들어가지만 / 우리의 출정길 그냥 돌아가지 않으리."

마지막 장이다.

"옛날 내가 출정 나올 땐 / 버드나무 한들한들 했건만 / 지금 내가 돌아갈 땐 / 함박눈 펄펄 내리는구나. / 갈 길 멀고 멀어 / 목마르고 굶주리는구나. / 내 마음 쓸쓸하고 서글픈데 / 아무도 내 슬픔 알아주질 않네."

1 이 당시 천자는 주왕이다.

신이 가만히 살펴보겠습니다. 이 시는 상나라가 망해가던 무렵 주왕이 무도한 짓을 일삼고 오랑캐가 교대로 침범해 오니 문왕이 당시 서백(西伯)으로 있으면서 천자의 명에 따라 (장병들을) 수자리에 보내서 중국을 지키는 내용입니다.

백성들이야 가고 싶지 않았겠지만 안 갈 수가 없어 그 내용은 참으로 측은하고 슬픕니다. 시에서 '고사리 캐고 또 캐건만〔采薇采薇〕'은 고사리를 통해 수자리의 시기를 보여주고 있습니다. 고사리가 날 때 수자리 서는 사람들은 비로소 임무를 시작했고, 고사리가 부드러워졌을 때 그 사람들은 한창 임무를 수행 중이었고, 고사리가 억세졌을 때 그 사람들은 장차 돌아갈 것을 기대했으니 세월이 한참 흐르고서야 돌아갈 기대를 품을 수 있었던 것입니다.

그리고 '잘 방 없고 쉴 집 없으니〔靡室靡家〕'라고 한 것은 수자리 떠난 사람들이 자신들의 배우자를 떠나와 있음을 표현한 것이고, '편안히 거처할 겨를도 없네〔不遑啓居〕'라고 한 것은 그 거처하는 바가 편안치 못하다는 것을 표현한 것입니다.

또 '근심하는 마음 애태우니〔憂心烈烈〕 / 굶주리고 목마르네〔載飢載渴〕'라고 한 것은 돌아갈 기약이 너무나 멀어 근심이 된다는 뜻인데 이를 강조하기 위해 '굶주리고 목마르다〔飢渴〕'고 표현한 것이며, '내 수자리 언제 끝날지 모르니〔我戍未定〕 / 돌아가 안부를 전하게 할 자도 없네〔靡使歸聘〕'라고 한 것은 돌아갈 날이 정해져 있지 않아 누구를 시켜서 집안의 안부도 물어볼 수 없는 처지를 표현한 것입니다.

또 '나랏일을 튼튼히 아니할 수 없으니〔王事靡盬〕 / 편안히 거처할 틈도 없네〔不遑啓處〕'라고 한 것은 임금이 시키신 일이니 열심히 수고하느라 그 거처하는 바가 편안치 못하다는 것을 표현한 것이고, '근심하는 마음 깊이 병들어가지만〔憂心孔疚〕 / 우리의 출정길 그냥 돌아가지 않으리〔我行不來〕'라고 한 것은 적을 죽이겠다는 결의를 다지며 비록 근심하는 마음은 깊은 병처럼 됐지만 이번 출정길은 반드시 이겨서 돌아가리라는 다짐을 표현한 것입니다.

마지막 장 또한 옛날에 내가 출정 나올 때 버드나무가 한들한들 했다는 것은 봄이 한창이었다는 것이고, 지금 내가 돌아가려 할 때 함박눈이 펄펄 내린다는 것은 겨울이 끝나간다는 것입니다.

(이 시는) 정벌 행군이 오래되어 굶주림과 목마름의 해로움이 깊어 마음이 상하고 슬픈데도 남들은 나의 이런 심정을 몰라주는 것을 노래하고 있습니다. 이것은 모두 다 수자리 나간 백성들의 솔직한 마음〔情〕이 그 속에 맺혀 있는 것입니다. 그런데 이들은 자신들의 능력으로는 그것을 하소연할 방법이 없었습니다. 이에 문왕이 먼저 그 드러나지 않은 속마음을 알아차리고서 그들의 노고를 노래로 표현했는데 마치 자신의 몸에 병이 난 듯이 백성들의 고생을 마음 아파했습니다.

그래서 범조우(范祖禹)는 이 시에 대해 다음과 같이 말했습니다.

"나는 이 시에서 옛 임금〔先王-문왕〕이 사람의 도리〔人道〕로써 백성들을 부리는 것을 보았는데 후세의 임금들은 (백성들을) 소나 양처럼 대할 뿐이다."

어찌 이 말이 딱 맞는 말이 아니겠습니까? (바로 뒤에 이어지는) 시 '출거(出車)'는 개선하는 내용이고, '체두(杕杜)'는 부역에서 돌아온 것을 위로하는 내용인데 대체적으로 이 시와 뜻이 같아 여기에 다 다루지는 않았습니다.

1)「소아(小雅)」의 편(篇) 이름이다.

(『시경』) '동산(東山)'은 주공(周公)이 동쪽으로 정벌한 것을 다루고 있다. 주공은 동쪽을 정벌하고 3년 만에 돌아왔는데 돌아오는 병사들을 위로하자 대부가 이를 찬양하여 이 시를 지었다. 1장은 정벌이 끝난 것을 말한 것이고, 2장은 그리워함을 말한 것이며, 3장은 집안 식구들이 자신에게 바라는 바를 말한 것이고, 4장은 남녀의 혼인이 제때에 딱 맞음을 말한 것이다. 군자가 백성에 대하여 그 진정(情)을 서술하고 그 수고함을 민망하게 여겼으니 이 때문에 백성들은 기뻐했다. 기뻐하게끔 백성들을 부려서 백성들이 자신들의 죽음마저 잊게 한 것을 다룬 시는 아마도 '동산(東山)'뿐일 것이다.

(1장) "내 동산에 가서 / 오래도록 돌아오질 못했네. / 내 동쪽에서 돌아올 때 / 내리는 비 부슬부슬했네 / 내 동쪽에서 돌아올 때 / 내 마음 서쪽 향해 슬펐노라. / 이제 (군복을 벗고) 평상복을 지어 / 더 이상 행군하고 함매(銜枚)[1]하는 일 않으리라 / 꿈틀꿈틀 저 뽕나무벌레 / 뽕

나무밭에 있고 / 외로이 저 홀로 잠든 자 / 또한 수레 밑에 있구나."

(2장) "내 동산에 가서 / 오래도록 돌아오질 못했네. / 내 동쪽에서 돌아올 때 / 내리는 비 부슬부슬했네. / 하늘타리 열매가 / 집으로 뻗어 있고 / 쥐며느리 방에 있고 / 납거미가 문에 있고 / 집 곁 빈 땅은 사슴 마당이 됐으며 / 반짝거리는 반딧불이들 / 두려워할 것 아니라 / 그립도다."

(3장) "내 동산에 가서 / 오래도록 돌아오질 못했네. / 내 동쪽에서 돌아올 때 / 내리는 비 부슬부슬했네. / 황새는 개밋둑에서 울고 / 부인은 집에서 탄식하여 / 집 안 청소를 하고 쥐구멍을 막으니 / 내 걸음이 때마침 이르렀구나. / 주렁주렁 달린 쓴 오이여 / 저 밤나무 섶에 있구나. / 내 이것을 못 본 지 / 이제 3년이 됐도다."

(4장) "내 동산에 가서 / 오래도록 돌아오질 못했네. / 내 동쪽에서 돌아올 때 / 내리는 비 부슬부슬했네. / 꾀꼬리 나는데 / 그 깃 선명하구나. / 딸의 시집감이여 / 황백색과 얼룩무늬 말이로다. / 친히 그 향주머니를 매주니 / 아홉이며 열인 그 위의(威儀)로다. / 신혼이 매우 아름다우니 / 이미 전에 혼인한 사람들이야 어떠하겠는가?"

신이 가만히 살펴보겠습니다. 이 시는 모두 4장으로 되어 있으며 매 장의 첫머리를 반드시 '내 동산에 가서〔我徂東山〕(아조동산) / 오래도록 돌아오질 못했네〔慆慆不歸〕(도도불귀). / 내 동쪽에서 돌아올 때〔我來自東〕(아래자동) / 내리는 비 부슬부슬했네〔零雨其濛〕(영우기몽)'로 시작한 것은 오랫동안 수자리를 서며 고향으로 돌아가고 싶은 마음〔情〕(정)을 서술하고, 돌아가지 못한 채 위험 속에서 힘든 고생을 하고 있는 것을 마음 아파한 것입니다.

'나'는 동쪽에 있으면서 일찍이 돌아가겠다고 말할 수도 없었고 돌아갈 수도 없었습니다. 그래서 그 마음은 늘 서쪽을 생각하며 슬퍼했던 것이고, 지금에야 돌아오니 옷을 새로 짓고 두 번 다시는 행진에 나서는 일이 없기를 바라고 있습니다.

'꿈틀꿈틀 저 뽕나무벌레〔蜎蜎者蠋(연연자촉)〕 / 뽕나무밭에 있고〔烝在桑野(증재상야)〕 / 외로이 저 홀로 잠든 자〔敦然獨宿(돈연독숙)〕 / 또한 수레 밑에 있구나〔亦在車下(역재거하)〕'라고 한 것은 길에서 눈에 보이는 것들을 통해 자신의 고립되고 쓸쓸한 모습을 그려낸 것입니다.

다음 장에서 '하늘타리 열매가〔果蠃之實(과라지실)〕 / 집으로 뻗어 있고〔亦施于宇(역시우우)〕 / 쥐며느리 방에 있고〔伊威在室(이위재실)〕 / 납거미가 문에 있고〔蠨蛸在戶(소소재호)〕 / 집 곁 빈 땅은 사슴 마당이 됐으며〔町畽鹿場(정탄녹장)〕 / 반짝거리는 반딧불이들〔熠燿宵行(습요소행)〕'이라고 한 것은 대개 아직 돌아가고 있지 못했을 때 집이 텅 비어 사람이 아무도 없어 황량하고 음습하여 넝쿨만이 가득한 것을 상상한 것입니다. 작은 벌레들만 빼곡하고 집 곁 빈 땅에는 사슴만이 놀고 있으니 진실로 두려워할 만한 일은 아니어서 돌아가고 싶은 마음이 생겨나지 않을 수 없었을 것입니다.

3장에서 하늘에서 비가 오려 할 때 황새가 개밋둑에서 울고[2] 부인은 집에서 탄식한다고 한 것은 남편이 수자리 부역에 나가 있는데 비가 올까봐 걱정하여 탄식했으니 사랑이 그만큼 지극하다는 뜻입니다. 집 안 청소를 하고 쥐구멍을 막는다는 것은 '나'의 행군이 끝나가니 마침내 (부인이) 집 안을 청소하여 기다리는 마음이 절절한 것입니다.

쓴 오이가 밤나무 섶에 있는 것을 보면서 수자리간 남편을 떠올리고 '내 이것을 못 본 지〔自我不見(자아불견)〕 / 이제 3년이 됐도다〔于今三年(우금삼년)〕'라고 한 것입니다. 눈길 닿는 것마다 그리움을 불러일으키지 않는 것이 하나도 없습니다.

4장에서 '꾀꼬리 나는데〔倉庚于飛〕 / 그 깃 선명하구나〔鮮明其羽〕' 라고 한 것은 혼인할 때가 됐다는 것이고, '딸의 시집감이여〔之子于歸〕 / 황백색과 얼룩무늬 말이로다〔皇駁其馬〕'라고 한 것은 화려하게 꾸몄다〔文彩〕는 것이니 어머니가 시집가는 딸을 위해 작은 띠를 채워주고 향주머니를 매서 보내주는 것입니다. '아홉이며 열인 그 위의(威儀)로다〔九十其儀〕'라고 한 것은 위용이 크다는 것입니다. 신혼의 기쁨은 진실로 아름답다 할 것입니다만 혼인한 지 오래된 사람들이 (오랫만에) 서로 만나 기뻐함은 또 어떻겠습니까?

무릇 남녀가 함께 사는 것은 사람의 지극한 정입니다. 그래서 1장에서 홀로 잠자는 것을 말했고, 3장에서 헤어져 있는 것이 오래됐음을 서술했으며, 4장에서 혼인의 새로움과 오래됨으로 끝을 맺었습니다. 그래서 이 시를 풀이한 모장(毛萇)은 이렇게 말했습니다.

"군자가 백성에 대하여 그 진정〔情〕을 서술하고 그 수고함을 민망하게 여겼으니 이 때문에 백성들은 기뻐했다."

이는 이 시의 본뜻을 정확히 파악한 것이라 하겠습니다. 시에서 말하는 '나'는 대개 주공이 돌아온 병사의 말을 (대신해서) 서술한 것이니 병사의 마음속에 쌓여 있지만 말로 표현할 수 없었던 것을 주공이 (병사의 입장이 되어) 빠짐없이 말로 다 표현해 준 것입니다. 그때를 가상하여 아래위가 서로 미덥고〔孚〕, 서로 위해주고 기뻐하는 것이 절로 그칠 수가 없을 정도였습니다. 후세에 정벌로 인한 수자리가 빈번해지자 백성들은 부역으로 인해 병들게 되어 시를 지어 풍자를 했습니다.

(『시경』 '척호(陟岵)'에서) "아버지가 말씀하시기를 '아! 내 아들 정벌에 동원되어 / 밤낮으로 (고생하느라) 끝이 없구나', 어머니가 말씀하

시기를 '아! 내 막내아들 정벌에 동원되어 / 밤낮으로 잠을 이루지 못하는구나'"라고 했고, (『시경』 '보우(鴇羽)'에서) "나랏일을 튼튼히 아니할 수 없어 / 기장도 못 심었으니 / 부모님 무얼 먹고 사시나"라고 했으며, (『시경』 '요아(蓼莪)'에서) "불쌍하신 부모님! 나 낳느라 고생하셨네"라고 했습니다. 이것들은 부모와 자식이 서로 지켜주지 못해서 한스러워하는 것입니다.

(『시경』 '갈생(葛生)'에서) "각진 베개 찬란하며 / 비단 이불 곱도다. / 내 아름다운 분은 여기에 없으니 / 누구와 더불어 날을 새야 하나"라고 했고, (『시경』 '채록(采綠)'에서) "아침 내내 쪽풀을 캤어도 / 한 앞치마 채우지 못했네 / 닷새가 기한인데 / 엿새가 되어도 보지 못하는구나"라고 했습니다. 이것들은 부부가 서로 지켜주지 못해서 한스러워하는 것입니다.

(『시경』 '점점지석(漸漸之石)'에서) "높고 높은 바위 / 참으로 높기도 하구나 / 산천이 아득히 머니 / 참으로 수고롭겠구나"라고 했고, (『시경』 '하초불황(何草不黃)'에서) "(우리는) 외뿔소가 아니며 호랑이가 아니거늘 / 저 광야를 따르게 하는가 / 불쌍한 우리 정벌에 동원된 병사들 / 아침저녁으로도 여가가 없구나"라고 했습니다. 이것들은 장차 수자리 부역에 동원될 경우 겪어야 하는 고생을 미리 떠올리며 한스러워하는 것입니다.

시 '고사리를 캐며〔采薇〕'와 '동산(東山)'은 대체적으로 그 뜻이 비슷합니다. 그러나 이 두 시는 윗사람이 수자리 나간 사람의 심정〔情〕을 (대신하여) 적은 것이지만 시 '척호(陟岵)'를 비롯해 여기에 언급한 여러 시들은 수자리 나간 사람이나 그 집사람이 스스로 그들의 심정을 적고 있습니다. 따라서 두 부류의 시들은 돌이켜보건대 서로 거리가 멀지 않을 수 있겠습니까?

지금 세상에서는 군대와 농사〔兵農(병농)〕가 분리돼 있고 변방의 백성들만이 종종 정벌에 동원되거나 군수 물자를 나르는 데 동원되어 굶주림 등으로 고역을 치르고 있지만 그럼에도 불구하고 이들이 겪어야 하는 슬픔과 근심과 고통은 종종 옛날보다도 심할 때가 있습니다. 이들의 사정을 장수나 변방의 관리들도 다 듣지 못해 과오를 저지르곤 하는데 하물며 구중궁궐의 저 깊은 곳에 계신 임금께 가서 닿을 수가 있겠습니까?

그래서 신이 지금 여기에 여러 편의 시를 나열한 것은 어질고 빼어나신〔仁聖(인성)〕 폐하께서 문왕과 주공의 깊은 생각〔念(염)〕을 잘 받아 느끼시고서 궁정 깊은 곳에 계시더라도 (마음만은 항상) 변방 백성들의 힘든 삶 한가운데 계신 듯이 하시고, 백성들의 걱정과 근심을 폐하의 걱정과 근심처럼 마음 아파해주신다면 백성들도 장차 황상의 근심을 자신들의 근심으로 여길 것입니다. 백성들이 진정으로 기뻐하여 자신들의 죽음마저 잊을 정도까지 백성들을 사랑하는 것이 거의 그 길이라 할 것입니다.

1) 행군할 때 소리를 내지 않기 위해 헝겊으로 목을 틀어막는 일을 말한다.
2) 비가 오려 하면 구멍에 들어가 있던 개미들이 다 밖으로 나오기 때문에 황새의 먹잇감이 된다. 그래서 황새가 개밋둑에서 운다고 한 것이다.

(『시경』) '7월(七月)'은 임금다운 업적〔王業〕을 말한 시다. 주공이 변고를 만나자 이에 주공이 (옛날에) 후직과 선공(先公)[1]이 풍속을 바로잡으려고 지극히 노력한 이유가 다름 아닌 임금다운 업적을 이루는 것의 지극한 어려움〔艱難〕과 관련되었기 때문이었음을 말하고 있다.

(1장) "7월에 대화심성(大火心星)이 서쪽으로 떠내려가거든 / 9월에는 옷을 만들어주어야 한다. / 일양(一陽)의 날에 바람이 차갑고 / 이양(二陽)의 날에 기온이 차니 / 옷이 없고 갈옷이 없으면 / 어떻게 한 해를 마치리오. / 삼양의 날에 가서 쟁기를 손질하고 / 사양의 날에 발꿈치 들고 발 갈러 가거든 / 우리 처자식과 함께 / 저 남쪽 이랑으로 밥을 내가니 / 권농관이 와서 기뻐하는구나."

(2장) "7월에 대화심성이 서쪽으로 떠내려가거든 / 9월에는 옷을 만들어주어야 한다. / 봄에 햇볕이 비로소 따뜻해져서 / 꾀꼬리가 울거든 / 아가씨 아름다운 광주리를 잡고 / 저 오솔길을 따라 / 이에 부드러운 뽕잎을 구하며 / 봄에 해가 길고 길어 / 흰 쑥 캐기를 많이도 하니 / 아가씨의 마음 서글퍼함이여! / 장차 왕자와 함께 돌아가리다."

(3장) "7월에 대화심성이 서쪽으로 떠내려가거든 / 8월에 갈대를 베야 한다. / 누에 치는 달에 가지치기를 해야 하니 / 저 도끼와 네모난 도끼를 갖고서 / 멀리 뻗어난 가지는 베고 / 저 여린 뽕은 잎만 따야 한다. / 7월에 왜가리가 울거든 / 8월에 길쌈을 해야 한다. / 검정색 물들이고 노란색 물들여 / 우리 붉은 색이 제대로 빛나거든 / 왕자의 치마를 만들어야 한다."

(4장) "4월에 아기풀이 패면 / 5월에 말매미가 울며 / 8월에 곡식을 수확하면 / 10월에 초목이 말라 떨어진다. / 일양의 날에 살쾡이 사냥

을 가서 / 저 살쾡이를 갖고서 / 왕자의 갖옷을 만들고 / 이양의 날에 큰 사냥을 가서 / 무공을 계속 쌓아 / 햇돼지는 자기가 갖고 / 세 살된 돼지는 나라에 바친다."

(5장) "5월에 메뚜기 다리를 부벼 울고 / 6월에 베짱이 깃을 떨어 울며 / 7월에는 들에 있고 / 8월에는 처마 밑에 있고 / 9월에는 문에 있고 / 10월에는 귀뚜라미가 평상 아래로 들어온다. / 구멍들을 막고 쥐구멍에 불을 놓으며 / 북쪽 창을 막고 창문을 바르고 / 아, 우리 처자들아 / 해가 바뀌게 됐으니 / 이 집에 들어와 살지어다."

(6장) "6월에는 아가위와 머루를 먹고 / 7월에는 아욱과 콩을 삶고 / 8월에는 대추를 털며 / 10월에는 벼를 수확해 / 봄 술을 만들어서 / 축하를 할 일이다. / 7월에는 오이를 먹고 / 8월에는 박을 타며 / 9월에는 깨를 털고 / 씀바귀 뜯고 가죽나무 베어서 / 우리 농부들을 먹이도다."

(7장) "9월에는 채소밭을 다지고 / 10월에는 벼를 거둬들이니 / 벼에는 늦벼와 올벼가 있으며 / 벼와 삼, 콩과 보리다 / 아! 우리 농부들아 / 우리 농사 이미 모였으니 / 위로 읍에 들어가 궁실의 일을 해야 하니 / 낮이면 가서 띠풀을 베어오고 / 밤이면 새끼 꼬아 / 빨리 그 지붕을 해 이어야 / 내년에 다시 백곡을 파종할 수 있도다."

(8장) "이양의 날에 얼음을 꽝꽝 깨트려 / 삼양(三陽)의 날에 빙고에 넣으니 / 사양(四陽)의 날 아침에 / 염소를 바치고 부추로 제사를 지낸다. / 9월에 서리 내리거든 / 10월에 마당을 깨끗이 쓸고 / 두 동이의 술로 연향을 베풀어 / 고양(羔羊)을 잡아 / 저 공당(公堂-임금의 당)으로 올라가서 / 저 뿔잔을 드니 / 만수무강 하시옵소서."

신이 가만히 살펴보겠습니다. 주나라 왕실〔周家〕은 농사(農事)로 나라를 열었습니다.[2] 성왕(成王)이 아직 어릴 때 주공은 성왕이 농사짓는 일의 힘들고 어려움〔艱難〕을 알지 못하는 것을 심히 걱정했습니다. 그래서 주공은 이 시를 지어 장님들〔瞽矇〕로 하여금 이것을 노래로 불러 가르치도록 했던 것입니다.[1] 이는 바라건대 성왕이 평범한 백성들의 의지하는 바를 잘 알아서 여색이나 음악, 사냥 등에 빠지지 않기를 감히 기대한 것이니 '무일(無逸-게으르지 않음)' 편을 지은 것과 뜻이 똑같다고 할 수 있습니다.

무릇 농사라는 것은 먹고 입는 것의 근본이니 하루라도 농사를 짓지 않으면 하늘과 땅이 사람을 기르는 것이 거의 없어지고 말 것입니다. 오직 그런 관련을 통해서만 사람의 큰 사명〔大命〕은 생겨나는 것입니다. 이리하여 천하에 복종한다는 것은 지극한 노고를 들여야 하는 것이니 지금 이 시를 갖고서 살펴보면 해와 달과 별들의 운행 및 곤충과 초목의 변화가 모두 눈과 귀에 감응할 수 있는 것은 다 그 생각을 불러일으키는 것에 닿아서〔觸〕 그런 것입니다. 그래서 이런 마음은 어느 하나도 농사〔農〕에 있지 않은 것이 없습니다.

(1장의) '가서〔于=行=之〕 쟁기를 손질하고〔耜〕'부터 '발꿈치 들고 밭갈러 가거든〔擧趾〕'까지와 (7장의) '백곡을 파종할 수 있도다〔播穀〕'부터 (8장의) '마당을 깨끗이 쓸고〔滌場〕'에서 필요로 하는 도구는 한 가지가 아니며 해야 할 일도 한 가지가 아니지만 각자의 사사로운 일을 바야흐로 마쳤으니 왕실의 부역에 감히 아니 나갈 수 없었으며, 1년 농사의 수확〔歲功〕을 다 이뤘으니 나라에서 하는 일을 감히 뒤로 미루지 않았던 것입니다. 그래서 한 해 동안에 단 하루라도 농사〔農〕에 전념하지 않았던 적이 없습니다.

(또 시를 보면) 지아비와 지어미, 처와 자식이 힘을 합쳐 (농사)일을 하며 각자 맡은 바 일을 열심히 합니다. 그래서 한 집안 안에서 어느 한 사람도 농사〔農〕에 힘을 쏟지 않는 사람이 없는 것입니다.

가을에 옷감을 짜고 봄에 뽕나무 가지 쳐서 몸소 누에고치에서 실을 빼 길쌈하는 수고를 하여 옷을 짓는 데 지극하지 않음이 없고, (그것으로는) 오히려 모자랄까 걱정하여 담비를 잡아 가죽옷을 지어 다시 서로 도움을 줍니다.

아가위와 머루를 먹고 아욱과 콩을 삶으며 과일과 채소 중에서 좋은 것을 골라 노인들을 봉양하는 데 지극하지 않음이 없고, (그것으로는) 오히려 모자랄까 걱정하여 쌀로 술을 빚어 그들을 모십니다.

그래서 이때가 되면 농사를 짓는 사람은 자신의 논밭을 갖게 되고 위에서는 백성들을 갖게 되어 자신들을 따르게 하고, 백성들은 관리들을 높이 받들고 관리들은 백성들을 권면합니다. 그리하여 이 백성들은 또한 삶의 즐거움을 갖게 되고 부지런하고 민첩하여 서로 어우러지는 기쁨의 기운〔和悅之氣〕이 아래위에 가득하여 (임금은) 백성들이 근심하고 수고하는 처지를 그냥 두고 보지 못하고, 백성들도 두 동이 술과 희생양으로 공당에 올라 만수무강을 빌어주고 임금과 백성들은 서로 술잔을 권하면서 서로의 존비(尊卑)와 귀천(貴賤)의 구분까지도 다 잊었습니다.

그러나 후세의 농민들은 이와 달랐으니 농사를 지을 수 있는 땅이 없었고 그들이 농사를 짓는 땅은 다른 사람의 땅이요, 농사를 책임지는 관리도 그냥 자연재해나 없으면 그만이었으니 어찌 백성들은 관리들을 높이 받들고 관리들은 백성들을 권면하려는 뜻이 있겠습니까?

고로 몇 톨 쌀알로 밥을 지으며 하루하루 겨우 먹는 것이 일상이 되고, 밭일이 이미 시작되니 군역 나간 사람들의 군량과 소 먹일 꼴은 제대로 조달할 수 없으며, 세금 거두는 사람은 이에 따라 세금을 두 배 이상 거두려 하고, 거친 현미밥과 명아주 끓인 국〔糲飯藜羹(여반려갱)〕도 오히려 배불리 못 먹는데 감히 소금과 식초를 넣은 제대로 된 음식맛이야 기대할 수 있겠습니까?

새벽 서리가 내리지도 않았는데 배고픔을 참아가며 쟁기를 끌고 살갗이 얼어터져 참을 수가 없어 화톳불에 겨우 언 몸 녹이니 이것이 밭갈기 시작할 때의 고통이요, 뜨거운 기운이 장차 타오르는데 새벽별 떠오르자 (농사일 하느라) 새부리 모양의 곱사등이가 되며, 저녁이 돼서야 마침내 쉴 수 있으니 온몸은 진흙투성이가 되고 온몸이 열이 올라 땀범벅이 되어 100이랑의 밭을 가꾸느라 사람 모양이 바뀌어 알아볼 수가 없을 정도였으니 이것이 모내기 할 때의 고통이요, 뜨거운 햇살이 쇠를 녹일 듯〔流金(유금)〕하고 논의 물은 펄펄 끓는 듯하며 김매고 북돋아주는 것에 힘쓰고 가라지〔稂莠(낭유)〕는 뽑아주며 흙모래를 긁어대느라 손가락이 이그러지고 곱사등이가 되어 일하느라 허리가 굽으니 이것이 김매기 할 때의 고통이요, 이삭이 고개를 숙이고 곡식이 여물 때 사람들은 그동안 애써 농사지은 것들이 상할까 두려워하며 논밭 가운데 짚단으로 움막을 짓고 무릎이나 겨우 밀어넣을 만한 서너 자 작은 방에서 간신히 비나 피하면서 추운 밤에도 잠 한숨 못 자는데 바람과 서리는 돌침처럼 뼛속을 파고드니 이것이 추수할 때의 고통입니다.

낫질을 끝내고 수확하여 집으로 돌아왔을 때 아내와 자식들은 모두 기뻐하며 절구질하고 키질하여 다투어 재빠르게 일을 마치니 즐거울 뿐만 아니라 오랜만에 한번 배부르게 먹을 수 있었습니다. 이는 지난 몇 달 사이에 일찍이 없었던 일입니다. 그리고 추수한 곡식들을 집안 창고에 넣어두지만 춘궁기에 빌렸던 곡식들을 이자 얹어 갚고 나면 집 안은 다시 텅 비어버립니다. 이렇게 되면 할 수 있는 것이라고는 땔나무를 하고 죽을 팔아 곡식을 바꾸어 겨우 살아갈 뿐이니 만일 뽕나무 삼나무를 심어 명주와 베를 얻는다 하더라도 그 노고는 다른 데로 가고 정작 본인들은 다 헤진 옷과 헌 솜으로 한 해를 제대로 보내기도 힘들게 됩니다. 따라서 어찌 이중삼중으로 슬프고 가련하다 아니할 수 있겠습니까?

무릇 농부와 베 짜는 여인〔紅女(홍녀)〕의 힘든 일은 잘사는 농민들도 제대로 알기 어려운데 하물며 사대부야 어떻겠습니까? 사대부도 그것을 제대로 알기 어려운데 하물며 황실 친인척들이야 어떻겠습니까? 황실 친인척들도 그것을 제대로 알기 어려운데 하물며 대궐 내 잉첩들이야 어떻겠습니까?

우리 송나라에 들어와 장식(張栻)이 경연에 입시하여 (『시경』에 실린) 시 '갈담(葛覃)'에 관해 강하면서 이렇게 말했습니다.

"주공이 성왕에게 고한 바의 취지는 『시경』의 '7월(七月)'에 (똑같이) 보이고 『서경』의 '무일(無逸)'에도 보이는데 이는 농사짓고 베 짜는 농민들의 어려움과 백성들의 힘든 삶을 (임금이) 알도록 하려는 것이니 제왕이 전수받아야 할 마음의 도리〔心法(심법)〕의 요체가 여기에 드러나 있는 것이라 하겠습니다. 따라서 잘 다스린다는 것은 항상 삼가고 두려워함〔敬畏(경외)〕에서 생겨나고 어지럽게 만드는 것은 항상 교만하고 방자한 마음〔驕肆(교사)〕에서 일어나는 것이라 했으니 나라를 다스리는 자로 하여금 늘 농사짓는 수고로움을 생각하게 한다면 마음을 제대로 보존하지 못하는 자는 적을 것입니다. 그러니 어떻게 해야겠습니까?

먼저 반드시 아침저녁으로 늘 엄정하고 공손해야 할 것이며 감히 나태해져서는 안 될 것입니다. 또 반드시 힘없는 백성들을 품어서 지켜주고 감히 유흥에 빠지면 안 될 것입니다. 또 반드시 천하의 굶주림과 추위를 마치 자신이 겪는 굶주림과 추위처럼 생각해야 합니다. 이런 마음이 항상 보존된다면 교만하고 방자한 마음이 거기서 어떻게 생겨날 것이며, 또 다스림의 근본이 어찌 흥하지 않을 수 있겠습니까?"

장식의 논의는 참으로 지극히 간절합니다. 신이 어리석고 무능하지만 한 말씀 올리겠습니다. 유학(儒學) 하는 신하〔儒臣〕를 부르시어 오늘날 농부와 베 짜는 여인이 농사짓고 누에 치는 수고로움의 실상을 노래와 시로 짓도록 하시고, 조정에서 물러나시면 여가 시간에 사람을 시켜 매일 그 노래와 시를 읊조리도록 하며, 또 그 실상을 그림으로 그리게 하시어 대궐 안 곳곳에 걸어두십시오.

또 그것을 척리들에게 나눠주어 폐하의 마음은 백성들의 힘든 삶을 근심한다는 것을 잊지 않도록 하시고, 대궐 내 잉첩들과 외가 친척들까지도 다 입고 먹는 것이 어디에서 오는지를 알게 하며, 근검에 힘쓰고 사치하는 습속을 멀리하여 부지런히 서로를 권면케 하시며, 요역을 임의로 명하여 농민들의 농사철을 빼앗지 마시고, 백성들에게 무리하게 세금을 거둬 그들을 더 힘들게 하지 마시기를 바라며, 나이가 너무 많아 스스로 먹고 살 수가 없는 농민들은 유사로 하여금 그 명단을 다 파악하게 하시고, 한여름과 한겨울이 되면 평소에 비축해 두었던 의름(義廩)의 곡식을 풀어 굶주린 백성들을 진휼하시고, 흉년이 들면 선량한 농민들을 먼저 구제하여 손을 놀릴 수 있게 해주시어 빼어난 조정의 깊은 뜻을 드러내어 보여준다면 백성들은 장차 서로 다투어 남쪽 이랑으로 달려가고, 입고 먹을 것이 풍족해져서 효도와 공경함〔孝悌〕이 크게 일어날 것이니 어질고 빼어난 폐하의 뜻이 온 천하에 드리워질 것입니다.

1 이것은 주희의 설이다.

1) 공유(公劉)를 가리킨다.

2) 농업으로 나라를 개국했다는 것은 주나라 왕실의 조상들인 후직이나 공유가 농업을 기반으로 했으니, 결국 농민들을 기반으로 해서 주나라를 세웠다는 뜻이다.

(『서경』) '군아(君牙)'[1]

여름에 무덥고 비가 내리면 백성들[小民]은 원망하며, 겨울에 크게 추우면 백성들이 또한 원망하니 참으로 힘들어서 그럴 것이다. 그 힘듦을 (마음 아프게) 생각해 그들을 쉽게[易=安] 해줄 것을 도모한다면 백성들은 이에 편안해질 것이다.

1 「주서(周書)」의 편 이름이다. 목왕(穆王)이 명을 내려 군아를 대사도(大司徒)로 삼으면서 내린 고명(誥命)이다.

신이 가만히 살펴보겠습니다. 여름이면 비가 오고 겨울이면 추운 것은 계절의 당연한 현상인데 백성들이 원망스럽다고 하는 것은 하늘의 비와 추위를 원망하는 것이 아닙니다. 백성들이 생계를 이어가는 것이 힘들지 않을 때가 없지만 이런 때에는 더욱 힘들게 되어 이처럼 원망을 토해 내는 것이니 얼마나 힘들면 그렇게 했겠습니까? 백성들끼리 진정으로 힘들어하는 것을 모른다면 무슨 말을 할 수 있겠습니까?

농사를 책임지는 해당 부서〔有司〕가 그들의 고통을 마땅히 자기 일처럼 생각해 그들을 쉽게 해줄 것을 도모해야만 백성들은 마침내 편안해질 것입니다. 목왕(穆王)이 주나라의 제6대 천자가 되어 구중궁궐 깊은 곳에서 살면서도 가난한 백성들의 질고(疾苦)를 마음 아파했으니 바로 이 때문에 공자가 이 말을 『서경』에 실었던 것입니다.

그러나 바야흐로 이때 정전법(井田法)은 다 무너지지 않아 오두막이나마 자기 집을 갖고서 자기 땅에서 난 곡식으로 먹을 수 있었음에도 백성들의 삶의 팍팍함이 이미 이러했는데 하물며 (정전법을 채택하지 않고 있는) 지금이야 어떻겠습니까? 집은 다 허물어져 내리고 허허벌판에서 (여름에) 무덥고 비가 내려 장마가 이어지니 자기 몸 하나 엎치락뒤치락할 데 없고, (겨울에) 찬바람 불고 눈 내려 모든 게 얼어붙으니 닥나무 솜으로도 내 한 몸 따뜻하게 할 수 없으며, 평소 거처함에 1년 내내 부지런히 일하지만 일찍이 그 배를 채우지 못하고, 한겨울에 살이 터서 동상에 걸리고 마땅히 거처할 곳 찾지 못해 앉아서 굶을 뿐입니다. 한 해 농사가 대풍이 들어도 오히려 이런 비참함을 면하지 못하니 한 번이라도 힘들고 험한 상황에 놓이게 되면 노약자들은 (굶어 죽어) 도랑에 굴러다니고 그나마 힘 있는 사람은 사납게 달려들게 되는 것은 필연입니다. 그러니 백성들의 삶의 어려움이 지금보다 심할 수는 없습니다.

빼어나고 밝은 폐하께서는 이를 깊이 마음 아파하셔야 할 것입니다.

(『자치통감』) 한나라 문제 12년 3월에 황제가 조령(詔令)을 내려 말했다.

"백성의 길을 인도하는 것은 본업에 힘쓰게 하는 데 있다. 짐이 천하를 이끌어 농사를 (지도)한 지가 지금까지 10년이 됐으나 들에는 개척되지 않은 곳이 있고 1년만 흉년이 들어도 백성들에게는 주린 기색이 있는데 이는 종사하는 사람이 아직도 적고 관리들이 아직도 더욱 힘쓰지 않은 때문이다. 내가 조서를 자주 내려서 해마다 백성들에게 뽕나무를 심으라고 권고했으나 그 공로는 아직 나타나지 않았으니 이는 관리들이 나의 조서를 받드는 것에 부지런하지 아니하고 백성들에게 권고한 것이 분명하지 않아서이다. 또 나의 농민들이 아주 고생하지만 관리들은 이를 덜어주지 않으니 장차 무엇으로 권고를 하겠는가? 그러니 금년에는 농민들이 조세의 절반만을 내도록 하라."

신이 가만히 살펴보겠습니다. 삼대(三代) 이후로 농민의 고통을 알아주었던 임금으로는 문제만 한 임금이 없습니다. 조령의 내용을 보면 하나하나가 진심 어린 걱정으로 간절하기 그지없습니다. 그러나 앞으로 백성들에게 실질적인 혜택이 돌아가지 않는다면 이 조령은 헛말이 되고 말았을 것입니다. (그러나) 바야흐로 봄이 되어 농민들에게 조세의 절반을 감면해 주어 백성들의 힘을 덜어주었으니 이것이 바로 진심으로 농민들을 가엾게 여긴 문제의 마음이라고 하겠습니다.

(『자치통감』) 당나라 덕종 정원(貞元) 2년(786년)[1]에 황상이 신점(新店-허난성 싼먼샤시)에서 사냥을 하다가 조광기(趙光奇)라는 백성의 집에 들어가 물었다.

"백성들은 즐거운가?"

조광기가 답했다.

"즐겁지 않습니다."

"금년에는 자못 풍년이 들었는데 어찌 즐겁지 않은가?"

"조령을 믿지 못하겠습니다. 예전에 말하기를 '양세(兩稅)[2] 이외에는 다른 요역이 거의 없다'고 해놓고 지금은 세가 아니면서도 가혹하게 거두는 것이 거의 세보다 많습니다. 또 후에 말하기를 '화적(和糴)[3]이다'라고 해놓고 실제로는 강제로 빼앗으니 돈 한 푼 본 적이 없습니다. 그리고 애초에 말하기를 '쌀과 보리를 현지의 길에서 차례로 사들인다'고 해놓고 지금은 경서(京西-장안의 서쪽) 행영(行營-방추군 본영)에까지 가서 팔아야 하니 거기까지 가려면 수백 리여서 수레는 꺾이고 말은 쓰러져 죽어 재산을 모두 잃고 지탱할 수가 없습니다.

근심과 괴로움이 이와 같은데 어찌 즐거울 수가 있겠습니까? 매번 조령에서는 은혜를 베풀며 구휼을 한다고 했지만 그것은 그저 헛말일 뿐입니다. 아마도 빼어나신 황상께서는 구중궁궐 깊은 곳에 계시니 이 모든 것들을 다 아실 수는 없을 것입니다."

황상은 명하여 그 집의 부역을 면해주도록 했다.

사마광(司馬光)이 (『자치통감』에서) 말했습니다.

"심하구나! 당 덕종의 몽매함이여! 예로부터 근심거리는 임금의 은택이 (중도에서) 막혀 아래에까지 전달되지 않고, 또 백성들의 사정이 (중도에서) 막혀 위와 통하지 않는 것이다. 그래서 임금이 위에서 아무리 힘써 구휼하려 하여도 백성들은 그것을 마음에 품지 못하고, 백성들이 아래에서 근심과 원망을 품어도 임금이 그것을 알지 못하여 그로 인해 민심이 떨어져나가고 배반하여 나라가 위태로워지고 망하게 되는 데까지 이르게 되는 것이다.

덕종은 다행스럽게도 사냥을 갔다가 백성의 집에 이를 수 있었고, 조광기가 감히 용기를 내어 말하는 것을 만나게 되어 백성들의 아픔과 고통을 알 수 있었다. 따라서 진실로 마땅히 해당 기구〔有司〕가 조령을 폐기하여 내버려두고 마구 늘려서 부세를 거두고 공공의 재산을 훔쳐서 숨겨두는 등의 죄를 낱낱이 조사하도록 한 연후에 마음을 닦고 생각을 바꿔 그 정치를 한번에 새롭게 하고〔一新〕 지나치게 꾸미는 것을 물리치고 내용 없이 텅 빈 글들을 폐기하며 호령(號令)을 삼가고 진실한 마음을 돈독히 하며 곤궁함을 불쌍하게 여기고 억울하게 막혀 있는 것을 펴주었어야 태평을 이루는 업적에 이를 수 있었다.

(그런데 정작) 이런 것들은 하지 않고서 그냥 내버려둔 채로 조광기의 집에만 부역을 면해주었으니 무릇 사해는 넓고 백성들의 수는 많은데 어찌 사람마다 일일이 직접 천자에게 말을 할 것이며 집집마다 그 노역과 부세를 면하게 할 수 있겠는가?"

신이 가만히 살펴보겠습니다. 조광기의 말이 비록 당나라 때의 악폐정치이지만 그것을 지금에 대입해 보면 거의 비슷하다고 할 것입니다. 평소 부세를 강탈하면서 이런 핑계 저런 핑계를 붙여 곡식 한 석을 나라에 내려면 그 비용이 세 석이며, 비단의 경우도 교역을 가로막아 비단 한 겸(縑)을 내려면 비용이 세 겸이 넘고, 화척을 강압적으로 빼어가는 것이 거의 그 절반에 이르는데 한 푼도 주지를 않으며, 그 밖에 마구잡이로 거둬가고 온갖 종류의 이름을 붙여 가혹하게 수탈하는 것은 이루 다 말할 수가 없습니다.

이로 인해 백성들은 간혹 풍년이 들었다고 해도 일찍이 눈썹이 펴지는 즐거움조차 누릴 수 없으니 얼마나 힘들고 어려운 삶을 살고 있습니까? 탐욕스러운 관리와 간교한 말단 벼슬아치들이 서로 교결하여 가리고 덮으며 감사와 목사들도 상황을 제대로 살피지 못하고 있는데 하물며 조정에서야 어떻겠습니까? 백성들은 나날이 여위어가고 관리들은 나날이 살이 찌고 나라의 원기(元氣)는 나날이 쪼그라들고 상처를 입으니 이대로 오래 가다가는 나라가 무너져내리고 기울게 되는 우환이 있게 될 것입니다. 아! 어질고 빼어나신 폐하께서는 깊이 유념하셔야 할 것입니다.

1) 이는 진덕수의 착오로 보인다. 이하의 일은 『자치통감』 정원 3년 12월에 기록돼 있다.

2) 덕종이 780년 양염(楊炎)의 건의에 따라 시행한 조세제도이다. 수당대에 완성된 조용조법(租庸調法)은 농민들이 국가에서 지급받은 토지를 경작하며 자급자족적인 경제활동을 한다고 전제하지만, 당 중기에 이르러 상품경제와 대토지 소유가 발달하고 안녹산의 난 이후 농민의 유랑화가 촉진되면서 새로운 세법이 필요하게 되었다. 이에 개인의 토지 소유를 인정하여 모든 세금을 현재 거주지에서 자신의 재산에 따라 납부하도록 했다. 1년에 여름과 가

을 두 차례로 나누어 세금을 내도록 했기 때문에 양세법이라 한다.

3) 팔고 사는 양쪽의 값을 협의 결정하여 손해가 없게 곡식을 사들이는 것이다.

(『자치통감』) 후당(後唐) (천성(天成) 4년(929년)) 명종(明宗, 재위 926~933년)이 재상 풍도(馮道, 882~954년)[1]에게 물었다.

"올해는 비록 풍년이 들었다고는 하는데 백성들의 삶은 넉넉한가, 그렇지 않는가?"

풍도가 말했다.

"농가에서는 흉년이 들게 되면 유랑 걸식하다가 굶어 죽게 되고, 풍년이 들면 곡물 가격이 낮아져 피해를 당하니 풍년이든 흉년이든 모두 병들게 되는 것은 오직 농가만이 그러합니다. 신이 진사(進士) 섭이중(聶夷中-당대의 시인)의 시를 기억하고 있는데 그 시에서 이렇게 노래하고 있습니다.

'2월에 새 실을 팔고 / 5월에 새 곡식 내어 파네. / 의원은 눈 아래 있는 부스럼을 찾는데 / 도려내지는 것은 내 마음속 살점이라네.'

그 말은 비록 비루하고 속되지만 농사짓는 집의 정황을 구석구석 다 설명하고 있습니다. 농부는 사농공상 사민(四民) 가운데 가장 부지런하고도 고생하고 있으니 폐하께서는 몰라서는 아니 됩니다."

황상은 기뻐하며 좌우의 사람들에게 그 시를 기록하게 하고서 항상 읊조렸다.

신이 가만히 살펴보겠습니다. 섭이중의 시는 곧 신이 앞에서 말했던 "세금 거두는 사람은 세금을 두 배 이상 거두려 한다"는 것과 같은 뜻입니다. 새 실을 내놓는 것은 원래는 5월인데 2월에 헐값에 팔고, 새 곡식을 내놓는 것은 원래는 8월인데 5월에 헐값에 파니 이것은 당시의 관행이었다고 하겠습니다. 지금 가격은 종종 반년 전보다 두 배입니다. 그러니 1천 전이나 하는 물건이라도 겨우 수백 전밖에 못 받고 혹은 그 절반에도 못 미치니 부잣집과 귀한 집은 때에 맞춰 이익을 남기는데 농부와 누에 치는 아낙네는 머리를 조아려가며 겨우 (헐값에) 팔아야 합니다. 그렇게라도 하지 않는다면 논밭과 뽕나무밭마저 다 날려버리게 됩니다.

이렇게 되면 집 안에서 누에고치를 키우고 집 마당에 벼를 심는다한들 생계를 이어갈 수가 없으며 세금을 거두는 자는 제 마음대로 들이닥쳐 집 안의 곡식이란 곡식은 깡그리 거둬가고 집 안에는 더 이상 긁어갈 것도 없게 됩니다.

(이렇게 되면 결국 돈을 빌리게 되고 갚을 때가 되어) 갚을 돈이 모자랄 경우 또 이자를 내기 위해 원금이 늘어나게 되고 이로 인해 다시 이자가 늘어나게 되니 옛날에 1천 전이던 것이 갑자기 두 배로 늘어나며 옛날에 수백 전이던 것이 갑자기 1천 전이 됩니다. 이에 1년에 두 배씩 해마다 누적적으로 늘어나면 결국 갚을 수가 없게 되며, 자기 때 두 배이던 것은 자손이 갚을 수가 없게 되어 일단 고소장이 관청에 접수가 되면 해당 관리가 즉각 달려와 뽕나무를 베어내고 집을 철거하고 부인을 팔아버리고 자식들을 굶게 하는 것이 가차 없습니다. 또 사람의 정리상으로 바라는 것은 1년에 한 번 곡식이 잘 여물어 풍년이 드는 것인데 이리되면 감독하여 세금으로 받아가는 것〔督逋(독포)〕이 평소

보다 훨씬 더 심하여 곳간을 박박 긁어낸 다음 약간의〔錙銖〕치수 찌꺼기가 남아 있는 것도 용납하지 않았습니다. 그래서 옛날 사람들은 풍년이 흉년만 못하다고 했던 것입니다. 이것이 과격해 보이기는 하지만 실제로 농가의 깊은 시름을 담고 있는 말이라고 하겠습니다.

아! 백성들의 생활고가 하나같이 이 지경에 이르렀으니 윗자리에 있는 사람이 어찌 그것을 그냥 당연한 것으로 흘깃 보기만 하고 그것을 구휼하려 하지 않는 것입니까? 후당의 명종은 혼란했던 오계(五季)[2]의 임금이었지만 근검절약했고 백성을 사랑해 이른바 이런 걱정이라도 한 것입니다. 그래서 풍도가 섭이중의 시를 읊조리자 측은해하면서 뭔가 느낀 바가 있었던 것처럼 보였습니다. 그러나 당시에 그가 구체적으로 백성들을 구제하기 위해 뭔가를 시행했다는 이야기를 들어본 적이 없으니 실은 그의 느낀 바라는 것은 말뿐이었습니다.

그래서 맹자는 말하기를 "지금 (임금들 가운데) 어진 마음을 갖고 있고 인자하다는 평판을 듣는 임금이 있지만 (정작) 백성들이 그 은택을 입지 못하는 것은 (임금들이) 옛 임금들의 도리를 행하지 않기 때문이다"라고 했던 것입니다. 어질고 빼어나신 폐하께서 유념하지 않을 수 있겠습니까?

1) 오대십국(五代十國) 시대의 정치가로, 당나라 말기 연(燕) 나라 유수광(劉守光)을 섬기다가 유수광이 패하자 후량(後梁)의 하동 감군(河東監軍) 장승업(張承業)을 섬겼다. 이후 후당, 후진(後晉), 요(遼), 후한(後漢), 후주(後周)의 다섯 왕조에서 11명의 천자를 섬겼고, 20년 넘게 재상의 자리에 있었다.

2) 당나라가 멸망하고 송나라가 세워지기까지 다섯 왕조(王朝)가 자

주 갈린 시대로, 말세라는 뜻이기도 하다.

(『자치통감』) 후주(後周)의 세종(世宗, 재위 954~959년)은 농사일에 뜻을 두어 평소에도 늘 농부와 누에 치는 아낙네를 나무판에 새겨 전정(殿庭)에 걸어두었다.

신이 가만히 살펴보겠습니다. 세종은 오계라는 악조건 속에서도 현능한 임금〔賢君〕이 됐습니다. 그랬기 때문에 능히 농사일과 누에 치는 일의 어려움을 생각하면서 나무판에 그 사람들을 새겨 넣어 아침저녁으로 그것을 보면서 일반 백성들〔細民〕의 힘든 삶을 한시도 잊지 않으려 했습니다.

세종은 늘 주변에서 부귀에 탐닉하려는 욕망들을 눈으로 보면서도 일찍이 단 한 번도 논밭을 갈며 살아가는 백성들로부터 마음이 멀어진 적이 없었습니다. 그래서 신은 그의 사례를 뽑아 여기에 기록했습니다.

이상은 농민들이 편안해하고 걱정하는 실상을 논했습니다.

제4장
성의정심의 요체

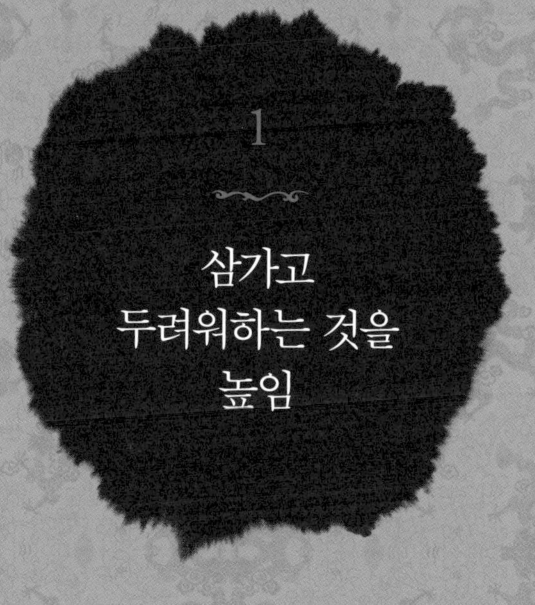

1

삼가고 두려워하는 것을 높임

삼감으로 자기를 닦음

(『서경』) '요전(堯典)'에서 말했다.

"(요(堯) 임금께서는) 삼갔고〔欽=敬〕, 밝았으며〔明〕, 매사에 애를 썼고〔文〕, 사려가 깊었다〔思〕."

또 말했다.

"진실로〔允=信〕 공순했고〔恭〕, 능히〔克=能〕 겸손했다〔讓=遜〕."

(『서경』) '순전'에서 말했다.

"(순임금은 타고난 성품이) 온화하고〔溫〕 공순하며〔恭〕, 진실하고〔允〕 속이 꽉 찼다〔塞=實〕."

(『서경』) '우공(禹貢)'에서 말했다.

"(내 제후와 신하들이) 나의〔台=我〕 임금다움을〔德〕 솔선하여〔先〕 삼가 행하니〔祗=敬〕 짐의 하고자 하는 바를〔朕行〕 어기지 않았다〔不距=不違〕."

(『시경』) 「상송(商頌)」(에 실린 시 '장발(長發)')에서 말했다.

"탕왕이 이 땅에 내려오심이〔降〕 늦지 않으셨고〔不遲〕 / 빼어남과 삼감〔聖敬〕이 날로〔日〕 올라가셨다〔躋=進〕."

(『시경』) 「대아(大雅)」(에 실린 시 '문왕(文王)')에서 말했다.

"깊고 멀리 보시는구나〔穆穆=深遠〕! 문왕이시여! 아〔於〕! 삼감을〔敬〕

이어받아〔緝〕 (세상에) 밝히시는구나〔熙~止〕!"

신이 가만히 살펴보겠습니다. 요임금과 순임금, 우왕과 탕왕, 문왕과 무왕은 모두 하늘이 내려주신 빼어난 임금이며, 『서경』과 『시경』은 그들의 임금다움〔德〕을 서술하면서 반드시 삼감〔敬〕을 그 첫 번째로 들어 칭송하고 있습니다. 대개 삼감〔敬=祗=欽〕이란 것은 한 마음의 주재자요, 만 가지 좋음의 근원입니다. 그래서 배우는 자가 배워야 할 바와 빼어난 이가 빼어난 까닭은 이것 이외에 다른 것이 없습니다.

따라서 빼어난 이의 삼감은 순수하기 그지없으니 곧 하늘이요, 군자의 삼감은 늘 자신을 단련함에 쉼이 없으니〔自强不息〕 사람으로 말미암아 하늘이 되는 것입니다. 그러니 빼어난 이의 삼감은 조금의 작위도 없이 마음에서 우러나 행하는 것입니다. 성탕(成湯)이 '날로 올라간 것〔日躋〕'과 문왕이 '이어받아 밝힌 것〔緝熙〕'은 억지로 힘을 쓰지 않고서도 일찍이 그 힘을 다 쓰지 않음이 없었던 것처럼 하신 것이니 이는 대개 '날로 올라간 것〔日躋〕'이란 나아가고 또 나아가기〔進進〕를 그치지 않았다는 뜻이요, '이어받아 밝힌 것〔緝熙〕'이란 날날이 이어받아〔續續〕 끝없이 힘쓴 공을 나타냅니다. 바로 이것이 탕왕과 문왕의 빼어난 바를 더욱 빼어나게 해준 것입니다. 임금으로서 뛰어난 제왕이 되고자 한다면 삼감에 힘을 쏟지 않을 수 있겠습니까?

(『예기』) 「곡례(曲禮)」에서 말했다.

"삼가지 않음이 없어야 하고〔毋不敬〕, 의젓하여 늘 생각하는 듯이 보여야 하고〔儼若思〕, 말하는 바가 안정되면〔安定辭〕 백성들을 편안하게 할 것이다〔安民哉〕."[1]

여대림(呂大臨)이 말했습니다.

"삼가지 않음이 없어야 한다는 것은 그 마음을 바르게 하는 것이고, 의젓하여 늘 생각하는 듯이 보여야 한다는 것은 그 외모를 바르게 하는 것이고, 말하는 바가 안정된다는 것은 그 말을 바르게 하는 것이다. 이 세 가지가 바르면〔正〕 어느 한순간도 바르지 못한 바가 없게 되니 천하가 아무리 크다 해도 그것을 받아들여 자신의 몸을 닦기에 부족함이 없다. 그래서 백성들을 편안하게 할 것이라고 말한 것이다."

신이 가만히 살펴보겠습니다. 「곡례」라는 것은 『예기』의 첫머리이며 '삼가지 않음이 없어야 한다〔毋不敬〕'는 것은 다시 「곡례」의 첫머리입니다. 따라서 삼감〔敬〕이라는 것은 예의 강령이요, '삼가지 않음이 없어야 한다'는 것은 곧 몸과 마음, 안과 밖에 털끝만큼의 삼가지 않음도 없게 하는 것입니다. 그렇기 때문에 그 용모는 반드시 단정하고 의젓하며 늘 뭔가를 생각하는 듯 보이는 것이고, 그 말은 반드시 안정되어 궁색함이 없는 것〔不遽〕입니다.

이렇게 하여 백성을 다스리게 되면 백성들이 어찌 불안해하겠습니까? 이 장은 모두 네 가지를 말하고 있는데 이것은 몸을 닦고 나라를 다스리는〔修身治國〕 도리가 대략 갖춰져 있으니 그것은 분명 성현(聖賢)이 남기신 말씀일 것입니다.

1) 이것은 『예기』의 첫 문장이므로 그만큼 중요한 구절이라 할 수 있다.

(『예기』) 「표기(表記)」

군자가 장중하면서〔莊〕 삼가면〔敬〕 날로 굳건해지고〔日彊〕, 안일하고〔安〕 거리낌이 없게 되면〔肆=無忌憚〕 날로 경박하고 구차스러워진다〔日偸〕.

신이 가만히 살펴보겠습니다. 정이(程頤-정이천)는 이렇게 말했습니다.

"일반적으로 사람의 속마음〔情〕이란 일단 잘 다잡으면〔檢束〕 날로 법도〔規矩〕를 향해 나아가고, (반대로) 일단 풀어놓으면 날로 끝없는 방탕을 향해 나아간다. 배우는 사람이 평범한 사람이라도 그러할진대 하물며 임금은 구중궁궐에 있으면서 극진한 부귀를 누리고 있으니 혹시라도 어느 한순간 장중함과 삼감〔莊敬〕으로써 자신을 지켜내면서 의젓하고 엄숙하여 늘 귀신을 대하는 듯이 그리고 스승이 바로 앞에 계신 듯이 하지 않을 경우에는 방탕에 빠지지 않는 일이 드물 것이다.

굳건함〔彊〕과 호지부지함〔偸〕은 각각 마음과 말을 주관하기 때문에 장중하고 삼가면 뜻이 서게 되어 날로 굳건해지고, (반대로) 편안에 젖어 제 마음대로 하게 되면〔安肆〕 뜻이 게을러지고 날로 흐지부지하게 된다. 따라서 굳건해지면 의연해져서 다움을 기르고 닦는 것을 자신의 일로 여기게 되어 천하의 좋은 일을 맞게 될 경우 하지 못하는 것이 없고 심지어 하늘의 운행과 같은 강건함 속에서도 진실로 뭔가를 해보려 덤벼들게 된다. 그러나 혹시라도 흐지부지한 마음이 지배하게 되면 거기에 머물러 쉬려고만 하면서 오직 아는 것이라고는 연회와 오락뿐일 것이다. 조무(趙武)는 (춘추시대) 진(晉) 나라의 대부에 불과한데도 일단 흐지부지한 마음이 생겨나자 결국 끝이 좋지 않았는데 하물며 임금이야 어떻게 해야겠는가?"

신이 정이의 설을 미루어 헤아려 풀어내보니 안일하고 거리낌이 없게 되는 것에 마음이 빠져들게 되는 것을 경계하는 내용입니다.

(『논어』) 자로가 군자가 되려면 어떻게 해야 하느냐고 물었다.

공자는 말했다. "삼가는 마음〔敬〕으로 자신을 닦는 것〔修己〕이다."

자로가 물었다. "그렇게만 하면 됩니까?"

공자는 말했다. "자신을 닦아 사람들을 편안하게 해주는 것〔安人〕이다."

자로가 물었다. "그렇게만 하면 됩니까?"

공자는 말했다. "자신을 닦아 백성들을 편안하게 해주는 것〔安百姓〕이다. 자신을 닦아 백성들을 편안하게 해주는 일은 요임금과 순임금도 오히려 부족하다고 여겼다."

신이 가만히 살펴보겠습니다. 자로의 질문에 공자가 답하는 것이 비록 심하게 간략하지만 그 이치는 지극하여 남김없이 다 말하고 있다고 하겠습니다. 대개 요순 이래로 서로 전해 내려온 것은 오직 이 삼감〔敬〕 하나이니 신은 앞에서 그것을 열거한 바 있습니다. 우임금은 (순임금을 명을 받아) 묘(苗)를 정벌하러 가면서 "(저들은) 정신 못 차리고〔昏迷〕 불손하여〔不恭〕 남을 업신여기면서〔侮慢〕 스스로 잘났다〔自賢〕고 여기고 있다"고 그 이유를 밝혔고, (우임금의 아들) 계(啓)가 유호(有扈)를 정벌하러 갈 때는 "(저들은) 오행을 힘으로써 모독하고〔威侮五行〕 삼정을 태만히 하여 내팽개치고 있다〔怠棄三正〕"고 했으며[1], 무왕이 (상나라의 마지막 임금) 주왕을 칠 때는 "오상(五常)을 우습게 여기고 모독하여 황폐화되고 태만하여 삼가는 마음이 없다〔弗敬〕"고 했습니다.[2] 이들은 하나같이 천명을 가진 자들이 삼감〔敬〕을 제대로 행하지 않고 있음을 비판하고 있습니다.

무릇 요순과 우탕과 문무는 천하의 큰 성인들〔大聖〕이요 묘와 호, 상나라의 신(辛-주왕)은 큰 악인들〔大惡〕인데 큰 성인과 큰 악인이 나눠지는 것은 삼가느냐 삼가지 않느냐뿐이니 군주가 군주다워지는 것이 이것 외에 무엇이 있겠습니까?

자로는 이 점을 잘 알지 못해 거듭 질문을 던졌고 그래서 공자는 재차 사람들을 편안하게 해주는 것〔安人〕과 백성들을 편안하게 해주는 것〔安百姓〕으로 대답한 것이니 대개 자기를 닦는 것〔修己〕이 제대로 되어야만 나아가 백성들도 절로 편안하게 된다는 것입니다. 이는 이치의 필연이며 의심할 바가 없는 것입니다. 그리고 그것이 바로 자기 몸을 닦는 것의 지극한 효험입니다. 그렇기 때문에 요순도 그렇게 하기 어려움을 자신들의 병통으로 여겼던 것입니다. 그래서 (공자는) 거듭

자로에게 말하여 그것을 쉽게 풀어주었습니다.

다른 때에 자사(子思)는 『중용(中庸)』을 지어 이렇게 말했습니다.

"군자는 삼감을 돈독히 하여〔篤敬〕 천하를 평안하게 한다."

정이는 이 말을 다음과 같이 미루어 헤아려 밝히고 있습니다.

"윗사람과 아랫사람이 자기를 낮춤과 삼감〔恭敬〕에서 한결같이 하나가 된다면 하늘과 땅은 스스로 자신의 마땅한 위치를 얻고 만물은 절로 잘 자라며 기운은 조화롭지 않음이 없어 사령(四靈)[3]이 마침내 지극해지고 귀 밝음과 눈 밝음과 일에 밝음과 사람에 밝음〔聰明睿知〕이 다 이로부터 나오게 된다."

아! 빼어나고 밝으신 폐하〔聖明〕께서 이를 깊이 체득하여 힘써 행한다면 천하가 크게 다행할 것입니다.

이상은 삼감〔敬〕으로 자기를 닦음(의 중요성)을 논했습니다.

1) 이는 옛 역법과 관련이 있다. 주나라는 子月을, 상나라는 丑月을, 하나라는 寅月을 정월로 하는 역법을 갖고 있었다. 따라서 삼정(三正)을 태만히 했다는 것은 역법을 존중하여 따르지 않았다는 말이다.

2) 우임금, 계, 무왕의 발언은 모두 『서경』에 실려 있다.

3) 전설상의 네 가지 신령한 동물로 기린, 봉황, 거북, 용을 이른다.

신이 가만히 살펴보겠습니다. 한나라 이래로 각 시대의 여러 유학자들이 삼감〔敬〕이 뜻하는 바를 탐구하기는 했지만 깊이 있는 결론에 이르지 못했는데 오직 정이(程頤)만이 "한결같이 오로지하다〔主一(주일)〕를 일러 삼감〔敬(경)〕이라 하고, (다른 데로) 나아감이 없다〔無適(무적)〕를 일러 한결같음〔一(일)〕이라 한다"고 했습니다. 정이는 또 말했습니다.

"몸가짐이 가지런하고〔整齊(정제)〕 마음이 엄숙하면〔嚴肅(엄숙)〕 마음은 절로 하나가 된다."

주희는 잠(箴)[1]을 지어 말했습니다.

"의관을 바르게 하고 그 눈길은 존엄하게 하라.

마음을 가라앉히고 평소 거처할 때에는 상제(上帝)를 대하듯 하라.

발걸음은 반드시 무겁게 하고 손놀림은 반드시 공손하게 하라.

땅을 잘 가려서 밟고 개미집은 돌아서 가야 한다.

집을 나서면 손님처럼 하고 일을 받들 때는 제사를 지내듯 하라.

매사 두렵게 여겨 조심하고, 감히 혹시라도 소홀히 하지 말라.

입조심 하기를 병 뚜껑이 꽉 닫힌 듯이 하고, 뜻을 지킬 때는 성을 지키듯 하라.

늘 성실하고 공경하여 감히 혹시라도 가벼이 행동하지 말라.

동으로 간다고 하고서 서로 가지 말고, 남으로 간다고 하고서 북으로 가지 말라.

일에 임해서는 마음을 오직 그 일에만 두며 다른 데 두지 않도록 하라.

둘이라 하여 마음을 두 갈래로 갖지 말며, 셋이라 하여 세 갈래로 갖지 말라.

오직 마음을 하나로만 하면 만 가지 변화라도 다 살필 수 있다.

이런 것을 따르고 섬기는 것을 일러 삼감〔敬(경)〕을 지키는 것이라 한다.

움직임과 고요함이 어긋나지 않도록 하고 안팎을 다 바르게 하라.

잠시라도 마음에 틈이 생기면 온갖 사사로운 욕심이 생겨나는 것이니

(그렇게 되면) 불이 아니어도 뜨겁고 얼음이 아니어도 차갑다.

털끝만큼의 어긋남이 있어도 하늘과 땅의 위치가 바뀌어

삼강(三綱)이 없어지고 구법(九法-홍범구주)이 무너진다.

아아! (배우는) 아이들이여, 언제나 깊이 생각하고 삼가라〔敬〕!

먹글〔墨卿-먹을 의인화한 것〕로 써서 경계하여 감히 마음〔靈臺〕에 고하노라."

삼감의 뜻은 주희의 이 잠에 이르러 남김없이 드러났으니 성학(聖學)[2)]에 뜻을 둔 자라면 마땅히 이를 반복해서 익혀야 할 것입니다.

1) '경제잠(敬齊箴)'을 가리킨다.

2) 유학으로 볼 수도 있고, 제왕학으로 볼 수도 있고, 또 내성외왕(內聖外王)의 학이라는 점에서는 유학적인 제왕학을 가리킬 수도 있다.

(『서경』) '순전'

(순임금께서는) 선기(璿璣)와 옥형(玉衡)을 살핌으로써 칠정(七政)[1]을 바로잡았다.

1 이는 해와 달 그리고 다섯 개의 별을 가리킨다

신이 가만히 살펴보겠습니다. 기형(璣衡)은 천문을 바로잡는 기기이니 지금의 혼천의(渾天儀)가 그것입니다. 순임금이 바야흐로 역법을 새롭게 점검해야 할 때를 맞아 "(요임금께서 순에게 홍수 피해를 막기 위해) 큰 산기슭에 들어가 살펴보도록 하시니 (그곳에 나아가) 맹렬한 바람과 천둥 폭풍우에도 (순은) 조금도 두려움에 떨지 않았다"[1)]고 했습니다. 또 (맹자가 말하기를) "순으로 하여금 (나라의 각종) 제사들을 주관토록 했더니 온갖 귀신들이 그것을 흠향했다"고 했습니다.

드디어 (요임금의 뒤를 이어 순이) 즉위했으나 순임금은 오히려 하늘의 마음을 감당하지 못할까 봐 두려워했습니다. 선기로 해와 달 그리고 다섯 개의 별의 운행을 관측하니 그것이 궤도에 잘 들어맞으면 하늘이 나와 함께 하는 것이요, 척도에서 벗어나면 하늘이 나를 경고하는 것으로 여겨 마치 그것을 바로잡기를 자식이 부모를 섬기듯 했습니다. 그래서 부모의 안색을 살펴가며 조금이라도 부모의 마음에 안 좋은 바가 없도록 하듯이 하늘을 살폈으니 이것이 바로 위대한 순임금께서 하늘을 섬길 때 보여준 삼감〔敬〕입니다.

1) 『서경』에 나오는 말이다.

(『서경』) '고요모(皐陶謨)'

(고요가 우임금에게 말했다.) "하늘이 차례를 펴서 법이 있게 됐으니 (폐하께서는) 우리의 다섯 가지 법〔五典〕을 삼가 잘 다스리시어 이 다섯 가지 법을 도탑게 하셔야 합니다. 또 하늘이 차례를 펴서 예가 있게 됐으니 (폐하께서는) 우리의 다섯 가지 예〔五禮〕로부터 이 다섯 가지가 만천하에 영속적으로 퍼질 수 있도록 하셔야 합니다. (이를 위해서는 군주와 신하들이) 서로 삼가고 함께 공순하여 각자의 속마음까지 서로 하나가 되게 해야 할 것입니다. 하늘이 다움〔德〕이 있는 사람이 누구인지를 명하시는 것이니 이런 사람은 다섯 가지 옷〔五服〕으로 다섯 단계의 표창〔五章〕을 하시고, 하늘이 죄가 있는 자를 벌하시는 것이니 다섯 가지 형벌〔五刑〕로 다섯 단계의 징계를 쓰시면서 정사에 힘을 쓰고 또 힘을 쓰셔야 할 것입니다."

(또 말했다.) "하늘이 귀 밝고 눈 밝다〔聰明〕고 하는 것은 우리의 백성이 귀 밝고 눈 밝은 데서 비롯되는 것이고, 하늘이 밝은 것은 밝은 것으로 드러내고 두려워해야 할 것은 두려워해야 할 것으로 드러내 주는 것은

우리의 백성이 밝은 것은 밝은 것으로 드러내고 두려워해야 할 것은 두려워해야 할 것으로 드러내는 것에서 비롯되는 것입니다. (이리하여) 아래 위가 서로 통하게 되는 것이니 삼가소서〔敬哉〕! 천하의 땅을 소유한 임금이시여!"

신이 가만히 살펴보겠습니다. 제왕은 하늘의 지위에 머물러 있으니 그 맡은 바가 하늘의 일이 아닌 것이 없습니다. 그래서 임금과 신하, 아버지와 아들, 지아비와 지어미, 윗사람과 아랫사람, 뜻이 같은 벗들의 법도〔典〕에 다섯 가지 구별함이 있는 것입니다. 따라서 이 법도는 하늘이 그 차례를 펴는 바이지만 (제왕인) 나를 기다려서 두터워지는 것입니다.

그리고 임금과 신하, 아버지와 아들, 지아비와 지어미, 윗사람과 아랫사람, 뜻이 같은 벗들의 예절〔禮〕에도 또한 다섯 가지 구별함이 있습니다. 따라서 이 예절도 하늘이 차례를 펴는 바이지만 나로부터 그 오래감〔常=久〕을 잃지 않는 것이니 삼가지 않을 수 있겠습니까?

(임금의) 조심함〔寅〕이나 (신하의) 자기를 낮춤〔恭〕은 모두 다 삼감〔敬〕이니 임금과 신하가 한마음이요, 하늘이 내려준 맡은 바〔天職〕를 삼가서〔恪〕 받드는 것을 일러 속마음까지 서로 하나가 되는 것〔和衷〕이라 합니다.

다움을 가진 자는 하늘이 명하는 바이지만 다섯 가지 옷이 펼쳐지는 것은 나에게 있고, 죄를 지은 자는 하늘이 토벌하는 것이지만 다섯 가지 형벌을 쓰는 것은 나에게 있는 것이니 삼가지 않을 수 있겠습니까?

크게는 토벌을 명하는 정사〔政〕와 작게는 토벌을 명하는 일〔事〕에 힘쓰고 또 힘쓰는 것, 이 또한 삼감입니다.

하늘의 귀 밝고 눈 밝음〔聰明〕은 백성에게 있고 하늘의 밝음과 위엄〔明威〕도 백성에게 있으니 백성의 마음이 있는 곳이 곧 하늘의 마음입니다. 따라서 하늘과 사람은 한 가지 이치이기 때문에 서로 통하지 않는 바가 없습니다. 그러니 백성과 사직을 소유한 임금이 삼가지 않을 수 있겠습니까?

이상 고요가 우임금[1]에게 고한 것이 이와 같으니 (도리가) 융성했던 옛 임금과 신하 사이에 정치를 강론한 것을 잘 살펴보면 어느 일 하나 하늘에 뿌리를 두지 않은 것이 없으며, 어느 일 하나 삼감을 주로 하지 않은 것이 없습니다.

따라서 진실로 뒤에 오는 임금들은 마땅히 (고요의 이 말들을) 모범〔法〕으로 삼아야 할 것입니다.

1) 『대학연의』에는 순임금이라고 쓰고 있는데 『서경』에 따르면 고요가 우임금에게 고하는 내용이다.

(『서경』 '태갑(太甲)'[1]) 이윤(伊尹)이 태갑에게 글을 지어 말했다.

"선왕(-탕왕)이 이 하늘의 밝은 명〔明命〕을 돌아보시고 상하의 신령을 받드시며 사직과 종묘를 삼가〔祇=敬〕 엄숙하게〔肅=敬〕 하지 않음이 없으셨고, 하늘이 그 다음〔德〕을 살펴보시어 큰 명〔大命〕을 모아 만방을 어루만지고 편안케 하셨습니다."

신이 가만히 살펴보겠습니다. 태갑이 아형(阿衡)[1]에게 고분고분하지〔惠=順〕 않을 때였습니다. 그래서 이윤이 글을 지어 탕왕이 하늘을 삼가는 자세로 받들었던 바를 알려준 것이니 무릇 하늘의 밝은 명은 지극히 두려워해야 할 만한 것입니다.

평범한 사람들에게는 이 명이 저 멀리 아득하게 보일락 말락 하겠지만 빼어난 이〔聖人〕는 마음의 눈으로 그것을 훤하게 들여다봅니다. 그렇기 때문에 지속적으로 뚫어지게 살펴보아 감히 한순간도 다른 데 눈을 돌리지 않으며 늘 두렵게 행하다가도 만일 조금이라도 하늘의 뜻을 어기는 바가 있으면 밝은 명에 따라 그것을 제거해 버렸습니다.

이런 한결같은 마음〔一心〕을 그대로 하늘의 신령과 땅의 혼백 그리고 사직과 종묘에도 베풀었으니 삼가 엄숙하게 하지 않음이 없었던 것이고, 하늘은 성탕의 다움〔德〕이 이와 같음을 보시고 큰 명을 모아서 만방을 어루만지고 편안케 하는 중책을 맡긴 것입니다. 그리하여 탕왕은 오직 하늘을 삼가는 자세로 받들었던〔敬〕 것이고, 하늘도 역시 탕왕을 돌봐주었던〔睠〕 것입니다. 그래서 '돌아보시고〔顧〕'라고 했고, 또 '살펴보시어〔監〕'라고 했던 것에서 하늘과 사람의 사귐이 지극히 가깝고 멀지 않다는 것을 알 수 있습니다.

아! 임금 된 자가 어찌 삼가지 않을 수 있겠습니까?

1 이윤의 호다.

1) 「상서」의 편 이름이다.

(『서경』 '태갑') 이윤이 다시 한 번 왕(-태갑)에게 고했다.

"아! 저 하늘은 제 몸같이 여기는 자가 없어 능히 삼가는 자를 제 몸같이 여기시며, 백성들은 늘 그리워하는 사람이 없어 어짊〔仁〕을 가진 자를 그리워하며, 귀신은 늘 흠향할 수 있는 자가 없어 능히 열렬한 자에게 흠향하니 천자의 자리란 그만큼 어렵습니다.

다움을 갖고 있으면 다스려지고 다움이 없으면 어지러워집니다. 다스림과 더불어 도리를 함께 하면 흥하지 않음이 없고, 어지러움과 더불어 일을 함께 하면 망하지 않음이 없으니 처음부터 끝까지 그 더불어 함〔與〕을 삼가는 것〔愼=敬〕은 오직 밝음을 밝힐 줄 아는 임금만이 할 수 있습니다. 선왕께서는 늘 그 다움을 힘써 삼가 받들며 (길렀고) 능히 상제와 합치되셨습니다. 지금 임금께서는 훌륭한 전통을 이으셨으니 부디 이 점을 잘 살피셔야 할 것입니다."

신이 가만히 살펴보겠습니다. 이것은 태갑이 지난 허물을 후회하고 생각을 바로잡은 직후의 일입니다. 이윤은 오히려 겨우 그렇게 다잡은 마음이 돈독해지지 못하고 다시 흔들릴 것을 두려워하여 세 가지 말로써 경계했습니다.

이를 통해 첫째로 하늘의 도리는 사사로이 제 몸같이 여기는 자〔私親〕가 없고 오직 삼가는 자〔敬〕만을 제 몸같이 여기시며, 둘째로 백성들의 마음은 늘 그리워하는 자〔常懷〕가 없고 오직 어진 자〔仁〕만을 그리워하며, 셋째로 귀신을 늘 흠향할 수 있는 자〔常享〕가 없고 오직 열렬한 자〔誠〕만이 흠향할 수 있다는 것을 알게 하려는 것입니다.

이는 처음부터 끝까지 다움을 삼가 받들라〔敬德〕는 뜻입니다.

대개 삼가면 어질기 때문에 삼가지 못하면 사사로운 욕심이 어진 마음을 해쳐서 어질지 못하게〔不仁〕 됩니다. 또 삼가면 열렬해지기 때문에 삼가지 못하면 사사로운 욕심이 열렬함을 해쳐서 열렬하지 못하게〔不誠〕 됩니다. 열렬함을 말하고 어짊을 말한 것은 힘을 쏟아야 할 곳이 오직 삼감뿐임을 뜻하는 것입니다.

무릇 다움이 갖춰지면 반드시 다스려집니다. 그래서 다스림과 더불어 도리를 함께 하면 반드시 흥하게 되는 것이니 성탕이 다움을 삼가 받든 행적〔敬德〕은 하늘과 지극히 합치됩니다. 따라서 태갑이 어찌 다스림과 더불어 도리를 함께 하지 않을 수 있겠습니까? 만일 성탕의 길에 능히 동참한다면 그 또한 하늘과 합치될 것입니다.

이 말이 어찌 태갑에게만 해당되는 것이겠습니까? 만세의 임금들이 다 마땅히 받아들여야 할 모범이라 하겠습니다.

(『서경』 '태갑') 이윤이 '함유일덕(咸有一德)'[1]을 지어 (태갑에게) 말했다.

"오호라! 하늘을 믿기 어려움〔難諶=難信〕은 천명이 늘 일정하지는 않기 때문입니다. 그 다움이 늘 일정하면 그 지위를 보존할 수 있고, 그 다움이 일정하지 않으면 구주(九州)가 망할 것입니다."

또 말했다.

"저 길흉(吉凶)이 (도리에) 어긋나지〔僭=差〕 않아 사람에게 달려 있는 것은 저 하늘이 재앙과 상서로움〔災祥=凶吉〕을 내려주는 것이 그 사람의 다움〔德〕에 달려 있기 때문이다."

신이 가만히 살펴보겠습니다. 이것은 이윤이 장차 자리에서 물러나고자 할 때입니다. 태갑이 어진 마음을 갖고서 의롭게 바뀌었으니 이윤의 책무는 끝났습니다. 다만 그 다움이 하나라도 모자란 점이 있을까 봐 걱정하여 이 말을 통해 경계시킨 것입니다.

"하늘을 믿기 어렵다〔難諶〕"고 한 것은 지금은 잘하면 복을 내려도 다음에 잘못하면 재앙을 내린다는 뜻이니 무조건 하늘을 믿는 것은 곤란하다는 것입니다. 또 "천명이 늘 일정하지는 않다〔命靡常〕"고 한 것은 (내가) 다움이 있으면 그 명이 내게로 돌아오고, 다움이 없으면 남들에게로 간다는 것이니 정해진 바가 없다는 것입니다.

길(吉)과 상서로움〔祥〕은 한 부류가 되는 것이니 다움이 길하면 상서로워서 천명에 응하게 되고, 흉(凶)과 재앙〔災〕도 한 부류가 되는 것이니 다움이 흉하면 재앙이 내려 천명을 잃게 됩니다.

따라서 하늘이 비록 믿기 어렵기는 하지만 늘 자신의 다움을 일정하게 유지하는 자는 반드시 그 지위를 보존할 수 있어 마침내 믿을 만하게 되는 것이고, 천명이 비록 늘 일정하지는 않지만 길한 다움을 가진 자는 반드시 상서로움을 내려받아 마침내 일정하게 되는 것입니다.

1) 모두 하나의 다움을 갖고 있다는 뜻이다.

(『서경』) '소고(召誥)'[1](에서 말했다.)

"아! 저 황천의 상제께서 그 원자(元子)와 이 큰 나라인 은(殷)의 천명을 바꾸셨으니 왕께서 천명을 받으신 것은 그지없이 아름답지만 또한 끝없는 근심이기도 하니 어찌해야 하겠습니까? 어찌 삼가지〔敬〕 않을 수 있겠습니까?"

또 말했다.

"하늘도 사방의 백성들을 불쌍히 여기시고 돌아보아 명하시기를 (다움을 닦는 데) 힘쓰는 자에게 하셨으니 왕께서는 서둘러〔疾=速〕 다움을 삼가 받드소서〔敬德〕."

또 말했다.

"임금은 삼감〔敬〕을 자신이 머무는 처소로 삼아야 하니 다움을 삼가 받들지 않으면 안 됩니다.

저는 하(夏) 나라를 살펴보지 않을 수 없고, 또한 은나라를 살펴보지 않을 수 없습니다. (그러나) 나는 감히 하나라가 천명을 간직하여 역년(歷年-왕조의 존속 기간)을 둔 것인지 알지 못하고, 나는 감히 그것을 연장하지 못한 것인지 알지 못합니다. (다만 내가 아는 것은) 오직 다움을 삼가 받들지 못해 마침내 일찍 천명이 떨어진 것입니다.

나는 감히 은나라가 천명을 간직하여 역년을 둔 것인지 알지 못하고, 나는 감히 그것을 연장하지 못한 것인지 알지 못합니다. (다만 내가 아는 것은) 오직 다움을 삼가 받들지 못해 마침내 일찍 천명이 떨어진 것입니다."

또 말했다.

"아! (어떤 자식을 낳느냐 하는 것은) 그 자식을 낳을 때 그 처음 낳는 순간에 달려 있어 스스로 밝은 명〔哲命=明命〕을 받지 않음이 없는 것과 같으니 이제 하늘이 우리에게 밝음을 명할 것인가? 길흉을 명할 것인가? 역년을 명할 것인가? 이것을 아는 것은 지금 우리가 처음 정사를 어떻게 하느냐에 달려 있습니다.

새 도읍에 머무시어 임금께서는 서둘러 다움을 삼가 받드소서〔敬德〕. 왕께서 다움을 쓰시는 것〔用德〕은 하늘의 장구한 명(命)을 비는 것입니다."

또 말했다.

"상하가 부지런히 (백성들을) 구휼하기에 힘쓰며 기약하기를 '우리가 천명을 받음이 저 하나라의 역년과 같고 (또) 은나라의 역년을 폐하지 말자'[1]고 하니 왕께서는 백성들을 데리고 하늘의 장구한 명을 받기를 바라옵니다."

1 주나라 성왕이 소공(召公)에게 명을 내려서 이 글을 지어 올리게 했다.

신이 가만히 살펴보겠습니다. 소공(召公)의 첫 번째 글은 분명 반복해서 늙은 신하가 어린 군주를 온 정성을 다해 섬기는 마음을 고스란히 담고 있습니다.

처음에 "황천의 상제께서 그 원자와 이 큰 나라인 은의 천명을 바꾸셨다"고 했는데 여기서는 (은나라 마지막 임금인) 주왕이 원자요, 은나라가 큰 나라입니다. 원래 천명이란 쉽게 바꿀 수 있는 것이 아닌데 하늘이 갑자기 그것을 바꾸었으니 어찌 놀라지 않을 수 있겠습니까?

그다음 말에 "(지금의) 왕께서 천명을 받으신 것은 그지없이〔無窮〕

아름답지만 또한 끝없는〔無窮〕 근심이기도 하다"고 한 것은 대개 천명이란 늘 일정하지는 않기 때문에 사라질 수도 있고 머물러 있을 수도 있어 천명을 갖는다는 것 자체가 어려운 일이라 반드시 이처럼 근심해야 한다고 했습니다.

또 하나라와 상나라(은나라)를 들어 말을 하니 이는 그 두 나라가 이미 천명을 받아들인 바 있음을 가리키는 것입니다. 그리고 그 나라들의 역년(歷年)이 장구할지 그렇지 못할지를 자신은 도대체 감히 알 수가 없고, 다만 알 수 있는 것이라고는 오직 다움을 삼가 받들지 못해 이에〔迺=乃〕 일찍 천명이 끝난 것이라는 것뿐입니다. 따라서 이는 훤하게 알 수 있는 일입니다.

이미 또 자식을 낳은 비유를 들어 말하기를 무릇 사람이 자식을 낳을 때 그 아이의 밝은 지혜〔明智〕와 오랜 수명〔壽考=長壽〕은 다 처음에 정해지는 것이니 (그 후에) 열심히 강학하면 밝아지고 몸을 아끼면 장수하는 것이라고 했습니다. 그래서 지금의 임금이 천명을 받은 초창기 역시 자식이 처음 태어났을 때와 같은 것입니다. 하물며 새로운 도읍을 정해 그곳에 머무는 것 또한 새로운 초창기라 하늘이 우리에게 밝음을 명할 것인지 길흉을 명할 것인지 역년을 명할 것인지 등이 다 지금부터 어떻게 하느냐에 따라 시작되는 것이니 삼가지〔謹=敬〕 않을 수 있겠습니까?

또 말하기를 "왕께서 다움을 쓰시는 것〔用德〕은 하늘의 장구한 명(命)을 비는 것입니다"라고 한 것은 무슨 뜻이겠습니까? 대개 다움을 쓰는 것에서 하나가 된다는 것은 실은 빈다고 해서 될 수 없는 것을 비는 것이지만[2] 그러나 천명이란 워낙 중요한 것이기 때문에 임금과 신하가 다움을 같이한〔同德〕 연후에야 지켜낼 수 있는 것입니다. 그래서 말하기를 "상하가 부지런히 (백성들을) 구휼하기에 힘쓴다〔勤恤〕"고 했으니 구휼한다〔恤〕는 것은 이른바 한도 끝도 없이 구휼한다는 것이며, 상하가 한마음이 되어 부지런히 하고 진심으로 근심한다면 하나라와 상나라의 역년(만큼 오래가는 것)을 거의 기대할 수 있을 것입니다.

마지막으로 "왕께서는 백성들을 데리고 하늘의 장구한 명을 받기를 바라옵니다"라고 한 것은 명은 하늘에 있으니 백성들에게 어떻게 해야 할 것인가를 말한 것입니다. 대개 하늘은 마음을 갖고 있지 않기 때문에 백성을 마음으로 삼는 것입니다. 이 한 편에서만 삼감〔敬〕을 말한 것이 일고여덟 번이니, 아! 어찌 삼가지 않을 수 있겠습니까?

그래서 말하기를 "임금은 삼감〔敬〕을 자신이 머무는 처소로 삼아야 합니다"라고 했고, 또 "어찌 삼가지〔敬〕 않을 수 있겠습니까?"라고 했으며, 또 "서둘러 다움을 삼가 반드소서〔敬德〕"라고 한 것은 타일러 일깨워주고 싶어 하는 절절함이 드러난 것이라 하겠습니다.

이제 신의 생각을 말씀드리겠습니다. 이것은 은퇴를 앞둔 늙은 신하가 온 정성을 다하는 마음입니다. 먼 훗날 성왕이 백 살 장수를 누리고 주나라 왕실이 하나라와 상나라보다 더 이어진 연후에야 소공의 말이 진실로 주왕실에 도움이 됐다는 것을 알 수 있었습니다.

1) 두 나라를 합친 것보다 더 오래가는 나라를 만들자는 다짐이다.
2) 다움을 씀에 있어 하나가 된다〔一〕는 것은 이치상으로는 불가능하다는 뜻이다.

(『사경』) '문왕'[1]

문왕이 천명〔命〕을 받아 주나라를 세웠다. 그 1장에서 노래한다.

"문왕이 위에 계시니 / 아! 하늘에까지 밝게 빛나도다. / 주나라가 비록 오래된 나라이지만 / 그 천명은 오로지 새롭도다〔維新〕. / 주나라가 드러나지 않을까? / 상제의 명이 때에 안 맞을까? / 문왕이 오르고 내리실 때 / 상제의 좌우에 계시는구나."

또 노래한다.

"깊고 멀리 보시는구나〔穆穆=深遠〕! 문왕이시여! / 아! 삼감을〔敬〕 이어받아〔緝〕 (세상에) 밝히시는구나〔熙~止〕! / 크시도다 천명이여! / 상나라 자손들에게 있었도다. / 상나라 자손들이여! / 그 수가 억에 그치지 않았거늘 / 상제가 이미 (주나라에) 명했으니 / 주나라에 제후로서 복종해야 하는도다. / 주나라에 제후로서 복종했으니 / 천명은 일정치가 않았도다."

또 노래한다.

"너의 조상들을 생각지 않는가? / 그(문왕)의 다움을 닦아야 한다. / 길이 천명에 부합하는 것만이 / 스스로 많은 복을 구하는 것이라. / 은나라가 무리를 잃지 않았을 때는 / 능히 상제께 부합했었도다. / 마땅히 은나라를 거울로 삼으라! / 큰 명은 보전하기가 쉽지 않도다."

또 노래한다.

"천명은 보전하기가 쉽지 않으니 / 네 몸에서 끊어지게 하지 말지어다. / 훌륭한 명성을 펴서 밝히고 / 또 은나라를 잘 살피되 하늘로부터 할지어다. / 저 위 하늘의 일은 / 소리도 없고 냄새도 없으니 / 문왕을 본받으면 / 만방이 일어나서 믿고 따를 것이다."

1 「대아」의 편 이름이다

신이 가만히 살펴보겠습니다. 이 시는 주공이 지은 것이니 내용은 문왕의 일을 들어 성왕을 일깨우려는 것입니다.

첫 장에서 문왕이 위에 계시다고 했으니 이는 문왕이 보여준 (임금) 다움의 빛나는 밝음이 하늘로 뚫고 올라가서 하늘과 더불어 하나가 됐다는 것입니다. (그리고) 주나라가 생겨난 것은 후직과 그의 후손 공유 이래로 면면히 천여 년을 이어져왔으니 이른바 오래됐다고 할 만합니다만 오직 문왕만이 하늘과 똑같은 다움을 가졌다〔同德〕고 하겠습니다. 그래서 하늘은 문왕에게 오로지 새로운〔維新〕 천명을 내려주었던 것입니다.

'주나라가 드러나지 않을까〔有周不顯〕?'라고 한 것은 대체로 주나라가 심하게 드러났다는 것이고, '상제의 명이 때에 안 맞을까〔帝命不時〕?'라고 한 것은 대체로 심하게 때에 맞았다는 것이기 때문에 시를 쓴 사람의 말이 이와 같은 것입니다.

(이처럼) 다움〔德〕이 이미 드러났고 명이 이미 때에 맞았는데도 문왕이 한 걸음 오르고 한 걸음 내려올 때마다 항상 상제가 좌우에 계셔서 일찍이 (문왕과 상제 사이에) 작은 틈도 없었으니 이것은 문왕의 다움이 그만큼 순정했다〔純〕는 것을 말하고 있습니다.

4장에서 '깊고 멀리 보시는구나〔穆穆〕! 문왕이시여! 삼감〔敬〕을 이어받아〔緝〕 (세상에) 밝히시는구나〔熙〕!'라고 한 것도 역시 그 순정함이 그치지 않았다는 뜻입니다. 그래서 (한때는) 큰 천명〔大命〕이 (상나라 자손들에게) 모여들었으니 상나라 자손들의 수가 억에 그치지 않았습니다. 그러나 천명이 주나라로 돌아갔기 때문에 상나라의 자손들은 거꾸로 제후가 되어 주나라에 복종해야 했습니다. 주나라는 일찍이 상나라의 신하 나라였는데 지금은 마침내 거꾸로 주나라가 신하로 거느리게 됐으니 (여기서) 천명은 일정치가 않음〔靡常〕을 볼 수 있습니다.

그래서 5장 첫머리에서 펴서 말하고, 또 왕의 충신들〔藎臣=忠臣〕을 부르며 말하기를 '너의 조상들을 생각지 않는가? 문왕의 다움을 닦아야 한다'고 했으니 신신(藎臣)이란 충직하고 열렬하며 돈독하고 최선을 다하는〔忠誠篤至〕 신하를 말하는 것입니다. 주공이 그렇게 말했다는 것은 곧 왕(성왕)에게 펴서 경계하는 것이라 하겠습니다.

6장에서는 또 문왕을 생각하라며 그의 다움을 닦으라고 했으니 만일 그런 다움을 능히 닦는다면 장구하게 천명에 부합할 수 있어 복록이 절로 찾아올 것이라고 한 것입니다.

맹자는 (『맹자』「공손추장구(公孫丑章句)」에서) '재앙과 복이 자기 자신으로부터 구하지 않는 것이 없다〔禍福 無不自己求之者〕'고 말했습니다. 즉 상나라는 자기 자신으로부터 재앙(의 원인)을 구해야 하고, 주나라는 자기 자신으로부터 복(의 원인)을 구해야 할 것입니다. 그러니 하늘이라고 해서 어찌 거기에 끼어들 수 있겠습니까?

바야흐로 상나라가 백성을 잃지 않았던 때에는 대개 일찍이 상제의 뜻에 능히 부합할 수 있었던 것이고, 이제는 그 자손들이 마침내 이런 지경에 이르게 됐으니 마땅히 그것을 잘 살펴 스스로 되돌아본다면 천명을 지키기가 어려운 것이라는 점을 절로 알게 될 것입니다.

마지막 장에서 또 천명을 지키는 것의 어려움을 이야기하고 있습니다. 어떻게 해서건 '네 몸에서 끊어지게 하지 말지어다〔毋遏爾躬〕'라고 했으니 이는 주나라가 성왕에 이르러 다시 주공이 이미 그 명이 이어지지 않을까 봐 근심하여 성왕으로 하여금 ‘훌륭한 명성을 펴서 밝히기’를 바라서 상나라가 천명을 잃게 된 까닭을 잘 살피라고 당부한 것입니다. 그러니 이는 대개 근심하여 묻기를 여러 차례 한 다음에 비로소 상나라가 망한 까닭을 알게 될 것이고, 또 상나라가 망한 까닭을 알게 되면 (동시에) 주나라가 흥한 까닭을 알게 되리라고 보아서 그렇게 한 것입니다.

‘네 몸에서 끊어지게 하지 말지어다’라는 한마디는 지금 읽어도 사람들로 하여금 삼가 두려움에 떨게 만드는 바가 있는데 하물며 주공이 직접 그것을 말하고 성왕이 직접 그것을 들었을 때는 어떠했겠습니까?

또 요임금이 순(임금)에게 ‘하늘의 복록이 영원히 끊어질 것이다’[1] 라고 했으니 후세에 이 말을 할 때는 반드시 안 좋은〔不祥〕 뜻이 담긴 말이라 옛날에 임금과 신하들이 서로 경계의 말을 주고받을 때 위망(危亡)을 염두에 두면서 했던 것입니다. 그래서 오히려 그것은 위망에 빠트리지 않는 이유가 됐습니다.

이 편의 맨 마지막에서는 마침내 마무리하면서 말하기를 천명에 부합하고 싶은 자는 마땅히 하늘을 모범으로 삼아야〔法〕 하지만 ‘하늘은 소리도 없고 냄새도 없으니〔無聲臭〕’ 오로지 문왕을 본받아야만〔法〕 하늘의 명에 부합할 수 있고, 그리하여 만방이 다 믿고 따르게 될 것이라고 했습니다.

이 시 ‘문왕’ 일곱 장은 대체로 주공이 직접 쓴 것입니다. 그래서 후세의 임금들이 천명을 보전하고 싶으면 마땅히 병풍으로 만들고 종이에 써서 가지고 다니면서 낮에는 그것을 읽고 밤에는 그것을 생각하고 또 생각한다면 장차 상제가 바로 자기 위에 실제로 임한 듯 할 터이니 설사 잠시나마 자신을 놓아버리고〔自放(자방)〕 싶다가도 그리할 수 없을 것입니다.

아! 폐하께서는 그것을 깊이 유념하셔야 할 것입니다.

1) 이 말은 전후 맥락이 『논어』 「요왈」 1장에 상세하게 실려 있다. 요임금이 말했다. "아! 너 순아. 하늘의 뜻〔曆數(역수)〕이 마침내 너에게 있으니, (너는 왕위에 올라) 진실로 중화(中和)를 잡도록 하라. 만백성이 곤궁에 빠지면 하늘의 녹(祿) 또한 영원히 끊어질 것이다." 순임금 또한 이 말씀으로써 우임금을 일깨웠다.

(『시경』) '대명(大明)'은 문왕이 밝은 다움을 갖고 계시니 하늘이 다시 무왕(武王)에게 명을 내리신 것이다.

"밝디밝음〔明明(명명)〕이 아래에 있으면 / 위에서는 훤하디훤하다〔赫赫(혁혁)〕. / 하늘은 믿기〔忱(침)=信(신)〕 어려우니 / 쉽지 않은 것이 저 왕 노릇이다. / (그리하여) 천자의 지위에 있던 은나라의 적손(嫡孫)들 / (더 이상) 사방을 차지하지 못했도다."

2장에서는 이렇게 노래한다.

"바로 이 문왕께서 / 조심조심 삼가고 삼가며〔翼翼(익익)〕 / 상제를 밝게 섬기시어 / 많은 복 오게 하시니 / 그 다움에 사특함〔回(회)=邪(사)〕 전혀 없어 / 사방의 나라들이 와서 따르는구나."

그 마지막 장에서는 이렇게 노래한다.

"상제가 그대에게 임하셨으니 / 그대의 마음 의심하지 말지어다."

신이 가만히 살펴보겠습니다. '밝디밝음이 아래에 있다〔明明在下〕'는 것은 임금의 다움〔君德〕을 가리켜 말하는 것이고, '위에서는 훤하디훤하다〔赫赫在上〕'는 것은 하늘의 명(命)을 가리켜 말하는 것이니 임금은 밝디밝은 다움을 갖고 있다는 뜻이고 하늘은 훤하디훤한 명을 갖고 있다는 뜻입니다.

'위에서는 훤하디훤하다'라는 말을 잘 살펴보면 그 위엄의 밝음이 두려워할 정도여서 일찍이 털끝만큼〔咫尺之間〕도 어길 수가 없다는 것이니 이는 하늘이 믿기 어려운 까닭이며 임금이 왕 노릇 하기가 쉽지 않은 까닭입니다.

이를 상나라 주왕에게 비추어 말해 본다면 그 거처하는 바의 존귀함은 '천자의 지위'였고, 그 전승되는 바의 바름은 '은나라의 적손'이었는데 하루아침에 도리를 잃어 비록 '사방을 차지하려' 하여 그것을 소유하려 해도 그럴 수 없게 됐으니 이는 황천의 명을 받아 원자(元子)의 명이 바뀌었다는 것과 같은 뜻입니다. 따라서 이는 성왕에게 깊이 경계하라는 취지입니다. 이미 상나라 주왕이 천명을 잃은 것을 말하고, 다시 문왕이 천명을 얻은 것을 말하여 조심조심 공순히 하여 상제를 밝게 섬김으로써 마침내 많은 복이 오게 했으니 이는 (문왕이) 그 (임금)다움으로 말미암아 하늘을 어긴 바가 없었기 때문입니다. 그리하여 하늘은 사방의 나라들이 와서 따르게 만들었으니 이 또한 성왕을 깊이 권면하는 취지입니다.

'상제가 그대에게 임하셨으니〔上帝臨女〕 그대의 마음 의심하지 말지어다〔無貳爾心〕'라는 것은 무왕이 제후로서 주왕을 토벌한 것이니 그 수가 많고 적고는 개의할 바가 아니고 오직 믿고 의지할 바〔所恃〕는 상제가 임하시리라는 것뿐입니다. 너〔女=汝〕라는 것은 무왕이 스스로를 지칭하는 것으로 상나라 주왕이 도리가 없어 천명이 그를 토벌토록 명하니 어찌 서로의 강약을 재어서 마음에 의심을 품을 수 있겠습니까?

이 두 가지 말은 비록 상나라를 정벌하고 나서 한 것이기는 하지만 그 내용을 잘 음미해 보면 마치 상제가 바로 위에 임해 있는 듯합니다. 그러니 임금이 수시로 그것을 읊어서 새긴다면 마음에 사특한 생각이 들 리가 없고, 절로 늘 그윽한 마음 상태〔冥冥之中〕에 젖어들게 될 것이니 어찌 그 도움이 작다고 하겠습니까?

(『시경』) '경지(敬之)'[1]는 여러 신하들이 왕위를 이은 임금〔嗣王〕에게 경계할 것을 요청하는 시다.

"삼가소서 삼가소서! / 하늘은 오로지 밝은지라 / 천명을 보전하기란 쉽지 않도다. / 높디높이 저 위에 있다고 말하지 마소서! / 그 일〔士=事〕에 오르고 내릴 때마다 / 날로 살펴보심이 바로 여기에 있을 것입니다."

1 「주송(周頌)」의 편 이름이다.

신이 가만히 살펴보겠습니다. 성왕이 즉위하여 정사를 맡아서 하던 초에 여러 신하들이 경계할 것을 청하며 첫머리에서 '하늘에 대해 삼가라〔敬天=敬之〕'라고 말하고 있습니다. 대개 제왕이 마땅히 받들어야 할 것으로 하늘만 한 것이 없으며, 마땅히 힘써 해야 할 것으로 삼감만 한 것이 없습니다. 따라서 두 번이나 삼가라고 말하여 귀담아들을 것을 청했으니 이는 모름지기 하늘의 도리〔天道〕가 너무나도 밝기 때문에 속일 수가 없고, 하늘의 명〔天命〕은 아주 어렵기 때문에 보전하기가 쉽지 않다는 것입니다.

밝지 못한 자〔昧者〕들은 말하기를 '높디높이 저 위에 있어〔高高在上〕' 사람의 접근을 허락하지 않는다고 말하면서 임금이 일에 임하여 한 걸음 오르고 한 걸음 내려갈 때에도 하늘의 살펴봄〔監視〕이 일찍이 단 하루도 여기에 와닿지 않은 적이 없다는 것을 알지 못합니다. 그러니 어찌 이를 소홀히 할 수 있겠습니까?

이때 여러 신하들의 배움은 마음을 바로잡는 것〔格心=正心〕을 위주로 했기에 그 말의 순수함이 이와 같을 수 있었던 것입니다. 임금이라면 마땅히 이 점을 깊이 음미해야 할 것입니다.

(『시경』) '아장(我將)'은 문왕을 명당(明堂)에서 제사 지내는 것이다.

"복을 내려주시는 문왕께서〔伊嘏文王〕 / 이미 오른쪽에 계셔 흠향하시리라. / 내 밤낮으로 / 하늘의 위엄을 두려워하며 / 이에 보전할지어다."

신이 가만히 살펴보겠습니다. 이것은 곧 『효경』에서 말한 "문왕을 명당에 종사(宗祀)하여 상제에게 부합한다"는 것입니다. 이 시는 성강(成康)의 시대[1]에 지어진 것으로 옛 사람들은 복을 받는 것을 하(嘏)라고 했습니다.

무릇 이미 문왕에게서 복을 받고서 자신이 올린 제사를 흠향하셨다고 해서 어찌 자만할 수 있겠습니까? 반드시 아침 일찍 일어나고 밤늦게 잠들며 조심조심 두려워하는 마음으로 하늘의 위엄을 두려워해야만 이때 비로소 하늘의 명은 보전할 수 있는 것입니다.

후세의 임금들은 한 번 명당에 제사를 지내러 행차하고 나면 마음이 풀어져서 잘난 척하고 싶은 마음〔矜大之心〕이 생겨났으니 한나라 무제가 이런저런 조서를 마구 내리면서 딱 그러했습니다. 그가 만일 '아장(我將)'이란 시를 제대로 읽었다면 많이 부끄러웠을 것입니다.

1) 주나라의 중흥기로 간주되는 성왕과 강왕의 시대를 말한다.

(『시경』) '판(板)'[1]은 범(凡) 나라의 군주〔伯〕가 여왕(厲王)을 풍자한 시다.[2] 그 마지막 장〔卒章=終章〕에서 이렇게 노래한다.

"하늘의 노여움을 삼가 조심하여 / 감히 향락에 빠지지 말고 / 하늘의 변함〔渝=變〕을 삼가 조심하여 / 감히 말을 내달리지〔馳驅〕 말지어다. / 저 큰 하늘 밝디밝아 / 너의 드나듦에 다 미치며 / 저 큰 하늘 크게 빛나시어〔旦=熙=明〕 / 너의 방탕한 유희〔游衍〕에 다 미친다."

1 「대아」의 편 이름이다.

2 여왕은 주나라의 무도한 임금이고, 범백은 그 신하다.

신이 가만히 살펴보겠습니다. 빠른 번개와 뜨거운 바람 등은 다 하늘의 노여움이요, 일식이나 별의 이상 현상 등은 다 하늘의 이변입니다.

임금은 하늘의 자식 된 바이니 하늘을 섬기기를 부모를 섬기듯 해야 합니다. 그런데 부모의 안색에 조금이라도 기뻐하지 않는 바가 있으면 자식은 마땅히 그것이 자신의 허물처럼 책임을 통감해야 하는 것이니 (부모 앞에서) 감히 가볍고 소홀하여 오만방자한 뜻을 가질 수 있겠습니까? (마찬가지로) 하늘의 변이(變異)에 조금이라도 평소와 다른 것이 있다면 임금은 마땅히 그것을 자신에 대한 경계로 삼아 두려워해야 하는 것이니 감히 향락에 빠지고 말을 내달리는 잘못을 범할 수 있겠습니까?

『주역』의 진(震) 괘(위 아래 모두 ☳로 겹쳐 있다)는 ('상전(象傳)'에서 말하기를) 우레〔雷〕가 거듭된〔洊=重〕 것이니 군자가 그 거듭됨을 보고서 두려워하며 스스로를 닦고 성찰하는 것입니다. 또 공자께서는 '빠른 우레와 맹렬한 바람이 불면 (두려운 마음에) 낯빛을 바꾸셨고〔迅雷烈風必變〕'[1], 『예기』에서도 말하기를 "만약에 빠른 바람과 날랜 우레와 심한 비가 있거든 반드시 낯빛을 바꾸고 비록 밤중에라도 반드시 일어나 옷을 입고 갓을 쓰고 바른 자세로 앉아 있어야 한다"고 했습니다. 그리고 옛날의 임금들은 일식(日食=日蝕)과 같은 별의 이상〔星變〕이 생길 경우 반찬 가짓수를 줄이고 음악(즐거움)을 물렸으며〔減膳

撤樂(철락)〕, 수시로 자신을 탓하고 좋은 말이나 대책을 널리 구했습니다. 이상의 모든 것은 다 삼감〔敬(경)〕을 드러내어 보여주는 사례들입니다.

그래서 하늘과도 같은 도리란 늘 훤하고 밝아서 무릇 임금들은 크고 작은 거동을 할 때에나 편안하게 쉬며 즐길 때에도 하늘이 늘 가까이에 있다고 생각을 해야 하는 것입니다. 그리고 굳이 재이(災異)가 일어나지 않더라도 늘 마땅히 경계하는 마음을 잃어서는 안 되는 것입니다.

아! 이 시는 문왕이 당시의 황제(-주왕)를 가까이에서 모실 때의 일을 들어 범나라의 백이 마침내 여왕을 풍자한 것입니다. 옛날의 충성스러운 신하는 감히 임금이 (실천)할 수 없다고 말하지 못했고, 여기서 보듯이 에둘러 일깨우려 했습니다. 그러나 애석하게도 여왕은 죽을 때까지 이를 깨닫지 못했습니다.

이상은 하늘을 섬김의 삼감에 대해 논했습니다.

1) 『논어』「향당(鄕黨)」에서 공자의 생생한 모습을 묘사하는 장면 중의 하나로 나온다.

재앙을 만났을 때의 삼감

(『서경』 '대우모') 순임금이 말했다.

"이리로 오라! 우(禹)야! (하늘은) 홍수를 통해 나로 하여금 매사에 조심하고 경계하는 마음을 갖고서 임하도록 했다〔來禹 洚水儆予(내우 홍수경여)〕."

신이 가만히 살펴보겠습니다. 맹자는 말하기를 "물이 거꾸로 흐르는 것〔水逆(수역)〕을 일러 홍수〔洚水(홍수)=洪水(홍수)=氾濫(범람)〕라고 한다"고 했습니다. 홍수나 범람은 요임금 때도 있었지만 순이 섭위(攝位)했을 때도 그 해로움이 오히려 그치질 않자 순임금은 스스로 말하기를 "이것은 하늘이 나를 경고하는 것〔儆(경)=警(경)=敬(경)〕"이라고 보았습니다.

뛰어난 황제이자 밝은 군주(이신 순임금)가 하늘을 두려워하며 자신을 성찰하는 것이 이와 같았고, 그 후에 성탕이 가뭄을 걱정하며 여섯 가지 일을 들어 스스로를 책하며 말했습니다.

"정사가 절도를 잃었는가? 백성들을 힘들게 부렸는가? 어찌해서 비가 오지 않아 이 지경에 이르렀단 말인가?

궁실이 화려했는가? 여인네들의 하소연이 심했는가? 어찌해서 비가 오지 않아 이 지경에 이르렀단 말인가?

돈 꾸러미가 횡행했는가? 참소가 행해졌는가? 어찌해서 비가 오지 않아 이 지경에 이르렀단 말인가?"[1)]

무릇 성탕과 같은 뛰어난 임금이 어찌 그런 짓들을 했겠습니까? 그런데도 자신에게 돌이켜서〔反躬(반궁)〕 자책한 것이 이와 같았으니 탕의 마음이 곧 순의 마음이라 하겠습니다.

한나라 무제 때에 이르러 공손홍(公孫弘)이 대책문에서 이렇게 말했습니다.

"요임금이 홍수를 만나 우로 하여금 그것을 다스리게 해서 순임금 때는 홍수가 났다는 이야기가 없었고, 성탕이 가뭄을 만나 힘들었던 것은 걸왕의 악영향이 남아 있어서였습니다."[2)]

무릇 순임금은 물(혹은 홍수)로 인해 스스로를 경계했는데 공손홍은 그것을 요임금 덕분으로 돌렸고, 성탕은 가뭄으로 인해 스스로를 책했는데 공손홍은 그것을 걸왕 때문으로 돌렸습니다.

(공손홍처럼) 이렇게 간사스럽고 아첨하는 마음이 그 임금을 현혹하고 그릇되게 이끌어 하늘이 내리는 경고를 우습게 여기고 소홀히 생각하게 만드는 것이 무릇 모두 이와 같았으니 잘 살피지 않으면 안 됩니다.

1) 이 내용은 『순자』에 실려 있다.

2) 이 내용은 왕충(王充)의 『논형(論衡)』에 실려 있다.

(『사기(史記)』) 이척(伊陟)[1)]이 태무(太戊)[2)]의 재상으로 있을 때 박(亳-주나라 수도)읍에 이상한 일이 있었다. 아침에 뽕나무 뿌리에서 대거 싹이 나니 이척이 무함(巫咸)을 도와 '함예(咸乂)' 네 편을 지었다.

신이 가만히 살펴보겠습니다. '함예' 네 편은 지금은 없고 다만 『사기』에 그 내용이 전해지고 있습니다.

"태무가 제위에 오르고 / 이척이 정승이 되니 / 아침에 뽕나무 뿌리에서 싹이 나 / 하룻저녁에 그 크기가 한 아름이 됐다. / 태무가 놀라 이척에게 물으니 / 이척이 말하기를 / '신이 듣건대 요망한 것은 임금다움〔德〕을 이기지 못한다고 했습니다. / 폐하께서 정사를 하심에 / 뭔가 부족한 것이 있는 듯하니 / 부디 열심히 다움을 닦으시옵소서.' / 태무가 이를 따르자 / 상서롭지 못한 뽕나무는 말라 죽었다."

태무가 재이(災異)를 만나 충성스러운 말을 듣고서 정사를 더욱 닦아 마침내 임금다움을 회복했다는 내용입니다. 따라서 주공은 (『서경』 '무일'에서) 이를 칭찬하여 말하기를 "옛날에는 은나라 왕 중종이 있었는데 / 하늘을 엄히 삼가며 두려워했으니 / 하늘의 명이 절로 회복됐도다"라고 했습니다.

즉 태무는 삼가고 두려워하는 열렬함〔敬畏之誠〕을 다해 하늘의 명을 다시 바로잡았으니 참으로 중종의 마음은 알아두어야 할 것입니다.

1) 이윤의 아들이다.

2) 상나라 임금 중종(中宗)이다.

(『사기』) (상나라) 고종(高宗)이 성탕에게 융제사〔肜祭=又祭〕[1]를 올리던 날 꿩이 날아와 큰 솥〔鼎〕 위에 앉더니 우는 이변이 있었다. 이에 조기(祖己)[1]가 노래를 지었다.

"먼저 왕을 바로잡고서〔格王=格君〕 (그다음에) 일을 바로잡겠다."

그리고 이내 조기는 왕에게 일깨워〔訓〕 주었다.

"저 하늘이 백성들을 살펴보시고서 이치〔義=理〕를 제대로 구현할 것을 명하셨습니다. 연수〔年=壽命〕를 내려주는 것이 길기도 하고 길지 않기도 한 것은 하늘이 그 백성을 요절케 하는 것이 아니라 백성들이 중간에 그 명을 끊기 때문입니다.

백성들이 임금의 다움〔德〕에 순순히 따르지〔若=順〕 않고 죄에 굴복하지 않으니 하늘이 이미 상서로운 명〔孚命〕으로 임금의 다움을 바로잡으려 하시는데 '(재앙과 상서로움〔妖孼〕이) 그런다고 나를 어쩌겠는가'라고 말할 수 있겠습니까?

아! 왕께서는 백성을 삼가 받드는 일〔敬民〕을 맡으셨으니 하늘의 아들〔天胤=天嗣〕이 아닐 수 없습니다. 제사를 주관함에 있어 가까운 사당〔昵=親〕에만 풍성하게 하지 마소서."

1 현능한 신하다.

선배 유학자 소식(蘇軾-소동파)이 말했습니다.

"고종이 융제사를 올리는 날 들판의 꿩이 큰 솥 위에서 울었으니 이는 신령이 종묘 제사가 크게 잘못됐음을 훤히 알고 있었다는 것이다. 그래서 조기는 말하기를 '왕의 마음이 그릇된 점을 마땅히 먼저 바로잡아야 한다'고 했다. 이는 대개 무정(武丁-고종)이 인사(人事)를 제대로 닦지 못했고 여러 차례 제사를 지내 귀신에게 아첨했으며, 또 아버지 제사에만 풍요롭게 하고 조상들에 대해서는 박하게 했으니 근본〔大=本〕을 잃어버린 것이다.

그래서 조기는 먼저 왕부터 바로잡으려 했다. 무릇 하늘이 사람을 살피는 것은 늘 정해진 이치가 있어 연수를 내려주는 것이 길기도 하고 길지 않기도 한 것은 하늘이 사람을 요절케 하는 것이 아니라 사람이 혹 중간에 스스로 하늘을 끊어버리기 때문이다. 그리고 임금의 다움〔德〕에 순순히 따르지〔若=順〕 않고 죄에 굴복하지 않으니 하늘이 이미 상서로운 명〔孚命〕으로 임금의 다움을 바로잡으려 하는데 '(재앙과 상서로움〔孼祥〕이) 그런다고 나를 어쩌겠는가'라고 말한다면 하늘이 반드시 그를 주멸하여 (천명을) 끊어버릴 것이다. 그래서 왕은 백성을 삼가 받드는 일〔敬民〕에 온 힘을 쏟아야 하며, 제사를 여러 번 지내는 것은 아무런 실익이 없을 것이다.

무릇 선왕은 하늘의 아들〔天胤〕이니 가까운 사당〔昵=親〕에만 풍성하게 제사를 지내면 그것이 될 말인가? 어떤 이는 하늘의 재앙〔天災〕은 상(象-음양오행의 원리)으로도 맞출 수가 없다고 했지만 『서경』에서 '꿩이 우는 이변이 있었다'고 한 것으로 충분하며, 또 '그 소리가 귀에 울렸다'고 적었으니 귀로써 그 상서로움을 듣지 않았는가?

임금이 천하에 두려워하는 바가 없게 되면 하늘이 임금에게 경고하는 것이다. 그런데도 하늘의 재앙을 상(象) 따위로 맞출 수 없는 것이라고 하면서 자신은 아무런 허물도 없다고 여길 뿐이라면 나라에 해가 되는 것이 그보다 클 수가 없다."

신이 가만히 살펴보겠습니다. 소식이 상(象) 따위로 맞추려 한다는 것은 '홍범(洪範)'에 나오는 오행(五行)의 학설을 가리키는 것입니다. 꿩 소리는 다른 데가 아니라 바로 큰 솥의 귀〔鼎耳〕(정이)에서 들려왔습니다. 대개 큰 솥이란 제사의 그릇이요, 귀는 듣기를 주관하는 신체기관이니 (임금이) 듣는 것이 귀 밝지 못하면〔不聽〕(불총) 재앙이 일어나게 되는 것입니다.

(한나라) 성제(成帝) 때[2] 박사들이 대사례(大射禮-활쏘기)를 열었는데 이때 꿩이 날아와 뜰에 앉았다가 계단을 거쳐 당(堂)으로 올라가서 장끼가 울었고, 또 태상, 종정, 승상, 어사, 거기장군의 관부(官府)에 모였고, 또 미앙궁의 승명전(承明殿) 옥상에 모이자 어사대부 왕음(王音)이 말씀을 올렸습니다.

"하늘과 땅의 기운은 비슷한 것들끼리 서로 호응하는데 임금에게 견책하여 고하는 것이 이미 아주 미미하게나마 드러납니다. 꿩이라는 것은 듣고 살피는 것〔聽省〕(청성)에서 가장 먼저 천둥소리를 들으니 그 때문에 『서경』에는 고종이 꿩의 이변을 겪은 일을 기록하여 재앙을 바꿔 복으로 만든〔轉禍爲福〕(전화위복) 효험을 밝히고 있습니다.

지금 박사들이 대사례를 거행하는 날에 꿩의 무리들이 모여들어 뜰에 앉았다가 계단을 거쳐 당으로 올라가서 삼공의 관부를 거치고 종묘와 종친들을 관리하는 관부를 지난 다음에 궁궐로 들어갔으니 그것들이 머물면서 사람들에게 분명하게 일깨워주고 있습니다. 이를 잘 살펴보면 갖추어진 것이 비록 사람들끼리 서로 경계한다 하더라도 이보다 더 절실할 수 있겠습니까?"

뒤에 황제는 조서를 내려 왕음에게 이렇게 말했습니다.

"듣건대 꿩을 잡아 보니 깃털이 자못 꺾여 있었다고 하니 이는 이미

한 번 붙잡혔던 것 같은데 이런 짓을 한 사람이 없는가?"

이에 왕음이 다시 대답했다.

"폐하께서는 어찌 이처럼 나라를 망칠 말씀을 하실 수 있습니까? 누가 망령된 계책을 주도하여 폐하의 귀를 무고하고 어지럽혔는지 모르겠습니다.

폐하께서는 즉위하신 지 15년이 됐는데도 후사(後嗣)가 세워지지 않았고, 매일같이 수레를 타고 나가시니 그로 인해 잘못하신 일들이 소문으로 흘러 다녀 나라 안에 이런 일이 전해지고 특히 경사(京師-수도)에서는 더욱 심합니다.

황천(皇天)은 자주 재이를 보여서 사람들에게 고치기를 바랐으나 일찍이 하늘을 감동시키지 못하고 있습니다. 폐하께서도 감동을 시키지 못하는데 신하들은 무엇을 기대할 수 있겠습니까?

마땅히 현능하고 밝은 이들〔賢哲〕과 함께 의논하셔서 자신을 이겨내고 예로 돌아가시어〔克己復禮〕 하늘의 뜻을 (간절히) 구한다면 후사를 세울 수 있고 재이도 사라질 것입니다."

한나라는 삼대(三代)로부터 멀리 떨어져 있지 않았기 때문에 한 마리 꿩의 이적(異蹟)으로도 임금과 신하가 서로 삼가 경계하는 것〔儆〕이 이와 같았습니다. 그래서 덧붙여 드러내었습니다.

1) 제사 다음 날 또 지내는 제사를 말한다.

2) 홍가(鴻嘉) 2년(기원전 19년)의 일이다.

(『시경』) '운한(雲漢)'[1]은 잉숙(仍叔)이 (주나라) 선왕(宣王)을 찬양한 시다. 재앙을 만나자 두려워하면서 잠시도 몸을 편안케 하지 않고 행실을 닦아 재앙을 사라지게 하려고 애쓰자 백성들은 임금이 자신들을 위해 근심 걱정하는 것을 보고서 기뻐하니 이 시를 지은 것이다.

그 1장이다.

"밝은 저 은하수〔雲漢=天河=銀河〕여 / 빛이 하늘에서 도는구나! / 왕이 말하기를 '아! / 지금 사람들에게 무슨 죄가 있는가? / 하늘이 재앙〔喪亂〕을 내리시어 / 기근이 거듭 이르니〔臻=至〕 / 신명께 제사를 빠트리지 않았고 / 이 희생을 조금도 아끼지 않았으며 / 규벽(圭璧-신에게 올리는 제사에 쓰는 옥)까지 이미 모두 올렸거늘 / 어찌 내 청을 들어주지 않는가?'라고 하였다."

2장이다.

"가뭄이 이미 너무도 심하여 / 그 열기〔蟲蟲=熱氣〕 쌓여 올라가는데 / 정성 가득한 제사〔禋祀〕 그치지 아니하여 / 교제(郊祭) 마치고 다시 종묘로 나아가 / 상하에 제사하며 예물 올리고 그걸 땅에 묻으며 / 신을 받들어 높이지 않음이 없는데도 / 후직(后稷)이 감당해 내지 못하며 / 상제가 강림하지 않으시는구나. / 아래 백성들에게 폐해를 입히고 망치는 일이 / 어찌 정녕 이 몸에서 일어난단 말인가?"

3장이다.

"가뭄이 이미 너무도 심하여 / 밀쳐낼 수도 없구나! / 조심조심 두려워하며 / (그 가뭄을) 벼락처럼 여기고 천둥처럼 여기고 있도다. / 주나라에 남은 민초들이 / 온전한 몸으로 남겨진 사람 제대로 없는데 / 저 큰 하늘 상제께서는 / 나를 그냥 남겨두지 않으시려나? / 어찌 서로 두려워하지 않으리오? / 선조들의 제사마저 끊기게〔摧=杜〕 됐도다."

4장이다.

"가뭄이 이미 너무도 심하여 / 막아낼 수도 없구나! / 그 불볕 확확 타오르는데 / 어디에도 내가 용납될 곳이 없어라. / (백성들에게) 죽음이 가까이 왔으니 / 우러러보고 돌아볼 곳조차 없어라. / 여러 공들과 옛 바른 신하들 / 나를 도와주지 않는데 / 부모와 선조들께서도 / 어찌 차마 나를 버리려 하시는가?"

5장이다.

"가뭄이 이미 너무도 심하여 / 산천을 씻어내는〔滌滌〕 듯하는구나! / 가뭄 귀신〔旱魃〕 너무 사나워 / 속이 타듯 불을 놓은 듯하네. / 내 마음속 더위가 더 무서우니 / 마음으로 근심하는 것이 지지는 듯하도다. / 여러 공들과 옛 바른 신하들 / 나를 도와주지 않는데 / 저 큰 하늘 상제께서는 / 어찌 나로 하여금 도망도 못 치게 하시는가?"

신이 가만히 살펴보겠습니다. 이 시는 대체로 선왕이 가뭄을 걱정하며 자신을 탓하는 내용입니다. 첫 장에서 말하기를 은하수가 밝게〔爛然〕 빛나서 비가 내릴 조짐이 없으니 지금 내 백성들이 무슨 죄이길래 끊임없이 기근을 이르게 하는가라고 물으면서 신명은 얼마든지 비를 내릴 수 있음을 알고서 기도하지 않음이 없었다고 말합니다. 희생을 올림에 감히 아끼려 하지 않았고 규벽을 올리는데도 감히 아까워하지 않았는데 신께서 내 말을 들어주지 않는 것은 어째서인가라고 묻고 있습니다.

2장에서는 기근이 이미 너무나도 심하다면서 더위의 기세가 후덥

지근〔爞然〕한데도 교제(郊祭)를 마치고 다시 종묘로 나아가 제사라는 제사는 올리지 않은 것이 없었다고 말합니다. 그런데도 후직(后稷-곡식의 신)이 외면하여 도와주지를〔捄=救〕 않고 상제가 임하는 것을 볼 수가 없어 백성들이 폐해를 입고 망할 지경에 이르렀으니 어찌 나로 하여금 이런 일을 몸소 당하게 하는가라고 묻고 있습니다.

3장에서도 가뭄이 이렇게 심한 이유를 말하며 도저히 그것을 알 수가 없다고 토로합니다. 조심조심 위태로이 두려워하기를 마치 벼락이나 천둥이 하늘에 걸려 있는 듯이 여겼다는 것입니다. 주나라는 여왕이 정사를 엉망으로 만든〔板蕩〕[2] 이래 백성들 중에 온전히 살아남은 자가 얼마 없었습니다. 그런데다가 이때 가뭄까지 겹치니 장차 온전한 몸으로 남겨지는 백성들이 더 이상 없게 되지 않을까 걱정한 것입니다.

4장에서는 가뭄이 심하여 그치지 않으니 그 스스로 용납될 곳이 없다고 말합니다. 백성들에게 죽음이 다가와 언제 죽을지 모르게 되어 눈 둘 곳을 찾지 못하니 이제 여러 공들과 옛 바른 신하들〔先正=先正臣〕이 일찍이 자신을 도와주지 않고, 심지어 부모와 조상들까지 매정하게 외면해 자신이 이런 지경에 이르렀다는 것입니다.

5장에서는 가뭄이 심해질 대로 심해져 산천마저 휩쓸려 내려가 내 마음을 불로 지지듯 타오르게 한다고 말합니다. 그런데도 여러 공들과 옛 바른 신하들은 자신의 호소를 귀담아들으려 하지 않고, 하늘은 오히려 나를 꾸짖어 나로 하여금 도망도 못 치게 하시는가라고 하소연합니다.

5장 이하[3]는 대체로 지금까지의 내용을 반복하여 그 뜻을 풀어내는 것입니다. 그 구절들을 상세히 음미해 보면 하늘을 삼가 받들고 백성들을 걱정하는〔敬天憂民〕 선왕의 마음이 늘 잠 못 이루고 안절부절 못하며 자신의 행실을 닦는 것을 마치 지금 눈앞에서 보는 듯하니 바로 이것이 선왕이 중흥의 정치를 이룩할 수 있었던 까닭이라 하겠습니다.

1) 「대아」의 편 이름이다.

2) 원래는 『시경』 「대아」의 '판(板)'과 '탕(蕩)' 두 편이 모두 어지러운 정사를 읊은 데서 나온 말로 흔히 정치를 잘못하여 어지러워진 나라의 상황을 가리킨다.

3) '운한'은 모두 8장이다.

(『시경』) '정월(正月)[1]'은 대부(大夫)가 유왕(幽王)을 풍자한 시다. 그 첫 장이다.

"정월에 된서리가 내리니 / 내 마음 걱정스럽고 서글픈데 / 백성들의 유언비어〔訛言〕 / 또한 아주 심하구나. / 생각해 보니 나만 홀로 / 근심하는 마음이 크고 또 크니〔京京〕 / 슬프구나 내 걱정이여! / 속 끓이고 근심하여〔癙憂〕 병들어가도다〔痒=病〕."

신이 가만히 살펴보겠습니다. 정월[2]은 순양(純陽)이 힘을 발휘하여 정양(正陽)의 달이 된 것입니다. 하늘과 땅이 길게 자라는 때라 서리가 많아 이변도 크게 일어나고 백성들은 다투어 유언비어를 만들어내니 그 이변은 된서리보다 더 심하다고 하겠습니다.

유언비어〔訛言(와언)〕라고 한 것은 무엇이겠습니까? 옳은 것〔是(시)〕이 틀린 것〔非(비)〕이 되고 틀린 것이 옳은 것이 되며, 진실함〔忠(충)〕이 거짓〔佞(영)〕이 되고 거짓이 진실함이 되는 것이 바로 유언비어입니다. 유언비어가 횡행하게 되면 군자와 소인의 자리가 바뀌고, 그릇됨과 바름〔邪正(사정)〕이 뒤섞이게 되니 (정월에) 된서리가 내리는 재앙이 있게 되는 것입니다. (벼슬) 자리에 있는 군자는 그것을 걱정하느라 병이 될 정도인데 정작 임금은 알아주지 않으니 재앙과 패망〔禍敗(화패)〕이 찾아오는 것은 당연하다고 하겠습니다.

1) 「소아」의 편 이름이며 모두 13장으로 돼 있다.

2) 하나라 역법으로는 4월이다.

(『시경』) '시월의 만남〔十月之交(십월 지 교)〕[1]'은 대부가 유왕을 풍자한 시다.

1장이다.

"10월의 해와 달이 서로 만나는 / 초하루 신묘일(辛卯日)에 / 해가 먹히는 일식이 일어나니 / 참으로 심히 잘못됐도다. / 저 달은 이지러질 수 있지만 / 이 해의 이지러짐이여! / 지금 이 백성들은 / 참으로 심히 가엾구나."

2장이다.

"해와 달이 재앙〔凶〕을 알려줘 / 가야 할 길〔行=道〕을 가지 아니하니[2] / 사방 나라에 정사가 제대로 되지 않아 / 써야 할 사람을 쓰지 않았구나. / 저 달이 먹히는 것은 / 지극히 당연한 일이지만 / 이 해가 먹히는 것은 / 어찌하여 좋지 못한가?"

3장이다.

"버번쩍〔爗爗〕 천둥 벼락이 / 편치 못하고 좋지 못하구나 / 백천(百川)이 끓어오르고 / 산마루 높은 곳이 무너져 내려 / 높은 언덕이 골짜기가 되고 / 깊은 골짜기가 구릉이 되는구나 / 서글프도다! 지금 저 사람들 / 어찌하여 일찍 징계하지 않는 것인가?"

(4장이다.)[3]

"황보(皇父)가 경사(卿士)가 되고 / 번씨(番氏)가 사도(司徒)요 / 가백(家伯)이 총재〔宰〕가 되고 / 중윤(仲允)이 선부(膳夫)요 / 취자(棸子)가 내사(內史)가 되고 / 궐씨(蹶氏)가 취마(趣馬)요 / 우씨(楀氏)가 사씨(師氏)가 되니 / 염처(豔妻=艶妻)가 화를 불러 일으키며 그 자리에 머물러 있도다."

6장(실은 7장)이다.

"애쓰며 힘써〔黽勉〕 일을 하는데 / 감히 힘들다 말하지 못하네. / 죄 없고 허물도 없는데 / 헐뜯는 말이 사방에서 수군거린다〔囂囂〕. / 아래 백성들의 재앙 / 하늘로부터 내려오지 않고 / 모여 거듭 말하다가 등 돌리면 미워함에 / 오로지 힘쓰는 사람들 때문에 생겨나도다."

신이 가만히 살펴보겠습니다. 4월[4]에 내린 된서리가 자신에 대한 경고임을 유왕은 알아차리지 못했습니다. 이에 시월 초하루에 일식이 일어난 것입니다. 선배 유학자(-주희)의 논의를 살펴보겠습니다.

“해와 달이 먹히는 것[5]은 비록 일정한 도수〔常度〕(상도)에 따른 것이지만, 그러나 임금 된 자가 다움을 닦고서 정사를 행하며 현능한 인재를 등용하고 간신을 제거함으로써 양(陽)이 성하여 음(陰)을 꺾고 음이 쇠하여 양을 침해하지 못하게 하면 해와 달의 운행이 비록 어쩌다 먹힐 때를 당하더라도 달이 항상 해를 피하기 때문에 그 느리고 빠르며, 높고 낮음이 반드시 어긋나서 서로 만나지 않고 서로 상대하지 않을 수 있는 것이니 이 때문에 먹힐 때를 당해도 먹히지 않는 것이다.

만약에 나라에 (제대로 된) 정사가 없고 유능한 인재〔善人〕(선인)를 등용하지 아니하여 신하들이 임금을 배반하고 처첩이 지아비를 올라타며, 소인이 군자를 능멸하고 오랑캐가 중국을 침략하게 되면 음이 성하고 양이 쇠미해져서 먹힐 때를 당하면 반드시 먹히게 되니 비록 일정한 도수가 있다고 해도 이는 실로 비상한 변고가 되는 것이다.”

정(正)과 양(陽)의 달에 해가 먹히는 것은 (워낙 큰 변고이기 때문에) 옛날에는 더욱 꺼렸습니다. 그래서 10월은 순음(純陰)이니 이때 먹히는 것을 시인이 풍자의 대상으로 삼았다는 것은 대개 순음을 풍자한 것입니다. 순양인데 먹히는 것은 양이 심하게 약한 것이고, 순음인데 먹히는 것은 음이 심하게 번성하기 때문입니다. 그래서 재이가 일어나는 것에 대해 균형을 잡아주어야 합니다.

또한 (1장에서) ‘참으로 심히 잘못됐도다〔孔之醜〕(공지추)’라고 한 것은 일식이 심하게 잘못된 것임을 말합니다. 달이 이지러져〔虧〕(휴) 작아지는 것은 이치상으로 바른 것〔正〕(정)이지만 해도 역시 이지러져 작아지니 어찌 (백성들이) 심하게 가엾지 않겠습니까?

(2장에서) ‘해와 달이 재앙을 알려줘 / 가야 할 길을 가지 아니하니’

라는 것은 네 나라〔四國〕에 제대로 된 정사가 이뤄지지 않아 뛰어난 인재〔良=善〕들을 쓰지 않기 때문입니다. 월식은 양이 음을 넘어서는〔盛〕 것이고 일식은 음이 양을 이기는〔勝〕 것입니다. 양은 귀하고 음은 낮으니 음이 양에 맞서되 이기지 못한다면 마침내 그것은 정상〔常〕입니다. 그런데 음이 양을 이겨 양을 가리게〔揜〕 되면 정상이라고 할 수 있겠습니까? 그래서 말하기를 '어찌하여 좋지 못한가〔不臧=不善〕?'라고 한 것은 어떤 이유에서건 결국은 좋지 못한 징조임을 뜻하는 것입니다.

(3장에서) 벼락〔雷〕은 봄에는 소리를 내고〔發聲〕 가을에는 소리를 거둬들이는데〔收聲〕 이미 지금은 10월이어서 천둥과 벼락이 서로 바꿔가면서 생겨나며 산은 무너지고 냇물은 끓어올라 언덕과 계곡이 뒤바뀌어 높음과 깊음도 자리를 맞바꾸니 이것이 어찌된 일이겠습니까? 그것은 유왕이 일찍이 스스로 경계하지 않았음을 말하며 유왕을 풍자한 것입니다. 또 '지금 저 사람들〔今之人〕'이라고 한 것은 임금의 잘못을 지적하는 말〔斥言〕을 하지 않으려는 풍조를 안타까워 하는 말입니다.

앞서 말했던 '뛰어난 인재〔良=善〕들을 쓰지 않는다'라는 것은 곧 뛰어난 사람들이 직위를 잃었다〔善人失職〕는 뜻이니, 뛰어난 사람들이 직위를 잃었다는 것은 소인들이 일을 제 마음대로 좌우하기〔用事〕 때문이요, 밖에서 이처럼 소인들이 일을 제 마음대로 좌우할 수 있는 것은 안에서 부인이 일을 주무르기 때문입니다.

그래서 이런 지경에 이르면 그들이 인사를 좌지우지하게 되니 경사(卿士)와 사도(司徒) 이하는 다 왕조의 귀하고 가까운〔貴近〕 관직들인데 황보의 무리들이 자리를 나눠 가졌으니 그렇게 된 이유는 다 포사

(褒姒)가 안방을 차지하고 있었기 때문입니다. 이처럼 여자와 소인이 안팎에서 서로 연결을 맺으니 이것이야말로 재앙이 일어날 때 (반드시) 여러 개가 나란히 일어나는 까닭입니다. 그래서 빼어난 이와 군자가 이런 때를 만나면 '애쓰며 힘써〔黽勉〕(민면) 일을 하는데 감히 힘들다 말하지 못하고 죄 없고 허물도 없는데' 횡액이나 참소를 당하게 됩니다. 이를 보면 산이 무너지고 냇물이 끓게 되는 이변은 하늘이 일으킨 것이 아니라 '모여 거듭 말하다가 등 돌리면 미워하는' 사람들이 빚어낸 것입니다.

대체로 저 위의 하늘은 어질고 (사람을) 사랑하니 재앙〔灾(재)=災(재)〕을 내리는 데는 뜻이 없습니다. 결국은 사람이 스스로 재앙을 불러들인 것일 뿐이니 경계하지 않을 수 있겠습니까?

1) 「소아」의 편 이름이다.

2) 일식을 달이 원래 가야 하는 길을 따라서 가지 않아 생겨나는 재앙으로 보았다.

3) 진덕수는 3장과 4장을 하나의 장으로 보고 있다. 그러나 일반적으로는 이 두 장을 나눠서 본다. 그래서 다음에 6장이라고 한 것도 일반적으로는 7장에 해당한다.

4) 여기서는 정월을 하나라 역법에 따라 4월이라고 부르고 있다.

5) 일식과 월식이 일어나는 것이다.

(『춘추좌씨전(春秋左氏傳)』 노나라 소공 26년(기원전 516년)) 제(齊)나라에 혜성이 나타나니 제나라 임금이 사람을 시켜 그것이 사라지기를 비는 푸닥거리〔禳〕를 지내게 하자 안자(晏子, ?~기원전 500년)[1]가 말했다.

"아무런 도움은 안 되고 단지 속임수만을 취할 뿐입니다. 하늘의 도리는 의심할 바 없어〔不諂=不疑〕 그 명(命)에 착오〔貳-하나가 둘로 보이는 잘못〕는 없으니 어찌 푸닥거리를 한다고 해서 (혜성이) 사라지기를 바라겠습니까?

그리고 하늘에 혜성이 나타나는 것은 더러운 것들〔穢=汚〕을 씻어내기 위함이니 임금께서 다움을 더럽힌 바〔穢德〕가 없다면 또 어찌 푸닥거리를 할 것이며, 만일 임금의 다움에 더러운 바가 있다면 푸닥거리를 한다고 해서 어찌 없어지겠습니까?

(『시경』 (「대아」 '가락(假樂)')에서 노래하기를 '저 문왕께서는 조심하고 공경하시며 / 밝게 상제를 섬기시어 / 많은 복을 오게 하시니 / 그 다움이 기울어지지 않아 / 사방의 나라들로부터 조현을 받으셨다'고 했으니 임금께서 도리에 어긋난 행위가 없다면 사방의 나라들이 장차 이를 것이니 혜성을 걱정할 게 뭐가 있겠습니까?

(또) 전하는 시에서 노래하기를 '나에게는 달리 거울 삼을 것이 없고 / 오직 하나라와 상나라뿐이니 / 난리가 일어났기 때문에 / 백성들은 결국 흩어져 도망갔다'고 했습니다. 만일 왕께서 하시는 바가 기울어져 어지럽게 되면 백성들은 장차 흩어져 도망갈 것이니 무당〔祝史〕을 시켜 푸닥거리를 한다고 해서 그것을 막을 수는 없을 것입니다.)[2]"

제나라 경공(景公)은 기뻐하며 마침내 푸닥거리를 중지시켰다.

신이 가만히 살펴보겠습니다. 여기서 보면 안자는 하늘과도 같은 도리(天道 천도)를 잘 알고 있습니다. 옛날에 하늘에 감응할 수 있는 자는 오직 다움을 삼가 받드는 자(敬德 경덕)뿐이었으니 푸닥거리를 한다는 것은 믿을 수 없는 것이기 때문이었습니다.

그런데 후세에 이르러 괴상망측한 요설들이 횡행하며 재이를 푸닥거리로 없앨 수 있다고 하여 임금들이 더 이상 하늘의 마음을 두려워하지 않게 됐으니 이것은 그 해악이 참으로 크다고 하겠습니다.

1) 제나라의 신하 안영(晏嬰)을 말한다.
2) 진덕수는 이 부분을 생략했지만 문맥으로 볼 때 필요하다고 생각해 추가했다.

(『사기(史記)』) (춘추시대) 송(宋) 나라 경공(景公) 때에 화성이 하늘의 심수(心宿) 구역을 침범했는데 이 심수에 해당하는 땅이 송나라였다. 이에 경공이 그것을 걱정하자 사성(司星-천문관측 책임자) 자위(子韋)가 말했다.

"(저 별에 나타난 나쁜 징조를) 재상들에게 옮길 수 있습니다."

경공이 말했다.

"재상은 나의 팔다리다."

자위가 말했다.

"백성들에게로 옮길 수 있습니다."

경공이 말했다.

"임금이란 백성들에게 의지해야 한다."

자위가 말했다.

"한 해의 수확으로 옮길 수 있습니다."

경공이 말했다.

"기근이 들어 백성들이 힘들어지면 내가 누구를 믿고서 임금 노릇을 하겠는가?"

자위가 말했다.

"하늘은 높아서 아주 낮은 곳의 소리까지 다 듣습니다. 임금께서 백성들의 임금 된 자로 (지금) 하신 말씀 세 마디를 볼 때 화성은 반드시 다른 데로 옮겨갈 것입니다."

이에 얼마를 기다려보니 과연 화성은 삼도(三度)로 옮겨갔다.

신이 가만히 살펴보겠습니다. 『주역』에서 말하기를 말과 행동〔言行〕은 군자가 하늘과 땅을 움직이게 하는 까닭이라고 했습니다. 경공의 세 가지 말이 아름다워 화성이 마침내 삼도로 옮겨갔으니 하늘과 사람이 서로 감응한다〔天人相應〕는 것이 이처럼 빠를 수 있다는 것을 볼 때 두려울 뿐입니다.

(『한서』) 동중서가 무제에게 고하여 말했다.

"하늘과 사람이 서로 영향을 주고받을 때에는 심히 두려워해야 합니다. 나라가 장차 도리를 잃어 망하게 될 때에는 하늘이 먼저 재이를 내려 그 허물을 꾸짖고, 그래도 스스로 반성할 줄 모르면 다시 재앙을 내려 두려워하게끔 경고를 하고, 그런데도 변할 줄 모르면 마침내 패망시킵니다. 따라서 이를 통해 우리는 하늘이 임금을 사랑하고 아끼며 가능한 한 어지러워지지 않도록 하려 한다는 것을 보게 됩니다. 크게 도리가 무너진 세상만 아니라면 하늘은 온 힘을 다해 세상을 유지시켜 온전하게 해주려 합니다. 따라서 관건은 임금이 일을 함에 있어 얼마나 힘써 애쓰느냐〔彊勉〕에 달려 있을 뿐입니다."

동중서는 또 말했다. "사람의 행위가 아름답고 추하게 되는 표준은 하늘과 땅의 흐르고 통함〔流通〕과 연결되어 서로 영향을 주고받습니다."[1]

(『한서』) 한나라 원제(元帝) 때에 일식과 지진이 일어나자 (급사중) 광형(匡衡)이 글을 올렸다.

"하늘과 사람의 사이에서 정기(精氣)가 파고들어 서로 영향을 미치고 좋음과 나쁨〔善惡〕도 서로 미루어 헤아린다〔推〕고 합니다. 일이 아래(-인간세상)에서 일어나는 것은 위(-하늘)에서 표상〔象〕이 움직여 생겨나는 것이니 음과 양의 이치는 각각 그에 맞게 감응하여 음이 변하면 고요한 것〔靜〕이 움직이고〔動〕, 양이 가려지면 밝은 것은 숨게 됩니다. 그래서 물난리〔水災〕와 가뭄〔旱災〕은 각각 그 유형에 따라서 나타나게 되는 것입니다."

(『한서』) 한나라 애제(哀帝) 원수(元壽) 원년(기원전 2년)에 일식이 일어나자 공광(孔光)이 황제의 물음에 답했다.

"신이 스승에게 듣기에 하늘은 임금을 돕는다고 했습니다. 그래서 재앙을 여러 차례 보임으로써 그 허물을 꾸짖어 임금이 고치고 바꾸기를 바란다는 것입니다. 그런데도 만일 임금이 두려워하지 않으면 제거하고, 그래도 경솔하게 하늘을 깔보면 반드시 흉벌을 더하게 됩니다.

『시경』 '경지(敬之)'에서 말하기를 '삼가소서 삼가소서! / 하늘은 오로지 밝은지라 / 천명을 보전하기란 쉽지 않도다'라고 했습니다. 또 '아장(我將)'에서 말하기를 '하늘의 위엄을 두려워하며 / 이에 그것을 보전하도록 하겠노라!'고 했습니다. 이는 둘 다 하늘의 뜻을 두려워하지 않으면 잘못될 것이고〔凶〕 두려워하면 잘될 것이라〔吉〕는 뜻입니다. 『서경』 '대고(大誥)'에서는 '하늘은 정성스러운 말〔忱辭=諶辭〕에 도움을 준다'고 했으니 이는 말에 열렬히 하고자 하는 도리〔誠道〕가 담겨 있으면 하늘이 그것을 도와준다는 뜻입니다.

하늘과도 같은 도리〔天道〕를 밝게 이어받아 고분고분 따르는 것은 다음을 닦아〔崇德=修德〕 널리 베푸는 데〔博施〕 있으며 그에 더하여 절절하게 지극한 열렬함을 행하는 데 최선을 다하는 것뿐입니다.

시중에서 흔히 행하는 푸닥거리나 얕은 술수가 결국에는 하늘에 영향을 주는 데〔應天〕 아무런 도움이 되지 않는다는 것은 잠깐만 생각해 보아도 아주 명백합니다. 따라서 거기에 현혹되어서는 안 될 것입니다."

같은 해에 여러 차례 재이가 일어나자 식부궁(息夫躬)이 반드시 비상한 변고가 있을 것을 두려워해 대장군을 변방에 보내 북방 국경 지역의 군령과 무기를 정비하고 이를 게을리하는 자는 엄벌하여 위엄을 세움으로써 변고에 대비해야 한다고 말했다. 이에 황상은 옳다고 여기고서 승상 왕가(王嘉)에게 대책을 물어보니 왕가는 이렇게 말했다.

"백성을 감동시키는 것은 행동이지 말이 아니며, 하늘에 영향을 주는 것은 실상〔實〕이지 겉치레〔文〕가 아닙니다. 그래서 아래 백성들이라도 속여서는 안 되는 것인데 하물며 저 하늘의 신명(神明)을 속일 수 있겠습니까?

하늘이 재이를 내린 것은 임금을 타이르고 일깨워 자신의 허물을 깨닫게 해서 바름으로 되돌리기〔反正〕 위함입니다. 따라서 열렬함으로 좋은 일을 행하여 백성들의 마음을 기쁘게 해준다면 하늘의 응어리진 뜻도 풀릴 것이니 단순히 군대를 정비하고 임시방편의 대책을 세우는 것은 하늘에 응하는 도리〔應天之道〕라 할 수 없을 것입니다."

신이 가만히 살펴보겠습니다. 한나라 유학자들이 말하는 하늘이란 여러 가지 뜻을 갖고 있는데 오직 동중서의 뜻이 가장 그 정수를 담고 있으니 그가 말한 "사람의 행위가 아름답고 추하게 되는 표준은 하늘과 땅의 흐르고 통함〔流通〕과 연결되어 서로 영향을 주고받습니다"라고 한 것은 예나 지금이나 새겨들어야 할 격언이 아닐 수 없습니다.

광형이 했던 말도 또한 세상의 임금들을 경계하기에 충분하다고 생각해 그 개략적인 내용을 뽑아서 동중서의 말에 붙였습니다.

이상은 재앙을 만났을 때의 삼감에 대해 논했습니다.

1) 이것은 동중서의 유명한 천인감응설(天人感應說)을 압축하고 있다.

(『서경』) '오자지가(五子之歌)'[1)]의 일부다.

그 첫 번째는 이렇다.

"위대한 조상께서 교훈을 남기셨으니 '백성은 가까이 할〔近(근)〕 수는 있지만 무시해서는〔下(하)〕 안 된다. 백성은 진실로 나라의 뿌리이니 뿌리가 튼튼해야 나라가 평안하다' 하셨다. 내(-우왕)가 천하를 잘 살펴보니 어리석은 지아비, 어리석은 지어미라도 한 명이면 얼마든지 나를 이길 수 있다.[2)] (그런데 우리 중에서) 한 명이 세 가지 잘못을 했으니 원망이 어찌 (한참 지나서야) 밝아짐이 있겠는가? (아직 그 원망이) 드러나지 않았을 때 도모해야 하리라! 우리가 백성들을 대할 때 그 두려움이 마치 썩은 동아줄로 여섯 마리 말을 부리는 것처럼 조심스럽고 어려운 것인데 백성의 윗사람 된 자가 어찌 삼가지 않을 수 있겠는가?"

신이 가만히 살펴보겠습니다. 임금과 백성은 그 신분상의 나뉨〔分(분)〕으로 말하면 마치 하늘과 땅의 관계처럼 서로 나란할 수 없지만〔不侔(불모)〕 그 사정〔情(정)〕으로 말하면 마치 마음과 몸이 서로를 필요로 하는 것과도 같습니다. 그래서 (임금은 백성을) 자신처럼 여길 수 있고〔親(친)〕 가까이 할 수 있는 것이요〔近(근)〕, 낮추보거나 멀리해서는 안 되는 것입니다.

나라에 백성이 있는 것은 마치 나무에 뿌리가 있는 것과 같으니 뿌리가 흔들리면 나무는 뽑히게 되듯이 백성의 마음이 떠나가면 나라가 위태로워지는 것입니다. 필부필부(匹夫匹婦)는 비록 아는 것이 없어 그들이 뿔뿔이 흩어져 있을 때는 어리석어도 그들이 모이게 되면 큰 힘이 생겨납니다. 그래서 위대한 우왕은 "천하의 어리석은 지아비, 어리석은 지어미라도 한 명이면 얼마든지 나를 이길 수 있다"고 말했던 것입니다. 대체로 이는 다수의 지혜가 모이면 아무리 빼어난 사람〔聖人〕(성인)이라도 그것을 당해낼 수 없다는 뜻입니다. 그런데 감히 자신의 빼어남만 믿고서 백성들이 어리석다 하여 소홀히 대할 수 있겠습니까?

세 가지 잘못〔三失〕(삼실)이란 잘못이 많다는 뜻이니 한 가지 잘못만 있어도 오히려 안 되는데 하물며 세 가지 잘못이 있다면 어떻게 되겠습니까? 백성들의 마음에 원망과 분노가 생겨나는 것을 보면 그 처음에는 아주 미미하지만 그것이 극에 이르게 되면 도저히 막아낼 수 없는 지경에 이르게 됩니다. 그래서 그런 원망과 분노가 형성되기 전에 대책을 도모한다면 쉽고, 이미 다 드러난 뒤에 수습을 하려 하면 어려운 것입니다.

여섯 마리 말이라는 것은 임금이 타는 마차의 말이고, 여섯 개의 고삐〔轡〕(비)는 그 마차를 부리는 것〔馭〕(어)이니 마차는 말에 기대고 말은 고삐에 기대는 것이라 이는 임금이 백성에게 기대는 것과 같습니다. 따라서 썩은 동아줄로 말을 부리게 되면 반드시 위태로워지고, 도리가 아닌 것으로 백성들을 다스리게 되면 반드시 민심은 떠나게 되는 것입니다. 그래서 위대한 우왕의 마음은 늘 스스로를 지키지 못하면 어떻게 하나라는 두려움을 품었던 것입니다.

그러니 윗자리에 있는 사람이 어찌 삼가지 않을 수 있겠습니까? 그리고 후세의 임금들 중에서 한 명이라도 백성들 위에 있으면서 제 마음대로 하려 한다면 그는 반드시 위대한 우왕의 경계하는 바를 보고서 마땅히 스스로를 경계할 줄 알아야 할 것입니다.

1) 「하서(夏書)」의 편 이름이다.

2) 임금이 민심을 잃어버리면 일개 사내[獨夫(독부)]에 불과하게 되니 어리석은 일반 백성들도 혼자서 얼마든지 임금을 이길 수 있다는 뜻이다.

(『서경』) '소고(召誥)'[1]의 일부다.

"아! 왕께서는 비록 나이가 어리지만 원자(元子)[2]이시니 크게 백성들을 화합시켜 이제 아름답게 하소서. 왕께서는 (다움을 닦아 높이는 일을) 뒤로 미루지 마시어 백성들의 험난한 삶[嵒(암)=艱難(간난)]을 돌아보시며 두려워하셔야 합니다."

신이 가만히 살펴보겠습니다. 주나라 성왕은 어린 나이에 왕위에 올랐습니다. 이에 원로인 소공은 성왕이 백성들을 두려워해야 하는 까닭을 모를까 봐 걱정하여 탄식하면서 말하기를 임금의 나이가 비록 어리지만 맡은 바가 무거우니 만일 백성들을 크게 화합시킨다면 좋을 것이라고 한 것입니다.

대개 백성들은 비록 심히 보잘것없기는 하지만 지극히 두려운 존재이니 왕은 백성을 살피는 일을 감히 뒤로 미뤄서는 안 되고 백성들의 간난신고〔嵒險〕를 돌아보고 두려워할 줄 알아야 하는 것입니다.
암험

무릇 백성들의 삶이란 얼마나 험난합니까? "썩은 동아줄로 말을 부린다"는 것은 앞의 빼어난 자〔前聖-우왕〕가 말했고, "물은 능히 배를 뒤집을 수 있다"는 것은 뒷날의 뛰어난 자〔後賢〕[3]가 비유해서 말한 것이니 천하의 험난함을 누가 이보다 더 잘 표현할 수 있겠습니까?
전성 후현

소공은 이 편에서 하늘을 두려워할 것〔畏天〕을 말하면서 반드시 백성을 언급했으니 이는 백성들을 두려워하는 것이 마땅히 하늘을 두려워하는 것과 같다고 본 때문입니다.
외천

주공도 (『서경』의) '주고(酒誥)'에서 "하늘의 밝은 도리〔天顯〕와 백성들을 두려워하라"고 했고, 또 '다사(多士)'에서도 "(지금의 왕은) 하늘의 밝은 도리와 백성을 삼가 받들어야 함을 돌아보지 않았다"고 말하고 있습니다.
천현

주공과 소공이 그 임금을 일깨워 경계시킨 바는 마치 한 사람의 입에서 나온 것처럼 똑같았으니 임금이라면 깊이 염두에 두지 않으면 안 될 것입니다.

1) 「주서」의 편 이름이다. 내용은 소공이 성왕에게 고하는 것이다.

2) 하늘이 정해준 으뜸 자식이라는 뜻이다.

3) 이는 순자가 한 말로 '물은 능히 배를 뜨게 할 수도 있고, 능히 뒤집을 수도 있다〔水能載舟 水能覆舟〕'의 후반부다.
수능재주 수능복주

(『맹자』) 맹자는 말했다.

"백성은 귀하고 사직(社稷)은 그다음이며 임금은 가볍다."

신이 가만히 살펴보겠습니다. 임금은 귀신과 사람을 다 주관하기 때문에 임금은 귀하고 사직이 그다음이고 백성은 또 그다음인 것이 정상입니다. 그런데 맹자는 그것을 도리어 거꾸로 말했으니 어째서이겠습니까?

전국시대에는 백성을 한갓 풀잎처럼 여겼고, 나라가 망가지고 일어서는 것, 계속 유지되고 망하는 것〔廢興存亡〕이 다 백성으로부터 나온다는 것을 몰랐습니다. 그래서 맹자가 이처럼 이야기하여 백성의 귀함은 사직보다 더 심하다는 것을 알게 해준 것이니 어찌 감히 임금이 귀하다고 해서 백성을 업신여겨서야 되겠습니까?

이상은 백성들을 다스림의 삼감에 대해 논했습니다.

일을 다스림의 삼감

(『서경』) '요전'

이리하여 요임금은 희씨(羲氏)와 화씨(和氏)[1]에게 명하여 광대한 하늘의 움직임을 삼가〔欽=敬〕 좇아서 해와 달과 별들(의 운행)을 면밀히 관찰하여 날씨 변화를 예측함으로써 삼가 (농사짓는) 백성들에게 농사의 적정 시기〔時〕를 알 수 있도록 해주었다.

1 두 사람은 천지사시(天地四時)를 관장하던 관리였다.

신이 가만히 살펴보겠습니다. 하늘의 때〔天時〕를 잘 받들어 농사일을 흥하게 하는 것은 일 중에서도 지극히 중한 것입니다. 그래서 희씨와 화씨에게 명하여 삼가〔敬〕 백성들에게 농사의 적정 시기를 알도록 해주라고 했으니 삼가 나아가서 하늘의 큰 길〔經〕을 살피도록 한 것이 그 시작입니다. 그러고 나서 (요임금이) 두 사람에게 나누어 명하기를 "나오는 해〔出日〕를 삼가서〔寅〕 맞이하고〔賓〕" 또 "들어가는 해〔納日〕를 삼가서 보내드려라〔餞=送〕"라고 했으니 이는 대체로 해가 뜨고 지는 데 있어 반드시 삼가는 마음으로 그것을 기다리고 받들라〔候〕는 것입니다. (또) 곤(鯀)에게 명하여 물을 다스리라고 할 때에 "가서 삼가 임무를 행하라〔往欽哉〕!"라고 했고, 두 딸을 (순임금에게) 시집보낼 때에도 "삼가라〔欽哉〕!"고 당부했으니 이것은 요임금의 삼감〔敬〕이 일을 행함에 있어 드러난 것이고, 형벌을 쓰거나 가르침을 펴거나 예를 집행하거나 관리를 임명할 때 각각 상황에 따라 "삼가라〔欽〕!"고 하지 않으면 "삼가라〔寅〕!"고 하고, 또 "삼가라〔寅〕!"고 하지 않으면 "삼가라〔敬〕!"고 했으니 이는 순임금의 삼감이 일을 행함에 있어 드러난 것입니다. 천하의 만 가지 일은 하나의 마음〔一心〕에서 나오지 않는 바가 없으니 삼가면 서고 오만하면 무너지는 것입니다. 아무리 가늘고 작은 일이라도 진실로 소홀히 해서는 안 됩니다.

따라서 요임금과 순임금의 삼감〔敬=欽=寅〕은 단지 몸을 닦는 데에서만 그렇게 한 것이 아니고 일에 임해서〔應事〕도 그렇게 했던 것입니다. 그런데 후세의 임금들은 삼가 몸을 다스리고 일에 임하는 것〔臨事=應事〕을 제대로 몰라서 그것을 심하게 가벼이 하고 소홀히 하니 이것이 바로 재앙과 패망〔禍敗〕의 근본 원인이라 하겠습니다.

그러므로 신이 볼 때 이 두 전(典)[1]에 적혀 있는 것을 후세 임금들은 모범으로 삼아야 할 것입니다.

이상은 일을 다스림의 삼감을 논했습니다.

1) 『서경』의 '요전'과 '순전'을 가리킨다.

『시경』 '사제(思齊)'[1] 3장이다.

"지극히 훈훈하게〔雝雝〕 궁중에 머무르시고 / 지극히 엄숙하게〔肅肅〕 종묘에 임하시며 / 드러나지 않는 곳에서도 늘 임하신 듯하고 / 싫증이 나지 않을 때에도 늘 한결같은 마음 지키셨도다."

신이 가만히 살펴보겠습니다. 이 시는 문왕이 대궐 내 궁중에 머물 때면 훈훈하여 화기(和氣)가 넘쳐흘렀고, 종묘에 나아가면 엄숙하여 삼갔다는 것을 보여주고 있습니다. 문왕이 중도(中道)를 잡아 지키는 것이 이와 같았습니다. 그러면서도 마음을 한결같이 지키는 것을 일찍이 한순간도 버리지 않았습니다. 그랬기 때문에 그 나아간 곳이 비록 (남들에게) 드러나지 않아 밝지 않더라도 항상 천지신명이 그 위에서 다 지켜보고 계신 듯이 했으며 부모와 스승이 바로 앞에서 다 보고 계신 듯이 했습니다. 또 비록 일찍이 싫증 나는 마음이 없어도 늘 자신을 지키는 데 엄격하여 항상 놀고 싶은 마음과 게을러지고 싶은 마음이 들까 두려워했고, 마음 한구석에라도 사특하고 편벽되며 오만하고 남을 가벼이 여기는 마음이 생겨날까 봐 조심했습니다. 이것이 문왕의 순수함〔純〕이 진실로 그치지 않을 수 있었던 까닭입니다.

1) 「대아」의 편 이름이다.

(『시경』) '억(抑)'[1] 5장[2]이다.

"네가 군자를 벗하는 것을 보니 / 네 얼굴을 훤하게 하고 부드럽게 하여 / 항상 (스스로에게) 무슨 허물이라도 있지 않은가 살피는구나. / 네가 (홀로) 방에 있음을 보니, 오히려 방구석에게도 부끄럽지 않게 하는구나! / 밝지 않다 하여 / 나를 보는 이가 없다고 말하지 말라! / 귀신이 강림하는 것은 / 헤아릴 수가 없는 것인데 / 하물며 귀신을 싫어할 수 있으랴."

신이 가만히 살펴보겠습니다. 이것은 위(衛) 나라 무공(武公)이 스스로를 경계한 시입니다. 사람의 평소 마음〔人之常情〕은 여러 사람들 속에서는 조심하여 삼가는 것이 쉽고, 홀로 있을 때에는 삼가며〔兢〕 두려워하기가 어렵습니다. 하물며 임금처럼 존귀한 사람이 조정의 윗자리에 있으면서 사대부들을 대하는 것이 뜻을 함께 하는 벗을 대하듯 따스하면서도 조심하는 바가 있다면〔儼〕 낯빛에는 온화함과 부드러움이 우러나게 됩니다. 그리고 허물과 잘못을 막고 멀리하는 것은 비록 평범한 임금〔庸君〕이라도 오히려 그렇게 하려고 힘쓸 줄 압니다.

그런데 집 안에서도 가장 깊숙하여 사람들의 눈에 잘 띄지 않는 곳〔屋漏〕에 있거나 궁궐 내 웅숭깊은 곳〔蜵蜎〕 중에서도 자벌레나 잡히는 구석진 곳〔蠖濩之地〕에서 법도 있는 집안 사람들〔法家〕과 보필하는 선비〔拂士〕가 곁에 없고 가까이에서 친압하는 내시나 궁녀들에 둘러싸여 있어도 능히 진중하게 스스로를 지켜서 집 안 방구석〔屋漏〕에게도 부끄럽지 않게 하는 것은 비록 밝은 임금〔明主〕이라도 오히려 그렇게 하기가 어렵습니다.

따라서 무공이 스스로 말하기를 "밝지 않다 하여 / 나를 보는 이가 없다고 말하지 말라!"고 한 것은 마땅히 귀신의 신묘한 작용이 세상 어떤 일과 물건에도 미치지 않는 바가 없다는 것을 알고 있었던 것이니 이런 경지에 이를 수 있어 "귀신이 강림하는 것은 / 헤아릴 수가 없는 것인데 / 하물며 귀신을 싫어할 수 있으랴"라고 노래할 수 있었던 것입니다.

자사가 『중용』을 지을 때 바로 이 설을 미루어 헤아려 분명하게 밝히면서 이렇게 말했습니다.

"이는 무릇 은미함이 나타나는 것이니, 열렬함을 가릴 수 없음이 바로 이와 같다."

아! 무공(武公)은 아마도 빼어나고 뛰어난 부류에 들어간다고 할 것입니다.

1) 「대아」의 편 이름이다.

2) 현재의 분류법으로는 전체 12장 중에서 7장이다.

『중용(中庸)』

도리〔道〕라는 것은 잠시도 떠날 수 없는 것이니, 떠날 수 있으면 도리가 아니다. 이런 까닭으로 군자는 그 보이지 않는 것에도 경계하여 삼가며, 그 듣지 못하는 것 혹은 귀로 들리지 않는 것에도 두려워하고 또 두려워한다. 숨어 있는 것만큼 제대로 드러남이 없으며, 미미한 것만큼 제대로 나타남이 없다. 그러므로 군자는 그 홀로를 삼가는 것〔愼獨〕이다.

신이 가만히 살펴보겠습니다. 주희는 이렇게 풀이했습니다.

"도리라는 것은 하루하루의 일상사에서 마땅히 행해야 할 도리이니, 모두 다 본성의 다움〔性之德〕이면서 마음에 (이미) 갖춰져 있어 일마다 사물마다 있지 않음이 없고 때마다 그렇지 않음이 없으니 이 때문에 잠시도 떠날 수 없다고 하는 것이다. 만일 떠날 수 있는 것이라면 외부의 일과 사물〔外物〕은 도리를 갖출 수가 없다. 이 때문에 군자의 마음은 항상 삼감과 두려움〔敬畏〕을 보존해야 하고, 비록 남들에게 보이거나 들리지 않는 곳에서도 (즉 혼자 있을 때에도) 역시 감히 소홀히 하지 않아야 한다. 이 때문에 하늘과 같은 이치의 본래 그러함〔本然〕을 잘 보존하여 잠시라도 도리를 떠나지 않게 해야 하는 것이다.

숨어 있는 것〔隱〕이란 어두운 곳〔暗處〕이요, 미미한 것〔微〕이란 아주 작은 일〔細事〕이며, 홀로〔獨〕라는 것은 다른 사람들은 미처 알지 못하고 자기 자신만이 홀로 아는 곳이다. 그윽하고 어두운 가운데에 아주 작고 미미한 일은, 그 자취는 비록 형체를 드러내지 않았으나 그 기미〔幾〕는 이미 발동했고, 남들은 비록 알지 못하지만 자기 자신만은 홀로 알고 있다. 그렇기 때문에 천하의 일이 드러나 보이고 밝게 나타남이 이보다 더한 것은 없는 것이다. 이로 인해 군자는 이미 항상 스스로를 경계하고 두려워하며〔戒懼〕 이에 더욱더 감히 소홀히 하지 않는 것〔不忽=敬〕이니 사람의 욕심이 장차 싹트려 할 때 이를 (미리) 막아서 은미한 가운데에 속으로 불어나고 자라나서 도리가 멀리 떠나버리지 않도록 하는 것이다."

신이 옛날부터 전해온 이 장에 대한 여러 유학자들의 해석을 살펴볼 때 모두 다 '경계하고 삼가고 두려워하고 또 두려워하라〔戒愼恐懼〕(계신 공구)'와 '그 홀로를 삼가라〔愼獨〕(신독)' 두 가지로 통하고 그것으로 요약할 수 있습니다.

대개 보이지 않고〔不睹〕(부도) 들리지 않는다〔不聞〕(불문)는 것은 내가 남들에게 보이지 않고 들리지 않는다는 것이요, 홀로라는 것은 사람들이 (나를) 보지도 못하고 (내 말을) 듣지도 못한다는 것입니다. 그 뜻은 곧 평상시에 간절한 순간을 마주쳤을 때 삼가 조심하지 않는 바가 없다면 이것이 바로 하늘과도 같은 이치를 보존한 것이면서 사람의 욕심이 사라진 것입니다. 따라서 이것은 곧 이른바 중화(中和)에 다다른 때문이라 할 수 있습니다.

빼어나고 밝은 임금이 이를 깊이 음미하여 체득하게 되면 하늘과 땅은 제자리를 찾고 만 가지 일과 사물은 제대로 길러지게 될 것입니다. 왜냐하면 이런 일은 그 근원으로 거슬러 올라가보면 모두 다 바로 홀로를 삼감〔愼獨〕(신독)에서 나오기 때문입니다.

그러니 임금이라면 홀로를 삼감에 힘쓰지 않을 수 있겠습니까?

(『중용』) 『시경』에 이르기를 "잠기어 비록 엎드려 있으나 또한 심히 밝다"[1]라고 했다. 그러므로 군자는 안으로 살펴보아 병폐나 병근(病根)

이 없어 그 뜻에 조금도 부끄러움이 없으니, 군자가 미칠 수 없는 바는 오직 사람이 볼 수 없는 것이다.

『시경』에 이르기를 "네가 (홀로) 방에 있음을 보니, 오히려 방구석에게도 부끄럽지 않게 하는구나!"[2] 라고 했다. 그러므로 군자는 움직이지 않아도〔不動〕(부동) 삼가고, 말하지 않아도 (사람들이) 믿는다.

1 「소아」의 '정월(正月)'에 나오는 구절이다.

2 앞서 본 '억'의 구절이다.

신이 가만히 살펴보겠습니다. 이것도 역시 신독(愼獨)의 뜻을 풀이하고 있습니다. 그래서 『시경』의 시를 끌어들여 비록 잠기어 깊이 숨은 채 엎드려 있지만 그 밝음은 너무나도 훤하기 때문에 가리려야 가릴 수 없다는 것을 보여주고 있습니다. 또 그렇기 때문에 군자는 '안으로 살펴보아 병폐나 병근(病根)이 없어 그 뜻에 조금도 부끄러움이 없다'는 것입니다.

대개 사람의 마음은 지극히 신령스럽기 때문에 털끝만큼 작은 일이라도 조금 자기 자신을 속이는 것이 있으면 반드시 마음에 찜찜한 바가 있게 마련입니다. 이것이 이른바 꺼림칙함〔疚〕(구)이요, 이른바 부끄러움〔惡〕(악)입니다. 오로지 남들이 보지 않는 그윽한 곳에 있으면서 훤히 드러난 곳에서처럼 행동하고, 홀로 있으면서도 여러 사람들 속에 있는 것처럼 하여 늘 자기 자신을 돌이켜보아〔反〕(반) 꺼림칙하거나 부끄러운 바가 없는 것, 이것이 군자가 다른 사람들보다 뛰어난 것이며, 또한 일반 사람들이 미치지 못하는 것입니다.

또 『시경』의 시를 끌어들여 방 안에 (홀로) 있을 때에도 마땅히 방 구석에게도 부끄럽지 않아야 한다고 했습니다. 그렇기 때문에 군자는 가만히 있을 때〔靜=不動〕에도 삼가고 묵묵히 있어도 늘 신뢰를 준다고 했으니 이는 곧 굳이 동작을 하거나 말을 하지 않아도 이미 군자다움이 다 드러난다는 뜻입니다. 뜻을 지키고 기르는 바〔存養〕가 이 정도에 이르렀으니 이런 사람을 두고서 '다움이 성했다〔盛德〕'고 하지 않는다면 과연 누가 다움을 제대로 갖췄다고 해야겠습니까?

『악기(樂記)』에서 군자가 말했다.

"예(禮)와 악(樂)은 잠시라도 몸에서 떠날 수 없는 것이다.

악을 이루어〔致〕 마음을 다스린다면 평온하고 곧으며〔易直〕, 자애롭고 미더운〔子諒=愛信〕 마음이 샘솟듯〔油然〕 생겨날 것이요, 평온하고 곧으며, 자애롭고 미더운 마음이 생기면 즐겁고〔樂〕, 즐거우면 편안하고〔安〕, 편안하면 오래가고〔久〕, 오래가면 하늘〔天〕이요, 하늘이면 신(神)이니, 하늘은 말을 하지 않으나 미덥고〔信〕, 신은 성내지 않으나 위엄이 있으니〔威〕, 악(樂)을 이루어 마음을 다스리는 것이다. 예를 이루어 몸을 다스리면 장엄하고 삼가며〔莊敬〕, 장엄하고 삼가면 엄숙하고 위엄이 있게 되는 것이니〔嚴威〕, 마음속이 모름지기 평온하지 못하고 즐겁지 않아서 비루하고 속이는 마음이 들어오는 것이요, 외모가 모름지기 장엄하지 않고 삼가지 않아서 게으르고 태만한 마음이 들어오게 되는 것이다."

신이 가만히 살펴보겠습니다. 옛날의 군자는 예악(禮樂)으로 몸과 마음의 근본을 다스렸습니다. 그래서 도리가 잠시도 (몸에서) 떠나지 않을 수 있었던 것입니다. 이루다〔致〕라는 것은 어떤 일을 하는 지극함이 극에 달했다는 뜻입니다.

악(樂)의 소리는 조화를 이뤄 평안하고〔和平〕 적중하여 바릅니다〔中正〕. 그래서 이것을 이루어 몸을 다스리면 곧 평온하고 곧으며〔易直〕, 자애롭고 미더운〔子諒〕 마음이 샘솟듯 생겨나서 스스로 그것을 그치게 할 수 없을 정도가 되는 것입니다.

'(평온하고 곧으며, 자애롭고 미더운 마음이) 생기면 즐겁다〔生則樂〕'는 것은 좋은 실마리〔善端〕의 싹이 저절로 싹터 올라온다는 뜻이고, '즐거우면 편안하다〔樂則安〕'는 것은 즐거운 다음이라야 편안할 수 있다는 뜻이고, '편안하면 오래간다〔安則久〕'는 것은 편안한 마음을 가질 수 있는 다음이라야 능히 그 마음을 그대로 오래 유지할 수 있다는 뜻이고, '오래가면 하늘이다〔久則天〕'라는 것은 하늘이 일을 이루어주는 바와 완전히 하나가 되어 억지로 작위하는 바가 없다는 뜻이고, '하늘이면 신이다〔天則神〕'라는 것은 변화무쌍하여 그 생각하는 깊이를 헤아릴 수가 없다는 뜻입니다.

하늘은 비록 말을 하지 않는데도 사람들이 스스로 그것을 믿는 것은 하늘의 뜻에 (다) 응할 수 없기 때문이고, 귀신은 비록 화를 내지 않는데도 사람들이 스스로 그것을 두려워하는 것은 귀신의 뜻을 (다) 알아차릴 수 없기 때문입니다. 그래서 생겨남, 즐거움, 편안함, 오래감은 마치 맹자가 말했던 '좋음, 믿음, 아름다움, 큼〔善信美大〕'과 비슷하다고 하겠습니다.[1] 따라서 하늘과 귀신의 경지에 이르면 커지고 바뀌는 것입니다.

예는 공순, 검소, 물러섬, 양보〔恭儉退讓〕를 근본으로 삼으면서 절도와 애씀, 법도와 등급〔節文度數〕의 상세함을 갖추는 것입니다. 그래서 이것을 이루어 몸을 다스리면 저절로 장엄하여 삼가게 되고, 장엄하여 삼가게 되면 저절로 엄숙하여 위엄이 있게 되는 것이니 무릇 예와 악은 하나라고 하겠습니다.

하지만 예로써 몸을 다스린다고 하는 것은 엄숙하여 위엄을 갖추는 데서 오래 머물러야〔止=久〕 합니다. 이는 악이 마음을 다스릴 때 하늘과 귀신(의 경지)에까지 능히 도달해야 하는 것과는 같지 않으니 어째서이겠습니까? 대개 하늘이라는 것은 저절로 그러한 것〔自然〕을 가리키는 말입니다. 따라서 몸을 다스리면서 엄숙하여 위엄을 갖춘 데까지 이르렀다면 그것은 저절로 그러한 것이니 그 효과로는 일찍이 같지 않다고 할 수 없겠습니다. 다만 음악의 경우 사람에게 미치는 영향을 보면 얼마든지 그 기질을 바꿔주고 그 더러운 찌꺼기〔渣滓〕를 깨끗이 씻어내줍니다. 그래서 예는 외면을 고분고분하게 해주고 악은 마음속을 조화롭게 해준다고 하는 것이니 이는 안팎이 서로 길러주는 것이면서도 동시에 마음속에서 기르는 것이 실질적으로는 주도하게 됩니다.

그렇기 때문에 공자가 제자들을 가르칠 때〔聖門之敎〕 예로써 서게 하고〔立〕 악으로써 이루어주었던〔成〕 것입니다. 그래서 예를 기록한 자가 그 효험을 미루어 밝히기를 또한 이와 같이 지극히 했을 뿐입니다.

이에 또 말하기를 "몸과 마음에서 어느 한쪽이 주도하지 않으면 사특함이 그 틈을 타고서 생겨나기 십상이어서 속마음〔中心〕이 잠시라도 조화롭고 즐겁지〔和樂〕 않으면 비루하고 속이는 마음〔鄙詐〕이 들어오고 외모가 잠시라도 장엄하여 삼가지 않으면 게으르고 태만한 마음〔易慢〕이 들어온다"고 했으니 좋음과 나쁨〔善惡〕이 서로 사그라들거나 자라나는 것은 마치 물과 불의 관계와 같아서 이것이 성하면 저것이 쇠하게 됩니다. 비루하고 속이는 마음과 게으르고 태만한 마음은 모두 다 원래 마음속에 있는 것이 아닌데도 이것을 마음이라고 부르는 것은 조화롭고 즐거운 마음〔和樂〕이 보존되지 않으면 비루하고 속이는 마음〔鄙詐〕이 들어와 주도를 하게 되고, 장엄하여 삼가는 마음이 보존되지 않으면 게으르고 태만한 마음〔易慢〕이 들어와 주도를 하게 되기 때문입니다. 결국 안으로 들어와서 주도를 하게 된다면 그것이 마음이 아니고 무엇이겠습니까? 진흙은 물이 아니지만 흔들어서 흐려진 것도 또한 물인 것과 같으니 이것이 바로 예악을 몸에서 잠시라도 떠나게 해서는 안 되는 이유인 것입니다.

1) 이것은 『맹자』에 나오는 다음과 같은 맹자의 언급에서 나온 것이다. "(누구나) 그렇게 되고 싶어 하는 바를 일러 좋다〔善〕고 하고, 그런 것을 이미 자기 몸에 갖고 있는 바를 일러 믿음직스럽다〔信〕고 한다. 또 그 (되고 싶어 하는 바=善)를 가득 채우는 것을 일러 아름답다〔美〕고 하고, 가득 채워서 그것을 밝게 빛내는 것을 일러 크다〔大〕고 한다."

(『악기』) 군자는 간사한 소리나 어지러운 모습〔奸聲亂色〕을 귀와 눈에 머물게 하지 않아야 하고, 음란한 노래와 사특한 예(禮)를 마음 씀〔心術〕에 와 닿지 않도록 해야 한다.

또 태만하고 사특한 기운을 몸에 두어서는 안 되며, 귀와 눈과 코와 입과 마음과 지성과 온갖 몸의 바탕들을 다 순리대로 바르게 따르게 해야만 의리〔義〕를 행할 수 있다.

신이 가만히 살펴보겠습니다. 군자가 스스로를 기르는〔自養〕 까닭은 다름이 아니라 안과 밖이 서로 번갈아가면서 그 공효〔功〕를 이루도록 해주는 것뿐입니다. 따라서 간사한 소리나 어지러운 모습이 밝은 귀와 눈〔聰明〕에 머물지 못하게 하는 것은 그 밖을 길러주는 것이고, 음란한 노래와 사특한 예가 마음 씀에 와 닿지 못하게 하는 것은 그 안을 길러주는 것입니다. 밖으로 간사한 소리나 어지러운 모습의 유혹〔誘〕을 없게 하면 안도 바르게 되고, 안으로 음란한 노래와 사특한 예의 유혹〔惑〕을 없게 하면 밖도 바르게 됩니다.

게으르고 태만한〔惰慢〕 기운은 안에서 생겨 나오는 것이요, 사특하고 비뚤어진〔邪辟〕 기운은 밖에서 들어오는 것입니다. 따라서 이 두 가지는 우리 몸에 생겨나지 못하도록 해야 합니다. 이와 같이 하게 되면 밖으로는 눈, 귀, 코, 입, 사지와 온 몸이, 안으로는 마음과 지성이 다 고분고분 바르게 됨〔順正〕으로써 의로움을 행하게 되니 스스로를 기르는 공효가 완성되게 됩니다.

따라서 스스로를 다스리는 것이야말로 무릇 사람이라면 마땅히 알아야 하는 것이며 더욱이 임금에게는 훨씬 절실한 것이라 하겠습니다.

빼어나고 밝으신 폐하께서는 안회(顔回)의 네 가지 해서는 안 되는 것들〔四勿〕이야말로 스스로를 다스리는 도리에 가깝다는 것을 염두에 두셔야 할 것입니다.

(『맹자』) 맹자는 말했다.

"(제(齊) 나라 수도의 동남쪽에 있는) 우산(牛山)의 나무들은 일찍이 아름다웠는데 큰 도시의 교외에 있었기 때문에 (사람들이) 도끼로 그 나무들을 마구 베어대니 (어찌) 무성할 수 있겠는가?

이 산에서는 밤낮으로 자라나게 해주고 비와 이슬이 촉촉이 적셔주어 새로운 (나무의) 싹과 움이 트지 않는 것은 아니겠지만 소와 양들을 그곳에 풀어 (그나마) 다 뜯어 먹게 하는 바람에 결국 그 산은 민둥민둥하게 돼버렸다. 사람들은 그 산의 민둥민둥한 것만 보고서 (그 산에는) '일찍이 좋은 재목이 없었구나'라고 하는데 이것이 어찌 산의 본래 모습이겠는가?

비록 사람의 본성에도 어찌 인의(仁義)의 마음이 없겠냐마는, 사람이 자신의 그런 선량한 마음을 놓아버리는 것이 가령 도끼로 나무들을 마구 베어대는 것과 같으니, 아침마다 그것을 베어대면 (어찌) 무성할 수 있겠는가? (그리고 선량한 마음을 놓아버린 사람에게도) 밤낮으로 (그런 마음을) 자라나게 해주는 바가 있고 새벽녘의 맑은 기운이 있겠지만 그가 좋아하고 싫어하는 바가 다른 사람들과 비슷한 것이 아주 드문 이유는 그가 낮에 하는 (잘못된) 소행들이 선량한 마음을 가두어 없애버리기 때문이다. (이는 마치 소와 양들이 그나마 남은 싹과 움을 뜯어 먹어버리는 것과 같다.) 그리고 이처럼 가두기를 반복하게 되면 밤사이의 기운도 점점 부족해지고 밤의 기운이 부족해지면 짐승과의 차이도 멀지 않게 된다. 사람들은 이런 금수 같은 모습만 보고서 그 사람에게는 '일찍이 훌륭한 자질이 없었구나'라고 하는데 이것이 어찌 그 사람의 본래 모습이겠는가?

그렇기 때문에 만일 제대로 된 자양분만 얻는다면 잘 자라지 않을 것이 없고, 그것을 얻지 못한다면 소멸해 버리지 않을 것이 없다. 공자께서 '(선량한 마음을) 잘 잡고 있으면 보존되고 놓으면 사라진다. (선량한 마음이) 생겨나고 사라지는 데는 정해진 때가 없고 그것이 어디로 갈지 알 수 없다'고 하셨는데 이는 분명 사람의 마음을 두고 하신 말씀일 것이다."

주희가 말했습니다.

"우산은 제나라의 동남쪽에 있는 산이다. 읍 외곽을 교외〔郊〕라 한다. 우산의 나무가 그 전에는 원래 일찍이 아름다웠는데 지금은 큰 나라의 교외가 되어 나무를 베어 가는 자가 많기 때문에 그 아름다움을 잃었다는 것을 말씀한 것이다. 그러나 기운은 변하고 흘러 일찍이 조금도 쉽지 않으므로 하룻밤 사이에 반드시 새로이 자라나는 바가 있게 되니 싹이 움터 나오게 된다. 그러면 소와 양이 또 그에 따라서 그것을 먹게 된다. 이리하여 산은 빛나고 깨끗하게 된다.

선량한 마음〔良心〕이란 것은 본래 그러한 좋은 마음〔善心〕이니 이는 곧 어질고 의로운 마음〔仁義之心〕이다. 평탄한 기운이란 아직 외부의 일이나 사물과 접하지 않았을 때의 깨끗하고 맑은 기운을 말한다. 좋아하고 싫어함〔好惡〕이 사람과 서로 가깝다는 것은 사람의 마음에 그와 똑같이 여기는 바를 얻게 되는 것을 말한다. 사람의 선량한 마음은 비록 이미 흩트려졌으나〔放失〕 하룻밤 사이에 역시 반드시 새로이 자라나는 바가 있게 되니 평소에 아직 외부의 일이나 사물과 접하지 않아 그 기운이 깨끗하고 맑을 때에 선량한 마음은 반드시 드러나게 된다. 다만 그 같은 드러남은 지극히 미미하여 낮에 좋지 못한 일을 함으로써 또 이미 그에 따라서 사라지게 되니, 이는 마치 산의 나무를 이미 베어도 오히려 싹이 돋아났다가 소와 양이 또 그에 따라서 먹어버리는 것과 같다. 낮에 하는 바가 이미 밤에 자라난 바를 해치고, 밤에 자라는 바가 또 낮에 하는 나쁜 행위를 이기지 못한다. 이 때문에 서로 돌고 돌아가면서 서로를 해쳐 밤의 자라나게 하는 기운이 날로 점점 엷어져서 어질고 의로운 선량한 마음〔仁義之良心〕을 보존할 수 없는 데에 이르게 되면, 평탄한 기운 또한 맑지 못해 좋아하고 싫어하는 바가 마침내 사람들과 서로 멀어지게 된다.

또 공자의 말을 빌려 말씀하시기를 '(선량한 마음을) 잘 잡고 있으면 보존되고 놓으면 사라진다. (선량한 마음이) 생겨나고 사라지는 데는 정해진 때가 없고 그것이 어디로 갈지 알 수 없는 것이 이와 같다'고 했다.

맹자께서는 이 말을 인용해 마음이란 불가사의하고 측량할 수 없어 얻고 잃음〔得失〕은 쉽고 반면에 보존하여 지킴〔保守〕은 어려우니 잠시라도 그것을 길러냄〔養〕을 잃어서는 안 된다는 것을 밝혀주셨으니 배우는 자는 마땅히 때마다 그 힘을 다하여 정신은 맑게 하고 기운은 안정되게 하여 항상 평탄한 때와 같게 한다면 이 마음이 항상 보존되어 가는 곳마다 어질지 않거나 의롭지 않은 것이 없을 것이다."

정이가 말했습니다.

"마음이 어찌 들고 남이 있겠는가? 이 또한 잡아두고 놓아주는 것으로 말씀했을 뿐이니 마음을 다잡는 방법은 삼가며 마음을 곧게 하는 것뿐이다."

정이가 또 말했습니다.

"사람에게 이치와 의리〔理義〕의 마음은 일찍이 없지 않으니 오직 이것을 잡아서 잘 지키면 바로 여기에 마음을 다잡는 방법이 있다. 만일 낮 동안에 사라지게 하지만 않는다면 밤의 기운〔夜氣〕은 더욱 맑아질 것이요, 밤의 기운이 맑아지면 평소 외부의 일이나 사물과 접하지 않았을 때에 아주 맑고 밝은 기상을 스스로 보게 될 것이다. 맹자께서 이 밤의 기운에 대해 말씀하셨는데 이는 배우는 자에게 큰 효험이 있으니 마땅히 잘 파악해서 깊이 살펴야 할 것이다."

신이 가만히 살펴보겠습니다. 맹자의 말은 아침과 낮〔朝晝〕(조주)을 위주로 한 반면 주희는 이를 미루어 헤아리고 그 뜻을 풀어내어 마땅히 때를 가리지 말고 아침이고 낮이고 밤이고 다 온 힘을 다해 스스로를 지키려고 애써야 그 공력이 더욱 정밀해질 것이라고 했습니다.

신이 아무런 재주도 없지만〔不佞〕(불녕) 또 일찍이 주희의 설을 미루어 헤아리고 그 뜻을 풀어내어 밤의 기운에 관한 잠언〔夜氣箴〕(야기잠)을 만들어보았습니다.

"그대들은 어찌 잘 살피지 않는가? 나무는 뿌리로 돌아가게 하고 흙 속 벌레는 긴 잠을 자게 해주는 저 겨울의 기운을.

단정하고도 숙연하여 아직 조짐은 보이지 않아도 조화발육(造化發育)의 싹은 이미 그 안에 배태되어 있으니 대개 닫히는 것〔闔〕(합)은 열리는 것〔闢〕(벽)의 밑바탕이도다![1]

곧음〔貞〕(정)은 으뜸〔元〕(원)의 뿌리다.[2] 그래서 간(艮) 괘는 만사의 시작이자 끝이 되는 것이다.[3]

무릇 한 번의 낮과 한 번의 밤은 360번 쌓이는 것이니 그래서 겨울은 사계절의 밤이 되고 밤은 곧 하루의 겨울이라.

하늘과 땅 사이에 온갖 사물과 일들이 모두 다 고요하여〔闃=靜〕(격 정) 하늘과 땅이 갈라지기 전의 세상〔鴻濛〕(홍몽)보다도 그윽하도다〔窈〕(요)!

사람의 몸도 밤이 되면 편안히 쉬나니 진실로 마땅히 만물을 빚어내는 것〔造物〕을 종주로 삼아서 반드시 그 몸을 가지런히 하고 반드시 그 몸을 엄숙하게 해야 할 것이며, 감히 침상 위에 드러누워 자신을 나태하게 방치하고 그릇된 짓을 일삼아 나의 충정을 상하게 해서는 안 될 것이다.

비록 종일토록 부지런히 힘써 단 한순간도 쉬지 않을지라도 어둡고〔昏冥〕 소홀하기 쉬울 때에 경계하고 삼가는 공력〔戒愼之功〕을 더 쏟아부어야 한다.

대개 밤에 몸을 편안케 하는 것은 아침에 정사를 듣고 낮에는 널리 묻기 위한 터전을 마련하려는 것이니 밤의 기운이 깊고 두터우면 어질고 의로운 마음 또한 끝없이 넓어질 것이다.

따라서 근본이 이미 확립되고, 또 일을 주선할 때에는 지극히 잘 살펴서 삼감과 의로움〔敬義〕을 함께 쥐고서 움직임과 고요함〔動靜〕을 번갈아 잘 길러준다면 사람의 욕심〔人欲〕이 들어올 틈이 없어 하늘과도 같은 이치〔天理〕는 진정으로 빛나고 융성하리라!"

신은 물욕의 해로움이 밤에 가장 심하다고 생각했습니다. 그래서 이 잠은 밤을 위주로 한 것입니다. 맹자나 주희와는 약간 차이가 있을지 모르겠지만 그러나 서로 통하지 않는 바는 없다고 생각해 어리석은 제가 하나 지어보았습니다.

폐하의 빼어나고 밝은 눈으로 택하시면 될 듯합니다.

1 동지 이후로 열리고, 하지 이후로 닫힌다.

2 원(元)은 계절적으로 봄이고, 정(貞)은 겨울이다.

3 간은 동북의 괘다.

(『맹자』) 맹자는 말했다.

"어짊〔仁(인)〕은 사람의 마음이요, 의로움〔義(의)〕은 사람이 걸어가야 할 길이다. 그 길을 버리고 따라갈 생각도 않으며 그 마음을 놓아버리고는 찾을 줄도 모르니 슬프도다! 사람들은 자신들이 기르던 닭이나 개를 잃어버리면 그것을 찾을 줄 알면서도, 마음을 놓아버리고서는 찾을 줄을 모른다. 배우고 묻는〔學問(학문)〕 길은 다른 게 없고, 오직 놓아버린 마음〔放心(방심)〕을 (다시) 찾는 데 있을 뿐이다."

신이 가만히 살펴보겠습니다. 어짊이라는 것은 마음의 (마음)다움〔德(덕)〕인데 맹자가 곧장 그것이 사람의 마음〔人心(인심)〕이라고 한 것은 대개 이 마음이 곧 어진 마음이며, 어질지 못하면 사람이 아니라고 본 때문입니다.

공자의 문하〔孔門(공문)〕에서 어짊을 이야기한 사람들이 많습니다. 그것들은 대부분 공력을 쏟아야 하는 목표를 가리키는 것이었고, 이것은 지름길을 가로지르듯 전체를 들어 말한 것입니다. 그래서 사람으로 하여금 마음을 알게 한다는 것이 곧 어짊이었고 어짊이 곧 마음이었으니 그것을 별개의 두 가지 것으로 봐서는 안 됩니다.

의로움이라는 것은 사람이라면 마땅히 걸어가야 할 길이니 반걸음을 걸어도〔跬步(규보)〕 이 길을 따라서 가지 않을 수 있겠습니까? 만일 이 길을 따르지 않는다면 그것은 곧 어긋나고 그릇된 지름길을 가겠다는 것입니다.

그런데도 세상 사람들은 마침내 그 길을 버리고 따르지 않으며, 그 마음을 멋대로 풀어놓고서 다시 찾으려 하지 않는 것은 다름 아닌 병에 시달리다 본심을 잃어버린〔病風喪心(병풍상심)〕 사람이 미쳐 날뛰고 허망한 짓이나 일삼으며 되돌아올 줄 모르는 것과 똑같습니다. 그러니 어찌 슬프지 않겠습니까?

닭과 개는 지극히 보잘것없는데도 그것이 풀려 도망가면 그것을 찾을 줄을 알면서 사람의 마음은 지극히 중요한데도 그것이 풀려 도망가면 찾을 줄을 모르니, 지극히 보잘것없는 것은 내버려두고 지극히 중요한 것을 일깨워주는 것은 사람들에게 경계하도록 하기 위함입니다.

그렇다면 사람의 마음을 풀어 내버려둔다〔放(방)〕는 것은 무엇이겠습니까? 욕심이 마음에 파고들면〔汩(골)〕 풀어 내버려두게 되고, 또 이익이 마음을 유혹하면 풀어 내버려두게 됩니다. 그래서 마음이 이미 풀어지면 그 행실에는 반드시 잘못이 뒤따르게 됩니다.

그렇기 때문에 맹자는 처음부터 사람의 마음과 사람의 길을 나란히 말하고 끝에 가서는 오직 온 정성을 다해〔諄諄(순순)〕 풀린 마음을 되찾으려고 해야 한다고 했던 것입니다. 그래서 능히 풀린 마음을 되찾아야만 마음에 중심이 서게 되고 행실에 잘못이 없게 됩니다. 그래서 "배우고 묻는〔學問(학문)〕 길은 다른 게 없고, 오직 놓아버린 마음〔放心(방심)〕을 (다시) 찾는 데 있을 뿐이다"라고 한 것입니다.

위로는 천자로부터 아래로는 일반 백성에 이르기까지 그 도리는 다 같지만 임금은 한결같은 마음〔一心(일심)〕으로 많은 사람들을 다스려야 하기 때문에 더욱 쉽게 마음을 풀어 놓아버릴 수 있습니다. 그렇다면 풀린 마음을 되찾는 법을 몰라서야 되겠습니까? 되찾는 법은 다름 아니라 삼가며 스스로를 지켜내고 한결같은 마음으로써 감히 스스로를 멋대로 풀어놓지 않는 것뿐입니다. 왜냐하면 마음이란 본래 나의 밖에 있는 것이 아니기 때문입니다.

그냥 따라가기만 하면 마음을 풀어놓게 되고 되찾으려 하면 마음을 보존하게 되는 것은 마치 손바닥을 뒤집는 것과 같습니다. 마음이 보존되면 어짊이 보존되고, 어짊이 보존되면 움직일 때 이치에 들어맞지 않는 것이 없으니 이것이 이른바 의로운 길〔義路〕을 따라서 가는 것입니다.

제왕학〔聖學〕의 요체 중에서 이보다 우선해야 할 것이 무엇이 있겠습니까?

(『맹자』) 맹자는 말했다.

"임금이 지혜롭지 못하다고 해서 이상하게 생각할 것은 없다. 아무리 세상에서 쉽게 잘 자라는 식물이 있다고 해도 하루만 햇볕을 쬐고 열흘 동안은 춥게 하면 제대로 자랄 수 있는 것은 없다. 내가 임금을 뵙는 일이 아주 드물고, 내가 물러나 있는 동안 임금을 춥게 만드는 자들이 그득하니 난들 임금에게 (선량한 마음의) 싹이 있다고 해도 어떻게 하겠는가?

자, (바둑을 예로 들어보자.) 바둑의 기술이라는 것은 하찮은 기술이다. (그러나 다음) 수를 생각할 때 온 마음을 쓰고 뜻을 다하지 않으면 원하는 수를 얻을 수 없다. 혁추(奕秋)는 온 나라를 통틀어 바둑을 가장 잘 두는 사람이다. 그런데 혁추로 하여금 (동시에) 두 사람에게 바둑을 가르치게 했을 때, 한 사람은 온 마음을 쓰고 뜻을 다하여 오로지 혁추가 하는 말을 하나도 놓치지 않고 다 듣는데 반해 다른 한 사람은 비록 듣기는 하지만 마음 한구석에서는 고니가 장차 날아오르면 실을 매단 화살을 당겨서 쏘아 그것을 맞출 궁리만 하고 있다고 하자. 그러면 뒤에 말한 사람은 비록 함께 (바둑을) 배우더라도 앞에 말한 사람만큼 되지 못한다. 이는 뒷사람이 앞사람만큼 지혜가 없어서인가? 내 단언컨대 그렇지 않다."

신이 가만히 살펴보겠습니다. 맹자가 제나라 임금에게 고하는 바는 지극하다고 할 만합니다. 대개 임금의 마음은 이치와 의리〔理義〕로 기르게 되면 밝고, 물욕으로 가리게 되면 어두워 마치 풀이나 나무가 그러한 것과 같습니다. 풀과 나무는 햇살로 따뜻하게 해주면 자라나고 그늘에 춥게 내버려두면 파리해지는 것이니, 바른 사람과 현능한 선비가 임금에게 나아가 뵈올 시간이 늘 적으면 이치와 의리로 물을 대주는 혜택이 얼마나 되겠습니까? 그들이 물러나고 사특한 말이나 해대는 자들이 기승을 부리게 될 것입니다. 이는 마치 따뜻하게 해주는 날은 적고 춥게 내버려두는 날은 많은 것과 같으니, 이렇게 되면 설사 싹이 난다 하더라도 곧장 꺾일 것입니다. 그렇다면 어떻게 해야겠습니까?

(맹자는) 또 바둑의 비유를 끌어들였습니다. 바둑이란 비록 하찮은 기예이지만 온 마음을 다하고 뜻을 다 쏟아붓지 않는다면 제대로 정통할 수가 없습니다. 한 사람은 바둑 하나에만 전념해 터득을 하고 또 한 사람은 다른 생각과 뒤섞여 제대로 배우지 못했다고 할 때 이는 가르치는 사람의 부지런함 여부 때문이 아니라 배우는 사람의 진지함과 서투름〔工拙〕 때문에 생겨난 것입니다. 즉 하나에 전념했느냐와 그렇

지 못했느냐의 차이일 뿐입니다.

그래서 정이는 강관(講官)이 됐을 때 일찍이 황상에게 이렇게 말했습니다.

"폐하께서 하루의 시간 중에서 현능한 선비와 사대부들과 접하는 시간이 많고 환관이나 궁첩과 지내는 시간이 적다면 얼마든지 기질을 함양하고 다움과 본성〔德性〕을 도야하실 수 있을 것입니다."

아! 임금이 자신의 마음을 이치와 의리로써 기르고자 한다면 반드시 정이의 말처럼 한 이후에라야 가능할 것입니다.

(『맹자』) 맹자는 말했다.

"마음을 기름〔養心〕에 있어 욕심이나 욕망을 줄이는 것보다 좋은 것은 없다.

그 사람됨이 욕심이나 욕망이 많다면 비록 그 본래의 마음을 보존한다 하더라도 (결과적으로) 그 보존하는 바가 적을 것이다. (반면에) 그 사람됨이 욕심이나 욕망이 적다면 비록 그 본래의 마음을 보존하지 못하는 일이 있다 하더라도 (결과적으로) 그 보존하지 못하는 바가 적을 것이다."

여대림이 말했습니다.

"욕심이나 욕망〔欲〕이라는 것은 사람이나 사물에게 감흥을 일으켜 움

직이게 만든다. 그래서 마음을 다스리는 방법으로는 욕심을 적게 갖는 것〔少欲(소욕)〕보다 좋은 것이 없다. 욕심을 적게 갖게 되면 눈과 귀 같은 기관이 외물에 가려지지 않아 마음이 항상 편안하다〔寧(영)〕.

마음이 항상 편안하면 마음 가는 방향이 정해져 어지럽지가 않고, 밝아져서 어둡지가 않으니 거기에서 도리가 생겨나고 다움이 절로 이루어지게 된다.

마음을 보존하지 못한다〔不存(부존)〕라는 것은 원래 가졌던 (선한) 마음이 (욕망 등에 의해) 뒤섞여 없어지는 것〔梏亡(곡망)〕을 말하는 것이니 욕심을 적게 갖는 사람은 본래의 좋은 마음을 잃어버리는 곡망(梏亡)의 근심이 없게 된다.

그 사람됨이 욕심이 많으면 들썩거리기〔動(동)〕를 좋아해 절제와 절도를 모르며 망령된 짓을 일삼고 도리를 잃어 좋은 실마리들을 상하게 하니 하늘과도 같은 이치〔天理(천리)〕는 이지러지게〔虧(휴)〕 된다. 따라서 마음을 보존하는 자라도 늘 욕심을 적게 가지려 해야 할 것이다."

주희가 말했습니다.

"욕(欲)은 입과 코와 귀와 눈과 사지(四肢)의 욕망 같은 것이니 비록 사람이 없을 수 없는 것이나 욕심이 많아서 절제하지 않는다면 그 본심을 잃지 않을 자가 없다."

정이가 말했습니다.

"욕망하는 바는 반드시 깊이 빠진 것만을 뜻하는 것이 아니라 (조금만 빠졌다 하더라도) 단지 그 향하는 바만 있어도 그것이 욕망이다."

신이 가만히 살펴보겠습니다. 마음을 기른다〔養心(양심)〕는 것은 그 마음을 잘 키워내는 것〔涵育(함육)=涵養(함양)〕이고, 보존한다〔存(존)〕는 것은 그 본래의 마음을 잃지 않는다는 것입니다. 욕심이 많으면 그 마음을 크게 해쳐 베어내는 것〔戕伐(장벌)〕이니 어찌 기를 수 있으며, 욕심이 마음을 크게 해쳐 베어낸다면 그 마음은 본래의 좋은 모습을 다 잃어버리게 될 테니 어찌 보존할 수 있겠습니까?

한나라 무제가 여러 신하들에게 "내가 이러저러한 것을 하고 싶소〔吾欲云云(오욕운운)〕"라고 하자 급암(汲黯)이 "폐하께서는 안으로 욕심이 많으시면서 밖으로는 어짊과 의로움을 베풀고자 하시는데 어찌 욕심으로 당우(唐虞-요순)의 다스림을 닮을 수 있겠습니까?"라고 답했습니다.

무릇 요임금과 순임금은 욕심이 없는 임금〔無欲者(무욕자)〕이었고, 한무제는 놀이와 여색을 좋아했고 정벌을 좋아했으며 형벌을 중시하는 형명(刑名)의 학설을 좋아했고 재물과 이익을 좋아했으며 신선을 좋아했으니 욕심이 많은 임금〔多欲者(다욕자)〕이었습니다. 욕심이 많으면 사특한 생각이 마음을 크게 어지럽혀〔紛紜(분운)〕 본래의 마음이 휩쓸려 내려가는데 요순을 닮아 어짊과 의로움을 베풀고 싶다 한들 가능한 일이겠습니까?

주돈이(周敦頤)가 말했습니다.

"빼어남〔聖(성)〕은 배운다고 다다를 수 있는 경지인가? 가능하다. 그 방법은 무엇인가? 오직 한결같음〔一(일)〕을 요체로 삼아야 한다. 오직 한결같다는 것은 욕심이 없다〔無欲(무욕)〕는 것이다. 욕심이 없으면 고요함〔靜(정)〕은 텅 빈 듯하고 움직임〔動(동)〕은 곧아진다. 고요함이 텅 빈 듯하면〔靜虛(정허)〕 밝아지고 밝아지면 통한다. 그리고 움직임이 곧으면 공적으로 되고〔公(공)〕 공적으로 되면 두루 펼쳐진다〔溥(부)〕. 그래서 밝고 통하고 공적이고 두루 펼쳐지면〔明通公溥(명통공부)〕 거의 (빼어남에) 가깝다고 할 수 있다."

그렇다면 빼어난 이를 배우는 데 뜻을 둔 사람은 반드시 욕심을 줄이고, 욕심이 생겨나는 것을 막는 데서 출발해 욕심이 없는 데까지 이르게 되면 그 목표는 이루어지는 것입니다. 따라서 만일 욕심이 많은 사람이 그것을 이겨내는 법을 모른다면 그 사람은 바야흐로 장차 한무제와 같은 부류가 될 것이며, 요순의 근처에는 다가갈 수도 없을 것입니다.

신이 감히 이 점을 안다 하여 말씀 올린 것이니 성주(聖主-폐하)께서는 깊이 생각하셔야 할 것입니다.

이상은 몸과 마음을 잘 다스려 깊이 성찰함의 공효에 대해 논했습니다.

삼가도록 일깨워주는 말들의 도움

『대학(大學)』에서 말했다.

"탕왕은 늘 자신의 목욕통〔盤〕에 (스스로를 경계하기 위해) 이렇게 새겨〔銘〕 놓았다.

'진실로 (어느 날) 하루에 새로워짐이 있으면 그다음 날도 계속 새로워지고 또 날로 새로워지리라〔日新又日新〕!'"

이에 관한 주희의 설은 이미 (앞서 보았던) 『대학혹문(大學或問)』에서 살펴본 바 있습니다.

(『대대례(大戴禮)』) '천조(踐祚)' 편(에서 말했다.)

"무왕(武王)은 즉위〔踐祚〕한 지 사흘 만에 태공으로부터 단서(丹書)를 받게 되자 삼가고 두려워하듯이 조심하여 그 경계하는 마음을 자리의 네 끝에 명(銘)으로 새겼다.[1]

자리의 네 끝에 새긴 명에서 말했다. '편안하고 즐거울 때도〔安樂〕 반드시 삼간다면〔敬〕 행함에 후회할 일이 없을 것이다. 눕거나 엎어져 있거나 해도 뜻을 지키지 못함이 없을 것이다. 은나라의 거울이 멀지 않은 곳에서 그대의 대신함〔代〕[2]을 지켜보고 있도다.'"

1 그 전문은 이 책의 제2권에 이미 실려 있다.

2 그대란 무왕을 가리키고, 대신한다는 것은 주나라가 은나라(상나라)를 대신한다는 뜻이다

신이 가만히 살펴보겠습니다. 안락하면 게을러지기 쉽고, 게을러지면 반드시 후회를 하게 됩니다. 그래서 맹자는 (『맹자』에서) "우환(憂患)에서는 살 수가 있지만 안락(安樂)에 머물다가는 결국 죽는다"고 말했던 것입니다. 이는 곧 침상에 누워 편안히 있다 보면 게으르고 싶은 욕망〔逸欲〕이 쉽게 일어나니 눕거나 엎어져 있을 때에도 삼감을 잊어서는 안 된다는 것입니다. 음란한 유희에 빠지는지 스스로 끊어내는지를 저 은나라가 보고 있으니 자리의 네 끝에 명을 새겨 넣어 마음을 지키려 한 것입니다.

'감명(鑑銘-거울)'에서 말했다.

"네 앞을 보면서 네 뒤를 생각하라!"

신이 가만히 살펴보겠습니다. 거울이란 아주 밝게 비추이기는 하지만 앞만 볼 수 있을 뿐 뒤를 볼 수는 없으니 오히려 내 한 마음이 밝다 해도 가려지는 바가 있게 됩니다. 근심은 언제나 비추고 살핌이 미처 닿지 못하는 곳에〔所不及〕 숨어 있고, 허물은 언제나 뜻하고 의도하는 바가 미처 다 두루 챙기지 못하는 데서〔所不周〕 생겨납니다.

따라서 비록 빼어난 사람이라 하더라도 숨어 있는 근심〔隱憂〕에 대해서 늘 조심하고 두려워해야 하는 것입니다.

'반명(盤銘-목욕통)'에서 말했다.

"사람에 빠져들 바에는 차라리 연못에 빠져라! 연못에 빠지면 오히려 헤엄이라도 칠 수 있지만 사람에 빠지면 구해줄 수가 없다."

신이 가만히 살펴보겠습니다. 깨끗하게 몸을 씻는 목욕통은 아침저녁으로 스스로를 청결하게 하는 것입니다. 그래서 거기에 명을 새겨 넣었으니 늘 보고서 한결같이 뜻을 지키게 됩니다.

사람에 빠진다, 연못에 빠진다고 한 것은 물을 비유의 단서로 삼아 경계하고 있는 것입니다. 대개 연못에 빠진 자는 오히려 헤엄쳐서 나올 수 있지만 간사한 자〔憸夫〕와 아첨꾼〔壬人〕이 임금을 함정에 빠트리는 것은 천 가지 지혜와 백 가지 양태〔千智百態〕이기 때문에 임금을 맛있는 술과 산해진미로 유혹하고 농염한 여색과 음란한 소리에 젖어들게 해 바야흐로 너무도 편안하게 해줌으로써 아무런 깨달음도 갖지 못하게 하니 결국 재앙을 불러들여 망하게 하는 단서가 일어나게 됩니다. 이런 일이 근심이 되는 것이 어찌〔詎〕 깊은 연못에 빠지는 것에 그칠 뿐이겠습니까?

'영명(楹銘-기둥)'에서 말했다.

"'어찌 시들겠는가?'라고 말하지 말라! 그 재앙은 곧 닥친다.

'어찌 해롭겠는가?'라고 말하지 말라! 그 재앙은 곧 커진다.
'어찌 다치겠는가?'라고 말하지 말라! 그 재앙은 곧 자란다."

신이 가만히 살펴보겠습니다. 이 명은 세 번 반복하고 있으니 대체로 사람의 평범한 마음이란 늘 아직 드러나지 않은 작은 조짐〔窈微〕은 소홀히 하게 되는 반면 재앙과 난리〔禍亂〕는 늘 숨어서 잠복해 있는 것에서 생겨나는 것입니다. 그래서 기둥에 명을 새겨 아침저녁으로 그것을 보면서 삼감으로써 아직 닥치지 않은 위태로움을 경계하여 지키라는 것〔戒保〕입니다.

'장명(杖銘-지팡이)'에서 말했다.
"아! 분노를 내는 데서 위태로워지고, 아! 즐기는 데 젖어서 도리를 잃고, 아! 부유해지고 지위가 높아지는 데서 서로를 잊는구나!"

신이 가만히 살펴보겠습니다. 『주역』의 풀이 '대역(大易)'에서 '끓어오르는 분노를 다스리고〔懲忿〕 넘치는 욕심을 막는 것〔窒欲=窒慾〕'이라고 한 것이 바로 이것을 가리키는 것입니다. 끓어오르는 화를 그대로 드러내는 자는 자신의 몸을 위태롭게 해서 근심이 생겨나고, 욕심을 그대로 따르는 자는 도리를 잃어 치욕을 당하게 됩니다.

지팡이라고 하는 물건은 그 자체에 손잡이 부분이 있어 그것을 잘 쥐면 안전하고 신뢰가 생겨나지만 그것을 놓아버리면 넘어지고 자빠지는 걱정을 하게 됩니다. 사람이 부귀해지고 사치와 음란에 빠지면 삼가 두려워하는 마음〔兢畏〕을 쉽게 잊어버리게 되니 지팡이에 명을 새긴 것은 그 같은 뜻을 담은 것입니다.

'유명(牖銘-창틀)'에서 말했다.

"하늘의 때를 따르면서 땅에서 나온 재물을 소중히 쓰고 황천에 삼가 제사를 지내며 그 먼저〔先時〕를 받들라!"

신이 가만히 살펴보겠습니다. 하늘은 때를 내려주고 땅은 필요한 물건〔財〕을 만들어주니 임금은 그것을 쓸 수가 있는 것입니다. 그러니 감히 그 때와 물건의 원천을 몰라서야 되겠습니까? 그래서 제사를 지내 그 근원〔本〕에 보답해야 하는 것이니 진실로 반드시 그 먼저〔先時〕에 감사해야 합니다. 이때는 재물이 중요한 것이 아니라 삼가는 마음으로 그 근원과 먼저를 받들면서 재계하고 옷을 잘 차려입은 다음〔齋明盛服〕 상제께 큰 제사를 올려야〔對越〕 하는 것입니다.

그래서 이런 마음을 창틀에 새겨 아침저녁으로 그 점을 경계했던 것입니다.

'검명(劍銘-칼)'에서 말했다.

"정복을 차려입을 때는 반드시 칼을 띠에 매어 거동을 하면 반드시 다움을 행하도록 하라! 다움을 행하면 흥하게 되고 다움을 무시하면 무너진다."

신이 가만히 살펴보겠습니다. 정복에 칼을 찬다는 것은 무(武)의 위엄을 보여주는 것입니다. 왜냐하면 다움〔德(덕)〕은 위엄의 근본이며 위엄은 곧 다움을 보완해 주기 때문입니다.

(무를 행사할 때) 오직 다움으로써만 한다면 누구든 복종하지 않을 수가 없고 일단 한번 위엄을 보이게 되면 적을 넘어뜨려야 합니다. 그래서 적지 않은〔額額(액액)〕 사내 장부들〔獨夫(독부)〕이 보배처럼 여기는 것이 바로 검인 것입니다. 그렇지만 결국 (다움을 무시해) 스스로 패망하게 될 수 있으니 천고(千古)의 거울로 삼아야 할 것입니다.

'모명(矛銘-방패)'에서 말했다.

"방패를 만들 때, 방패를 만들 때 어느 한순간이라도〔少間(소간)=須臾(수유)〕 참지 못한다면 결국 수치를 당하게 될 것이다. 너 혼자 듣고 있으니 그것으로 후세의 자손들을 경계시키도록 하라."

신이 가만히 살펴보겠습니다. 무기〔兵〕라는 것은 흉기입니다. 그래서 빼어난 이들은 그것을 아주 중대하게 여겼습니다. 만일 무기가 백성들을 돕는 것이 아니라면 그 참는 바를 쉽게 쓸 수 있겠습니까?[1)] 방패 한 개를 만들어도 조심하고 경계해야 하는 것인데 하물며 전쟁을 일으키는 단서를 일단 열게 되면 백만의 백성을 동원하여 흐르는 피가 천 리는 이어질 것입니다.

이처럼 생명을 해치고〔戕〕 하늘과 땅의 조화를 깨트리는 것은 다 한 순간의 참지 못함〔不忍〕이 사실상 빚어낸 것이니 무왕이 이것으로 자손들을 경계시킨 것입니다.

훗날 만세의 임금이라도 이 말을 어겨서야 되겠습니까?

1) 참는 바를 쉽게 쓴다는 것은 임금들이 순간을 참지 못하고 전쟁을 결심하게 되는 것을 가리킨다.

(『예기』) 「예운(禮運)」 (편에서 (공자가) 말했다.)

"삼공(三公)은 조정에 있고 삼노(三老)[1]는 태학에 있으며, 임금의 앞에는 무(巫), 뒤에는 사(史)가 있으며, 점치는 이〔卜筮〕와 악사〔瞽〕 그리고 사보(四輔)〔侑〕는 좌우에 있고 왕은 한가운데 있으면서 억지로 행함이 없이〔無爲〕 지극한 바름〔至正〕을 지켜낸다."

1 삼공에서 은퇴한 자들이다.

신이 가만히 살펴보겠습니다. 옛날에 많은 이들 가운데 특히 충성스럽고 현능한 이들〔忠賢〕을 뽑아서 임금의 좌우에 빽빽이 배치했던〔森列〕 이유는 다 임금의 마음을 바로잡기 위함이었습니다. 조정에는 삼공이 있었으니 이들은 이른바 (임금에게) 도리를 가르치고 일깨워주었으며 다움과 의로움〔德義〕을 전수해 주고 임금의 몸을 지켰습니다. 태학에는 삼노가 있었으니 이들은 이른바 다움을 지켜내고 좋은 말로 가르쳤습니다. 무(巫)는 제사를 담당해 귀신의 일로써 임금에게 고했고, 사(史)는 역사를 담당해 삼황오제(三皇五帝)의 일로써 임금에게 고했습니다. 점치는 일을 담당한 자는 길흉(吉凶)으로 임금에게 간언했고, 맹인 악사는 노래와 시로 임금에게 간언했으며, 사보는 임금의 한 몸을 전후좌우에서 둘러싸고 임금을 보필했으니 효도하는 임금이 있을 수 있었고 다움을 갖춘 임금도 있을 수 있었던 것입니다. 그러니 설사 잠시라도 자신을 제멋대로 풀어놓고 싶어도 그럴 수 있었겠습니까? 이러했기 때문에 임금의 속마음〔中心〕에는 어떤 다른 하고자 하는 바가 없었고, 오직 지극한 바름〔至正〕만을 지킬 뿐이었습니다.

반면에 후세의 임금들이 제 몸처럼 가까이하는 것이라고는 환관과 궁첩처럼 가까이에서 익숙한 무리들뿐이고, 좋아하는 것도 음란한 음악과 아름다운 여색이니 주변에서 알랑거리고 유혹하는 것이 천태만상이었습니다. 그러니 설사 그 생각하는 바에 사사로움을 없게 하려 해도 그럴 수 있었겠습니까?

이것이 임금의 다움〔君德〕이라는 면에서 볼 때 후세의 임금들이 옛날의 임금들에 미치지 못하는 까닭입니다.

(『예기』「옥조(玉藻)」편에서 공자가 또 말했다.) "옛날의 군자는 반드시 허리에 옥을 찼다. 오른쪽은 치(徵) 음과 각(角) 음이요, 왼쪽은 궁(宮) 음과 우(羽)음 이다.

종종걸음으로 갈 때는 채자(采齊)의 악절을 들었고, 천천히 걸을 때는 사하(肆夏)의 악절을 들었다.

몸을 돌릴 때는 규(規)로 원을 그리듯이 했고, 좌우로 꺾을 때는 구(矩)로 직사각형을 그리듯이 했다.

(조정에) 나아갈 때는 읍하듯이 했고, 물러날 때는 몸을 들어 옥의 아름다운 소리가 제대로 울릴 수 있었다.

군자가 수레에 타면 난화(鸞和-방울)의 소리가 났고, 길을 걸을 때면 허리에 찬 옥 소리를 들었다. 그랬기 때문에 그릇되고 편벽된 마음이 절로 들어올 수가 없었다."

신이 가만히 살펴보겠습니다. 옛날의 군자들은 그 마음을 기르는 데에 지극하지 않음이 없었습니다.

패옥은 궁음과 치음의 중간쯤에 있었고, 걸음을 걸을 때에는 빠르고 느리고에 따라 그에 어울리는 시와 악의 절도가 있었고, 어떤 일을 행할 때는 규구(規矩)와 같은 잣대가 있었으며, 수레에 올라탔을 때는 방울 소리가 조화롭게 울렸습니다. 그래서 (벼슬길에) 나아가고 물러날 때, 그리고 몸을 구부리고 우러러볼 때〔進退俯仰(진퇴 부앙)〕와 집을 나서고 들어올 때, 그리고 움직이거나 가만히 있을 때〔出入動靜(출입 동정)〕 예로써 절도를 이루고 악으로써 조화를 이루지 않는 바가 없었습니다. 그래서 이

때에는 사특하고 치우친 것〔邪僻〕(사벽)을 막고 적중하고 똑바른 것〔中正〕(중정)에 이르는 것을 모든 노력의 목표로 삼았던 것입니다. 그랬기 때문에 쉽게 도달할 수 있었습니다.

그런데 후세에는 이런 것들을 다 무시하고 유혹에 이끌리어 본성을 해치는 짓들이 너무 많아 이루 다 헤아릴 수가 없습니다. 그래서 이때에는 사특하고 치우친 것을 막고 적중하고 똑바른 것에 이르는 것을 억지로 행해야 했습니다. 그랬기 때문에 행하기가 어려웠습니다.

무릇 그것이 어려운 이유를 잘 알고서 모든 노력을 다하는 데 더욱 더 힘써 삼가 그 태도를 계속 유지한다면 사특하지 않고 치우치지 않은 것들이 저절로 내 안에 생겨나지 않겠습니까? 이 방법 말고 다른 길은 없습니다. 이는 신이 직접 겪어서 아는 바라 감히 말씀드렸습니다.

『국어(國語)』(에서 좌사(左史) 의상(倚相)이 말했다.)

"(춘추시대 때) 위나라 무공은 나이가 95세였는데도 오히려 나라에 경계의 말〔箴儆〕(잠경)을 했습니다.

'경(卿) 이하 장사(長士)[1]에 이르기까지 진실로 조정에서 일하는 자들은 나를 늙었다고 해서 없다고 생각지 말라. 반드시 조정에서 공손히 하고 삼가며〔恭恪〕(공각) 아침저녁으로 나를 경계시켜 달라. 한두 마디라도 나를 일깨울 만한 말을 듣거든 반드시 외워서 기억했다가 나에게 들려주어 도리를 일깨울 수 있도록〔訓道〕(훈도) 하라.'

그래서 그의 수레에는 여분(餘分)의 규간〔規〕(규)이 있었고 위저(位宁-조회 받는 자리)에는 관사(官師)들이 법전을 갖추고 있었으며, 의궤(倚几-의자)에는 송훈(誦訓)의 간언이 있었고 침실에는 설어(褻御-내시)의 잠언이 있었으며, 임사(臨事-사례 설명)에는 고사(瞽史-악사와 사관)의 훈도가 있었고 거실에는 사공(師工)의 송(誦)이 있었던 것입니다.

사관은 기록함을 게을리하지 않았고, 장님은 옛 고전을 암송해 주는 일을 놓치지 않으면서 임금을 일깨워주었습니다. 이에 의(懿)를 지어 스스로 경계를 삼았기에 그가 죽었을 때 그를 일러 '예성무공(睿聖武公-사리에 밝고 빼어난 무공)'이라고 극찬했던 것입니다."

1 경은 정사를 집행하는 관리이고 각 부서의 장관들을 통솔하며, 장사는 상사, 중사, 하사를 가리킨다.

신이 가만히 살펴보겠습니다. 위나라 무공이 자신의 몸을 다잡으려 경계한 것〔約敕(약칙)=約飭(약칙)〕을 보면 지극했다고 할 수 있습니다.

경(卿) 이하에서는 단 한 사람이라도 임금을 깨우쳐주고 살피는 일〔箴規(잠규)〕을 맡지 않은 사람이 없었고, 수레〔車(거)〕 이하에서는 단 한 곳이라도 임금을 깨우쳐주고 살피는 말이 없는 곳이 없었으며, 또 거기서 그치지 않고 시 '억'[1)]을 지어 사람으로 하여금 그것을 낭송토록 하면서 자신의 곁을 떠나지 못하게 했으니 이와 같이 하면서 뜻이 열렬하지 못하고 마음이 바르지 않은 사람은 없을 것입니다. 따라서 (마음을 바로 하고자 한다면) 반드시 이와 같이 해야 할 것입니다.

그리한다면 살아서는 아름다운 이름을 얻게 될 것이고, 죽어서도 멋진 시호〔美諡(미시)〕를 받게 될 것이니 후대의 임금들은 그를 모범으로 받들 것입니다.

1)『시경』「대아」에 실려 있다.

(『공자가어(孔子家語)』) 공자가 노나라 (환공의) 사당〔廟〕을 둘러보다가 비스듬하게 기대어 놓은 제기〔欹器〕[1]를 보고서 말했다.

"내가 듣기에 옛날에 의기(欹器)라는 그릇은 속이 비면 기울어지고, 반쯤(혹은 적정하게) 채우면 바르게 서고, 가득 채우면 엎어진다고 했다."

이에 공자는 제자를 시켜 물을 떠오도록 한 다음에 거기에 물을 부으니 적정할 때는 바르게 서고, 가득 채우니 엎어지고, 텅 비게 하니 기울어졌다.

공자는 이를 탄식하며 말했다.

"아! 어찌 가득 차고서 엎어지지 않을 수 있겠는가?"

자로가 말했다.

"감히 묻겠습니다. 가득 채운 것을 그대로 유지할 길은 없습니까?"

공자가 말했다.

"귀 밝고 눈 밝고 일에 밝고 사람에 밝다〔聰明睿知〕고 해도 그것을 어리석음〔愚〕으로 지켜야 하고, 세운 공로〔功〕가 천하를 덮는다고 해도 그것을 물러서는 마음〔讓〕으로 지켜야 하고, 용맹과 힘으로 세상을 떨게 한다고 해도 그것을 두려움에 떠는 마음〔怯〕으로 지켜야 하고, 사해를 다 가질 만큼 부유하다고 해도 그것을 겸허한 마음〔謙〕으로 지켜야 한다. 이것이 이른바 덜어내고〔挹〕 또 덜어내야 하는〔損〕 도리다."

신이 가만히 살펴보겠습니다. 의기라는 것은 옛날부터 전해져 오는 제도로 삼황오제 때부터 있었던 것이니 이것이 이른바 도움을 받기 위해 항상 곁에 두고 보아야 하는 그릇〔宥坐之器〕입니다.

천하의 이치는 적중함〔中〕에 이르면 그쳐야 오래 머물〔止=久=庸=常=恒〕 수 있습니다. 그래서 여러 빼어난 사람들〔列聖〕이 서로 전해 주고 전해 받은 것 중에서는 적중함〔中〕이 가장 큰 법이기 때문에 그릇을 만들면서도 이것을 그대로 본뜬 것입니다.

비어서 기운다는 것은 미치지 못함〔不及〕이요, 가득 차서 엎어진다는 것은 지나침〔過〕이니 미치지 못함과 지나침은 둘 다 적중함이 아닌 데를 향한 것입니다. 오직 적중했을 때에만 바르게 되는 것입니다. 이 그릇은 앞에서도 살펴본 바 있는데 그 뜻도 역시 궤장에 새긴 명(銘)의 뜻과 같습니다.

그래서 공자는 이 그릇으로 너무 많이 가지려 하는 것을 경계시키며 사람들로 하여금 덜어내고 또 덜어내야 하는 도리를 알게 한 것이니 그 말씀이 참으로 풍부하다고 하겠습니다.

1) 속이 가득 차면 엎어지고, 적당하게 차면 반듯하고, 비면 기울어지게 만들었다는 주나라 때의 쇠그릇이다.

(『공자가어』) 공자가 주나라를 둘러보다가 후직(后稷)의 사당에 들어가게 됐다. 그런데 사당 오른쪽 계단 앞에 쇠로 만든 동상〔金人〕이 있었는데 그 입은 세 군데나 꿰매져 있었고 그 등 쪽에는 이런 내용이 새겨져 있었다.

"옛날에는 사람들이 말을 삼갔다. 경계할지어다!

말을 많이 하지 말라. 말이 많으면 많이 실패한다.

일을 너무 벌이지 말라. 일이 많으면 우환도 많다.

편안하고 즐거울수록 반드시 경계하라. 그러면 행함에 있어 후회할 일이 없을 것이다.

'어찌 다치겠는가?'라고 말하지 말라! 그 재앙은 곧 자란다.

'어찌 해롭겠는가?'라고 말하지 말라! 그 재앙은 곧 커진다.

'누가 들을 것인가?'라고 말하지 말라! 귀신이 장차 사람을 엿본다.

작은 불길〔焰焰〕을 끄지 않다가 큰 불길〔炎炎〕을 어쩔 것인가?

졸졸 흐르는 물〔涓涓〕을 막지 않다가 마침내 큰 강물이 될 것이다.

가느다란 실〔綿綿〕도 끊어지지 않으면 혹 그물을 만들 수 있고

털끝만 한 것도 붙들어 매어두지 않으면 장차 도낏자루를 찾아 나서야 할 것이다.

진실로 말을 삼갈 수 있다면 복의 근원이 될 것이다.

'입이 무엇을 다치게 하겠는가' 라고 말하는 것은 재앙의 문이 될 것이다.

힘세고 뻣뻣한 자〔强梁〕는 제 명에 죽지 못하고, 남을 이기기를 좋아하는 자는 반드시 그 적수를 만나게 된다.

도둑은 집주인을 미워하고, 백성은 그 윗사람을 원망한다.

군자는 자신이 천하에서 가장 위에 있지 않음을 알기에 남보다 아래에 있는 것이고, 뭇사람들 앞에 설 수 없음을 알기에 남보다 뒤에 서는 것이다.

(온순하고 공경하고 삼가는 다움은 남들로 하여금 자신을 사모하게 하고, 부드러움을 쥐고서 자신을 낮추면 사람들은 결코 그들을 뛰어넘지 않는다.

사람들이 모두 저쪽으로 달려가도 나만은 홀로 이것을 지킬 것이며,

나의 지혜는 안에 깊숙이 감추어두고 남들 앞에서 기예를 드러내 보여주지 말라.

내가 아무리 귀하고 높아도 남들이 나를 해치지 못할 것이니 누가 능히 이런 일을 할 수 있겠는가?)[1]

강과 바다가 비록 왼쪽으로 흐른다고 해도 온갖 물의 주인이 되는 것은 바로 그 스스로를 낮추기 때문이다.

하늘의 도리는 특별히 어느 누구를 제 몸처럼 여기지 않으니〔無親(무친)〕 능히 남들에게 자신을 낮추어라.

경계할지어다!"

공자가 이 글을 다 읽고 나서 제자들을 돌아보며 말했다.

"제자들아! 이를 기억해 두어라! 이 말은 내용이 진실하며 사안(의 핵심)에 적중했고〔實而中(실이중)〕 그 마음 또한 믿을 만하다〔情而信(정이신)〕.

『시경』에서 말하기를 '두려워하면서 조심하기를〔戰戰兢兢(전전긍긍)〕 마치 깊은 연못가에 있는 듯하고〔如臨深淵(여임심연)〕 얇은 얼음을 밟는 듯이 하라〔如履薄氷(여리박빙)〕'고 했다.

자신의 몸가짐을 이와 같이 한다면 어찌 입으로 인한 허물과 근심〔過患(과환)〕이 있겠는가?"

신이 가만히 살펴보겠습니다. 대략 이 글은 앞서 보았던 무왕의 여러 가지 명들과 서로 상통하니 반드시 옛날부터 전해져 오던 말씀일 것입니다. 공자는 이를 바탕으로 해서 깊은 의미를 담은 말씀을 했으니 임금들이 열렬하게 그것을 입으로 외우며 마음에 새겨 넣고 의자에 써 넣어 스스로를 경계한다면 진실로 다움을 더 나아가게 하는 데〔進德〕 하나의 도움이 될 것입니다.

1) 진덕수가 생략한 부분을 옮긴이가 추가했다.

(『신당서(新唐書)』) 당나라 목종(穆宗)이 물었다.

"개원(開元-현종) 연간에 다스리는 도리가 가장 성했다고 하는데 어찌해서 그렇게 될 수 있었는가?"

최식(崔植)이 답했다.

"현종께서는 즉위하시어 요숭(姚崇)과 송경(宋璟) 두 사람을 얻었으니 이 두 사람은 밤낮없이 혼신의 힘을 다해〔孜孜〕 임금에게 나라를 다스리는 도리에 관해 말씀을 올렸습니다. 송경은 일찍이 상서(尚書-『서경』)의 '무일' 편을 손으로 베껴 써서 현종께서 체득하시기를 바라는 마음에 그림으로 그려 바침으로써 늘 황제로 하여금 들고 날 때 스스로를 경계할 것을 권유했습니다.

그러나 뒤로 가면서 그 글을 대신해 산수의 그림을 즐기고 점점 게을러지자 좌우에서는 더 이상 깨우쳐주고 살피는 일〔箴規〕을 하지 않았고, 간사스러운 신하들이 날로 일을 제 마음대로 하여 결국 패망 일보 직전에까지 이르렀습니다.

지금 바라옵건대 폐하께서 그것을 으뜸가는 귀감〔元龜〕으로 삼으신다면 천하가 심히 다행스럽다고 하겠습니다."

신이 가만히 살펴보겠습니다. '무일', 이 한 편의 글은 만세의 시귀(蓍龜-잣대)입니다. 송경은 그것을 손으로 베껴 쓴 다음 그림으로까지 그려서 올렸으니 참으로 임금을 바로잡으려는 데 뜻이 있었다고 하겠습니다.

초창기에 현종은 경연을 열 때마다 이 그림을 걸어두었으니 이는 개원 연간을 이야기할 때 늘 등장하는 고사가 됐습니다. 그러나 그것을 음미하고 풀어내기를 마치 ('무일'을 지은) 희공(姬公-周公)이 앞에 서 있고 송경이 뒤에 서 있는 듯이 하면서 늘 두려워하는 마음으로 자신을 살피고 감히 안일함에 젖어들지 않은 연후라야 이 그림은 다움을 더 나아가게 하는 데 도움이 될 것입니다. 만일 그러지 않고 산수의 그림이나 본다면 어찌 그렇게 되겠습니까?

폐하께서는 빼어나신 밝음을 통해 이를 깊이 유념하셔야 할 것입니다.

이상은 삼가도록 일깨워주는 말들의 도움에 대해 논했습니다.

신이 듣기에 정이는 (『근사록(近思錄)』에서) 이런 말을 했습니다.

"옛날 사람들은 귀는 악(樂)을 향해 있었고, 눈은 예(禮)를 향해 있었기에[1] 좌우의 생활하는 곳과 쟁반과 사발, 지팡이에 명(銘)을 새겨 스스로를 경계했기 때문에 움직이거나 쉴 때에도 모두 (마음을) 기르는 바가 있었다. 그런데 지금은 이것들을 다 버리고 오직 이치와 의리〔理義〕로 마음을 기르는 법만이 있을 뿐이다. 다만 이 함양(涵養)의 뜻을 잘 보존하여 오랫동안 지켜낸다면 저절로 익숙해질 것이다. 그래서 삼감으로써 내면을 곧게 하는 것〔敬以直內〕이 곧 함양의 의미라고 할 수 있다."

여기서 정이가 말하고자 하는 뜻은 대체로 배우고자 하는 사람은 삼감〔敬〕으로써 스스로를 지켜내며〔自持〕 스스로를 곧게 하라는 것입니다. 그래서 이렇게 하는 사람은 예악(禮樂)과 명(銘)을 통한 경계함의 도움이 없더라도 얼마든지 (마음을 바로잡는 것이) 가능하다는 것입니다.

그러나 배우는 사람을 기준으로 한다면 지금 남아 있지 않은 것들을 일일이 다 회복해 낸다는 것이 어렵겠지만 임금을 기준으로 한다면 회복하고자 할 때 불가능한 것이 무엇이 있겠습니까?

진실로 삼감을 내면(혹은 마음)의 종주로 삼고, 무릇 옛 사람들이 스스로 경계했던 바들을 다 갖추어 모범으로 삼을 수 있습니다. 예를 들어 탕왕과 무왕의 명(銘)을 글로 써서 병풍을 만들어 세워두는 것이 가능할 것이고, 사람을 시켜 좋은 내용의 시를 암송토록 해 귀를 통해 들어와 마음에 자리 잡게 하는 것이 가능할 것이고, 평소 한가할 때에도 깊은 궁궐 속에 머물지 말고 수시로 조정에 나와 유학을 갖춘 신하들에 둘러싸여 귀감이 되는 이야기를 듣는다면 위나라 무공이 스스로를 경계한 일이 지금도 얼마든지 가능할 것입니다. 또 노나라 사당에 있는 의기를 모방해 똑같은 것을 만들어 자리의 오른쪽에 두고서 늘 넘치는 것을 경계하는 일이 가능할 것입니다.

이것들이 정녕 어렵다면 이렇게 할 수도 있습니다. 궁정에서 연회를 베풀 때 옛사람들이 술을 올리는 예법이 따로 있었으니 지금처럼 잔을 돌리고 마구 권하는 주법을 그것으로 바꿀 수 있으며, 또 옛사람들이 방 안에서 즐기는 법도[1]가 있었으니 지금의 음악풍〔樂府〕과 가사를 그것으로 바꾸면 됩니다. 이렇게 하면 얼마든지 가능한데 누가 불가능하다고 하겠습니까?

안팎이 서로 길러주어 움직이고 고요할 때 (법도를) 어김이 없으니 이런 사람의 뜻이 열렬하지 못하고 이런 사람의 마음이 바르지 못하다는 것을 들어본 적이 없습니다.

신은 감히 죽을 각오를 하고서〔昧死〕[2)] 폐하를 위해 이 글을 바칩니다.

1 『시경』의 「주남(周南)」과 「소남(召南)」이 그것이다.

1) 이 표현은 『맹자』에서 맹자가 말한 '귀는 음란한 음악을 향해 있고, 눈은 여색을 향해 있다〔耳之於聲 目之於色〕'를 뒤집어 말한 것이다.
2) 이는 '죽음을 무릅쓰다, 죽음을 각오하다'라는 뜻으로 흔히 상소문 같은 글을 끝맺을 때 상투적으로 붙이는 표현이다.

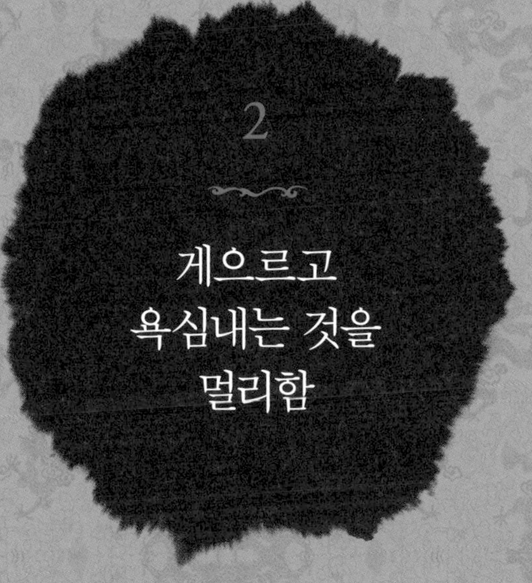

2

게으르고 욕심내는 것을 멀리함

게으르고 욕심내는 것을 멀리함

『서경』(‘대우모(大禹謨)’)에서 익(益)이 말했다.

“아! 경계하소서.

앞일에 대해 아무런 대책〔虞=度〕을 마련하지 않는 것을 삼가 경계하시어 법도를 잃지 마시고 안일함에 젖지 마시고 향락에 빠지지 마소서.

현능한 자에게 자리와 일을 맡기시어 이간질에 현혹되지 마시고 사악한 자는 가차 없이 제거하소서. 일을 시작하기에 앞서 이치에 합당치 않으면 처음부터 추진하지 않아야 백 가지 생각이 널리 밝아질 것입니다.

도리〔道〕를 어기면서까지 백성들의 칭찬을 얻으려 하지 마시고, 백성들을 거스르면서〔咈=違=戾〕 사사로운 욕심을 추구하지 마소서. 게을리하지 마시고 허황된 것이나 주색에 빠지지 않으신다면 사방의 오랑캐〔四夷〕들도 와서 임금으로 받들 것입니다.”

신이 가만히 살펴보겠습니다. 이것은 익이 순임금에게 올린 경계의 말입니다. 먼저 ‘아〔吁〕!’ 하고 탄식한 다음에 ‘경계하소서〔戒〕’라고 했고, 또 그것을 풀어내어 ‘삼가 경계하시어〔儆戒〕’라고 해서 앞일에 대해 아무런 대책을 마련하지 않는〔無虞〕 세상을 다스리고 안정시키는 일〔治安〕이 두려워할 만하고 (너무 어려워) 믿음〔恃=信〕이 가지 않는 바라는 점을 깊이 있게 말로 담아내고 있습니다.

무릇 다스려지고 안정된 세상〔治安之世〕에서는 쉽게 잃어버릴 수 있는 것이 법도(法度)이고, 쉽게 이어갈 수 있는 것이 안일과 향락

〔逸樂〕입니다. 따라서 첫머리에서 그것을 말하고 이어 현능한 인사를 임명하여 일을 전적으로 일임하지 않으면 안 된다는 것과 사악한 자를 제거하기를 과감하게 하지 않으면 안 된다는 것과 일을 도모함에 있어 이치에 맞지 않으면 이루어지게 해서는 안 된다는 것과 도리를 어기면서까지 명예를 얻으려 해서는 안 되고 백성들을 거스르면서까지 욕망에 탐닉하면 안 된다는 것을 다 일일이 열거하면서 경계할 것을 고한 다음 끝으로 "게을리하지 마시고 허황된 것이나 주색에 빠지지 않으신다면〔無怠無荒〕 사방의 오랑캐들도 와서 임금으로 받들 것"이라고 말했습니다.

대체로 다스려짐과 어지러워짐〔治亂〕의 근원은 임금의 마음 하나〔一心〕에 있습니다. 그러니 능히 법도를 잘 지켜서 안일과 향락에 빠지지 않는다면 그 마음은 바르게 될 것입니다. 그런 다음에 사람이 현능한지 아닌지를 보고서 쓸 사람인지 버릴 사람인지〔所用舍〕를 알게 되고, 도모하는 일이 옳은지 그른지를 판단해서 어떻게 할 것인지를 결단해야 합니다. 그러면 마음과 (하고자 하는) 뜻〔心志〕이 서로 통하게 되어〔洞然〕 한 점이라도 숨기거나 의혹스러운 바가 없게 되면 이치를 거스르면서까지 즐기려고 하는 것은 스스로 용납하기 어렵게 되며, 또 반드시 늘 근심하면서 부지런하게 되고 늘 조심하면서 두려워하게 되어 게을러지지도 않고 허황한 것이나 주색에도 빠지지 않게 될 것입니다. 그렇게 하다 보면 자연스럽게 중국은 (도의의 수준이) 높아질 것이고 사방의 오랑캐들〔四夷〕도 중국에 복종할 것이니 그 효과는 (너무나도 커서) 다 가릴 수 없을 정도가 될 것입니다.

그래서 이런 방향으로 더욱더 힘쓰라는 경계의 말은 임금의 마음에서 시작해 임금의 마음에서 끝나고 있으니 이것은 예로부터 빼어나고 뛰어난 임금들〔聖賢〕이 서로 전해 주고 전해 받아온 핵심 법도〔要法〕입니다.

진(晉) 나라 무제(武帝)가 단번에 천하를 혼란케 했고, 당나라 현종은 그 한 몸으로 태평의 시대를 내던져버렸다〔致〕고 할 수 있는데 이는 다 안일과 쾌락, 나태함과 황음〔逸樂怠荒〕을 일삼다가 오랑캐〔戎狄〕의 재앙을 불러들인 것입니다. 그리고 그 엄청난 재앙이 실로 수백 년이나 이어지고 나서야 빼어나고 뛰어난 임금들〔聖賢〕의 말씀이 만세를 위한 표준이 되는 계책〔蓍策〕임을 깨닫게 됐습니다. 그러니 이런 말씀을 소홀히 해서야 되겠습니까?

(『서경』 '고요모') 고요가 말했다.

"임금〔有邦=有邦者=君主〕은 (스스로를) 안일과 욕망〔逸欲〕으로 가르쳐서는 결코 안 됩니다."

신이 가만히 살펴보겠습니다. 이것은 고요가 순임금에게 올린 경계의 말입니다. 안일〔逸〕은 놀기를 좋아하고〔燕安〕 나태하고 게을러〔怠惰〕 (공적인 것을 버리고) 사사로움에 빠지는 것을 말하고, 욕망〔欲〕은 사치와 호사스러움〔奢靡〕을 좋아하고 주색잡기〔荒淫〕를 즐기는 것을 말합니다.

임금의 한 몸은 천하의 표상과도 같기 때문에 임금이라면 마땅히 부지런하고 검소하게 하면서 제후들을 이끌어야 하고, 안일과 욕망으로 스스로를 이끌어서는 안 됩니다.

무릇 가르친다〔敎(교)〕고 하는 것은 사람들에게 자신의 속을 훤하게 드러내어 보여준다는 뜻이 아닙니다. 안일과 욕망에 관한 생각이 조금이라도 마음속에 싹트게 되면 천하는 바람에 따라〔從風(종풍)〕 이리저리 쓰러질 수밖에 없습니다[1]. 그렇기 때문에 고요는 늘 삼가고 또 삼가라〔惓惓(권권)〕고 했던 것입니다.

1) 공자는 군주를 바람, 백성을 풀이라고 하면서 바람이 부는 데 따라 풀은 그 방향으로 쓰러진다고 말했다.

(『서경』 '익직(益稷)') 우(禹)가 말했다.

"(저는) 오만방자한 (요임금의 아들) 단주(丹朱)[1]와 같지 않을 것입니다. (단주는) 그저 태만하게 놀기만을 좋아했고 오만과 잔학한 짓〔傲虐(오학)〕을 일삼았습니다. 그는 밤낮없이 휘젓고 다니며 놀고 오만과 잔학은 마치 물 없는 곳에서 배를 몰듯 그 끝을 몰랐습니다. 집에서는 소인들과 붕당을 지어 음행을 일삼았으며 (결국 요임금에 의해 후계자로 지명을 받지 못해) 그 왕통〔歷世(역세)〕이 끊어지게〔殄(진)=絶(절)〕 됐습니다.

저는 이와 같은 일에서 교훈을 얻었기 때문에 도산(塗山-나라 이름) 집안에 장가들어 (아들을 얻은 지) 나흘 만에 아들 계(啓)가 엉엉 울어댔지만 저는 아비의 역할도 하지 못하고〔弗(불)〕 오직 토목의 사업만을 크게〔荒(황)=大(대)〕 헤아렸습니다."

1 요임금의 아들이며 불초(不肖)했다.

신이 가만히 살펴보겠습니다. 이것은 위대한 우〔大禹(대우)〕가 순임금에게 올린 경계의 말입니다. 단주의 사람됨이 보잘것없어〔不肖(불초)〕 그 나쁜 점들이 여러 가지로 드러났는데 우는 오직 '오만〔傲(오)〕' 한 단어로 그것들을 끊어냈으니 오만이라는 것은 교만하여 남을 업신여긴다〔驕怠(교태)〕는 뜻입니다. 오만은 수많은 사특한 짓들의 원천입니다.

따라서 오만한 자가 좋아하는 것이라고는 게을러서 놀아나는 것〔慢遊(만유)〕이요, 하는 짓이라고는 오만과 잔학한 짓〔傲虐(오학)〕입니다. 그래서 밤낮을 가리지 않고 휘젓고〔頟頟(액액)〕 다니면서 못하는 바가 없으며, 물이 없는 곳에서도 억지로 배를 타며 음행을 일삼고 가정을 어지럽히니 결국 그 집안이 왕위를 더 이상 잇지 못하게 됐던 것입니다.

우는 삼가 경계하는〔敬戒(경계)〕 마음으로 이런 것들을 다 조심하고 멀리 했기 때문에 가정을 이루고서도 집에 편안히 머무른 적이 없으며, 자식을 얻고서도 한가하게 아이를 사랑해 줄 틈이 없었고, 홀로 치수, 토목의 사업에만 힘쓰느라 감히 뒤에 처져 있지 않았습니다.

단주는 오로지 교만하여 남을 업신여겼기〔驕怠(교태)〕 때문에 욕심과 욕망이 시키는 대로〔騁欲(빙욕)〕 했던 것이고, 우는 오로지 삼가 경계했기 때문에 사사로움을 잊을 수 있었던 것〔忘私(망사)〕이니 우가 순임금에게 했던 말은 진실로 순임금에게 경계하는 바가 됐습니다.

사실 순임금은 위대한 성인〔大聖(대성)〕의 자질로써 이미 스스로 자신을 잘 경계하고 있었지만 익이 나태함과 황음〔怠荒(태황)〕을 경계하라 하고, 고요가 안일과 욕망〔逸欲(일욕)〕을 경계하라 하고, 다시 우가 오만과 잔학한 짓〔傲虐〕을 경계하라 했으니 순임금이 정말로 이렇게 될까 걱정하여 미리 막기 위해서였겠습니까? 아니면 그렇지 않음을 알면서도 그냥 상투적으로〔姑〕 이런 말을 한 것이겠습니까?

사람의 마음〔人心〕이란 진정 위태로운 것이기 때문에 예로부터 두려워했던 바입니다. 그래서 비록 빼어난 임금〔聖主〕이라 하더라도 늘 한결같은 마음을 지키려고〔操存〕 공을 들이는 것이요, 대신들이 임금을 섬길 때에도 감히 임금에게 경계하는 말을 더해주는 것을 폐기할 수 없는 것이니 후세의 임금과 신하들은 마땅히 이를 하나의 모범으로 삼아야 할 것입니다.

(『서경』 '오자지가') 태강(太康)[1]이 나라를 잃자[1)] 태강의 동생 다섯 사람이 그 어머니를 모시고 따라가서 낙수의 물가에서 기다리는데 다섯 아들이 모두 원망하고 대우(大禹)의 경계(警戒)를 풀어내어 노래를 지었다.[2)]

그 두 번째는 이렇다.

"(우임금이 남긴) 교훈에 있으니, 안으로 여색에 빠지거나 밖으로 사냥에 빠져 황폐해지거나 술을 지나치게 좋아하거나 음악을 지나치게 즐기거나 집을 높이 짓거나 담장을 화려하게 꾸미거나 하는 것은 그중 하나만 있어도 혹 망하지 않는 경우가 없다."

1 하나라의 임금〔夏后〕이다.

신이 가만히 살펴보겠습니다. 위대한 우임금의 교훈은 모두 여섯 마디 24자로 되어 있을 뿐이지만 옛날이나 지금의 어지러움과 패망〔亂亡〕이 시작되는 틈〔釁端〕이 다 거기로부터 비롯되지 않는 것이 없으니 그 교훈을 어기지 않도록 두려워하며 조심하지 않으면 안 됩니다.

여기에 나온 시의 내용도 실은 다 우임금의 교훈에서 나온 것들이니 원래 우임금이 그 교훈을 지어 자손들로 하여금 늘 그것을 외워 후대에 전수토록 했던 것입니다.

따라서 임금 된 자는 이 큰 교훈〔大訓〕을 자리 한구석에 걸고 기둥이나 자리에도 새겨 넣어 마치 옛 (우임금 같은) 빼어난 임금이 바로 앞에 엄연하게 존재하고 있는 듯이 여긴다면 그것은 나라를 지켜내는 지혜의 샘이 되고 생명을 온전케 해주는 약돌〔藥石〕이 될 것입니다.

1) 태강이 사냥을 나가 오랫동안 돌아오지 않는 사이에 궁이라는 나라의 예가 나라를 빼앗았다.
2) 이 노래는 모두 다섯 개로 돼 있다.

(『서경』) '중훼지고(仲虺之誥)'[1]

왕께서는 음악과 여색〔聲色〕을 가까이 하지 않으셨고 재물과 이익〔貨利〕을 늘리려 하지 않았으며, 다움〔德〕이 뛰어난〔懋懋=盛大〕 사람에게는 벼슬을 주었고 공로〔功〕가 뛰어난 사람에게는 상을 내리셨으며, 사람을 등용하면 그를 자신과 같이 여기셨고〔己=親〕 허물을 고치는 데 있어 인색하지 않으셨습니다.

1 재상 중훼가 성탕(-탕왕)을 위해 이것을 지었다.

신이 가만히 살펴보겠습니다. 음란한 음악과 아름다운 여색〔淫聲美色〕이라는 것은 마음을 혼미하게 만드는 짐독(鴆毒)과 같은 것이라 탕왕은 그것들을 가까이하지 않았습니다. 진귀한 재물과 두터운 이익〔珍貨厚利〕은 의리를 해치는 강아지풀〔稂莠〕[1]과 같은 것이라 탕왕은 그것들을 늘리려 하지 않았습니다. 그랬기 때문에 (탕왕의 경우) 사람의 욕심〔人欲〕은 사그라져 없어졌고, 하늘과도 같은 이치〔天理〕는 훤하게 드러난 것입니다.

이리하여 다움에 힘쓰는 자를 반드시 권면하여 벼슬을 내렸고, 공로에 힘쓰는 자를 반드시 권면하여 상을 내렸습니다. 또 사람을 쓸 때는 자신의 좋은 점들을 척도로 삼았고, 자신에게 좋지 않은 점들이 있으면 그것을 고칠 때 반드시 좋은 점을 본받아 고쳤기 때문에 하는 일마다 공명정대했고 탁월 명백했으니 그 원천은 다 음악과 여색〔聲色〕을 가까이하지 않으셨고 재물과 이익〔貨利〕을 늘리려 하지 않았던 데서 시작된 것입니다.

그렇다면 임금의 마음이 털끝만큼의 물욕으로 인해서라도 누가 되어서야 되겠습니까?

1) 그냥 잡초라고 보면 된다.

(『서경』) 이윤이 '이훈(伊訓)'[1]을 지었습니다. 거기에서 이렇게 말했습니다.

"아! 선왕(先王-탕왕)께서는 처음으로 사람다운 이치〔人紀=人倫〕를 닦으시어 간언을 따르고 어기지 않았습니다. 또 당시 백성들에게 순종했고 위에 임해서는 능히 밝으셨으며 아래에 있을 때는 능히 충성했습니다. 또 사람들을 받아들일 때는 그 사람이 모든 것을 다 갖추고 있기를 기대하지 않았고, 자신의 몸을 다잡을〔檢=約〕 때는 혹시라도 제대로 못하면〔不及〕 어떡하나 하는 마음으로 하시어 (마침내) 만방(萬邦)을 가지게 됨[1)]에 이르렀으니 이것은 참으로 어려운 일입니다.

(임금께서는 선왕을 본받아) 현능한 인재들〔哲人=賢人〕을 널리〔敷=廣〕 구하여 후대의 임금〔後嗣〕을 돕게 하셔야 합니다.

관리를 다스리는 형벌〔官刑〕을 만드시어 지위에 있는 자들이 경계하도록〔儆〕 하시고 (이렇게) 말씀하셔야 합니다.

'감히 대궐 안에서 늘 춤을 추고 집에서 취하여 노래를 일삼는 것을 무당의 풍조〔巫風〕라고 하며, 감히 재물과 여색에 빠지고〔殉〕 유람과 사냥을 일삼는 것을 음란한 풍조〔淫風〕라고 하며, 감히 성현의 말씀을 업신여기고 충직한 말을 거스르며 나이 많고 다움을 갖춘 이를 멀리하고 어릿광대〔頑童〕를 가까이하는 것을 어지러운 풍조〔亂風〕라고 하니 이 세 가지 풍조와 열 가지 허물〔三風十愆〕[2)] 중에 경과 선비〔卿士〕가 몸에 한 가지가 있으면 집안이 반드시 망하고, 제후가 몸에 한 가지가 있으면 나라가 반드시 망하니 신하가 이를 바로잡아주지 않는다면 그에 해당하는 형벌은 묵형(墨刑)이다.'

이것은 어린 선비들에게 소상하게 가르쳐야 할 것입니다.

아! 사왕(嗣王-태갑)께서는 그 몸을 삼가며〔祗=敬〕 깊이 생각하소서. 성현들의 계책〔聖謨〕은 넓고 커서 좋은 말〔嘉言=昌言〕이 매우 뚜렷하지만 저 상제께서는 늘 한결같지는 않아〔不常〕 좋은 일을 행하면 백 가지 상서로움을 내리고 좋지 않은 일을 행하며 백 가지 재앙을 내려주십니다.

당신께서는 다움이 아닌 것에 있어 크다고 여기시면 안 됩니다.[3] 그렇게 하시면 종묘사직을 실추하게 될 것입니다."

1 태갑을 훈계하기 위함이었다.

신이 가만히 살펴보겠습니다. 이윤은 우신 성탕이 자기 자신을 다스린 바를 말한 다음에 남들을 다스린 것을 서술했으니 이는 몸을 가르치는 의리라고 하겠습니다. 대체로 하나라의 걸왕이 어지럽게 해서 사람이면 마땅히 지켜야 할 도리〔綱常〕를 땅에서 휩쓸어버렸으나 성탕이 비로소 그것을 닦아 바로세웠고 충직한 간언은 따르고 당시 백성들에게 순종했습니다. 그리고 윗자리에 있을 때는 자신의 다움을 밝혔고, 아랫사람이 되어서는 그 마음을 다해 남을 대할 때 반드시 자신에게 그러한 자세로 똑같이 대했습니다. 그래서 아랫사람이 모든 것을 갖추기를 기대하지 않았고 자신에 대해서는 엄격하게 규율을 적용했던 것입니다. 그래서 제대로 이르지 못하면〔不及〕 어떡하나 하는 마음으로 했고, 좋은 일들을 행하는 것이 이와 같아서 마침내 천하를 소유하게 됐으니 그것은 얼마나 어려운 일이겠습니까? 그래서 성탕은 그것이 어렵다는 것을 잘 알고서 늘 그것을 변함없이 잘 지키는 일을 두렵게 여겼던 것입니다.

이에 (이윤은) 현능한 인재들〔賢哲〕을 널리 구해 후대의 임금을 보필하도록 해야 한다고 했고, 또 관리를 다스리는 형벌을 만들어 지위에 있는 자들이 경계하도록 하게 만들어야 한다고 했으니 이는 대개 장차 왕업(王業)이 끝없이 이어지기를 바라서 했던 말입니다.

무당〔巫〕이란 노래와 춤으로 귀신을 즐겁게 해주는 자입니다. 따라서 대궐 안에서 늘 춤을 추고 집에서 취하여 노래를 일삼는 것은 무당들의 풍조〔巫覡之風〕요, 빠진다 혹은 탐한다〔殉〕는 것은 오히려 '따라 죽는다〔殉葬〕'고 할 때의 순(殉)이니 그 몸이 재물과 여색에 빠져〔陷〕 정신을 차릴〔省悟〕 줄 모른다는 것입니다. 또 유람과 사냥을 일삼느라 그치거나 쉴 줄을 모른다는 것은 무절제하게 즐기는 풍조〔淫泆之風〕요, 성인의 말씀을 우습게 여기고〔侮嫚=侮慢〕 충직한 말을 거스르며 나이 많고 다움을 갖춘 이를 멀리하고 어릿광대〔頑童〕를 가까이하는 것은 어그러지고 어지러운 풍조〔悖亂之風〕이니 세 가지 풍조〔三風〕가 그 큰 벼리〔綱〕가 되고 열 가지 허물이 세부 항목〔目〕이 됩니다.

경과 선비〔卿士〕에게 그 한 가지가 있으면 집안이 반드시 망하고, 제후에게 그 한 가지가 있으면 나라가 반드시 망하니, 신하가 간언을 올려 그것을 바로잡지〔諫正〕 못한다면 그것은 관직을 더럽힌〔敗官〕 죄에 걸려드는 것이어서 그에 해당하는 형벌은 묵형이라 한 것입니다.

어려서 아직 깨우치지 못한 선비〔童蒙之士〕에게는 이것을 갖고 일깨워주어야 하는 것이니 무릇 경과 선비로부터 제후에 이르기까지 누구든 혹시 그중 하나라도 행한다면〔蹈=行〕 반드시 다치고 망하는 재앙을 입게 될 것인데 하물며 천자야 말할 것이 있겠습니까?

그랬기 때문에 이윤은 이것으로 태갑을 일깨워주어 그 몸을 삼가고 나아가 항상 그것을 마음속에서 잊지 않기를 바랐던 것입니다. 허물이 열 가지라고 했지만 만일 능히 삼갈 수만 있다면 그 열 가지는 모두 사라질 것이고 만일 한 가지라도 삼가지 못하면 열 가지는 다 살아날 것입니다.

그래서 삼가라는 한마디 말은 곧 세 가지 풍조를 다스리고 열 가지 허물을 경계하는〔砭(폄)=箴(잠)〕 약돌이 되는 것입니다.

말을 끝내려 하면서 다시 깊게 탄식하고서 성인들의 말씀은 훤하게 밝다는 것과 천명을 지키는 것은 대단히 어렵다는 것을 통해 태갑의 마음을 경계시키고 움직여서 반드시 경청할 것을 바랐으니〔冀(기)=願(원)〕 이윤은 이른바 사직을 지키는 신하〔社稷之臣(사직지신)〕라 하겠습니다.

1) 황제의 자리에 올랐다는 뜻이다.

2) 열 가지 허물은 세 가지 풍조에서 함께 설명하고 있다.

3) 임금다움〔德(덕)〕과 관련 없는 유흥, 향락, 기예 등에 능한 것을 자랑해서는 안 된다는 뜻이다.

(『서경』 '여오(旅獒)'[1]) 무왕이 상나라를 이기자 마침내 아홉 오랑캐〔九夷(구이)〕와 여덟 야만국〔八蠻(팔만)〕으로 향하는 길이 뚫렸다. 서려(西旅)에서 키가 네 척이나 되는 큰 개〔獒(오)〕를 공물로 바치자 이에 태보(太保)가 '여오'를 지어 임금을 일깨웠다.

"아! 밝은 군주는 삼가며 임금다움을 보여주시니〔愼德(신덕)〕 네 오랑캐가 모두 손님이 되어 멀고 가까움에 상관없이 죄다 자기 지방에서 나오는 물건들을 바치는데 그래 봐야 옷과 음식과 그릇 등 일용품뿐이었습니다.

임금께서도 이에 다움〔德〕이 성이 다른 나라들〔異姓之邦〕에도 다다를 수 있다는 것을 보여주시어 그처럼 복종하는 것을 폐하지 않도록 하시고, 또 보배로운 것들을 친족의 나라들〔伯叔之國=同姓之邦〕에 골고루 하사하시어 늘 한결같은 친애를 펼치신다면 사람들이 물건을 가볍게 여기지 않고 그 물건에서 임금의 다움을 생각하게 될 것입니다.

다움이 잘 닦이면〔德盛=德修〕 누구도 하찮게 여기거나 업신여기지〔狎侮〕 않게 됩니다. 군자를 하찮게 여기거나 업신여기게 되면 그로 하여금 사람다운 마음〔人心〕을 다하게 할 수 없고, 소인을 하찮게 여기거나 업신여기게 되면 그로 하여금 그가 가진 힘〔力〕을 다하게 할 수 없습니다.

귀와 눈에 휘둘리지 마셔서〔不役〕 백 가지 법도〔百度〕를 곧게 하소서. 사람을 가지고 놀면〔玩=狎侮〕 다움을 잃게 되고, 물건을 가지고 놀면 뜻〔志〕을 상하게 될 것입니다. 뜻은 도리에 따라 편안하게 펼치시고 말은 도리에 따라 하셔야 합니다.

아무런 유익함이 없는 일을 하여 유익함을 해치지만 않는다면 공업〔功〕은 마침내 이루어질 것이며, 기이한 물건을 귀하게 여겨 일용할 물건들을 천하게 여기지만 않는다면 백성들은 마침내 풍족해질 것입니다.

또 개와 말은 그 땅에서 난 것이 아니거든 기르지 마시고, 진기한 새와 짐승은 나라 안에서 키우지 마소서.

먼 지방의 낯선 물건을 보배처럼 여기지 않으면 먼 곳에 있는 사람들이 (진심으로) 찾아올 것이고, 오직 현능한 사람들을 보배처럼 여긴다면 가까이에 있는 백성들이 편안할 것입니다.

아! 새벽부터 밤늦도록〔夙夜〕 단 한 가지라도 부지런하지 않음〔不勤〕이 없도록 하소서. 작은 행실〔細行〕 하나까지 잘 지켜내지 않으면 마침내 큰 다움〔大德〕에 누를 끼쳐 아홉 길의 산을 만들면서 그 공이 한 삼태기(를 더 가져다 붓지 않은) 때문에 무너질 것입니다.[2]

진실로 이 길을 따라 가신다면 백성들이 자신들의 살 곳을 보전하여 마침내 대대로 왕 노릇을 하시게 될 것입니다."

신이 가만히 살펴보겠습니다. (오랑캐 나라인) 서려가 진귀한 큰 개를 바치자 소공(召公)이 그것을 받아서는 안 된다며 이 글을 지어 무왕을 경계시켰습니다. 옛날에 대신들이 임금을 바로잡아주려는 마음〔格君心〕[3]은 다 임금이 잘못을 아직 하지 않았을 때 그 잘못이 행해지기를 기다리지 않고서 미리 말하는 것이었습니다.

무릇 밝은 군주〔明君〕가 그 다움을 삼가고 조심하며 보여주는 것이 어찌 네 오랑캐들을 나의 손님으로 만들기 위함이겠습니까? 마침내 손님들의 공물〔賓貢〕은 이쪽에서 요구하지 않아도 절로 바치는 것이고, 또 그 바치는 물건들은 옷과 음식과 그릇 등 일용품뿐이고 그 밖의 기호품들은 전혀 없었습니다.

그러면 임금은 그런 물건들을 다른 제후들에게 하사함〔錫=賜〕으로써 자신의 임금다움이 그들에게까지 미치고 있음을 보여주시어 그들의 맡은 바[4]를 없애지 않도록 하며, 또 보배로운 것들을 친족의 나라들에 골고루 하사하시어 늘 한결같은 친애를 펼치신다면, 이에 그 사람들은 물건을 그냥 물건으로 여기지 않고 거기서 임금다움을 느낄 것이며, 그 내려주는 바를 감히 업신여기거나 쉽게 여기지 않고 각자 자신들도 다움을 기르는 데 힘써야 할 것이라고 생각할 것입니다.

다움을 갖춘 사람〔有德者〕은 반드시 삼가며, 삼가면 다른 사람을 하찮게 여기거나 업신여기지 않습니다. 그래서 만일 (임금께서) 군자를 하찮게 여기거나 업신여기게 되면 군자는 임금을 물리치면서 더 이상 자신의 마음을 다하지 않을 것이요, 소인을 하찮게 여기거나 업신여기게 되면 소인은 임금을 원망하면서 자신의 힘을 다하지 않을 것입니다. 그래서 소공은 먼저 삼가서 다움을 펼칠 것〔謹德=愼德〕을 말했고, 여기에 이르러 다시 '하찮게 여기거나 업신여기는 것〔狎侮〕'을 들어 경계할 것을 청했으니 대개 삼가지 않음〔不敬〕은 곧 다움을 잃게 되는〔敗德〕 원천이기 때문입니다.

외부의 일과 사물들이 사람을 유혹하게 되는 것은 보는 것과 듣는 것을 통해 들어오게 되면서부터입니다. 눈은 여색을 좋아하고 귀는 음악을 좋아하니 만일 마음이 어딘가에 주목하여 집중하고 있지 않는다면 귀와 눈을 통해 들어오는 것들이 마음에 전해지지 않는 바가 없게 됩니다. 그래서 반드시 귀와 눈을 통해 외부의 일과 사물들이 들리고 보여 마음에 명하게 된 이후에야 새로운 작용이 일어나게 됩니다.

마음이 그 본래의 할 일을 갖고 있다면 백 가지 법도가 바르게 될 것이니 오히려 관직은 그에 적합한 사람을 얻게 되고 여러 공무들〔庶事〕도 잘 닦이게 될 것입니다. 그러나 사람을 가지고 놀아 다움을 잃게 되면 곧 윗사람은 이른바 (아랫사람을) 하찮게 여기거나 업신여기는 것이요, 기이한 물건들을 가지고 놀아 뜻을 잃게 되면 윗사람은 이른바 귀와 눈에 휘둘리는 것입니다. 사람을 가지고 놀면 이는 그 사람을 한갓 장난감 정도로 취급하여 경박하고 오만스러운 짓을 하는 것이니 이렇게 하고서 그 다움을 잃지 않은 자가 없고, 기이한 물건들을 가지고 놀면 이는 그 물건을 한갓 장난감 정도로 취급하여 정도를 잃고서 음란한 놀이에 빠져드는 것이니 이렇게 하고서 그 뜻을 잃지 않는 자가 없습니다.

그렇다면 어떻게 해야 그 뜻을 편안하게〔寧=安〕 할 수 있겠습니까? 말하기를 도리〔道〕뿐이라고 했습니다. 도리라는 것은 사람의 마음의 바른 이치〔正理〕이기 때문에 도리로써 마음을 기르면 물욕은 더 이상 일어나지 않고 편안하고 여유로운〔恬愉安平〕 것이니 이를 일러 평안하다〔寧〕고 한 것입니다. 수많은 사람들이 내 앞에 몰려와 앞다투어 이런 말 저런 말을 해댈 때 어떻게 응대할 수 있겠습니까? 말하기를 도리로써 권도〔權〕를 행하라고 했습니다. 옳고 그름〔是非〕과 마땅하거나 그렇지 않음〔當否〕을 의리에 따라 꺾고 자르면 비록 치우치거나 음란하거나 사특하거나 숨기는 것〔詖淫邪遁〕일지라도 그것은 능히 좋은 쪽으로 옮겨갈 수 있을 것입니다.

순임금은 (『서경』 '대우모(大禹謨)'에서) 우(禹)에게 선위하면서 먼저 "사람의 마음이란 오직 위태위태한 반면 도리는 오직 잘 드러나지 않으니 (그 도리를 다하려면) 정밀하게 살피고 한결같음을 잃지 않아야 한다〔危微精一〕"고 말하고, 이어서 "(옛 모범을) 충분히 상고해서 나오지 않은 말은 아예 듣지도 말라〔無稽之言 勿聽〕"고 덧붙였으니 순임금의 이 말은 마음의 안팎을 서로 오가며 키울 수 있는 비방과도 같은 방법〔方〕입니다. 그리고 소공이 말하고자 하는 뜻도 바로 여기에 있다고 하겠습니다.

세상의 임금들은 유익한 일에 대해서는 대부분 제대로 받아들이려 하지 않으면서 오직 무익한 일을 옳다고 여깁니다. 그래서 마음과 뜻이 나눠져 공업이 이뤄지지 못하고, 유용한 물건들에 대해서는 대부분 그것이 쓸모가 있다는 것을 알지 못하면서 오직 쓸데없는 것들을 귀하다고 여깁니다.

그러다 보니 세금을 매기는 것〔征〕은 많은 반면 백성들은 모든 게 부족하게 되니 이는 근본을 알아서 실제적인 데 힘쓰는 것이 이뤄지지 않은 때문입니다. 공상(工商)의 기예는 농사짓고 뽕나무 심는 일의 순박함보다 못한 것이요, 비단의 사치스러움은 베와 면의 따뜻함보다 못합니다. 이에 미루어 헤아려 비슷한 사례들을 살펴보면 그렇지 않은 것이 하나도 없습니다.

(춘추시대 때) 진(晉) 나라 임금이 정(鄭) 나라에서 구한 명마 소사(小駟)로 하여금 자신의 전차를 끌게 하고서도 진나라 군대가 패한 것은 그것이 그 땅에서 난 말이 아니었기 때문이고, (주나라 목왕이 견융을 정벌하고서 갖고 온 네 마리) 흰색 이리〔白狼〕 때문에 황복(荒服)[5]에서 더 이상 찾아오지 않은 것은 (목왕이) 진기한 것을 좋아했기 때문이며, 천리마를 물리친 것은 한나라 문제가 도리를 갖췄기 때문이고, (삼국시대 때) 싸움용 오리를 구한 것이 위나라 왕조가 오래가지 못한 까닭이며, (전국시대 때) 제(齊) 나라 임금이 지름이 한 길이나 되는 큰 구슬〔徑寸珠〕은 보배로 여기지 않고 명신인 단자(檀子)를 보배로 여기자 적들이 두려워했고, 초나라는 흰 옥으로 만든 패물〔白珩〕을 보배로 여기지 않고 명신인 관석보(觀射父)를 보배로 여기자 나라가 부강해졌습니다.

무릇 이것들은 다 (소공보다는) 후대의 일이지만 소공의 말 중에서 단 한마디도 역사적으로 징험이 되지 않은 바가 없었으니 이것이 바로 그가 빼어난 현자〔聖賢〕가 될 수 있었던 까닭일 것입니다.

말을 끝내려 하면서 다시 깊게 탄식하고서 말하기를 "새벽부터 밤늦도록〔夙夜〕 단 한 가지라도 부지런하지 않음〔不勤〕이 없도록 하소서"라고 했습니다. 앞 부분에서 '삼가서 다움을 펼칠 것〔謹德=愼德〕'을 말한 것은 무왕이 남을 깔보지 않기〔不嫚〕를 바라서였고, 여기서 '부지런할 것〔勤〕'을 말한 것은 무왕이 게을러지지 않기〔不怠〕를 바라서였습니다. 삼가다〔愼〕는 것은 깔보다〔嫚〕의 반대이고, 부지런하다〔勤〕는 나태하다〔怠〕의 반대입니다.

따라서 임금이 능히 삼가고 남을 깔보지 않으며 능히 부지런히 하고 나태해지지 않는다면 그 왕업〔事〕은 잘 마칠 수 있을 것입니다. 행한다는 것은 다움〔德〕을 쌓아가는 것이요, 감추다〔微=潛〕라는 것은 강인함〔鉅〕을 쌓아가는 것이니 하나의 행동이라도 삼가지 못할 경우 다움을 온전히 하는 데 누가 될 것이요, 감추는 것을 조금이라도 소홀히 할 경우 강인함은 이뤄지지 못할 것입니다. 그러고 나서 또 그것을 산을 이루는 것에 비유했으니 "아홉 길의 산을 만들면서 그 공이 한 삼태기(를 더 가져다 붓지 않은) 때문에 무너질 것"이라고 했습니다. 그러니 만년을 쌓아온 왕업을 하루아침에 무너트린다면 그것이 있을 수 있는 일이겠습니까?

그래서 (무왕에게 말하기를) 진실로 이 길을 믿고서 따라간다면 백성들은 자신들의 살 곳을 편안히 할 것이요, 백성들의 삶이 편안해지면 왕업은 영원히 이어질 것이라고 했습니다.

무릇 무왕은 이미 빼어난 임금이었는데도 소공이 경계시키기를 이처럼 부지런히 하고 또 부지런히 하며 온 정성을 다하고 또 온 정성을 다하라〔勤勤懇懇〕고 했습니다.

(사정이 이러한데 과연) 후세의 임금들이 자신들은 다움이 이미 충분히 채워졌다고 여기면서 주변에서 드리는 경계의 말을 싫어할 수 있겠습니까?

1) 「주서」의 편 이름이다.

2) 이 말은 『논어』 「자한(子罕)」에 나오는 공자의 말과 연결된다. "비유컨대 산을 만들 때 한 삼태기의 흙을 더 붓지 않아 산을 이루지 못하고 그만두는 것도 내가 그만두는 것이다. 비유컨대 산을 만들기 위해 평탄한 땅에 한 삼태기의 흙을 쏟아붓고 나아가는 것도 내가 나아가는 것이다."

3) 여기서는 格君心으로 잘라 풀이했는데 格君心으로 잘라 임금의 마음을 바로잡아주는 일로 풀이해도 무방하다.

4) 임금을 따르는 제후로서의 직분을 가리킨다.

5) 천자의 교화가 미치지 않는 먼 나라라는 뜻으로 오랑캐의 땅을 가리킨다.

(『서경』) 주공이 '무일'[1]을 지었다.

(주공이) 말했다.

"아! 군주〔君子〕는 안일함을 멀리하는 것〔無逸〕을 자신의 처소로 삼아야 합니다〔所=處=居〕.

먼저 농사일〔稼穡〕의 힘들고 어려움〔艱難〕을 알고 나서야 마침내 편안해진다면〔逸〕[2] 백성들〔小人〕이 의지하는 바(가 무엇인지)를 알게 될 것입니다.

백성들(의 생활)을 자세히 살펴보면〔相=省=察〕 그 부모가 농사일에 부지런한데 그 자식들은 농사일의 힘들고 어려움〔艱難〕을 알지 못한 채 편안하게 지내며 마침내 속된 말이나 하면서 이미 허탄한 짓이나 합니다. 그렇지 않으면 (더 나아가) 자신들의 부모를 업신여기면서 '옛날 사람들은 들은 바도 없고 아는 바도 없다'고 말합니다."

주공이 말했다. "아! 제가 들어보니 (누가) 말하기를 옛날에 은나라 왕 중종(中宗)이 있어 엄숙하고 공손하며 삼가고 두려워하며〔嚴恭寅畏〕(엄공인외) 하늘의 명에 입각해 스스로를 다스렸고, 백성을 다스림에 있어 삼가고 두려워하여〔祗懼〕(지구) 감히 황음에 빠지거나 안일함에 젖지 않았으니 드디어〔肆〕(사) 중종이 임금으로 재위한 것〔享國〕(향국)이 75년이었습니다.

고종(高宗) 때에는 오랫동안 밖에서 노고를 다하며 이때에〔爰〕(원) 늘 백성들과 함께 했습니다. 일어나〔作=起〕(작 기) 즉위하여 곧 양암(亮陰)에서 3년 동안 말씀을 하지 않았지만 일단 말을 하면 조화로운 기운〔雍=和〕(옹 화)이 가득했고 감히 황음에 빠지거나 안일함에 젖지 않아 은나라를 아름답게 하고 안정시켜 어리고 늙은 사람에 이르기까지 혹시라도 원망하는 사람들이 없었으니 드디어 고종이 임금으로 재위한 것이 59년이었습니다.

조갑(祖甲) 때에는 왕 노릇 하는 것이 의롭지 않다 하여 오랫동안 서민〔小人〕(소인)이 됐다가 다시 일어나 즉위하여 이에 서민들이 무엇에 의지해 살아가는지를 잘 알아 서민들을 보호하고 은혜롭게 했는데 감히 홀아비나 과부〔鰥寡〕(환과)들을 업신여기지 않았으니 드디어 조갑이 임금으로 재위한 것이 33년이었습니다.

이때부터 그 뒤로 즉위하는 임금들은 태어날 때부터 (백성들의 힘든 삶을 알 기회가 없어) 편안했습니다. 이처럼 날 때부터 편안했으니 농사일의 힘들고 어려움을 알지 못하고 서민들의 수고로움을 듣지 못한 채 오직 즐거움과 향락만을 좇았습니다. 이때부터 그 뒤로 또한 능히 장수하는 이가 없어 (재위 기간이) 혹은 10년이고 혹은 7~8년, 혹은 5~6년, 혹은 3~4년이었습니다."

주공이 말했다.

"아! 진실로 우리 주나라에서도 태왕과 왕계(王季)께서 능히 스스로를 누르고 두려워했습니다〔抑畏〕(억외).

문왕께서는 비루한 옷〔卑服〕(비복)을 입고서 백성을 편안케 하는 일〔康功〕(강공)과 농사짓는 일〔田功〕(전공)에 나아가셨습니다. 아주 부드럽고 아주 공손하게〔徽柔懿恭〕(휘유 의공) 소민(小民-백성)들을 품어주고 보호하시어 홀아비나 과부들에게 은혜를 베풀어 생기를 되찾게 해주셨고, 아침부터 해가 중천에 뜰 때까지 그리고 해가 질 때까지 한가로이 밥 먹을 겨를도 없으시어 모든 백성들이 다 하나로 화합되게 하셨습니다.

문왕께서는 감히 유람과 사냥〔遊田〕(유전)을 즐기지 않으셔서 여러 나라들이 이미 정해진 세금으로 바치는 것만을 받으시니 문왕이 천명을 받았을 때가 이미 중년(47세)이었는데 그가〔厥〕(궐) 재위한 것이 50년이었습니다."

주공이 말했다.

"아! 지금부터 이어서 사왕(嗣王)들께서는 그 구경과 안일함과 유람과 사냥을 지나치게 하지 않으신 것을 본받으시어 모든 백성들의 올바른 세금만을 받으소서.

한가롭게도 '오늘 하루만 즐기겠다'고 말씀하지 마소서. 이는 백성들이 본받을 바가 아니며 하늘이 순조롭게 여기는 바가 아닙니다. 세상사람들이 임금의 잘못을 크게 본받을 것이니 은나라 임금 수(受)가 미혹된 것처럼 술독에 빠져서는 안 될 것입니다."

신이 가만히 살펴보겠습니다. 여조겸(呂祖謙)이 말했습니다.

"(『주역』에서) '하늘의 운행이 굳건하면 군자는 그것을 본떠 스스로 힘쓰며 쉬지 않는다〔天行健君子以自强不息〕'[3] 고 했으니 게을리하지 않는다〔無逸=不息〕는 것은 하늘의 다움〔天德〕임과 동시에 임금의 다움〔君德〕이다.

군자가 게을러서는 안 되는 까닭은 무릇 사람이란 어떤 때는 부지런하고 어떤 때는 게으르기 마련이어서다. 물론 사람들이 게으르지 않을 때도 있다. 그러나 잠시 동안만〔暫〕 그럴 수 있고 계속〔居〕 그럴 수 없다면 그 사람을 게을리하지 않는다〔無逸〕고 말할 수 없다. 오로지 군자만이 마치 물고기가 물을 떠날 수 없고 짐승들이 숲을 떠날 수 없는 것처럼 늘 게으르지 않음을 행할 수 있는 것이다.

또 어떤 사람이 어떤 때는 그냥 따라서 부지런히 하고 어떤 때는 나름대로 힘써서 그렇게 한다면 그 또한 게을리하지 않는다〔無逸〕고 말할 수 없다. 왜냐하면 하늘이 강건하듯 쉬지 않는다〔乾健不息〕의 차원에서 볼 때 그것은 한결같지가 않기 때문이다.

먼저 농사일의 힘듦〔艱難〕을 알고 나서야 마침내 게을러진다면 이는 백성들의 의지하는 바를 아는 것이라 할 수 있다. 그렇다고 이 말이 처음에는 근심하고 부지런하다가 끝에 가서는 편안하게 즐거움에 빠지라는 말은 아니다. 대체로 그 말의 문맥을 잘 살펴볼 때 일찍이 농사일의 힘듦을 알고 나서 뒤에 안일해진다면 백성들의 의지하는 바가 무엇인지를 깊이 알게 되기 때문이다. 이때 의지한다는 것은 백성들이 그것을 믿고서 살아가는 바를 말한다.

그러나 일찍이 농사일의 힘듦을 알지 못하고서 드디어 안일함에 젖게 되면 궁궐을 새로 짓고 새로운 요역(徭役-변방 수비 같은 수자리를 서는 일)을 시키면서도 그것을 너무도 쉽게 생각하게 되어 백성들은 제대로 죽을 자리도 찾을 수 없게 된다.

성왕(成王)은 구중궁궐에서 태어나 급작스럽게 백성들의 윗자리에 올랐다. 그래서 주공은 이 점을 깊이 두려워하여 이 글을 지어 성왕을 경계시키려 한 것인데 마치 처음에는 부지런하다가 뒤에는 안일해도 된다〔始勤終逸〕는 식으로 해석할 경우 하늘의 강건함〔乾健〕의 본뜻이 마치 때때로 쉬어도 된다는 식으로 풀이될 수 있다. 그 때문에 후대로 갈수록 점점 끝을 잘 마무리하지 못하는 잘못이 반드시 '무일' 편과 충돌되는 것은 아니라는 식의 풀이가 확산됐다.

'백성들(의 생활)을 자세히 살펴보면〔相〕' 이하의 내용은 다 일반 백성들의 주변 이야기를 끌어들여 무일(無逸)의 본뜻을 밝히고 있다. '마침내 편안하게 지내며〔乃逸〕'라는 것은 계속 편안하게 놀면서 제 마음대로 한다는 뜻이고, '마침내 속된 말이나 하면서〔乃諺〕'라는 것은 편안하게 노는 것이 습관이 된 것으로 편안하게 노는 자보다 더 아래 급이다. 그래서 이런 자들은 저잣거리의 욕과 상말을 늘상 입에 달고 다닌다. 그리고 '이미 허탄한 짓이나 합니다〔既誕〕'라는 것은 오랫동안 자신의 잘못을 깨닫지 못한 채 허망한 소리나 하고 다니는 것이다. 그러면서도 자신들은 그렇지 않은 척하면서 반드시 자신의 부모(세대)를 헐뜯고 깔보며〔訕侮〕 말하기를 '옛날 사람들은 들은 바도 없고 아는 바도 없다'고 하면서 스스로는 약다〔黠〕고 여기고 반대로 나이 든 사람들〔老成〕은 어리석다〔愚〕고 생각한다.

유유(劉裕, 363~422년)[4]는 농사일에 힘썼고 강좌(江左-양자강 동쪽 동진의 수도)를 차지했는데 제위가 두 차례 전해진 다음에 그 후손이 유유의 남겨진 옷들을 보면서 도리어 비웃었다.

'농사꾼 할배〔田舍翁=野老=田翁〕가 이 옷을 입었다니 지나치구나. 이

를 두고 이른바 '옛날 사람들은 들은 바도 없고 아는 바도 없다'고 하는 것이다.'

성왕의 자질은 중간쯤밖에 되지 않아 결국 관숙과 채숙〔管蔡〕으로 하여금 뜻을 품게 만들어 하룻밤 사이에 그들을 부채질하여 반란을 일으키게 했으니 어찌 후직(后稷-주나라의 건설자)과 그의 후손 공유(公劉-후직의 왕업을 부흥시킴)가 농사일에서 출발했으나 농사꾼 할배에 그치지 않았음[5]을 알 수 있겠는가?"

잠깐 신이 말씀드리겠습니다. 농사꾼의 자식들〔厥子〕은 마침내 농사일의 힘듦을 알지도 못하고서 곧장 안일함에 처했습니다. 그러고는 허탄한 말로써 그 부모를 업신여겼습니다. 그 밖의 것들에 대해서는 여조겸이 남김없이 말했습니다.

여조겸은 또 말했습니다.

"이것은 게으르지 않았던 임금들을 예로 들면서 성왕에게 일러주는 것인데 (주공이) 탄식하며 말하기를 '제가 들어보니〔我聞〕'라고 한 것은 대개 그 말이 실은 그 자신에게서 나온 것임을 보여준다. 즉 성왕이 삼가 귀 기울여 들어주기를 바라서 그랬던 것이다.

엄숙하면 삼가고 진중하며〔謹重〕, 공손하면 자신을 낮추고〔降下〕, 삼가면 엄정하고 장엄하며〔肅莊〕, 두려워하면 삼가며 힘을 다하니〔兢業〕 이것들을 다 합쳐서 말하면 곧 그것은 삼감〔敬〕뿐이다. '하늘의 명에 입각해 스스로를 다스렸고〔天命自度〕'라는 것은 중종이 항상 하늘의 명에 따라서 스스로를 규율했다〔天命自律〕는 뜻이니 오로지 하늘의 명만이 마음에 보존되어 천하를 유행하고, 나쁜 조짐의 모습〔祲象〕이 드러날 때에는 안으로 도리의 마음〔道心〕의 은미함까지 체화하고 밖으로 천하의 공명정대함〔公〕을 잘 살펴 그 조짐의 모습들이 보여주는 바를 조심조심 받들며 징험하고 성찰함으로써 이치와 도리를 어기지 않는 것이 이른바 '하늘의 명에 입각해 스스로를 규율한다'는 뜻이다. 예를 들어 뽕나무와 닥나무〔桑穀〕(상곡)의 재변[6]이 보이면 스스로를 닦고 잘못이 없는지를 살폈으니 이것이 바로 하늘의 명에 입각해 스스로를 다스리는 실마리의 하나다. '백성을 다스림에 있어 삼가고 두려워하여〔治民祗懼〕(치민 지구) 감히 황음에 빠지거나 편안함에 젖지 않았으니〔不敢荒寧〕(불감 황녕)'라고 한 것은 바로 하늘과 사람이 이치에 따라 하나가 된 것이다. 이미 하늘의 명을 두려워하면 반드시 아래 백성들을 함부로 가벼이 다룰 수 없으니 중종이 보여준 삼감〔敬〕(경)이 바로 그러한 것이다.

중종이 75년 동안 재위할 수 있었던 것은 어째서인가? 오직 삼감 때문에 그렇게 오래갈〔壽〕(수) 수 있었던 것이다.

마음을 다스릴 때 고요함〔靜〕(정)을 주로 하면 멀리 보고 생각하게 되며〔悠遠〕(유원) 넓고 두텁게 베풀 수 있고〔博厚〕(박후), 스스로 힘쓰면〔自强=自彊〕(자강 자강) 튼튼하여 속이 꽉 차게 되며〔堅實〕(견실) 자세한 데까지 밝게 되고〔精明〕(정명), 마음을 잘 다루어 한결같이 지키면〔操存〕(조존) 혈기가 잘 돌아서 어지럽지 않게 되고, 마음을 잘 모아들이면〔收斂〕(수렴) 정신이 안으로 잘 지켜지면서 붕 뜨지 않게 되니 마음을 야무지게 다잡아서〔檢約〕(검약) 잘 다스려야 한다. 그리고 또 마음에 쌓인 해로운 것들을 없애는 것은 말에 있는 것이 아니니 모두 다 삼감을 방법으로 삼아야 그 이치가 오래갈 수 있다.

이로부터 문왕에 이르기까지 다루는 뛰어난 임금들이 다 눈썹이 하얗게 될 때〔眉壽〕(미수)까지 아무런 어려움 없이 살 수 있었던 것도 이런 이치와 무관하지 않다.

공자가 말하기를 '어진 자는 오래간다〔仁者壽〕(인자 수)'고 했으니 어짊이라는 것은 그 본체〔體〕(체)이고 삼감〔敬〕(경)은 그것을 위한 노력〔功〕(공)이다. 따라서 그것들은 게을리하지 않음〔無逸〕과 서로 영향을 주면서 나타난다.

'혹시라도 원망하는 사람들이 없었으니〔無時或怨〕'라고 한 것은 누군가 특정한 사람이 아무런 원망도 없었다는 것이니 원망 없음〔無怨〕의 뿌리다. 고종이 오래갈 수 있었던 것도 진실로 중종과 아무런 차이가 없다. 하지만 '임금으로 재위한 것이 59년이었다'고 말한 것이 '어리고 늙은 사람에 이르기까지 혹시라도 원망하는 사람들이 없었다'보다 뒤에 나오는 것을 볼 때 백성들의 기운이 크게 화합되어 좋은 기운을 생겨나게 했다는 것이니 이 또한 오래갈 수 있었던 이치라고 하겠다. 그래서 이런 뜻을 되살려 성왕을 심히 권면했으니 아래 장에서 문왕이 '모든 백성들이 다 하나로 화합되게 하셨습니다〔咸和萬民〕'라는 것도 같은 뜻이다."

신이 가만히 살펴보겠습니다. 옛 학설에서는 조갑(祖甲)을 태갑(太甲)으로 보았는데 여러 역사서들을 상고해 본 결과 고종의 아들이자 조경(祖庚)의 아우입니다. 정현(鄭玄, 127~200년)[7]은 이렇게 말했습니다.

"고종은 조경을 폐하고 조갑을 세우고 싶어 했으나 조갑은 그것이 의롭지 않다고 생각해 백성들 속으로 숨어버렸다."

『서경』에서 '왕 노릇 하는 것이 의롭지 않다〔不義惟王〕'고 했다는 말과 더불어 (송나라 학자) 소옹(邵雍, 1011~1077년)의 책을 참고해 보건대 조갑의 재위 기간이 33년인 데다가 시대순으로 볼 때도 고종의 뒤가 맞으니 태갑이 (조갑이) 아님을 알 수 있습니다.

(북송의 학자) 소식이 말했습니다.

"사람이라면 안일함과 욕망〔逸欲〕을 좋아하지 않는 자가 없지만 (그보

다) 더 심하게 좋아하는 것도 생겨난다. 그래서 그 더 심하게 좋아하는 바로써 그 좋아하는 바를 금하게 되면 거의 반드시 믿을 만하게 된다. 이것이 '무일'을 지은 뜻이다.

그러나 오히려 믿을 수 없는 것은 안일함과 욕망이 반드시 해가 되느냐 하는 것이다. 한나라 무제와 당나라 현종이 어찌 욕심이 없었겠는가? 그런데도 그들의 오래감은 마침내 ('무일'에 나오는) 저들과 같으니 무릇 욕심이 많으면 오래도록 나라를 향유할 수 없다는 것은 다 옳은 것이요, 다만 한나라 무제나 당나라 현종은 천 명 중의 하나 있는 경우일 뿐이다. 그리고 짐독〔酖=鴆〕을 마시고 독성 강한 들칡〔野葛〕을 먹는 자는 반드시 죽게 돼 있는데 조조만이 홀로 죽지 않았으니 이처럼 얼마든지 예외는 있을 수 있다."

여조겸이 또 말했습니다.

"상나라, 즉 은나라는 오히려 (주나라와는) 다른 세상이다. 반면 문왕은 성왕의 할아버지이기 때문에 문왕의 게으르지 않음〔無逸〕을 들어 성왕에게 고했으니 그 말이 훨씬 가깝게 느껴졌고 그 뜻도 훨씬 간절했다.

그러면서 '그가〔厥〕' 운운한 것은 장차 문왕의 게으르지 않음〔無逸〕을 논하려 하면서 그에 앞서 그 연원이 어디에서 비롯됐는지를 말하기 위함이다.

무릇 혈기가 왕성하다 해도 위로 올라갈 때는 늘 우환을 겪게 되는 것이니 배우고 묻는〔學問〕 도리는 아래로 향하는 것뿐이다. 그래서 덜고 누르고〔損抑〕 삼가 두려워하는 것〔祗畏〕이 바로 아래로 향하는 것이다.

태왕(-문왕의 할아버지)과 왕계(-문왕의 아버지)가 자신을 이겨내고서〔克自=克己〕 스스로를 누르고 두려워해〔抑畏〕 오로지 자신의 모든 힘을 게으르지 않음〔無逸〕에 쏟아 부은 것은 그 뜻이 깊다고 하겠다. 이것이 곧 문왕의 게으르지 않음의 연원이고, 문왕은 이런 할아버지와 아버지의 스스로를 누르고 두려워함〔抑畏〕을 이어받았기 때문에 빼어난 임금〔聖者〕의 자리에 오를 수 있었다.

'문왕이 비루한 옷〔卑服〕을 입고서 백성을 편안케 하는 일〔康功〕과 농사짓는 일〔田功〕에 나아가셨다'는 것은 자신을 받드는 것은 엷게 하면서 자신의 백성을 평안케 하고 잘 기르는 일에 모든 뜻을 쏟았다는 말이다. 비루한 옷이란 대개 하나의 단서를 들어 보인 것이니 궁궐에서 먹고 마시는 것과 자신을 받드는 일을 엷게 했다는 것은 다 미루어 헤아릴 수 있는 것들이다. 물자라는 것은 마구 늘릴 수는 없는 것이니 만일 자신을 받드는 데 두텁게 했다면 반드시 백성들을 구휼하는 데 엷게 할 수밖에 없었을 것이다.

따라서 문왕이 만약에 의복 등에서 자신을 받들려 했다면 원래의 본성을 보존하지 못했을 것이고, 이리하여 조금씩 조금씩 자신의 뜻을 잃게 됐다면 그 힘을 과연 어디에 썼을 것인가? 그러나 문왕은 백성을 편안케 하는 일〔康功〕에 나아가 백성을 평안케 해주었고, 농사짓는 일〔田功〕에 나아가 백성을 길렀을 뿐이니 자신의 힘을 자신을 받들게 하는 데는 쓰지 않았다. 그래서 모든 공력을 전부 백성을 구휼하는 데 쏟을 수 있었던 것이다.

'아주 부드럽다〔徽柔〕'는 것은 부드러움의 빛남이 아름답다는 것이고, '아주 공손하다〔懿恭〕'는 것은 공손함의 연원이 깊다는 것이다. 무릇 사람이 가진 부드럽고 공손하고 삼가고 성실한 것〔柔巽謹愿〕을 부드럽고 공손하다〔柔恭〕고 말하지 않을 수는 없지만 그러나 '아주 부드럽고 아주 공손하다〔徽柔懿恭〕'는 것의 의미는 빛난다는 것〔光輝〕을 포함한다는 점에서 크게 볼 때 그 둘을 같다고 할 수 없다.

백성들에 대해 작다〔小〕를 붙여 소민〔小民〕이라고 하는 것은 대개 필부필부들이 그 혜택을 입지 못했으니 품어주고 보호해야 하는데 오히려 아직 두루 그렇게 하지 못하고 있어서 이렇게 말하는 것이다. 또 홀아비나 과부들에게 은혜를 베풀어야 한다고 한 것은 그들과 같은 어려운 백성들이 고개를 떨어트리고 기운을 잃었으니 문왕이 은혜를 베풀어 백성들을 편안하게 해주어 그들의 어려움을 풀어줌으로써 삶의 의욕〔生氣=生意〕을 갖도록 해준 것을 이렇게 말하는 것이다.

이런 때를 당하여 마침 주(紂)가 임금으로 있으면서 온 나라를 고통 속에 빠트렸는데 문왕은 방백(方伯-지방 제후)의 자리에 있으면서 그 백성들을 모두 하나로 화합되게 하고자 했다〔咸和其民〕. 그래서 잔 속의 물로 불을 이겨야 하는 어려움이 눈앞에 있음에도 불구하고 (백성들의 고달픔을) 미루어 헤아려 도리를 바라보면서도 아직 그것을 보지 못한 듯한 마음〔望道未之見之心〕[8]으로 부지런히 애쓰고 노력하여 마침내 (하늘의) 응함을 받아 여기(-천자)에 이르게 된 것이다.

또 문왕이 어떻게 후세의 임금들처럼 세세하게 해당 관리들이 맡아서 해야 할 일들까지 대신하려 했겠는가? (『서경』의) '입정(立政-정치를 바로 세움)'에서 (주공은 성왕에게) 이렇게 말했다.

'(문왕은) 임금의 명령을 전하는 일〔庶言〕, 재판과 감옥을 다스리는 일〔庶獄〕, 풍기를 단속하고 천재지변에 미리 대비하는 일〔庶愼〕을 겸한 바가 없었다.'

이 말은 이른바 '한가로이 밥 먹을 겨를도 없었다〔不遑暇食〕'는 말과 모순되는 것이 아니다. 그만큼 부지런히 애쓰고 노력해야 하는 일이 반드시 있었다는 뜻이다. 그래서 우리는 '무일'을 읽어보면 문왕의 애쓰고 노력한 바〔勞〕를 알 수 있고, '입정'을 읽어보면 문왕이 편안했다〔逸〕고 할 때의 뜻을 알 수 있다. 그러니 이 둘이 어찌 모순이 되겠는가? 지극히 애쓰고 노력하는 중에 지극한 편안함이 있었고, 지극히 편안한 가운데도 지극한 애씀과 노력이 있었다.

유람과 사냥〔遊田〕은 나라에 일정한 제도가 있으나 유람과 사냥을 심하게 한다면 이는 즐거움을 탐하는 것이 되니 진실로 문왕은 유람과 사냥을 하지 않았다. 그런데도 하지 않았다고 말하지 않고 감히 못했다〔不敢〕고 한 것은 그만큼 조심했다는 뜻이다.

이처럼 유람과 사냥을 자제함으로써 나라의 재용을 절약할 수 있었으니 이미 함부로 낭비하지〔橫費=濫費〕 않으면 밑에서 지나치게 취할 필요가 없어서 여러 나라들이 문왕에게 정식으로 바치는 것 이외에는 털 오라기 한 점도 더 받지 않았다. 문왕은 서백(西伯)으로 있을 때에도 자신이 거느리고 있는 여러 나라들에게 모두 일정량의 공물을 정해주고 이를 반드시 지켰다. 이런 일은 『춘추』에서도 볼 수 있는데 제후들이 패권을 쥔 백(伯)에게 여러 차례로 나눠〔班班〕 바치고 있는 것들이 나온다.

이 장은 문왕의 집안 법도〔家法〕를 논하고 있다. 그래서 '무일'의 조목에는 검소함을 받들고, 농사일을 중시하고, 힘든 백성들을 구휼하고, 정사를 부지런히 하고, 편안하게 노는 것을 경계하고, 함부로 세금을 거두는 것을 줄이는 것 등이 대체적으로 다 갖춰져 있다. 그래서 문왕이 오래 갈 수 있었던 이유는 곧 앞 장의 뜻과 같다.

그런데도 불구하고 후세에는 헛된 설이 떠돌아 문왕이 너무 부지런한 바람에 수명을 깎아먹었다는 식으로 말하면서 놀기 좋아하는 임금들에게 구실을 제공했던 것이다."

여조겸이 또 말했습니다.

"'무일'은 비록 성왕을 경계시키려는 글이기는 하지만 사실 (주공은) 후세의 모든 자손들이 함께 이 교훈을 지키게 하고 싶었다. 그래서 '무일'에서는 뒤이어 '지금으로부터 이어서 사왕께서는〔繼自今嗣王〕'이라고 말했으니 유람을 하면서 정사를 펼치며, 안일함으로 그 몸을 쉬게 하며, 놀면서 풍속을 살피며, 사냥을 하면서 군사를 훈련시키는 것, 이것은 임금이라면 해서는 안 되는 것들이 아니다. 다만 지나쳐서는 안 된다는 것뿐이니 지나치게 되면 사람의 욕심이 마구 풀려나와 어지러워지고 망하게 되는 길로 들어서게 된다.

그래서 주공은 사왕에게 유람, 안일, 놀이, 사냥〔觀逸遊田〕을 해서는 안 된다고 한 것이 아니라 유람, 안일, 놀이, 사냥을 하되 도리에 벗어나서는 안 된다〔無淫〕고 말했으니 도리에서 벗어난다〔淫〕는 것은 곧 지나치게 한다〔過〕는 뜻이다. 만약에 사왕으로 하여금 반드시 이 모든 것들을 다 근절시키려고 할 경우에는 압박을 받아 위축되고 억압감을 느껴 오히려 막히게 되고 펴지지 못할 것이다. 이렇게 되면 다움을 길러낼〔養德〕 수가 없다.

앞에서는 문왕을 칭송하고 여기서는 사왕을 경계하면서 두 곳에서 다 먼저 유람과 사냥을 간소하게 하고, 또 이어서 오직 그에 필요한 것들을 정상적인 방식으로 거둬들이라고 했다. 이는 대개 함부로 부세를 거둬들이는 것을 막고 반드시 그에 앞서 함부로 부세를 거둬들이는 원천을 차단하려고 했던 것이니, 이 네 가지가 도리를 벗어날 경우 그로 인한 사치 비용이 한도 끝도 없이 들기 때문이다. 이렇게 되면 그 위세로 인해 함부로 세금을 거두는 일을 막는 것이 불가능하게 된다. 만약 이 네 가지에서 먼저 절약을 하여 나라의 재용을 쓰는 것이 일정하게 자리 잡히게 되면 모든 백성들은 자발적으로 원래 정해진 세금을 내게 될 것이다.

구공구부십일제(九貢九賦什一制)는 다 그 명칭이 바르고 의리에도 맞는 것이니 천하의 적절한 제도다. 이를 지나치게 되면 재물을 관리하고 (관리가) 말을 바르게 하는 의리를 해치게 된다.

사람들이 처음에 노는 것에 빠져들면 늘 스스로 변명하여 말하기를 '나는 단지 오늘만 노는 것에 빠져 있을 뿐이다'라고 말한다. 그러나 하루 동안의 방탕과 안일〔放逸 방일〕만으로도 해가 되는 바가 얼마나 큰가? 심지어 이런 마음조차 없어 하루가 이틀이 되고 이틀이 또 늘어나 결국 평생토록 반성치 못해 되돌아오지 못할 것이다. 그래서 주공은 먼저 그 원천을 막고 그 점을 경계시키려고 감히 한가로이 여겨 '오늘만 노는 것에 빠져 있을 뿐〔今日耽樂 금일 탐락〕'이라고 말해서는 안 된다고 고했던 것이다. 왜냐하면 아래로는 그런 모습을 백성들에게 보여서 백성들이 그것을 본받게 해서는 안 되기 때문이고, 위로는 하늘을 따르지 않는 것이어서 하늘이 순하게 여기는 바가 아니기 때문이다. 즉 그것은 너무나도 큰 허물이지 결코 작은 실수가 아닌 것이다. 단 하루 동안 노는 것에 빠지는 것도 주공이 이처럼 금하려 했던 것은 기본적으로 임금으로 하여금 탐락의 재미를 알지 못하게 하려는 뜻이었다. 만일 그 하루의 탐락이 열리게 되어 못하는 일이 없게 되면 이미 탐락의 맛을 알게 되어 조금씩 심해지다가 결국은 거기에 빠져들기 때문이다."

신이 가만히 살펴보겠습니다. '무일' 한 편에서 앞에는 삼종(三宗)을 들어 설명했고, 뒤에는 문왕을 들어 성왕으로 하여금 본받아야 할 바를 가르쳐주었고, 또 상나라 임금 수(受)를 들어 성왕이 경계로 삼아야 할 바를 가르쳐주었습니다. 수의 잘못은 세상의 모든 것을 다 갖고서도 술독에 빠져 지내는 것이 가장 심했습니다. 사람은 지혜롭건 어리석건 간에 다 근심하며 부지런히 하는 자는 반드시 나라를 향유하고〔享國〕 안일과 욕망에 빠진 자는 반드시 나라와 그 자신을 해치게 된다는 것을 알고 있습니다. 그런데도 술독에 빠져 마음과 뜻이 어둡고 어지럽게 되면 눈앞에 죽음이 닥쳐와도 그것을 두려워할 줄 모르게 됩니다. 따라서 조금도 안일한 마음을 먹지 않는다면〔無逸〕 술독에 빠지지 않을 것이요, 반대로 술독에 빠진다면 안일한 마음을 먹지 않는 것이 불가능해질 것입니다. 이것이 바로 주공이 온 힘을 다해 성왕을 경계하려 했던 것입니다.

1) 「주서」의 편 이름이다.
2) 이때 편안하다는 것은 백성들의 어려움을 풀어주기 위해 부지런히 함으로써 마음이 편안해진다는 뜻이다.
3) 이 말은 『주역』의 건괘에 대한 주공의 풀이인 '상전'에 나온다.
4) 남조(南朝) 송(宋) 나라의 초대 황제다. 가난한 집안에서 태어나 농사를 짓다가 군에 뛰어들어 무위를 떨치며 힘을 키웠다. 동진(東晉) 말 남연(南燕)과 후진(後秦)을 멸망시켰고 공제(恭帝)의 선위(禪位)로 제위에 올랐다.
5) 왕위에 올랐다는 뜻이다.
6) 『사기』 「은기(殷紀)」에 나오는 것으로, 상나라 고종 때 대궐 뜰에 심은 뽕나무와 닥나무가 하룻저녁에 두 손아귀에 찰 만큼 크게 자라는 이변이 일어났다. 이를 두려워한 임금이 신하 이척(伊陟)의 말대로 다움을 닦자 나무가 저절로 말라 죽었다고 한다. 국왕이 다움을 닦아 재변을 물리쳤다는 의미로 사용된다.

7) 후한 말기의 대학자로 자는 강성(康成)이다. 훈고학과 경학의 시조로 여겨지며, 한평생 연구와 교육에 전념하여 수천 명의 제자를 기르며 일대 학파를 형성했다. 처음에는 향색부(鄕嗇夫)로 지방의 말단관리로 일했으나, 곧 낙양의 태학(太學)에 입학해 공부했다. 제오원선(第五元先), 장공조(張恭祖), 마융(馬融) 등에게 사사했고, 40세에 귀향했다. 환제(桓帝) 때 환관들이 학자 등 반대당을 금고한 '당고(黨錮)의 화'를 당했는데, 14년간의 금고에도 연구와 저술에 몰두하였다. 고문과 금문에 정통하여 『주역』『상서』『모시(毛詩)』『주례』『의례』『예기』『논어』『효경』 등 경서에 주해를 달았고, 현재 전해지는 것은 『모시전』과 『주례』, 『의례』, 『예기』뿐이다.

8) 이 말은 『맹자』에서 맹자가 문왕을 존평하는 다음과 같은 표현을 응용한 것이다. "문왕은 백성들을 마치 (조금이라도 잘못하면 크게 생겨날 수 있는) 상처를 대하듯이 했고, '도리를 바라보면서도 (마치) 아직 도리를 보지 못한 것처럼 하면서〔望道而未之見(망도이미지견)〕' 세상에 (보다 나은) 도리와 의로움을 행하기 위해 부단히 애를 썼다."

(『맹자』) 맹자가 말했다.

"국가가 한가하거든 바로 이때에 미쳐 그 정사와 형벌을 밝힌다면 비록 큰 나라일지라도 반드시 그를 두려워할 것이다.

『시경』 '치효(鴟鴞)'[1]에서 "하늘이 음산하게 장시간 비 내리게 하지 않을 때에 미쳐서 / 저 뽕나무 뿌리를 거두어다가 / 창문을 칭칭 감는다면 / 지금 이 아래에 있는 사람들이 혹시라도 감히 / 나를 업신여기겠는가"라고 했다.

공자께서 말씀하시기를 "이 시를 지은 자는 아마도 도리가 무엇인지를 아는 사람일 것이다. 자기 국가를 잘 다스린다면 누가 감히 업신여기겠는가?"라고 했다.

오늘날 국가가 한가하니 이때에 미쳐 즐기고 태만하여 오만한 짓을 하니 이는 스스로 재앙을 부르는 것이다. 재앙과 행복은 자기 자신으로부터 구하지 않는 것이 없다."

신이 가만히 살펴보겠습니다. 맹자는 '치효'라는 시를 끌어들여 올빼미나 부엉이 같은 미물도 비가 오지 않는데도 미리 방비하는 것이 이와 같았는데 지금 국가가 한가한 때를 맞아 능히 정사와 형벌〔政刑(정형)〕을 밝게 닦지 못하고 도리어 즐기고 노느라 (닥쳐올지 모르는) 큰 환란을 잊는다면 그것이 바른 것이냐고 묻고 있습니다. 옛날부터 "제비가 집 안에 있으면 어미와 새끼가 서로 편안하여 스스로 즐겁다고 여겨, 굴뚝이 터져 기둥이 불타오르는데도 태연하게 화가 장차 미칠 줄을 모른다"[2]는 말이 있는데 이것은 제비의 지혜가 올빼미보다 멀리 보지 못한다는 뜻입니다.

나라를 다스리는 자는 반드시 능히 근심하고 삼가며 늘 궁리하고 두려워해야만 편안함을 도모할 수 있고, 만일 그렇지 않고 즐기고 노는 데 빠져 게으르고 오만하게 하여 스스로 재앙을 불러들인다면 제비처럼 화를 당하게 될 것이 분명합니다.

1) 이 시는 성왕이 여전히 주공의 뜻을 알지 못하자 보다 구체적으로 그를 일깨우기 위해 지은 시다.

2) 이 말은 『시경』 '정월'에 대한 풀이에 나온다.

(『전국책(戰國策)』) 양(梁-위(魏)) 나라 임금이 범대(范臺)에서 제후들과 술을 돌렸다. 술이 한창 취하자 노나라 임금에게 청하여 술잔을 올렸다. 노나라 임금이 일어나 자리를 피해 이렇게 말했다.

"옛날 (우)임금의 딸이 의적(儀狄)으로 하여금 술을 만들게 하니 맛이 있었습니다. 우임금께 드리니 우임금이 마시고 달게 여겼으나 마침내 의적을 멀리하고 맛난 술을 끊어버렸습니다. 그리고 말하기를 '후세에 반드시 술 때문에 나라를 망하게 하는 자가 있을 것이다'라고 했습니다.

제나라 환공(桓公)이 밤중에 흡족해하지 못하고 있으니 역아(易牙)가 곧 졸이고 볶고 불사르고 구워 다섯 가지 맛을 조화롭게 해서 드리니 환공이 먹는데 배불리 먹었고 아침에 이르도록 (배고픔을) 느끼지 못했습니다. 그리고 말하기를 '후세에 반드시 맛으로 나라를 망하게 하는 자가 있을 것이다'라고 했습니다.

진나라 문공(文公)이 남지위(南之威-아름다운 부인)를 얻었는데 사흘이나 조정에서 (정사를) 듣지 않았습니다. 그리고 마침내 남지위를 멀리 했습니다. 그리고 말하기를 '후세에 반드시 여색으로 인해 나라를 망하게 하는 자가 있을 것이다'라고 했습니다.

초나라 장왕(莊王)이 강대(强臺)에 올라 붕산을 바라보니 왼쪽으로는 강이요, 오른쪽으로는 호수요, (그곳에) 임하여 거니니 그 즐거움은 죽음조차도 잊을 뻔했습니다. 마침내 강대에 맹세하고 오르지 않았습니다. 그리고 말하기를 '후세에 높은 누대와 저수지로 그 나라를 망하게 하는 자가 있을 것이다'라고 했습니다.

지금 주군의 술통에는 의적의 술이요, 주군의 식탁은 역아의 요리요, 왼쪽에는 백대요 오른쪽에는 여수이니 남지위의 아름다움이요, 앞에는 협림이요 뒤에는 난대니 강대의 즐거움입니다.

(지금 주군께서는) 이 네 가지를 겸했는데도 경계함이 없을 수 있겠습니까?"

양나라 임금이 좋다고 말하고 서로 끊이지 않고 대화를 이어갔다.

신이 가만히 살펴보겠습니다. 이 네 가지 욕망은 사람이라면 다 똑같이 갖고 있는 것입니다. 그래서 오직 빼어나고 뛰어난 자〔聖賢〕만이 능히 도리로 하여금 욕망을 이기게 할 수 있습니다.

위대한 우왕은 맛난 술을 끊어버리고 더 이상 들이지 못하도록 했으며, 진나라 문공은 남위(-남지위)를 접하고서 그것을 미루어 헤아려 여색을 멀리했으며, 초나라 장왕은 강대에 올라 다시는 오르지 않겠다고 맹세했습니다. 이런 점에서 볼 때 진나라와 초나라의 임금은 비록 위대한 우왕의 반열에 오를 수는 없지만, 그러나 일찍이 자신을 극복〔自克〕했으니 참으로 대단하다고 하겠습니다.

제나라 환공은 산해진미〔厚味〕가 나라를 망하게 할 것이라는 것을 알았지만 끝까지 역아를 총애하여 일을 맡겼다가 마침내 난을 초래했으니 이것은 자신이 그 위험성을 말해 놓고도 자신이 그 위험한 곳을 밟은 경우라 하겠습니다. 물욕이 사람을 해치는 것은 참으로 두려워할 만하다 하겠습니다.

다만 임금이 한결같이 위대한 우왕을 스승으로 삼아 술에 빠져드는 마음을 밀쳐내고 매사에 임하면서 제 환공의 단호하지 못함〔不勇〕을 깊이 경계한다면 우왕에 가까이 갈 수 있지 않겠습니까?

『정관정요(貞觀政要)』) 당나라 태종 때에 장온고가 '대보잠(大寶箴)'을 올려 이렇게 말했다.

"즐거움은 그 끝까지 다해서는 안 될 것이니〔樂不可極〕

즐거움을 다하면 슬픔이 생기는 법입니다〔樂極生哀〕.

욕망은 제멋대로 풀어놓아서는 안 되는 것이니〔欲不可縱〕

제멋대로 하고자 하는 마음은 재앙을 만듭니다〔縱欲成災〕.

장대한 구중궁궐 안에 있어도〔壯九重於內〕

군주가 기거하는 자리는 무릎이 들어갈 정도의 작은 공간에 지나지 않거늘〔所居不過容膝〕

저 우매한 군주는 그것을 모르고〔彼昏不知〕

옥으로 그 누대를 짓고 옥으로 그 궁실을 장식합니다〔瑤其臺而瓊其室〕.

여덟 가지의 산해진미를 앞에 늘어놓아도〔羅八珍於前〕

그가 먹는 것은 입에 맞는 것 약간에 지나지 않거늘〔所食不過適口〕

다만 미친 군주가 아무런 생각도 없이〔惟狂罔念〕

술찌끼로 언덕을 쌓고 술로 못을 만들었던 것입니다〔丘其糟而池其酒〕.

안으로는 여색에 빠지지 마시고〔勿內荒於色〕
물내황어색

밖으로는 수렵에 빠지지 마시며〔勿外荒於禽〕
물외황어금

얻기 어려운 보물을 귀중히 여기지 마시며〔勿貴難得貨〕
물귀난득화

나라를 망치는 음악을 듣지 마시옵소서〔勿聽亡國音〕!
물청망국음

안으로 여색에 빠지면 사람의 본성을 해치게 되고〔內荒伐人性〕
내황벌인성

밖으로 수렵에 빠지게 되면 사람의 마음이 방탕하게 됩니다〔外荒蕩人心〕.
외황탕인심

얻기 어려운 보물은 사치를 즐기게 만들고〔難得之貨侈〕
난득지화치

나라를 망치는 음악은 음란하게 하기 때문입니다〔亡國之音淫〕."
망국지음음

신이 가만히 살펴보겠습니다. 큰 보물〔大寶〕이라는 뜻을 담은 이 잠(箴) 또한 임금의 자리 뒤에 세우는 붉은 빛 병풍〔丹扆〕에 새겨둘 만한 좋은 척도〔良規〕라 하겠습니다. 그래서 그 일부를 발췌해 요약했으니 잘 살펴보시기 바랍니다.

이상은 게으르고 욕심내는 것〔逸欲〕을 멀리하는 문제에 대해 총괄적으로 논했습니다.

『서경』 '미자(微子)'1에서 부사(父師)[1)]가 말했다.

"왕자여! 하늘이 독하게 재앙을 내려 은나라를 황폐하게 하는데 (정작 주왕은) 이제야 일어나서 술독에 빠진 채 주정〔酗〕을 하는구나!"

1 「상서」의 편 이름이다.

신이 가만히 살펴보겠습니다. 술독에 빠져 주정하는 것은 수(受-주왕)이지만 기자는 그것을 하늘 탓으로 돌렸으니 이는 대개 충성스러운 신하는 차마 자신의 임금을 배척하지 못하기 때문입니다. 그래서 말이 정확하게 누군가를 탓하지 않은 것입니다.

1) 일반적으로는 태사로 삼공을 가리키는데 여기서는 곧 기자(箕子)를 말한다.

(『서경』) '태서(泰誓)'[1)] (에서 무왕이 말했다.)

"상나라 왕 수(受)가 저 위의 하늘을 삼가 받들지 않고〔弗敬〕 아래 백성들에게 재앙을 내리고 있다.

술독에 빠질 대로 빠져[沈湎(침면)] 여색을 탐하느라 정신이 없고, 감히 폭정과 학정을 행하여 사람을 죄 주는 데 종족에까지 미치고, 사람을 벼슬 시키는 데 대대로 이어지며, 궁궐과 유람용 대(臺)와 연못을 만들고 사치한 옷을 지어 입느라 너희 만 백성들에게 잔학한 짓을 해서 큰 해악을 끼치고 있다."

무왕이 또 말했다.

"음탕하고 술주정을 일삼아 온갖 사나운 짓을 해대니 신하들도 이를 본떠 나쁜 짓을 일삼고 있다."

신이 가만히 살펴보겠습니다. 수가 행한 나쁜 짓들이야 수도 없지만 무왕은 사람들에게 맹세하면서 술독에 빠질 대로 빠진 것을 첫머리로 삼은 것은 사람이란 오직 한 마음이 밝으면 만 가지 좋은 것들이 따라서 오게 되고, 그 마음이 흐리면 온갖 나쁜 것들이 저절로 생겨나기 때문입니다. 그래서 처음에는 술독에 빠질 대로 빠지지 않아 뜻이 어둡지 않지만 일단 한번 어두워지게 되면 못하는 짓이 없게 됩니다. 그래서 말하기를 '여색을 탐한다'고 했고, '폭정과 학정을 행한다'고 했고, '유람용 대와 연못을 만들고 사치한 옷을 지어 입는다'고 했으니 나쁜 짓을 빠짐없이 했다고 할 수 있습니다. 그러니 마땅히 무왕은 그것을 죄의 첫머리로 삼아 물었던 것입니다.

무릇 성탕은 참으로 음악과 여색[聲色(성색)]을 가까이하지 않았습니다. 그래서 다움이 뛰어나면 벼슬자리를 주었고, 공이 뛰어나면 상을 주었는데 수는 오로지 술독에 빠질 대로 빠져 여색을 탐할 뿐이었습니다. 그리하여 '사람을 죄 주는 데 종족에까지 미치고, 사람을 벼슬 시키는 데 대대로 이어졌으니' 성탕과 수의 차이는 결국 마음이 어두우나 밝으냐〔惛明〕의 차이일 뿐입니다. 그리하여 정사에서도 얻고 잃음〔得失〕이 나뉘었으니 후세의 임금들이 그것을 거울로 삼지 않을 수 있겠습니까?

1) 「주서」의 편 이름이다.

(『서경』) '주고(酒誥)'[1]에서 무왕이 (동생인 강숙(康叔)에게) 말씀하셨다.

"매 땅〔妹邦=妹土〕[2]에 큰 명〔大命〕을 밝히도록 하라.

네 목고(穆考)[3] 문왕께서 처음〔肇=始〕 나라를 세우시고 서쪽 땅〔西土〕에 계실 때 여러 나라들의 선비들과 소정(少正), 어사(御事) 등 관리들에게 고하여 삼가도록 일깨워주면서〔誥毖=告謹〕 아침저녁으로 당부하시기를 '제사 때에만 이 술을 써야 할 것이다. 하늘이 명을 내리시어 우리 백성들에게 처음 술을 만들게 하신 뜻은 오직 큰 제사〔元祀=大祀〕에 쓰게 하기 위함이었다'라고 하셨다.

하늘이 위력을 보이시어 우리 백성들이 큰 혼란을 겪고 다움을 잃게 된 것〔喪德〕이 모두 다〔亦〕 술로부터 비롯되지 않음이 없으며 또〔越=暨〕 크고 작은 나라들이 망하게 되는 것도 모두 다 술의 죄나 허물〔辜=罪=咎〕이 아닌 것이 없다.

문왕께서 어린 사람과 관리들에게 고하여 가르치실 때〔誥教〕 '술에

불어 지내지 말라! 그리고 여러 나라가 술을 마시되 오직 제사 때에만 마시고 다음을 잃지 않아서 취하지 않도록 하라〔德將無醉〕'고 하셨다.

(문왕께서) 간절하게 말씀하시기를 '우리 백성들이 어린 사람들을 인도할〔迪=訓導〕 때 오직 주변의 소박한 일용품들〔土物〕을 아끼고 사랑한다면 그 마음이 좋아질〔臧=善=厚〕 것이니 조상들의 바른 가르침〔彝訓〕을 잘 들어서 크고 작은 다음을 어린 사람들이 한결같이 여기도록 하라'[4] 고 하셨다."

무왕이 말씀하셨다.

"봉(封)아! 우리 서쪽 땅에서 돕던〔棐=補〕 지난날의〔徂=往〕 방군(邦君-지방 책임자)과 어사와 어린 관리들이 거의 능히 문왕의 가르침을 따라 술에 빠지지 않았으므로 내 지금에 이르러 은나라의 명을 (이어) 받을 수 있었던 것이다."

무왕이 말씀하셨다.

"봉아! 내가 들으니 (누가) 말하기를 '옛날 은나라의 돌아가신 명군(明君)이 하늘의 밝은 명〔天顯〕과 백성들을 두려워하여 다음을 간직하고 밝음을 마음속에서 지켜〔經德秉哲〕 성탕으로부터 제을(帝乙)[5]에 이르기까지 모두 임금다음을 이루고〔成王〕 재상을 공경했으므로 어사들이 (재상들을) 도울 때에도 공손하여 감히 스스로 한가하고 스스로 안일할 수가 없었는데 하물며〔矧=況〕 감히 술 마시는 것을 좋아할 수 있었겠는가'라고 했다.

(수도) 밖에서 복종하는 자로는〔外服〕 후(侯), 전(甸), 남(男), 위(衛)의 제후와 방백(邦伯), 그리고 안에서 복종하는 자로는〔內服〕 백료와 서윤(庶尹), 아(亞), 복(服), 종공(宗工) 및〔越〕 백성과 마을에 거주하는 사람들에 이르기까지 감히 술에 빠진 자가 없었으니 이는 감히 하지 못

할 뿐만 아니라 또한 그럴 겨를이 없었고, 오직 임금다움을 이루어 드러나게 하며 고위 관리들〔尹人〕이 임금〔辟=君〕을 삼가 모시는 것을 도왔다.

내가 들으니 또 (누가) 말하기를 '지금 후사왕(後嗣王-주왕)은 몸을 술독에 빠트려 그 명령이 백성들에게 전혀 드러나지 않고, 백성들이 공경하여 마음에 간직하고 있는 것이라고는 원망뿐인데도 이를 고치려 하지 않으며, 떳떳하지 못한 일에 빠져 음란 방탕을 일삼아 안일하게 놀아나느라 (임금으로서의) 위의(威儀)를 잃어버렸다. 그리하여 백성들이 하나같이 상심해하지 않는 이가 없는데도 임금은 계속 황폐하게 술에 빠져 스스로 안일과 유희를 그칠 생각을 하지 않으며, 그 마음은 병들고 사나워져〔疾狠〕 죽음도 두려워하지 않았고, 그 죄가 상나라 도읍에 있어 나라가 망하는데도 걱정을 하지 않았다'고 하였다. 그래서 다음으로 말미암은 향기로운 제사가 하늘로 올라가 알려지지 못하고, 크게 백성들이 원망하여 술에서 풍겨 나오는 모든 더러움이 저 위 하늘에 알려졌다고 했다. 그랬기 때문에 하늘이 상나라에 망함을 내리시어 상나라를 더이상 사랑하지 않으시니 이는 임금의 안일함에서 비롯된 것이다. 즉 하늘이 사나워서 그렇게 된 것이 아니라 사람이 스스로 허물을 불러들인〔速=召〕 것이다.

신이 가만히 살펴보겠습니다. 상나라 (임금) 수는 음란한데다가 술주정을 일삼아 백성들도 그에 악영향을 받으니 바야흐로 문왕은 서쪽 땅에 있을 때 벼슬자리에 있는 자들〔在位者〕[6]에게 고하여 일깨우기를 '술을 삼가고 경계하라'고 했습니다. 그리고 무왕[7]이 강숙을 위(衛) 땅에 봉했는데 위 땅은 수의 옛 수도입니다. 그런데 위 땅 사람들은 수로부터 점점 물들어 이미 악영향을 받은 지 오래됐습니다. 그래서 무왕은 술을 경계하는 글인 '주고'를 지어 이로써 그들을 일깨우고 가르치려 했던 것이니 매 땅이 곧 위 땅입니다. 무왕의 '주고'는 오직 위 땅의 사람들을 생각하며 지은 것입니다. 따라서 그 하는 말이 그러했던 것입니다.

아침저녁으로 '제사 때에만 이 술을 쓸 것이다'라고 당부한 것은 문왕이 제후들에게 일러 가르치고 아래로는 백성들을 다스리는 신하들에게까지 이르게 하여 아침저녁으로 말하기를 오직 제사 때에만 이 술을 마시라고 한 것입니다. 하늘이 처음에 기장 등 곡식이 자라게 하여 백성들로 하여금 술을 빚도록 한 것은 오로지 그것을 큰 제사에 쓰도록 하기 위함일 뿐이지 술에 빠져 주정을 부리라고 한 것이 아닌데, 우리 백성들은 술로 인해 백성다움〔德〕을 잃고 제후들은 술로 인해 나라를 상하게 하는 것이 이 술을 마시는 데서 비롯되지 않는 것이 단 하나도 없습니다.

술을 절제해 마셔 복을 받게 되면 하늘이 명을 내려주는 반면 술을 무절제하게 마셔 화를 입게 되면 하늘이 위력〔威〕을 보여주게 됩니다. 크고 작은 나라들이 흥하고 망하는 것을 잘 살펴보면 마땅히 술로 인해 나라가 망하는 일이 많습니다. 나라가 잘 다스려진다면 그것은 술을 절제하여 잘 다스려지는 것이고, 나라가 잘못된다면 그것은 (임금을 비롯한 관리와 백성들이) 술을 절제하지 못한 죄 때문입니다.

문왕은 이미 여러 아랫사람들에게 "술에 붙어 지내지 말라〔勿常于酒〕!"고 했고, 또 "다움을 잃지 않아서 취하지 않도록 하라!"고 가르쳤으니 무릇 술을 마실 때 능히 다움으로써 스스로를 지킨다면 취해서 해롱거리는 허물은 짓지 않을 것이니 이른바 술로 인한 곤란〔酒困〕은

겪지 않게 될 것입니다. 또 문왕의 가르침대로 백성들이 아이들을 잘 인도해서 (외국의 신기한 물건들이 아니라) 오직 주변에서 나는 소박한 일용품들을 아끼고 사랑하게 한다면 그 마음은 선해질 것입니다. 대개 한번 술에 빠지면 반드시 두루두루 진기한 것들을 갖고자 할 것이니 그런 욕심이 커지게 되면 마음을 좀먹게 될 것입니다.

이때 자식들은 또 조상들의 바른 가르침〔常訓=彝訓〕을 잘 들을 때이니 제대로 잘 가르치게 되면 귀에 쏙쏙 들어가고〔熟〕 제대로 잘 듣게 되면 뜻이 마음에 생기게 되는 것이 점점 깊어질〔恪〕 것입니다. 그리하여 크건 작건 다움을 보는 데 있어 한결같이 여기게 되어 술을 삼가는 것을 작은 다움〔小=小德〕으로 여기지 않을 것입니다. 따라서 술을 삼가는 것이 작은 다움이 아니듯이 술을 많이 마시는 것〔腆酒〕도 작은 허물이 아닌 것이 참으로 분명합니다.

무릇 유사의 관리들이 술을 많이 마시지 않는 것이 하늘의 명〔天命〕과 무슨 관계가 있으며 왕이 마침내 수를 꺾고 상나라의 명을 이어받게 된 것이 술을 적게 먹은 데서 비롯된다는 것은 또 무슨 말입니까? 유왕과 여왕, 진(陳) 나라와 수나라의 왕조에서 위아래가 술에 빠져 주정을 하여 결국 하늘의 명을 잃는 지경에 이르렀으니 술을 삼가면 하늘의 명을 받는다는 것을 어찌 의심할 수 있겠습니까?

이미 또 성탕이 술을 삼간 것과 후대의 왕이 술에 취한 것을 들어 강숙을 경계시켰으니 대개 탕왕은 위로는 하늘을 두려워하고 아래로는 백성들을 두려워하면서 항상 자신의 다움을 지켜 바꾸지 않았으며 또 자신의 지혜를 지켜 현혹되지 않았습니다. 성탕으로부터 제을에 이르기까지 모두 다 임금의 다움〔君德〕을 이루었고, 공경(公卿)을 삼가 존중하는 마음을 잃지 않았고, 백성을 다스리는 관리들도 역시 삼가는 마음으로 임금을 위해 보필하는 데 온몸과 마음을 다했습니다. 그래서 비록 스스로 한가하고 스스로 안일하고 싶을 때에도 오히려 감히 그럴 수가 없었는데 하물며 술 마시기를 좋아할 수 있었겠습니까?

술 마시기를 좋아한다는 것은 곧 서로 좋아서 주고받으며 마시는 것입니다. 이때에 안팎의 크고 작은 신하들이 감히 술에 빠질 수 없었던 것은 단순히 위에서 그렇게 가르쳤기 때문만이 아니라 또한 맡은 바 일을 수행하느라 그럴 겨를도 없었기 때문입니다. 그래서 억지로 힘쓰지 않더라도 오히려 겨를이 없을 때 마음은 더 편안했던 것입니다. 맡은 바 일을 수행한다는 것〔職守〕은 무엇을 말하는 것이겠습니까? 위로는 (임금께서) 임금다움을 훤히 밝힐 수 있도록 돕는 일이고, 아래로는 대신들이 임금을 삼가 모시는 것을 돕는 것입니다. 한때에 여러 신하들이 이처럼 스스로를 독려했으니 설사 흥하지 않으려 애쓴다 해도 그리될 수 있었겠습니까?

수에 이르러 그 몸을 술독에 빠트려 그의 명령은 백성들에게 분명하게 드러나지 않았고, 오로지 하는 일이라고는 백성들을 분노케 하는 것뿐이었는데 이를 고수했으며, 떳떳지 못한 일에 흠뻑 빠져들어 계속 황음을 이어가며 노는 데 편히 젖어들어 (임금의) 위의(威儀)마저 상실했습니다. 사서(史書)를 보면 수는 주지육림(酒池肉林)에 빠져 남녀로 하여금 알몸으로 서로 술래잡기를 하게 했으니 그 위의가 땅에 떨어진 것이 이와 같았습니다.

백성들이 가슴 아파했던 것은 나라가 장차 망하면 어떡하나 하는 것이었는데도 주왕은 더욱더 황음에 빠져들고 술독에 빠져 안일함과 욕망〔逸欲〕이 그칠 줄 몰랐고 그 마음은 병들고 사나워졌습니다. 그래서 주왕은 자신이 곧 죽을 수 있는데도 조금도 두려워하는 바가 없었고, 그 죄가 상나라 도읍에 (다가와) 있어 나라가 곧 망하는데도 조금도 걱정을 하지 않았습니다.

지금 소인 한 사람이 만취해서 발광을 하고 물불 안 가리고 뛰어들려 하며 칼날도 발로 밟으려 하는 것을 생각해 본다면 당시 수가 보여줬던 정황을 알 수가 있을 것입니다. 다움의 향기를 뿜어내는 자는 다움을 더럽히는 자와 정반대이니 주왕은 웅크리고 앉아〔夷居(이거)=蹲踞(준거)〕 상제(上帝)를 섬기지 않았으며 이미 향기로운 제사로 하늘에 올라가 알리지 못했고, 오히려 백성들에게 원망을 품게 했으며 술에 잔뜩 취해 술에서 나오는 더러움만이 저 하늘에 알려졌습니다. 그래서 하늘이 상나라를 버림에 있어 더 이상 사랑하지 않았던 것은 수가 스스로 안일함 속에 자신을 놓아버린 때문입니다. 하늘이 어찌 사나워서 상나라를 버렸겠습니까? 상나라 사람들이 스스로 그 허물을 불러들인 것뿐입니다.

이 글에서 술독에 빠질 대로 빠지는 것의 화(禍)를 말한 것은 지극히 심하고 지극히 절절하니 어찌 강숙이 삼가 지키지 않을 수 있었겠습니까? 만세의 임금들이 모두 다 마땅히 귀감으로 삼아야 할 것입니다.

1) 「주서」의 편 이름이다.

2) 상나라의 도읍으로 무왕은 동생 강숙을 매 땅에 봉하고서 경계의 말로 이 '주고'를 내려준 것이다.

3) 목(穆)이라고 한 것은 생전에 문왕을 가리킬 때 목목(穆穆)이라는 표현을 썼기 때문에 여기서도 그렇게 부르고 있다.

4) 술을 삼가는 것이 작은 다움은 아니라는 뜻이다.

5) 상나라의 30대 군주로 태정(太丁)의 아들이다. 여러 차례 이방(夷方)을 정벌했다. 맏아들 미자계(微子啓)가 어머니의 출신이 천하다는 이유로 제위를 잇지 못하고 둘째 아들 신(辛)이 후계자가 되었다. 그가 상나라의 마지막 왕 주왕이다.

6) 선비들과 소정, 어사 등이 그들이다

7) 진덕수는 성왕(成王)이라고 표현했는데 무왕을 착각한 것으로 보인다.

(『시경』) '탕(蕩)'[1] 그 5장에서 이렇게 노래했다.

"문왕이 말씀하시기를 / 아! 너희 은상(殷商)아! / 하늘이 너를 술에 빠지라 하지 않으셨는데 / 너희는 의롭지 못한 길을 따라갔도다! / 이미 네 행동거지 잘못되어 / 밝음도 없고 어둠도 없으니 / 부르고 소리치며 / 낮을 밤으로 삼는구나."

1 소목공(召穆公)이 주나라 여왕을 풍자한 시다.

신이 가만히 살펴보겠습니다. 소공은 여왕이 장차 망하게 되리라는 것을 알고 있었습니다. 그래서 이 시를 지어 문왕이 상나라 주왕에 대해 한탄하는 모습을 통해 여왕을 풍자한 것입니다. "하늘이 너를 술에 빠지라 하지 않으셨는데 / 너희는 의롭지 못한 길을 따라갔도다! / 이미 네 행동거지 잘못되어" 이하의 구절은 모두 다 술에 빠져 한계를 모르는 모습을 질타하는 것이니 하늘이 임금에게 자리를 내려준 것이 어찌 이와 같이 하기를 바라서였겠습니까? 분명 너에게 하지 말도록 했는데도 그리했으니 이는 하늘을 거스르는 것〔逆天〕입니다.

혹시라도 이런 문왕의 호소를 여왕이 듣고서 그 경계하는 바를 알았다면 그나마 좋았을지도 모르겠습니다.

(『시경』) '소완(小宛)'은 대부가 유왕을 풍자한 것이다. 그 2장에서 이렇게 노래했다.

"엄숙하고 두루 밝은〔齊聖〕 사람은 / 술을 마시더라도 따스함〔溫〕으로 이겨내는데 / 저 어두워〔昏〕 아무것도 모르는 사람은 / 늘 취해서 날로 심해지는구나〔日富=日益〕. / 각각 너의 위의(威儀)를 삼갈지어다 / 천명은 한번 가면 오지 않는구나."

신이 가만히 살펴보겠습니다. 이 시에서 엄숙하면서 두루 밝은 사람은 술을 마시더라도 온순하고 공손해서〔溫恭〕 스스로를 잘 지켜낸다고 한 것은 (앞서 보았던) '다움을 잃지 않아서 취하지 않도록 하라〔德將無醉〕'는 뜻입니다. 저 어두우면서 아무것도 모르는 사람이란 곧 한번 취하면 날로 심해질 것〔日甚〕입니다. 이에 각자 너희들이 가진 위의를 삼가라고 한 것은 천명이란 일단 가버리면 다시는 돌아오지 않으니 두려워하지 않을 수 없기 때문입니다.

이때 유왕은 이미 술로 인해 임금다움〔德〕을 잃어버렸습니다. 그래서 대부가 더 깊이 빠져들었다가는〔淪胥〕 나라가 망할 것을 두려워하여 (마치 친구나 형제처럼) 동렬에 있는 사람끼리 서로 충고를 하듯이 하면서 이렇게 경계시킨 것입니다.

(『시경』) '빈지초연(賓之初筵)'[1]은 위나라 무공이 그 시대의 풍속을 풍자한 것인데, 유왕이 황폐하여 소인들을 가까이하면서 술을 마시는 데 절도가 없었고, 그 바람에 천하도 비슷하게 되어 임금과 신하, 위아래가 다 술독에 빠져 음탕하고 안일함에 젖어들자 무공이 그런 광경을 보고서 이 시를 지었다. 그 3장에서 이렇게 노래했다.

"손님이 처음 술자리〔筵=燕〕에 나아갔을 때는 / 온화하고 맑아〔溫溫〕 공손하도다. / 아직 취하지 않았을 때는 / 위의(威儀)가 멀쩡하더니〔反反〕 / 이미 취해서는 / 위의가 촐싹거리는구나〔幡幡〕. / 자기 자리 버리고 다른 자리 옮겨가 / 자주 덩실덩실〔僊僊〕 춤을 추는구나. / 아직 취하지 않았을 때는 / 위의가 조심조심하더니〔抑抑〕 / 이미 취해서는 / 위의가 아래위도 없이 함부로 하니〔怭怭=侮嫚=親狎=媟〕 / 이를 일러 이미 취했으니 / 아래위도 모른다고 하는 것이라."

그 4장에서 이렇게 노래했다.

"그 손님 이미 취했으니 / 고함을 질렀다가 마구 지껄였다가〔呶〕 / 우리 술상 그릇들〔籩豆〕을 어지럽히고 / 자주 일어나 비틀비틀〔僛僛〕 춤을 추는구나. / 이를 일러 이미 취했으니 / 자신의 허물도 모른다고 하는 것이라. / 기울어진 관이 삐딱한데도 / 자꾸 일어나 흔들흔들 추고 또 추는구나〔傞傞〕. / 취했으면 밖으로 나가기라도 해야 / 그 복 함께 받겠건만 / 취해놓고도 나가질 않으니 / 이를 일러 그 다움〔德〕을 해치는 것이라 했구나. / 술을 마셔도 더욱 아름다울 수 있는 것은 / 그 멋진 위의를 잃지 않음이라."

그 5장에서 이렇게 노래했다.

"무릇 같이 이 술을 마셔도 / 누구는 취하고 누구는 취하지 않네. / 이쪽에 감시할 사람 세우고 / 저쪽에 거들어줄 사람 세웠구나 / 저 고주망태 꼴불견〔不臧=不善〕을 / 취하지 않은 사람들이 도리어 부끄러워하니 / 따라가서 말하기를 / 너무 함부로 말하지 말라 / 말해선 안 되는 것은 말하지 말라 / 행하지 않을 것은 말하지 말라 / 취해서 입에서 나오는 대로 떠드는 자는 / 뿔 없는 양을 내놓으라 하는 것이니 / 석 잔만 들어가도 기억하지 못하면서 / 하물며 감히 또 마시려 하는가?"

신이 가만히 살펴보겠습니다. 이 시는 모두 다섯 장인데 앞의 두 장은 옛날에 예를 갖춰 술을 마시는 모습이고, 3장 이후는 모두 유왕이 술에 취해 잘못을 저지르는 것들입니다.

바야흐로 유왕도 술에 취하지 않았을 때는 오히려 능히 삼가고 조심할 줄 알며 심지어 주도면밀〔周密〕하기까지 한데 일단 취하게 되면 촐싹거리면서〔幡幡〕 가벼워지고, 아래위도 없이 함부로 하면서〔怭怭〕 오만방자를 떨며, 자기 자리를 버리고 다른 자리로 옮겨 다니고, 고함을 질렀다가 마구 지껄였다 하며, 술상 그릇들〔籩豆〕을 엎어 난장판으로 만들고 기울어진 관은 더욱 삐딱해집니다.

이쯤 되면 자주 일어나 춤을 추면서 덩실덩실〔僊僊〕거리는데 이때만 해도 풍채가 당당하지만〔軒擧〕 그 다음이 되면 비틀비틀〔僛僛〕하면서 기우뚱거리고 그보다 더 심해지면 흔들흔들〔傞傞〕하면서 이리저리 자빠집니다〔蹉跌〕.

임금과 신하가 주연을 펼칠 때 서로 예를 보이다가 얼마 후 이처럼 위아래도 없이 엉망진창〔媟瀆〕이 되면 "이미 취했으니 이건 안 됩니다" 하고 둘러대며 술자리를 정리하려 해야 합니다. 이미 취한 사람은 그 자신이 과음을 했는지를 알지 못하기 때문입니다.

그런데 술에 취해놓고는 어째서 밖으로 나가지 않는 것입니까? 취했더라도 밖으로 나간다면 예를 잃는〔失禮〕 정도로 심한 것은 아니니 임금과 신하가 오히려 둘 다 복을 누리는 것이라 할 수 있지만 취해놓고도 술자리에 머물러 있는다면 이는 임금다움이나 신하다움〔德〕을 상하게 하는 짓입니다. 이리된다면 그 재앙 됨을 이루 다 잴 수 있겠습니까?

무릇 술을 마신다는 것이 아름다운 것은 멋진 위의〔令儀〕를 버리지 않기 때문입니다. 그런데 지금 이처럼 한다면 위의가 어디에 있을 수 있겠습니까?

마지막 장에서는 말을 전하는 사람이 따라가서 여러 가지 말들을 하고 있는데 이에 대해 선배 유학자 유이(劉彛, 1017~1086년)는 이렇게 말했습니다.

"유왕은 술을 마실 때 반드시 여러 소인들과 더불어 남녀 구분도 없이 놀면서 이쪽에는 감시할 사람을 세우고 저쪽에는 거들어줄 사람을 세워놓은 다음 자리마다 가서 술을 제대로 마시는지 여부를 순찰하듯 살피니 그 자리에 있는 사람들치고 취하지 않을 수 있는 사람이 없었다. 많은 사람들이 크게 취하고 나면 음란하고 사악한 짓을 해대는 것이 오만 가지 추태로 나타나는데도 왕이란 자는 그것을 그냥 오락으로 여길 뿐이었다. 그리고 아직도 취하지 않은 사람이 있으면 모욕을 주고 벌칙을 가해 반드시 취하도록 만들었으니 뒤에 가서는 거의 모두가 취하게 됐다.

음란하고 사악한 짓이 극에 이르게 되면 유왕은 드디어 그것을 자신의 즐거움으로 삼았다. 그래서 감시하고 거들어줄 사람을 주변에 세우고서 함부로 말을 하지 말도록 경고를 주고, 어쩌다가 너무 취해 정신을 잃고 함부로 행동하는 사람이 있어도 그 또한 자신의 기쁨으로 삼았다.

'너무 함부로 말하지 말라〔匪言〕'와 '말해선 안 되는 것은 말하지 말라〔勿言〕'는 것은 취한 사람에게 말을 하지 말고 음란하고 더러운 재주나 패륜적인 기예를 몸으로 보여주라는 뜻이며, 그렇게 할 경우에는 상을 주고 칭찬했는데 그것도 자신의 놀이로 삼았다. 사람들은 마음속으로 그런 술자리의 작태가 잘못됐다고 생각하면서도 말을 할 수 없었기 때문에 '너무 함부로 말하지 말라' 했고, 또 '말해선 안 되는 것은 말하지 말라'고 했던 것이다.

술자리가 계속돼 취기가 더 오르면 패륜적인 짓도 서로 잘하려 하니 사람으로서의 도리〔人倫〕를 어기게 하려고 '행하지 않을 것은 말하지 말라〔匪由〕'고 했다. 여기서 행한다〔由〕는 길을 간다〔道〕는 뜻이다.[2] 이처럼 도리를 벗어난 사람은 점점 더 사람들이 원하는 것을 내놓기가 힘들어 어쩔 줄 몰라하게 되는데 임금은 이 또한 지나가는 한 번의 웃음거리 오락 정도로 여겼다.

그런데 감히 도리를 지키려 하면서 취한 사람들의 잘못을 지적할 경우 그 사람은 뿔도 없는 어린 양 취급을 받게 된다. 어린 양은 하고 싶은 것을 담아놓지 못하니 결국 에둘러 삼가며 말을 할 줄을 모른다. 이로 인해 부득이하게 자못 그 연회의 참석자들은 마음속으로 자신들의 잘못을 다 알면서도 입으로는 그것을 감히 말하지 못한다. 그리고 스스로도 자신이 음란한 짓을 한 데 대해 부끄러움이 솟아오른다. 그렇기 때문에 석 잔만 들이켜도 몽롱하게 취해버리는 것이다. 그러고는 부지불식간에 하물며 더 많이 마시게 되니 또다시 정신을 잃지 않겠는가?

유왕은 아버지 선왕(宣王)의 중흥의 치세를 이어받았으니 그의 패륜과 도리의 어긋남〔不道(부도)〕이 이렇게 심하지만 않았어도 저 개 같은 융족〔犬戎(견융)〕이 어찌 그를 죽일 수 있었겠는가?

아! 짐승도 하지 않는 짓을 유왕은 버젓이 했으니 그 나라가 멸망한 것은 결국은 자신이 초래한 일이다."

이에 여조겸이 말했습니다.

"유이는 이 장에서 비록 견강부회하여 분통을 터트리고 있는 측면이 많긴 하지만 술독에 빠지는 폐해를 논한 것은 심히 절절하고 자세히 밝히고 있다. 그래서 이를 기록해 둔다."

신도 역시 그것을 취해 앞으로의 거울로 삼고자 합니다.

1) 「소아」의 편 이름이다.

2) 따라서 匪由(비유)는 사람의 도리나 길을 벗어난다는 뜻이다.

(『시경』) '억'[1]은 위나라 무공이 스스로를 경계한 것이다. 그 3장에서 이렇게 노래했다.

"지금에 이르러 / 그 정사(政事)를 혹하여 더욱 어지럽게 하고〔興〕 / 그 다음을 뒤집어엎어 / 술에 빠져 즐거워하는구나. / 너 술에 빠져 즐거워함을 따르느라 / 네 (조상들로부터) 물려받은 바를 생각지도 않는구나. / 널리 선왕의 도리를 찾아내어 / 밝은 법을 행하려 하지 않는구나."

1 「대아」의 편 이름이다.

신이 가만히 살펴보겠습니다. 무공은 스스로 당시 그 자신의 행한 바를 말하고 있습니다. 여기서 흥(興)이란 안 좋은 쪽으로 더 몰아갔다는 뜻입니다. 그리고 '너 술에 빠져 즐거워함을 따르느라 일찍이 네 (조상들로부터) 물려받은 바는 안중에도 없구나'라고 한 다음 '널리 선왕의 도리를 구하여 그 밝은 법을 삼가 받들지 않겠는가'라고 묻고 있습니다. 이는 대개 선왕의 밝은 법이 즐거움에 빠지지 않도록 경계하는 내용이니 만일 그것을 능히 삼가 받든다면 지금처럼 제 마음대로 마음을 풀어놓는 일은 하지 않게 될 것입니다.

(『자치통감』) 한나라 성제(成帝)는 일찍이 장방(張放) 등과 더불어 궁중에서 연회를 베풀어 술을 마셨는데 모두 가득 채운 술잔을 다 비우고 상대방에게 보여주면서 담소하고 크게 웃었다. 그때 승여(乘輿-황제)의 악좌(幄坐)[1]에는 병풍이 둘러쳐져 있었는데 거기에는 주(紂)가 술에 만취돼 달기(妲己)에게 기대어 밤새도록 즐기는 그림이 그려져 있었다.

시중(侍中) 반백(班伯)이 오랫동안 병을 앓다가 새롭게 일어나 연회에 참석했는데 황상이 돌아보다가 그림을 가리키며 반백에게 물었다.

"주왕의 무도함이 (정말) 이 지경에까지 이르렀던가?"

반백이 답했다.

"『서경』에서 말하기를 '마침내 부인의 말을 썼다〔乃用婦人之言〕'고 했습니다만 어떻게 조정에서 저처럼 오만하고 방자하게 있었겠습니까? 이른바 모든 잘못을 달기의 탓으로 돌리고 있지만 이처럼 심하지는 않았습니다."

황상이 말했다.

"만일 이와 같지 않았다면 이 그림은 무엇을 경계하라는 뜻인가?"

반백이 답했다.

"'술에 잔뜩 취했다'라는 것이 미자(微子)가 떠나겠다고 한 까닭이고, 또 '크게 소리를 질렀다'고 쓴 것은 『시경』「대아」에서 한탄하며 눈물을 흘린 까닭이니 『시경』과 『서경』에서 음란을 경계했는데 그것은 원래 모두 다 술 때문이었습니다."

황상은 마침내 한숨을 내쉬며 한탄하면서 말했다.

"내 오랫동안 반생(班生-반백)을 못 보았는데 오늘에야 다시 좋은 말

〔讜言(당언)=直言(직언)=昌言(창언)〕을 듣게 되는구나."

장방 등은 불편한 마음이 되어 슬슬 일어나더니 옷을 갈아입고 이어서 연회를 파한 다음 나갔다.

신이 가만히 살펴보겠습니다. 반백이 말하기를 "『시경』과 『서경』에서 음란을 경계했는데 그것은 원래 모두 다 술 때문이었습니다"라고 했으니 참으로 곧다〔直(직)〕고 하겠습니다.

성제는 능히 그 말에 한탄을 해놓고는 그 말을 통해 스스로를 고치지 못하고 결국 술에 빠져 정사를 망쳐놓아 권세는 외척으로 넘어가고 나라가 뒤집어지는 지경에 이르렀으니 진실로 거울로 삼아야 할 것입니다.

1) 황제가 앉는 자리로 주변에 휘장을 쳐놓았다.

(『자치통감』) 진(晉) 나라 원제(元帝)가 즉위 초에 자못 술로 인해 정사를 아예 돌보지 않는 일이 많자 왕도(王導)가 경계의 말을 올렸다. 이에 원제는 술잔을 엎어버리고 이에 드디어 술을 끊었다.

신이 가만히 살펴보겠습니다. 원제의 임금다움은 그렇게

굳세거나 과단성이 있지 않았는데도 반드시 이처럼 실행하기로 결심한 다음 술잔을 엎고서 신하의 말을 들어 자신의 과오를 고치고서 다시 그런 잘못으로 되돌아가지 않았습니다. 바로 이 점이 있었기 때문에 원제는 진나라를 강동 지역〔江左〕에서 자립시킬 수 있었던 것이라 하겠습니다.

(『자치통감』) (남북조시대) 진(陳) 나라 후주(後主) 때에 임금과 신하가 함께 잔뜩 술에 취해 저녁부터 다음 날 아침이 되도록 늘 이와 같이 하다가 뒤에 수나라 군사가 들이닥쳤을 때 제대로 대비를 하지 못했다. 그럼에도 기생들의 춤과 술과 시 낭송이 그치질 않았으니 진나라는 결국 망했다.

(『자치통감』) 수(隋) 나라 양제(煬帝)가 강도(江都)에 이르러 황음(荒淫)하는 바가 더욱 심해졌다. 궁중에는 100여 개의 방이 있어 각 방을 호화롭게 치장해 각 방마다 미인들로 가득 채웠고, 방마다 주인을 정해 양제가 소후(蕭后) 및 총애하는 후궁으로 하여금 돌아가면서 연회를 열어주고 술을 마시도록 하여 술잔〔酒巵=酒杯〕이 입에서 떠나질 않으니 따르는 후궁 1천여 명도 늘 취해 있었다.[1]

1 그리고 얼마 안 가서 우문화급(宇文化及)에게 시해당했다.

신이 가만히 살펴보겠습니다. 술로 인해 나라가 망한 것으로는 진(陳) 나라와 수나라가 극에 이르렀습니다. 그래서 이 두 임금으로 이 편을 마무리했습니다.

이상은 술에 깊이 빠져드는 것을 멀리함에 대해 논했습니다.

여색에 빠지는 것을 멀리함

(『서경』) '목서(牧誓)'[1]에서 무왕이 말했다.

"옛사람이 말하기를 '암탉은 새벽에 울지 말아야 한다. 암탉이 새벽에 울면 집안이 삭막해진다〔索=蕭〕'고 했다. 지금 상나라 임금 수(受)가 아녀자의 말을 써서〔用〕 마땅히 지내야 할 제사를 내버려두었고, 왕의 부모께서 남기신 아우들을 내팽개쳐 도리로써 대하지 않았으며, 사방에서 죄를 짓고 도망쳐온 자들을 높이고〔崇〕 장으로 삼아〔長〕 이들을 믿고〔信〕 부려서〔使〕 그들을 대부와 경사(卿士)로 삼아 백성들에게 폭정과 학정을 행하게 함으로써 상나라의 고을들을 마구 도적질하게 하고 있다."

1 무왕이 목 땅의 들판에서 군사들에게 맹세한 내용이다.

신이 가만히 살펴보겠습니다. 『열녀전』에서 "주왕이 술을 좋아하고 음악에 빠져 달기의 곁을 떠나지 않으니 달기가 천거하는 자는 벼슬을 높여주었고 미워하는 자는 주벌하여 오직 달기의 말만을 따랐다"고 했습니다. 이를 보면 수의 마음은 이미 깊이 여색에 빠져 있었던 것입니다.

이에 귀신을 모셔야 하는 제사를 지내지 않았고, 형제들은 마땅히 잘 챙겨야 하는데 챙기지 않았고, 오직 사방에서 죄에 연루되어 도망쳐온 자들을 높이고 우대하고 믿고 부려서〔崇長信使〕 백성들에게 마구 해악을 끼치게 했으니 수의 병의 뿌리는 어두움〔昏〕 한마디에서 비롯됐다고 하겠습니다. 그래서 무왕은 달기와 수 양쪽의 문제를 다 말한 것입니다.

『시경(詩經)』 '곡풍'[1]은 부부가 도리를 잃은 것을 풍자한 것이다. 위(衛) 나라 사람들이 윗사람들의 나쁜 풍습에 영향을 받아 신혼 때 음란했고, 옛 아내를 버려 부부가 서로 연을 끊고 헤어지니 나라의 풍속이 상하고 무너졌다.

'정녀(靜女)'[2]는 시대를 풍자한 것이다. 당시 위나라 군주는 도리가 없었고〔無道〕 부인은 다움이 없었다〔無德〕.

'신대(新臺)'[3]는 위나라 선공(宣公)을 풍자한 것이다. 급(伋-선공의 아들)의 아냇감을 들이면서 하수 가에 신대를 지어 맞이하니 나라 사람들이 그것을 미워하여 이 시를 지었다. 시 중에서 '두 사람이 배를 타고 가니〔二子乘舟〕'라는 것은 급과 수(壽-선공과 급의 아내 사이에서 난 아들) 두 사람을 그리워한 것이다. 위나라 선공의 두 아들이 서로 죽기 살기로 싸워대니 나라 사람들이 서글퍼하고 그리워했다.

1 「패풍(邶風)」의 편 이름이다.

2 「패풍」의 편 이름이다.

3 「패풍」의 편 이름이다.

신이 가만히 살펴보겠습니다. (『시경』을 풀이한) 모씨(毛氏-모장)가 말했습니다.

"선공은 급이 제나라 여인을 아내로 맞아들이자 그 여인이 아름다운 것을 보고서 빼앗아 수와 삭(朔)을 낳았다. 그리고 삭이 그 어미와 함께 급을 선공에게 참소하자 선공이 급을 제나라에 가도록 하고서는 적(賊)을 시켜 먼저 가서 골목길에서 기다리고 있다가 급을 죽이라고 했다. 수가 이것을 알고 급에게 알려 도망치도록 하였으나, 급은 '군주의 명이니 도망갈 수 없다'고 말했다. 수가 그 깃발을 훔쳐 먼저 달아나니 적이 그를 죽였다. 급이 뒤에 도착하여 말하기를 '군주가 나를 죽이라고 했지 수가 무슨 죄가 있는가'라고 하자 적이 급도 죽였다."

(『시경』) '장유자(牆有茨)'[1]는 위나라 사람들이 윗사람을 풍자한 것이다. 공자 완(頑)이 임금의 어머니와 간통하니 나라 사람들이 이를 미워했으나 입에 올려 말을 할 수 없었다.[2]

'군자해로(君子偕老)'[3]는 위나라 부인(夫人)을 풍자한 것이다. 부인이 음란하여 군자를 섬기는 데 도리를 잃었다.[4]

'상중(桑中)'[5]은 음란한 짓거리〔奔(분)〕를 풍자한 것이다. 위나라 공실(왕실)이 음란하여 남녀가 서로 쫓아다녀 귀족 가문의 사람들까지 서로 처와 첩을 도둑질하여 그윽하고 먼 곳에서 만나기로 약속하니 정치가 산만해지고 백성들은 떠돌게 됐는데 그치게 할 수가 없었다.

'순지분분(鶉之奔奔)'[6]은 위나라 선강(宣姜)을 풍자한 것이다. 위나라 사람들은 선강을 메추리〔鶉〕나 까치〔鵲〕만도 못하다고 여긴 것이다.

'정지방중(定之方中)'[7]은 위나라 문공(文公)을 찬미한 것이다. 위나라가 오랑캐〔狄〕에게 멸망당하고 동쪽으로 옮겨 황하를 건너 조읍(漕邑)에 임시로 여막을 치고 들판에 거주했는데 제나라 환공이 융적(戎狄)을 물리치고 다시 위나라를 봉해주었다.

'체동(蝃蝀-무지개)'[8]은 음란한 짓거리를 금지한 것을 노래한 것이다. 위나라 문공이 도리로써 백성들을 교화시키니 음란한 짓거리를 하는 것을 부끄러워하여 그런 짓거리를 하는 자는 나라 사람들이 사람으로 간주하지 않았다.

'맹(氓-이주해 온 백성)'[9]은 선공을 풍자한 것이다. 선공의 시대에 예의가 사라져 음란한 풍조가 크게 유행하니 남녀가 분별이 없어 마침내 서로 달려가 유혹했으며, 아름다운 용모가 쇠하면 다시 서로 버리고 등졌다.

1 「용풍(鄘風)」의 편 이름이다.

2 선공(宣公)이 죽고 혜공(惠公)이 즉위했는데 혜공이 아직 어렸다. 그의 배다른 형 완이 선강(宣姜-급의 아내)과 간통했다.

3 「용풍」의 편 이름이다.

4 부인이란 곧 선강(宣姜)이다.

5 「용풍」의 편 이름이다.

6 「용풍」의 편 이름이다

7 「용풍」의 편 이름이다.

8 「용풍」의 편 이름이다.

9 「위풍(衛風)」의 편 이름이다.

신이 가만히 살펴보겠습니다. 패(邶), 용(鄘), 위(衛)는 시풍에 따라 셋으로 나눴지만 실은 모두 다 위나라입니다. 위나라 선공은 그의 아들 급의 아내를 빼앗아 부인으로 삼았으니 이에 신대(新臺)의 풍자와 정녀(靜女)의 풍자가 서로 연결되어 시로 만들어졌고, 그로 인해 아들을 참소하여 죽이니 '두 사람이 배를 타고 가니〔二子乘舟〕(이자 승 주)'라는 시구가 만들어졌으며, 부부가 도리를 잃어 나라 사람들이 온통 비슷하게 따라하는 것을 풍자하여 '곡풍'과 '상중'과 '맹'의 시가 만들어졌고, 선공이 죽자 공자 완이 선강과 간통〔烝〕(증)하니 '장유자'와 '군자해로'와 '순지분분'의 시가 또한 만들어진 것입니다.

두 임금이 지나고 의공(懿公)에 이르러 마침내 오랑캐〔狄人〕(적인)에게 나라를 잃자 문공이 즉위하니 '정지방중'과 '체동'은 그런 맥락에서 지어진 시입니다.

이와 관련된 시는 모두 10여 편이지만 사안의 차례로 보자면 대략 이와 같습니다.

'신대' 1장에서는 "편안하고 순한 사람〔燕婉〕(연완)을 얻으려 했건만 / 얻은 사람은 추악함〔籧篨〕(거저) 덩어리구나"[1] 라고 했고, 3장에서는 "편안하고 순한 사람〔燕婉〕을 얻으려 했건만 / 이런 추악한 인간〔戚施〕을 얻게 됐네"라고 했는데 거저(籧篨)란 우러러보기는 하는데 구부릴 수 없다〔仰而不俯〕는 것이고, 척이(戚施)는 구부러지기는 하는데 우러러 볼 수 없다는 것입니다. 이는 둘 다 악질적인 인간을 가리킵니다. '편안하고 순한 사람〔燕婉〕'이란 급을 가리켜 말한 것입니다. 연(燕)은 안(安), 완(婉)은 순(順)과 같은 뜻입니다. 제나라 여인이 찾아온 것은 원래는 편안하고 순한 사람〔燕婉〕을 만나기 위한 것이었는데 실제로 만나게 된 것은 이 악질적인 인간 선공이었던 것입니다. 사실 선공에게는 아무런 질병이 없었으니 여기서 악질(惡疾)이라 한 것은 진짜 질병이 아니라 그가 한 행동이 그만큼 나빴다는 뜻입니다. 그래서 악질이라는 말을 쓴 것일 뿐입니다.

이로 인해 급과 수는 죽게 됐고, 나라의 풍속은 엉망이 되자 아들 완이 아버지를 그대로 본떠 임금의 어머니〔君母〕와 간통했으니 위나라의 임금과 아들이 행한 짓은 다 오랑캐〔夷狄〕의 그것과 똑같고, 위나라의 풍속 또한 오랑캐의 풍속보다 더 타락했다고 할 수 있습니다. 그러니 어찌 오랑캐로부터 화를 입지 않을 수 있었겠습니까?

무릇 오랑캐는 중국을 멸할 수가 없습니다. 그런데 결국 중국이 스스로 오랑캐 꼴이 된 이후에야 오랑캐가 중국에 대해 거리낌 없이 할 수 있게 됐으니 이는 그들이 오랑캐와 서로 마음이 딱 맞아떨어졌기 때문입니다. 이는 오랜 옛날에도 크게 사정이 다르지 않았습니다. 원래 선공은 즉위 초부터 정욕에 탐닉해 스스로를 통제하지 못했습니다. 그러니 그는 자신에게 닥칠 재앙이 이처럼 가혹할 것이라고는 생각지도 못했을 것입니다.

그러나 문공이 일거에 흥하여 도리로써 백성들을 교화하여 음란하게 서로를 뒤쫓아다니던 습속은 따라서 바뀌게 됐으니 한 나라가 하는 일에 대한 (백성들의) 믿음은 임금 한 사람의 근본과 연결돼 있다 하겠습니다.

'장유자' 1장에서는 "집안〔中冓=閨中〕의 말이여 / 입에 담을〔道〕 수가 없구나 / 만일 말로 한다면 / 말이 추해질 수밖에"라고 했고, 2장에서는 "자세하게〔詳〕 말할 수 없구나"라고 했고, 3장에서는 "입으로 되뇔〔讀〕 수 없구나"라고 했습니다. 대개 음란하고 추잡스러운 것은 사람의 어금니와 뺨을 더럽힐 것이니 말로 할 수 없는데 하물며 그것을 자세하게 말하고 입으로 되뇔 수 있겠습니까?

무릇 이처럼 말로 하는 것도 해서는 안 되는데 하물며 성인(-공자)께서 경전(-『시경』)에 그것을 드러내어 기록한 것은 어째서이겠습니까? 마침 이에 대해서는 선배 유학자 양시(楊時)가 풀어서 말한 것이 있습니다.

"예로부터 음탕하고 난잡한〔淫亂〕 임금은 스스로 규중에 비밀리에 숨어 지내려 하니 세상은 그것을 알 수가 없는 것이다. 그래서 자기 마음대로 굴면서 돌이켜볼 생각을 하지 않으니 성인께서 그것을 경전에 드러내어 후세에 나쁜 짓을 하는 사람들로 하여금 비록 규중의 말이라도 역시 숨길 수 없다는 것을 알게 하기 위함이었다. 따라서 그것이 일깨우고 경계하는 바〔訓戒〕가 깊다고 하겠다."

고사(故事)에서 (『시경』의) 「국풍(國風)」에 실린 시들을 경연에서 강의하지 않았는데 선배 유학자 호안국(胡安國)은 그것이 잘못된 것이라 비판했었습니다.

신이 지금 여기에 시(의 내용)들을 나열한 것은 임금들이 음란과 안일〔淫泆〕 하나로써 백성들을 이끌면 중화〔華〕가 오랑캐〔狄〕로 바뀌고

(반대로) 도리와 교화〔道化〕 하나로써 백성들을 인도하면 오랑캐가 중화로 바뀐다는 것이 거의 손바닥 뒤집기만큼 쉬운 것일 뿐임을 훤하게 밝혀주고 싶었던 것입니다. (『시경』) 「진풍(陳風)」의 '주림(株林)'과 '택파(澤陂)' 등의 시도 다 음란함을 비판하며 지은 시들이기 때문에 그로 인한 재앙은 대략 위의 시들과 같지만 일일이 다 거론할 수는 없었습니다.

1) 당초 급과 혼인하려 했던 제나라 여인의 입장에서 볼 때 급은 편안하고 순한 사람이지만 선공은 추악하기 그지없다는 뜻이다.

(『국어』) 진(晉) 나라 헌공(獻公)이 여융(驪戎) 정벌을 앞두고 점을 치자 사소(史蘇)가 점을 친 결과를 말했다.

"이기기는 하겠지만 길하지 않습니다."

헌공은 그 말을 받아들이지 않고 드디어 여융을 정벌하여 승리를 거두었다. 그리고 여희(驪姬)를 포로로 잡아 개선한 다음 그녀를 총애해 그를 부인(夫人)으로 세웠다. 헌공이 대부들과 술자리를 마련하고서 사정(司正)에게 명하여 잔을 채워 사소에게 주도록 하면서 말했다.

"술은 주지만 안주는 없다. 무릇 이번 여융과의 전쟁에서 그대는 말하기를 '이기기는 하겠지만 길하지 않습니다'라고 했다. 그래서 그대에게 상으로 술만 내리고 그 벌로 안주는 내리지 않겠다. 승리를 거둔 데다가 여희까지 얻었으니 이보다 더 큰 길한 일이 어디 있겠는가?"

사소가 마침내 잔을 다 비운 다음 두 번 절하여 머리를 숙인 다음 말했다.

"점괘의 징조가 그렇게 나와 신은 감히 그것을 가릴 수 없었습니다. 징조를 가리는 것은 신의 직책을 버리는 것입니다. 이런 두 가지 죄를 짓고서 어떻게 임금을 모실 수 있겠습니까? 큰 벌이 장차 이를 텐데 그나마 안주가 없는 벌이라면 고마울 따름입니다.

그렇지만 임금께서는 길하다는 말에 즐거움을 느끼는 만큼 흉하다는 것에도 대비를 잘 갖추셔야 할 것입니다. 흉한 조짐이 없었다면 무슨 대비할 해로움이 있었겠습니까? 허나 만약에 흉한 조짐이 나왔다면 이를 대비해야 치료가 될 것입니다. 신의 점이 맞아떨어지지 않아 믿을 것이 없게 된다면 나라의 복이 될 것입니다."

술자리가 끝나자 사소는 밖으로 나가 대부들에게 말했다.

"남자 병사〔男戎〕가 있다면 반드시 여자 병사〔女戎〕도 있는 법입니다. 우리 진나라가 남자 병사로 이겼으니 여융 역시 여자 병사로 우리 진나라를 이길 것입니다."

이극(里克)이 물었다.

"그게 무슨 말이오?"

사소가 말했다.

"옛날에 하나라의 걸(桀)이 유시(有施)를 정벌하자 유시에서 말희(妺喜)를 주었습니다. 말희는 걸에게 총애를 받아 이윤과 함께 하나라 멸망을 두고 다투었습니다. 그리고 은나라의 마지막 임금 신(辛-주왕)이 유소(有蘇)를 정벌하자 유소에서 달기(妲己)를 주었습니다. 달기는 주에게 총애를 받아 교격(膠鬲)과 함께 은나라 멸망을 두고 다투었습니다. 또 주나라 유왕이 유포(有褒)를 정벌하자 유포에서 포사(褒姒)를 주었습니다. 포사는 유왕의 총애를 받아 백복(伯服)을 낳았습니다.

이에 마침내 태자 의구(宜臼)를 쫓아내고 백복을 세웠으며 태자가 신(申) 나라로 도망가자 신나라는 서융을 불러들여 주나라를 정벌했으니 주나라는 이로 인해 결국 망하고 말았습니다.

지금 우리 진나라(군주)는 다움은 적으면서 포로로 잡아온 여희에게 안주하고 있으며, 게다가 총애하는 바가 옛 (그릇된) 임금들보다 더하니 비록 하은주 삼대의 마지막 왕들과 똑같은 신세가 된다 한들 진실로 그렇게 될 수밖에 없지 않겠습니까?"

헌공이 여희를 부인으로 삼아 해제(奚齊)를 낳았고, 여희의 동생은 탁자(卓子)를 낳았다. 이에 사소가 말했다.

"어지러움의 뿌리가 생겨난 것입니다. 어지러움은 반드시 여자 병사에서 생겨날 것이니 삼대가 다 그러했습니다."

여희는 과연 난(難)을 일으켰다.

신이 가만히 살펴보겠습니다. 사소는 말하기를 "남자 병사〔男戎〕(남융)가 있다면 반드시 여자 병사〔女戎〕(여융)도 있는 법입니다"라고 했는데 이 말은 참으로 고금(古今)을 통틀어 지극한 말입니다. 그런데 말희를 이윤과 대등하게 놓고 달기를 교격과 대등하게 놓은 것은 어째서이겠습니까?

이윤은 (상나라를 세운) 탕왕을 도와 걸을 정벌했던 사람이고, 말희는 걸의 다움을 망쳐놓은 사람입니다. 두 사람은 걸의 패망을 가속화했으니 두 사람 다 걸을 정벌했다고 하겠습니다. 이윤은 밖에서 정벌한 것이고 말희는 안에서 정벌한 것입니다. 그렇기 때문에 이렇게 말한 것이니 만약에 말희의 정벌이 없었더라면 이윤의 정벌은 불가능했을 것입니다. 달기를 교격과 대등하게 놓은 것도 그 취지가 똑같습니다.

아! 임금들은 변경의 적은 알면서도 깊은 궁궐 속의 적은 알지 못합니다. 굳센 갑옷과 예리한 창칼로 짐승처럼 달리고 멧돼지처럼 달려드는 것이 변경의 적이요, 용모를 곱게 하여 낯빛을 요염하게 하면서 유혹하고 혼을 빼놓는 것이 깊은 궁궐 속의 적입니다. 따라서 변경의 적은 밖에서 나를 흔들어대니 피부에 생기는 질병이요, 깊은 궁궐 속의 적은 안에서 나를 해치니 뱃속의 재앙입니다. 피부병을 다스리는 것은 쉽고 뱃속의 재앙을 다스리는 것은 어려울 수밖에 없습니다.

그래서 신은 사소의 말이 "참으로 고금을 통틀어 지극한 말입니다"라고 했던 것입니다.

(『춘추좌씨전(春秋左氏傳)』 노나라 소공(昭公) 원년(기원전 541년)) 진(晉) 나라 후(侯-평공(平公))가 병에 걸리자 진(秦) 나라에 의원을 보내달라고 청했다. 진나라 백(伯-경공(景公))은 의원 화(和)로 하여금 가서 그를 보도록 했다. 의원이 와서 보고 말했다.

"이 병은 고칠 수 없습니다. 이는 여자를 가까이해서 생긴 병으로 고(蠱-뱃속벌레)와 같은 병입니다. 귀신이 붙은 것도 아니고 음식으로 인해 생긴 것도 아닙니다. 어딘가에 혹하여 뜻을 잃었기 때문입니다. 훌륭한 신하〔良臣(양신)〕가 곧 죽으려 하는데 하늘이 돕지 않습니다."

평공이 물었다.

"여자를 가까이해서는 안 된다는 것인가?"

의원 화가 답했다.

"절제해야 합니다. 음의 음란함이 지나치면 한질(寒疾)이, 양의 음란함이 지나치면 열질(熱疾)이 생기는 것이니 여자는 양을 따르는 것이므로 어두운 때를 가까이하되 지나치면 내열(內熱)이나 혹고(惑蠱)의 병이 생깁니다. 지금 임금께서는 여자를 접함에 절도를 지키지 않으시고 때도 가리지 않으시니 이런 병이 걸리지 않을 수 있겠습니까?"

의원이 물러 나와서 조맹(趙孟)에게 이를 전했더니 조맹이 말했다.

"당신이 말한 훌륭한 신하란 누구인가?"

의원이 말했다.

"바로 어르신을 두고 한 말입니다. 어르신은 진나라의 재상이 되어 지금 8년이 됐는데 그동안 이 진나라에 아무런 어지러움이 없었고 제후들도 빠트리는 것이 없었으니 훌륭한 신하라 할 수 있을 것입니다. 제가 듣기에 '한 나라의 대신이란 총애와 녹을 영광스럽게 여기면서 큰 정치를 맡고 있다. 그런데 장차 재앙이 일어나려 하는데도 이를 바로잡지 않는다면 반드시 그 자신이 모든 허물을 뒤집어쓰게 되리라'고 했습니다. 지금 임금이 지나치게 여색을 밝혀 병이 나서 장차 사직을 도모할 수가 없을 테니 이보다 더 큰 재앙이 있겠습니까? 그런데도 어르신께서 이를 막아내지 못하니 저는 그 때문에 그런 말씀을 드린 것입니다."

정자산(鄭子産)[1]이 진(晉) 나라에 가서 평공을 병문안하자 숙향(叔向)[2]이 병환에 대해 물었다. 이에 정자산이 대답했다.

"저 교(僑)가 듣기에 임금에게는 하루에 네 번의 때가 있다고 했습니다. 아침에는 국사를 처리하고 낮에는 두루 의견을 듣고, 저녁에는 명령을 가다듬고 밤에는 몸을 편하게 쉰다고 했습니다. 이에 몸 안의 기운을 절제하기도 하고 발산하기도 하여 기운이 막히거나 쌓이게 되어 몸을 파리하게 하지도, 마음이 밝지 않아 모든 일에 어둡고 어지러움〔昏亂〕이 생겨나게 하지도 말아야 하는데 지금 이곳의 임금께서는 마음을 오로지 한곳에만 써서 병환이 난 듯합니다.

또 이 교가 듣기에 비빈(妃嬪)은 동성(同姓)을 취하지 않는다고 합니다. 남녀의 성을 구별하는 것은 예법의 큰 근본인데 지금 진나라 임금의 비빈 중에는 희씨(姬氏)가 네 명이니 지금 이곳의 임금께서는 이로 인해 병환이 난 듯합니다. 만약에 이 두 가지에서 병이 비롯됐다면 치료할 수 없습니다. 그러나 네 희씨가 임금을 모시는 시간을 줄인다면 오히려 치료가 될 수 있을지 모르지만 그렇지 않다면 반드시 병이 심해질 것입니다."

숙향이 말했다.

"참으로 좋은 말입니다. 나는 지금까지 이런 말을 들어보질 못했소이다."

1 자산은 정나라의 대부이며 이름은 교(僑)다.

2 진나라의 대부다.

신이 가만히 살펴보겠습니다. 의원 화와 정자산의 논의는 대략 서로 겉과 속을 이루는 것입니다. 말하자면 음(陰)은 양(陽)에 뿌리를 두니 여자는 양을 따르고, 사람의 도리는 저녁〔夕〕이 됩니다. 그래서 말하기를 어두운 때〔晦時〕라고 한 것입니다. 음란함이 지나치면 내열이나 혹고의 병이 생겨난다고 한 것은 여자가 양을 따르기 때문에 내열이 생기는 것이며, 여자가 어두운 때를 가까이 하기 때문에 혹고가 생기는 것입니다. 따라서 이것은 음양(陰陽)의 이치로 풀어낸 것입니다.

요약하자면 마음이라는 것은 한 몸의 뿌리요 모든 질병의 원천이라 여색에 대한 음란함이 지나치게 되면 마음이 황폐해지고 흔들리게 될 것이니 어찌 병이 생기지 않을 수 있겠습니까? 그래서 정자산은 말하기를 마음이 밝지 않아 "모든 일에 어둡고 어지러움〔昏亂〕이 생겨나게 하지 말아야 한다"고 했던 것입니다. 따라서 그의 논의는 의원 화의 말보다 훨씬 더 정밀하고 간절합니다.

그러면 의원 화가 대신(-조맹)을 책망한 것은 무엇입니까? 대신이 임금을 모시는 것의 요체는 임금의 다움과 의로움〔德義〕을 곁에서 도와주고 그 몸을 잘 보전하는 데 있습니다. 옛날의 사례를 보면 주공은 진실로 바로 이 일을 자신의 책임으로 자임했습니다. 그래서 '무일(無逸)'을 지어 진정으로 안일함에 빠져들지 말 것을 일러주어 성왕으로 하여금 하늘의 명을 오래오래 이어갈 수 있도록 해주었습니다. 반면에 후세에 와서는 임금을 제대로 보필하는 자들이 드물어져 관중(管仲)은 재상이면서도 임금이 여섯 첩을 총애하는 것을 바로잡아주지〔規〕 못했고, 조무(趙武)도 재상으로서 임금이 네 명의 후궁에게 푹 빠져 있는 것을 구제해 주지 못했으니 무릇 이 두 사람은 간사하거나 악하지 않았는데도 대신의 해야 할 바에 어두워 임금의 지나친 음란함을 막지 못해 그 책임을 면할 수 없습니다. 그런데 하물며 간사하고 악한〔姦慝〕 마음을 품고서 임금을 음란한 데로 이끄는 자는 도륙의 죄를 면할 수 있겠습니까?

정자산이 말한 하루 네 번의 때〔四時〕란 무엇을 말하는 것이겠습니까? "아침에는 국사를 처리하고 낮에는 두루 의견을 듣는다"고 했으니 이는 노고를 다한다〔勞〕는 뜻이고, 저녁에는 국사를 처리하는 바는 없고 (앞으로 내리게 될) '명령을 가다듬을' 뿐이며 밤에는 의견을 두루 듣는 바는 없고 '몸을 편하게 쉰다'고 했으니 편안하게 지낸다〔逸〕는 뜻입니다.

움직이고 가만히 있는 것〔動靜〕에 때가 있고, 노고를 다하고 편안하게 지내는 것〔勞逸〕에 절도가 있다면 어찌 병이 생기겠습니까?

'몸을 편하게 쉰다' 운운한 대목을 잘 음미해 본다면 그것은 밤의 기운이 맑고 평온할 때 마땅히 더욱더 스스로의 몸과 마음을 길러〔自養〕 다음 날의 '아침에는 국사를 처리하고 낮에는 두루 의견을 듣는' 일의 밑거름〔地〕으로 삼으라는 뜻이지 그것이 설마 유혹에 빠져 무절제하라는 것이겠습니까? 하물며 그렇게 한결같이 하라〔一〕는 것이겠습니까? 이때 한결같이 하라는 것은 밤늦도록 자신을 마구 풀어놓고 욕망이 시키는 대로 한다는 뜻입니다.

"비빈은 동성을 취하지 않는다"고 했으니 그렇다면 성이 다른 여자는 실제로 아무런 해가 없다는 뜻이겠습니까? 제가 볼 때 이 말은 정자산이 다만 진나라만을 놓고 볼 때 이러했으니 그렇게 말한 것일 뿐이지 달기나 포사가 어찌 동성입니까?

옛날부터 많은 사람들이 여색으로 인한 재앙〔色禍〕을 논해왔지만 정자산과 의원 화가 논한 것은 더욱더 임금들이 마땅히 경계해야 할 것이며, 대신들은 그 일을 자신의 소임으로 삼아야 할 것입니다. 그래서 두 사례를 나란히 드러내었던 것입니다.

(『한서』) 한나라 성제 때 조(趙) 황후[1]가 이미 세워졌으나 총애가 조금씩 사그라지자 황후의 여동생이 절대적인 총애를 받아 소의(昭儀)가 되어 소양사(昭陽舍)에서 살았는데 그 가운데 뜰은 붉은 색으로 단장하고 전각은 검은 옻칠을 했으며, 문설주는 다 구리로 만들고서 황금으로 도색을 하고 흰 옥으로 계단을 만들었으며, 벽에는 띄엄띄엄 황금 못을 박고 남전(藍田-산시성 란톈현)의 옥구슬, 명주, 비취를 끼워 넣어 장식을 했다. 그 뒤로 궁에 이렇게 호화로운 장식을 했던 적은 없었다.

황후와 여동생은 10여 년 동안 전적인 총애를 받았지만 끝내 둘 다 자식이 없었다. 그래서 후궁들 중에서 은혜를 입어 아들을 낳기라도 하면 문득 죽여버렸고, 그들에게 (낙태) 약을 먹여 몸을 상하게 하거나 밀어서 떨어트린 사례는 수도 없었다.

성제는 평소 건강하여 아무런 질병이 없었는데 갑자기 세상을 떠나자〔暴崩〕(폭붕) 민간에서는 조소의가 그랬을 것이라고 했다. 황태후가 여러 사람으로 하여금 소의의 죄상을 다스리도록 하자 조소의는 자살했다.

그에 앞서 이런 동요가 유행했다.

"제비들이 꼬리 치니 / 장공자 이때 황제와 서로 가까워 / 나무 문 곳간에 청동 문고리 / 제비 날아들어 / 황손을 쪼아대니 / 황손은 죽었는데 / 제비는 계속 쪼아대는구나!"[2]

이 무렵 성제가 매번 미행하러 대궐을 나갈 때마다 늘 장방(張放)[3]을 함께 데리고 다니며 부평후(富平侯)로 삼았다. 그래서 (왕자에게나 붙이는) 공자라고 불렀다. '곳간에 청동 문고리'란 장차 귀하게 됐다는 뜻이다.

신이 가만히 살펴보겠습니다. 조소의가 처음 들어왔을 때 그 자태가 농염하고 뇌쇄적이어서 보는 사람들마다 탄성을 내지르지 않을 수 없었는데 선제(宣帝-성제의 할아버지) 때의 피향박사(披香博士) 요방성(淖方成)만이 황제의 뒤에 서 있다가 소의를 보는 순간 탄식하며 말했습니다.

"저 여인은 재앙을 부르는 물〔禍水〕입니다. 반드시 불을 멸할 것입니다."[1] 이 일은 사마광의 『자치통감』에 보입니다. 포사(褒姒-주나라 유왕의 황후)의 난 때 용의 거품이 대궐 뜰에 떨어졌는데 아무리 지우려 해도 지워지지 않는 재이〔龍漦之異〕[4]와 산뽕나무로 만든 활과 기(箕)나무로 만든 화살통〔檿弧箕服〕의 상서로움〔祥〕[5]을 언급하면서 사백(史伯)이 말했습니다.

"재앙이 바로 앞에 닥쳐도 고운 처와 총애받는 첩은 하늘과 땅의 바른 기운을 결코 만들어낼 수 없습니다."

이 말은 이 장과 그 뜻이 비슷해 나란히 붙여 실었습니다.

1 한나라는 불의 다움〔火德〕을 숭상했다.

1) 이름은 조비연(趙飛燕)이다.

2) 장공자 장방을 매개로 해서 조비연이 황후의 자리를 차지해 황족을 억압한 이야기를 노래한 것이다.

3) 역사에서는 성제와 장방이 동성애를 즐겼다고 한다.

4) 이 용은 포나라 것으로 주나라 왕실에서 그것을 거두어 궤짝 속에 넣어두었는데 어느 날 궤짝 밖으로 용의 거품이 흘러나오는 이변이 일어났다고 한다.

5) 이 활과 화살을 만들어 팔던 부부가 있었는데 예로부터 한 동요에 '산뽕나무 활과 기나무 화살통이 주나라를 망하게 하리라'라는 말이 있어 선왕이 이들을 죽이려 했다. 부부는 도망치다가 어린 여자아이를 주워 포나라로 도망쳤다. 그 아이가 훗날 포사다.

(『신당서』) 당나라 현종의 귀비(貴妃) 양씨(楊氏)는 원래 수왕(壽王)[1]의 왕비였다. (현종이 아끼던) 무(武) 혜비가 세상을 떠난 후 후궁들 중에서는 현종의 마음에 드는 사람이 없었다. 그런데 누가 양씨의 자태가 지극히 빼어나니〔天挺 천정〕 마땅히 액정(掖庭-대궐 내)으로 충원해야 한다고 해서 마침내 금중으로 불러들였다.

1 수왕은 현종의 아들 이모(李瑁)다.

신이 가만히 살펴보겠습니다. 이것은 당장 '신대'1)에 비견됩니다. 현종은 이 점에서 이미 사람의 도리를 잃었다고 할 수 있습니다.

1) 아들의 신붓감을 자신의 후궁으로 맞아들인 것을 비판한 『시경』의 시로 앞에서 본 바 있다.

(『신당서』) 이에 양씨를 만나보고서는 기이하게 여겼다.

그래서 곧장 양씨로 하여금 자발적으로 후비(後妃)가 되고 싶다는 의사를 밝히게 한 다음 여관(女官-후궁) 명부에 이름을 올리도록 하고 새롭게 태진(太眞)이라는 호칭을 지어주었다. 그리고 수왕을 위해서는 위소훈(韋昭訓)의 딸을 주어 혼인시켰고, 태진은 궁궐에 들어와 마침내 총애를 얻을 수 있었다.

양씨는 노래와 춤에 뛰어났고 음률에도 정통했으며, 또 지혜로운 두뇌를 가졌고 재치가 있어 총명했다. 그리고 현종의 마음을 미리 알아내 그에 맞추며 항상 지혜로 재주를 발휘했다.

이에 현종은 크게 기뻐했으며 드디어 연회에 혼자서만 참석하니 궁중에서는 '마님〔娘子(낭자)〕'이라고 높여 불렀고 의례와 예법에서 황후와 동등한 대우를 받았다. 그래서 (천보(天寶) 초에) 귀비(貴妃)로 책봉됐다. 귀비의 세 언니도 다 잘 살 수 있도록 해주고서 황제는 이들을 처형〔姨(이)〕이라고 불렀으며, 각각 한국(韓國) 부인, 괵국(虢國) 부인, 진국(秦國) 부인으로 봉하여 대궐을 마음대로 드나들 수 있게 해주었다. 이들에게 베푸는 총애와 은덕이 너무 커서 천하를 떨게 할 정도였으니 이들이 중앙이고 지방이고 할 것 없이 각급 관리들에게 청탁을 하면 들어주는 것이 황제의 조칙보다 엄격했고, 사방에서 뇌물과 선물을 바쳐대니 이들 집의 문 앞은 마치 장터와 같았다.

다른 날에 현종은 어떤 일로 귀비를 꾸짖고 집으로 돌아갈 것을 명했는데, 시간이 흐르자 현종은 식사도 하지 않으면서 툭하면 좌우의 근신들에게 태형을 가하거나 화를 냈다. 이에 환관 고력사(高力士)가 황제의 속뜻을 알아차리고서 그날 저녁 귀비를 환궁시켜야 한다고 청했다.

이 일을 계기로 현종은 양귀비에게 더욱 큰 총애를 보냈다. 귀비는 행차를 할 때마다 말을 탔는데 그 고삐를 고력사로 하여금 잡도록 했다. 그리고 귀비가 입거나 장식할 비단옷이나 금, 옥 등 장신구를 짓거나 세공하는 전문가만 대략 1천 명이었다. 그래서 기묘한 의상과 각종 장신구들은 변화무쌍했으며 사방에서 진귀한 물건들이 들어오니 눈과 귀가 휘둥그레질 정도였다. 귀비는 여주라는 과일을 반드시 신선한 채로 먹고 싶어 했는데 이를 위한 별도의 특급 기마부대를 설치해서 수천 리를 달려 가져오게 했다. 그럴 때마다 아직 맛이 조금도 변하지 않았는데 벌써 경사에 도착했다.

해마다 10월이면 황제는 화청궁(華淸宮)에 행차를 했는데 이때마다 다섯 양씨[1)] 집안의 호위 기마부대도 다 따라왔다. 각 집안별 깃발색이 달랐고, 각 병사들은 같은 색의 옷을 입어 서로 구별했는데 이들이 한데 모이자 그 다섯 가지 색깔들이 어우러져 현란하기가 마치 수만 가지 꽃이 핀 듯하여 냇물과 계곡도 비단 수를 놓은 듯했다. 그리고 이때 양국충(楊國忠)은 검남(劍南-쓰촨성 청두시) 절도사의 깃발과 부절을 갖고서 이들을 총지휘했는데 이들은 길바닥에 금비녀를 흘리고 보배 구슬들도 길에 낭자하였으며 그 화장냄새는 수십 리까지 퍼졌다.

애초에 안녹산(安祿山)이 변방의 장수로 있었는데 황제가 그를 총애하여 자신의 여러 처형들과 친족처럼 지내라고 하니 안녹산이 귀비를 어머니처럼 모셨다. 그리고 조정에 들어오면 반드시 연회를 베풀어 크게 위로해 주었다.[1] 그리고 안녹산이 반란을 일으켰을 때 양국충을 주살하는 것을 명분으로 삼았고, 또 귀비와 여러 처형들을 지목하여 죄를 조목조목 말하자 황제는 황태자로 하여금 군대를 지휘하도록 하고 황위를 물려주려 하니 여러 양씨들은 크게 떨면서 대궐 뜰에 나와 통곡했다.

그리고 양국충이 귀비를 만나 건의하자 귀비는 목숨을 걸고 반대했고, 결국 황제는 선위 의사를 꺾었다. 그리고 서쪽으로 몽진하면서 마외(馬嵬)에 이르렀을 때 진현례(陳玄禮) 등이 천하의 계책이라는 이름으로 양국충을 주살하려 했는데 그는 이미 살해된 뒤였다. 그리고 진현례 등이 (귀비를 내놓으라고) 계속 압박을 가하자 황제는 고력사를 보내 물었고, 그들은 "화의 근본은 아직도 그대로 남아 있소"라고 답했다. 황제는 결국 어쩔 수 없이 (고력사를 시켜) 귀비를 내보내 불당으로 나아가게 하여 목매어 죽게 했다. 그리고 자주색 돗자리로 시신을 감싼 다음 길가에 묻었다.

1 귀비는 일찍이 안녹산을 자식으로 삼아 현종으로부터 둘 사이를 공인받았다. 그래서 두 사람은 안녹산을 녹아(祿兒)라고 불렀다. 안녹산이 어느 날 후궁 안에 머물며 밤이 되어도 나가지 않아 자못 추한 소리가 밖에까지 들려왔으나 황상은 끝내 그것을 금하지 않았다.

사신(史臣) 구양수(歐陽脩)가 말했습니다.

"아! 여자가 인간사에 일으킬 수 있는 재앙이 참으로 심하도다. 당나라는 고조(高祖)에서부터 중종(中宗)에 이르기까지 크게 두 차례 여자로 인한 재앙[1]을 겪으며 나라가 거의 망할 뻔하다가 겨우 이어졌다. 중종은 그 몸을 보존하지 못했고 위씨도 결국은 멸족을 당했다. 현종은 자신이 몸소 이 난을 평정했으니 귀감이 될 만했고, 여자들을 멀리하면서 바야흐로 정사(政事)에 온 힘을 쏟은 결과 개원 연간에 거의 태평시대를 구가

했는데 얼마나 성대했던가? 그런데 사치스러운 마음이 일단 생겨나자 천하의 욕심을 다 부리고서도 그 즐거움에 만족하지 못해 자신이 총애하는 미인에 흠뻑 빠져버려서 경계해야 할 바를 잊었으니 결국은 변란이 일어나 몸은 피난을 가야 했고, 거의 나라를 잃어버릴 뻔했지만 끝내 참회하지 않았다.

그 일의 시작과 끝의 기이함을 잘 고찰해 보면 이와 같으니 조심하지 않을 수 있겠는가? 조심하지 않을 수 있겠는가?"

호인(胡寅)이 말했습니다.

"천자의 존귀함과 위엄은 사해를 제압하고도 남는데 일개 아녀자를 다루지 못하는 것은 어째서인가? 원망이 쌓이면 재앙이 일어나기 마련이다. 현종이 양비(楊妃)에게 빠져 있었던 것이 10년인데 이 기간 동안 왕홍(王鉷)은 색역사(色役使-세금 관리)가 되어 30년간 조용(租庸)을 책임졌고, 해마다 왕홍이 공식 세금 외에 받아낸 돈과 비단이 1백 억에 이르렀으며, 이것으로 궁중에서 열리는 온갖 연회와 선물 비용을 충당했으니 온 세상에 독을 퍼트렸다고 할 수 있다.

또 양국충은 양비의 먼 친척으로 관직에 진출했는데 선우중통(鮮于仲通)을 천거해 검남(劍南)의 군사를 지휘토록 했다가 20만 대군을 잃게 만들어 변경의 우환을 크게 열어놓았으니 독이 서남 지방에도 심하게 퍼져나갔다. 다섯 양씨〔五楊(오양)〕가 중앙 관리들에게 내리는 청탁은 황상의 제칙(制勅)보다 준엄했으니 또다시 독이 수도권에 퍼져나갔고, 양귀비는 안녹산을 사사로이 대했다가 반란을 불렀으니 또 독은 양하(兩河) 사이에서 훨씬 심해졌다.

한 사람이 세 가지 잘못을 저질러 원망이 이미 분명하게 드러났는데도 오히려 (현종은) 그 실상을 보려 하지 않았다. 하물며 원망이 온 우주를 가득 채웠으니 이는 오로지 양귀비 일가 때문이다. 그런데도 현종은 양귀비를 죽이는 것을 오히려 꺼렸으니 이는 어째서인가? 만일 (금군대장) 진현례 등이 속히 죽일 것을 권하지 않았다면 그 화는 반드시 현종의 몸에 미쳤을 것이다."

신이 가만히 살펴보겠습니다. 후세에 음란하고 놀기 좋아하는 임금들이 여자의 치마폭에 싸여 허우적거리다가 난을 불러들인 경우는 수없이 많지만 한나라의 조비연과 당나라의 양태진이 최악의 사례라 하겠습니다. 『춘추좌씨전』에서 말하기를 "무릇 뛰어난 미인은 사람의 마음을 흔들어놓기에 충분하니 다움과 의로움으로써 자제하지 않는다면 반드시 화를 입게 될 것이다〔夫有尤物足以移人 苟非德義則必有禍〕"라고 했습니다.

한나라 성제와 당나라 현종은 태평성대의 여유로운 때를 만나 수성(守成)의 경계를 지켜야 한다는 점을 잊고서 오로지 그 뜻을 성색(聲色)과 뛰어난 미인에게만 두어 요사스러운 자태가 눈을 흐렸고 간교한 계책이 마음을 흔들었습니다. 그래서 이 두 임금은 유연황종(流連荒縱)[2] 하여 스스로 이르기를 천하의 지극한 즐거움을 다 누리고 있다고 하면서 재앙의 뿌리와 어지러움의 싹〔禍胎亂萌〕이 이미 대궐 안방 안에서 자라나고 있다는 것은 전혀 몰랐습니다.

그래서 조비연이 황손을 쪼아대자 나라의 후사가 끊어졌고, 양태진이 안녹산을 끼고돌자 반란이 일어나 얼마 안 가서 천자의 자리〔鼎祚〕가 외척으로 옮겨갔고 오랑캐의 흙먼지가 대궐을 어둡게 만들었습니다.

여색이 재앙을 초래하는 것은 막야의 명검〔鏌鎁〕[3] 보다 처참하고 요원의 불길보다 뜨겁습니다.

대체로 그 재앙의 위험성이 이와 같은데 경계하지 않을 수 있겠습니까? 또 두려워하지 않을 수 있겠습니까?

1 무후(武后)와 위후(韋后) 두 사람을 가리킨다.

1) 세 부인과 사촌오빠 양섬(楊銛)과 양기(楊錡)를 가리킨다.
2) 이 말은 『맹자』에 나온다. "물길을 따라 내려갔다가 되돌아옴을 잊어버리는 것을 유(流)라 하고, 반대로 물길을 거슬러 위로 올라갔다가 되돌아옴을 잊어버리는 것을 연/련(連)이라 하고 짐승을 좇아 사냥을 하는데 만족할 줄 모르는 것을 황(荒)이라 하고 술을 즐겨 만족할 줄 모르는 것을 망(亡)이라고 합니다." 종(縱)은 망(亡)과 통한다.
3) 춘추시대 오(吳) 나라 임금 합려(闔廬)가 간장(干將)에게 칼을 만들게 했다. 쇳물이 흐르지 않아 그 아내 막야(鏌鎁)가 "철즙(鐵汁)이 흐르지 않으니 웬일이오?"라고 하자 간장이 "우리 스승 구야자(歐冶子)의 말씀이 칼이 녹지 않을 때는 여자를 풀무 속에 넣으면 된다 하더라"고 하니, 그 말을 들은 막야는 풀무 속으로 뛰어들었다. 그리하여 철즙이 흘러 칼 두 자루가 완성됐는데, 하나는 '간장', 다른 하나는 '막야'라 불렀다. 후세에 간장과 막야는 보검(寶劒)의 별칭이 되었다.

(『신당서』) 후당 장종(莊宗)은 이미 배우들을 좋아했고, 또 음률을 알아 능히 곡을 식별할 정도였다. 그가 어릴 때 자(字)는 아자(亞子)였고, 또 별도로 예명이 있어 '이천하(李天下)'로 불렸다. 그리고 늘 배우들과 함께 지내며 뜰에서 뒤섞여 연희를 펼치니 영인(伶人-기예를 하는 사람이나 배우)들이 권력의 칼자루를 쥐고서 국정을 좌우하다가 나라가 망하는 지경에 이르렀다.

장종이 일찍이 여러 배우들과 더불어 연희를 펼치는데 사방을 돌아보면서 "이천하! 이천하!"라고 외치는 순간 영인 경신마(敬新磨)가 갑자기 앞에 오더니 장종의 뺨을 갈겼다. 장종은 낯빛을 잃었고〔失色 실색〕 여러 영인들도 역시 크게 놀라 어쩔 줄 몰라하자 경신마가 말했다.

"이천하라는 분은 한 사람뿐이다. 그런데 넌 대체 누구를 부르느냐?"

이에 좌우가 다 웃었다. 장종도 크게 기뻐하며 경신마에게 상을 내려주었고 그를 대우함이 더욱 두터워졌다.

여러 영인들 중에서 경신마는 독보적으로 연기를 잘했고, 그 밖에 이렇다 할 허물이나 악행이 없었다. 그 나라를 망하게 하고 정치를 어지럽힌 자는 경진(景進), 사언담(史彦瓊), 곽문고(郭門高) 등이 으뜸이었다. 이때 여러 영인들은 대궐을 들고 나면서 진신(縉紳-고위 관리)들을 업신여기고 조롱하니 여러 신하들이 분통을 터트리고 미워했으나 감히 그런 기분을 드러낼 수 없었다. 오히려 어떤 사람들은 도리어 그들에게 빌붙어 은택을 바랐으므로 사방의 번진(藩鎭)들이 다투어 재화와 뇌물을 공공연히 갖다 바쳤으며 경진은 그중에서도 으뜸의 자리를 차지하고서 제멋대로 정사를 좌우했다.

장종은 경진 등을 대궐 밖으로 내보내 민간의 사정을 알아오도록 하고서 크고 작은 일에 상관없이 모든 것들을 다 들었으며, 대전(大殿)에서 일에 관해 보고할 때마다 좌우를 다 물리쳤고, 군사 업무처럼 나라의 중요한 일은 다 이들과 함께 의논해서 결정했다.

장종이 낙양에 입성한 초기에는 옛 당나라 궁궐에서 머물며 빈어(嬪御-비빈의 제도)가 제대로 갖춰지지 않았는데 환관들이 희한한 꾀를 내어 궁중에는 밤에 귀신이 나타난다고 거짓말을 하니 모두가 놀라 두려움에 떨자 장종이 그것을 물리칠 방법을 물었다. 이에 한 환관이 대답했다.

"옛 당나라 때는 후궁이 1만 명이었는데 지금은 궁궐 안이 텅 비어 있는 바람에 귀신과 같은 이상한 것들이 보이는 것입니다. (후궁들을 많이 뽑아) 궁궐을 사람으로 채워야 마침내 귀신은 나타나지 않을 것입니다."

이에 장종은 기뻐하면서 경진 등을 민가에 파견해 미녀 1천여 명을 뽑아오도록 해 후궁의 자리를 채웠다. 경진 등은 이를 빌미로 간사한 짓을 일삼으니 군졸들의 처나 딸 중에서 도망한 사람만 수천 명이 됐다.

곽문고의 원래 이름은 곽종겸(郭從謙)이고 문고는 그의 배우이름〔優名=藝名〕이다. 그는 비록 처음에는 배우라는 이유로 벼슬길에 나아왔지만 곧 군공(軍功)을 세웠다. 그래서 종마직(從馬直)이라 부르니 곽종겸은 군사(軍使)에서 지휘사(指揮使)에 이르렀다. 종마직은 대개 임금을 직접 모시는 군사〔親軍〕였다.

장종이 훗날에 연희를 베풀면서 왕온(王溫)이 반란을 일으켰다고 지목하자 곽종겸은 스스로 불안하게 여겨 난을 일으키니 장종이 반란군의 화살을 맞았다. 좌우에 있던 신하들은 다 도망을 갔고, 음악을 다루던 자들이 악기를 거두어 장종의 시신 위에 덮고서 그것을 불태웠다.

『춘추좌씨전』에서 말하기를 "임금이 이로써 시작했으니 반드시 이로써 끝맺을 것이다"라고 했는데 장종은 영인을 좋아해 곽문고에게 시해당했고 악기에 덮여 불에 태워졌으니 경계하지 않을 수 있겠는가?

신이 가만히 살펴보겠습니다. 구양수가 장종을 평한 것을 보면 백 번을 싸워 마침내 후량(後梁)을 멸망시켰으니 바야흐로 그의 성대함에 있어서는 천하의 그 어떤 호걸이라도 그에 견줄 수 없을 것입니다. 그러나 그의 쇠퇴함에 미쳐서는 열 명 남짓한 배우들이 그를 곤란에 빠트려 결국 몸도 죽고 나라도 망하게 만들어 천하의 웃음거리로 전락했습니다.

신이 볼 때 그들은 광대나 기생과 같은 부류입니다. 그래서 (양귀비처럼) 여자를 총애한 재앙의 뒤에 바로 그것을 이어 붙여 세상의 경계로 삼고자 했습니다.

이상은 여색에 빠지는 것을 멀리함에 대해 논했습니다.

유흥이나 유람에 빠져드는 것을 멀리함

(『서경』 '오자지가'[1)]) 태강(太康)이 시위(尸位)처럼 자리만 차지하고서 안일함과 즐거움〔逸豫=逸樂=逸欲〕으로 그 임금다움〔德〕을 잃어버리자〔滅=失〕 백성들이 모두 두 마음을 품었다. (그런데도 태강은) 마침내 놀고 즐기는 것이 한이 없어〔無度〕 낙수(洛水)의 밖으로 사냥을 나가서 100일이 되어도 돌아오지 않았다.

유궁(有窮) 땅의 임금인 예(羿)가 백성들이 참아내지 못하자 하수(河水)에서 (태강이 돌아오지 못하게) 막았다〔距〕.[1]

1 나머지 내용은 앞에서 살펴본 바 있다.

신이 가만히 살펴보겠습니다. 태강은 위대한 우임금의 손자인데 우임금의 공적〔功〕은 하늘과 땅을 덮을 만한데도 불과 2대가 지나 태강이 놀고 즐기는 바람에 갑자기〔遽〕 나라를 잃게 됐으니 하늘의 명이란 늘 한결같지가 않고 조상의 공적이란 (아무리 뛰어나다 해도) 믿고 의지할〔恃〕 수 없는 것이 대개 이와 같습니다.

이때부터 예가 하나라 정치를 제 마음대로 했고, 다시 한착(寒浞)이 예를 죽인 다음 그를 대신했습니다. 만약에 소강(少康-하나라 6대 임금)이 신하들의 도움을 입어 어렵사리 나라를 회복해 하나라의 왕업을 되살리지 않았더라면 우임금은 (후손들의) 제사를 받지 못했을 것입니다.

태강은 안일함과 즐거움으로 나라를 잃었는데 소강은 다움을 베풀고 조심조심 일을 도모해 40여 년 만에 나라를 되찾았습니다. 이를 볼 때 나라를 잃는 것은 쉽지만 되찾는 것은 어려움이 이와 같으니 후세의 임금들이 경계하지 않을 수 있겠습니까?

1) 「하서」의 편 이름이다.

(『춘추좌씨전』 노나라 양공(襄公) 4년(기원전 569년))

주나라 신갑(辛甲)이 태사(太史)로 있을 때 백관들에게 명해 관리들마다 왕의 허물〔闕(궐)〕을 간하게〔箴(잠)=戒(계)=諫(간)〕 했는데 우인(虞人-사냥 담당 관리)이 올린 간언 중에 이런 말이 있었습니다.

"광활한 땅을 우임금께서 직접 다 다녀보고서 천하를 아홉 주〔九州(구주)〕라 구획해 나눴고 토지를 측량해 아홉 주의 길을 다 통하게 하니 백성들에게는 잠잘 곳과 제사 지낼 곳〔寢廟(침묘)〕이 있고 짐승들에게는 무성한 초원이 있어 각각이 다 거처할 곳을 갖게 되어 다움〔德(덕)-사람과 짐승의 경계〕이 어지럽지 않았는데 예가 황제에 올라[1] 들판에서 사냥만을 좋아해 나라의 우환〔恤(휼)=憂(우)〕은 망각하고 사슴 사냥에만 몰두했습니다. 군사를 동원한 사냥〔武(무)〕은 자주 해서는 안 되는 것인데 이로 인해 하나라 황실을 키우지〔恢(회)=廣(광)=大(대)〕 못했습니다.[1)] 저는 사냥을 맡은 신하〔獸臣(수신)〕이므로 감히 임금께 고하옵니다."[2)]

1 앞서 말한 예가 하나라 황위를 찬탈했기 때문에 황제라고 불렀다.

신이 가만히 살펴보겠습니다. 이것은 위강(魏絳)이 진(晉) 나라 후(侯)를 경계시키는 내용입니다.[1]

진나라 후는 사냥을 좋아했습니다. 그래서 위강이 거기에 말이 미치니 무릇 백성들과 짐승은 그 살아가는 것이 같지 않으나 그 거처하는 바를 편안히 하고 싶어 한다는 점에서는 애당초 다를 바가 없습니다. 그래서 위강은 백성들은 잠잘 곳과 제사 지낼 곳〔寢廟〕이 있어 편안하고 짐승들은 무성한 초원이 있어 편안하다고 한 것입니다.

선왕이 세상을 다스릴 때 "더불어〔曁〕 날짐승과 길짐승〔鳥獸〕 그리고 물고기와 자라들이〔魚鼈〕 모두〔咸〕 순했다〔若〕"[3]고 한 것은 선왕의 임금다움이 조금도 흐려지지 않았기〔不擾〕 때문입니다. 그런데 예(羿)는 그와 정반대의 길을 걸어 나랏일에 힘을 기울이지 않고 오직 사슴 사냥에만 몰두했습니다. 사냥이란 비록 군사 훈련이라고 말은 하지만 설사 그렇다 하더라도 진실로 어찌 그렇게 자주 할 수가 있단 말입니까?

무릇 예는 태강이 안일함과 즐거움〔逸豫〕을 일삼는 바람에 그를 내쫓고 임금 자리를 찬탈할 수 있었는데 그도 또한 이미 안일함과 즐거움을 일삼다가 한착에게 찬탈당했으니 이것이 이른바 "과거의 어지러움과 똑같이 하고서 망하지 않는 경우는 없다〔與亂同事罔不亡〕"[4]는 것입니다.

바야흐로 주나라 무왕 시절 신갑이 왕명으로 백관들로 하여금 각자 관리들마다 왕의 허물〔闕〕을 간하게〔箴〕 했습니다. 그래서 (올라온) 우인의 간언이 이와 같았는데 예의 경우를 들어 임금을 경계시켰으니 이는 마치 우임금이 (신하로 있을 때) 단주(丹朱-요임금의 아들)의 경우를 들어 순임금을 경계시킨 것과 같습니다.

『시경』 '영대(靈臺)'[5]에서 이렇게 노래합니다.

"왕께서 영대가 세워진 동산에 계시니 / 암수 사슴이 옆에 엎드려 있도다." "왕께서 영대가 있는 연못가에 계시니 / 아! 물고기들이 한가득 뛰어놀도다."

사슴들이 동산에 있는 것이 마치 산속 숲에 있는 것과 같고, 물고기가 연못에 있는 것이 강이나 호수에 있는 것과 같다는 것은 문왕의 다움이 날짐승과 물고기〔飛潛〕에까지 미쳐 각각이 거처하는 바를 편안해한다는 뜻이니 이것이 이른바 (다움이) 조금도 흐려지지 않는다〔不擾〕는 것입니다.

한나라 유학자는 이런 시〔賦〕를 지었습니다.[6] 군대를 포진시켜 두고서 사냥을 하는 것이 너무 성대하다는 점을 지적해 그는 "들판을 깨끗이 쓸어버리고 하늘을 뒤덮었으며 바람처럼 온 천하에 털투성이고 비오듯 내린 피가 땅을 적셨다〔灑野蔽天 風毛雨血〕"[7]고 노래했습니다.

아! 같은 생물인데 어떤 생물들은 영대의 시대를 만나고 어떤 생물들은 이런 처지에 놓이게 된 것입니까?

신이 '영대'와 이 부를 나란히 드러내어 말씀드린 이유는 생물을 함부로 하여 마구잡이로 죽이는 것〔暴殄〕 또한 어질지 못한 일〔不仁〕임을 경계시켜 드리기 위함이었습니다.

1 위강은 진나라 대부이고, 진나라의 후는 도공(悼公)이다.

1) 하나라가 쇠망했다는 뜻이다.

2) 원래는 복부(僕夫)에게 고한다고 했는데 이는 임금이라는 호칭을 입에 담을 수 없어 그냥 돌려서 한 표현이다.

3) 『서경』 '이훈(伊訓)'에 나오는 말이다.

4) 『서경』 '태갑'에 나오는 말이다.

5) 「대아」의 편 이름이다.

6) 역사서 『한서』를 편찬한 반고(班固)가 장안의 당시 모습을 표현하기 위해 지은 '서도부(西都賦)'를 가리킨다.

7) 날짐승을 하도 많이 잡아 털이 무수히 나부꼈고, 길짐승을 하도 많이 잡아 그 피가 땅을 적셨다는 뜻이다.

『춘추(春秋)』

노나라 은공(隱公) 5년(기원전 718년) 봄에 은공이 당(棠)에 가서 물고기 잡는 장비들을 벌여놓았다.

『춘추좌씨전』

은공이 장차 당(棠)에 가서 물고기 잡는 것을 구경하려고 하자 장희백(臧僖伯)[1)]이 간언을 올렸다.

"모름지기 일〔物=事〕이 큰일〔大事〕[1]에 관계되지 않거나 어떤 물건의 재료가 (아무리 좋아도) 나라에서 필요한 용기들을 갖추는 데 필요하지 않으면 임금은 (그 일이나 물건을 위해) 거둥하지 않는 법입니다.

임금이란 백성들이 가야 할 길〔軌=法〕과 가야 할 방향〔物=采〕으로 들어와 따르도록 하는 사람입니다. 그래서 큰일을 배우고 토의해 가야 할 길을 바로잡는 것을 궤(軌)라 하고, 재료를 갖고서 그것이 가진 최고의 장점을 드러내도록 하는 것을 물(物)이라고 합니다. 그리고 가야 할 길을 따르지 않고 가야 할 방향으로 가지 않는 것을 일러 어지러운 정사〔亂政〕라고 하는 것이니 어지러운 정사를 자주〔亟〕 행하는 것이 바로 패망의 원인입니다. 그렇기 때문에 봄 사냥〔蒐〕, 여름 사냥〔苗〕, 가을 사냥〔獮〕, 겨울 사냥〔狩〕을 모두 농한기에 실시해 군사 훈련〔講武〕를 행하는 것입니다.

3년마다 (대규모로) 군대를 점검하고, 점검을 마치면 수도로 들어와 군대를 열병하고〔振旅〕 종묘에 무사 귀환을 고한 뒤에 술잔을 올리고 군 병력과 무기 등을 실사합니다.

군대를 점검할 때에는 무기와 기강, 군복과 깃발 등을 드러내어 높고 낮음〔貴賤〕을 밝히고 계급을 잘 정하며 장유유서의 질서를 바로잡는 것은 위의(威儀)를 강습하는 것입니다.

(사냥할 때에는) 그 고기를 제사에 올릴 수 없는 짐승이나 가죽, 이빨, 뼈, 뿔, 털, 깃 등이 무기나 군대 장식의 재료로 쓰일 수 없는 짐승은 임금이 쏘아서 잡지 않는 것이 옛 제도입니다.

만약에 저 산속이나 계곡에서 나오는 것과, 무기를 만드는 재료 등은 천한 공인(工人)들의 몫이고 해당 관서의 직분이니 임금이 관여해서는 안 됩니다."

그런데도 은공은 말했다.

"나는 그 지방으로 나아갈 것이오."

마침내 가서 고기 잡는 장비를 늘어놓고서 구경을 했다. 장희백은 병을 핑계로 따라가지 않았다.

『춘추』에서 "공이 당에 가서 물고기 잡는 장비들을 벌여놓았다〔公矢

魚于棠[어우당]"고 기록한 것은 은공의 처사가 예법에 맞지 않은 데다가 멀리까지 갔다는 것을 밝혀 말한 것이다.

1 전쟁이나 국가 제사와 같은 것을 가리킨다.

호안국이 말했습니다.

"제후는 임금의 일이 아니면 (수도 밖으로) 나가지 않고 백성의 일이 아니면 나가지 않는다. 그런데 은공은 오만하게도 국정을 내팽개쳤고, 멀리까지 가서 한가하게 유람을 했고, 장희백의 충성스러운 간언을 받아들이지 않았고, 끝까지 자기 마음대로 하겠다고 말했으니 그는 제멋대로 욕심을 따르느라 예로써 자신을 이겨내지 못했다."

1) 노나라 효공의 아들이자 혜공의 동생으로 은공의 숙부다.

(『맹자』) 맹자가 말했다.

"옛날에 제나라 경공이 신하인 안자에게 물었습니다.

'전부산(轉附山)과 조무산(朝儛山)을 유람하고서 바닷가를 따라 남쪽으로 내려가 낭야(琅琊)에 가려고 한다. 내가 어떻게 몸을 닦아야 선왕의 둘러봄[觀[관]]에 견줄 수 있겠는가?'

이에 안자는 다음과 같이 대답했습니다.

'참으로 좋은 질문이십니다. 천자가 제후에게 가는 것을 일러 순수(巡狩)라고 했는데 순수란 (천자가) 지켜야 하는 영토를 돌아본다는 것입니다. (반면) 제후가 천자에게 조회하는 것을 일러 술직(述職)이라 했는데 술직이란 자신이 맡은 바를 (천자에게) 낱낱이 고한다는 것입니다. (순수나 술직이나) 일이 아닌 것이 없습니다. (그리고) 봄에는 농사짓는 현황을 살펴보아 부족한 것을 채워주고, 가을에는 수확하는 현황을 살펴보아 모자라는 것을 채워주었으니 하나라 속담에 이르기를 '우리 임금이 돌아보지 않으면 우리들이 어찌 쉴 수 있으며, 우리 임금이 즐기지 않으면 우리들이 어떻게 도움을 받겠는가? 한 번 놀고 한 번 즐기는 것이 제후들의 법도가 됐구나!'라고 했습니다.

지금은 그렇지가 않습니다. 군대를 데리고 다니면서 양식을 먹어치워 굶주린 자가 먹지 못하고 지칠 대로 지친 자가 쉬지를 못해 눈을 흘겨가며 서로 비방을 일삼아 백성들이 마침내 원망을 토해 내는데도 천명을 거역하고 백성들을 못살게 굴면서 술 마시고 음식 먹는 것을 마치 물 흐르듯이 하며 유련황망(流連荒亡)하여 제후들의 근심거리가 되고 있습니다.

물길을 따라 내려갔다가 되돌아옴〔反〕을 잊어버리는 것을 유(流)라 하고, 반대로 물길을 거슬러 위로 올라갔다가 되돌아옴을 잊어버리는 것을 연/련(連)이라 하고, 짐승을 쫓아 사냥을 하는데 만족할 줄 모르는 것을 황(荒)이라 하고, 술을 즐겨 만족할 줄 모르는 것을 망(亡)이라 합니다. 선왕께서는 유련(流連)의 즐거움과 황망(荒亡)의 행태가 없으셨으니, (그것이 바로) 오직 임금이 행해야 할 바입니다.'

이에 경공은 기뻐하며 온 나라에 크게 경계(警戒)의 명을 내리고 교외로 나아가 머물면서 이에 비로소 창고를 열어 식량이 부족한 백성들을 도와주었고, 태사를 불러 말하기를 '나를 위해서 임금과 신하가 서로 좋아하는 내용의 음악을 지으라'고 했으니 지금의 치소(徵招)와 각소(角招)가 바로 그것입니다. 그 시에 이르기를 '군주를 저지한 것이 어찌 잘못이랴'라고 했으니 군주를 저지한 것은 군주를 사랑한 것입니다."

신이 가만히 살펴보겠습니다. 제나라 경공의 본뜻은 한 번 둘러보는 정도일 뿐이었으나 안자는 이에 옛 논의를 끌어들여 경공으로 하여금 도리의 길로 나아가게〔迪(적)〕 했고, 또 백성들을 살피도록 권유했으며, 유련황망(流連荒亡)의 가르침을 깊이 일깨워주었으니 참으로 자기 군주의 그릇된 마음〔邪心(사심)〕을 바로잡아주고〔格(격)=正(정)〕 그를 마땅한 도리의 길로 이끌었다고 하겠습니다.

맹자는 제나라 선왕(宣王)이 재물을 좋아하고 여색을 좋아하는 것에 대해 묻자[1] 백성들과 함께 즐겨야 한다〔與民同樂(여민동락)〕고 말했는데 그 뜻이 바로 여기에 인용한 안자의 말입니다.

『주역』의 대축(大畜) 괘(위는 ☶ 아래는 ☰)와 소축(小畜) 괘(위는 ☴ 아래는 ☰)는 둘 다 '그치게 함으로써 의로움을 이루는 것〔以止爲義(이지위의)〕'이니 임금의 욕심을 그치게 하는 것은 곧 임금을 사랑하는 것입니다. 그러니 임금의 욕심을 계속 가도록 내버려두는 것이 임금을 사랑하는 것이 될 수 있겠습니까?

무릇 충성스러운 신하의 마음은 자신의 임금이 욕심을 갖게 될까 봐 두려워하는 것이니 안자가 경공에게 했던 것이 바로 그런 것입니다. 반면에 간사스러운 신하의 마음은 자신의 임금이 아무런 욕심을 갖지 않을까 봐 두려워하는 것이니 조고가 2세 황제에게 했던 것과 이임보가 명황제(-당 현종)에게 했던 것이 바로 그런 것입니다.

임금이 이를 깊이 살피지 않을 수 있겠습니까?

1) 정확하게는 "(그대 같은) 현자에게도 이런 즐거움이 있는가?"라고 물었다.

(『한서』) 한나라 문제 때 누가 천리마를 바치자 조서를 내려 말했다.

"(대가(大駕)가 행차할 때면) 방울 달린 천자의 깃발〔鸞旗〕이 앞에 있고 시종하는 수레들〔屬車〕이 뒤에서 따르는데 잘 가면 하루에 50리요, 군대를 이끌고 가면 30리다. 그런데 짐이 홀로 천리마를 타고서 먼저 달려가란 말인가? 짐은 그것을 받을 수 없노라."

이 명이 사방으로 하달되자 더 이상 천리마를 헌납하는 자가 없었다.

이때에 문제는 안일과 유흥〔逸遊〕의 즐거움을 끊었고 진기한 재물들을 바치는 것을 막아버렸으며 정나라와 위나라의 (음란한) 음악도 거의 듣지 않았다. 무릇 후궁의 미색이 아름다우면 현자들이 숨어버리고 간신들이 설쳐대면 간언을 맡은 신하들은 입을 다문다고 했는데 문제는 그렇게 하지 않았다.

그래서 시호를 효문(孝文)이라 하고 묘호를 태종(太宗)이라 했다.

신이 가만히 살펴보겠습니다. 말이 천리(千里)라는 이름을 얻었다는 것은 그만큼 범상치 않다는 뜻입니다. 만약에 임금으로 하여금 조금이라도 말을 내달리는 기쁨을 즐기도록 할 경우 그렇게 헌납하는 말을 즐겨 받지 않는 임금은 없을 것이니 주나라 목왕(穆王)이 여덟 필의 준마〔八駿〕에 빠졌다가 거의 나라를 잃어버릴 뻔했던 것이 바로 그것입니다.

여기서 문제의 마음은 아주 깊은 연못처럼 고요해〔靜〕 세상의 그 어떤 범상치 않고 진기한 물건이라도 그 마음을 조금도 흔들어놓을 수〔動〕 없었습니다. 바로 그랬기 때문에 문제는 천리마를 얼마든지 물리칠 수 있었던 것입니다. 반면 그 후에 무제는 한 필 말을 구실로 삼아 군대를 일으키고 대중을 동원해 온 나라를 피폐하게 만들어가면서 그 말을 구하려 했습니다.

대체로 문제는 아무런 욕심이 없는 경지〔無欲〕에 가까웠던 데 반해 무제는 욕심이 많았던 사람〔多欲〕입니다. 바로 여기에서 그 두 황제가 얻고 잃는 바〔得失〕가 차이가 나는 이유를 볼 수 있습니다.

(『한서』) 무제 때 사마상여(司馬相如, 기원전 179~117년)[1]가 황상을 수종해 장양(長楊)의 사냥터에 이르렀는데, 이때 황상이 바야흐로 곰과 멧돼지 추격을 좋아해 말을 몰아 들판의 사냥감들을 추격하자 사마상여가 상소를 올려 간언했다.

"신이 듣건대 만물은 종류가 같더라도 각각 능력을 달리한다고 했습니다. 그래서 힘으로는 오획(烏獲)을 꼽고, 말 잘하기로는 경기(慶忌)이며, 용맹으로는 맹분(孟賁)과 하육(夏育)을 최고로 쳤습니다.

신의 어리석음으로 가만히 살펴보니 그것은 사람들에게만 있는 것이 아니라 짐승들 사이에도 마땅히 그러합니다. 지금 폐하께서 험준하고 가파른 곳에 올라 맹수를 사냥하는 것을 좋아하시니 결국 그렇게 하시다가 아무런 준비도 안 된 상태에서 사나운 맹수가 갑자기 난폭하게 범하기라도 한다면 수레의 끌채를 돌릴 틈도 없이 좌우의 사람들은 자신들의 기예와 무술을 발휘할 기회도 갖지 못한 채 변을 당할 수가 있습니다.

이는 마치 오랑캐와 월나라 사람들이 수레 밑에서 나타나고 강족과 이족이 수레의 뒤를 바짝 쫓는 것과 같으니 어찌 위험하지 않다 하겠습니까?

또 무릇 (매사를 조심해) 길을 깨끗이 한 후에 행차를 하고 길의 한가운데로 말을 몰아 달려간다고 하더라도 종종 말의 재갈이 벗겨져 날뛰는 변고가 생기기도 합니다.

그런데 하물며 무성한 숲을 지나고 구릉을 내달리면서 바로 앞의 짐승을 쫓아가는 즐거움에 혼이 빠진 나머지 생각지 못한 변고를 경계하는 마음이 없으니 그것이 바로 재앙으로 변하리라고 생각하는 것은 어렵지 않습니다.

무릇 만승을 다스리시는 귀하신 분께서 몸을 가볍게 여기는 행동을 하시는 것은 결코 안전하다고 할 수 없으며 만의 하나 위험한 길로 나아가는 것을 즐거움으로 삼으신다면 신은 가만히 폐하께서 취하실 일은 아니라고 생각합니다. 속담에 '집에 천금을 쌓아놓으면 그 집의 자식들은 마루 끝에도 앉지 못한다'고 한 것이 바로 그런 뜻입니다. 이 속담은 사소한 것 같아도 큰일을 비유하고 있습니다. 폐하께서는 유의하시어 깊이 살펴주시기 바랍니다."

신이 가만히 살펴보겠습니다. 사마상여가 사냥을 자제해야 한다고 간언한 것은 진심을 다한 충성스럽고 도타운 내용입니다. 특히 그가 "이는 마치 오랑캐와 월나라 사람들이 수레 밑에서 나타나고 강족과 이족이 수레의 뒤를 바짝 쫓는 것과 같다"고 말한 것은 참으로 임금의 귀를 경계해 감동시킬 만한 것입니다. 그래서 이것을 기록해 둔 것입니다.

1) 한나라 때의 문인으로 무제의 총애를 받았다. 특히 부가(賦歌)를 잘 지었고, 부의 문학 양식을 확립했다. 그의 대표작 「자허부(子虛賦)」와 후편 「상림부(上林賦)」는 황제의 호화로운 수렵 모습을 등장인물의 대화로 묘사했으며, 이러한 형식은 이후 육조(六朝) 문학에 지대한 영향을 주었다.

(『한서』) 무제 건원(建元) 3년(기원전 138년)에 황상은 처음으로 미행을 시작해 북쪽으로는 지양(池陽-산시성 징양현)에 이르렀고 서쪽으로는 황산(黃山-산시성 싱핑시)[1]에 이르렀으며, 남쪽으로는 장양(長楊-산시성 저우즈현)에 가서 사냥을 했고 동쪽으로는 의춘(宜春-산시성 시안시)[2]에 가서 놀았는데 그때마다 종묘에 올리기 위해 새로 빚은 술을 마셨다.

8월과 9월에 (미행을 갈 때면) 시중, 상시, 무기(武騎)와 더불어 또 농서(隴西) 북쪽 지역의 양갓집 아들들 중에서 말을 잘 타고 활을 잘 쏘는 자들이 여러 궁궐의 문 앞에서 만나기로 약속을 했으니 기문(期門)[1)]이라는 직위는 여기서 생겨났다.

미행을 할 때는 밤〔夜漏〕 늦은 10시경에 비로소〔迺=始〕 출발하며 그 때마다 자신을 평양후(平陽侯)라고 (거짓으로) 칭했고, 아침이 밝아올 때쯤 산 아래에 이르러 말을 내달리며 사슴, 멧돼지, 여우, 토끼 등을 쏘아댔는데 곰을 손으로 때려잡기도〔手格〕 하면서 농사짓는 곳까지 말을 달리니 백성들이 모두 큰 소리로 욕을 하며 꾸짖어댔다. 이때 마침 호현(鄠縣-산시성 징양현)과 두현(杜縣-산시성 장안현)의 현령이라는 사람들이 와서 평양후에게 고하려 하자 여러 기병들이 채찍으로 그들을 쫓으려 했다. 이에 그 현령들이 크게 화가 나서 관리들을 시켜 사냥하는 자들을 체포하려 하자 그때 몇몇 기병이 찾아와 마침내 승여물(乘輿物)[2]을 보여주고서야 한참 후 체포를 면할 수 있었다. 이때에는 밤에 나가면 다음 날 저녁 무렵 돌아왔는데 뒤에는 5일간의 식량을 갖고 다녔고 사냥이 끝나면 장신궁(長信宮)[3]에 나아가 황상이 크게 즐겼다.

1 궁(宮)이 있었다.

2 궁이 있었다.

3 태후궁이다.

신이 가만히 살펴보겠습니다. 예로부터 임금이 아무리 도리가 없다고 해도 미행을 자주 하는 일은 없었습니다. 다만 조(趙)나라 무령왕(武靈王, 재위 기원전 325~299년)[3]이 거짓으로 사자(使者)가 되어 말을 달려 진나라에 들어가 진나라 소왕(昭王)의 사람됨을 살핀 적은 있습니다. 이에 대해 어떤 사람들은 너무 지나쳤다〔跌蕩〕고 말을 하지만 오히려 무령왕의 행동에는 영웅과 위인〔英偉〕의 기상이 있었다고 하겠습니다.

반면에 무제가 미행을 한 것은 그저 짐승을 쫓아다니는 즐거움에 빠져 그랬던 것일 뿐입니다. 그런데도 당시에 승상과 어사는 한마디 간언을 올리지 못했고 사사로이 편의 시설을 지어 그곳에서 투숙했으니 이는 그저 임금을 받들어 모시려고만 했던 결과라고 하겠습니다.

무제 때부터 안 좋은 전통의 단서가 열리자 이에 성제도 그것을 그대로 본떠 스스로를 부평후(富平侯)의 가인(家人-하인)이라고 부르면서 몇몇 가까운 소신(小臣)들만 데리고 미행에 나서니 곡영(谷永)이 간언을 올렸습니다.

"폐하께서는 만승(萬乘-천자)의 지극히 귀한 자리를 버리고 가인들이나 하는 천한 일을 즐기시고, 높고 아름다운 호칭을 싫어하시고 필부들의 낮은 이름을 좋아하시며, 경박하고 의리를 모르는 소인들을 높이고 모아서 사사로운 문객으로 삼아 자주 깊은 궁궐의 굳건한 곳을 떠나서 몸을 이끌고 밤낮으로 여러 소인배들과 서로 이리 쫓고 저리 쫓고 하는 것이 마치 까마귀들이 모여 섞이듯 하십니다. 또 낮은 관리들의 집에서 술에 취하고 배불리 먹으며 의관을 어지러이 하고 함께 앉아서는 농담이나 하고 유희를 즐기면서 서로 섞여 아무런 구별도 없이 놀기에만 열중하고 계십니다. 그리고 주야로 길에 계시니 문호를 맡은 사람과 숙위를 받드는 신하는 무기를 들고서 텅 빈 궁궐을 지키고 있으며 공경(公卿)과 수많은 관료들은 폐하가 계신 곳을 모르고 있는 것이 벌써 수년째입니다."

곡영의 간언에 나오는 내용을 보면 성제의 미행은 그 추잡스러움이 무제보다 훨씬 심하다고 하겠습니다. 음탕하고 황망해 도리를 내팽개쳤으니 한나라는 하루가 다르게 쇠망해 갔습니다. 그렇지만 이런 폐단이 곧 무제로부터 시작된 것이니, 아! 경계해야 할 것입니다.

1) 한나라 때 천자의 호위를 담당하는 관직이다. 사냥을 좋아한 무제가 양가 자제들 중 활쏘기와 사냥에 뛰어난 사람을 선발하고, 날짜를 정해 궁궐 문에 모이도록 한 데서 명칭이 생겨났다. 나중에는 호분랑(虎賁郎)이라고 불렀다.
2) 황제가 타는 수레에 딸린 여러 물건들을 가리킨다.
3) 전국시대 때 진(秦) 나라가 강대해지면서 다른 나라들을 압박하자 무령왕은 오랑캐〔胡〕와 싸워 북방으로 영토를 확장시켰다. 그리고 오랑캐 복장을 보급하고 기병제를 채택하는 등 군제 개혁으로 부강한 나라를 만들었다.

(『한서』 소제 원평(元平) 원년(기원전 74년)) 왕길(王吉)이 창읍(昌邑)의 중위(中尉)가 됐는데 이때 창읍왕 유하(劉賀-무제의 손자)가 사냥을 좋아해 온 나라 안을 말을 타고 휘젓고 다녀 하는 일마다 절도를 잃어버리자 왕길이 상소를 올려 간언했다.

"옛날부터 군대의 행군은 하루에 30리를 가고 잘 가면 50리를 간다고 했습니다. 또 『시경』에서는 '저 바람 거세게 불고〔發兮=發發〕 / 저 수레 힘차게 달리네〔揭兮=揭揭〕[1] / 주나라 가는 길 돌아보니 / 마음속 깊은 곳 슬퍼지도다'라고 했는데 '거세게 분다〔發發〕'는 것은 옛날 바람의 모양이 아니고, '힘차게 달린다〔揭揭(게게)〕'는 것은 옛날 사람들이 말을 타는 모양이 아닙니다. 왜냐하면 그렇게 되면 사람이 다치게 되기 때문입니다.

그런데 지금 대왕께서는 방여(方輿-산둥성 위타이현)로 유람을 가시면서 불과 반나절도 안 됐는데 200리를 내달리셨으니 (그 사이에 있는) 백성들은 농사와 뽕나무 기르기는 접어둔 채 길을 치우고 말을 끌어야 했습니다. 신의 어리석음으로 볼 때 이를 위해 백성들은 수많은 수고로움을 해야 했을 것입니다.

대왕께서는 책 읽기를 좋아하지 않으시고 안일하게 유람하는 것을 즐기시며 말을 타고 고삐를 말아쥐고서 말달리기를 그치지 아니하십니다. 그래서 입에서는 목이 쉬도록 질타하며 손은 채찍질을 하느라 수고로우니 몸은 수레에 시달려서 탄식이 나오고 아침에는 안개와 이슬을 무릅쓰고 낮에는 먼지를 뒤집어쓰며, 여름에는 큰 더위에 노출되어 살이 익고 겨울에는 바람과 추위가 해롭게 하는 데 스스로 다가갑니다. 그리고 자주 연약하고 무른 옥체에 수고롭고 번거로운 해독을 범하게 되니 수명을 온전히 하는 으뜸〔宗(종)〕의 길이 될 수 없으며, 또 어짊과 의로움을 키워나가는 길이 될 수 없습니다.

무릇 넓고 큰 건물에서 가는 실로 짠 방석에 앉아서 밝은 스승을 앞에 두고 뒤에서는 경전을 외우시도록 권면을 받아, 위로는 당우(唐虞)를 논하기 시작해 아래로는 은주(殷周)의 번영에까지 이르며, 어질고 뛰어난 기풍을 상고하고 나라를 잘 다스리는 도리를 익히시어 기쁜 마음으로 먹는 것조차 잊은 채 열심히 해〔發憤忘食(발분망식)〕 날로 그 다음을 새롭게 하신다면 그 즐거움이 어찌 고삐를 잡는 사이에 있겠습니까?

쉬실 때는 고개를 숙였다 올렸다 하고 몸을 굽혔다 폈다 해 몸을 이롭게 하시고, 나아가고 물러날 때는 총총걸음을 해 아래를 튼튼하게 하시며, 새로운 공기를 마시고 낡은 공기를 내뱉어 장부(臟部)를 단련하며 뜻을 오로지하고 정묘(精妙)한 기운만 쌓아서 정신을 평온하게 유지하시어 양생하신다면 어찌 장수하지 않으시겠습니까?

대왕께서 진실로 이런 것들에 마음을 두신다면 마음은 요순의 뜻을 가지게 될 것이며 몸은 백교(伯喬)와 적송자(赤松子)[1] 같은 수명을 갖게 되어 복록이 이르게 되고 사직은 편안해질 것입니다."

창읍왕 유하는 비록 그 도리를 받들지는 않았지만 삼가 예를 따르는 것이 좋다는 것은 알아서 마침내 소고기와 술을 하사토록 명했다. 그러나 그 후에 다시 방종해졌고 그러면서도 태연자약했다.

1 發發(발발)은 바람이 거세게 부는 모양이고, 揭揭(게게)는 말이 내달리는 모습이다.

신이 가만히 살펴보겠습니다. 왕길은 임금을 사랑하는 것이 도타웠다고 할 수 있을 것입니다. 그가 말을 달려 사냥을 하는 것의 해악을 꼼꼼히 묻고 따지는 것이 참으로 절절했으니 지극히 어리석은 자라도 그것을 알아들었으면 오히려 감동과 깨달음을 얻었을 것입니다. 따라서 창읍왕 유하가 아무리 미쳐 있었다고 하더라도 그의 말을 거스를 수 없었을 것이니 오히려 그에게 상을 내려주었습니다.

무릇 물욕의 즐거움은 한계가 있고 이치와 의로움의 즐거움은 끝이 없는 것입니다. 짐승을 뒤쫓는 것이 아무리 기쁘다고는 하나 말을 내달리고 고삐와 채찍으로 말을 몰아 수레가 뒤집히거나 말이 넘어져 사지가 다 피로해지고 바람을 맞으며 안개와 서리를 무릅쓰고 본성과 천명의 우려에도 아무렇지 않으니 이렇게 해서야 누가 조용히 대궐 안에 머물러 주변에 유학을 공부한 신하들을 둘러싸게 한 다음 도리와 의로움〔道義〕을 논하고 유학〔經術〕을 함양해 날로 성현과 더불어 나아갈 수 있겠습니까? 반대로 충분히 귀 밝고 눈 밝음〔聰明〕을 열어 넓게 하고 그 기운과 몸체를 편안하고 튼실하게 하니 그 즐거움이 어찌 극함에 이르겠습니까?

애석하게도 창읍왕 유하가 상을 내리기는 했지만 결국 다시 방종해 결국은 자신을 이겨내지 못하고 말았습니다.

하지만 왕길의 말은 그것만으로도 임금이 다움으로 나아가는 데 도움이 될 수 있으며 또 몸을 기르는 법〔養生之法〕도 될 수 있습니다. 그래서 이 편에 드러내었으니 뛰어나고 밝으신 폐하〔聖明〕께서는 이를 자세히 음미하셔야 할 것입니다.

이상은 유흥이나 유람에 빠져드는 것을 멀리함에 대해 논했습니다.

1) 둘 다 중국의 전설 속에 나오는 신선이다.

사치함을 멀리함

(『서경』) 이윤이 '태갑'을 지어 말했습니다.

"삼가 마침내 검약하는 다움〔儉德〕으로 길이 도모할 것을 생각하소서."

신이 가만히 살펴보겠습니다. 이것은 태갑이 아형(阿衡-이윤)에게서 은혜를 입지 못하고 있을 때의 일입니다. 그래서 이윤이 그를 일깨워준 것이 이와 같으니 무릇 검약하면 (욕심내는) 마음이 작아져서 근심하는 것이 멀어지고 사치하면 마음이 커져서 도모하는 것이 듬성듬성해지니 바야흐로 이때 태갑이 마구 도리를 어기고 예를 따르지 않으면서 제 마음대로 하고 싶어 했습니다. 그래서 마음이 이 둘을 가리는 것이 마치 뜬구름이 해와 달을 가려서 이 말의 충성스러움을 알지 못하게 한 것과 같은데 하루아침에 어짊에 처하고〔處仁〕 의로움으로 옮겨가서〔遷義〕 본래의 마음이 다시 밝아진 연후에야 그런 병통이 생겨난 원천이 여기에 있음을 알게 되고 그 끝을 잘 마무리한 것이 역사 책에서 빛나니 이윤이 그것을 일깨워주고 경계한 공로가 어찌 작다고 하겠습니까?

(『논어』「태백(泰伯)」) 공자는 말했다.

"우임금은 내가 흠 잡을 데가 전혀 없으시다. 음식을 간소하게 하시면서도 (제사 때에는) 귀신에게 지극정성을 다하셨다. 의복을 검소하게 하시면서도 제사 때 입는 의관인 무릎 가리개와 관(冠)의 일종인 면(冕)에는 아름다움을 다하셨고, 궁실은 낮게 하시면서도 (백성을 위한) 치수 사업에는 모든 힘을 다하셨다. 우임금은 내가 흠잡을 데가 전혀 없으시다."

신이 가만히 살펴보겠습니다. 위대한 우왕이 자신을 받드는 데는 엷게 하시면서도 조상과 하늘과 땅과 백성들을 받드는 데는 처음부터 끝까지 두텁게 하셨으니 이것이 위대한 우임금[1]이 나라를 위해서는 부지런하게 하면서 집안을 위해서는 검소하셨다는 칭송을 받고 공자 또한 그것을 일러 흠잡을 데가 전혀 없다고 하신 것입니다.

무릇 입는 것과 먹고 마시는 것과 생활하고 자는 궁실은 그것이 곧 사람의 마음〔人心(인심)〕이요, 효도를 다하고 삼감을 다하고 백성을 위해 부지런히 하는 것은 도리의 마음〔道心(도심)〕입니다. 그래서 이 두 가지 마음은 늘 서로 쇠했다가 성했다가 하는 것이니 우왕의 마음은 도리를 주된 것으로 삼았다고 할 수 있습니다. 그래서 사람의 마음은 뒤로 물러났고 욕망하는 바는 없었던 것입니다.

그 후에는 "문왕이 역시 허름한 옷을 입고서 편히 해주는 일과 밭일을 하셨으니"[2] 빼어난 사람들이 마음을 쓰는 것은 대체적으로 이와 같습니다. 그러니 후세에 오는 임금들은 마땅히 그것을 본받아야 할 것입니다.

1) 大舜(대순)으로 돼 있는데 大禹(대우)의 착오로 보인다.

2) 『서경』 '무일' 편에 나오는 말이다.

『춘추』

노나라 장공(莊公) 28년(기원전 666년) 겨울에 미(郿) 땅에 성을 쌓았다. 보리와 벼가 제대로 여물지 않았다.

29년 봄에 마구간을 새로〔新(신)〕 지었다.

호안국이 말했습니다.

"'새로〔新(신)〕'라고 말한 것은 사고가 있었다는 뜻이다. 그렇다면 이는 어떤 일을 기록한 것인가? (전국시대) 한나라 소후(昭侯)가 높은 성문을 만들자 굴의구(屈宜臼)[1]가 말했다. '(소후는 이 문을 나갈 일이 없을 것이다. 무엇 때문인가?) 때가 아니기 때문이다. 내가 말하는 때라는 것은 시일(時日)이라는 뜻이 아니라 사람에게는 본래 이로운 때가 있고 이롭지 못한 때가 있다고 할 때의 그런 때다. 지난해[2] 진(秦) 나라가 의양을 함락시켰고 올해는 가뭄이 들었으나 소후는 이런 때에 백성들을 구휼할 생각은 않고 더욱더 사치 부리는 일만 돌아보고 있으니 이를 일러 '때가 어려울수록 호사스러운 일들이 일어나기 마련이다'라고 하는 것이다.' (이듬해 높은 성문은 완성됐지만 소후는 세상을 떠났기 때문에 과연 이 문을 벗어나지 않은 것이다.)"[3]

곡량(穀梁)씨가 (『춘추곡량전』에서) 말했습니다.

"옛날 임금들은 반드시 때를 보아가며 백성들이 부지런히 일하는 것을 살폈다. 백성들이 부지런히 (농사) 일에 힘쓰도록 하려면 (전쟁과 같은) 공로를 쌓는 일은 드물게 시키고, 백성들이 부지런히 재물을 모을 수 있도록 하려면 세금을 줄여주고, 백성들이 부지런히 먹을 것을 장만할 수 있도록 하려면 불필요한 일들은 다 폐지해야 한다. 따라서 '겨울에 미(郿) 땅에 성을 쌓았다. 보리와 벼가 제대로 여물지 않았다. (이듬해) 봄에 마구간을 새로〔新〕 지었다'는 것은 백성들의 힘을 (엉뚱한 데) 다 써버렸다는 것이다."

1) 초나라 대부로 위나라에 머물고 있었다.

2) 이 이야기가 한나라 소후 25년에 실려 있기 때문에 소후 24년을 가리킨다.

3) 일부 괄호 안에 보충한 내용은 『사기』「세가(世家)」에 따른 것이다.

(『춘추』) 노나라 장공 31년(기원전 663년) 봄에 낭(郎-산둥성 취푸 근처) 땅에 누대를 지었다.

호안국이 말했습니다.

"이는 어떤 일을 기록한 것인가? 백성을 괴롭힌 것이다. (예로부터) 천자가 영대(靈臺)를 갖는 이유는 제후들을 접대하기 위함이고 제후들이 시대(時臺)를 갖는 이유는 사시(四時)를 돌보기 위함이었다. 그런데 나라를 벗어나 먼 곳에 누대를 지었다는 것은 하늘을 살펴 길흉을 점치려는〔占候〕점후 것이 아니라 유람하고 놀기 위함이었으니 백성을 괴롭히며 자신은 즐기려는 것이다. 백성을 괴롭히며 자신은 즐기려 하면서 백성들과 더불어 즐기지〔與民同樂〕여민동락 않는다면 백성들은 모두 그가 패망하기를 바랄 것이니 아무리 누대를 지어 갖는다 한들 어찌 홀로 즐길 수 있겠는가?"

신이 가만히 살펴보겠습니다. 『춘추』에서 (공자는) 백성들의 힘을 중요하게 여겼고 토목 공사를 (일으키는 것을) 경계했습니다. 따라서 마구간 하나를 새로 짓고 누대 하나를 올려도 반드시 그것을 기록해 임금들이 함부로 욕심을 부려 백성들을 병들게 해서는 안 된다는 것을 보여주려 했던 것입니다.

그래서 신은 잠깐 이 두 가지 일을 들어서 이 편에 드러낸 것이고, 다른 것들은 일일이 다 싣지 않았습니다.

(『춘추좌씨전』) 노나라 소공 8년(기원전 534년)에 진(晉) 나라 위유(魏榆)에 말하는 돌〔石言〕석언이 있었다. 진나라 평공이 사광(師曠-진나라 대부)에게 물었다.

"돌이 어떻게 말을 하는가?"

사광이 대답했다.

"돌은 말을 할 수가 없습니다. 혹 돌에 뭔가가 붙어서 그런 것일 것입니다. 그렇지 않다면 사람들이 잘못 들었을 것입니다. 신 또한 듣기로 '역사(役事)가 때에 맞지 않아 백성들 사이에 원망이 일어나면 말을 할 수 없는 물건이 말을 한다'고는 했습니다. 지금 궁궐을 높고 사치스럽게 짓고 있어 백성들의 힘이 모두 소진되고 원망이 일어나 자신의 본성을 지켜내지 못하고 있으니 돌이 말을 하는 것 또한 마땅한 일이 아니겠습니까?"

이때 평공은 한창 사기(虒祁) 땅에 궁궐을 짓고 있었다. 이에 숙향(叔向-진나라 대부)이 말했다.

"자야(子野-사광)의 말은 군자답도다! 군자의 말은 믿을 수가 있고 징험이 있다."

소공 13년(기원전 529년)에 사기궁이 완공되자 제후들이 찾아가 축하하고서 돌아온 후에 모두 두 마음〔貳心〕을 품었다.

신이 가만히 살펴보겠습니다. 진나라 평공은 백(伯)일 뿐이었는데 궁궐을 사치스럽게 지어 올리자 하늘이 그것을 이상하게 여겼고, 제후들은 그로 인해 마음이 떠나간 것입니다. 그래서 옛말에 "검소함은 다움의 동반자요, 사치함은 잘못 중에서도 큰 것이다"라고 했으니 경계하지 않을 수 있겠습니까?

(『국어』) 초나라 영왕(靈王)이 장화(章華-땅 이름)에 누대를 짓고 오거(伍擧)와 함께 올라 이렇게 감탄했다.

"누대가 아름답구나!"

이에 오거가 대답했다.

"신이 듣기에 나라의 임금은 하늘의 총애를 입는 것을 아름답게 여기고 백성을 편안케 하는 것을 즐거움으로 여기며, 덕스러운 말을 듣는 것을 귀 밝음〔聽〕으로 여기고 멀리서 사람이 오도록 하는 것을 눈 밝음〔明〕으로 여긴다고 했습니다.

반면에 토목으로 높이 짓고 단청을 칠한 것을 두고 아름답게 여기거나 금석포죽(金石匏竹)의 악기를 크게 벌여놓고 시끄럽게 하는 것을 두고 즐거움으로 여긴다는 말은 들어본 것이 없습니다. 그리고 장대한 것을 관람하고 사치스러운 것을 구경하며 여색에 빠져 음란한 것을 눈 밝음이라거나 음악의 미세한 맑음이나 흐림〔清濁〕을 잘 가려내는 것을 귀 밝음이라 여긴다는 말도 들어본 적이 없습니다.

무릇 나라의 임금이란 백성과 함께 살아가야 하는 것입니다. 백성이 야위어지는데 임금이 어찌 살이 찔 수 있겠습니까? 게다가 사사로운 욕심을 채우기 위하여 사치를 크게 한다면 다움과 의로움〔德義〕은 그만큼 줄어들 것이고, 다움과 의로움이 행해지지 않으면 가까운 자는 소란을 피우다가 떠나갈 것이요 멀리 있는 자는 거부하고 명을 어길 것입니다.

무릇 대사(臺榭)를 짓는 일이란 장차 백성들에게 이익이 되게 하기 위함이지 그것으로 인해 더 궁핍하게 하기 위함인지는 모르겠습니다. 만약에 임금께서 이 누대를 두고 아름답게 여기신 것이 바르다면 초나라는 위태로워질 것입니다."

신이 가만히 살펴보겠습니다. 오거의 대답은 모두 이치에 가까우며 이른바 "사사로운 욕심을 채우기 위하여 사치를 크게 한다면 다움과 의로움〔德義(덕의)〕은 그만큼 줄어들 것"이라는 말은 특히 고금의 명론(名論)입니다. 무릇 사사로운 욕심이라는 것은 사람의 마음이 드러나는 것이고 다움과 의리라는 것은 도리의 마음이 바른 것이니 이 두 가지는 항상 서로 물과 불의 관계입니다. 물이 이기면 불은 사라지고 욕심이 이기면 이치는 작아지는 것이니 영왕은 오로지 사사로운 욕심에 빠져 있었다고 하겠습니다. 이러다 보니 다움과 의로움을 지닌 것은 거의 없어지고, 결국 그가 패망하게 되자 공자가 그 이야기를 듣고서 말했습니다.

"옛날에는 뜻을 가진 사람은 자신을 이기고 예로 돌아갔으니 그것이 어짊이다."

초나라 영왕이 능히 자신을 이길 수〔克己(극기)〕 있었다면 어찌 건계(乾谿)에서 패해 치욕을 당했겠습니까?

아! 이것은 후대의 왕들이 배워서는 안 될 것입니다.

(『사기』) 진시황이 함양(咸陽)에는 사람이 많은데 선왕의 궁정은 작다고 여겨 "짐이 듣건대 주나라의 문왕은 풍(豐)에 도읍하고 무왕은 호(鎬)에 도읍했다고 하니 풍과 호 두 지역 사이가 제왕의 도읍지다"라고 했다. 그리고 마침내 위수의 남쪽 상림원(上林苑)에 궁궐을 지었다. 먼저 아방(阿房-땅 이름)에 전전(前殿)을 축조했는데 동서의 넓이가 500보이

며 남북의 길이가 50장(丈)으로 위쪽에는 1만 명이 앉을 수 있으며 아래쪽에는 5장 높이의 깃발을 꽂을 수 있었다.

사방으로 구름다리를 만들어 궁전 아래부터 남산에 이르기까지 통하게 했으며 남산 봉우리에 궐루(闕樓)를 세워 표지로 삼았다. 또 구름다리를 만들어 위수를 건너 함양에까지 이르게 함으로써 북극성과 각도성(閣道星)[1]이 은하수를 건너서 영실성(營室星)[2]까지 이르는 모양을 상징하도록 했다. 아방궁이 완성되지 않았으나 완성될 경우 좋은 이름으로 명명하고자 그렇게 했던 것이다. 그리고 아방에 궁이 완성됐기 때문에 천하 사람들은 그것을 일러 아방궁이라고 불렀다.

(『한서』) 한나라 문제 때 가산(賈山)이 다스려짐과 어지러워짐〔治亂(치란)〕의 일에 관해 말했다.

"진(秦) 나라는 함양에서 일어났고 서쪽으로는 옹(雍)에까지 이르렀는데 이궁(離宮-별궁)이 300개이고 종과 북과 휘장과 장막〔鐘鼓(종고)帷帳(유장)〕은 옮기지 않고 그대로 두었는데 또 아방에 궁전을 지었으니 궁전의 높이는 수십 길이고 동서로 5리요 남북으로 1천 보였습니다. 그리고 황제를 따르는 마차는 네 마리 말이 끌었고, 그때마다 각종 깃발〔旌旗(정기)〕들이 휘날려 궁궐의 아름다움이 이 지경에 이르렀지만 결국 후세 사람들은[1] 그곳에서 살아볼 기회를 갖지 못하고 일찍 생을 마감해야 했습니다.

천하에 말이 질주할 수 있는 치도(馳道)를 건설했는데 동쪽으로는 연나라와 제나라 땅까지 이어졌고, 남쪽으로 오나라와 초나라 땅까지 연결되어 강변을 타고 가다가 바다가 보이는 데서 끝이 났는데 치도의 폭은 50보이고 3장(丈)마다 가로수를 심었습니다. 치도 변에는 두꺼운 벽을 세워 금추(金椎)가 보이지 않도록 했으며, 가로수는 청송(青松)으로 통일시켰으니 치도의 화려함이 이 지경에 이르렀지만 결국 후세 사람들은 그것을 이용하지 못하고 발에 의존해야 했습니다.

따라서 진나라는 곰도 때려잡는 힘과 호랑이와 이리의 마음으로 제후들을 잠식하고 온 나라를 집어삼켰지만 예의는 독실하지 못했습니다. 그래서 결국 하늘이 재앙을 내린 것입니다."

1 그의 후손들을 말한다.

신이 가만히 살펴보겠습니다. 아방궁의 사치는 천지가 열린 이래 그 유례가 없었습니다. 가산의 말은 이미 충분히 뒤에 오는 사람들에게 경계가 됐고, 당나라 사람 두목(杜牧, 803~852년)[3]도 '아방궁부(阿房宮賦)'를 지어 이렇게 노래했습니다.

"별처럼 반짝거리는 것은 화장을 위해 펼친 거울들이요
검푸른 구름처럼 물결치는 것은 새벽에 빗는 머릿결이요
위수(渭水)에 번들거리는 기름기는 저 여인네들이 버린 연지물이요
연기 오르고 안개 자욱한 것은 그들이 태우는 초란(椒蘭) 향 탓이요
문득 우르르 쾅쾅 천둥 치는 것은 대궐의 수레가 지나가는 소리니라.
덜컹덜컹 바퀴소리 멀리까지 울려퍼지니 아득해 그 가는 곳을 알지 못하네."

또 노래했습니다.

"세 발에 두 귀 달린 보배솥〔鼎鐺〕과 비취
정당
금덩이와 진주 구슬
줄줄이 내던져져 길 위에 버려졌건만

진나라 사람들은 그것을 보고서도 아까운 줄 모르더라.
아! 슬프도다.
군주 한 사람의 마음은 천만 백성의 마음인지라
진나라 군주 호화 사치를 좋아하니
백성들도 제 집안만을 챙기더라.
세금을 거둬갈 때는 낱알까지 다 헤아리면서
쓸 때는 어찌하여 진흙이나 모래 다루듯 하는가?"
또 노래했습니다.
"천하의 백성들로 하여금
감히 말 못하고 울분만 들끓게 하는구나!
저 일개 사내〔獨夫(독부)〕의 마음 날로 교만하고 완고해지자
변방을 지키는 군사들의 절규에
함곡관이 함락되고
초나라 사람(-항우)이 지른 불길에
가련하도다! (아방궁이여!) 초토화됐구나."[1]

이 부(賦)에는 과장된 면이 없지 않으나 궁극적으로 사치가 극에 이르렀던 상황은 골고루 잘 노래하고 있으니 깊은 궁궐에서 한가로이 연회를 열 때 예인들로 하여금 그것을 노래로 부르게 해 그것으로써 각종 악기를 대신한다면 진실로 경계하는 바가 될 것입니다. 그래서 가산의 말에 이어 두목의 '아방궁부'를 소개했습니다.

1 당시 항우가 함양에 불을 질렀는데 그 불이 3개월 동안 꺼지지 않았다.

1) 북두칠성 중의 한 별의 이름이다.

2) 스물 여덟 별자리 중의 하나다.

3) 만당(晩唐, 836~840년) 시인 중 가장 뛰어난 시인으로 알려져 있다. 자가 목지(牧之)인데, 두보와 작풍이 비슷하다 하여 '소두(小杜)'라고 불렸다. 관찰사(觀察使), 중서사인(中書舍人) 등의 많은 관직을 거쳤고, 정치와 병법을 연구했다. 산문뿐 아니라 시에도 뛰어났고 특히 칠언절구(七言絶句)에 능했다. 역사적 소재를 빌어 현실을 풍자하면서도 함축성 있는 서정적 시어를 사용해 격조를 잃지 않았다.

(『한서』) 한나라 문제는 즉위해 23년 동안 궁실(宮室), 원유(苑囿), 거기(車騎), 복어(服御-임금의 의복과 탈것)를 늘린 바가 전혀 없었고, 불편을 줄 만한 것이 있으면 번번이 풀어주어 백성들을 이롭게 했다. 일찍이 노대(露臺)를 만들고 싶어 해 장인(匠人)을 불러 이를 계산토록 하니 값은 백 금(百金-2천 냥)이었다. 이에 황상이 말했다.

"백 금은 평범한 가정 열 집의 재산이다. 내가 먼저 돌아가신 황제의 궁실을 받들면서도 일찍이 이를 두렵고 부끄럽게 여겼는데 어찌 노대를 만들겠는가?"

몸에는 검은 색의 거친 옷감으로 만든 옷을 입었고 아끼던 신부인(愼夫人)도 옷이 땅에 끌리지 않았으며 휘장과 장막에는 수를 놓는 일이 없어서 순박함을 보이기를 천하 사람들보다 먼저 했다.

신이 가만히 살펴보겠습니다. 문제의 이 말에는 두 가지 좋은 점이 있습니다. "백 금은 평범한 가정 열 집의 재산이다"라고 한 것은 가난한 백성들이 삶을 꾸려가는 어려움을 깊이 생각한 것입니다. "내가 먼저 돌아가신 황제의 궁실을 받들면서도 일찍이 이를 두렵고 부끄럽게 여겼다"고 한 것은 조상들이 창업할 때의 어려움을 깊이 생각한 것입니다.

임금이 항상 이런 마음을 갖고 있다면 설사 주변에서 사치를 권유하더라도 하지 않을 것입니다. 무릇 뒤를 잇는 임금들이 대부분 눈과 귀의 즐거움에 빠져드는 것은 다름 아니라 각종 보배와 재물들이 백성들의 살과 피〔膏血〕를 짜낸 것이 아님이 없다는 것을 모르기 때문이고, 또한 자신이 현재 누리고 있는 것은 다 선대에서 공을 쌓은 결과라는 것을 모르기 때문입니다.

그래서 신은 문제의 이 말에는 두 가지 좋은 점이 있다고 말씀드렸던 것입니다. 따라서 이는 후세 임금들이 모범으로 삼아야 할 것입니다.

(『한서』) 한나라 무제 때 천하가 사치를 숭상해 풍속이 저하되자 황상이 물었다.

"내가 백성들을 교화시키고자 하는데 어떤 방법이 있겠는가?"

동방삭(東方朔)이 대답했다.

"요순과 우탕과 문무와 성왕, 강왕 때의 일은 상고시대의 일이라 수천 년이 지났으니 말씀드리기가 어렵습니다. 그래서 신이 감히 말씀드릴 수는 없습니다. 다만 바라옵건대 가까운 때인 효문황제(孝文皇帝-문제) 때의 일을 말씀드리겠습니다. 이는 현재 살아 있는 노인들이 다 눈으로 보고 귀로 들어 알고 있는 것들이기 때문입니다.

효문황제께서는 귀하기로는 천자요, 부유하기로는 사해를 소유하셨는데도 몸에 입은 옷은 흑색의 거친 비단이었고 발에 걸치신 것은 생가죽으로 만든 가죽신이었습니다. 장식 없는 가죽띠로 검을 차셨고 왕골자리를 깔고 앉으셨으며, 병기는 무뎌서 칼날이 없을 정도였고 옷은 오래되어 무늬가 없었으며, 상서(上書)를 담는 주머니를 이용해 궁궐의 휘장을 만들었습니다.

그러면서 도리와 다움〔道德〕을 아름답게 여기시어 어짊과 의로움〔仁義〕을 준칙으로 삼으셨습니다. 이에 천하가 황제의 행동을 멀리서 바라보면서 순박한 풍속을 이루었고 교화가 밝디밝게 이루어졌습니다.

그런데 지금 폐하께서는 도성 안이 좁다고 여기시어 성 밖에 건장궁(建章宮)을 세우려 하시고, 왼편으로는 봉궐(鳳闕-대의 이름)을 짓고 오른편으로는 신명대(神明臺)를 세워서 천문만호(千門萬户)라고 부르고 있습니다. 궁궐의 각종 건물에도 화려한 자수를 입히고 마구간의 말한테도 오색 비단옷을 입힙니다. 궁인들은 귀한 옥〔玳瑁〕으로 만든 비녀를 꽂고 몸에는 구슬을 차고 있으며, 놀이를 하는 수레를 만들어서 말 타고 사냥하는 것을 조장하고 있으며, 화려하게 꾸민 아주 진귀한 물건들을 모으기를 좋아합니다. 대궐 안에서 1만 근짜리 종을 치고 우레와 같은 큰 소리가 나는 북을 치면서 광대들이 놀이하고 아름다운 여인들이 춤을 춥니다.

위에서 이렇게 지나치게 사치하시면서 백성들에게만 유독 사치를 하지 말라, 농사일을 저버리지 말라고 요구하시니 이는 현실성이 없는 것입니다.

폐하께서는 진실로 신 동방삭의 계책을 쓰시어 수많은 화려한 휘장을 철거해 사통오달의 거리에서 불태우시고 준마를 내버려 다시는 사용하지 않겠다는 뜻을 보이신다면 요순 임금의 드높은 정사에 마땅히 비견할 만한 시대가 이루어질 것입니다."

신이 가만히 살펴보겠습니다. 동방삭은 백성을 교화시키는〔化民〕 근본을 알고 있었다고 하겠습니다. 문제의 검소함이 그와 같았으니 풍속이 어찌 두텁지 않을 수 있으며, 무제의 사치함이 그와 같았으니 풍속이 어찌 각박하지 않을 수 있었겠습니까?

진실로 동방삭의 말을 들어서 사치함을 제거하고 검소함을 따르며 백성들이 바뀌었다는 것을 들어보지 못했습니다. 동방삭이 비록 평소에는 실없는 농담을 많이 했지만 효문제의 일을 들어 사안의 핵심을 진술한 것을 보면 임금을 사랑하는 마음이 지극하고 다스리는 도리에 관한 확고한 생각이 있었습니다. 그러나 무제는 하나도 귀 기울이지 않아 결국 사치함으로 인해 그 나라에 큰 폐단을 일으켰으니 애석할 뿐입니다.

(『한서』) 양웅(揚雄)이 말했다.

"빼어난 문제께서 지극히 편안한 데 뜻을 두시어 스스로 절약하고 검소한 모범을 보이셨고, 거친 비단옷에 허름한 가죽띠와 가죽신을 신으시고 화려한 궁궐에 거처하지 않으시며 나무 그릇에는 문양도 넣지 못하도록 했습니다.

이에 후궁들은 각종 보석과 귀한 옥들을 멀리하고 비취 장식을 꾸미지 못했으며, 아름답게 조각한 홀(笏)을 내버렸고 사치를 미워해 가까이하지 않았으며, 각종 화려한 기예를 배척해 시중들지 못하게 했고 질펀하게 벌어지는 연회를 금지했으며, 정나라와 위나라의 유치하고 음란한 음악을 듣는 것을 싫어했습니다.

이리하여 옥형(玉衡)[1]이 바로잡히고 태계(太階)[2]가 평안해졌습니다."

신이 가만히 살펴보겠습니다. 임금이 자신의 일신을 검소하게 하고 다움을 닦으면 옥형이 바로잡히고 태계가 평안해져 하늘을 감동시키는 공이 이처럼 빠르게 나타나는 것입니다. 그렇다면 사치를 숭상하고 욕망을 풀어놓는다는 것은 분명 하늘에 죄를 짓는 것이라 하겠습니다. 두려워하지 않을 수 있겠습니까?

1) 북두칠성의 다섯째 별이다. 천추(天樞), 천선(天璇), 천기(天璣), 천권(天權), 옥형(玉衡), 개양(開陽), 요광(搖光)이 북두칠성(北斗七星)을 이루는 일곱 별이다.

2) 종묘에서 신주(神主)를 모실 때 사용하는 돌층계를 가리킨다.

(『자치통감』 대업(大業) 원년(605년)) 수나라 양제가 서원(西苑)을 축조하니 그 둘레가 200리였는데 그 안에 인공 바다를 만들었으며 그 둘레가 10여 리였고 방장(方丈), 봉래(蓬萊), 영주(瀛洲)의 여러 산(-삼신산)을 만들고 물이 높이 치솟게 해 그 높이가 100여 척이었다. 누대와 전각 등은 산 위에 벌여서 늘어져 있어 앞이건 뒤건 마치 신선의 마을 같았다. 북쪽에는 용린거(龍鱗渠)[1]가 있는데 물을 꼬불꼬불 돌려서 바다로 흘러 들어가게 했다. 운하를 따라서 열여섯 개의 원(院)을 세웠으며 문은 모두 운하에 닿아 있었고 매 원마다 4품의 부인(夫人)으로 하여금 그것을 주관하게 했다. 당(堂), 전(殿), 루(樓), 관(觀-관망대)은 최고로 화려했으며 궁전에 있는 나무는 가을과 겨울에 마르고 잎이 떨어지면 무늬 있는 비단을 잘라서 꽃잎을 만들어 나뭇가지를 꿰매고 색깔이 변하면 새로운 것으로 바꾸었으므로 항상 따뜻한 봄과 같았다. 연못 안에도 또한 비단을 잘라서 연꽃과 줄기를 만들어 승여(乘輿)가 놀러 가면 얼음을 걷어내고 그것을 넓게 깔았다. 열여섯 개의 원에서는 다투어 술안주를 최고로 꾸며 총애를 구했다. 황상이 달 밝은 밤에 궁녀 수천으로 하여금 좇게 하고 말을 타고 서원에서 유람하는 것을 좋아하니 '청야유곡(淸夜遊曲)'을 짓게 해 말 위에서 그것을 연주하도록 했다.

신이 가만히 살펴보겠습니다. 주나라 무왕은 주왕을 토벌하면서 그 명분으로 "하늘이 낸 물건을 함부로 탕진했다〔暴殄天物〕(포진 천물)"고 했습니다. 이 말은 무릇 세상의 모든 물건은 하늘이 만들어준 것이기 때문에 함부로 탕진하면 하늘에 죄를 짓는 것이라는 뜻입니다.

한나라 무제는 궁궐 내 건물에도 화려한 자수로 장식했다 하여 의논하는 자들이 이미 그것을 심하게 질책한 바 있는데 하물며 원유(苑囿) 곳곳에 수많은 분수까지 만들었으니 어떻겠습니까? 이렇게 되니 백성들은 기본 생활도 지키기 어려워져 언제 농사를 지어야 할지도 알 수가 없게 됐으며 수백, 수천만 필을 마련하느라 허리가 부러지게 일을 해도 끝이 없었습니다.

이런 때를 당해 하늘의 백성들은 빈궁해져서 옷으로 몸도 가리지 못하는 자들을 어찌 이루 다 헤아릴 수 있었겠습니까? 그런데도 양제는 마침내 귀한 비단을 아무 데나 처박고 내던지며 하나도 아까워하지 않았으니 함부로 탕진하는 것이 참으로 심했습니다. 그러니 하늘의 상제가 어찌 진노하지 않을 수 있겠으며 아래 백성들이 어찌 마음이 떠나 반란을 일으키지 않겠습니까? 결국 강도(江都)의 재앙에 이르게 된 것은 마땅하다고 하겠습니다.

1) 운하를 말한다.

(『자치통감』) 당 태종 정관 원년(627년)에 황상이 공경들에게 말했다.

"옛날에 우왕이 산을 뚫고 물을 다스렸는데 백성들이 비방하거나 원망하는 말을 하는 사람들이 없었던 것은 다른 사람들과 더불어 이익을 함께하려고 했기 때문이다. 진시황이 궁실을 지었는데 다른 사람들이 원망하고 배반했던 것은 다른 사람들을 병들게 해 자기만 이롭게 하려고 했기 때문이다. 무릇 아름답고 진기한 것들은 진실로 사람들이라면 다 갖고 싶어 하는 바이지만 만약 이를 멋대로 하고 그치지 않는다면 위태롭고 망하는 일[危亡]이 곧 닥칠 것이다. 짐이 하나의 전각을 지으려고 하는데 재료는 이미 갖추어져 있지만 진나라를 거울로 삼아 중지하고자 한다. 왕공 이하 사람들은 마땅히 짐의 이 뜻을 몸에 새겨야 할 것이다."

이로 말미암아 20년 동안 풍속이 소박해, 옷을 입는 데 비단옷이나 수를 놓은 옷이 없었고, 공사(公私) 간에 다 부유하게 됐다.

정관 4년(630년)에 병사들을 징발해 낙양궁(洛陽宮)을 수리하고 순행(巡幸)할 준비를 하게 했는데 급사중(給事中) 장현소(張玄素)가 간언하는 글을 올렸다.

"신이 보건대 수나라는 처음 궁실을 지으면서 가까운 산에 큰 나무가 없어서 모두가 다 먼 곳에서 가져왔는데 수백 명이 기둥 하나를 끌어왔습니다. 나무로 바퀴를 만드니 마찰로 인해 불이 나서 마침내 쇠로 바퀴를 주조했으며 1~2리만 가도 철곡(鐵轂-쇠바퀴)이 번번이 부서지니 별도로 수백 명으로 하여금 철곡을 싸가지고 따라가게 해 이를 바꿔주면서 하루 종일 불과 20~30리를 가니 기둥 한 개의 비용을 계산하면 이미 수십 만의 공력이 들어갔고 그 나머지는 알 수가 없을 정도였습니다.

폐하께서 처음에 낙양을 평정하시고서 무릇 수나라의 궁실이 넓고 사치한 것은 모두 허물어버리게 한 것이 일찍이 아직 10년도 되지 않았는데 다시 짓고 수리하게 하시니 어찌하여 전날에는 이를 싫어하셨다가 지금은 그것을 본받으려 하십니까?

또 오늘날의 재력이 수나라 때와 비교해 어떻습니까? 폐하께서는 만신창이(滿身瘡痍)가 된 백성들을 부리시어 망해버린 수나라의 폐단을 이으려고 하시니 이러다가 양제보다 더 심하게 될까 봐 두렵습니다."

황상이 말했다.

"경은 나를 양제와 같다고 하지 말고 차라리 걸이나 주와 같다고 하면 어떻겠소?"

장현소가 대답했다.

"만일 이 역사(役事)를 중단하지 않으신다면 역시 (걸이나 주 때와) 똑같은 어지러움에 빠질 것입니다."

황상이 말했다.

"내가 생각이 깊지 못해 마침내 이런 지경에까지 이르렀구나."

즉시 역사를 중단시키고 장현소에게는 비단 200필을 하사했다.

신이 가만히 살펴보겠습니다. 태종은 수나라의 사치(로 인한 멸망)를 거울로 삼아 하나의 전각을 지으려 하다가 삼가 그것을 그쳤습니다. 그러나 불과 몇 년도 안 되어 갑자기 낙양궁의 역사를 일으키려 하니 검소했다가 사치스러워지는 것이 얼마나 쉬운지를 여기서 보게 됩니다. 장현소는 바로 이 점을 걱정해 간언을 올린 것입니다.

그리고 충성스러운 말을 기쁘게 들었고, 또 심지어 수 양제와 비교했는데도 화를 내지 않았고 더구나 걸왕이나 주왕에 비견했는데도 내치지 않고 오히려 삼가 그 말을 따랐으니 이것이 바로 정관의 다스림〔貞觀之治〕이 이루어질 수 있었던 까닭이라 하겠습니다.
정관 지치

(『자치통감』) 당 현종 개원 2년(714년)에 풍속이 사치스럽고 화려해 제서를 내렸다.

"승여와 복어(服御), 금은으로 만든 완구들은 마땅히 유사로 하여금 녹이고 부수도록 해 군국(軍國)의 용도에 제공할 것이며, 그 주옥과 비단들은 궁궐 앞에서 불사르고 황후와 비 이하의 사람들은 모두 주옥으로 장식하지 말고 비단옷과 수놓은 옷을 입지 말도록 하라."

사마광이 말했습니다.

"현종은 처음에는 잘 다스리려 하면서 스스로 힘써 노력하고 절약하고 검소했던 것이 이와 같았는데 만년에는 오히려 사치로 인해 패망했으니 심하도다! 사치와 화려함이 사람을 쉽게 물들게 함이여! 『시경』에서 말하기를 '처음에 가지고 있지 않은 것은 아니지만 / 끝까지 갈 수 있는 경우가 드물구나'라고 했으니 경계하지 않을 수 있겠는가?"

신이 가만히 살펴보겠습니다. 임금의 꽉 찬 마음〔實心〕(실심)이 좋을 경우 백성들은 절로 믿음을 갖게 되고, 꽉 찬 다움〔實德〕(실덕)을 백성들에게 보여줄 경우 백성들은 절로 교화가 됩니다. 명황제가 주옥과 비단들을 다 불태우도록 한 것은 반드시 마음속이 그런 뜻으로 꽉 차서 그런 것이 아니라 그저 그와 비슷한 명성을 얻고 싶은 뜻에서 그랬기 때문에 (그 속마음이) 다 가려질 수 없었던 것입니다. 그래서 불과 3년도 안 되어 이미 어사를 파견해 남방에서 진귀한 것들을 구해오도록 했습니다.

만일 진실로 검소함을 받들어 사치하려는 뜻을 버리고서 소박함과 검소함으로 천하에 모범을 보이기를 마치 한나라 문제가 아무런 말도 없이 몸으로 실천한 것처럼 했다면 어찌 풍속이 새로워지지 않아 걱정을 하겠습니까?

오로지 그것은 굽은 자들을 바로잡아주는 데서 나오는 것인데 명황제의 경우 남들이 알아주기를 바라는 마음이 커서 진실하고 열렬한 뜻이 모자랐다고 하겠습니다. 이 때문에 본래의 속마음에 도사리고 있던 사치함이 곧 본색을 드러내어 재위한 지 얼마 되지 않아서 그 모습을 다 나타내게 된 것입니다.

따라서 현종이 좋은 일을 행한 것은 꽉 찬 마음으로 한 것이 아니고 백성들에게 보여준 것도 꽉 찬 다움으로 한 것이 아니라고 하겠습니다.

이상은 사치함을 멀리함에 대해 논했습니다.

신이 가만히 살펴보겠습니다. 물욕에 빠져 사치함에 굴러떨어지는 것은 다 이른바 일욕(逸欲)입니다.

신은 이미 이에 대해서는 갖추어 논한 바 있습니다. 그런데 선배 유학자가 말하기를 욕심이나 욕망이라는 것은 반드시 어떤 것에 빠져들었을 때만 그런 것이 아니라 그쪽에 뜻을 두기만 해도 곧 욕망이라고 했습니다. 이는 대개 어딘가에 뜻을 두게 되면 스스로 되돌아올 줄을 모르고 곧장 그것에 점점〔漸〕 빠져들게 되기 때문입니다.

정호(程顥)는 (송나라) 신종(神宗) 황제께 이렇게 아뢰었습니다.

"임금은 마땅히 욕망의 씨앗이 아직 싹터 오르기 전에 미리 막아야 합니다."

정호가 말한 것이야말로 진실로 마음을 바로 하는(格心, 격심) 요체이니 빼어나고 밝으신 폐하께서는 이것을 깊이 음미하셔야 할 것입니다.

제5장

수신의 요체

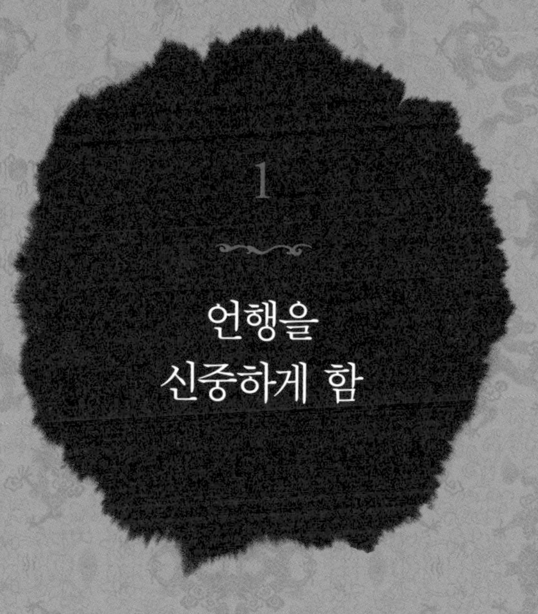
1
언행을
신중하게 함

『주역』 '대전(大傳)'[1)]에서 공자가 말했다.

"군자가 집 안에 머물면서 그 하는 말이 좋으면〔善〕 천 리 밖에서도 그 말에 응함〔應〕이 있다. 하물며 가까운 곳에 있어서야 두말할 필요가 없다.

(군자가) 집 안에 머물면서 그 하는 말이 좋지 못하면〔不善〕 천 리 밖에서도 그 말을 어긴다〔違〕. 하물며 가까운 곳에 있어서야 두말할 필요가 없다.

말은 몸에서 나와서 백성들에게 가해지며 행실은 가까운 곳에서 일어나 먼 곳에 나타난다.

말과 행실〔言行〕은 군자의 중추기관〔樞機〕과도 같으니 중추기관이 어떤 식으로 발하느냐〔發〕 하는 것이 바로 영예와 욕됨〔榮辱〕을 가르는 핵심 단서다.

말과 행실은 군자가 하늘과 땅에 영향을 미치는〔動〕 까닭이 되니 삼가지 않을 수 있겠는가?"

신이 가만히 살펴보겠습니다. 여기서는 공자가 중부(中孚) 괘(위는 ☴, 아래는 ☱)의 밑에서 두 번째 효(爻)인 우는 학〔鳴鶴〕에 대한 풀이를 가져와서 감응(感應)의 이치를 설명하고 있습니다. 즉 임금은 비록 깊은 궁궐에 머물러 있더라도 그 말을 삼가지 않으면 안 되며, 또 그것을 미루어 헤아려 더욱 넓혀서 말과 행동 모두 삼가지 않으면 안 된다고 말하고 있습니다.

학이 우니 그 새끼가 화답한다〔鶴鳴子和〕는 것은 둘이서 서로의 기운을 느낀다는 것이고, 위에서 선창을 하면 아래에서 응한다〔上倡下

應〕는 것 또한 이치가 절로 그러하다〔自然〕는 것입니다. 그래서 그 말이 좋거나 좋지 못한 것이 하나의 집 안에서 나와도 사람들이 그것을 따르거나 어기거나 하는 것을 천 리 밖에서도 볼 수 있는 것입니다.

하나의 말이 나와 호령(號令)이 되면 백성들은 그 영향을 받게 되고 하나의 행동이 드러나 모범적인 모습〔儀表〕을 보이면 온 사방이 그것을 지켜보게 되는 것입니다. 따라서 몸에서 나오는 말과 행동은 마치 집에 문지도리〔樞〕가 있고 쇠뇌에 틀〔機〕이 있어 열고 닫거나 죄고 풀어주는 것이 그것으로 말미암아 이루어지는 것과 같다고 할 수 있습니다. 말과 행동이 발할 때 (그것을 어떻게 하느냐에 따라) 영예와 욕됨〔榮辱〕이 따르는 것이니 그런 비유를 든 것은 아주 적확했다고 하겠습니다. 그런데도 오히려 사람들이 쉽게 이런 것들을 소홀히 할까 봐 두려워해 또 말하기를 말과 행실은 군자가 하늘과 땅에 영향을 미치는 까닭이라고 했으니 대체로 하늘과 땅의 크기를 제대로 재고 인식할 수는 없으나 하나의 말이 좋고 하나의 행동이 좋을 때에 그것을 제대로 느끼는 효과는 메아리〔影響〕보다 훨씬 빠르니 삼가지 않을 수 있겠습니까?

일부에서는 집 안에서 말한 것을 다른 사람들이 어떻게 들을 수 있으며 천 리 밖에 있는 사람이 어떻게 응할 수 있느냐고 말합니다. 아! 여희가 한밤에 울었던 것을 『국어』가 기록했고, 조비연 자매가 분노했던 것을 반고가 『한서』에 기록했고, 현종과 양귀비의 변함없는 사랑의 맹세〔比翼連理〕는 백거이(白居易)의 시가[2]에 기록됐으니 모두 다 깊은 궁궐에서 아무도 없을 때 둘만이 했던 밀약이라 할 수 있는 것들인데 천하 후세에 낱낱이 폭로되지 않은 것이 없습니다. 바로 이것이야말로 (『중용』에서) "(그것은) 은미함이 나타나는 것이니, 그 열렬함은 가릴 수 없다"고 한 까닭일 것입니다.

따라서 임금이라면 그것을 깊이 경계해야 할 것입니다.

1) 『주역』에 대해 공자가 총론적 풀이를 한 것을 '계사전(繫辭傳)'이라 하는데 통상 공자가 직접 지은 글은 경(經)이라고 부르기 때문에 계사전에는 특별히 대(大)를 붙여 '대전(大傳)'이라 하고 일반적으로는 '역대전(易大傳)'이라고 부른다.

2) '장한가(長恨家)'를 가리킨다.

(『시경』) '억'의 5장에서 이렇게 노래했다.

"네 말을 낼 때는 신중하고 / 네 위엄과 행동은 삼감으로써 / 부드럽고 아름답지 않음이 없도록 해야 할 것이다. / 백규(白圭)의 흠은 오히려 갈아 없앨 수 있지만 / 말로 인한 허물은 어떻게 해볼 길이 없도다."

6장에서는 이렇게 노래했다.

"말을 할 때는 쉽게 하지 말아서 / 구차하게 말을 해서는 안 될 것이다. / 내 혀를 잡아주는 사람 없으니 / 말은 함부로 내뱉는 것이 아니다."

신이 가만히 살펴보겠습니다. 이것은 위(衛) 나라 무공(武公)이 스스로를 경계하며 쓴 시입니다. 네/너〔爾(이)〕라는 것은 다 자기 자신을 가리키는 말입니다.

말을 할 때 신중히 하는 것과 위엄 있게 행동할 때 삼가는 것은 다 임금이 스스로를 닦는 데 있어 지극히 중요한 것입니다. 부드럽다〔柔〕는 것은 고분고분하려 하되 교묘한 말〔巧言〕로써 부드럽게 하는 것은 아니고, 아름답다〔嘉〕는 것은 잘하려 하되 겉만 번지레한 모습〔令色〕으로 아름답게 하는 것은 아닙니다.

백규(白圭-하얀 홀)와 같은 귀한 물건에 만일 흠이 생긴다면 오히려 그것을 갈아내어 흠을 없앨 수 있지만 말이라고 하는 것은 일단 입에서 나가면 작은 흠이나 결함이 있어도 다시 주워 담을 수가 없습니다. 말을 할 때 신중하지 않으면 안 된다고 한 것은 바로 이 때문입니다.

그렇기 때문에 또 "말을 할 때는 쉽게 하지 말라〔無易由言〕" 한 것이니 말을 가볍고 쉽게 하지 말라는 뜻이요, 또 "구차하게 말을 해서는 안 될 것이다〔無曰苟矣〕"라고 한 것이니 말을 함에 구차함〔苟且〕이 있어서는 안 된다는 뜻입니다.

말이 일단 입에서 나가게 되면 누가 능히 나의 혀를 잡아줄 수 있겠습니까? 이미 형태를 갖춘 말은 원래대로 되돌릴 수 없으니 이것이 바로 무공이 자신을 다잡는〔飭=約=愼〕 데 엄격했다는 것을 보여주고 있습니다.

남용(南容)이 '백규'라는 시를 매일 세 번씩 반복하니 공자가 그를 칭찬했습니다.[1] 또 일찍이 그 제자들에게 "네 마리 말이 끄는 마차도 말을 따라잡을 수는 없다〔駟不及舌〕"[2]고 했으니, 아! 경계하지 않을 수 있겠습니까?

1) 이 말은 『논어』「선진(先進)」에 나오는 말이다. "남용이 백규를 읊은 시를 매일 세 번씩 반복하니 공자께서는 그 형님의 딸을 주어

조카사위로 삼았다." 백규를 읊은 시란 『시경』에 나오는 시로 방금 우리가 살펴본 바로 그 시다. 이 시를 하루에 세 번 반복해 마음에 새겼다는 것은 말을 삼갔다〔愼於言〕는 뜻이다. 그래서 조카사위로 삼은 것이다.

2) 『논어』 「안연」에 나오는 말로 자공이 위(衛) 나라 대부 극자성(棘子成)과 언쟁을 하면서 인용한 공자의 언급이다.

(『논어』 「이인」) 공자가 말했다.

"군자는 말은 어눌하게 하려 하고 행동은 민첩하게 해야 한다〔君子欲訥於言而敏於行〕."

신이 가만히 살펴보겠습니다. 말을 입밖에 낼 때는 조심해야〔謹〕 합니다. 그래서 어눌하게 하려고 애써야 한다고 한 것입니다. 행실을 몸으로 행할 때에는 날쌔게 해야〔勇〕 합니다. 그래서 민첩해야 한다고 한 것입니다.

(『논어』「위정」) 자공(子貢)이 군자란 어떤 사람이냐고 묻자 공자가 말했다.

“그 말하려는 바를 먼저 실행에 옮기고, 그런 연후에 그 실행한 바를 바탕으로 말을 하는 사람이 군자다〔先行其言而後從之〕.”

신이 가만히 살펴보겠습니다. 말보다 행동을 먼저 하면 그 말은 내용이 꽉 찬 것이 되고, 말보다 행동을 먼저 하지 않으면 그 말은 실천하기가 어려울 것입니다. 그래서 공자와 같은 성인께서 그것을 경계하라고 한 것입니다.

(『논어』「헌문(憲問)」) 공자는 말했다.

“군자는 큰소리치는 것을 부끄러워하고 행실을 말보다 조금 더 나아가도록 처신한다〔恥其言而過其行〕.”

신이 가만히 살펴보겠습니다. 말은 행동보다 앞서가려〔浮〕해서는 안 되고 행동은 말보다 좀 더 많아야〔餘〕 한다는 뜻입니다.

이것은 비록 경계하고 배워야 하는 사람을 위한 말이기는 하지만 임금에 초점을 맞춰서 살펴볼 수도 있습니다. 예를 들어 한나라 문제는 겸허하고 조용하게 아무 말 없이 있으면서도 너그럽고 어질고 공손하고 검소한〔寬仁恭儉〕 다움이 삼대 이래로 현능한 임금들 중에서 최고였으니 이는 행동이 말을 이겼기 때문입니다. 반면 한나라 무제는 말을 잘했고 똑똑해서 그가 남긴 제조(制詔)에서 얼마든지 확연하게 볼 수 있지만 욕심이 많았기 때문에 결국은 어짊과 의로움〔仁義〕을 베풀지는 못했으니 이는 말이 행동을 앞서갔기 때문입니다.

따라서 후대의 임금들은 마땅히 문제를 본받고〔法〕 무제는 경계해야〔戒〕 할 것이라고 말씀드리겠습니다.

(『논어』「위령공(衛靈公)」) 자장(子張)이 물었다.

"(다움이나 도리가) 행해진다〔行〕는 것은 무엇입니까?"

공자가 답했다.

"(사람들이 하는) 말에 진실함과 미더움〔忠信〕이 있고 (사람들이 하는) 행동에 독실함과 삼감〔篤敬〕이 있으면 그곳이 설사 오랑캐의 나라라 하더라도 (다움이나 도리가) 행해지는 바가 있다 할 것이고, 그 반대라면 설사 문명이 이루어진 나라라 하더라도 행해지는 바가 있다고 할 수 있겠는가? 일어서면 그것이 앞에 펼쳐지고 있음을 볼 수 있고, 수레에 있으면 그것이 멍에에 기대고 있음을 볼 수 있어야 하니 무릇 이런 후에야 다움과 도리가 행해졌다고 할 수 있다."

이에 자장은 공자의 이 말을 띠에 썼다.

신이 가만히 살펴보겠습니다. 자장이 행해진다는 것에 대해 물은 것은 천하에 도리를 행하고 싶어서였습니다. 이에 공자는 (사람들이 하는) 말에 진실함과 미더움이 있고 (사람들이 하는) 행동에 독실함과 삼감이 있으면 그곳이 설사 오랑캐의 땅이라 하더라도 (다움이나 도리가) 행해지는 바가 있다 할 것이고, 그 반대라면 설사 문명의 땅이라 하더라도 진실로 행해지는 바가 있다고 할 수 없을 것이라고 말합니다. 진실함과 미더움을 합쳐서 말하자면 그것이 바로 열렬함〔誠(성)〕이고 독실함과 삼감은 삼가는 데 열렬하다〔誠於敬(성어경)〕는 뜻입니다.

대체로 땅 자체가 도리에 보다 가깝거나 먼 것이 없는 것은 다 같이 하나의 이치를 따르기 때문이요, 사람 자체에 문명이냐 오랑캐냐〔華夷(화이)〕가 없는 것은 다 같이 하나의 마음을 갖고 있기 때문입니다. 그래서 열렬함과 삼감〔誠敬(성경)〕이 없으면 사람들이 마음속에서 우러나 따르지를〔服=終(복 종)〕 않는 것이고 열렬하고 삼가면 사람들이 마음속으로 따르게 되는 것입니다.

따라서 말과 행동이 다 반드시 열렬하고 반드시 삼가서 하나의 생각도 헛되이 버릴 것이 없으며 하나의 행위도 도리를 어김이 없어야 "일어서면 그것이 앞에 펼쳐지고 있음을 볼 수 있고, 수레에 있으면 그것이 멍에에 의지해 기대고 있음을 볼 수 있는" 것입니다. 이렇게 해서 마음을 잘 기르고〔涵養(함양)〕 잘 다스려 지키는 것〔操存(조존)〕이 무르익게 되면 마음과 이치는 하나가 되어 그 형체를 볼 수 있는 것이 이와 같이 되는 것입니다. 만일 이렇게 된다면 장차 (다움과 도리가) 행해지지 않을 수 있겠습니까?

자장은 천하에 도리를 행하고 싶어 했는데 공자는 그것을 한 몸에 돌이켜 가르쳤으니 이것이 비록 배우는 자를 상대로 말해 준 것이기는 하지만 임금의 도리 또한 거기서 벗어나 있는 것은 아닙니다. 그래서 옛날에 (뛰어난) 제왕들이 능히 네 오랑캐들을 다 손님으로 맞아들일 수 있었던 것은 그들의 열렬함과 삼감이 그들을 감동시켰기 때문이요, 후세의 임금들이 처자식에게도 도리를 행하지 못한 것은 열렬하지 못했고 삼가지 않았기 때문입니다.

공자의 말씀이 아래위로 다 통용되는 것이 대체로 이와 같은데 어찌 (자장처럼) 배우는 자만 이 말을 띠에 써서 허리에 찬단 말입니까?

(『예기』) 「옥조」

천자가 거동하면〔動=行〕 좌사(左史)가 그것을 기록하고 천자가 말을 하면〔言〕 우사(右史)가 기록한다.

신이 가만히 살펴보겠습니다. 옛날에 (임금을) 가까이에서 따르고 살피는 관직〔逮官〕을 둔 이유는 임금의 몸을 잘 다잡고 타일러줌으로써〔約飭〕 임금이 마음을 바로 하고 뜻을 열렬히 하여〔心正意誠=誠意正心〕 말과 행실에서 잘못을 범하지 않도록 하기 위함이었습니다. 그래서 작은 행실 하나까지도 다 좌사가 기록했고, 작은 말 한 마디까지도 다 우사가 기록해 (임금이 행한) 일〔事=行〕은 『춘추』가 됐고 (임금이 한) 말〔言〕은 『상서(-서경)』가 됐으니 그 유래는 참으로 깊다고 하겠습니다.

그 이후에 사인(舍人)[1]이라는 관직을 설치한 것도 결국은 거기서 비롯된 제도입니다. 그리고 사인들에게는 조정의 공식 논의에 앞서 직언을 하고 논평할 수 있는 권한을 주어 국정이 결정되기에 앞서 그것을 바로잡을 수 있도록 했으니 비록 그것이 옛 제도만큼 철저하지는 못했어도 그 취지는 대체로 옛 제도를 따르고 있다고 하겠습니다.

따라서 사람을 잘 가려 그 자리에 씀으로써 임금의 말과 거동을 잘 살펴 남김없이 기록한다면 그 자체로 (임금에게) 큰 경계〔儆=戒〕가 되는 것입니다.

1) 전국시대부터 한나라 초기까지 귀족의 측근이나 임금의 시종에 대한 통칭이며, 고려나 조선에서는 임금보다는 정승을 받드는 일종의 비서실장과 같은 자리였다

(『예기』) 「치의(緇衣)」[1]에서 공자가 말했다.

"군자는 사람들을 말로써 이끌고〔道=導〕 행동으로써 경계시킨다〔禁=謹〕. 그래서 (사람들로 하여금) 말을 할 때는 반드시 그 끝나는 바〔所終〕까지 멀리 내다보게 하고〔慮〕, 행동을 할 때는 반드시 그 해치는 바〔所敝=弊端〕를 깊이 살피게 한다면〔稽〕 백성들은 말을 함에 삼가고〔愼〕 행실에서도 삼가게 된다.

신이 가만히 살펴보겠습니다. 사람들을 말로써 이끈다는 것은 언사나 명령으로 사람들을 깨우쳐 인도하고〔開導〕 이끌어 도와준다〔誘掖〕는 뜻입니다. 그러나 말은 사람들의 좋은 점〔善〕을 이끌어 낼 수는 있지만 사람들의 좋지 못한 점〔不善〕을 경계시키지는 못합니다. 그래서 사람들의 좋지 못한 점〔不善〕을 경계시키려면 반드시 행동으로 보여주어야 합니다.

대개 세상의 이치란 먼저 자기 자신을 바로잡은 다음에 다른 사람을 꾸짖을 수 있는 것이고, 자기 자신에게 허물이 없게 한 다음에 남을 비판할 수 있는 것입니다. 따라서 (먼저) 자기 자신이 좋지 못한 행동을 하지 않는다면 굳이 다른 사람을 일깨워주지 않더라도 그 사람은 절로 자신을 따라서 하게 될 것이고, 이미 자기 자신이 좋지 못한 행동을 한다면 설사 다른 사람을 일깨워주려 해도 그 사람은 반드시 그것을 따르지 않을 것〔違〕입니다.

그렇기 때문에 (실천이 따르지 않는) 공허한 말〔空言〕은 다른 사람을 경계시킬 수 없고, 오로지 내용이 꽉 찬 행동〔實行〕만이 마침내 다른 사람을 경계시킬 수 있습니다.

무릇 말이란 입에서 나오는 것이기 때문에 지극히 쉬운 일입니다만 그 끝나는 바까지 멀리 내다보지 못해〔不慮〕 한마디라도 (실상보다) 지나치게 되면 다가올 우환〔貽患=貽憂〕을 (너무 크고 많아서) 이루 다 감당해 낼 수 없을 것이고, 행동이란 몸에서 나오는 것이기 때문에 이 또한 지극히 쉬운 일입니다만 그로 인해 생겨날 수 있는 폐단들을 깊이 살피지 못해〔不稽〕 한 가지 행동이라도 어긋나게〔差〕 되면 그 후에 입게 될 재앙이 혹 끝도 없는 지경에까지 이를 수 있습니다.

좋지 못한 것〔不善〕들이란 참으로 말로 다 할 수 없을 만큼 많습니다. 그러니 그것을 내다보는 것이 멀지 못하고 그것을 살피는 것이 깊지 못하면 어기지 않는 바가 없게 되어 좋지 못한 짓을 하게 되는 것입니다. 노자와 장자〔老莊〕의 사상도 좋은 말이 아닙니까? 그러나 그 끝나는 바〔終=所終〕는 현실을 떠나 아무런 내용이 없는〔浮虛〕 폐해가 있습니다. 또 백이와 유하혜〔夷惠〕도 행실만 보면 좋지 않습니까? 그러나 그 폐단은 공손하지 못한 잘못이 너무도 심한 바가 있습니다. 하물며 임금은 만 백성의 위에 있으니 임금의 말 한마디, 행동 하나에서 나라의 안정과 위태로움〔安危〕이 절로 결정된다고 할 것입니다.

따라서 반드시 삼가서 말하고 두루 살펴 행하면 백성들도 감화되어 따르게 될 것이고 말과 행동에 구차함이 없을 것입니다.

"그 끝나는 바를 멀리 내다보고 그 폐단들을 두루 살펴야 한다〔慮終稽弊〕"는 이 말은 임금이 반드시 알아야 할 바이기 때문에 따로 떼어 기록해 두었습니다.

1) 진덕수는 「표기(表記)」 편이라고 했는데 이 인용구는 바로 다음 편인 「치의」 편에 실려 있다.

(『한서』) 한나라 동중서가 무제에게 말했다.

"말은 자기에게서 나오는 것이라 막을 수 없으며 행동은 몸에서 나오는 것이라 가릴 수 없는 것이니 말과 행동은 다스림의 큰 바탕〔大〕입니다. 그래서 (공자는 '역대전(易大傳)'에서) 군자는 하늘과 땅에 영향을 미칠 수 있다고 한 것입니다.

그렇기 때문에 작은 일에도 모든 것을 다 바치는 자〔盡小者〕는 크고〔大〕, 숨어 있어 드러나지 않는 것에도 조심하고 삼가는 자〔愼微者〕는 (결국은) 훤히 드러나게 되는 것〔著〕입니다.”[1]

1 동중서의 전문은 앞서 제왕의 배움을 논할 때 나왔다.

신이 가만히 살펴보겠습니다. 좋은 일〔善〕을 행하는 도리는 아주 작고 미미한 것〔細微〕에서 시작하지 않음이 없고, 좋지 못한 일〔不善〕 또한 아주 작고 미미한 것들이 쌓여서 이루어지지 않음이 없습니다. 그래서 순임금과 우왕 때 임금과 신하들이 “첫째도 조짐〔幾〕이요, 둘째도 조짐이다”라고 했던 것인데, 후세의 임금들 중에 간혹 이에 어두운 자들이 있었습니다. 이로 인해 하늘을 뒤덮는 재앙이 혹 한마디 말〔片言〕에서 비롯됐고〔濫觴〕, 세상을 휩쓰는 우환이 혹 반 발짝〔跬步〕을 내딛는 데서 점점 커져 나왔으니 경계하지 않을 수 있겠습니까?

이상은 언행을 신중하게 함에 대해 논했습니다.

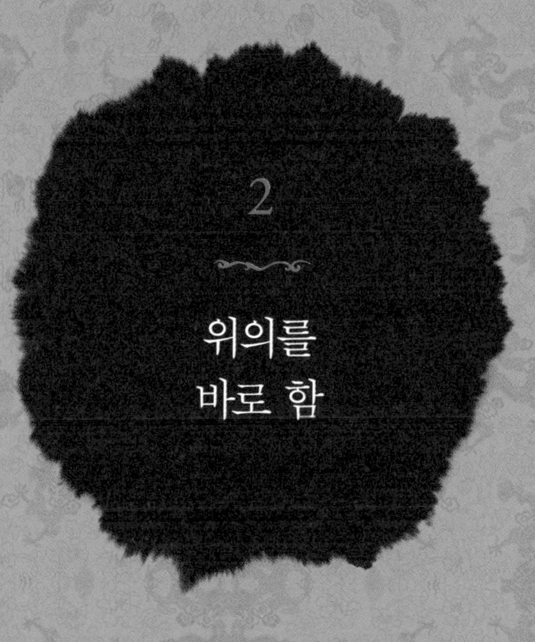

2

위의를 바로 함

(『서경』 '고명(顧命)') 주나라 성왕이 재상 필공(畢公) 등을 불러 강왕(康王)[1]을 잘 도우라고 명하며 말했다.

"생각해 보건대 무릇 사람은 스스로 자신의 위엄과 거동〔威儀〕을 다스려야〔亂=治〕 하는 것이니 너희들은 소(釗)로 하여금 잘못된 조짐〔非幾〕을 보이는 일에 무릅쓰고〔冒〕 나아가지〔貢=進〕 못하도록 해야 한다."

신이 가만히 살펴보겠습니다. 여조겸은 말했습니다.

"이 말은 대개 성왕이 평소 지극히 가까운 친족과 신하들에게 배운 바인데 이때에 이르러 처음으로 그 비밀을 털어놓은 것이다.

주공(周公)의 '작은 일에도 최선을 다하라〔精微〕'는 비결은 성왕이 제대로 체득한 다음 장차 생을 마치려 할 때 마침내 여러 신하들에게 보여준 것이고, 공자의 '작은 일에도 최선을 다하라'는 비결 또한 증자가 제대로 체득한 다음 장차 생을 마치려 할 때 마침내 맹경자(孟敬子)에게 보여준 바 있다.[2]

이것은 둘 다 위의(威儀)와 용모와 얼굴빛과 말과 소리를 행하고 낼 때에 (도리에) 가까운 것이다. 그렇다면 주공과 공자가 어찌 도리만 같다고 하겠는가? 공력을 쏟는〔用功〕 차례와 그 세부 사항들〔次第品目〕 또한 같지 않음이 없다.

사람이란 하늘과 땅의 적중함〔中〕을 받아서 태어나는 것이기 때문에 동작을 하고 위의를 갖출 때 그 하나하나가 다 하늘의 명이 아닌 것이 없다.

조급하게 가벼이 행동하고 방종하여 느슨해져서 스스로 도리를 어기거나 뛰어넘는다면 그것은 사람이 스스로 그것을 어지럽히는 것일 뿐이지 하늘의 명이 어떻게 일찍부터 그것을 어지럽힌 것이겠는가? 그래서 말하기를 '생각해 보건대 무릇 사람은 스스로 자신의 위엄과 거동〔威儀〕을 다스려야 한다'고 한 것이니 그 말하는 바의 깊고 먼〔深長〕 의미를 잘 헤아려본다면 그것이 얼마나 멀리 내다보고 한 말인지를 알 수 있다.

그리고 위의를 잃게 되면 어찌 일〔事〕에서 모양을 갖추게 되고 행동에서 그것이 드러나게 되겠는가? 만일 그렇게 되면 몸을 한 번 굽히고 한 번 쳐드는 미세한 순간도 하늘의 명이 아닌 것이니 잘못된 조짐으로 나아가게 되는 것이다. 그래서 말하기를 '너희들은 소로 하여금 잘못된 조짐을 보이는 일에 무릅쓰고 나아가지 못하도록 해야 한다'고 한 것이니, 그 말하는 바의 엄격하고 치밀한〔嚴密〕 의미를 잘 음미해 본다면 그것이 얼마나 정밀하고 은미한 통찰인지를 알 수 있다. 제왕학〔聖學〕을 배우려는 자라면 이 말을 따르고 받들어야 하지 않겠는가?"

여기서 위의라고 말한 것은 속마음이 드러난 것입니다. 속마음이 바르면 위의가 밖으로 드러나는 것 또한 바를 것이니 따라서 이는 좋은 조짐〔善幾〕이 될 것이요, 속마음이 바르지 못하면 위의가 밖으로 드러나는 것 또한 바르지 못할 것이니 따라서 이는 나쁜 조짐〔惡幾〕이 될 것입니다. 잘못된 조짐〔非幾〕이란 오히려 나쁜 조짐을 말하는 것입니다. 여조겸이 이를 통해 말의 엄격하고 치밀한 바를 일러주고 있는 것이 어찌 옳다고 하지 않을 수 있겠습니까?

1) 성왕의 아들 소(釗)를 가리킨다.

2) 『논어』「태백(泰伯)」 4장에 이와 관련된 구절이 나온다. 증자가 중

병에 걸렸을 때 맹경자가 병문안을 왔다. 이에 증자가 말했다. "새는 죽으려 할 때 그 울음소리가 슬프지만, 사람이 장차 죽을 때는 그 말이 착하다고 했습니다. 통치하는 군자라면 귀중하게 여겨야 할 도리가 세 가지 있습니다. 첫째, 용모를 움직일 때에는 사나움과 거만함을 멀리해야 하고, 얼굴빛을 바로 할 때에는 신실함을 가깝게 해야 합니다. 둘째, 말과 소리를 낼 때에는 비루함과 도리에 위배됨을 멀리해야 합니다. 셋째, 변두와 같은 제기를 다루는 일은 담당 기관이 있으니 맡겨두어야 합니다."

(『시경』) '억(抑)'의 첫 장에서 이렇게 노래했다.

"치밀한〔抑抑(억억)=密(밀)〕 위의는 / 참으로 다움의 한 귀퉁이라."

2장에서는 이렇게 노래했다.

"위의를 삼가고 신중히 해야 / 저 백성의 모범이 되리라."

5장에서는 이렇게 노래했다.

"너의 위의를 삼가며 / 부드럽고 아름답지 않음이 없게 하여라."

8장에서는 이렇게 노래했다.

"네 행실을 정숙하고 조심해 / 위의에 허물이 없도록 하여라. / 어그러지지 않고 / 해치지 않으면 / 법도에 맞지 않음이 드물 것이리라."

9장에서는 이렇게 노래했다.

"따뜻한 마음으로 다른 사람을 공경하는 것 / 그것은 다움의 밑바탕이라."

신이 가만히 살펴보겠습니다. 이 '억'이라는 시는 위나라 무공이 스스로를 경계하는 시입니다. 12장 중에서 위의를 언급한 것이 모두 대여섯 개인데 치밀하다〔抑抑(억억)〕고 한 것은 치밀하고 또 치밀하다는 것입니다. 위의가 엄격하고 치밀한 것을 보면 그 사람의 다움이 엄격하고 치밀하다는 것을 알 수 있는 것이니 이는 마치 한 귀퉁이〔隅(우)=角(각)〕만 곧고 바르기만 해도 그 집과 마당 전체가 곧고 바르다는 것을 알 수 있는 것과 같습니다. 마음속에 (뭔가가) 있게 되면 반드시 그것은 겉으로 형체를 드러내게 되니 그것을 어찌 가릴 수 있겠습니까?

백성들은 (위에서 행하는) 위의를 보고서 (따라서) 행동을 하고 (위에서) 주창하는 것을 듣고서 그에 응합니다. 따라서 위에 있는 사람이 능히 그 위의를 삼가고 신중히 한다면 그것은 얼마든지 백성들이 본받고 따르는 법이 될 것이고, 위에 있는 사람이 능히 그 행실을 정숙하고 조심스럽게 한다면 위의에 허물이 없어 어그러지거나 해치는 바가 없게 될 것이니 백성들이 본받지 않으려 하는 경우는 거의 없을 것입니다.

따뜻하다〔溫(온)〕는 것은 서로 화합해 편안한다〔和易(화이)〕는 뜻이니 집을 짓는 자는 기초 공사로 그 밑바탕을 튼튼히 해야 하듯이 몸을 닦는 자는 삼감〔敬(경)〕으로써 우선 몸의 밑바탕을 다져야 합니다.

첫 장에서 '다움의 귀퉁이'를 말하고 9장에서는 '다움의 밑바탕'을 말했으니 그 말이 점점 더 깊어지고 있습니다. 무공이 이 시를 지으면서 얼마나 빼어난 공을 들였는지가 여기서 드러나고 있으니 이 또한 소홀히 할 수 있겠습니까?

(『춘추좌씨전』 노나라 양공 31년(기원전 542년)) 위(衛) 나라 후(侯)[1]가 초나라에 있었을 때 북궁문자(北宮文子-위나라 대부)가 초나라 영윤(令尹)인 자위(子圍-초나라의 왕자)의 위엄과 거동〔威儀〕을 보고서 위후에게 이렇게 말했다.

"영윤은 장차 화를 면하지 못할 것입니다. 『시경』에 '위의를 삼가고 신중히 해야 / 저 백성의 모범이 되리라〔敬愼威儀維民之則〕'고 했는데 영윤에게는 위엄이 없고 백성들이 본받을 바가 없습니다. 백성들이 본받을 만한 사람이 아니면서 백성들의 위에 있게 되면 제대로 (좋은) 끝을 마칠 수 없습니다."

영공이 물었다.

"좋은 말이구나. 그런데 위엄과 거동이란 무엇을 말하는 것인가?"

북궁문자가 답했다.

"위엄이 있으면 사람들이 두려워하게 되는데 이것을 일러 위엄〔威〕이라 하고, 바른 거동을 하게 되면 사람들이 그것을 본받는 표상〔象〕으로 삼는데 이것을 일러 거동〔儀〕이라 합니다. 임금이 임금으로서의 위엄과 거동을 갖추면 신하들은 두려워하면서도 사랑하게 되고 자신들의 표상으로 삼아 본받게 됩니다. 그러면 얼마든지 나라를 잘 다스릴〔有=治〕 수 있고 좋은 평판〔令聞〕이 오래도록 전해지게 됩니다. 또 신하가 신하로서의 위엄과 거동을 갖추면 그 아랫사람들이 두려워하면서도 사랑하게 되고 자신들의 표상으로 삼아 본받게 됩니다. 그러면 그의 일족을 잘 지키고 집안을 잘 이끌 수 있게 됩니다. 이렇게 해서 순리대로 그 아랫사람들도 모두 이와 같이 되며 그로 인해 위아래가 서로 굳건하게 될 수가 있는 것입니다.

위나라 시〔衛詩〕에 '위엄과 거동이 의젓하구나〔棣棣〕'라고 한 것은 임금과 신하, 위와 아래, 아버지와 아들, 형과 동생, 안과 밖, 어른과 아이 할 것이 없이 모두 다 위엄과 거동을 갖추고 있다는 말입니다.

주나라 시〔周詩〕에서 '벗들이 서로 돕는구나'라고 한 것은 벗을 사귀는 도리란 반드시 위엄과 거동으로 서로 가르치고 일깨워줘야 한다는 말입니다.

그래서 군자가 지위에 있으면 가히 두려움의 대상이 되고 베풀면 사랑하는 대상이 되는 것이며, 나아가고 물러나는 것〔進退〕은 (다른 사람들의) 행동의 척도가 되고 일을 주선해 처리하는 것〔周旋〕은 모범이 되며, 평소 용모는 볼 만하고 하는 일은 모범으로 삼을 수 있으며, 다움을 행하는 것〔德行〕은 표상이 되고 목소리와 기운은 즐거움의 대상이 될 수 있습니다. 또 움직이고 일을 함에〔動作〕 열렬한 애씀〔文〕이 있고 말과 글에는 환히 드러냄〔章〕을 갖춰 아랫사람들을 대하니 이를 일러 위엄과 거동〔威儀〕이 있다고 말하는 것입니다."

신이 가만히 살펴보겠습니다. 예로부터 위엄과 거동에 대해 논한 것들이 많지만 북궁문자만큼 잘 갖춰진 것은 없습니다.

"위엄이 있으면 사람들이 두려워하게 되는데 이것을 일러 위엄〔威〕이라 한다"고 했으니 위엄이란 단순히 엄격하고 사나운 것이 아니라 옷과 모자를 바로 하고 시선을 높여 엄연하면 사람들이 바라보고 두려워하게 되니 무릇 이를 일러 위엄이라고 합니다.

또 "바른 거동을 하게 되면 사람들이 그것을 본받는 표상〔象〕으로 삼는데 이것을 일러 거동〔儀〕이라 한다"고 했으니 거동이란 단순히 용모를 꾸며내는 것〔容飾〕이 아니라 움직이고 용모를 취하고 주선하는 바가 예에 적중하지 않음이 없는 것이니 무릇 이를 일러 거동이라고 합니다.

그러나 임금은 임금의 바른 거동이 있으며 신하는 신하의 바른 거동이 있는데 양(梁) 나라 양왕(襄王)은 임금이기는 한데 바라보면 임금 같지가 않았으니 임금의 위엄과 거동을 갖추었다고 할 수 없고, 영윤 자위는 신하이기는 한데 바라보면 신하 같지가 않았으니 신하의 위엄과 거동을 갖추었다고 할 수 없었습니다.

이 당시에 영윤 자위는 초나라의 정치를 제 마음대로 하면서 왕위를 찬탈할 마음을 갖고 있었습니다. 그래서 이미 그 위엄과 거동에는 분명 임금을 우습게 여기고 압박하는 바〔僭偪〕가 표출됐을 것입니다. 그랬기 때문에 북궁문자는 그가 제대로 (좋은) 끝을 마칠 수 없으리란 것을 알았던 것인데 실제로 얼마 안 가 나라를 찬탈하는 일이 일어났고 과연 그 끝을 제대로 마칠 수 없었으니 춘추시대에는 성학(聖學-유학)의 가르침이 아직 사라지지 않았던 것입니다. 그래서 저명한 경대부는 위엄과 거동을 살펴 그 사람을 보았습니다.

(『춘추좌씨전』 노나라 희공(僖公) 11년(기원전 649년)) 진(晉) 나라 후(侯-혜공)에게 작위를 내렸는데 혜공이 (그 신표로) 옥을 받는 일에 태만하니〔惰〕 (사신으로 갔던) 내사(內史) 과(過)가 돌아와서 양왕에게 고했습니다.

"삼가지 않으면 예가 행해졌다고 할 수 없고 예가 행해지지 않으면 위아래가 어두우니 어찌 오랜 세대를 누릴 수 있겠습니까?"

결국 진나라 혜공은 나라를 잃었습니다.

(『춘추좌씨전』 노나라 성공(成公) 13년(기원전 578년)) 성자(成子-숙

공(肅公[1])가 사직에서 제사 고기〔脤〕를 받을 때 삼가지 않으니 유강공(劉康公)이 말했습니다.

"성자는 태만하니 그 명을 버렸구나!"

결국 성자는 길을 가던 도중에 죽었습니다.

대체로 위엄과 거동이란 다움의 드러남〔德之表〕인데 다움에는 삼감과 오만함이 있으니 밖으로 드러나는 것 또한 그러한 것입니다. 그래서 군자는 그 드러난 것을 근거로 그 사람의 마음속을 살피고, 그 용모와 행동거지를 보고서 그 사람의 복 됨과 화 됨〔福禍〕을 알아내는 것입니다.

그래서 '군자가 지위에 있으면 가히 두려움의 대상이 되고' 이하 열 가지 사항은 이른바 '움직이고 용모를 취하고 주선하는 바가 예에 적중'하는 것이니 제대로 다움을 마음속에 쌓지 않는다면 어찌 능히 이런 것들이 있을 수 있겠습니까?

임금 된 자는 진실로 거기에 힘써야 할 것입니다.

1) 영공(靈公)을 가리킨다.

(『춘추좌씨전』 노나라 성공(成公) 13년(기원전 578년)) 유강공이 말했다.

"사람이란 하늘과 땅의 적중함〔中〕을 받아 태어나니 그로 인해 동작과 예의와 위의(威儀)의 법도〔法〕가 있게 되는 것이다. 이런 법도에 능한 자는 그것을 잘 길러 복을 받게 되고, 거기에 능하지 못한 자는 그것을 그르쳐 재앙을 불러들이게 된다."

신이 가만히 살펴보겠습니다. 사람의 동작과 위의는 억지로 될 수가 있는 것이 아닙니다. 하늘과 땅이 자연스러운 적중함〔自然之中〕을 갖고 있어 사람은 그것을 얻음으로써 태어나고 살아가게 됩니다.

따라서 동작은 동작의 법도가 있고 예의는 예의의 법도가 있으며 위의는 위의의 법도가 있으니 모두 다 천명이 정해주는 것이라 어겨서는 안 되는 것들입니다. 제대로 그 법도를 따르는 자는 하늘과 땅의 명을 고분고분 따르는 것이니 그 때문에 "그것을 잘 길러 복을 받게 된다"고 했고, 제대로 그 법도를 따르지 못하는 자는 하늘과 땅의 명을 거스르는 것이니 그 때문에 "그것을 그르쳐 재앙을 불러들이게 된다"고 했던 것입니다.

그렇지만 제대로 따르고 따르지 못하고가 어찌 다른 데 있겠습니까? 진실로 삼가냐〔敬〕 삼가지 못하냐〔不敬〕에 있을 뿐입니다.

(『논어』「태백」) 증자가 (맹경자에게) 말했다.

"(통치하는) 군자라면 귀중하게 여겨야 할 도리가 세 가지 있습니다. 첫째, 용모를 움직일 때에는 사나움과 거만함〔暴慢〕을 멀리해야 하고, 얼굴빛을 바로 할 때에는 신실함〔信〕을 가깝게 해야 합니다. 둘째, 말과 소리를 낼 때에는 비루함과 도리에 위배됨을 멀리해야 합니다. 셋째, 변두(籩豆)와 같은 제기를 다루는 일은 담당 기관이 있으니 맡겨두어야 합니다."

신이 가만히 살펴보겠습니다. 이것은 증자가 죽음을 앞두고서 한 말입니다. 그래서 그 도리가 정교하다거나 거칠다거나 할 것은 없습니다. 그러나 이것은 군자라면 반드시 몸소 행함으로써 근본으로 삼아야 할 것입니다. 그래서 귀중하게 여겨야 할 도리 세 가지 중 "첫째, 용모를 움직일 때에는 사나움과 거만함〔暴慢〕을 멀리해야 한다"는 것은 평소에 늘 삼감〔敬〕을 지녀야 한다는 것이고, "얼굴빛을 바로 할 때에는 신실함〔信〕을 가깝게 해야 한다"는 것은 평소에 늘 열렬함〔誠〕을 지녀야 한다는 것입니다. 또 "둘째, 말과 소리를 낼 때에는 비루함과 도리에 위배됨을 멀리해야 한다"는 것은 평소에 늘 마음을 함양해야 한다는 것인데 이것은 특히 증자가 평생 동안 쌓으며 배운 결과입니다. 그래서 이때에 맹경자에게 그것을 일러주고 있는 것입니다. 세 번째는 몸을 닦는 요체이며 정치를 하는 근본입니다. 그렇기 때문에 마땅히 군자가 귀중하게 여겨야 하는 것이니, 예를 들어 변두나 예문(禮文) 같은 일은 담당 기관〔有司〕이 있는 것 같은 것입니다. 이것이 사람들을 가르치고 그 몸을 돌아보게 하고 근본에 힘쓰게 하는 뜻입니다.

(『예기』) 「옥조」

발 모양은 무겁고〔重〕 손 모양은 공손하며〔恭〕, 눈 모양은 단정하고〔端〕 입 모양은 가만히 두며〔止〕, 목소리는 조용하고〔靜〕 머리 모양은 곧으며〔直〕 기운은 엄숙하고〔肅〕 서 있는 모양은 다워야〔德〕 한다."

주희가 말했습니다.

"머리 모양 이하는 다 삼감〔敬〕의 항목이다."

(『자치통감』) 한나라 성제가 즉위한 직후에 승상 광형(匡衡)이 글을 올렸다.

"빼어난 군주〔聖主〕가 자연스럽게 행하는 것들을 보면 움직일 때나 가만히 있을 때, 혹은 두루 일을 주선할 때에 하늘을 받들고〔奉天=事天〕 부모를 모시며〔承親〕 조정에 나아가고 신하들을 거느리는 것이 늘 일마다 절도와 애씀〔節文〕이 있어 사람의 큰 도리〔人倫〕를 빛나게 해줍니다.

대개 삼가고 도우며 조심하고 두려워하는 것〔欽翼祗栗〕은 하늘을 섬기는 모습이고, 따뜻하고 공손하며 삼가고 겸손한 것〔溫恭敬遜〕은 부모를 모시는 예이며, 몸을 바로 하여 엄하게 삼가는 것〔正躬嚴恪〕은 많은 사람들 앞에 나아갔을 때의 거동〔儀〕이고, 기뻐하고 은혜로우며 평화롭고 즐거워하는 것〔嘉惠和說〕은 아랫사람들을 거느리는 얼굴입니다.

어떤 행동을 취하거나 그만두는 것에서 가장 중요한 것은 그 거동〔儀〕입니다. 그래서 그 모양에서는 어짊과 의리〔仁義〕가 뿜어져 나와야 하고 행동 하나하나는 법도가 되어야 합니다.

제후들이 해마다 정월에 천자를 조현하러 오면 천자는 오직 도리와 다음〔道德〕을 밝게 보여주어 천자로서 품격을 드러내 보여야 하고, 또 예악(禮樂)을 잘 갖춰 그들을 잘 접대한 다음 돌아가게 해야 합니다. 그러면 온 나라들이 상과 복을 받게 되고 어리석은 백성들은 교화되어 풍속이 바로잡히게 될 것입니다.

지금이 정월 초이니 노침(路寢)[1]에 행차하시어 조하(朝賀-하례 인사)에 임석하시고 잔치를 벌여 만방에 베풀도록 하셔야 합니다.

전하는 말에 군자는 그 처음을 신중히 하라〔謹始〕고 했습니다. 바라건대 폐하께서는 움직일 때나 가만히 있을 때의 절도〔動靜之節〕에 뜻을 두시고서 여러 아랫사람들로 하여금 폐하의 다음이 왕성하게 이루어져 가는 것을 볼 수 있게 해주셔서 그 바탕을 튼튼히 하신다면 온 천하의 행복은 참으로 클 것입니다."

황상은 삼가며 그 말을 받아들였다.

신이 가만히 살펴보겠습니다. 광형이 성제에게 고한 내용들은 아주 좋습니다. 그리고 성제 또한 조정에 나오면 (한동안) 묵묵하게 있으며 존엄을 보여주었습니다. 그래서 사신은 그에게 화목한 천자의 모습이 있다고 칭찬하기도 했습니다.

그러나 곧 술과 여자에 빠져 삼감으로 자신의 몸을 세울 줄을 몰랐으니 이른바 위엄과 거동〔威儀〕이라는 것은 겉을 거짓으로 꾸며대는 것에 불과했을 뿐이고, 이른바 '움직이고 용모를 취하고 주선하는 바가 예에 적중해' 다움이 지극해지는 것과는 전혀 상관이 없었습니다.

하지만 광형의 말은 실로 천하의 명언입니다. 그래서 기록해 둔 것입니다.

이상은 위의를 바로 함에 대해 논했습니다.

1) 천자가 정사를 듣는 정전이다.

제6장

제가의 요체

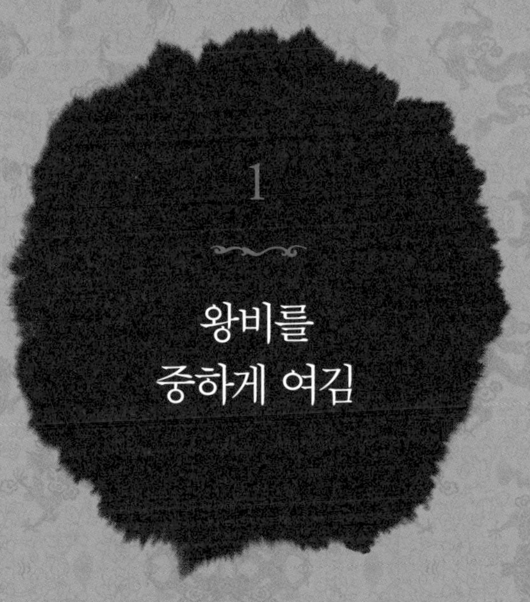

1

왕비를 중하게 여김

엄격하게 간택하여 세우는 도리

(『시경』) '관저(關雎)'[1]는 후비(后妃)의 (왕비)다움을 노래했다.

"서로 정답고 화목한 한 쌍 물수리 / 물속 섬에 있고 / 얌전한 숙녀〔窈窕淑女〕(요조숙녀)가 / 군자의 좋은 짝이로다.

들쭉날쭉 마름풀 / 이리저리 흐르는 물 따라 움직이고 / 얌전한 숙녀를 / 자나 깨나 찾아 헤매이는구나. / 찾고 찾아도 만나지 못해 / 자나 깨나 그립고 또 그리워 / 멀고 또 멀어라! / 이리 뒹굴 저리 뒹굴 잠 못 이루네.

들쭉날쭉 마름풀 / 이리저리 잘 가려 골라내고 / 얌전한 숙녀를 / 거문고와 비파로 사귀었네. / 들쭉날쭉 마름풀 / 이리저리 삶아내어 / 얌전한 숙녀를 / 종과 북으로 즐겁게 해주네."

1 시 300편의 첫머리다.

한나라 광형이 말했습니다.

"왕비를 배필로 맞아들인다는 것은 백성을 낳는〔生民〕(생민) 시초이자 모든 복의 원천이니 혼인의 예가 바른 후에야 다른 일들이 제자리를 잡는 것〔品物〕(품물)이 제대로 이루어지고 하늘의 명이 온전해진다. 공자가 시를 논하면서 '관저'를 첫머리에 둔 것은 임금〔太上者〕(태상자)이란 백성들의 부모이기 때문이다. 따라서 후부인(后夫人-임금의 본부인)의 행실이 하늘과 땅에 부합되지〔侔〕(모) 않으면 신령의 큰 줄기〔統〕(통)를 받들 수 없고 만물의 마땅함을 다스릴 수 없다. 그래서 시는 '얌전한 숙녀〔窈窕淑女〕가 / 군자의 좋은 짝이로다'라고 한 것이니 이는 능히 곧고 맑을〔貞淑〕 수 있고 그 지조를 그대로 지킬 수 있으며〔不貳〕, 정욕의 감정이 용모와 거동〔容儀〕에 끼어들지 않게 할 수 있고 사사로운 뜻이 움직이고 고요할 때〔動靜〕 전혀 나타나지 않게 할 수 있다는 말이다.

무릇 이렇게 한 연후에야 지존, 즉 임금의 배필이 될 수 있으며 종묘의 주인이 될 수 있는 것이니 이것은 사람됨의 근본 틀〔綱紀=紀綱=人倫〕의 으뜸이며 왕의 가르침(혹은 왕을 가르침)〔王敎〕의 실마리다.

옛 세상〔上世〕 이래 삼대의 가르침이 흥하거나 쇠하는 것이 이것으로부터 말미암지 않은 것이 없었다."

반고가 말했습니다.

"『주역』은 하늘과 땅〔乾坤〕을 기본으로 하며 『시경』에서는 '관저'가 첫 번째 수이니 부부 사이가 사람의 도리의 가장 큰 단서입니다."

『시경』 서문에서 말했습니다.

"「주남(周南)」과 「소남(召南)」은 그 처음을 바르게 하는 도리이며 왕의 교화의 기초이니 이 때문에 '관저'에서는 숙녀를 즐거이 얻어 군자의 배필로 삼고 있는 것이다."

주희가 말했습니다.

"주나라의 문왕은 날 때부터 빼어난 다움〔聖德〕을 갖고 있었고, 또 빼어난 여인 사씨(姒氏)를 얻어 배필로 삼았다. 궁중에 있는 사람들은 태사(太姒)가 처음 시집올 때에 그윽하고 품위가 있으며 곧고 맑은〔幽閒貞靜〕

다움이 있는 것을 보았기 때문에 이 시를 지어 저 '서로 정답고 화목한 한 쌍 물수리가 물속 섬에 있으니 얌전한 숙녀〔窈窕淑女〕라면 어찌 군자의 좋은 짝 아니겠는가'라고 노래한 것이다. 이것은 서로 정답고 화목하면서도 공순하고 삼감〔恭敬〕이 또한 한 쌍 물수리가 정이 두터우면서도 분별이 있음과 같았다는 것을 말한다.

2장은 아직 배필을 얻지 못했을 때를 거슬러 올라가서 말한 것이다. 저 들쭉날쭉한 마름풀의 경우 마땅히 좌우 일정한 방향 없이 채집할 것이요, 이 얌전한 숙녀는 마땅히 자나 깨나 잊지 않고 구해야 하는 것이다. 이런 사람과 이런 다움은 세상에 늘 있는 것이 아니니 열심히 구하여 얻지 못하면 군자의 배필이 되어 가정을 다스림〔內治〕의 아름다움을 이룰 수 없다. 그래서 그 근심하고 생각함이 깊어서 스스로 그치지 못함이 이와 같다는 것을 노래한 것이다.

3장은 마침내 처음 배필을 얻었을 때에 관해 말한 것이다. 저 들쭉날쭉한 마름풀 중에서 좋은 것을 이미 얻었으면 마땅히 가려서 삶아 올려야 할 것이요, 이 얌전한 숙녀를 이미 얻었으면 마땅히 내 몸처럼 사랑하고〔親愛〕 즐겨야 할 것이다. 이런 사람과 이런 다움은 세상에 늘 있는 것이 아니니 다행히 얻었다면 군자를 짝해 가정의 다스림을 이룰 수 있다. 그래서 그 '기쁘고 즐거우며 높이고 받드는〔喜樂尊奉〕' 뜻이 또한 이와 같다는 것을 노래한 것이다."

여조겸이 말했습니다.

"후비의 다움은 땅의 다움〔坤德〕이다. '서로 정답고 화목한 한 쌍 물수리 / 물 속 섬에 있고〔關關雎鳩 在河之洲〕'라는 것은 그런 모습을 묘사한 것이고, '얌전한 숙녀가 / 군자의 좋은 짝이로다〔窈窕淑女 君子好逑〕'라는 것은 참으로 임금다운 군자의 좋은 배필임을 영탄한 것이다. 오로지 천하의 지극히 고요한 여인〔靜〕이라야 능히 천하의 지극히 강건한 임금〔健〕의 배필이 될 수 있는 것이다. 세상 모든 변화의 원천은 모두 여기에서 비롯되는 것이니 아직 배필을 얻지 못했다면 어찌 근심하지 않을 수 있으며 이미 얻었다면 어찌 즐겁지 않을 수 있겠는가?

'멀고 또 멀어라! / 이리 뒹굴 저리 뒹굴 잠 못 이루네〔悠哉悠哉輾轉反側〕'라는 것은 그 근심이 너무 지나치지는 않음이요, '거문고와 비파로 사귀었네〔琴瑟友之〕'와 '종과 북으로 즐겁게 해주네〔鐘鼓樂之〕'라는 것은 즐거움이 너무 지나치지는 않음이니 이 둘이 (공자가 『논어』에서 말한) 이른바 ('관저'라는 시는) 즐거우면서도 음란해지지 않고 슬프면서도 몸과 마음을 상하게 하지는 않는다〔樂而不淫 哀而不傷〕는 것이다. 종과 북이란 때에 맞게 연주하는 것이지만 거문고와 비파는 늘 곁에 있는 붕우와 같으니 '사귄다〔友〕'라고 한 것이다."

신이 가만히 살펴보겠습니다. 시 '관저'의 뜻은 여러 유학자들이 남김없이 다 밝혀놓았으니 빼어나고 밝으신 폐하께서 이를 음미하고 또 음미하신다면 이른바 그 처음을 바로 하는 도리〔正始之道〕와 임금의 다움으로 세상을 변화시키는 기초〔王化之基〕가 훨훨 타오를 것은 의심할 바가 전혀 없습니다.

(『시경』) '대명'[1] 2장에서 이렇게 노래한다.

"지(摯) 나라 둘째 따님인 태임(太任)께서 / 저 은상(殷商)으로부터 / 주나라로 시집오시어 / 주나라 서울에서 혼례를 올리시니 / 이에 왕계와 더불어 / 다움을 행하셨다. / 태임께서 임신을 하시어 / 이 문왕을 낳으셨도다."

4장에서 이렇게 노래한다.

"하늘이 이 아래를 굽어 살펴 / 천명은 이미 모여들었으니 / 문왕이 아직 어릴 때 / 하늘이 배필을 지어주셨고 / 합수(洽水) 남쪽에 있으며 / 위수(渭水) 가에 있어 / 문왕이 혼례를 올릴 때 / 큰 나라에서 따님을 두셨도다."

5장에서 이렇게 노래한다.

"큰 나라에서 따님을 두셨으니 / 하늘에 비견할 만한 여인이로다. / 애씀을 다해 그 상서로움을 정하시고 / 위수에서 친히 맞으시어 / 배를 만들어 다리를 놓으시니 / 그 빛이 드러나지 않겠는가?"

6장에서 이렇게 노래한다.

"명이 하늘로부터 내려온지라 / 이 문왕에게 명하시기를 / 주나라의 서울에 / 집안일을 이을 자를 신(莘) 나라에서 / 장녀로 시집보내오니 / 도타운 정으로 무왕을 낳게 하셨고 / 이를 보호하고 도우시어 명하시기를 / 천명을 따라 상나라를 정벌케 하셨도다."

신이 가만히 살펴보겠습니다. 이 시는 주나라 왕실〔周家〕(주가)이 세상에서 뛰어나고 빼어난〔賢聖〕(현성) 임금을 갖게 되어 그 다음이 하늘과 합치됨을 노래하는 것입니다. 그리고 하늘은 뛰어나고 빼어난 배필을 내려주시어 빼어난 아들을 낳게 함으로써 정벌의 공을 이루었습니다.

처음에는 태임이 지나라에서 오시어 왕계의 배필이 되어 서로 더불어 다움을 닦으셨으니 이에 문왕이 태어났습니다.

이어 태사가 신나라에서 오시어 문왕의 배필이 되어 서로 더불어 다움을 닦으셨으니 이에 무왕이 태어났습니다. 그래서 '하늘이 이 아래를 굽어 살펴 / 천명은 이미 모여들었으니 / 문왕이 아직 어릴 때 / 하늘이 배필을 지어주셨고〔天監在下 有命既集 文王初載 天作之合〕'라고 한 것은 하늘이 땅 아래를 내려보시고 그 천명을 이미 주나라에 모으셨다는 뜻입니다. 그래서 문왕이 아직 어렸을 때〔初載=初年〕 조용히 그 배필을 정해준 것입니다.

'하늘에 비견할 만한 여인이로다〔俔天之妹〕'라고 한 것은 태사의 다움이 하늘을 이을 만한다〔繼天〕는 뜻이고, '애씀을 다해 그 상서로움을 정하시고 / 위수에서 친히 맞으시어 / 배를 만들어 다리를 놓으시니 / 그 빛이 드러나지 않겠는가?〔文定厥祥 親迎于渭 造舟爲梁 不顯其光〕'라고 한 것은 점을 쳐서 좋다는 점괘를 얻어 빙례를 행함으로써 그를 배우자로 정하고, 이어 빙례를 행한 다음 친영을 하여 혼례를 완성시켰다는 것입니다.

배와 다리〔舟梁〕의 제도는 이때 처음 생겨난 것인데 그 예가 아주 성대했습니다. 그래서 그 빛이 훤하게 밝혀졌다는 것입니다.

'명이 하늘로부터 내려온지라 / 이 문왕에게 명하시기를 / 주나라의 서울에 / 집안일을 이을 자를 신나라에서 / 장녀로 시집보내오니〔有命自天 命此文王 于周于京 纘女維莘 長子維行〕'라는 것은 문왕으로 하여금 주나라 왕실을 흥하게 하도록 했고, 또 신나라 여인으로 하여금 태임을 잇도록 한 것이니 이는 사실상 다 하늘이 그들에게 명을 내린 것이지 사람의 힘으로 할 수 있는 것은 아닙니다.

'도타운 정으로 무왕을 낳게 하셨고 / 이를 보호하고 도우시어 명하시기를 / 천명을 따라 상나라를 정벌케 하셨도다〔篤生武王保右命爾燮伐大商〕'라는 것은 주나라 왕실을 두터이〔厚=篤〕 해주어 무왕을 낳게 하고, 하늘의 명을 순순히 따르게 해 큰 상나라를 정벌케 했다는 것이니 이는 사실상 다 하늘이 도와서 그렇게 된 것이지 사람의 힘으로 할 수 있는 것은 아닙니다.

주나라가 상나라를 성공적으로 정벌할 수 있었던 것을 거슬러 올라가 살펴보면 빼어난 아들들〔聖子-문왕과 무왕〕이 있었고, 주나라가 그 빼어난 아들들을 낳을 수 있었던 것을 거슬러 올라가 살펴보면 빼어난 왕비들이 있었고, 그 빼어난 왕비들이 그런 아들들을 낳을 수 있었던 것은 각각 왕계와 문왕과 만나 다움을 닦고〔修德〕 하늘의 명에 응했기〔格天=知天命〕 때문입니다.

이렇게 볼 때 주나라 왕실의 흥성이 어찌 우연이라고 하겠습니까?

1) 이 시는 문왕이 천명을 받아 주나라를 일으켜 세운 것을 읊은 시다. 앞에서 다른 장들을 인용한 바 있다.

(『시경』) '사제(思齊)'는 문왕이 빼어났던〔聖〕까닭을 보여준다. 그 1장이다.

"엄숙한 태임께서는 / 문왕의 어머니이시다. / 주강(周姜)[1]을 사랑하시어 / 주나라 왕실의 며느리가 되셨는데 / 태사가 그 아름다운 명성을 이으시니 / 아들이 백 명이나 됐다."

주희가 말했습니다.

"이 시는 문왕의 다움〔德〕을 노래한 것이니 그 뿌리를 거슬러 올라가서 말하기를 '이 장중하고도 삼가는〔莊敬〕 태임은 바로 문왕의 어머니이시니 실로 주강을 사랑해 주나라 왕실의 며느리가 되기에 걸맞고, 태사에 이르러서는 그 아름다운 다움의 명성을 계승해 자손이 매우 많다'고 한 것이다. 위로는 빼어난 어머니〔聖母〕가 계신지라 이 때문에 이룬 것이 원대했고, 안에는 뛰어난 왕비〔賢妃〕가 있는지라 이 때문에 (임금을) 돕는 것이 깊었다."

1) 태왕의 비인 태강(太姜)으로 태임의 시어머니다.

(『후한서(後漢書)』) 후한 현종(顯宗-명제)의 명덕(明德) 마(馬) 황후는 복파장군(伏波將軍) 마원(馬援)의 (셋째) 딸이다. 13세 때 태자궁에

들어갔으며 (광무제의 황후인) 음(陰) 황후를 받들어 모셨고, 같은 반열에 있는 사람들을 대할 때 궁궐의 예와 법도를 갈고닦으니 위아래 사람들이 다 그녀를 좋게 생각했다. 현종이 즉위하자 귀인(貴人-황후 바로 아래 1급 후궁)으로 삼았다.

그때 마황후[1]의 사촌동생인 가(賈) 씨도 또한 뽑혀 들어와서 아들 유달(-훗날의 숙종)을 낳았다. 황제는 마황후에게서 아들이 없었기 때문에 마씨로 하여금 그 아이를 기르도록 명하며 말했다.

"사람이란 반드시 스스로 아들을 낳아야 하는 것은 아니며, 다만 아껴주고 길러주는 것이 지극하지 않을까만 걱정하는 것이오."

황후는 이에 온 마음을 다해 아이를 어루만져가면서 키웠는데 수고하는 마음을 쓰는 것이 자신이 낳은 아이에게 하는 것보다 더했다. 태자(-숙종) 또한 효성스럽기가 도탑고 돈독하며 은혜에 보답하려는 마음이 지극했으니 모자간에 사랑하고 효도하는 것이 처음부터 끝까지 실오라기 하나도 들어갈 틈이 없었다.

황후는 늘 황제의 후사가 널리 퍼지지 못해서 주위 사람들을 추천해 황제를 모시게 하면서도 마치 아직도 모자란 것처럼 걱정했다. 만일 후궁 가운데서 황제의 사랑을 입는 자가 있게 되면 늘 가서 격려하며 받아주었고 만약에 자주 총애를 받아서 불러들인 후궁이 있으면 번번이 더욱더 융성하게 대우했다. 영평(永平) 3년 봄에 유사(有司)가 장추궁(長秋宮-황후의 궁궐)을 세워야 한다고 주청하자 황제는 아무런 말도 하지 않았는데 음(陰) 태후가 말했다.

"마귀인의 다움이 후궁 가운데 으뜸이니 바로 그 사람이어야 할 것입니다."

드디어 마귀인은 황후로 세워져 이미 궁궐에서 황후의 자리에 있게 됐는데 오히려 더욱 겸손하고 정숙했으며 능히 『주역』을 외울 줄 알았고, 『춘추』와 『초사(楚辭)』[2] 등 책 읽기를 좋아했다. 또 (조정의 예법을 다룬) 『주례(周禮)』와 동중서의 글 등을 좋아했다.

늘 널따란 비단옷을 입었고 치마에는 끝동을 달지 않았다. 황제가 일찍이 화원 행차를 위해 궁을 떠난 일이 있었는데 황후는 문득 풍한이 들지 않게 조심하고 옥체를 보존하셔야 한다는 말을 건네며 항상 살뜰히 보살폈다.

당시 초왕(楚王) 유영(劉英)의 옥사 사건이 해마다 그치질 않았는데 그로 인해 서로 끌어들이고 연루된 자가 심히 많았다. 황후는 그중에 많은 사람이 무고로 인해 억울하게 잡혀온 것을 걱정해 틈을 보아 황제에게 그들이 너무도 측은하다고 말했다. 황제는 이 말에 큰 감동을 받고서 밤새 잠을 자지 못한 채 번민하다가 황후의 말을 받아들이기로 결심하고 드디어 관용을 베풀어 많은 죄수들을 용서해 주었다.

그 무렵 조정에 올라온 여러 가지 일과 공경들이 토론 끝에 결론을 내리지 못한 일들을 황제가 황후에게 들려주면 황후는 문득 바느질하듯 손쉽게 조목조목 분석해 각각에 맞는 해법을 찾아냈다. 또 황제와 대화 중에 주제가 정치에 미치면 그에 적절한 조언을 했지만 일찍이 자기 집안 사람들은 일절 정치에 관여하지 못하도록 하여 황후에 대한 황제의 총애와 공경은 날로 융성해졌고 처음부터 끝까지 조금도 쇠함이 없었다.

그리고 숙종(肅宗-장제(章帝))이 즉위하자 존호를 높여 황후를 황태후로 삼았다. 그리고 직접 『현종기거주(顯宗起居注)』[3]를 편찬했는데 자신의 오빠인 마방(馬防)이 중병에 걸린 현종의 병구완에 참여했던 사실은 삭제해 버렸다. 이에 황제가 청했다.

"외숙부께서는 아침저녁으로 (돌아가신 황제를) 공양했고, 그러기를

1년이나 했는데 표창은커녕 열심히 수고한 기록도 남기지 않는다는 것은 지나치지 않겠습니까?"

이에 태후는 말했다.

"나는 후세 사람들이 선대 황제께서 외척들과 가까이했다는 것을 알게 하고 싶지 않습니다. 그래서 그 일을 기록하지 않은 것입니다."

건초(建初) 원년(76년)에 숙종은 여러 외삼촌들에게 작위를 봉하고자 했지만 태후가 들어주지 않았다.

이듬해 여름 큰 가뭄이 들자 언관이 황제가 외척에게 봉작하지 않았기 때문이라는 상소를 올렸다. 유사는 마땅히 옛 법전을 따라야 한다고 건의했다. 이에 태후가 조서를 내려 말했다.

"무릇 이 일에 관해 말하는 자는 모두 나에게 아첨해 복을 얻으려는 것일 뿐이다. 옛날에 왕씨 집안에서 다섯 명의 후를 같은 날 모두 책봉한 일이 있었는데 노란 안개가 사방을 꽉 메웠지 단비가 내려 이 일에 감응했다는 말을 듣지 못했다. 또 전분(田蚡)과 두영(竇嬰)[1]은 총애를 받아 귀하게 되자 권력을 마음대로 휘둘렀고, 그로 인해 그 집안이 망해버린 재앙은 온 세상 사람들이 다 알고 있다. 그래서 돌아가신 황제께서는 외척을 신중하게 경계했고 중추적인 자리는 맡기지 않으셨다. 또 아들들에게는 초왕이나 회양왕 등의 절반에 해당하는 봉토만 내리시며 항상 '내 아들들은 선대의 아들들(-광무제의 아들들)과 비교할 수 없다'고 하셨다.

그런데 지금 어찌 우리 마씨 집안을 음황후와 비교할 수 있단 말인가? 나는 천하의 어머니로서 옷은 소박하고 음식은 간소하게 하고, 내 주변 사람들도 평범한 옷을 입고 향수 따위는 쓰지 못하게 해서 절약에 힘쓰도록 했으니 그리하여 몸소 아랫사람들의 귀감이 되고자 해서였다.

그래서 나는 친정 식구들이 이를 보며 마땅히 마음 아파하고 스스로를 다잡을 것이라고 여겼는데 오히려 그들은 '태후는 천성적으로 평소에 검소함을 좋아해서 그렇게 한다'고 여기며 비웃을 줄을 누가 알았겠는가? 일전에 친정인 탁룡원(濯龍園)의 문을 지나가다가 보니 문전성시를 이루어 수레는 물 흐르는 것과 같고 말은 물 속에 노니는 용과 같았으며〔車水馬龍〕, 사내종〔倉頭〕이 입은 옷은 녹색 단의(單衣)였고 옷깃과 소매는 아주 흰색이었다. 그래서 내 수레를 끄는 사람을 돌아보니 그에 한참 못 미쳤다.

그래서 나는 꾸짖거나 화를 내지는 않고 다만 해마다 나라에서 주는 용품을 끊었을 뿐이었으며, 아무 말도 하지 않고 그들의 마음을 부끄럽게 하려고 기도할 뿐이었는데 오히려 게을러서 나라 일을 걱정하느라 집안일은 잊어버리는 원려(遠慮)는 보여주지 않았다. 군주보다 신하를 잘 아는 사람은 없다고 했는데 하물며 친척의 경우야 어떻겠는가? 내가 어찌 위로는 먼저 가신 황제의 뜻을 저버리고 아래로는 선인(先人-아버지 마원)의 다움을 저버리며 서경(西京-전한)이 (외척으로 인해) 패망한 전철을 밟아야 하겠는가?"

끝끝내 허락하지 아니했다.

황제가 이 조서를 살펴보고서 슬픔에 잠겨 탄식하고서 거듭 청해 말했다.

"한나라가 일어나고 나서 외삼촌들에게 후(侯)의 작위를 내리는 일은 마치 황제의 아들들을 왕으로 삼는 것과 같은 일입니다. 태후께서 진실로 겸허하시다 하여 어찌 신만이 세 분의 외삼촌에게 은혜를 베풀지 못하게 하십니까?"

태후가 답했다.

"내가 반복해서 이를 생각해 보았는데 나의 이러한 조치는 양쪽을 다 좋게 하려는 것이지 어찌 헛되이 겸양했다는 명성을 얻기 위해 황제로 하여금 외삼촌들에게 은혜를 베풀지 못하게 했다는 혐의를 받게 하려고 한 것이겠소?

옛날에 두(竇) 태후가 왕(王) 황후의 오빠에게 작위를 주려고 하자 승상 조후(條侯)[2]가 말하기를 '고조께서 말씀하시기를 공로가 없고, 유씨(劉氏)가 아니면 후작에 책봉할 수가 없다고 했습니다'라고 했소.

지금 마씨는 나라에 아무런 힘도 쓰지 않았는데 어찌 음씨나 곽씨처럼 중흥을 한 때의 황후와 같겠소. 항상 부귀한 집안을 보면 녹봉과 작위가 중첩됐으니 마치 1년에 두 번 열매를 맺는 과일나무의 뿌리는 반드시 상하게 되는 것과 같소.

내가 충분히 숙고해 결정한 것이니 아무런 의심도 갖지 말기를 바라오."

애초에 태부인(太夫人-마태후의 어머니)의 장례가 있었을 때 봉분이 조금 높아서 태후가 이를 지적하자 오빠 마료(馬廖) 등이 즉시 깎아서 높이를 줄였고, 그 밖에 친정 식구들 가운데 겸손하고 평소 의로운 행동을 하는 자에게는 바로 따뜻한 말을 해주고 상으로 지위도 내려주었다. 하지만 만약에 실오라기 같은 흠결이라도 있으면 먼저 엄격한 낯빛을 드러낸 다음 반드시 견책을 내렸다. 그리고 수레와 의복을 꾸미기를 법도대로 하지 않은 자가 있으면 바로 친족의 호적에서 끊어버리고 시골 고향으로 내려보냈다. 이에 안팎이 모두 이러한 교화를 좇아서 입는 의복이 한결같았고 여러 집안들이 다 황공해하는 마음이 영평(永平-현종의 연호) 시대보다 배나 됐다.

또 직실(織室)을 설치했고 탁룡원에도 누에를 치게 한 다음 자주 가서 살펴보는 것을 즐거움으로 삼았다. 항상 황제와 더불어 아침저녁으로 말을 할 때는 도리와 정사를 주제로 삼았으며 여러 어린 왕들에게는 『논어(論語)』와 경서를 가르쳤고 늘 글을 쓰며 하루 종일 온화하게 지냈다.

1 두 사람 다 한나라 무제 때의 외척이다.

2 주아부(周亞夫)를 가리킨다.

신이 가만히 살펴보겠습니다. 명덕 마황후가 다른 사람들보다 뛰어난 까닭은 다섯 가지입니다.

첫째, 숙종이 자신이 낳은 아들이 아닌데도 온 마음을 다해 어루만져 키운 것은 자신의 사사로움〔己私〕을 잊은 것입니다.

둘째, 황제의 후사가 널리 퍼지지 못한 것을 걱정해 주위 사람들을 추천해 황제를 모시게 하면서도 마치 아직도 모자란 것처럼 걱정한 것은 질투와 시기심〔妬忌〕을 버렸다는 것입니다.

셋째, 황제가 놀이를 위해 행차를 할 때마다 황후는 늘 풍한이 들지 않게 조심시켰고, 또 초왕 유영의 옥사 사건 때 많은 사람이 무고로 인해 억울하게 잡혀온 것을 걱정해 틈을 보아 황제에게 그들의 억울함을 진술해 황제를 크게 감동시킴으로써 관용을 베풀게 한 것은 제대로 남편인 황제를 보좌한 것입니다.

넷째, 늘 평범하고 널따란 비단옷을 입은 것은 절약과 검소를 보여준 것입니다.

다섯째, 마씨 집안에 봉작을 주려는 것을 억제시킨 것은 친정을 사사로이 대하지 않은 것입니다.

따라서 마황후는 아주 빼어난 황후들 중에서도 최고이며 후세에도 그런 인물은 나오지 않았습니다. 여기에 나온 일들을 거슬러 올라가 헤아려볼 때 이는 마황후가 학문을 알았고 책 읽기를 즐거워한 때문이니 그렇다면 (후세의) 황후들이 배움에 나아가려 할 때 우선 마황후의 사례를 배우지 않아서야 되겠습니까?

1) 아직 황후가 안 됐지만 이렇게 부르고 있다.
2) 중국의 고전 시가 작품집으로 초나라 굴원(屈原)과 후대인들의 작품을 한나라 유향(劉向)이 편집했다. 『시경』과 함께 중국 고전문학의 큰 기둥이다.
3) 일종의 약전(略傳)이다.

(『자치통감』) 당나라 태종의 비인 문덕(文德) 장손(長孫) 황후는 수나라 우(右) 요위장군 장손성(長孫晟)의 딸이다. 장손씨(長孫氏)는 그림으로 그린 옛 글들〔圖傳(도전)〕을 즐겼고 예로부터 지금까지에 이르는 선한 일, 악한 일들을 보고서 스스로의 거울로 삼았는데 장손성이 태종에게 딸을 주었다.

이때 이미 은(隱) 태자(-이건성)가 여러 가지 민감한 문제를 만들고 있었지만 후(后)는 엄숙히 예법을 받들고 효도로 고조(高祖)를 섬겼다. 그리고 삼가 여러 비들을 모시며 각종 폐단들을 지혜롭게 처리했는데 갑자기 황후가 됐다.

성품이 검소해 의복도 몸에 맞으면 그뿐이었다. 그리고 책을 더욱 많이 보면서도 용모는 늘 절제했으니 조금도 예에서 벗어남이 없었다. 황제와 더불어 말할 때에 천하의 일에 말이 미치면 사양해 말하기를, "암탉이 울어 새벽일을 맡게 되면 그 집안이 다 망한다는데 그래서야 되겠습니까?" 하고는, 황제가 굳이 요구해도 끝내 대답하지 않았다. 그 후에 조정에서 죄를 덮어쓴 자가 있었는데, 황제가 노해 조서를 내려 포박해 다스렸다. 그러자 마음이 풀릴 때를 기다려서 천천히 사리를 펴서 설명해 끝내 억울한 일이 없게 했다.

한 후궁이 예장(豫章) 공주를 낳다가 죽었는데 황후는 공주를 마치 자신의 소생처럼 키워주었고, 가까이에서 그를 모시는 시녀가 병이 나자 친히 먹고 마시는 것을 돌보아주었으니 아랫사람들은 모두 그가 어질다고 생각했다.

친정 오빠인 장손무기(長孫無忌)는 황제가 자리에 오르기 전에 사귄 친구로서 황제가 되는 데 도움을 준 일등 공신〔元功〕이었다. 황제가 끌어서 정치를 보좌하도록 하자 황후는 굳이 불가하다고 했다. 틈을 타서 황후가 황제에게 말했다.

"신첩은 천자의 궁〔紫宮〕에 예(禮-혼례)로 의탁해 이미 그 존귀함이 극에 이르렀으니 제 친형제들이 다시 조정에서 권세를 누리는 것을 바라지 않습니다. 한나라 때의 상관(上官)씨나 곽(霍)씨를 경계로 삼을 수 있을 것입니다."

황제가 들어주지 않자 황후는 몰래 극구 사양하는 글을 다시 올리니 황제는 마지못해 들어주었는데 황후의 얼굴에 기뻐하는 빛이 나타났다.

한번은 태자 이승건의 유모가 동궁에서 쓸 그릇과 재용이 부족하다며 이를 더해줄 것을 주청하자 황후는 이렇게 말했다.

"태자는 다음을 쌓지 못해 이름을 떨치지 못하는 것을 걱정해야지 어찌 그릇과 재용이 부족하다고 청하는가?"

황후는 (평소에 기침병이 있었는데) 전년에 황상을 따라 구성궁(九成宮)에 행차한 적이 있었는데 마침 시소(柴紹) 등이 밤중에 모종의 변고가 있음을 알리자 황상은 갑옷을 입고 나아갔고 황후는 병을 안고서 따라갔다. 좌우에 있던 사람들이 그래서는 안 된다고 하자 황후가 말했다.

"지금 황상께서 이미 크게 놀라셨는데 내가 어찌 스스로 편안하게 있을 수 있겠는가?"

이로 인해 황후의 병이 더욱 심해졌다. 이에 태자는 대사면(大赦免)을 시행할 것과 도인(道人)을 불러 재액을 떨치는 굿판을 벌이자고 청하려 했다. 그러자 황후가 말했다.

"죽고 사는 것은 명이 있는 것이요, 사람의 힘으로 연장할 수 있는 게 아니다. 만약 복을 빌어 명을 연장할 수 있는데, 내가 악한 일을 하지 않고, 착한 일을 해도 효험이 없다면 내가 무엇을 구한단 말인가. 사면령을 내리는 것은 나라의 중대한 일이요, 불교와 도교는 이단의 가르침일 뿐이라 다 황상께서 평소에 하시는 바가 아닌데, 어찌 나 때문에 천하의 법도를 어지럽게 할 수 있겠는가?"

이때 방현령(房玄齡)이 어떤 일로 작은 견책을 받아 집에 물러나 있었는데 황후가 황제에게 말했다.

"방현령은 폐하께서 포의(布衣-평민의 옷)를 입고 계실 때부터 사귄 오래된 신하이오니 큰 잘못이 없거든 버리지 마십시오. 신첩의 집안은 폐하의 큰 은택을 입어 녹을 받는 자리에 진출했으니 그것은 다음으로 녹을 받은 것이 아니어서 쉽게 재앙을 당할 수 있을 것입니다. 앞으로도 권력의 요직에 두지 마시고 그저 외척으로서 매달 초하루와 보름에 열리는 조회에나 참여할 수 있는 자리〔奉朝請〕(봉조청)나 주시면 만족할 것입니다.

신첩은 살아서는 다른 사람에게 이로움이 되지 못했으니 죽어서 다른 사람을 해쳐서는 안 될 것입니다. 따라서 (제가 죽더라도) 후장(厚葬)을 해서는 안 될 것입니다."

그리고 또 황제에게 말했다.

"황상께서 충성스러운 말을 용납하고 간하는 말을 받아들이시고, 모함하는 참소를 물리치고, 사냥이나 부역(賦役)을 줄인다면 죽어도 한이 없을 것입니다."

후(后)는 일찍이 옛날 부인들의 일을 채집해 '여칙(女則)' 10편을 저술했다. 또 일찍이 후한의 명덕 마황후가 외척을 눌러 물리칠 수 없었으며 그들이 조정에서 귀하고 번성한 것을 논박하는 글을 저술해 다만 그 수레가 흐르는 물과 같고 말이 용과 같은 것〔車水馬龍〕을 경계했는데 이것이 그들의 재앙과 패망의 근원을 열어준 것이어서 그러한 단서의 흐름을 막아보려 한 것이다.

황후가 붕어했을 때 궁사(宮司)가 '여칙(女則)'의 저술 및 그 밖의 것들을 아뢰자, 황제는 그것을 보고 비통해하며 가까운 신하들에게 보이며 말했다.

"황후의 이 책은 충분히 백세를 내려가도 모범이 될 것이오. 나는 천명을 알지 못해 무익한 슬픔을 보이지는 않을 것이지만 돌아보건대 안에서 나를 훌륭하게 보좌해 줄 사람 하나를 잃었으니 슬퍼하지 않을 수가 없을 뿐이오."

애초에[1)] 장락(長樂) 공주가 시집가려고 하는데 황상은 공주가 황후의 소생이었기 때문에 특별히 애지중지해 유사에 명해 물품을 보내게 하니, 영가(永嘉) 공주[1]보다 두 배나 되었다. 위징이 간언을 올렸다.

"옛날에 후한의 명제는 황제의 아들을 책봉하려고 하면서 말하기를 '내 아들이 어찌 먼저 돌아가신 황제의 아들에 비할쏘냐'라고 하며 모두 초왕과 회양왕의 반으로 하게 했습니다. 지금 물자를 보내는데 영가공주보다 배로 한 것은 명제의 생각과 다를 바가 없다고 할 수 있겠습니까?"

황상은 그렇다고 여겨 그 말을 황후에게 알렸다. 황후가 감탄하며 말했다.

"신첩은 일찍이 폐하께서 위징을 칭찬하고 중히 여긴다는 말을 들었지만 그 이유는 몰랐는데 지금 그가 예의를 인용해 임금의 사사로운 정을 억제하는 것을 보니 바로 진정 사직을 위한 신하임을 알겠습니다. 첩과 폐하는 머리카락을 맺어서 부부가 됐지만 굽혀서 은혜와 예의를 이어받고 매번 말하게 되면 반드시 먼저 낯빛을 살펴보고는 감히 가볍게 위엄을 범접하지 못했는데 하물며 신하로서의 소원한 입장에서도 마침내 맞서는 말을 이처럼 다할 수 있다니 폐하께서는 따르지 않을 수 없습니다."

이리하여 중사를 보내 돈과 비단을 위징에게 하사하고서 또 위징에게 말했다.

"짐은 공의 바르고 곧음에 대해 들은 바 있는데 마침내 지금 그러한 것을 보았으니 내가 상으로 주는 것이오. 공은 마땅히 항상 이런 마음을 잡고서 다른 데로 옮겨가지 마시오."

(얼마 후) 황상이 일찍이 조회를 끝내고 화를 내며 말했다.

"기다렸다가 내 이 시골 영감을 죽이고 말 것이다."

황후가 누구냐고 물었더니 황상이 말했다.

"위징이 매번 조정에서 나를 욕보이고 있소."

황후가 물러나서 조복(朝服)을 갖춰 입고 뜰에 서 있으니 황상이 놀라 그 연유를 물었다. 황후가 말했다.

"신첩이 듣기로는 군주가 밝으면 신하는 곧다고 했는데 지금 위징이 곧은 것은 폐하께서 밝으신 때문이니 신첩이 감히 경하드리지 않을 수 있겠습니까?"

황상은 마침내 기뻐했다.

1 당나라 고조의 딸이며 태종과는 남매 사이이다.

신이 가만히 살펴보겠습니다. 문덕 장손황후의 뛰어남이 일을 통해 드러난 것은 모두 다 후세의 모범이 될 만합니다.

태종이 위징에게 격노했을 때 황후가 그냥 말없이 따랐더라면 위징은 죄를 면할 수 없었을 것이니 그랬다면 태종의 임금다움에 큰 누가 됐을 것입니다. 한마디 말로 곧은 신하가 죽으려 할 때에 그를 온전하게 지켜주었고, 태종이 아무런 허물을 짓지 않을 수 있도록 해주었습니다. 따라서 옛날에 아무리 뛰어난 황후라 하더라도 이보다 나을 수 있겠습니까? 아, 우러러보게 됩니다. 참으로 우러러보게 됩니다.

1) 정관 6년(632년)의 일이다.

(『사기』) 한나라 무제의 위후(衛后)는 이름이 자부(子夫)이고 출신은 미천했다. 평양(平陽) 공주의 무희가 됐는데 무제가 평양을 지나가다가 우연히 공주의 집에 들렀을 때 공주가 무제에게 접대할 미희들을 보여 주었으나 무제가 좋아하지 않았다.

일단 술을 마시고 나자 무희들을 들여보냈는데 황제가 유독 자부를 보고서 기뻐했다. 황제가 자리에서 일어나 옷을 갈아입자 자부가 옷 시중을 들었는데 무제의 총애를 얻게 됐다. 공주는 이 틈을 타서 위자부를 입궁시켰고 뒤에 마침내 임신을 하게 되니 총애가 더욱 커졌다.

무제는 그녀의 오빠인 위장군(衛長君)과 동생인 위청(衛青)을 불러들여 시중으로 삼았다. 원삭(元朔) 원년에 남자 아이 유거(劉據)를 낳으니 드디어 황후로 세워졌다.

그러나 뒤에 총애가 식고 무고 사건에 연루되어 자살했다.

(『한서』) 한나라 성제의 조후(趙后)는 원래 장안의 궁녀였는데 성장해 양아(陽阿) 공주의 집에 속해 노래와 춤을 배웠고 이름을 비연(飛燕)이라고 했다. 성제가 미행을 나갔다가 양아공주의 집을 지나가는데 음악소리가 들렸다. 황상이 조비연을 보고서 기뻐해 궁으로 불러들여 크게 총애했다. 마침 여동생이 있어 다시 불러들였는데 둘 다 첩여가 됐고 귀함을 받기가 다른 후궁들을 기울일 정도였다.

허(許) 황후를 폐위할 때 황상은 조첩여를 세워 황후로 삼고 싶어 했으나 황태후는 그녀의 출신이 한미한 것을 싫어해 그것을 어렵다고 여겼다. 태후의 언니의 아들인 순우장(淳于長)이 시중으로 있었는데 자주 태후궁을 왕래하면서 말을 통하게 하여 1년여 만에 마침내 황태후의 허락을 얻어냈다.

황상이 첩여의 아버지를 성양후(成陽侯)에 봉하자 간대부 유보(劉輔)가 글을 올렸다.

"옛날에 무왕과 주공이 하늘과 땅을 이어 순하게 하고〔承順〕승순 물고기와 새의 상서로움으로 반향(反響)했는데 그럼에도 오히려 여러 신하들은 존경과 두려움으로 낯빛을 움직이며 서로 경계를 했습니다. 하물며 지금 세상에 후사를 잇는 복도 받지 못한 채 자주 위엄과 노함을 나타내는 이상한 일들이 일어나고 있는데야 어떻겠습니까?

비록 아침저녁으로 스스로를 책망하고 허물을 고쳐서 행동을 바꾸며 하늘의 명을 두려워하고 선조의 대업을 마음속에 새기며 다움을 갖춘 집안의 후손을 정교하게 가려 뽑고 요조숙녀를 골라내어 종묘를 잇고 신명에 순응해 천하의 모든 사람들이 바라는 것을 막아도 자손을 갖게 되는 상서로움은 오히려 늦을까 두렵습니다.

지금은 마침내 정(情)에 이끌리고 욕심이 시키는 대로 하여 비천한 여자에게 기울어져서 천하의 어머니로 삼고자 하시니 하늘을 두려워하지 않는 것이며 사람을 부끄러워하지 않는 것으로 미혹됨이 이보다 더 클 수는 없을 것입니다.

속담에 말하기를 '썩은 나무는 기둥으로 쓸 수 없고, 사람이 비천하면 주인이 될 수 없다'고 했습니다."

글이 올라가자 황상은 시어사로 하여금 유보를 잡아서 포박해 액정(掖庭-비빈들의 거처)의 비밀 감옥에 가두도록 했다.

한 달여 후에 첩여를 세워 황후로 삼았는데 얼마 안 가 총애는 점점 쇠했고, 동생인 소의 조씨가 절대적인 총애를 받았다. 뒤에 아들을 낳지 못해 종묘를 위태롭게 했다 하여 폐위되어 서인이 됐는데 얼마 후 자살했다.

신이 가만히 살펴보겠습니다. 두 황후는 한 사람은 춤추는 자로서 진출했고, 또 한 사람은 노래하는 자로 진출했습니다. 애초에 그 진출 자체가 바르지 못했으니 제대로 그 끝을 마칠 수 있었겠습니까?

옛날부터 지금까지 여색으로 인해 황후로 뽑힌 자가 한두 번이 아니지만 일단 이 두 가지 일을 기록해 장차 후손들의 거울로 삼고자 했고 나머지를 다 기록하지는 못했습니다. 또 한나라가 황후를 골랐던 일들을 가만히 살펴보건대 여색으로 뽑힌 것 이외에 황실 친족이라는 이유로 뽑힌 일들이 있습니다.

혜제의 장후(張后)는 선평후(宣平侯) 장오(張敖)의 딸인데 장오는 혜제의 누이 노원(魯元) 공주[1]와 혼인을 했습니다. 여태후는 자신의 피붙이〔親〕를 중시하여 노원공주의 딸을 황제의 배우자로 삼아 아들을 낳게 하려고 온갖 수단을 다 썼지만 결국 아들을 낳지 못했습니다. 이에 태후는 황후로 하여금 겉으로는 임신한 척을 하게 하고서 후궁이 임신을 해 아이를 낳자 그 후궁은 죽여버리고 아이를 황후의 아이인 것처럼 했습니다. 그리고 그 아이가 태자가 됐는데 훗날 여태후가 몰락하자 황후도 북궁에 유폐됐습니다.

무제의 진후(陳后)는 장공주(長公主-유방의 딸) 유표(劉嫖)의 딸인데 처음에 무제가 태자가 됐을 때 장공주가 세력이 컸기 때문에 그 딸을 태자비로 맞았던 것입니다. 무제가 즉위하자 총애를 독점하고 교만과 권세를 부린 것이 10여 년이었습니다. 아들은 낳지 못했고 미도(媚道)를 쓰다가 발각되어 장문궁(長門宮)에 유폐됐습니다.

성제의 허후(許后)는 평은후(平恩侯) 허가(許嘉)의 딸인데 원제가 모친인 공애후(恭哀后)[2]가 재위한 날수가 많지 않은 상태에서 곽씨의

해[3]를 입은 것에 마음 아파했기 때문에 허가의 딸을 선택해 태자에게 짝지어준 것입니다. 그래서 성제가 즉위하자 늘 황상의 총애를 받아 후궁들이 황상을 모실 기회가 거의 없게 된 것이 오래됐는데 총애가 식자 뒤에 미도(媚道)로 저주를 하다가 발각되어 소대궁(昭臺宮)에 유폐됐습니다.

세 황후 모두 친인척의 인연으로 진출하게 된 것은 본래 척리의 은혜를 더욱 높여보자는 것이었는데 결국은 황제의 총애를 믿고서 교만방자를 떨다가 급속도로 패망했으니 이는 능력이나 다움〔德〕으로 진출한 것이 아니라 피붙이〔親〕라는 이유만으로 진출했기 때문입니다.

후한 환제의 양후(梁后) 또한 그러했으니 양씨 집안에서는 순열후(順烈后)[1]부터 양후에 이르기까지 모두 두 명의 황후를 냈는데 양후는 순열후의 동생이었습니다. 이때는 태후가 권력의 칼자루를 쥐고서 양기(梁冀)가 조정을 쥐락펴락할 때였기 때문에 양후는 황제의 총애를 독점할 수 있었고 주변 형제자매들의 방자함과 사치함이 극에 달했습니다. 그러나 태후가 붕어하자 황상의 은혜와 총애는 점점 시들었고 양후는 그때까지도 아들을 낳지 못했기에 속으로 원망하고 시기하는 마음을 품고서 매번 궁인들이 임신을 할 때마다 온전하지를 못했습니다. 이어 양기가 주살되자 양후도 귀인으로 강등됐습니다. 또 진(晉) 나라의 양씨(楊氏)는 두 명이나 제후(帝后)가 됐지만 그들이 당한 재앙은 앞서보다 더욱 심했습니다.

그리고 친족이라는 이유로 뽑힌 일 이외에 또 비빈(妃嬪)과의 인연으로 진출한 자들도 있습니다. 한나라 문제 원년에 유사(有司)가 황후를 세울 것을 청하자 박(薄) 태후가 말했습니다.

"제후는 다 동성이니 태자의 어머니를 황후로 삼아야 한다."

이에 두씨(竇氏)가 해당됐습니다. 두씨는 경제를 낳았기 때문입니다. 옛날에 천자와 제후는 모두 큰 나라에서 (왕비를) 취했습니다. 큰 나라에는 여형제나 여자 조카들이 많기 때문에 정비(正妃)가 죽더라도 다음 왕비를 바로 이을 수 있어 계승관계에 문제가 생기지 않습니다. 그래서 제나라 환공은 규구(葵丘)의 회맹에서 첩을 부인으로 삼아서는 안 된다고 말했던 것입니다.

(『춘추좌씨전』 노나라 애공(哀公) 24년(기원전 471년)) 공자 형(荊)의 어머니가 총애를 받아 애공이 장차 그를 정부인으로 삼고자 집안의 일을 맡아보는〔宗人(종인)〕 흔하(釁夏)로 하여금 책봉의 예를 올리도록 했습니다. 그러자 흔하가 이렇게 대답합니다.

"그런 예법은 없습니다."

애공이 화가 나서 말했습니다.

"너는 집안의 일을 맡아보는 자〔宗司(종사)=宗人(종인)〕로서 부인을 세우는 일은 나라의 큰 예이거늘 어찌 그런 예가 없다고 하느냐?"

흔하가 대답했습니다.

"주공과 무공은 설(薛) 나라에서 부인을 맞이했고, 효공과 혜공은 상(商) 나라에서 부인을 맞이했으며, 환공 이후로는 제(齊) 나라에서 부인을 맞이했으니 이러한 예는 그런 경우에는 있었습니다. 그러나 만약에 첩을 정부인으로 삼는 경우라면 그러한 예는 진실로 없었습니다."

춘추시대에 이미 규구의 회맹을 범하는 일이 많았는데도 집안의 일을 맡아보는 흔하는 능히 그 예를 지켰습니다. 한나라 문제 이후에는 임금이 스스로 그런 뜻을 갖고 있어 두 번 다시 그런 문제를 의논하지 않았습니다. 그래서 위(魏) 나라 문제가 장차 곽(郭) 귀빈을 황후로 삼으려 하자 중랑 잔잠(棧潛)이 간쟁했고, 당나라 현종이 무혜비를 세워 황후로 삼으려 하자 어사 반호례(潘好禮)가 간쟁했으니 십수백 년 사이에 능히 예를 지킨 자는 단지 이 두 신하뿐이요, 나머지는 다 임금의 욕심에 뜻을 맞추고 임금의 뜻을 따르는 것을 상례(常例)로 삼았으니 더 이상 그것을 논하는 자도 없었습니다.

아! 예를 잃어버린 것이 오래됐으니 진실로 제왕의 배필을 중하게 하고자 하고 풍속을 교화하는 근본을 바로잡고자 하는 일이 어찌 이리도 구차할 수 있습니까?

이상은 (황후를) 엄격하게 간택하여 세우는 도리에 대해 논했습니다.

1) 한나라 유방과 여태후 사이에서 낳은 공주다.

2) 허씨이며 허가와는 사촌지간이다.

3) 곽광의 부인이 저지른 사건을 가리킨다.

신이 가만히 살펴보겠습니다. 원우(元祐)[1] 연간에 급사중 겸 시독 범조우가 선인성렬(宣仁聖烈) 황후[2]에 관해 말씀을 올렸습니다.

"신이 엎드려 황후의 말씀을 받자오니 황제께서 후(后)를 맞아들이는 육례(六禮)를 한림학사, 어사중승, 양성의 급사(給舍), 예부, 태상시 등으로 하여금 공동으로 자세히 의논하라 하셨습니다. 그런데 신이 가만히 엎드려 이를 생각해 보니 이는 국가의 큰 일이요 만세의 근본이라 여기에는 나라의 복과 명〔福祚=福命〕이 연계되어 있으며 풍속을 교화하는 것이 무엇보다 우선입니다. 그래서 옛 성왕(聖王)들이 이를 중시했던 것입니다.

지금 폐하께서는 마땅히 먼저 아셔야 할 것이 네 가지가 있으니 삼가지 않으면 안 될 것입니다. 신이 삼가 옛날의 사례들을 깊이 살펴보았고 후세에도 참고가 될 수 있도록 하기 위해 폐하께 그 네 가지를 상세하게 진술해 올리겠습니다.

첫째는 그 집안의 성씨〔族姓 족성〕이고, 둘째는 여자의 다움〔女德 여덕〕이며, 셋째는 예를 융숭하게 함〔隆禮 융례〕이고, 넷째는 널리 의논함〔博議 박의〕입니다.

첫째, 그 집안의 성씨〔族姓 족성〕라고 하는 것은 신이 듣기에 옛날의 제왕은 혼인하려는 사람에게 말하기를 '반드시 큰 나라의 제후나 옛 빼어난 임금의 후손 중에서 공훈이 있거나 현능한 후예들을 우선시하라'고 했습니다. 그렇지 못할 경우에라도 조카나 삼촌의 나라에서 취해야 하는 것이니 미천한 출신은 위로 지존을 제대로 모실 수 없기 때문입니다. 그렇게 해야만 복과 명이 성내해져서 자손들이 번창하는 것입니다.

옛날에 황제(黃帝)가 서릉(西陵-신농씨)의 딸을 부인으로 삼으니 그가 누조(嫘祖)입니다. 누조가 황제의 정비가 되어 그 자손들은 모두 천하를 소유했고 오제삼왕(五帝三王)이 다 황제의 후손이었습니다.

순임금은 요임금의 두 딸을 부인으로 맞아 규예(嬀汭)에서 살림을 차리자 드디어 천하를 소유했고, 위대한 우왕은 도산(塗山)을 아내로 맞아 계(啓)를 낳으니 천하가 그에게로 돌아갔고 그 자손들은 470여 년간 나라를 향유했습니다.

성탕은 유신(有莘)씨의 딸을 부인으로 맞아 그 자손들은 600여 년간 천하를 소유했고, 주나라의 선조인 후직은 강원(姜嫄)에게서 났는데 세상은 강원을 현명한 비라고 했습니다. 태왕은 태강을 부인으로 맞아 왕계를 낳았고, 왕계는 태임을 부인으로 맞아 문왕을 낳았고, 문왕은 태사를 부인으로 맞았는데 그 예가 아주 성대했습니다. 그래서 (『시경』의) 「대아」 '대명'에서 그것을 이렇게 노래했습니다.

'애씀을 다해 그 상서로움을 정하시고 / 위수에서 친히 맞으시어 / 배를 만들어 다리를 놓으시니 / 그 빛이 드러나지 않겠는가?'

예로부터 혼례가 문왕 때만큼 성대했던 적은 없었습니다.

태강은 염제(炎帝)의 후손이고 태임은 태호(太昊)의 후손이며 태사는 위대한 우왕의 후손입니다. 그중 태사는 열 명의 아들을 낳았는데 무왕과 주공은 다 빼어난 사람〔聖人〕이요, 그 나머지도 다 뛰어난 제후가 되어 주나라의 자손을 온 천하에 퍼지게 했으니 이는 다 태사의 덕이라고 하겠습니다.

시인은 문왕의 빼어남이 본래 태임으로부터 비롯됐다고 보고서 (『시경』의 「대아」 '사제'에서) 이렇게 노래했습니다.

'엄숙한 태임께서는 / 문왕의 어머니이시다. / 주강(周姜)[3]을 사랑하시어 / 주나라 왕실의 며느리가 되셨는데 / 태사가 그 아름다운 명성을 이으시니 / 아들이 백 명이나 됐다.'

또 ('사제' 2장에서) 노래했습니다.

'본부인〔寡妻=嫡妻〕에게 의법(儀法-모범)을 보이시어 / 그것이 형제에 이르게 하고 / 나아가 집안과 나라를 다스렸기〔御=治〕 때문이니라.'

이것은 문왕의 교화가 집에서 시작해 나라에 미치고 나아가 천하에 이르렀음을 말하는 것입니다.

(『시경』) 「주남」의 시 '관저'는 후비의 다움과 인륜의 시작을 보여주는 것으로 천하의 풍속을 교화하는 것이니 이는 다 태임과 태사를 찬양하는 내용입니다.

무왕은 강(姜)씨를 부인으로 맞아 성왕을 낳았고 주나라는 30여 대 임금, 800여 년 동안 천하를 소유했으니 그 튼튼한 뿌리는 대개 이상과 같은 바람직한 혼인관계에서 비롯됐다고 할 수 있습니다. 그렇기 때문에 혼인하려는 집안의 성씨〔族姓〕를 귀하게 여기지 않으면 안 되는 것입니다.

둘째, 여자의 다움〔女德〕이라고 하는 것은 신이 듣기에 삼대(三代)가 흥했을 때는 다 현명한 비가 있었고, 그것이 망했을 때는 다 애첩〔嬖女〕이 있었다고 했습니다. 하나라가 흥할 때는 도산이 있었고 망할 때는 말희가 있었습니다. 상나라가 흥할 때는 유융(有娀)이 있었고 망할 때는 달기가 있었습니다. 주나라가 흥할 때는 강원이 있었고 망할 때는 포사가 있었습니다. 이들에 대해서는 성현들이 다 기록하고 『시경』과 『서경』이 다 싣고 있어 후세에도 영원히 거울이 되고 있습니다.

진한(秦漢) 시대 이후 혼인은 대부분 바르지 못했고 제대로 된 법도도 없었습니다. 다만 후한 때 현종의 명덕 마황후와 당태종의 문덕 장손황후는 둘 다 황후로서의 다움〔后德〕을 갖추고 있었는데 두 사람 다 공훈이 있고 현능한〔勳賢〕 집안 출신이었고, 그 나머지는 패망하거나 나라를 어지럽혔으니 경계로 삼아야 할 뿐입니다.

삼가 우리 송나라를 보면 태조(太祖) 황제 이래로 집안의 법도가 바르고 인륜이 밝았으며 대대로 다 빼어난 황후들의 내적인 다움〔內德〕에서 나오는 도움을 받았으니 삼대 이래로 우리 송나라 황실의 가법(家法) 같은 경우는 없었습니다. 역대로 황제들의 빼어난 다움이 밝고 무성했으며 뛰어난 자질은 순수했으니 하늘이 아래를 살피시어 반드시 빼어난 여성을 낳아주시어 황가(皇家)를 돕도록 했습니다.

따라서 폐하께서는 오로지 멀게는 상고(上古) 시대를 살피시고 가깝게는 그 후세의 일들을 거울로 삼으시어 위로는 천지와 종묘의 받듦을 생각하시고 아래로는 만세 자손의 계책을 만드신다고 여기시어 점을 쳐서 요조숙녀를 엄선하심으로써 만국에 어머니의 위엄을 보이시고 육궁(六宮)을 드러나게 바로잡으셔야 합니다. 그런데 다움을 갖추지 않았다면 누가 이것을 감당할 수 있겠습니까?

규문(閨門)의 다움이란 겉으로 드러날 수가 없는 것이니 반드시 그 집안〔世族〕을 보셔야 하고〔視〕 그 조상들을 살피셔야 하고〔觀〕 그 가풍을 깊이 들여다보셔야 하며〔察〕 여러 가지 일들을 시켜본다면 진실로 그 다움을 알 수가 있을 것입니다.

옛날 한나라 초[4]에 한쪽에서 고제의 장손인 제왕(齊王)을 후사로 세우려고 논의하자 대신들이 모두 말했습니다.

'제왕의 장인은 사균(駟鈞)인데 지금 제왕을 세운다면 이는 호랑이에게 관까지 씌워주는 꼴이 될 것이요, 대왕(代王)의 어머니의 집안은 박씨(薄氏)인데 군자답고 훌륭합니다.'

마침내 대왕이 (혜제를 이어) 즉위하니 이것이 문제입니다. 문제는 한나라의 대표적인 현군이 됐으니 진실로 이는 어머니 집안이 어질고 선하기 때문이라 하겠습니다. 그렇기 때문에 여자의 다움〔女德〕을 우선적으로 보지 않을 수 없는 것입니다.

셋째, 예를 융숭하게 함〔隆禮〕이라고 하는 것은 신이 듣기에 천자가 황후를 대하는 관계는 하늘이 땅을 대하듯이, 해가 달을 대하듯이, 양이 음을 대하듯이 서로를 필요로 해 맞아떨어진 이후에야 이루어진다고 했습니다.

(『예기』에 따르면 애공이 말의 도리에 대해 듣고 싶다고 하자) 공자는 노나라 애공에게 이렇게 대답했습니다.

'옛날에 정치를 한다고 하는 것은 (첫째) 사람을 사랑하는 것을 크게 여겼고, (둘째) 다스림으로써 사람을 사랑한다는 것은 예를 크게 여겼고, (셋째) 다스림으로써 예를 행한다는 것은 삼감〔敬〕을 크게 여겼고, (넷째) 삼감을 지극히 하는 것은 혼인〔大昏=大婚〕을 크게 여겼습니다. 따라서 혼인은 지극한 것입니다. 혼인은 이미 지극한 것이니 면복(冕服)으로 친히 맞아들인다〔親迎〕는 것은 배우자를 제 몸처럼 여긴다〔親〕는 뜻입니다.'

애공이 말했습니다.

'면복(冕服)으로 친히 맞아들인다〔親迎〕는 것은 예를 너무 중하게 여기는 것 아닌가?'

이에 공자는 얼굴빛을 바로 하면서 말했습니다.

'혼례는 두 성씨〔姓〕가 서로 좋아해 옛 성현들의 뒤를 이어 천지와 종묘와 사직의 주인이 되는 것인데 임금께서는 어찌 너무 중하게 여기는 것이라고 말씀하십니까?'

대체적으로 공자는 애공의 견해를 깊이 비판하고 있다고 하겠습니다.

신이 지금 여러 관리들과 함께 토론하고 의논을 해본 결과 모두 다 선왕의 예를 지켜서 그 마땅함을 참작해야 지나치게 융숭함〔過隆〕이 없을 것이라고 했습니다.

바라옵건대 폐하께서는 이에 대해 아무런 의심도 품지 마십시오. 말씀을 올리는 자들은 분명히 이렇게 말할 것입니다.

'천자는 지존이기 때문에 천하에 대적할 자가 아무도 없으니 마땅히 부부의 예를 행하지 않더라도 상관없습니다.'

그러나 신이 예에 관해 삼가 가만히 살펴볼 때 관례와 혼례〔冠婚〕의 경우에 오로지 선비의 예〔士禮〕만 있을 뿐 별도로 천자나 제후의 예가 있는 것은 아닙니다. 그래서 삼대 이래로 오직 선비의 예를 위로 미루어 헤아려〔推〕 천자와 제후의 예로 삼았을 뿐이니 대개 성인(成人)이 부부가 되는 것은 천자로부터 선비에 이르기까지 다 하나입니다.

신이 가만히 들어보니 친왕(親王)과 종실(宗室) 사이에 부인을 맞아들이는 것은 특별히 형식적인 예는 필요 없고, 삼가고 제 몸처럼 여기는〔敬而親〕 의리만이 있다고 하는데 도대체 천하에 높이기만 하고〔尊〕 배우자가 없을 수 있단 말입니까? 이처럼 비루하고 사특한 예는 혹 융적(戎狄)의 습속이 뒤섞인 것이며, 혹 시중의 풍속에 물들어 아래로는 사족(士族)으로부터 위로는 궁궐에까지 이르러 이 지경이 된 것입니다.

바라옵건대 폐하께서는 이런 것들을 다 끊어버리시고 그 밑바탕을 바로 하시어 천하에 모범을 보이셔야 합니다. 그렇기 때문에 예를 융숭하게 하지 않으면 안 되는 것입니다.

넷째, 널리 의논함〔博議〕이라고 하는 것은 신이 듣기에 옛날에 천자가 후를 빙례로 맞아올 때 상공(上公)이 그를 맞이했고 제후는 그 후의 일을 주관했다고 했습니다. 그래서 『춘추』(노나라 환공 8년(기원전 704년))에 이렇게 기록하고 있는 것입니다.

'채공(祭公)이 와서 마침내 기(紀) 나라에서 왕후를 맞이했다〔祭公來 遂逆王后于紀〕.'

무릇 나라의 큰 일에 대신이 손을 놓고 가만히 있을 수는 없는 것입니다.

예전에 자성광헌(慈聖光獻) 황후[5]가 세워지실 때 여이간(呂夷簡, 979~1044년)[6]이 그 논의를 결정했습니다.

그래서 그 조서에서 말했습니다.

'고위재상〔上宰〕의 덧붙이는 말들을 살펴보라.'

그리고 책명(册名)에서 말했습니다.

'종실의 공〔宗公〕과 대신〔鼎臣〕은 이를 조정에서 읊조려 말하도록 하라.'

이에 앞서 다상(茶商) 진씨(陳氏)의 딸이 선택됐는데 (재상인) 왕증(王曾), 송수(宋綬)가 다 말을 해 결국 진씨는 될 수가 없었던 것입니다.

인종(仁宗)께서 빼어난〔聖〕 까닭은 능히 다수의 뜻을 따를 수 있었다는 점입니다. 주변에서 말하기 좋아하는 자들은 분명코 이렇게 말했을 것입니다.

'이런 일은 폐하의 집안사이기 때문에 외부 사람들이 이래라저래라 할 수 없습니다.'

옛날부터 임금을 잘못 이끄는 자들은 대부분 바로 이런 말을 핑계로 삼았습니다. 천자란 사해를 집안으로 삼는데 조정 안팎의 일이 폐하의 집안일이 아닌 것이 있겠습니까? 그렇기 때문에 대신들은 그것을 손 놓고 그냥 두고 볼 수는 없는 것이 바로 이치입니다.

또 폐하께서는 한 명의 집정(執政-대신)을 쓰고 한 명의 근신(近臣)을 나아오게 할 때에도 반드시 천하의 중망에 부합하고자 하시는데 하물며 황후, 즉 천하의 어머니를 모시려 하는 일이야 어떠해야겠습니까?

신이 두려워하는 바는 폐하께서 단 하루 만에 조서를 내리시어 모씨(某氏)를 황후로 삼겠다고 하시면 대신들은 비록 나름의 의견이 있다 하더라도 진실로 제대로 된 의논을 할 수가 없다는 사실입니다.

지금 폐하께서 고르고 정하신 인물은 어떤 성씨인지도 모르니 마땅히 대신들에게 물어보셔야 할 것입니다. 그러고 나서 성상의 뜻이 정해지고 대신들도 모두 같을 경우에는 점을 쳐서 앞으로의 화합 여부를 알아보시고 귀신의 뜻을 살피신다면 하늘과 사람의 뜻이 같지 않은 바가 없게 될 것입니다. 따라서 그렇기 때문에 (나라의 중대 사안을) 의논할 때는 널리 하지 않으면 안 되는 것입니다.

신이 다행히 (폐하께) 이런 일을 권하고 말씀드릴 수 있는 것은 신의 자리가 제왕의 일을 보필하고 빼어난 다움〔聖德(성덕)〕을 높여드리는 데 있기 때문입니다. 그래서 감히 제가 들은 바만을 조심스레 올린 것입니다.

신의 어리석음으로 바라옵건대 오직 중궁(中宮)이 바른 자리에 있은 이후에야 온 나라 안이 다 경하할 것이니 이렇게 된다면 종묘사직의 복이라 하겠습니다."

신이 말씀드리겠습니다. 예로부터 황후를 선택하는 문제에 대해 논한 것들 중에서 범조우의 글처럼 골고루 다 갖춰진 것은 없었습니다. 그래서 이 편에서는 그의 글을 실었으니 후세의 모범〔後法(후법)〕으로 삼아야 할 것입니다.

1 순제(順帝)의 황후다.

1) 송나라 철종(哲宗)의 연호로 1086~1094년이다.

2) 송나라 영종(英宗)의 황후로 고(高) 황후로 불린다. 인종(仁宗) 경력(慶曆) 7년(1047년) 영종과 결혼했고, 이듬해 신종(神宗)을 낳았다. 영종 치평(治平) 2년(1065년)에 황후에 책봉됐고, 신종이 즉위하자 황태후에 올랐다. 뒤이어 10세의 철종(哲宗)이 즉위하자 태황태후가 되어 9년간 임조청정(臨朝聽政)을 했다. 왕안석(王安石)의 신법에 반대해 사마광 등을 기용하고 변법파(變法派)들을 축출했다. 정치에 참여하는 동안 친정에 사은(私恩) 베풀지 않고 거리를 둠으로써 외척의 득세를 막았다.

3) 태왕의 비인 태강으로 태임의 시어머니다.

4) 이때는 이미 한고조 유방은 죽었고, 그 부인 여태후가 황제로 있다가 물러날 무렵인 고황후 8년(기원전 180년)의 일이다.

5) 송나라 개국공신 조빈(曹彬)의 손녀로 인종의 황후다. 명도(明道) 2년(1033년)에 곽(郭) 황후가 폐위되자 입궁해 경우(景祐) 원년(1034년)에 황후에 책봉됐다.

6) 인종이 즉위한 후 우간의대부(右諫議大夫)와 참지정사(參知政事)를 역임했고, 천성(天聖) 6년(1028년)에 재상이 되었다. 인종이 곽 황후를 폐위하는 것을 찬성하여 이에 반대한 공도보(孔道輔), 범중엄(范仲淹) 등 반대파들을 축출하는 등 관료들과 대립했다. 경우(景祐) 4년(1037년) 탄핵을 받아 퇴임했지만, 강정(康定) 원년(1040년) 다시 재상으로 임명되었다가, 나이를 이유로 물러났다.

지혜로운 비빈이 임금을 경계시키는 이익

(『열녀전(列女傳)』) 주나라 선왕(宣王)[1]의 강후(姜后)는 현명하고 (왕후로서의) 다음을 갖고 있어 (왕을) 섬길 때에는 예가 아니면 말하지 않았고 행할 때에는 예가 아니면 움직이지 않았다.

선왕이 예전에 일찍 잠들고 늦게 일어나니〔早臥晏起〕(조와안기) 후부인(后夫人-후궁)의 방에서 나오지 않았는데도 강후는 이미 나와 있었다. 마침내 강후는 비녀와 귀고리〔簪珥〕(잠이)를 떼고서 대궐 밖 통로에서 대죄(待罪)하며 유모를 시켜 임금에게 말을 전하도록 했다.

"첩(妾)이 재덕(才德)이 없어서 군왕(君王)으로 하여금 체통을 잃고 조회(朝會)에 늦게 함으로써, 군왕이 여색(女色)을 좋아해 다음〔德〕(덕)을 잃음을 드러나게 했습니다. 진실로 여색을 좋아하면 반드시 사치를 좋아하고 욕심 내키는 대로 하게 됩니다. 난(亂)이 일어날 때에 그 난의 일어난 원인을 캐면 비자(婢子)에게서 일어났으니, 감히 비자의 죄를 청합니다. 왕께서는 명을 내려주옵소서."

왕이 말했다.

"과인(寡人)이 부덕해서 스스로 허물이 생긴 것이니 허물은 과인 때문에 생긴 것이지 부인의 죄가 아닙니다."

그리고 곧 강후를 대궐로 돌아오게 하고 정사(政事)에 부지런해 아침 일찍 조회하고 저녁 늦게 물러나〔早朝晏退〕(조조안퇴) 문왕과 무왕의 행적을 따라 주 왕실의 왕업을 일으키니 드디어 중흥주(中興主)로 이름이 났고 주나라의 세종(世宗)[2]이 됐다.

신이 가만히 살펴보겠습니다. 선왕이 능히 문왕과 무왕의 왕업을 회복할 수 있었던 것은 강후의 뛰어남이 거의 임사(任似-문왕의 어머니 태임과 무왕의 어머니 태사)에 가까웠기 때문입니다.

옛날에는 후부인이 임금과 함께 침실에 들었을 때는 다음 날 닭이 처음 울 때 악관인 태사가 폐하께 닭 소리가 났다고 말을 했으며, 부인이 방 안에서 패옥(佩玉)의 소리를 낸 것은 물러가라는 것이고 문을 두드리는 것은 일어났다는 뜻이었습니다. 그렇다면 옛날에 일찍 일어났을 때는 반드시 닭 울음〔鷄鳴〕(계명) 소리로 척도를 삼았던 것입니다.

선왕은 흥망성쇠가 엇갈리던 시대를 만났는데도 일찍 자고 늦게 일어났으니 이것이 강후가 왕을 바로잡아주려 했던 점입니다. 선왕은 이때부터 정사에 부지런해져서 주나라를 부흥시켰으니 내조의 더함〔益〕(익)이 어찌 적다고 하겠습니까?

1) 아버지 여왕이 실정으로 백성에게 쫓겨났을 때, 소목공(召穆公)의 보호를 받아 10여 년이나 자리를 비웠다가 즉위했다. 소공과 주정공(周定公)을 재상으로 삼고, 조상인 문왕과 무왕의 유풍(遺風)을 이어받아 선정(善政)을 베풀어 국위를 회복했다. 그러나 말년에는 다시 정사를 게을리해 주나라의 쇠퇴를 불러왔다.

2) 세종이라는 묘호를 받았다는 것은 그만큼 후대로부터 높은 평가를 받았다는 뜻이다.

(『시경』) 「제풍(齊風)」에 실린 시 '계명(鷄鳴)'은 어진 후비(后妃)를 생각한 시다. 애공이 여색에 빠져 정사를 태만히 했다. 그래서 어진 후비와 정숙한 여인〔貞女(정녀)〕이 밤낮으로 (임금을) 경계하고 서로 이루어준 도리를 읊은 것이다.

"닭이 이미 울었으니 / 조정에 이미 신하들 가득합니다. / (그러나) 닭이 운 것이 아니라 / 파리 소리였도다.

동방이 밝은지라 / 조정에 이미 신하들 와글와글합니다. / (그러나) 동방이 밝은 것이 아니라 / 달이 떠서 빛남이었도다.

벌레가 날아 온통 윙윙하거든 / 그대와 함께 꿈꾸기를 좋아하건만 / 모였다가 장차 돌아가면 / 행여 나 때문에 당신조차 미워하지 않을까?"

신이 가만히 살펴보겠습니다. 이 시는 옛날의 어진 후비와 정숙한 여인이 이와 같이 그 임금을 경계시키는 내용입니다.

말하기를 '닭이 이미 울었으니' 조정 회의에 신하들이 꽉 찼습니다. 그런데 조용히 하고서 그 소리를 들어보니 그것은 파리 소리였지 닭 소리가 아니었습니다. '동방이 밝은지라' 역시 조정 회의에 신하들이 가득 차 와글거립니다. 그런데 잘 들여다보니 그것은 월출의 빛이었지 동방에서 해 뜰 때의 밝음이 아니었습니다.

어진 후비와 정숙한 여인은 마음에 삼감〔敬(경)〕을 간직하고서 그 임금을 생각하며 오직 제때에 일어나지 못해 혹시라도 조회에 늦을까만을 두려워했습니다. 그래서 그런 걱정을 담아 이 시를 지었으니 '벌레가 날아 온통 윙윙하거든〔蟲飛薨薨(충비훙훙)〕'이라는 것은 곧 날이 밝아질 것이니 어찌 조금이라도 더 그대와 누워 함께 꿈꾸고 싶지 않겠는가마는 여러 신하들이 조정에 모였다가 그들 역시 집으로 돌아가 집안일을 다스리고 싶어할 것인데 결국 그렇게 해서 (허탕을 치고) 돌아갈 경우 자신 때문에 임금까지도 미워할지 몰라 걱정을 하는 것입니다. 다른 사람들의 마음〔情〕을 잘 알아서 자기 욕심대로 하지 않는 것이 어질고 정숙하지 않다면 어찌 능히 이처럼 할 수 있겠습니까?

범조우는 이렇게 말했습니다.

"빼어난 사람〔聖人〕은 하늘과 땅의 이치, 음양의 도리를 따르기 때문에 만물의 사정〔情〕을 살피는 것이 밝고 분명하다. 그래서 닭 울음〔鷄鳴〕을 아침 일찍 일어나는〔夙興〕 절도로 삼은 것이니 이 때문에 '벌레가 날아 온통 윙윙하거든〔蟲飛薨薨〕' 만일 그때까지도 잠자리에 있다면 그것은 단순히 정사에만 태만한 것이 아니라 밤마다 잠자리에 드는 것도 (노느라고) 늦다는 뜻이다.

군자가 몸을 닦는 것은 일이 있다고 일찍 일어나고 일이 없다고 늦게 일어나서는 안 되는 것이다. 그래서 아침에 일어나서 평소 거처하는 것이 다 하늘과 땅의 이치를 따라야 하는 것이니, 그것이 늘 한결같아야〔常〕 하는 까닭이다"

범조우의 이 말은 그런 이치를 잘 깨우쳐줍니다.

(『열녀전』) 초나라 번희(樊姬)는 장왕(莊王)의 부인인데 장왕이 처음 즉위해 길짐승과 날짐승 사냥을 좋아하니 번희가 그만둘 것을 간언했으

나 사냥을 그치지 않았다. 이에 번희가 (사냥으로 잡아오는) 금수(禽獸)의 고기는 결코 입에 대지 않았는데 3년이 지나서야 왕은 바뀌었다.

제(齊) 나라 위희(衛姬)는 환공(桓公)의 부인인데 환공이 음란한 음악을 좋아하자 위희는 정나라와 위나라의 음악을 듣지 않았다.

(『한서』) 한나라 성제가 대궐 뒷마당에서 일찍이 반첩여(班婕妤)[1]와 더불어 수레를 타고 놀고 싶어 하자 반첩여는 사양하며 이렇게 말했다.

"옛날의 그림들을 보면 어질고 빼어난 임금들은 다 뛰어난 신하들이 있어 임금의 좌우에 두었는데 삼대(三代-하은주)의 말에 이르면 그 임금들에게는 비로소 아끼는 여인들[嬖女(폐녀)]이 그 자리를 대신했습니다. 그런데 지금 함께 수레를 타자 하시니 그때와 비슷하지 않겠습니까?"

황상은 그 말을 좋다고 여겨 중지하니 태후가 그 이야기를 듣고서 기뻐하며 말했다.

"옛날에는 번희가 있었다면 지금은 반첩여가 있구나!"

(『신당서』) 당나라 태종의 어진 후비인 서혜(徐惠)[2]는 황상이 여러 차례 군사를 동원해 사방의 오랑캐들을 정벌하고 대대적으로 궁궐 축조를 늘여 백성들을 힘들게 하자 글을 올려 극간(極諫)하고 또 말로 덧붙였다.

"폐하께서는 동쪽으로 요해(遼海-요동과 발해)를 경략하시고 서쪽으로는 곤구(崐丘-곤륜산)를 치시느라 군사과 말들이 지칠 대로 지쳤습니다. 이는 한계가 있는 농사 인력으로 끝도 없는 파도를 메우려 하시는 것이고, 아직 얻지도 못한 다른 사람의 무리를 도모하느라고 이미 얻은 우리 군사를 죽이시는 것입니다. 따라서 땅이 넓다는 것은 늘 (백성을) 편안케 하는 방법이 아니며 백성들이 피곤하게 되면 마침내 쉽게 난에 동조하게 됩니다."

또 말했다.

"취미궁(翠微宮)과 옥화궁(玉華宮) 등을 짓느라고 산에서 물을 끌어대니 백성들이 겪어야 하는 고통이 얼마나 크겠습니까? 도리를 아는 임금은 백성들을 편안케 해주는 데 혼신의 힘을 쏟는 반면 도리를 모르는 임금은 자신의 몸만 즐겁게 한다고 했습니다."

또 말했다.

"진기한 물건들은 결국 나라를 망치는 도끼가 될 것이고, 주옥은 폐하의 마음을 어지럽히는 짐독(鴆毒)이 될 것이니 사치와 화려함은 당장 중단하시지 않으면 안 됩니다. 뜻은 큰일을 하겠다 해 교만하기까지 한데 정작 몸은 편안함에 젖어 안일하게 하신다면 어찌 되겠습니까?"

그 말하는 뜻이 절절하기가 대략 이와 같았다. 황제는 그 말을 훌륭하다고 생각해 서혜를 중하게 여겼다.

신이 가만히 살펴보겠습니다. 번희 이하는 제후의 배우자이거나 빈어(嬪御-후궁)의 대열에 있으면서도 옛날에 뛰어난 비와 곧은 여인들이 자신들의 임금을 경계토록 한 것을 잘 알고 있었으니 높이 평가할 만합니다. 그래서 여기에 붙여 드러낸 것입니다.

궁궐 내에 있으면서 진실로 이런 여인들을 얻어 매일 임금이 자신의 마음을 바로잡아가는 데 더해짐이 있게 된다면 거의 제대로 된 보필에 가깝다고 하겠습니다. 그러나 그 반대의 경우에는 간사함과 아첨이 지나쳐 임금의 마음을 흐리게 할 뿐입니다.

이상은 지혜로운 비빈이 (임금을) 경계시키는 이익에 대해 논했습니다.

1) 성제의 후궁으로 '첩여'는 상경(上卿)에 해당하는 궁중 여관(女官)의 이름이다. 처음에는 성제의 총애를 받았지만, 조비연 자매가 입궁한 후에는 총애가 식었다. 조비연 자매에 의해 황제를 저주한다는 무고를 당했으나 혐의가 풀렸다. 그러나 또 모함에 빠질 것을 걱정해 궁을 나와 태후(太后)를 모시며 지냈다.

2) 그는 구빈(九嬪) 가운데 한 명이었다.

『춘추좌씨전』

(노나라 환공 18년(기원전 694년)) 신백(辛伯-주나라 대부)이 주공(周公-흑견)을 죽이고 이렇게 말했다.

"후궁이 황후와 같으며〔幷后〕, 서자가 적자에 맞서고〔匹嫡〕, 총신과 정경을 함께 참여시켜 정사를 논하며〔兩政〕, 제후국의 도성이 천자의 도성과 같을 정도로 크게 짓도록 내버려두는 것〔耦國〕은 나라를 어지럽히는 근본이 됩니다."

신이 가만히 살펴보겠습니다. 하늘에는 두 개의 해가 없고 땅에는 두 임금이 없으며 두 임금을 모실 수 없습니다. 그래서 첩은 황후와 나란히 할 수 없고, 서자는 적자에 맞설 수 없으며, 신하는 임금을 의심해서는〔疑=貳〕 안 되니 이것은 하늘과 땅의 변하지 않는 큰 이치이자 예나 지금이나 한결같은 큰 의리입니다. 신백이 네 가지를 열거하면서도 황후의 문제를 첫머리로 삼고 있습니다. 따라서 네 가지 안에서도 이 같은 순서가 있는 것입니다.

(『시경』) ‘녹의(綠衣)’는 위(衛) 나라 장강(莊姜)이 자신의 처지를 슬퍼한 시다. 첩이 위로 참람한 짓을 해 부인이 지위를 잃자 이 시를 지은 것이다. 그 1장이다.

“녹색 옷이여! / 녹색은 겉옷이요 황색은 속옷이라. / 마음의 근심이여! / 언제나 그칠런가?”

2장이다.

“녹색 옷이여! / 녹색은 저고리요 황색은 치마로다. / 마음의 근심이여! / 언제나 잊혀질런가?”

신이 가만히 살펴보겠습니다. 장강은 장공(莊公)의 본부인인데 장공이 애첩에게 혹해 부인의 자리를 잃어버렸습니다. 그래서 이 시를 지은 것인데 남편인 장공을 탓하지 않고 스스로 마음 아파하고 있으니 그 마음은 진실하고 두텁다〔忠厚〕 하겠습니다.

녹색은 간색(間色)이고 황색은 정색(正色)입니다. 간색인 녹색은 겉옷에 적당치 않으니 이는 마치 첩이 그릇되게 총애를 독점한 것과 같다고 할 수 있습니다. 그리고 정색인 황색이 마침내 속옷이 됐습니다. 이는 마치 부인이 소외를 당해 미미해진 것과 같다고 할 수 있습니다. 심지어 녹색은 도리어 저고리가 되어 위에 있고, 황색은 도리어 치마가 되어 아래에 있습니다. 이는 높고 낮음〔尊卑〕의 차례를 잃은 것이 너무나도 심했다고 하겠습니다.

장강의 근심은 나라를 위한 것이지 자기 자신을 위한 것이 아닙니다. 무릇 적첩(嫡妾)이 어지러워지면 앞으로 생겨날 그 폐단은 이루

다 말로 할 수가 없을 정도입니다. 그래서 '언제나 그칠런가?'라고 했고, 또 '언제나 잊혀질런가?'라고 한 것은 대체로 근심을 잊고 싶지만 그럴 수가 없다는 뜻입니다.

그 후에 애첩의 아들 주우(州吁)가 과연 왕위를 찬탈해 위나라가 큰 혼란에 빠졌으니 장강의 근심은 여기에서 징험됐다고 하겠습니다.

따라서 나라를 가진 자라면 어찌 이를 거울로 삼지 않을 수 있겠습니까?

(『자치통감』) 한나라 문제가 아끼는 신부인(愼夫人)이 금중에서 항상 황후와 더불어 같은 자리에 앉았다. 그리고 상림원에 행차해 자리를 배치하는데 원앙(袁盎)이 신부인을 끌어당겨 뒤로 물러 앉게 했다. 신부인은 화가 났고 황상도 또한 화를 냈다. 이에 원앙이 앞으로 나아가서 말했다.

"신이 듣건대 높고 낮은 것에 차례가 있으면 위아래가 평화롭다고 했습니다. 지금 폐하께서 이미 황후를 세우셨으니 신부인은 첩입니다. 그런데 첩과 본부인이 어떻게 같은 자리에 앉을 수 있습니까? 또 폐하께서는 홀로 인간돼지〔人彘(인체)〕를 못 보셨단 말입니까?"

황상은 기뻐하며 이를 신부인에게 말하고 원앙에게 금 50근을 내려주었다.

신이 가만히 살펴보겠습니다. 한나라 제도에는 사대부가

오히려 금중에 출입할 수 있었습니다. 그래서 고조가 척희(戚姬-척부인)를 곁에 끼고 있는데도 주창(周昌)이 알현하고서 마치 하나라 걸왕과 은나라 주왕을 성토하는 듯한 간언을 올릴 수 있었고[1], (여기서는) 황후와 부인(夫人-후궁)이 나란히 앉아 있는데 원앙이 알현하고서 끌어당겨 뒤로 물러앉게 했습니다. 외신(外臣)으로서 감히 부인의 자리를 뒤로 물렸으니 이는 비례(非禮)가 아니겠습니까? 원앙은 말했습니다.

"높고 낮음〔尊卑(존비)〕에 차례가 있으면 위아래가 평화롭습니다."

이것이 바로 예에 관한 말입니다. 그래서 문제는 처음에는 화를 냈지만 결국은 기뻐하면서 그를 용서하고 심지어 상금까지 주었으니 원앙의 곧음은 진실로 칭찬할 만합니다. 그러니 문제 또한 현명하다고 하겠습니다.

이상은 처첩을 엄격히 가려 대우하는 것에 대해 논했습니다.

1) 이 일화는 뒤에 나온다.

작위를 폐하고 신분이 빼앗길 수 있는 잘못을 미리 징계하는 것

(『시경』) '백화(白華)'는 대부가 유왕의 왕후를 풍자한 것이다. 유왕은 신(申) 나라 여자를 취해 후로 삼고 또 포사를 얻게 되자 신후를 축출했다. 그리하여 첩이 처가 됐으며 얼자가 적자를 대신하니 왕은 능히 다스릴 수가 없게 되자 주나라 사람이 이 시를 지었다.

"왕골이 완성되면 / 띠풀로 엮는다. / 우리 님 나를 멀리해 / 나만 외롭게 하는가?

영롱한 흰 구름도 / 저 왕골과 띠풀에 이슬을 내리는데 / 하늘의 운은 몹시도 어려워 / 그대는 도모하지 않는구나.

흐르는 못이 북으로 흘러 / 저 벼의 밭을 적시도다. / 휘파람 불고 노래하며 서글퍼해 / 저 님을 생각하노라.

저 뽕나무 섶을 채취해 / 내 화덕에 불을 때야 하건만. / 저 님이여! / 실로 내 마음을 힘들게 하는구나.

궁궐에서 종 울리거든 / 소리가 밖으로까지 들리는구나. / 그대 생각 간절히 하는데 / 나 보기를 건성으로 하는가?

두루미는 어량(魚梁)에 있거늘 / 학은 숲 속에 있도다. / 저 님이여! / 실로 내 마음을 힘들게 하는구나.

원앙새가 어량에 있는데 / 그 왼쪽 날개를 거두었구나. / 그대가 선량하지 못해 / 그 다음을 이랬다저랬다 하는구나.

낮은 이 돌 / 밟는 이도 낮아지리니. / 우리 님 나를 멀리해 / 나를 병들게 했네."

신이 가만히 살펴보겠습니다. 이 시는 옛 학설에서는 주나라 사람이 지은 것으로 보았는데 주희는 신후(申后)가 지었다고 말했습니다. 그 말의 뜻을 음미해 볼 때 주희의 설이 맞습니다.

왕골은 띠가 있어야 아름다워집니다. 그래서 거친 왕골〔白華=野管〕은 물에 담가서 마전을 해야〔漚〕 제대로 된 왕골〔管〕이 되고 띠풀은 왕골을 엮는 데 사용하는 것이니 사물의 아름답고 추함〔美惡〕은 각각 그 쓰이는 바가 있는 것입니다. 이는 마치 높고 낮음〔尊卑〕이나 위아래가 각각 자기의 분수를 갖고 있는 것과 같습니다. 지금 임금이 높고 낮음의 차례를 어지럽혀 나를 버리고 멀리해 나로 하여금 외로움에 빠져 있도록 했으니, 이것이 첫 장의 뜻입니다.

영롱해〔英英〕 가볍고 맑은 흰 구름이 내려와 이슬이 되어 왕골과 띠풀을 골고루 적셔주며 흐르는 못〔滮池〕의 물이 흐르는 것이 비록 미미하지만 벼의 밭이 마치 관개를 한 듯 젖어드니 지금의 시운(時運)은 몹시 힘들어 도리어 흰구름이 능히 적셔주는 것보다 못하며 왕의 높고 큰 지위는 도리어 흐르는 못의 물이 능히 젖어들게 해주는 것보다 못하다는 것입니다. 그래서 휘파람 불고 노래하며 서글퍼해 님 생각을 하게 되는 것이니, 이것이 2장과 3장의 뜻입니다.

뽕나무 섶〔桑薪〕은 부뚜막〔爨〕의 불을 때어 그것으로 음식을 장만하는 것인데 원래 있어야 할 자리를 잃었으니 그것으로 본부인의 자리를 빼앗긴 처지를 비유하고 있습니다. 이것이 4장의 뜻입니다.

무릇 궁궐에서 종이 울리고 그 소리가 밖으로까지 뚫고 나가는 것은 마치 유왕이 포사를 마음으로 총애해 그것이 소리로 형상화된 것과 같으니 그것을 알게 되는 것이요, 나는 지금 왕을 간절히 그리워하는데 정작 임금은 나를 그저 그런 사람으로만 여기고 있다는 것입니다. 이것이 5장의 뜻입니다.

두루미가 학과 함께 있다는 것은 둘 다 물고기를 주식으로 하기는 하지만 학과 두루미 사이에는 맑고 흐림〔淸濁〕의 차이가 있습니다. 그런데 지금은 두루미가 어량에 있고 학은 숲 속에 있어 두루미는 배부르고 학은 굶고 있으니 임금이 왕후를 버리고 애첩을 가까이 하는 것 또한 두루미는 길러주고 학은 내팽개친 것과 같습니다. 이것이 6장의 뜻입니다.

원앙은 능히 서로의 배필을 좋아해 암수가 서로 따르고 그 본성을 잃지 않습니다. 그런데 유왕은 선량하지가 않아서 그 다움이 한결같지 못해 원앙과 같지 못했습니다. 이것이 7장의 뜻입니다.

디딤돌〔乘石〕이란 그것을 밟고서 수레에 오르는 돌입니다. 원래는 내가 쓰던 것인데 지금은 애첩이 그 돌을 밟으니 지금은 마침내 왕이 그에게로 나아가고 나를 멀리해 나를 병들게 했다는 것입니다. 이것이 8장의 뜻입니다.

신후는 비록 버림을 받았지만 그 말의 기운〔辭氣〕이 화평하기가 이와 같았으니 선왕의 은택이 오리라는 것을 믿어서 그랬을 것입니다.

(『시경』) '첨앙(瞻卬=瞻仰)'은 유왕이 크게 무너져 내림을 풍자한 것이다. 그 3장에서 이렇게 노래했다.

"명철한 지아비는 나라〔城〕를 이루지만 / 명철한 여인네는 나라를 기울게 한다.

미모가 뛰어난 명철한 여인네는 / 올빼미가 되고 솔개가 되도다.

여인네가 말이 많구나! / 화란의 시작이도다.

화란은 하늘에서 내려오는 것이 아니라 / 여인네에게서 생겨나도다.

교훈 삼을 수도 없고 가르칠 수도 없는 것이 / 바로 이 여인네와 환관의 말이라."

신이 가만히 살펴보겠습니다. 『주역』(가인(家人) 괘(위는 ☴ 아래는 ☲) 아래에서 두 번째 효에 대한 풀이)에서 "(밖에서 공적으로) 이룩하는 바가 없고 집안 음식을 마련하는 데 있다〔無攸遂在中饋〕(무 유수 재 중궤)"고 한 것은 부인이 맡은 바의 일이 집 밖에서는 아무것도 이루어지지 않는다는 것이요, 오로지 집 안에 머물며 음식을 주관할 뿐이라는 뜻입니다. 『시경』('사간(斯干)')에서 "나쁠 것도 없고 좋을 것도 없으니 / 오직 술을 빚고 음식을 준비하는 것만 의론할 수 있을 뿐이네"라고 한 것은 부인의 경우 (외부의 일을) 못한다고 할 것도 없고 잘한다고 할 것도 없다는 말이요, 오직 손님을 맞고 제사를 준비할 때 필요한 술과 음식을 의논할 수 있을 뿐이라는 것이니 이 또한 『주역』에서 말한 것과 그 뜻이 거의 같다고 하겠습니다. 그렇다면 (여인네가) 지혜를 쓸 일이 있겠습니까?

무릇 남자는 집 밖에서 바른 자리를 차지해 나라의 일을 주관하는 것이니 지혜가 있다면 능히 나라를 바로 세울 수 있는 것이지만 부인은 집 안에서 바른 자리를 차지해 음식과 제사 준비를 주관하는 것이니 지혜가 있다면 곧바로 나라를 기울게 할 것이라는 말입니다.

그래서 똑똑하고 말 많은 여인네는 도리어 올빼미나 솔개가 되어 능히 화란을 빚어낼 수 있다는 것이니 만일 이것이 옳다면 화란이 어찌 하늘에서 내려오는 것이겠습니까? 오로지 여인네로 말미암을 뿐입니다.

대체로 여인네는 말이 많지만 그것들은 대부분 가르침이나 교훈과는 거리가 멀어 여인네와 환관의 말은 비슷하다는 것입니다.

이 글은 다만 여인네로 인한 재앙만을 이야기하고 있지만 그것은 곧 환관의 폐단도 겸해서 말한 것이니 대체로 이 둘은 서로 의지하면서 간사함을 빚어냅니다. 그러니 이 둘을 겸해서 경계하지 않을 수 없을 것입니다.

(『시경』) '정월'(8장 후반부)에서 이렇게 노래했다.

"불길이 바야흐로 타오르니 / 누가 그것을 끌 수 있으리오? / 그 빛나던 주나라 종실을 / 포사가 멸했구나."

구양수가 말했습니다.

"유왕이 비록 죽었어도 태자 의구가 들어서서 평왕이 됐는데 시인이 마침내 멸했다고 노래한 것은 문왕과 무왕의 왕업이 이때 다 탕진되어 동주(東周)가 비록 존재했다고는 하나 부흥할 수 없었던 것을 가리킨다. 그래서 굳이 멸했다고 말한 것은 시인이 포사를 심히 미워해 한 말이다."

신이 가만히 『국어』를 살펴보건대 바야흐로 포사가 왕에게 총애를 얻게 됐을 때 대부인 사백이 말했습니다.

"무릇 괵석보(虢石父)는 아첨과 교묘한 말로 남을 따르는 자인데 유왕은 그를 경사(卿士)로 세웠으니 이는 자신에게 오로지 맞추려고만 하는 자와 함께 하는 것이며, 정식 혼빙례를 치른 신후를 버리고 내첩인 포사를 왕비로 세웠으니 이는 궁하고 꽉 막힌 자를 좋아하는 것이며, 주유(侏儒)나 척이(戚施) 같은 자를 곁에 두고 있으니 이는 완악스럽고 어리석은 자를 가까이하는 것입니다. 그런가 하면 주나라 법통은 밝혀지지 아니하고 부인들의 말이 행해지고 있으니 이는 참소와 간특함을 채용하는 것입니다.

이런 인물들을 데리고 나라를 오래 이끌 수는 없습니다. 게다가 선왕 때에는 이런 동요가 널리 퍼졌습니다.

'뽕나무 활과 기초(箕草)로 만든 화살통, 이를 팔러 다니는 자가 주나라를 망하게 하리라.'

선왕은 이 소문을 듣고서 마침 이런 물건을 팔러 다니는 부부가 있어 사람을 시켜 그들을 잡아 죽여 없애도록 했습니다. 이때 왕부(王府)의 소첩 하나가 여자아이를 낳았는데 왕의 자식이 아니었습니다. 그는 겁을 먹고 그 어린아이를 갖다 버렸는데 마침 부부가 도망을 가다가 이 아이를 거두어 포(褒) 나라로 달아났습니다.

포나라 사람들은 자신들이 주나라 감옥에 갇히자 이 여인을 주왕에게 바쳤고, 왕은 드디어 그 여자를 곁에 두게 됐습니다.

하늘이 이 아이를 태어나게 한 지는 이미 오래됐으며 그 해독 또한 큰 것이었습니다. 장차 주나라 임금이 다움을 잃기를 기다렸다가 이와 함께 더해준 것입니다. 독이 센 술이나 고기는 사람을 죽이는 힘도 그만큼 심하고 빠른 것입니다.

지금 신(申) 나라와 증(繒) 나라 둘은 서융에서 막 강대해진 나라이고, 주나라 왕실은 바야흐로 소란스러워지고 유왕은 하고 싶은 대로 다하고, 있으니 참으로 어렵지 않겠습니까? 유왕이 신후 소생의 태자를 죽이고 포사 소생의 백복을 태자로 삼으면 태자는 외갓집 신나라로 도망칠 것이고, 유왕은 태자를 돌려달라 하고 신나라 사람들은 넘겨주지 않을 것이니 결국 유왕은 신나라를 치게 될 것입니다. 만약에 신나라를 치면 증나라는 서융과 더불어 주나라를 치러 올 것이니 (유왕은) 주나라를 지켜낼 수가 없을 것입니다."

『사기』를 고찰해 보니 그 후에 과연 사백의 말대로 유왕은 피살되고 포사는 포로가 됐으며 주나라는 낙(洛) 땅으로 동천(東遷)해 두 번 다시 떨칠 수 없게 됐습니다.

아! 슬픈 일입니다.

(『자치통감』) 한나라 선제 때 허(許) 황후의 아버지 허광한(許廣漢)이 대궐 내에서 무슨 죄를 지었다가 뒤에 폭실색부(暴室嗇夫-궁정감옥 말단 관리)가 됐는데 선제가 황증손을 액정에서 기르라고 부탁하면서 허광한에게 함께 기거하며 받들 것을 명했다. 이에 허광한은 황증손에게 딸을 주어 훗날의 원제 유석(劉奭)을 낳았다.

그러고 몇 달 후에 증손이 황제로 세워졌다. 이때에 장군 곽광(霍光)에게는 어린 딸이 있었는데 황태후(皇太后)(-곽광의 집안이다)와도 친해 공경들은 황후를 바꾸어 세울 것을 의논하면서 모두 마음속으로는 곽장군의 딸을 염두에 두었다.

황상은 마침내 자신이 미천했던 시절의 옛 검(劒)을 구한다는 조서를 내렸다. 대신들은 그것이 뜻하는 바가 무엇인지를 알아차리고서 허첩여(許婕妤)[1]를 세워 황후로 삼아야 한다고 말했다.[2]

곽광의 부인 현(顯)은 자신의 작은딸을 귀하게 만들고 싶었으나 어떤 길을 따라야 할지를 알 수가 없었다. 이듬해(-기원전 73년) 허황후가 임신을 했다가 병이 났는데 현이 자신을 잘 따르는 여의(女醫) 순우연(淳于衍)에게 말했다.

"장군(-곽광)께서는 평소에 작은딸 곽성군(霍成君)을 아껴서 그를 아주 귀하게 만들고 싶어 하니 바라건대 그대에게 누를 좀 끼칩시다."

순우연이 말했다.

"무슨 말입니까?"

현이 말했다.

"부인이 임신한다는 것은 큰일이어서 열 중에 한 명만 살지요. 곧 황후께서 출산을 할 것이니 이때를 틈타 독약을 집어넣어 제거할 수 있다면 곽성군은 바로 황후가 될 것이오."

순우연이 말했다.

"약이란 여러 사람이 함께 지어서 늘 먼저 맛을 보는데 어떻게 할 수 있겠습니까?"

현이 말했다.

"그대 하기에 달렸을 뿐입니다. 장군이 천하를 호령하고 있는데 누가 감히 말을 할 수 있겠습니까?"

순우연이 한동안 가만히 있다가 말했다.

"한번 온 힘을 다해 보겠습니다."

곧바로 부자(附子-독초)를 빻아서 장정궁(長定宮)에 들어갔다. 황후가 출산을 마친 다음 순우연은 부자를 가져다가 태의(太醫)에서 만든 큰 환약에 섞어 황후에게 먹이니 잠시 후 드디어 어지럽다고 호소하다가 붕어했다.

뒤에 어떤 사람이 편지를 올려 여러 의사들이 황후의 질병을 받들면서 정상적이지 못했던 사람들을 고발하니 모두 붙잡아 조옥에 가두었다. 현은 급박한 상황을 두려워해 바로 전후 상황을 곽광에게 모두 알린 다음에 이렇게 말했다.

"이미 잘못된 계책으로 이리됐으니 형리에게 순우연을 너무 가혹하게 다루지 않도록 해주세요."

곽광은 크게 놀라며 아무런 말 없이 대답도 하지 않았다. 마침내 황상에게 보고서가 올라가니 곽광은 순우연은 다루지 말도록 서명했다. 현은 마침내 곽광을 설득해 그의 딸을 받아들이도록 했고, 드디어 곽성군이 황후가 됐다.

애초에 허황후는 미천한 신분에서 출발해 지존의 자리에 올라서도 시종하는 관리의 거마나 복장은 아주 검소했고, 닷새에 한 번씩 장락궁에 거처하는 황태후를 찾아 문안을 올리고 직접 식사 시중을 들었으며 부인의 도리〔婦道〕로써 한결같이 공양했다. 그래서 곽황후가 들어서서도 허황후의 옛일들을 닦도록 했고, 황태후는 곽후의 형제들까지 친하게 대해주었다. 그래서 황후는 늘 삼가는 예로써 자신의 몸을 단속했다. 그러나 곽황후의 연(輦), 가(駕), 시종은 더욱 성대해졌고 관속들에게 상을 내리는 것도 천만을 헤아리니 허황후 시절과는 크게 달랐다. 황상도 곽황후를 총애했다.

곽황후가 들어선 지 3년째 되는 해(-기원전 68년) 곽광이 세상을 떠났다. 이듬해 허황후가 낳은 아들 유석을 세워 황태자로 삼으니 곽광의 부인 현은 화가 나서 밥도 먹지 않고 말했다.

"이 사람은 민간에 있을 때의 아들인데 어찌 황제가 될 수 있는가? 이제 (곽)황후가 아들을 낳아도 도리어 왕이 되겠구나!"

다시 황후를 시켜 태자를 독살하려고 했다. 황후는 자주 태자를 불러 식사를 내렸는데 보모와 아모(阿母)가 번번이 먼저 맛을 보았기 때문에 황후는 독약을 품고 있으면서도 이를 쓸 수가 없었다.

얼마 지나 허황후를 죽인 일이 드러나자 현은 드디어 여러 아들들과 함께 반란을 모의하다가 발각되었다. 곽황후는 폐위되어 소대궁에 거처하다가 그 후 다시 운림관으로 옮겨지자 마침내 자살했다.

신이 가만히 살펴보겠습니다. 현이 감히 이런 짓을 할 수 있었던 것은 곽광이 자신을 믿어주리라는 것을 알고 있었기 때문입니다.

곽광은 유학을 전혀 배우지 못한 사람이었는데 그저 중후하다는 이유로 무제의 총애를 받아 관직의 길에 들어섰습니다. 처음에는 오히려 삼가고 조심하는 마음이 있었는데 급기야 선제가 즉위하게 되자 공훈이 더해지고 권세는 커져 더욱 존귀하게 되어 평소에 가졌던 지조가 이로 인해 다 바뀌어버렸습니다.

사악한 부인의 음모가 천하의 어머니를 해치려는데 곽광은 그것을 알고서도 더 이상 문제삼지 않았고 의원의 죄도 숨겨주었습니다. 그리고 또 여자를 들이는 계략을 이루어냈습니다. 그래서 한나라 역사서[3)]

에서는 곽광이 황후를 시해하고 다른 여자를 세워 황후로 삼았으니 그에게 죄를 주어야 마땅하다고 했던 것입니다.

그러나 곽광이 이와 같이 한 것은 본래는 그 집안을 번성시켜 보려 함이었는데, 온 집안이 멸족당하는 재앙이 마침내 그것으로부터 시작되리라는 것은 몰랐으니 어찌 경계하지 않을 수 있겠습니까?

1) 첩여는 일급 비빈이다.

2) 이렇게 해서 허광한의 딸은 황후에 오른다.

3) 『한서』를 가리킨다.

(『구당서(舊唐書)』) **당나라 고종(高宗) 황후 무씨(武氏)는** (전 형주(荊州) 도독) 무사확(武士彠)의 딸인데, 태종이 그가 아름답다는 말을 듣고서 불러 재인(才人-후궁)으로 삼고 무미(武媚)라는 이름을 내려주었다.[1] (649년) 태종이 세상을 떠나자〔晏駕(안가)〕 (당시 관례에 따라 감업사(感業寺)로 출가해) 비구니가 됐다.

고종이 태자로 있을 때에 아버지 태종의 시중을 들다가 무씨를 처음 보고서 마음에 들었다. 왕(王) 황후(-고종의 본부인)는 오랫동안 자식을 못 낳았고, 소숙비(蕭淑妃)가 바야흐로 사랑을 받게 됐는데 왕황후가 이를 질투했다.

뒷날[2] 고종이 감업사에 예불을 하러 갔다가 재인 무씨를 보게 됐는데 무씨가 눈물을 흘리자 고종도 감동했다.

황후가 (이 소식을 듣고 무씨에게 몰래 머리를 기르게 한 다음) 무씨를 후궁으로 끌어들였는데 이는 소숙비에 대한 총애를 갈라놓으려는 것이었다. 재인 무씨는 권모술수〔權數〕를 갖고 있었으니 속이고 바꾸는 책략〔詭變〕이 끝이 없었다.

처음에는 말을 낮추고 몸을 굽혀〔下辭降體〕 황후를 섬기니 황후는 기뻐하며 황상에게 자주 재인을 칭찬했다. 그리하여 얼마 후 소의(昭儀)로 품계가 올라갔고 하루아침에 총애를 받아 소숙비의 자리를 차지하게 됐는데 황후에 대한 황상의 총애마저 쇠퇴하자 두 사람과 사이가 나빠졌다〔不恊=不和〕. 황후는 성품이 중후해 위아래로 도리에 어긋나는 일〔曲事〕을 하지 않았다. 그래서 소의는 황후가 야박하게 대하는 사람들을 잘 살핀〔伺〕 다음 반드시 마음을 기울여 관계를 맺었고, 자신이 받은 선물들을 그들에게 다 나눠주었다. 이로 말미암아 황후와 숙비의 일거수일투족을 반드시 알게 됐고, 소의는 이를 모두 황상에게 보고했다.

그러나 황후에 대한 총애는 식었지만 황상은 아직 황후를 폐위시킬 생각은 하지 않았다. 이때 소의가 딸을 낳았는데 황후가 와서 딸아이와 놀다가 돌아갔다. 소의는 곧바로 몰래 아이를 눌러 죽이고 이불로 덮어두었다.

이때 황제가 오는 것을 보고서 겉으로 반가워하는 말을 하는 척하다가 이불을 들춰보니 아이는 이미 죽어 있었다. 그때서야 막 울면서 좌우의 사람들에게 물으니 모두가 "황후께서 다녀가셨다"고 말했다. 소의는 그 즉시 비탄의 눈물을 흘렸고, 황상은 전후를 살필 겨를도 없이 분노하며 소리쳤다.

"황후가 내 딸을 죽였구나! 평소 숙비와 더불어 소의를 시샘하고 참소하더니 지금 이런 짓을 했구나!"

황후는 스스로 해명할 방법이 없었다. 황제는 황후에 대한 믿음과 사랑을 버리고 비로소 황후를 폐위시킬 뜻을 품게 됐다.

얼마 후 황상은 소의를 신비(宸妃)로 높이려 했으나 시중 한원(韓瑗)과 중서령 내제(來濟)가 (옛일을 들어) 불가하다고 했다. 마침내 소의는 황후와 그의 어머니가 염승술을 했다고 무고하니 황제는 예전 일을 생각하며 실제로 황후를 장차 폐위하려고 했다. 장손무기, 저수량(褚遂良), 한원, 내제가 죽음을 걸고서 다투어 반대하자 황제는 일단 유보했다. 한편 중서사인(中書舍人) 이의부(李義府), 위위경(衛尉卿), 허경종(許敬宗) 등은 평소에 몰래 무소의와 결탁하고 있었는데 표문을 올려 소의를 황후로 삼아야 한다고 청하니 황제가 결단을 내렸다. 이리하여 조서를 내려 황후를 폐하고 소의를 황후로 삼았다.

이에 장손무기와 저수량 등을 축출해 죽이거나 하니 무황후에 대한 총애는 더욱 커졌다. 왕황후와 소양제(-소숙비)는 나란히 (폐서인 되어) 대궐 내 별원(別院)에 갇혔는데 황제가 황후 생각이 나서 사잇길로 가서 그들이 갇혀 있는 곳을 보았다. 그 집은 엄하게 봉쇄돼 있고 오직 구멍〔竇〕을 통해서만 음식이 통하게 돼 있어 측은한 생각이 들고 마음이 아파 소리쳐 불렀다.

"황후와 양제는 무탈〔無恙〕한가?"

두 사람은 함께 대답했다.

"첩들은 죄를 지어 궁궐의 노비〔婢〕가 됐는데 어찌 그런 높은 칭호〔尊號〕를 가질 수 있겠습니까?"

눈물을 흘리며 또 호소해 말했다.

"폐하께서 만약에 옛일을 생각하신다면 첩들로 하여금 죽기 전에 다시 해와 달을 볼 수 있게 해주시고, 빌건대 이 원에 이름을 붙여 회심원

(回心院)으로 삼아주십시오."

황제가 말했다.

"짐이 바로 조치를 취하겠다."

무후가 이를 알고서 사람을 보내 두 사람에게 곤장 100대를 치게 하고 손발을 자른 다음 두 사람을 술 항아리에 처넣고는 말했다.

"이 두 할망구가 뼛속까지 취하게 만들라."

며칠 지나 죽자 다시 그들의 목을 베었다. 무후는 (그 후) 자주 두 사람을 (환영으로) 보았는데 머리를 풀어헤치고 피를 잔뜩 묻히고 있는 것이 마치 죽을 때의 그 모습〔厲=祟-귀신〕 그대로였다. 무후는 이를 무서워해 무당을 불러 굿을 하고 거처도 봉래궁으로 옮겼으나 여전히 죽을 때의 모습이 나타나니 (장안을 떠나) 주로 낙양〔東都〕에 머물렀다.

신이 가만히 살펴보겠습니다. 무씨가 왕황후를 무너트릴 때에 쓴 술수는 참으로 천하에 있을 수 없는 험악한 것이었으며, 이미 황후의 자리를 빼앗은 다음에 그를 사지에 내버려두고 또 천하에 있을 수 없는 참학스러운 짓을 한 것은 일찍이 역사가 생긴 이래 들어본 적이 없는 것입니다.

애초에 태종이 세상을 떠나면서 장손무기와 저수량에게 고명(顧命)을 내려 "짐의 사랑스러운 자식들과 부인들을 다 경들에게 맡기겠소"라고 했는데 고종은 유약하고 용렬해 오로지 여색만을 탐했습니다. 바야흐로 그가 태종의 곁에 있던 재인을 보았을 때 이미 그는 그 재인을 구워삶을 욕심을 갖고 있었으니 이런 생각이 바로 뒤에 이어질 재앙의 싹이었습니다. 그리고 이것은 천지 귀신이 다 알고 있었던 것입니다.

이런 지경에 이르러 사악한 후궁을 총애하고 적후(嫡后)를 해쳐 그 명이 거의 끊기게 됐으니 이로 말미암아 나라의 정사는 규방으로 옮겨갔고, 황제는 팔짱이나 끼고서 그저 지켜볼 뿐이었습니다. 이리하여 황제의 정통성마저 옮겨가게 됐습니다.

이 일의 원천으로 거슬러 올라가보면 모든 것이 다 생각〔念념〕 하나에서 비롯된 것이니 재앙을 비춰주는 거울이 어찌 훤히 밝다고 하지 않겠습니까?

이상은 작위를 폐하고 신분이 빼앗길 수 있는 잘못을 미리 징계하는 것에 대해 논했습니다.

1) 정관 12년(638년)의 일이며, 이때 무미의 나이 열네 살이었다.

2) 태종의 기일을 말한다.

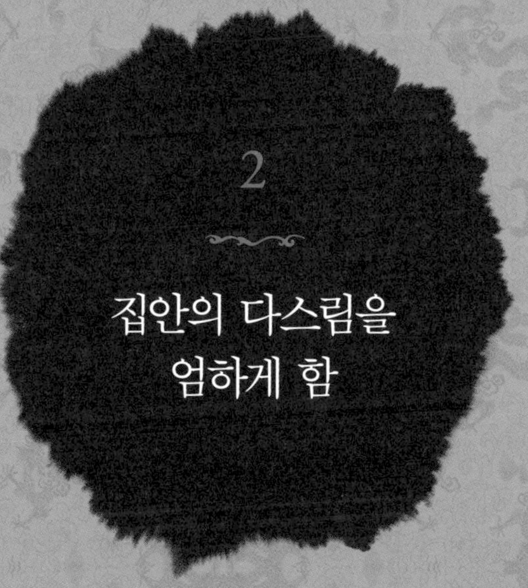

2

집안의 다스림을 엄하게 함

대궐 내 안과 밖을 분명하게 나눔

『예기』(「혼의(昏義=婚儀)」)

천자의 본부인〔后〕은 여섯 궁〔六宮〕[1]을 세워서 3명의 부인(夫人)과 9명의 빈(嬪)과 27명의 세부(世婦)와 81명의 어처(御妻)를 거느린다. 이리하여 천하의 내치(內治)를 들으며 부인의 고분고분함〔婦順=女順〕을 밝혀주었다. 그래서 안으로 화목하고 집안이 다스려졌다.

천자는 여섯 관〔六官〕을 세워서 3명의 공(公)과 9명의 경(卿)과 27명의 대부(大夫)와 81명의 원사(元士)를 거느린다. 이리하여 천하의 외치(外治)를 들으며 남성의 교화〔男敎〕를 밝혀주었다. 그래서 밖으로 화목하고 나라가 다스려졌다.

그러므로 말하기를 "천자는 남성의 교화에 관해 듣고, 후는 부인의 고분고분함에 관해 듣는데 이를 일러 다움이 성하다〔盛德〕"라고 한다. 이 때문에 남성의 교화가 제대로 닦이지 않아 양의 일〔陽事〕이 제대로 안 될 경우 하늘에서는 책망하는 뜻이 나타나게 되어 해가 먹히는 현상〔日食=日蝕〕이 일어나고, 부인의 고분고분함이 제대로 닦이지 않아 음의 일〔陰事〕이 제대로 안 될 경우 하늘에서는 책망하는 뜻이 나타나게 되어 달이 먹히는 현상〔月食=月蝕〕이 나타나게 된다.

이 때문에 일식이 일어나면 천자는 소복(素服)을 입고서 육관의 직분을 닦으며, 월식이 일어나면 후가 소복을 입고서 육궁의 직분을 닦는다. 그래서 천자가 후와 함께 하는 것은 마치 해가 달과 함께 하고 음이 양과 함께 하는 것과 같아서 서로를 기다려 비로소 만난 이후에야 모든 것이 제대로 이뤄진다〔成〕.

천자가 남성의 교화를 닦는 것은 아버지의 도리〔父道〕요, 후가 여성의 고분고분함〔女順〕을 닦는 것은 어머니의 도리〔母道〕다. 따라서 천자가 후와 함께해야 하는 것은 아버지가 어머니와 함께해야 하는 것과 같다.

신이 가만히 살펴보겠습니다. (『주역』) 가인괘(위는 ☴ 아래는 ☲)에서 말하기를 "여자가 안에서 자리를 바로 하고 있으면 남자는 밖에서 자리를 바로 하니 남자와 여자가 바른 것〔正〕은 하늘과 땅의 큰 의리다"라고 했습니다. 『주역』은 그 이치를 말한 것이고, 『예기』는 그 법도를 풀어낸 것이니 그 둘은 서로 겉과 속〔表裏〕을 이룬다고 하겠습니다.

1) 궁중에서 황후(皇后)의 궁정(宮庭)과 부인(夫人) 이하의 다섯 궁실(宮室)을 가리킨다.

(『예기』) 「곡례(曲禮)」에서 말했다.

"바깥의 말〔外言〕을 문지방〔梱〕 안으로 들이지 말고, 집안 내 이야기〔內言〕를 문지방 밖으로 나가게 하지 말라."

신이 가만히 살펴보겠습니다. 이것은 안팎〔中外〕의 구분을 엄격히 하며 청탁(請謁)을 차단하는 법도입니다. 사대부의 집안부터 그러한데 하물며 황제의 집안이야 당연하지 않겠습니까?

이상은 대궐 내 안과 밖을 분명하게 나눔에 대해 논했습니다.

대궐 내 정치 관여를 멀리함

『춘추곡량전』

(희공(僖公) 9년(기원전 651년)) 제나라 환공은 규구(葵丘)의 회맹에서 이렇게 말했다.

"부인들이 국사(國事)에 관여토록 해서는 안 될 것이오."[1)]

신이 가만히 살펴보겠습니다. 춘추시대에 부인이 집안에서 총애를 받아 마음대로 하는 일은 많았지만 밖으로 정치에 관여했다는 것은 들어보지 못했습니다. 규구의 회맹에는 만세의 경계로 삼을 만한 것이 세 가지인데 첫째는 적장자를 바꾸지 말라는 것이고, 둘째는 첩을 처로 삼지 말라는 것이며, 세 번째가 이것입니다.

전국시대에 와서 진(秦) 나라 선(宣) 태후[2)]와 제나라 군(君) 왕후가 비로소 국정에 관여한 사실이 역사서에 보입니다.

1) 환공의 이 발언은 『춘추좌씨전』에는 안 나오고 『춘추곡량전』에만 실려 있다.

2) 『후한서』「황후기」에 따르면 왕비나 후궁이 정사에 관여한 최초의 인물은 진나라 소왕의 어머니 선태후다. 미태후라고도 한다.

(『한서』) 한나라 고조의 여(呂) 황후는 사람됨이 굳세고 강인해 고제를 도와 천하를 바로잡았으며, 혜제(惠帝)가 즉위하게 되자 황태후가 됐고, 혜제가 붕어하자 효혜(孝惠) 후궁의 아들을 세워 황제로 삼고 태후는 조정에 나아가 칭제(稱制)[1]했다.

고후(高后) 원년(기원전 187년) 겨울에 태후가 여러 여(呂)씨들을 왕으로 삼고자 해 논의를 하면서 우승상(右丞相) 왕릉(王陵)에게 물었더니 왕릉이 말했다.

"고제께서는 백마를 죽여 맹세하며 말씀하셨습니다. '유(劉) 씨가 아닌 사람이 왕이 되면 천하가 힘을 합쳐 그를 쳐라!' 지금 여씨를 왕으로 삼는 것은 약속을 어기는 것입니다."

태후가 불쾌해하며 좌승상(左丞相) 진평(陳平)과 태위(太尉) 주발(周勃)에게 물었고, 두 사람이 답했다.

"고제께서는 천하를 평정하시어 자제들을 왕으로 삼았고, 지금은 태후께서 칭제하시는데 여러 여씨를 왕으로 삼는다고 해서 아니 될 것이 없습니다."

태후가 기뻐했다. 조회가 파하자 왕릉이 진평과 강후(絳侯-주발)를 질책하며 말했다.

"애초에 고제와 더불어 삽혈(歃血)하면서 맹세했는데 그대들은 그 자리에 없었단 말인가? 이제 태후가 여자 군주〔女主〕로서 여씨를 왕으로 삼고자 하는데 그대들이 아첨하는 뜻으로 약속을 어기려고 하니 이 다음에 무슨 면목으로 지하에서 고제를 뵐 수 있겠는가?"

진평과 강후가 말했다.

"지금 면전에서 꺾고 조정에서 간쟁하는 것은 우리들이 그대만 못하겠지만, 사직을 온전히 보전하고 유(劉) 씨의 후예를 안정시키는 데는 그대가 또한 우리들만 못할 것이오."

태후는 왕릉을 태부로 삼으니 실은 그의 재상의 권한을 빼앗은 것이다. 그래서 왕릉은 결국 병으로 면직되어 자신의 봉지로 돌아갔다.

이에 진평을 우승상으로 삼고 피양후(辟陽侯) 심이기(審食其)를 좌승상으로 삼았는데 이들은 일은 다스리지 않고 궁중을 감시하니 마치 낭중령(郎中令)과 같았다. 심이기는 그 때문에 태후로부터 총애를 얻었고, 공경들은 모두 그를 통해 일을 결정했다.

태후는 또 자신의 아버지 임사후(臨泗侯) 여공(呂公)을 선왕(宣王)으로 추존해 높였고, 오빠인 여택(呂澤)을 도무왕(悼武王)으로 삼았으며, 여러 여씨들을 왕으로 삼는 것을 점점 늘려가고자 했다.

태후는 여씨들을 왕으로 삼고자 해 마침내 먼저 명목상 효혜제의 아들인 유강(劉彊)을 회양왕(淮陽王)으로 삼고 유불의(劉不疑)를 항산왕(恒山王)으로 삼았으며, 대알자(大謁者) 장석(張釋)으로 하여금 대신들에게 바람을 잡도록 했다. 대신들이 마침내 도무왕의 맏아들인 역후(酈侯) 여태(呂台)를 여왕(呂王)으로 세울 것을 청하니 제(齊) 땅에서 제남군(濟南郡)을 잘라서 여국(呂國-산둥성 리청구)으로 삼았다.

고후 2년(기원전 186년)에 제 땅의 도혜왕(悼惠王-유방의 서장자 유비(劉肥)다)의 아들 유장(劉章)을 주허후(朱虛侯)로 삼아 경사로 들어와 숙위하도록 했고, 또 여록(呂祿)의 딸을 유장에게 시집보냈다.

고후 4년(기원전 184년)에 태후가 여동생 여수(呂嬃)를 책봉해 임광후

(臨光侯)[2]로 삼았다.

소제(少帝)는 점점 자라면서 스스로 자기가 황후의 아들이 아니라는 것을 알고서 마침내 말했다.

"모후는 어찌하여 나의 어머니를 죽이고 나에게 이름을 지어준 것일까? 내가 자라면 즉각 바뀔 텐데."

태후는 이 말을 듣고서 그를 영항(永巷-궁궐 내 감옥)에 유폐해 폐위시킨 다음 죽이고, 항산왕을 세워 황제로 삼고 이름을 유홍(劉弘)으로 바꿨다. 원년(元年)이라고 칭하지 않은 것은 태후가 천하의 일을 다스리고 있었기 때문이었다. 고후 6년(기원전 182년)에 숙왕(肅王-여태)의 동생인 여산(呂產)을 세워 여왕(呂王)으로 삼았다.

고후 7년(기원전 181년)에 태후가 조유왕(趙幽王) 유우(劉友)를 불렀다. 유우는 여러 여씨의 딸을 왕후로 삼았는데 이들을 사랑하지 않고 다른 왕비를 사랑했다. 이에 여러 여씨 집안의 딸들이 화가 나서 태후를 찾아가 이를 참소했다. 태후는 이 때문에 조왕을 부른 것이었다. 조왕이 도착하자 (경사에 있는 그의) 관저(官邸)에 머무르게 하면서 만나보지를 않고 위사로 하여금 그를 지키게 하면서 먹을 것을 주지 않아 결국 굶어 죽었다. 양왕(梁王) 유회(劉恢)를 옮겨서 조왕으로 삼았고, 여왕 여산(呂產)을 양왕으로 삼았다. 양왕은 자신의 봉국에 가지 않으니 황제의 태부로 삼았다.

조왕 유회(劉恢)의 무리는 (유회가 조(趙) 땅으로 옮겨지니) 불쾌한 마음을 품었다. 태후가 여산의 딸을 왕후로 삼게 했는데 왕후의 수행원들은 모두 여씨들이어서 권력을 제 마음대로 휘두르고 몰래 조왕을 감시하니 조왕은 아무것도 자기 마음대로 할 수가 없었다. 조왕에게는 아끼는 희첩이 있었는데 왕후가 사람을 시켜서 그녀를 짐독으로 살해했다. 왕은 슬픔과 분노를 이기지 못하고 자살했다. 태후는 이 소식을 접하고서 왕이 여자를 위해 종묘의 예법을 버렸다고 하면서 그의 후사를 두지 않았다.

이때 여러 여씨들이 권력을 제 마음대로 하면서 정사를 휘둘렀는데〔用事〕 주허후 유장(劉章-유방의 아들)은 나이 스물에 기력을 갖춰 유씨들이 자리를 얻지 못하는 것에 대해 분하게 생각하고 있었다. 일찍이 들어가서 태후를 모시고 연회장에서 술을 마시는데 태후가 유장에게 술을 책임지고 돌리라고 하자 유장이 스스로 이렇게 청했다.

"신은 장군의 종자를 갖고 있습니다. 청컨대 군법으로 술을 돌릴 수 있게 해주십시오."

태후는 말했다.

"좋다."

술이 취하자 유장이 '경전가(耕田歌)'를 부르겠다고 하니 태후가 그것을 허락했다. 유장이 노래했다.

"깊이 갈아 씨를 뿌리고, 싹이 돋아나면 솎으려 하니, 그 종자가 아닌 것은 호미로 매어버리리라."

태후는 아무 말이 없었다. 얼마 후에 여러 여씨 가운데 한 사람이 술에 잔뜩 취해 자리에서 도망가니 유장이 따라가서 칼을 뽑아 그의 목을 베고 돌아와서 보고했다.

태후와 좌우에 있던 사람들은 모두 크게 놀랐으나 이미 군법을 시행하도록 허락했기 때문에 죄를 줄 수는 없었고 그로 인해 자리가 끝났다. 이 일이 있은 후로 여러 여씨들은 주허후를 더욱 꺼렸고, 반면에 비록 대신이라 할지라도 모두 주허후에게 의지하면서 유씨들은 점점 더 강해졌다.

진평은 여러 여씨들의 안녕을 걱정했으나 자기 힘으로는 제어할 수 없었고, 그 화가 자기에게도 미칠까 두려워해 일찍이 조용하게 홀로 깊이 생각하고 있었다. 육가(陸賈)가 곧바로 들어와서 앉았는데도 진승상(-진평)은 쳐다보지도 않았다. 육생(陸生-육가)이 말했다.

"무슨 생각을 그리 깊게 하십니까?"

진평이 말했다.

"그대는 내가 무슨 생각에 빠져 있는지 한번 맞혀보시오."

육생이 말했다.

"족하(足下)께서는 아주 부귀하시니 바랄 것이야 더 없으시겠지요. 그러나 걱정거리가 있다면 그것은 여러 여씨와 어린 황제의 안위를 걱정하는 것이 아니겠습니까?"

진평이 말했다.

"그렇소. 그렇다면 어찌하면 좋겠소?"

육생이 말했다.

"천하가 편안하면 재상을 주목할 것이고 천하가 위태로우면 장수를 주목합니다. 장수와 재상이 조화를 이루면 사대부들은 평소에도 잘 따르고, 천하에 변란이 생긴다고 해도 권력은 나눠지지 않습니다. 사직을 위해 계책을 세운다면 문관 진평과 무관 주발 두 분의 손에서 장악될 뿐입니다. 그대는 어찌하여 태위와 사귀면서도 서로 깊이 맺지를 못하시는 것입니까?"

이어서 진평을 위해 여씨에 관한 몇 가지 일을 계획했다. 진평은 그 계책을 써서 마침내 500금을 강후에게 축하금으로 보내고 두터운 예를 갖춰 즐기며 마셨고, 태위도 보답하기를 또한 그와 같이 했다. 두 사람이 깊이 연결을 맺으니 여씨의 음모는 더욱 쇠했고, 태후는 오빠의 아들 여록을 세워 조왕으로 삼았다.

고후 8년(기원전 180년)에 여숙왕(呂肅王-여태)의 아들인 동평후(東平侯) 여통(呂通)을 연왕(燕王)으로 삼았다.

태후의 병이 심하게 되자 마침내 조왕 여록(呂祿)을 상장군으로 삼아 북군에 머물러 있게 하고, 여왕 여산(呂產)은 남군에 머물러 있게 했다. 태후가 여산과 여록에게 훈계해 말했다.

"여씨가 왕이 된 것에 대해 대신들이 불평하고 있다. 내가 곧 죽게 되면 황제는 나이가 어리니 대신들이 변란을 일으킬까 두렵다. 반드시 병사들을 장악해 궁궐을 호위하며 결코 상여를 전송해서는 안 된다. 그렇게 하지 않으면 궁궐이 이미 다른 사람에게 통제될 수 있기 때문이다."

태후가 붕어했고 조서를 남겼는데 거기에는 '천하를 크게 사면하고 여왕 여산을 상국(相國)으로 삼고 여록의 딸을 황후로 삼으라'고 적혀 있었다.

여러 여씨들은 난을 일으키고자 했지만 대신인 강후 주발과 영음후(潁陰侯) 관영(灌嬰)등이 두려워 아직 감히 거사를 하지 못했다. 주허후는 여록의 딸을 처로 삼았기 때문에 그런 음모를 알아내서 마침내 몰래 사람을 시켜 그의 형인 제왕(齊王) 유양(劉襄)에게 말해 군사를 내서 서쪽으로 나오도록 했고, 주허후와 동모후(東牟侯-유장의 동생 유흥(劉興)이다)가 서로 내응해 여러 여씨를 죽이고 제왕을 세워 황제로 삼고자 했다.

상국 여산(呂産) 등은 이 소식을 듣고서 마침내 관영을 보내 군사를 거느리고 가서 이를 치게 했다. 관영이 형양(滎陽-허난성 싱양현)에 이르러 모의했다.

"여러 여씨가 관중(關中)에서 군사를 장악하고 유씨를 위태롭게 하면서 스스로 서고자〔自立〕 한다. 이제 내가 제(齊)를 격파하고 돌아가서 보고하면 이는 여씨를 돕는 일이 될 뿐이다."

마침내 형양에 머물러 주둔하면서 사자를 시켜 제왕과 제후들에게 전하기를 연합해 여씨의 변란을 기다려 함께 그들을 주살하자고 했다. 제왕은 이 소식을 듣고서 마침내 군사를 돌려 서쪽의 경계 지역에서 약속을 기다렸다. (한편) 여록과 여산은 변란을 일으키려고 했으나 안으로는 강후와 주허후 등이 꺼려지고 밖으로는 제와 초의 군사가 두려운 데다가 또 관영이 배반할 것도 걱정이 돼 관영의 군대가 제와 연합해 발동하기를 기다리면서 오히려 머뭇거리느라 결단을 내리지 못하고 있었다.

이런 때를 맞아 제천왕(濟川王) 유태(劉太), 회양왕(淮陽王) 유무(劉武), 상산왕(常山王) 유조(劉朝) 그리고 노왕(魯王) 장언(張偃)은 모두 나이가 어려 아직 자신들의 봉국으로 나아가지 않고 장안에 머물러 있었다. 그리고 조왕 여록과 양왕 여산은 각각 군사를 거느리고 남군과 북군에 머물러 있었는데 모두 다 여씨의 사람들이었다.

열후와 군신들은 스스로 자신들의 운명을 결정할 수가 없었다. 태위인 강후 주발은 군사를 주관할 수가 없었다. 곡주후(曲周侯) 역상(酈商)은 늙고 병들었는데 그의 아들 역기(酈寄)는 여록과 잘 지냈다. 강후는 마침내 승상 진평과 더불어 모의해 사람을 시켜 역상을 협박해 그의 아들인 역기를 여록에게 보내 이렇게 거짓말을 하게 만들었다.

"고제와 여후가 함께 천하를 평정한 다음 유씨로 세운 왕은 아홉이고, 여씨로 세운 왕은 셋인데 모두 대신들의 논의를 거쳤고 일은 미리 제후들에게 널리 알려서 모두 마땅하다고 여깁니다. 지금 태후가 붕어하고 황제는 어리니 족하께서 조왕의 인새(印璽)를 차고서 급히 봉국(-조)으로 가서 번국을 지키지 않고 마침내 상장이 되어 군사를 거느리고 여기에 머무르고 있으면 대신들과 제후들이 의심하는 바가 됩니다. 족하께서는 어찌하여 장수의 인새를 돌려보내고 군사를 태위에 소속시키지 않으십니까. 양왕에게 청해 상국에게 인새를 돌려주고 대신들과 맹약하고 봉국으로 돌아가십시오. 제의 군사는 반드시 철폐할 것이기 때문에 대신들은 편안함을 얻을 것이고, 족하께서도 베개를 높이 베고 천 리에서 왕 노릇을 하게 될 것이니 이는 만세를 이어갈 이익입니다."

여록은 이를 믿고서 역기의 계책이 그렇다고 생각했다.

태위가 북군으로 들어가려 했으나 들어갈 수가 없었다. 이때 양평후(襄平侯) 기통(紀通)이 상부절(尙符節-부절의 책임자)이었는데 마침내 부절을 가지고 고쳐서 태위에게 북군을 받도록 했다. 그리고 태위는 다시 역기와 전객(典客-사신을 접대하는 관리) 유게(劉揭)에게 명해 먼저 여록에게 가서 말하도록 했다.

"황제께서 태위로 하여금 북군을 지키게 하고 족하께는 봉국으로 가라고 하셨습니다. 속히 장군의 인새를 돌려보내서 사직하고 떠나야 합니다. 그렇지 않으면 화가 또 일어날 것입니다."

여록은 역기가 자신은 속이지 않을 것이라고 생각하고 드디어 인새를 풀어 전객에게 맡기고 군사를 태위에게 넘겨주었다. 태위가 북군에 이르니 여록은 이미 떠나고 없었다. 태위는 군문에 들어서자 군사들에게 명령을 내렸다.

"여씨를 위하면 오른쪽 어깨를 드러내고, 유씨를 위하면 왼쪽 어깨를 드러내라!"

군중에 있는 병사들 모두 왼쪽 어깨를 드러내니 태위가 드디어 북군을 거느리게 됐다. 그러나 여전히 남군이 남아 있었다. 이때 승상 진평이 마침내 주허후 유장을 불러서 태위를 돕게 하니 태위는 주허후에게 명해 군문을 감독하게 하고 어사대부 평양후(平陽侯) 조줄(曹窋)로 하여금 가서 위위(衛尉-황궁 호위 책임자)에게 알리도록 했다.

"상국 여산을 궁궐 문 안으로 들어오지 못하게 하라."

여산은 여록이 이미 떠났다는 사실을 모른 채 마침내 미앙궁으로 들어가 변란을 일으키고자 했다. 궁전 문에 이르렀으나 들어갈 수가 없게 되자 이리저리 배회하고 있었다. 평양후는 이기지 못할까 걱정해 말을 달려 태위에게 가서 말했다. 태위도 오히려 여러 여씨를 이기지 못할까 걱정해 감히 여산을 죽이라고 공언하지 못하고 마침내 주허후에게 말했다.

"속히 입궁해 황제를 호위하시오."

주허후가 군졸을 청하니 태위는 군졸 1천여 명을 내주었다. 주허후는 미앙궁의 문으로 들어가서 여산이 궁궐 안에 있는 것을 보았다. 드디어 여산을 쳐서 그를 쫓아가 낭중부 관리의 변소에서 그를 죽였다. 주허후가 이미 여산을 죽이니 황제는 알자에게 명해 부절을 가지고 가서 주허후를 위로하게 했다. 주허후는 그 부절을 빼앗으려 했으나 알자는 빼앗기지 않았다. 주허후는 바로 함께 수레를 타고 있어서 남들은 자신이 부절을 갖고 있다고 믿을 것으로 보고 말을 달려 장락궁으로 가서 위위 여경시(呂更始)의 목을 베었다. 그리고 말을 달려 북군으로 돌아와 태위에게 보고하니 태위가 일어서서 절하며 축하하자 주허후가 말했다.

"근심거리는 여산뿐이었는데 이제 이미 주살됐으니 천하는 안정될 것입니다."

드디어 사람들을 여러 갈래로 나눠서 보내 여러 여씨의 남녀들을 모두 붙잡아 노소를 가리지 않고 모두 목을 베었다. 여록도 체포해 죽이고, 여수는 태장을 쳐서 죽였으며, 주허후 유장을 보내 여러 여씨들을 죽인 것을 제왕(齊王)에게 알리고 군사 행동을 마치도록 했다.

신이 가만히 살펴보겠습니다. 여후가 애초에 유언을 받을 때 고제는 조참은 소상국을 대신할 만하고, 진평은 왕릉을 도울 수 있을 것이며, 유씨 황실을 안전하게 해줄 사람은 반드시 주발이니 태위로 삼을 수 있을 것이라고 했습니다. 이에 태후는 이들을 다 써서 고제의 말대로 하니 이때에는 사특한 마음〔邪心〕이 없었다고 하겠습니다.

그런데 하루아침에 조정에 나아가 칭제(稱制)하니 군국 대권이 다 자신의 한 몸에서 나오게 됐습니다. 이에 여러 여씨들을 높이고 유씨들을 누르려는 뜻이 생겨났고, 태후가 세상을 떠나면 닥쳐올 재앙을 걱정해야 할 때에 여록과 여산으로 하여금 병권을 나눠 맡아 사사로이 여씨 집안이 대권을 차지할 수 있도록 음모를 꾸몄습니다. 안으로 진평과 주발의 충성심이 없고 밖으로 제왕과 초왕의 강력함이 없었다면 장차 여씨 집안을 제어하는 것은 불가능했을 것이며, 또 여록과 여산이 용렬하지 않고 쉽게 속지 않아 군대를 제대로 장악했더라면 (유씨의) 안팎에 사람이 있었다 해도 쉽게 제압할 수 없었을 것입니다.

따라서 한나라 황실을 망하게 하지 않은 것은 다름 아닌 하늘입니다. 황후가 유씨를 지키고 여씨를 온전하게 하려는 마음을 갖고서 혜제가 죽었을 때를 당해 문제를 맞아들여 고제의 유업을 잇게 했더라면 어떻게 됐겠습니까? 천하의 존경을 누리고 그 공은 종묘로부터 인정받아 친정 집안은 백세가 흘러도 번성했을 것인데 불과 8년 동안 칭제하며 권세를 부리다가 족멸의 화를 당하고 여록과 여산조차 지켜주지 못했으니 이는 모두 여후 자신이 불러들인 재앙이라 하겠습니다. 그러니 어찌 슬프지 않겠습니까?

1) 황제를 대신하여 정사를 행한다는 뜻이다.

2) 여성으로서 후에 오른 거의 유일한 경우다.

(『한서』) 원제의 황후는 성제가 즉위하자 황태후로 높여졌고, 애제가 즉위하자 태황태후로 높여졌다. 애제가 붕어했을 때 자식이 없었기 때문에 태황태후는 신도후(新都侯) 왕망(王莽)을 대사마(大司馬)로 삼고[1] 함께 중산왕(中山王)을 불러 애제의 뒤를 잇게 하니 그가 평제(平帝)였다. 이때 평제의 나이 아홉 살밖에 안 돼 태후가 조정에 나아갔는데 정사는 왕망에게 일임하니 왕망은 위세와 복록을 제 마음대로 했다.

평제가 (왕망이 독살해) 붕어했는데 자식이 없었다. 왕망이 선제의 현손들 중에서 가장 어린 광척후(廣戚侯)의 아들 유영(劉嬰)을 선택하니 이때 두 살이었다. 이 유영을 세워 황제로 삼고 어리다는 뜻에서 유자(孺子)라고 칭했다.

그러고는 왕망이 주나라 주공의 고사를 본떠 황제의 자리에서 섭정〔居攝〕을 하려 하자 태후가 반대했지만 힘으로 막을 수는 없었다. 이에 마침내 왕망이 황제를 섭정하게 되니 연호를 고치고 칭제했다.[2]

1 왕망은 태후의 조카다

2 왕망의 일은 '외척전'에 상세하게 나온다.

반표(班彪)가 평했습니다.

"삼대(三代) 이래로 『춘추』에 기록된 바에 따르면 왕공(王公)이나 국군(國君)이 자신의 시대에 권력을 잃는 데 있어 여자를 총애해 생기지 않은 일이 드물다. 한(漢) 나라가 흥했을 때 후비의 집안인 여씨, 곽씨, 상관씨가 나라를 거의 위태롭게 한 적이 여러 번이었다. 그리고 왕망이 흥기함에 이르러 효원후(孝元后)는 한나라 황실 4대에 걸쳐 천하의 어머니였고 나라의 봉양을 받은 것이 60년이었으며, 여러 동생들이 권력을 세습해 가며 다시 나라의 실권을 쥐고 오장(五將-왕봉, 왕음, 왕상, 왕근, 왕망) 십후(十侯)가 드디어 신도(新都-왕망)를 만들었다.

지위와 칭호가 이미 천하에서 (왕망으로) 옮겨졌는데 원후는 끝끝내 옥새를 쥐고서 왕망에게 넘겨주지 않으려 애썼으니 아낙네의 어짊〔婦人之仁(부인지인)〕이란 슬플 뿐이다."

『후한서』[1] 「황후기(皇后紀)」(서문)에서 말했다.

"예로부터 임금이 어리고 시대가 어려우면 반드시 경륜 있는 총재(冢宰)에게 맡겨 충직하고 현능한 인재들을 간절히 구했지, 부인네에게 전적으로 맡겨서 나라의 무거운 그릇〔重器(중기)〕이 갈라지고 깨지게 하는 일은 없었다. 오로지 진(秦) 나라 미(芈) 태후가 처음으로 섭정(攝政)을 시작했는데 그로 인해 양후(穰侯-미태후의 동생)의 권세는 소왕(昭王)보다 무거웠고 그 집안의 부는 진나라 (왕실)보다 컸다.

한나라는 그런 잘못을 거듭하면서[仍(잉)] 근심거리임을 알았지만 고치지 못했고 권력은 여자 임금[女主(여주)]에게 돌아갔다. 이리하여 밖에서 들여와 세운 황제가 네 명[2]이고 여섯 명의 황태후가 조정에 나와 섭정을 했다. 이들은 모두 장막 뒤에서 정책을 마음대로 정하지 않는 것이 없었고, 아버지나 오빠에게 일을 맡긴 후 어린아이들을 찾아내어 황제로 세운 다음 오랫동안 정치권력을 장악하고자 했으며, 밝고 현능한[明賢(명현)] 인사들은 억누르면서 그 위세를 마음대로 떨쳤다."

화제(和帝)가 즉위했을 때 16세였다. 황후 두(竇)씨를 황태후로 높이니 태후는 조정에 나와 섭정을 했고, 오빠 두헌(竇憲)과 동생 두독(竇篤) 등은 모두 핵심 요직에 포진했다. 영원(永元) 4년에 두씨 집안이 더욱 번성하자 화제를 시해하려고 도모했으나 화제가 그들을 주륙했다.

화제가 붕어했을 때 상제(殤帝-유륭)는 태어난 지 100일이었는데 등후(鄧后-화제의 후비)가 맞아들여 황제로 세웠다. 후는 황태후가 되었고 조정에 나가 섭정을 했다. 그런데 상제가 붕어하자 태후가 계책을 정해 안제(安帝)를 세우고 조정에 나가 섭정을 했다.

1 범엽(范曄)이 썼다.

2 안제(安帝), 질제(質帝), 환제, 영제다.

(『후한서』를 편찬한) 범엽이 논평했습니다.

"등후는 종신토록 섭정하면서 스스로 명을 내리고 영을 반포했다. 말로는 과거 어진 정치의 좋은 관행을 자주 말했으나 실제로는 밝은 군주가 갖춰야 할 의리를 결여했다. 또 이어받은 임금(-상제)으로 하여금 자꾸 곁눈질을 하게 만들고 빈 그릇〔虛器(허기)〕[1]에 옷깃을 여미게 만들었으니 곧은 유생〔直生(직생)〕들이 분노해 대궐 문〔象魏(상위)〕에 벽서를 내걸었다."

신이 가만히 살펴보겠습니다. 동한(東漢-후한)의 모후들로서 조정에 나가 섭정을 한 후(后)들이 많았습니다만 그중에서 오직 화희(和熹-등후)가 가장 똑똑했는데 권력을 탐해 그것을 놓으려 하지 않으니 두근(杜根)이 글을 올려 국정을 황제에게 돌려줄 것을 청했습니다. 이에 황후가 허락했습니다.

그래서 범엽이 (태후의 그 같은 이중성을) 꼬집어 말했던 것입니다.

1) 힘 없는 황제의 자리를 상징한다.

(『후한서』) 안제의 염(閻) 황후는 황제가 살아 있을 때 총애가 깊었는데 그의 형제들이 자못 조정의 권세를 잡자 황태자 유보(劉保)를 참소해 폐위시킨 다음 제음왕(濟陰王)으로 삼았다.

안제가 붕어하자 황태후로 높여졌고 조정에 나가 섭정을 하게 되자 태후는 오랫동안 국정을 농단하고 싶은 욕심을 갖게 되어 어린 황제를 세우고 싶어 했다. 이에 동생 염현(閻顯) 등을 시켜 금중에서 계책을 정한 다음 북향후(北鄕侯) 유의(劉懿)를 맞아들여 세우니 그때 황제는 생후 200일밖에 안 된 데다가 병이 깊어 곧 훙했다. 그래서 태후가 제북(濟北) 왕자와 하간(河間) 왕자를 징소했는데 그들이 경사에 도착하기 전에 중황문(中黃門) 손정(孫程) 등이 제음왕을 세우니 그가 순제(順帝)다. 태후는 별궁으로 옮기고 염현 등은 모두 주살됐다.

충제(沖帝)가 황위에 오르자 양후(梁后)는 황태후가 되었고 조정에 나가 섭정을 했다. 충제가 곧 붕어하자 다시 질제(質帝)를 세웠다. 태후는 계속 조정을 장악하고서 새벽부터 밤늦도록 부지런히 국사에 힘을 쏟으며 현능한 이들을 찾아 올리고 태위 이고(李固) 등에게 국정을 맡겼다. 이들은 충량한 인사들을 뽑아 쓰면서 절약과 검소에 힘썼고, 탐학스럽고 죄를 숨긴 자들을 대거 찾아내어 내쫓고 주살하니 나라 안이 숙연해지는 듯했다. 그러나 태후의 오빠인 양기(梁冀)가 질제를 짐독으로 시해하고 마침내 환제(桓帝)를 세우니 그로 인해 천하가 기대를 접게 됐다.

환제(桓帝)에게 후사가 없었다. 두후(竇后)가 황태후가 되어 조정에 나가 정책과 계책 등을 정하고 해독정후(解瀆亭侯) 유굉(劉宏)을 세우니 그가 영제(靈帝)다. 태후의 아버지인 대장군 두무(竇武)가 환관들을 주살하려는 계략을 세우니 중상시(中常侍) 조절(曹節) 등이 두무를 살해하고 태후는 남궁의 운대(雲臺)로 옮겨 살게 했다.

영제가 붕어하자 황태자 유변(劉辯)이 즉위하니 하후(何后)가 황태후가 되어 조정에 나가 섭정을 했다. 태후의 오빠인 대장군 하진(何進)이 환관들을 주살하려고 하다가 역으로 해를 입으니 뒤에 동탁(董卓)이 정권을 장악하고서 태후를 영안궁으로 옮긴 다음 시해했다.

신이 가만히 살펴보겠습니다. 이상 살펴본 이들이 이른바 (후한에서) 조정에 나가 섭정을 했던〔臨朝〕 여섯 명의 황후들입니다. 이들 여섯 황후 중에서 등후와 양후는 현명하다는 칭송을 받았고, 환제의 두후도 역시 사직을 지키려는 뜻이 있었습니다. 하지만 결국 등후는 죽을 때까지 수렴청정을 놓지 않아 천하 사람들의 비난을 받았고, 양후와 두후도 역시 화패(禍敗)를 면치 못했습니다. 이는 집안을 맡아야 하는 부인이 국정에 관여하고, 외척이 조정 권력을 장악하는 것이 선왕의 준엄한 법도가 아니기 때문입니다. 그러니 거울로 삼아 잘 살펴보지 않을 수 있겠습니까?

(『위서(魏書)』)[1] 위나라 문제(文帝-조조의 아들 조비)가 조서를 내려 말했다.

"부인과 정치는 어지러움〔亂〕의 (양대) 뿌리다. 앞으로 여러 신하들은 태후에게 정사에 관한 글을 올려서는 안 되고, 태후의 집안은 정사를 보필하려 해서도 안 된다."

신이 가만히 살펴보겠습니다. 조조에서 비롯된 위나라

〔曹魏〕가 행한 것 중에서 드물게 모범으로 삼을 만한 것이라고는 이 조서 하나뿐인데 이것은 한나라 때의 과오를 바로잡을 만한 지침이 될 듯해 기록해 둡니다.

1) 중국 25사(二十五史) 중 하나로 꼽히며 북위(北魏)의 역사를 서술한 사서(史書)로 북제(北齊)의 위수(魏收)가 편찬했다.

(『신당서』) 당나라 무후(武后)는 어려운 시절을 보내야 했는데 모든 고통을 당하면서도 치욕을 참았고 큰일을 잘 치러내니 고종은 능히 자신을 잘 받들 수 있다고 여겨 공론을 물리치고 무씨를 황후로 삼았다.

그런데 무후는 이미 뜻을 얻게 되자 위엄과 복록을 (황제로부터) 도적질해 황상이 하고 싶은 것이 있어도 황후에게 가로막힐 정도였다. 이에 황상은 오랫동안 불편한 마음을 가졌다.

황후는 방사(方士-도사)를 불러 금중에 들어오게 한 다음 염승술을 행하니 환관 왕복승(王伏勝)이 이를 들추어냈다. 이에 황상이 크게 분노해 서대시랑(西臺侍郞) 상관의(上官儀)를 불러 황후를 폐하는 조서의 초안을 잡도록 했는데 이때 좌우에 있던 사람들이 바삐 황후에게 알리니 황후가 급히 황상에게 달려와 읍소를 했다. 이에 황제는 당황하고 위축되어 황후를 처음과 같이 잘 대하면서 오히려 황후가 성낼까 봐 걱정하며 이렇게 말했다.

"이것은 모두 상관의가 나에게 가르쳐준 것이오."

황후는 이에 허경종에게 넌지시 일러 상관의를 옭아 넣은 다음 그를 죽여버렸다.

애초에 황제의 외삼촌 장손무기와 대신 저수량이 자기 마음에 들지 않는다고 억지로 죄목을 지어 죽임으로써 결국 정사는 고스란히 황후에게로 돌아가게 됐고 천자는 팔장만 끼고 있을 뿐 조정의 모든 일들이 황후의 입에서 결정되니 사람들은 모두 "천자가 두 명 있다〔二聖〕"고 말했다.

황상이 조정 일을 볼 때면 매번 황후가 대전에서 발을 늘어트리고〔垂簾〕 한쪽에 앉아서 죽이고 살리는 일과 상 주고 벌 주는 일을 명했다. 참아야 할 때와 결단을 내려야 할 때를 당해 비록 심히 마음 아파하면서도 조금도 숨기는 바가 없었다. 황제는 현기증과 풍이 심해지자 천하의 일을 다 황후에게 맡겼다. 그리고 황제는 장차 조서를 내려 황후에게 황위를 넘겨주려 했으나 재상 학처준(郝處俊)이 굳게 간언해 마침내 중단시켰다.

황제가 붕하고 중종(中宗)이 즉위하자 황후는 황태후로 높여졌는데 유조(遺詔)를 칭탁해 군국의 모든 큰 업무〔大務〕를 태후가 직접 듣고 결정했다. 그리고 얼마 후 중종을 폐위해 여릉왕(廬陵王)으로 삼고 자신이 직접 조정 일을 맡고서 예종(睿宗)을 세우니 이로써 모든 실권을 장악하고 여러 무씨들이 황명을 제 마음대로 할 수 있게 됐다.

이에 (자신의 조카인) 무승사(武承嗣)는 낙수의 돌을 조작해 거기에 신비로운 그림이 그려져 있었다고 하니 태후는 상제에게 교(郊) 제사(황제가 올리는 제사)를 지내고 스스로를 성모신황(聖母神皇)이라고 불렀다. 이에 한왕(韓王) 이원가(李元嘉) 등이 거병을 모의해 (유폐 중인) 중종을 다시 모시려 했으나 실패하는 바람에 이원가 등은 자살했고 나머지도 모두 붙잡혀 주살됐다. 그 후 여러 왕들을 모두 억지로 연루시켜 주살했는데, 포대기에 쌓인 아기라 해도 종실 사람이면 모두 영남 지방으로 내쫓아버렸다.

무후는 몸소 낙수로 나아가 절한 다음 그림을 받고 환관 설회의(薛懷義) 등에게 명해 『대운경(大雲經)』[1)]을 짓도록 해 성모신황이 천명을 받은 일을 기록하도록 했다. 또 (『서경』의) 「주서」 '무성(武成)' 편[2)]에 관한 거짓말〔詭言〕을 퍼트려 마치 무후가 천명을 받은 것처럼 꾸미니 무후는 기뻐하며 그것을 천하에 반포했다. 혁명을 시도하던 초기에는 백성들의 마음이 의탁하지 않을까 봐 두려워했으나 마침내 뒤로 매섭게 폭력을 행사하자 빼어난 신하 수십여 명이 여우의 입술이 되어 앞장서서 무후를 치켜세웠고, 나라의 근간이 되는 신하와 장상들이 앞다퉈 무후에게 투항했으며, 태후는 그저 화장대 앞에 앉아 있을 뿐이었는데도 나라의 명이 그에게로 옮겨갔다.

어사 부유예(傅游藝)가 관내(關內-섬서성 중부)의 어르신들을 거느리고서 혁명을 청하고 황제에게 무씨의 성을 내려주도록 요청했다. 이에 태후는 권력이 자신에게 돌아온 것을 알고서 천하에 대사면령을 선포하고 국호를 주(周) 나라로 바꾸었으며, 스스로 성신황제(聖神皇帝)라고 부르고 황제로써 황사(皇嗣)가 되어 무씨칠묘(武氏七廟)를 세웠다. 그 후에 재상 장간지 등이 계책을 세워 중종에게 청한 다음 군대를 동원해 두 장씨[1]를 주살하고 전위를 청하자 중종이 이에 다시 즉위했고 태후는 상양궁으로 옮겼다.

1 두 사람 다 무후의 총애를 받았다.

『신당서』의 사신이 말했습니다.

"『예기』에서 예(禮)의 뿌리를 부부에 두고, 『시경』이 후비의 덕을 칭송하는 시(-'관저(關雎)')로 시작하는 것은 나라의 다스려짐과 어지러워짐〔治亂〕이 거기서 비롯되고 번영과 패망〔興亡〕이 그것과 연결되어 있기 때문이다.

다움이 왕성한 임금은 휘장이 엷어도 엄중해 그 속에서 여쭙는 것이 조정의 일을 방해하지〔忓〕 못하며 외부의 말을 전혀 받아들이지 않아 관저(關雎)의 기풍이 행해지며 동사(彤史)[3]의 교화가 닦이니 정숙한 모범과 아름다운 행실이 다시 안에서 행해졌다. 그런데 만약에 농염한 애첩이 흥해 늘 임금의 가까이에 있게 되면 이미 임금의 관심사는 첩에 대한 사랑으로 옮겨가게 되어 그들의 아첨과 교태에 임금은 쉽게 밝음을 잃고 어두워져 매사에 우유부단해 자신을 위태롭게 하는 말을 충성과 착각해 그것을 조금도 질책할 줄을 모르고 추잡한 짓도 꾸짖지 못하고 오히려 좋아해 좌우가 다 그 사람에게 기댄다. 그리고 간사한 아첨이 더욱 심해져 교활한 음모가 미처 깨닫기도 전에 다 행해지고 애간장을 녹이는 맹세가 총애를 이겨 천하의 일이 다 첩의 손아귀에 들어가도 황제는 안이하게 그것을 깨닫지 못하니 이것이 무씨와 위씨[4]가 마침내 임금을 찬탈하고 시해해 왕실을 해친 까닭이다."

신이 가만히 살펴보겠습니다. 예로부터 무씨에 대해 논평한 사람은 많습니다. 그런데 신이 무씨를 잘 살펴보건대 무후의 사람됨은 전형적으로 왕망과 같은 부류의 인간입니다.

왕망은 처음에는 명성을 낚기 위해 온갖 거짓으로 꾸며대다가 일단 뜻을 얻은 이후에는 그 위세와 포학함을 마구 휘둘렀는데 무후 역시 온갖 교태와 거짓으로 일단 뜻을 얻은 이후에는 위세와 포학함을 마구 휘둘렀습니다.

또 왕망이 황위를 찬탈할 때에 부명(符命)을 날조해 사람들의 마음을 얻은 다음에 처음에는 섭정을 하다가 다음에 가짜 황제로 오래 있었고, 그런 연후에 드디어 진짜 황제가 됐습니다. 무후도 이를 본떠 그대로 따라하면서 왕망과 다른 것이 하나도 없었는데 그 권력을 부리는 술수의 면에서는 왕망의 열 배라고 하겠습니다. 그래서 그처럼 무도하게 권력을 행사하면서도 재주와 능력이 있는 사람은 불러다 썼기 때문에 원한으로 인한 반란이 감히 일어나지 않았으니 이는 오히려 왕망이 미치지 못하는 바입니다.

아! 하늘이 미인을 낳아〔天生尤物〕 당의 집안과 나라를 해치려 했는데 마침 고종이 어리고 용렬해 암탉의 울음이 황위를 조용히 옮겨가게 되어 당나라가 주나라가 됐습니다. 그러나 그렇게 황위가 옮겨간 것이 20여 년이 되어 황실의 일원인 그들은 모두 베임을 당했고, 그 집안은 족멸을 면치 못했으니 그가 어찌 태임이 되고 태사가 될 수 있으며 성후(聖后)라는 명성을 잃지 않아 백세에 걸쳐 끝없는 복을 누릴 수 있었겠습니까? 위씨가 어리석고 용렬해 화를 자초했는데 무씨는 벌써 그것을 잊고 그것을 뒤따라가다가 족멸을 면치 못했으니 그 두 집안의 어리석은 처사는 이루 다 기록할 수가 없습니다.

이상은 대궐 내 정치 관여를 멀리함에 대해 논했습니다.

1) 인도 역경승(譯經僧) 담무참(曇無讖)이 한역한 『대방등무상대운경(大方等無想大雲經)』 6권의 약칭이다. 이 불경에는 정광천녀(淨

光天女)가 왕위를 계승한다는 구절이 있었다. 무후의 애인이었던 설회의는 낙양의 승법명 등과 함께 이 경에 부회한 참문(讖文)을 만들어, '태후는 미륵불의 하생이며, 당을 대신해서 제위에 올랐다'는 말을 퍼뜨렸다.

2) 이 편은 무왕이 가서 정벌하고 군마를 돌려보내며 여러 신들에게 제사하고 제후들에게 고한 것과 정사를 기록한 것 등을 담고 있다.

3) 동관사(彤管史)라고도 하며, 고대 중국에서 붉은 붓으로 궐 안의 정령(政令)이나 왕비의 언행을 기록하던 여관(女官)을 가리킨다. 궁궐 안에서 기록을 맡아 보는 사관을 지칭하기도 한다.

4) 위씨는 중종의 후이며 황제를 시해했다.

『춘추좌씨전』

희공(僖公) 24년(기원전 636년)에 진(晉)나라 문공(文公)[1]이 진(秦)나라에서 돌아오자 여생(呂甥)과 극예(郤芮)[2]는 핍박받게 될까 봐 두려워서 장차 문공의 궁궐을 불태워 그를 죽이려고 했다. 그러자 시인(寺人-환관) 피(披)가 (이를 알고서) 문공에게 알현을 청했다. 문공은 사람을 보내어 거절하며 아울러 이렇게 꾸짖도록 했다.

"포성(蒲城)의 전투 때 임금[3]께서 하룻밤을 묵은 뒤에 공격하라는 명령을 내렸는데도 너는 그날 공격했다. 그 뒤에 내가 적(狄) 나라 임금과 위수(渭水) 가에서 사냥하고 있을 때도 너는 혜공을 위해 나를 찾아와 죽이려 했다. 혜공은 너에게 사흘을 묵은 다음에 출발하라는 명령을 내렸는데도 너는 그 중간에 이미 나를 죽이겠다고 달려왔다. 비록 임금의 명령이었다고는 하지만 어찌 그리도 급히 나를 죽이려 했느냐? 그때 네가 베어낸 (나의) 옷소매가 아직도 있다. 그러니 너는 썩 사라지거라!"

이에 피가 대답했다.

"저는 군주께서 돌아오셨기에 그 이유를 다 알고 계신 줄로 여겼습니다. 만약 여전히 모르셨다면 장차 또다시 어려움을 겪게 되실 것입니다. 임금의 명령에 대해 두 마음을 품어서는 안 된다〔無二(무이)=無貳(무이)〕는 것은 예로부터의 법도입니다. 자신이 모시고 있는 임금에게 화를 불러올 수 있는 자를 없애는 일에는 다만 힘을 다 바쳐야 할 뿐입니다. 포와 적에 살던 사람이 저와 무슨 상관이 있겠습니까? 지금은 군주께서 즉위하셨지만 포와 적에서 있었던 일이 또다시 없으리라고 장담하실 수 있겠습니까?

제나라 환공은 관중이 활로 자신을 쏘아 허리띠의 고리를 맞춘 적이 있었는데도 그 관중을 재상으로 삼았습니다. 임금께서 만일 그것을 바꾸어 생각해 보신다면 어찌 머뭇거리며 일찍 출발하지 않고 임금의 명령을 욕되게 하겠습니까? 그렇게 급히 출발했을 사람이 무척 많았을 것이니 어찌 저 형신(刑臣)[1]뿐이겠습니까?"

이에 문공은 그를 만나주었고, 이로써 피는 역모 사실을 전해줄 수 있었다.

3월에 문공이 몰래 진(秦) 나라 목공(穆公)과 왕성에서 만나려고 궁궐을 비웠다. 기축날 그믐밤에 문공의 궁궐에 불이 났다. 하생(瑕甥-여생)과 극예는 문공을 잡지 못하자 하상(河上)으로 달아났으나 진나라 목공이 그들을 유인해서 죽여버렸다.

1 이름은 중이(重耳)다.

2 두 사람은 혜공(惠公)의 신하다.

3 이는 진나라 헌공(獻公)을 가리킨다.

신이 가만히 살펴보겠습니다. 피는 임금과 신하의 의리를 아는 사람이라 하겠습니다. 바야흐로 헌공과 목공 시절에 중이(重耳)는 공자(公子-왕자)가 되어 나라 밖에 있었는데 헌공이 정벌을 명했으니 만약에 피가 중이에 대해 두 마음을 품고 있었다면 어찌 충성스러울 수 있었겠습니까?

정공(丁公)은 항우를 위하면서도 장차 사사로이 한나라 왕(-고제)을 위하다가 결국 도륙됐고, 한나라 경제(景帝)는 태자가 되어 위관

(衛綰)을 불렀는데 위관은 오지 않았습니다. 이것으로 보건대 피는 진실로 이 같은 의리를 아는 사람입니다. 이 때문에 헌공과 혜공을 섬길 때에는 헌공과 혜공이 있다는 것만 알았고 문공이 있다는 것은 몰랐으며, 문공이 나라에 돌아오자 즉시 나의 군주〔吾君〕(오군)라고 했습니다. 어려움이 예상된다고 해서 그것을 고하지 않는다면 어찌 충성스럽다고 하겠습니까?

문공이 그를 만나보고서 마침내 그 어려움을 면할 수 있었으니 피가 한 말을 보면 "임금의 명령에 대해 두 마음을 품어서는 안 된다〔無二〕(무이)는 것은 예로부터의 법도입니다. (따라서) 자신이 모시고 있는 임금에게 화를 불러올 수 있는 자를 없애는 일에는 다만 힘을 다 바쳐야 할 뿐입니다"라고 했습니다. 이는 어질지 않고서 과연 능히 할 수 있는 것이겠습니까?

이것은 단순히 내신(內臣)이 마땅히 본받아야 하는 것일 뿐만 아니라 무릇 모든 신하들이라면 다 본받아야 하는 것이라 하겠습니다.

1) 환관이 자신을 낮추어 부르는 칭호다.

(『한서』) 한나라 원제 때 사유(史游)가 황문령(黃門令)이 되어 부지런히 하는 마음으로 충성을 다 바치니 임금을 보필하고 돕는 바〔補益〕(보익)가 있었다.

신이 가만히 살펴보겠습니다. 『한서』「예문지(藝文志)」를 보면 사유가 '급취편(急就篇)'[1]을 써서 세상에 널리 읽혔다는 것이 나옵니다.

바야흐로 이때는 석현이 환관으로서 나라의 핵심 권력〔樞機〕을 쥐락펴락하면서 간특함과 유희를 맘껏 발산하고 있을 때였는데 (홀로) '부지런히 하는 마음으로 충성을 다 바쳐 임금을 보필하고 돕는 바가 있었으니' 참으로 뛰어났다〔賢〕고 말할 수 있을 것입니다.

석현이 비록 권세를 마음대로 하고 총애를 몰래 훔쳤다고 하더라도 결국 유배를 당해〔竄流〕 죽게 되는 것을 면하지 못했으니 1천 년이 지나 그 전하는 바를 읽는 사람은 오히려 그에 대해 침을 뱉고 욕을 할 것이며〔唾詈〕, 사유는 황제를 가까이에서 모시는 틈틈이 글쓰기를 즐겨 어린아이들을 위한 책을 써서 세상에 도움을 주고 그 몸은 총애와 봉록〔寵祿〕을 보전하고 이름은 바야흐로 후대에까지 드리웠으니 어찌 아름답지 않겠습니까? 어찌 아름답지 않겠습니까?

1) '급취장(急就章)'이라고도 하는데 천자문에 앞선 한자 학습서이자 처세술을 담은 소책자다.

(『후한서』) 후한 순제 때 중상시 양하(良賀)는 깨끗하고 검소하며 겸손하고 두려워 지위가 대장추(大長秋-환관의 최고위직)에까지 이르렀다. 양가(陽嘉-순제의 연호) 중에 황상이 구경(九卿)을 불러 무재가 뛰

어나고 용맹한 자를 천거하도록 하니 양하만이 홀로 천거하는 바가 없었다. 이에 황제가 그 이유를 묻자 이렇게 대답했다.

"저는 초가집에서 태어나고 궁궐 안에서만 자라 이미 사람을 볼 줄 아는 밝음〔知人之明〕을 갖고 있지 못합니다. 또 일찍이 선비의 부류와는 교유한 적이 없었습니다. 옛날에 위앙(衛鞅-상앙)이 경감(景監)[1]의 주선으로 말미암아 임금을 알현할 수 있게 되어 그 해박함이 끝이 없었습니다만 지금 제게 사람을 천거하라고 하시는 것은 영광이 아니라 오히려 모욕입니다〔匪榮伊辱〕."

이렇게 말하고 굳게 사양했다.

신이 가만히 살펴보겠습니다. 진(晉) 나라 문공이 원(原) 땅을 차지하고 나서 그것을 지키는 데 어려움을 겪게 되어 시인(寺人) 발제(勃鞮-피(披)를 가리킨다)에게 묻자 조쇠(趙衰)를 천거했습니다. 조쇠는 뛰어난 자였습니다. 그리고 뛰어난 이를 천거해 얻게 했으니 발제 또한 뛰어났다고 할 수 있습니다. 하지만 후대에 의논하는 자들 중에는 오히려 헐뜯어 말하기를 환관의 할 일〔職〕은 임금의 좌우에서 뜻을 전하고 받들며 조용히 충직함을 바치는 것에 있는 것이지 인재를 추천하고 천거하는 것에 있는 것은 아니라고 했습니다.

양하는 능히 경감이 상앙을 천거한 일을 거론하면서 자신은 천거를 하지 않았고, 스스로 말하기를 "제게 사람을 천거하라고 하시는 것은 영광이 아니라 오히려 모욕입니다〔匪榮伊辱〕"라고까지 말했으니 양하야말로 뛰어나지 않습니까?

후대의 환관들은 대개 소인들을 후원하고 끌어주며 주요 정사

〔機政〕에 관여시키고 서로 조정 내의 안팎이 되어 그 간사한 목적들을 이루어냈으니 이들은 모두 양하(의 본분을 지킨 명예)를 더럽힌 죄인들이라고 하겠습니다.

1) 전국시대 진(秦) 나라 효공(孝公)의 환관이다.

(『후한서』) 여강(呂强)은 어릴 때부터 환관이었는데 소황문(小黃門)을 거쳐 다시 중상시에 올랐다. 사람됨이 깨끗하고 충직해 나라를 위해 헌신했다. 후한 영제 때 환관을 봉하는 관례에 따라 여강을 도향후(都鄕侯)로 삼았는데 여강이 사양하는 바가 간절하고 진심이었기 때문에 감히 당해낼 수가 없어 영제는 마침내 그의 말을 들어주었다. 이어서 상소를 올려 시사에 관해 자신의 생각을 털어놓았다.

"제후는 위로 스물여덟 수 별자리〔二十八宿〕[1]가 되고 아래로는 왕토를 나눠 가집니다. 그래서 고조(高祖-유방)께서도 공신이 아니면 제후가 될 수 없다는 지침을 무겁게 내린 것입니다. 이는 벼슬〔天爵〕을 그만큼 중하게 여기라고 밝게 권고하며 경계한 것입니다.

중상시 조절(曹節), 왕보(王甫), 장양(張讓) 등이 나란히 열후(列侯)가 됐다고 합니다. 이 환관들은 박복한 자들인 데다가 품계도 낮고 사람됨도 천해 임금을 향해 남을 헐뜯고 알랑거리며 아첨이나 하면서 간사스럽게 총애를 얻으려 하기 때문에 충직하고 선량한 이들을 시기 질투하고 있습니다. 그런데도 폐하께서는 이 점을 깨닫지 못하시고 망령되게 이들에게 봉토를 주시어 나라를 열고 집안을 이음에 있어 소인들을 이처럼 쓰고 계십니다. 그렇기 때문에 음양(陰陽)의 조화가 어그러짐이 그로부터 말미암지 않은 바가 없습니다.

또 후궁에 뽑아 들인 여성이 수천 명이나 되어 이들을 입히고 먹이는 비용만 매일 수백 금이고 백성들은 주린 기색이 완연한데도 아무런 진휼(賑恤)도 이뤄지지 않고 있습니다. 궁녀는 그다지 쓸모가 없는데도 대궐 뒤뜰에 가득하니 어찌 (백성들에게) 근심과 원망이 없겠습니까?

또 지금 외척 네 성(姓)의 귀한 집안과 환관 출신의 공족(公族-제후)은 아무런 공로나 다움〔功德〕이 없음에도 그들이 관사(館舍)를 짓는 것을 보면 대부분 만여 칸이 넘고 누각은 서로 끊이지 않고 잇대어 있으며 흰 흙을 붉고 푸르게 물들여 조각하고 꾸며대는 사치의 비용이 한마디로 다할 수가 없을 정도입니다. 또 장례를 지낼 때는 제도를 훨씬 뛰어넘었고 사치와 화려함은 예를 훨씬 지나쳤으며 자기들끼리 다투어 과시욕을 자랑하고 있습니다. 『춘추곡량전』에 이르기를 "재물이 다하면 원망〔怨〕을 하게 되고, 힘이 다하면 원한〔懟〕을 품는다"고 했습니다. 사광(師曠)이 (진(晉) 나라 평공에게 간언을 올려) 말하기를 "들보와 기둥은 비단을 입는데 백성들은 변변찮은 옷가지〔葛衣〕도 없고, 연못에는 버린 술이 가득한데 병사들은 목말라 죽고, 마구간의 말에게는 조를 먹이는데 백성들은 얼굴에 주린 기색이 완연합니다"라고 했으니 이것이 바로 그런 뜻입니다.

또 전에 의랑(議郎) 채옹(蔡邕)을 불러 금상문(金商門)에서 물어보셨을 때 채옹은 감히 어지러운 나라에 대해 말하는 것을 가슴속에 담아두지 못하고 간절한 말로 지극하게 답했습니다. 그런데 폐하께서는 그 말들을 비밀로 하지 않으시고 널리 퍼트리는 지경에 이르게 되어 여러 간사한 무리들이 입술에 기름을 바르고 혀를 훔쳐내어〔膏脣拭舌〕[2] 앞다투어 채옹을 저주하려 했고 결국 없는 사건을 날조해 내기에 이르렀습니다. 그런데도 폐하께서는 저들의 비방을 그릇되게 받아들이시어 채옹을 형벌에 처해 그 집안 식구들은 다 내쫓겨 노인과 아이들은 떠돌이 신세가 됐으니 어찌 충성스러운 신하를 저버리는 처사가 아니겠습니까?

지금 여러 신하들은 모두 채옹을 경계로 삼아 위로는 예측 불가능한〔不測〕 어려움을 두려워하고, 아래로는 자객에게 피해를 입을까 무서워하니 신은 이런 조정에서 더 이상 충직한 말을 들을 수 없겠다는 것을 알겠습니다.

(예전의) 태위 단경(段熲)은 그 무용(武勇)이 세상에서 으뜸이었고 변방의 일에 정통했는데 사예교위(司隸校尉) 양구(陽球)의 무고로 인해 그 한 몸은 이미 죽었고 처자식들은 뿔뿔이 흩어졌습니다. 그로 인해 천하가 애통해했고 공신들은 크게 실망했습니다. 마땅히 채옹을 불러들여 다시 임무를 맡기고 단경의 식솔들도 돌아오게 하신다면 숨어 있던 충직하고 바른 신하〔忠正〕들이 (다시 조정에) 나오게 되고 백성들도 원망을 그칠〔弭=止〕 것입니다."

영제는 여강의 충심은 알았지만 그것을 받아들일 수는 없었다.

당시 영제는 개인 창고에 엄청난 재산을 축적해 놓았으면서도 계속 천하의 진귀한 재물들을 거둬들였으며 매번 군국(郡國)에서 공물을 바칠 때마다 우선 중서(中署-대궐에서 사사로이 쓰는 비용을 담당하는 부서)로 나르도록 하니 여강이 상소를 통해 간언을 올렸으나 이 또한 살피지 않았다.

(중평(中平) 원년) 황건적이 일어나자 영제는 여강에게 마땅히 시행해야 할 대책이 무엇인지를 물었다. 여강은 우선 좌우의 탐욕스럽고 혼탁한 자들부터 주살을 하고, 그들로 인해 피해를 입은 반대파 사람들을 대

대적으로 사면해 주기를 바랐고, 이어 그들을 자사(刺史) 2천 석 관리로 쓸 수 있는지 아닌지를 알고 싶어 했다. 영제는 여강의 제안을 받아들여 반대파 사람들을 먼저 사면해 주었다. 그러자 여러 상시(常侍-환관)들이 저마다 물러나겠다고 하면서 다른 한편으로는 각자 멀리 주군(州郡)에 머물러 있는 집안 식구들을 경사로 불러들였다. 그리고 중상시 조충(趙忠) 등은 마침내 공동으로 여강을 모략하며 말하기를 "자기 무리들과 함께 조정 일을 의논하면서 「곽광전(霍光傳)」을 여러 차례 읽었습니다"라고 하니 황제는 불쾌해하면서 중황문을 시켜 병사들을 인솔하고 가서 여강을 불러오도록 했다. 이에 여강은 크게 화를 내며 말했다.

"내가 죽으면 난이 일어날 것이다. 장부가 나라를 위해 충성을 다하고자 하는데 어찌 옥리(獄吏) 따위를 대할 수 있겠는가?"

그리고 여강은 마침내 자살했다.

신이 가만히 살펴보겠습니다. 여강은 비록 내시(內侍)라는 벼슬이었지만 곧은 신하의 절조〔直臣之節〕를 갖고 있었으니 만일 당시 그에게 (앞서 보았던 양하가 맡았던) 대장추(大長秋)의 임무를 맡겼다면 반드시 기강〔綱維=紀綱〕을 바로잡아 궁궐 내 환관들을 깨끗이 정리하고 같은 무리들끼리 서로 살펴 교화시킴으로써 환관 모두를 충직하고 선량하게 만들고 맡은 바 일의 책임도 다 힘써 행하도록 했을 것입니다.

그러나 그가 상소를 통해 했던 말들은 하나도 채택돼 시행되지 않았고, 마침내 비방과 무고를 당해 가로막힘으로써 결국 형벌의 그물〔刑網〕에 걸리고 말았습니다. 그가 비분강개해 죽음을 선택한 것을 보면 적어도 그에게는 두려움에 벌벌 떠는 마음〔惴懼之心〕(췌구 지 심)은 없었으니 강직한 장부〔烈丈夫〕(열장부)라 말할 수 있겠습니다.

어떤 사람은 말하기를 여강이 맡은 직책은 간쟁(諫爭)을 할 수 없는 자리인데 마침내 주제넘게 의견을 내기를 그치지 않았으니 이는 결국 관직을 침해한 것이 아닌가라고 합니다만 (신이 볼 때) 그것은 결코 그렇지 않습니다. 옛날에도 문무백관〔官師〕(관사)들은 서로에게 모범이 돼주었고, 심지어 공인(工人)들도 기예를 다루는 일을 하다가 필요할 경우 간언을 올렸는데 하물며 내시가 왜 안 되겠습니까?

『시경』의 '항백(巷伯)'은 참소를 풍자한 시인데 이 또한 환관이 지은 것이었습니다.[3] 따라서 부당하게 권력 싸움에 끼어들고 정사를 좌우하려 한 연후에야 관직을 침해했다 운운할 수 있는 것입니다.

여강은 비록 곧은 말을 하다가 죄를 입어 죽었지만 천년이 지나도 그의 훌륭한 의로움〔芬烈〕(분렬)을 우러러보게 되는 반면 동시에 저 족제비 같은 환관의 무리들〔貂璫輩〕(초당 배)은 복과 위엄을 사고팔며 관직을 우롱하고 한 시대를 다 얻은 듯했지만 결국에 가서는 대대적인 도륙을 면할 수 없었으니 봉황과 참새의 거리는 서로 그만큼 먼 것이라 하겠습니다.

1) 사마천은 이 스물여덟 별자리를 제후로 보았다. 그런데 진덕수는 마흔 일곱이라는 상(象)을 이야기하는데 그 뜻이 불분명하다. 그래서 일단 스물 여덟 별자리로 풀었다.

2) 타인을 비방 모략할 만반의 준비를 다 갖췄다는 뜻이다.

3) 정말로 환관이라 해서 간쟁을 할 수 없다면 공자가 정치의 그릇된 모습 중 하나인 참소를 풍자한 환관의 작품을 『시경』에 싣지 않았을 것이라는 뜻이다.

(『구당서』) 당나라 (순종 때) 유정량(劉貞亮)은 원래 구(俱)씨였고 이름은 문진(文珍)인데 양아버지의 성을 따라서 고친 것이다. 성품은 충직하고 강인했으며 의리를 알았다. 순종이 즉위했을 때 이미 중풍을 앓아 조정 일을 돌보지 못하자 오직 (환관) 이충언(李忠言)과 후궁인 우(牛) 씨만이 시중을 들었다.

우씨는 황제의 뜻이라 하여 이충언에게 기댔고, 이충언은 왕숙문(王叔文)에게 모든 것을 전했고, 왕숙문은 유종원(柳宗元) 등과 더불어 일을 결정한 다음에 그것을 중서성으로 내려보냈다.

이충언은 평소 나약하지만 부지런했다. 매번 왕숙문과 일을 논할 때면 감히 자기 의견을 말하지 않았는데 오로지 유정량만이 (그와 충직함을) 더불어 다투었다. 유정량은 또 붕당을 맺는 것을 싫어해 환관 유기, 설문진 등과 함께 황제로 하여금 광릉왕(廣陵王) 이순(李純-훗날의 헌종)을 태자로 세워 감국(監國)하도록 할 것을 권하니 황제가 그것을 받아들였다. 그리고 곧바로 한림학사 위차공(衛次公) 정인(鄭絪) 등을 금란전으로 불러 황제의 명을 기초토록 하니 태자의 지위가 확고해졌다. 이에 마침내 왕숙문의 당을 다 축출하고 정사를 대신들에게 맡겼다. 그래서 많은 이들이 유정량의 충성스러움을 높이 평가했다.

헌종이 즉위했을 때 유정량은 큰 공을 세웠음에도 불구하고 평생토록 총애를 빌려 도리에 어긋나는 일을 하지 않았다.

신이 가만히 살펴보겠습니다. 유정량의 충직함은 여강에 못 미치지 않으니 간사한 자들의 당을 제거하고 영명한 후사를 태자로 세울 것을 청한 것은 당나라의 사직에 큰 공이 있는 것이라 하겠습니다. 여강도 여기까지는 이르지 못했습니다.

예로부터 신하가 무릇 태자를 세우는 데 도움을 주게 될 경우 스스로 큰 공을 세웠다 하여 권세를 누리고 총애를 받는 것이 한도가 없을 정도였습니다. 그래서 곽광(霍光)처럼 뛰어났던 사람도 그런 잘못을 면하지 못했는데 유정량은 환관으로서 이미 황제의 지근거리에 있었고, 실제로 (즉위 과정에서) 현저한 공로를 세웠는데도 일이 이루어지자 정작 본인은 뒤로 물러나 정사는 묘당(廟堂-대신들의 근무처)에 전적으로 맡기고 자신은 털끝만큼도 끼어들지 않았으니 어찌 뛰어나다고 하지 않겠습니까?

헌종이 황제가 되니 유정량은 큰 공이 있음에도 총애에 힘입어 권세를 누리지 않았는데 헌종이라고 어찌 그의 은혜를 적다고 생각해서였겠습니까? 곽광이 주살된 것은 바로 황제의 총애가 지나친 바람에 그를 교만하게 만들었기 때문입니다. 그래서 헌종이 유정량에게 호가호위를 할 수 없도록 했던 것은 그를 온전하게 지켜주기 위함이었다고 할 수 있습니다.

여기에서 임금과 신하의 도리가 양측 모두에게 득이 되는 경우를 볼 수 있습니다.

(『구당서』) 마존량(馬存亮)은 원화(元和-당 헌종의 연호) 때 지내시성사(知內侍省事)였다가 좌신책(左神策) 중위로 승진해 10만 군인을 거

느렸다. 그런데 마존량은 한 명 한 명을 잘 가려서 골라 훈련시켰기 때문에 대열 중에 피곤에 지친 병사가 없었고 지휘부에 결원이 없었다.

경종(敬宗) 초에 염색공 장소(張韶)가 점쟁이 소현명(蘇玄明)과 친하게 지냈는데 하루는 소현명이 말했다.

"내가 일찍이 그대를 위해 점을 쳐본 적이 있는데 그대는 장차 어전(御殿)에서 나와 함께 밥을 먹게 될 것이다. 내가 들으니 지금 황상은 밤낮으로 사냥을 하느라 들고 나는 데 법도가 없다고 하니 도모할 수 있을 것이다."

장소가 매번 염색 재료를 싣고 대궐에 들어갈 때마다 궐문을 지키는 위사들은 아무런 검색도 하지 않았다. 이에 마침내 염색공인 100여 명과 은밀하게 관계를 맺고 마치 염색 재료를 실은 것처럼 해서 수레에 병기를 숨겨 은대문(銀臺門)으로 들어가 밤을 틈타 변을 일으키기로 약속했다. 그런데 가던 도중에 수레에 무엇이 실려 있는지를 따져 묻는 사람이 있자 장소는 자신들의 음모가 발각됐다고 말하면서 그 사람을 죽이고 무기를 꺼내 대오를 이룬 다음 큰 소리를 내면서 대궐로 향했다.

같은 시간 황제는 청사전(淸思殿)에서 격구를 하고 있다가 놀라서 우신책(右神策)[1]으로 가서 피하려고 하자 누가 말했다.

"적들이 이미 입궁했는데 그들이 많은지 적은지를 알지 못하고, 또 우군은 지금 멀리 있으니 좌군이 있는 가까운 곳으로 서둘러 가는 것만 못하옵니다."

황상은 이를 따랐다.

애초에 황제는 우군 중위 양수겸(梁守謙)을 총애해 매번 두 군대가 재주와 솜씨를 다툴 때면 우군을 응원했다. 그런데 이런 지경을 당하자 마존량이 나가 맞으면서 황제의 다리를 붙들고 울며 황제를 업어 안으로 모시고 동시에 5백 기병을 보내 두 분 태후를 맞아서 군대로 모셔오도록 했다.

한편 적들은 경비 군인들을 베고서 청사전에 들어가니 병사들이 막으려 했으나 이기지를 못했다. 이에 마존량이 좌신책대장군 강예전(康藝全)과 우신책대장군 강지목(康志睦) 등을 보내 기병을 이끌고 가서 적들을 토벌토록 하니 장소와 소현명 등은 모두 죽었다. 다음 날 날이 샐 무렵〔遲明〕이 돼서야 난을 일으킨 무리들을 다 붙잡았다. 좌우군이 대궐을 깨끗이 한 다음에 황상의 거가는 돌아올 수 있었다. 이에 여러 신하들은 연명문(延明門)으로 나아가 천자를 알현했다.

마존량은 일시에 그 공이 최고가 됐으나 마침내 권세를 다 내놓은 채 (지방 관직인) 회남(淮南) 감군으로 나아겠다고 청해 얼마 후 그곳으로 갔다.

태화(太和-문종의 연호) 시대에 중위 왕수징(王守澄)이 재상 송신석(宋申錫)이 장왕(漳王) 이주(李湊)를 황위로 세우려는 모의를 했다고 무고하자 황상이 크게 분노했다. 왕수징은 즉시 3백 기병을 보내 송신석 집안을 도륙하려 했는데 마존량이 쟁론했다.

"이렇게 할 경우 경성은 절로 혼란스럽게 될 것입니다. 마땅히 다른 재상들을 불러 그 일을 함께 의논하셔야 합니다."

이에 왕수징은 기병을 보내려던 계획을 그쳤고, 마존량은 치사(致仕-은퇴)했다. 마존량은 덕종을 섬기기 시작해 여섯 황제[2]를 모셨는데 성품이 단아하고 늘 조심했으며 병사들을 잘 훈련시켰다. 당나라 때 중인(中人)으로서 충직하고 삼가서〔忠謹〕 칭송을 받은 이로는 마존량과 서문계현(西門季玄)[3] 그리고 엄준미(嚴遵美) 세 사람뿐이다.

『신당서』의 사관이 말했습니다.

"초(楚) 나라 운공(鄖公) 신(辛)은 감히 임금을 원수로 삼을 수 없다며 아버지의 원한을 잊었다.[1] 소민(昭愍-경종의 시호) 시대에 좌우 양군이 총애를 입었지만 그 총애에 두텁고 엷음〔厚薄〕이 있었는데 결국은 마존량을 써서 어려움을 극복했으니〔夷難〕(이난) 그 공은 이루 다 말로 할 수가 없다. 예로부터 충직한 신하는 배척당해 내버려지고 쓰이지 않았던 사람들 중에서 나오는 경우가 대체로 많았다.

마존량이 어찌 유학의 경전〔詩書〕(시서)에 두루 통하고 도리를 배운 사람이겠는가마는 그가 알고 있는 임금과 신하의 큰 의리〔大義〕(대의)는 얼마나 밝고 깊으며, 또 자신이 세운 큰 공로를 내세우지 않고〔不尸〕(불시) 권세를 두려워하며 외방으로 나아갔으니 더더욱 현명하다고 할 것이다."

신이 가만히 살펴보겠습니다. 마존량은 그 한 몸으로 임금의 어려움을 막아냈으니 충직했다고 말할 수 있고, 또 그 한마디 말로 송신석을 생사의 기로에서 구했으니 어짊〔仁〕(인)에 가깝지 않겠습니까?

아! 참으로 뛰어나다고 하겠습니다.

1 이 일은 『춘추좌씨전』에 나온다.

1) 우신책 중위는 양수겸이었는데 황제는 좌신책 중위 마존량보다 양수겸을 더 좋아했다. 그래서 우신책으로 가려 했던 것이다.

2) 덕종, 순종, 헌종, 목종, 경종, 문종이다.

3) 당나라 때 환관으로 선종(宣宗) 때 관군용사(觀軍容使)를 지냈고, 의종(懿宗) 때는 신책군중위(神策軍中尉)가 됐으며, 강직한 성격이었다.

(『구당서』) 엄준미는 좌군용사(左軍容使)를 지냈는데 일찍이 이렇게 탄식했다.

"북사(北司) 공봉관은 관복을 입고서〔胯衫〕(과삼) 집무를 봐야 하는데 지금 홀(笏)을 쥐고 있으니 지나친 것이요, 추밀사(樞密使)는 일을 공개적으로 들어서는 안 되고 오직 세 기둥 뒤에 숨어서 비밀리에 처리해야 할 뿐인데 지금 당장(堂狀)에서 황색 표지를 붙여가며 결재를 하니 이는 환관 양복공(楊復恭)으로 하여금 재산의 권한을 빼앗도록 만드는 잘못입니다."

대체로 이 당시 환관들이 횡포를 부리는 것을 질타한 것이다. 훗날 소제(昭帝-소종)를 따라 봉상으로 갔다가 치사를 청했고, 뒤에 황상이 양군중위(兩軍中尉)로 다시 불렀지만 엄준미는 "하나의 군도 맡을 수 없는데 하물며 두 군대를 맡을 수 있겠습니까?"라며 고사하고 끝내 벼슬길에 나오지 않았다. 청성산(青城山)에 은거했으며 80여 세에 세상을 떠났다.

신이 가만히 살펴보겠습니다. 엄준미의 사람됨은 분수에 맞게 처신하는 의리〔分義〕(분의)를 알고 있었고, 물러나고 나아감〔去就=進退〕(거취, 진퇴)이 분명했으니 대체적으로 뛰어났다고 하겠습니다. 바야흐로 그 당시에는 추밀사가 되고 중위가 되는 자들치고 총애를 믿고서 권세를 함부로 휘두르다가 결국은 엎어지고 패망하지 않는 경우가 드물었지만 오로지 엄준미만이 하늘 높이 나는 기러기의 뜻〔冥鴻之志〕(명홍지지)을 품고서 기꺼이 산림으로 은둔해 천명을 다할 수 있었으니 어질고 뛰어났다 하지 않을 수 있겠습니까? 그래서 신은 바로 그 점을 드러내어 밝히고 싶었습니다.

이상은 대궐 내에서 근무하는 신하들의 충성스러움과 조신함의 복됨에 대해 논했습니다.

신이 가만히 살펴보겠습니다. 구양수가 『오대사기(五代史記)』를 지었을 때 후당의 장승업(張承業)에 대해서 기록하고 있습니다. 그리고 그의 행적을 자세히 기록해 매우 아름답다며 반복해서 그를 칭찬하고, 또 그 본말을 자세히 기록하고 있습니다. 다만 구양수의 말이 맞다고 해도 그 당시와 그의 행적 등을 돌아볼 때 후세가 모범으로 삼기에는 어렵다고 생각돼 여기에서는 그것을 생략했습니다.

대궐 내 신하들의 정치 관여로 인한 재앙

『춘추좌씨전』

희공 2년(기원전 658년)에 제(齊) 나라 시인(寺人) 초(貂)[1]가 처음으로 군사기밀을 다어(多魚-제나라 지명)에 누설했다.

두예(杜預)가 말했습니다.

"시인(寺人)이란 내시 초(貂)를 가리킨다. 제나라 환공이 무척 아끼고 총애해 집안에서는 부인처럼 대하는 사람이 여섯 명이었고, 밖에서는 초와 역아(易牙)를 아껴서 결국은 나라가 혼란에 빠졌다. 그래서 『춘추좌씨전』에서는 초에 대해 말하기를 이때에 비로소 큰 총애를 받아 환공의 군사에 관한 일을 누설해 제나라가 어려워지는 근본 원인〔張本〕이 됐다고 했다."

신이 가만히 살펴보겠습니다. 환관이 군사 업무를 관장하는 것은 이때부터 시작됐으니 바야흐로 이때는 관중이 환공을 도와 제후들을 장악하고 그 공훈〔功烈〕이 빛날 때입니다. 또 동시에 화란(禍亂)의 뿌리가 이미 대궐 깊은 곳에서 자라고 있었으나 일찍이 그것을 전혀 살피지 못했던 것입니다.

그래서 성인께서는 『주역』을 지어 "그런 여자는 쓰거나 취하지 말라〔勿用取女〕"며 경계로 삼도록 했으니 그 뜻은 여기에서와 같다고 하겠습니다.

1) 제나라 환공이 죽자 공자들을 부추겨 난을 일으킨 인물이다.

(『자치통감』) 진(秦) 나라 조고(趙高)는 날 때부터 은관(隱官)[1)]이었다. 진시황은 그가 힘이 세고 옥사에 관한 법에 통달했다는 말을 듣고서 그를 중거부령(中車府令)으로 삼아 아들 영호해(嬴胡亥)에게 옥사를 판결하는 법을 가르치도록 했는데 영호해도 그를 좋아했다. 조고가 죄를 짓자 진시황은 몽의(蒙毅)로 하여금 그를 다스리게 했는데 몽의는 조고가 사형의 죄에 해당한다고 말했다. 그러나 시황제는 조고가 업무에 능했기 때문에 그를 사면해 주고 관직도 복구시켜 주었다.

2세가 즉위하자 조고는 법을 엄하게 해 형벌을 혹독하게 시행해야 하며, 이제 죄를 지은 자들은 서로 연좌시켜 대신과 종실 사람들을 주멸해야 한다고 설득하고, 다시 법률을 고쳐 더욱 각박하고 심하게 만들었다.[1]

『후한서』 '환관전(宦官傳)' 서문[2]에 나오는 말이다.

"『주역』에서 말하기를 '하늘이 상(象)을 드리우니 성인이 그것을 본떴다'고 했는데 환관 네 별〔四星〕은 황위의 곁에 있다. 『주례』「치관(置官)」 편에서도 그 직책을 갖춰 설명하고 있는데 환관은 대궐 내 금중(禁中-임금의 사생활 공간)을 지키고 시인(寺人)은 왕궁의 규율을 책임지는 것이니 그 유래는 아주 오래됐다.

한나라가 진(秦) 나라의 제도를 물려받아 중상시관(中常侍官)을 두었는데 이때까지만 해도 선비들이 그 자리에 뽑혔다. 진나라 때는 은당좌초(銀璫左貂)[2]가 대궐 내의 일을 관장하게 했다. 한나라 고후(高后)가 칭(稱制)함에 이르러 마침내 장경(張卿)을 대알자(大謁者)로 삼아 임금의 침소를 드나들며 조명(詔命)을 받들게 했다. 한나라 문제 때에는 조담(趙談)과 북궁백자(北宮伯子)가 황제의 깊은 총애를 받았고, 무제 때에 이르러서는 대궐 뒤뜰에서 수많은 연회가 열려 침소에 머물지 않는 바람에 긴급하고 비밀스러운 일을 주청하는 업무를 대부분 환관이 주관하게 됐다.

중흥(-후한)의 초에는 내관을 모두 다 환관 중에서 썼고 일반 선비들은 거기에 섞이지 못하도록 했다. 영평(永平-후한 효명제의 연호) 때에 처음으로 인원수를 정해 중상시 4명과 소황문 10명을 두도록 했다. 화제(和帝)가 즉위했을 때는 어리고 심약해 두헌(竇憲) 형제가 모든 권력과 위세를 장악하니 내외 신료들을 몸소 만나볼 수가 없었고, 함께 머물 수 있는 사람이라고는 오직 환관들뿐이었다. 그래서 정중(鄭衆)이 금중에서 계략을 전적으로 맡아 결국 흉악한 자들〔大憝〕을 제거해 마침내 봉토를 받게 됐고 지위도 경(卿)에 올랐다.

이에 중관(中官)들이 비로소 번성하기 시작했고 맡은 바 일과 쓰임새도 점점 커져 그 인원이 점점 늘어나니 중상시는 10명이 됐고 소황문도 20명이 됐다. 명칭도 금당우초(金璫右貂)로 바뀌었고 하는 일도 공경들의 일까지 겸하게 되어 형벌을 비롯한 거의 모든 분야에 걸쳐 하지 않는 일이 없었다. 이리하여 나라의 명령이 환관들에게 크게 의존하게 됐다. 그래서 손에는 귀한 벼슬을 쥐고 입에는 천자의 명을 담고 다니게 되면서 더 이상 궁궐 뒷문이나 복도를 지키는 일과 문과 창문을 챙기는 일로 되돌아가지 않았다.

(후한에서는) 그 후에 손정(孫程)은 순제(順帝)가 즉위하는데 공을 세웠고, 조등(曹騰)[3]은 환제(桓帝)를 맞아들여 옹립했으며, 이어서 (황제의 명을 받은) 다섯 제후〔五侯〕[4]가 함께 의논해 양기(梁冀, ?~159년)의 권세를 빼앗아 황제에게 되돌려주었다. 이때까지 그들의 행적을 보면 대체로 공정했고 늘 황제를 위하는 마음이 있었다. 그래서 조정 안팎에서는 다 그들에게 복종했고 위아래가 다 그들 앞에서는 숨을 죽였으며〔屛氣〕, 그들이 한 번 움직이면 산과 바다가 움직였고 그들이 한 번 숨을 쉬면 서리와 이슬이 변한다고 했다. 그들의 뜻에 아첨해 굽혀서라도 구하게 되면 영광과 총애를 삼족(三族)이 누릴 수 있었으며, 바른 성품이어서 그들의 뜻에 어긋나면 오대〔五宗〕가 고초를 면할 수 없다고 했으니 후한의 기강은 이들로 인해 크게 어지러워졌다.

그래서 높은 벼슬의 갓을 쓰고 긴 칼을 차고서〔高冠長劍〕 붉은 모래 장식한 허리띠를 두르고 금색 도장〔金印〕을 허리띠 끝에 매단〔紆朱懷金〕 자들이 대궐 내부〔宮闈〕 곳곳을 가득 채우고, 지방 관직도 제 마음대로 자기 사람들을 마구 심었으며, 임금도 대개 이들 십여 명에 의존하니 이들은 다투어 방자했고 사치와 욕심을 끝도 없이 부리며 서로 덮어주고 끌어주었다. 그래서 이런 무리들이 번성해 나라를 망치고 정치를 좀먹은 것은 한 권의 책으로도 다 쓸 수가 없으니 온 나라 안이 그 해독을 걱정했고 뜻있는 선비들은 궁색하게 연명이나 하며 살아가야 했다. 그리고 이들은 서로 교결해 가면서 온 천하〔區夏〕를 어지럽혔고 자기들 패거리를 크게 만들어 반대하는 자들을 가차 없이 무고하니 무릇 뛰어난 선비〔善士〕로 칭송받는 자들치고 이들로부터 재앙의 해독〔禍毒〕을 당하지 않은 자가 없었다.

게다가 두씨(竇氏)와 무씨(武氏) 그리고 하진(何進)이 실권을 쥐고서 자신들의 척속을 끌어당겨 전횡을 일삼으니 온 나라의 말 못하는 원한은 더욱 커졌고, 몇몇 권간(權奸)들을 옆에 끼고서 폭정을 일삼다가 결국 다 죽거나 패망하는 지경에 이르게 됐다. 이는 결국 그 운이 다한 것인가?

비록 원소(袁紹, ?~202년)[5)]가 환관들을 남김없이 베어버리기는 했지만 세상은 더욱 어지러워졌고, 조등이 양기를 설득해 마침내 아둔하고 허약한 자를 황제로 세우자 위(魏) 나라 무제(武帝)[3]가 마침내 천하를 차지하게 된 것이다.

화제 영원(永元) 연간에 두헌 형제가 권력을 제 마음대로 휘두르니 조정 신하들은 위아래 없이 모두 두헌에게 가서 붙지 않는 사람이 없었는데 오직 중상시 정중만이 힘 있는 패거리에 가서 붙지 않고 드디어 의논을 정한 다음 두헌을 주살하니 정중은 대장추에 올랐다. 황제가 공훈과 상을 내릴 때마다 대부분 사양하고 아주 조금만 받으니 황제는 이로 말미암아 그를 현명하다고 여겨 늘 정사를 그와 함께 의논했다. 환관이 본격적으로 권력을 행사하는 것〔用權(용권)=用事(용사)〕은 이때부터 시작됐다."

1 조고에 관한 나머지 일들은 간신편에서 살펴본 바 있다.

2 범엽이 지었다.

3 위나라 무제 조조(曹操)는 조숭(曹嵩)의 양아들이고 조숭은 조등의 양아들이다.

신이 가만히 살펴보겠습니다. 이것은 동한(東漢-후한)의 환관들이 정치에 관여하게 된 초창기를 다루고 있습니다. 정중의 사람됨이 비록 그 무리 안에서는 뛰어났다고 하겠지만 장차 일어날 화란의 단서를 열어놓아 결국은 한나라가 여러 대에 걸쳐 큰 환란을 겪게 했으니 어찌 화제의 죄가 아니겠습니까?

1) 내시를 가리키는 말이며 은궁(隱宮)이라고도 한다.

2) 은이나 옥 그리고 담비의 꼬리로 장식한 관을 썼기 때문에 환관을 이렇게 불렀다.

3) 이 사람은 조조의 아버지 조숭(曹嵩)을 양자로 받아들였다.

4) 선초, 서황, 구원, 좌관, 당형 등 다섯 환관이 양기를 제거하는 데 성공한 다음 환제로부터 식읍과 함께 후(侯)의 작위를 받으니 세상 사람들이 이들을 오후(五侯)라고 불렀다.

5) 후한 말기의 무인으로 명문 귀족 출신이었다. 동탁을 이용해 후한의 부패한 환관들을 제거하려 했으나, 사전에 계획이 누설되어 대장군 하진이 살해됐다. 이에 환관 2천여 명을 살해했으나, 동탁이 먼저 낙양에 들어가 헌제를 옹립하고 정권을 장악했다.

(『후한서』) 후한 안제 영초(永初) 원년(107년)에 태위 서방(徐防)이 재이(災異)와 도적떼가 일어난 일로 인해 면직됐고, 사공(司空) 윤근(尹勤)은 홍수로 인해 백성들이 떠내려간 일로 인해 면직됐다.

중장통(仲長統, 179~220년)[1]이 『창언(昌言)』에서 말했습니다.

"(후한을 세운) 광무황제께서는 여러 세대 동안 (한나라가) 권력을 잃었던 것에 절치부심하셨고, 강한 신하들이 나라의 천명을 도둑질한 것에 분노하면서 굽은 것을 고치신다면서 지나치게 곧게 만드는 바람에 비록 삼공(三公)을 두기는 했으나 정사는 모두 대각(臺閣)에서 행하도록 만들었습니다.

(그래서) 삼공이라는 자리는 사람을 채웠을 뿐인데[2] 잘 다스려지지 않는 바가 있으면 오히려 책임은 삼공에게 떨어졌습니다. 그리고 권력이 외척 집안으로 옮겨가고 총애는 가까이에 있는 친숙한 소인배들에게 내려주면서 그 무리만을 가까이해 사사로이 친분이 있는 자들을 기용함으로써 안으로는 경사(京師)를 가득 채우고 밖으로는 주군(州郡)에까지 널리 포진시키니 현능한 이와 어리석은 이〔賢愚〕가 뒤바뀌었습니다. 그리고 뽑아서 천거하는 것 또한 사고파니 재주라고는 하나도 없는 자들이 국경을 지키고, 탐욕스럽고 잔혹한 자들이 백성을 다스리게 되어 분노의 기운이 한꺼번에 일어나 음양은 조화를 잃었던 것입니다. 이것은 모두 외척과 환관으로서 신하가 된 자들이 그렇게 만든 것인데 정작 책임을 물을 때는 삼공을 나무라면서 죽이거나 면직시키니 이른바 절규하고 부르짖으며 피눈물을 흘린다는 말이 딱 맞습니다.

옛날에 문제께서 등통(鄧通)을 지극히 총애했다고 할 수 있지만 그럼에도 오히려 재상인 신도가(申屠嘉)로 하여금 자신의 뜻을 펼 수 있도록 해주었습니다. 보고서 맡기는 것이 이와 같다면 어찌 좌우에 있는 소신(小臣)들이 두려워하겠습니까?

근래에는 외척과 환관이 부탁을 했다가 들어주지 않으면 얼마든지 그 사람을 예측할 수 없는 재앙에 빠트리니 어찌 그들을 제대로 바로잡을 수나 있겠습니까?"

1) 후한의 학자로 자는 공리(公理)이다. 어려서부터 학문을 좋아해 많은 책을 읽고 문사(文辭)에 뛰어났다. 직언(直言)을 두려워하지 않아 당시 사람들이 광생(狂生)이라 부를 정도였다. 저서로 정치 평론서 『창언』이 있었다고 하나 전하지 않으며, 『후한서』 『구당서』 『신당서』 『송사(宋史)』 등에 '이란(理亂)', '손익(損益)', '법계(法誡)', '천도(天道)' 등 일부만 남아 있다.

2) 실권이 없었다는 뜻이다.

(『후한서』) 영초 2년(108년)에 태위 양진(楊震)이 중상시 번풍(樊豐) 등의 죄에 대해 여러 차례 논핵했다가 참소를 한다는 이유로 파면되어 서인이 되자 술에 취해 지내다가 죽었다.

신이 가만히 살펴보겠습니다. 이때 환관은 얼마든지 대신을 참소해 죽일 수 있었으니 그 권세가 영원(永元-화제의 연호) 때보다 더했다고 하겠습니다.

(『후한서』) 안제가 붕하자 염(閻) 태후가 조정에 임해 오래도록 국정을 제 마음대로 쥐고 흔들고자 북향후(北鄕侯) 유의(劉懿)를 후사로 맞아들이고 싶어 하면서 제음왕(濟陰王)[1]을 폐출했다. 그리하여 제음왕이 안제의 재궁(梓宮-관)에 직접 나아갈 수 없게 되자 슬프게 통곡하며 음식을 먹지 않았다. 그리고 얼마 안 가 북향후가 병이 위독해지자 중상시 손정(孫程)은 제음왕의 알자(謁者)[1)] 장흥거(長興渠)에게 말했다.

"지금의 왕(-제음왕)은 적통으로서 본래 다움을 잃어버린 바가 없었는데 먼저 돌아가신 황제께서 참소를 받아들여 마침내 폐출되기에 이르렀습니다. 만약에 북향후가 다시 일어나지 못하고 우리가 서로 함께 강경과 염현을 잘라버린다면 일은 이루어지지 않을 수 없을 것입니다."

장흥거는 그렇다고 생각했다. 북향후가 훙하자 염현은 태후에게 비밀리에 상사(喪事)를 발표하지 말라고 하고 여러 왕자들을 다시 불러 궁문을 잠그고 병사들을 주둔시켜 스스로를 지켰다.

손정 등이 모여 모의를 하고서 제음왕[2]을 맞아들여 즉위하게 하자 염현 등은 주살됐고, 손정 등은 모두 열후(列侯)에 책봉됐으니 손정의 식읍이 1만 호였다. 이들이 '열아홉 후〔十九侯〕'다.

1 안제의 아들로 이미 태자였는데 염현 등이 참소했다.

2 이 사람이 순제(順帝)다.

신이 가만히 살펴보겠습니다. 환관이 이에 이르러 임금을 세운 공으로 후(侯)에 봉해진 것이 열아홉 명이었으니 그 권세가 영초(永初-안제의 연호) 때보다 더했다고 하겠습니다.

1) 원래는 손님을 맞이하는 관리라는 뜻인데 뒤에는 주로 환관이 맡았다.

(『후한서』) 순제 양가(陽嘉) 2년(133년) 여름 6월 정축일에 낙양(洛陽)의 선덕정(宣德亭)에서 땅이 갈라졌는데 길이가 무려 85장(丈)이었다. 황제는 공경이 천거했던 두텁고 순박한 선비〔敦樸之士〕를 끌어당겨 그들로 하여금 대책을 내놓게 하면서 특히 당대의 폐단과 정치를 위해 마땅히 해야 할 바가 무엇인지를 물었다. 이고(李固)가 글로 답했다.

“시중과 상서, 중신(中臣-조정 신하)의 자제들은 관리가 될 수 없도록 하고 효렴(孝廉)한 자들은 잘 살펴서 찾아내도록 해야 하는데 (오히려) 조서에서 그런 일을 금지한 것은 그들이 위엄과 권세를 쥐고서 청탁을 받아들이기 때문입니다.

그리고 중상시는 해와 달의 곁에 있기 때문에 그들의 음성과 기세는 천하를 흔들어 자기 자식들(-양자)의 봉록과 벼슬자리〔祿仕〕를 정하는데 일찍이 아무런 제한이 없습니다. 그러다 보니 비록 겉으로는 겸손하고 과묵한 척하면서 주군(州郡)의 일에 관여하지 않는 것 같지만 실은 아첨하고 거짓을 일삼는 무리들이 넌지시 전하는 바람만 바라보고서도 나아가 천거하고 있습니다. 지금 당장 바꿀 수 없는 금지령을 내려 중신들과 똑같이 적용시켜야 할 것입니다.

또 마땅히 환관을 배척하고 물리쳐서 그들의 무거운 권세를 제거하고 덜어내어 상시 2명만을 두되 반듯하고 곧으며 다움을 갖춘 자가 좌우에서 일을 살피게 해야 합니다. 소황문은 5명인데 재주와 지략이 있고 성품이 단아한 자가 대궐의 일을 맡아서 행하도록 하셔야 합니다. 이렇게 하신다면 일을 논하는 자들도 만족해할 것이니 승평(升平)의 시대를 이를 수 있을 것입니다."

황상이 여러 사람들의 대책문들을 살펴보고서 이고의 것을 최고로 정하자 모든 상시들이 머리를 조아리며 잘못을 비니 조정이 숙연해졌다. 그리고 이고를 의랑(議郎)으로 삼자 환관들은 그를 질시해 거짓으로 비장(飛章-익명서)을 올려 그를 죄의 함정에 빠트렸다.

황상은 이 사건을 (상시를 거치지 않고) 곧장 해당 부서에 내려보내 조사토록 했는데 한참이 지나서야 마침내 오해가 풀렸다. 이고는 풀려나서 낙양현령이 됐으나 벼슬을 버리고 한중(漢中-산시성 난정현)으로 돌아갔다.

순제 양가 4년(135년) 봄 2월에 처음으로 중관(中官)이 양자들에게 자신의 작위를 세습할 수 있도록 허락했다. 애초에 황제가 복위(復位)할 수 있었던 것은 환관들의 힘 덕분이었고, 이로부터 총애를 받아 정사에 공식적으로 참여했다. 어사 장강(張綱)이 글을 올렸다.

"가만히 살펴보건대 문제와 명제 두 황제께서 다움으로 교화시킨 바〔德化(덕화)〕가 참으로 성대했는데 중관상시(中官常侍)는 불과 두 사람에 불과했습니다. 가까이 있어 총애해 상을 내리실 때도 늘 분별해 약간의 금을 주는 것으로 끝냈으며 비용을 아끼고 백성들을 중하게 여기셨기 때문에 집집마다 사람들이 풍족할 수 있었습니다. 그런데 최근 몇 년 사이에는 아무런 공로도 없는 소인들이 모두 관작을 차지했으니 이는 백성을 사랑하고 그릇〔器〕[1]을 중하게 여기며 하늘을 받들고 도리를 따르는 것이라 할 수 없습니다."

글이 올라갔으나 살펴보지 않았다.

신이 가만히 살펴보겠습니다. 환관이 누리던 권세와 총애〔權寵〕가 이때에 이르러 더욱 번성하자 이고가 그것을 말했으나 죄에 걸려들었고, 장강이 그것을 말했으나 살펴보지 않았습니다.

이렇게 점점〔漸〕 진행되다가 뒤에 가서는 제어할 수 없게 되는 것입니다.

1) 벼슬자리를 가리킨다.

(『후한서』) 환제 연희(延熹) 원년(158년)에 황제가 소황문사 당형(唐衡), 중상시 선초(單超), 소황문사 좌관(左悺), 중상시 서황(徐璜), 황문령 구원(具瑗) 등 5명의 환관들로 하여금 함께 모의해 양기를 주살토록 했다.

(이듬해) 양기가 주살되고 그에 따른 논공행상을 했는데 선초, 서황, 구원, 좌관, 당형 5인은 모두 다 후(侯)의 작위를 받았다. 또 선초는 식읍 2만 호를 받았고 나머지 네 사람은 각각 식읍 만여 호를 받으니 세상에서는 이들을 일러 '오후(五侯)'라고 칭했다. 그리고 이로 인해〔仍=因〕

당형을 중상시로 삼으니 이때부터 권세가 모두 환관에게로 돌아갔다.[1]

오후는 더욱 탐욕스러워지고 방자하기 그지없어 조정 안팎을 기울이고 흔들어댔다. 이때 재이(災異)가 빈번하게 나타나자 백마(白馬-허난성 화현) 현령 이운(李雲)이 공개적인 편지〔露布〕를 올리고 부본은 삼부로 보내어 말했다.

"양기가 비록 권력을 쥐고서 제 마음대로 해 천하에 학정을 일삼다가 이제 죄의 대가로 목이 잘린 것은 마치 가신을 불러다 목 졸라 죽인 것과 같은 것에 지나지 않는데 외람되게 모의에 참여한 신하들을 책봉해 만 호 이상으로 했습니다. 고조께서 이를 들으신다면 잘못이라 여기지 않으시겠으며 서북쪽에 들어선 장수들이 사방으로 해산해 버리지 않겠습니까?

공자가 말하기를 '제(帝)는 체(諦)다'[2]라고 했습니다. 지금 관직의 서열이 뒤섞여 어지러워 소인들이 아첨해 나아가고 재화가 뇌물로 공공연히 오가니 정치와 교화〔政化〕는 날로 훼손되고 있습니다. 척일(尺一)[3]은 벼슬을 내리는 데 쓰이지만 황상께서 친히 살피시는 과정〔御省〕을 거치지 않으니 이는 황제께서 살피고 싶어 하지 않아서입니까?"

황제는 이 글을 보고서 크게 분노해 유사에게 이운을 잡아들이도록 했다. 상서(尚書)에게 조서를 내려보내 칼과 창을 가진 병사들이 이운을 황문 북시(北寺)의 감옥으로 호송하는 것을 책임지도록 하고 중상시 관패(管霸)와 어사, 정위가 함께 섞여 그를 조사하도록 했다. 이때 홍농(弘農)의 오관연(五官掾-하급 관리) 두중(杜衆)이 이운이 충정으로 간하다가 죄를 얻게 된 것이 마음 아파 상소를 올렸다.

"바라건대 이운과 같은 날 죽겠습니다."

황제는 더욱 진노해 마침내 그도 함께 정위에 내리니 두 사람 다 옥중에서 죽었다. 이에 가까이에서 총애를 받는 무리들은 더욱 기승을 부렸다.

신이 가만히 살펴보겠습니다. 환제는 환관들 때문에 곧은 신하〔直臣〕[직신]를 죽였고, 더불어 그를 구원하려는 신하까지 함께 죽였습니다. 여기에서 나라가 망할 조짐이 드러납니다.

1) 대부분의 중국 역사서들은 이때를 '환관 시대의 개막'으로 부른다.

2) 『춘추』에 나오는 말로 황제는 곧 살피는 자라는 뜻이다.

3) 조책(詔策)을 쓰는 나무 판자의 길이가 한 자 한 치〔尺一〕[척일]이기에 이렇게 말한 것이다.

(『후한서』) 환제 연희 3년(160년)에 상서 주목(朱穆)이 환관들의 방자한 전횡을 미워해 상소를 올렸다.

"신이 살펴보건대 한나라 고사에 중상시(中常侍)에는 일반 선비들이 뽑혔는데 건무(建武-후한 광무제의 연호) 이후에 마침내 모두 다 환관들로 채우니 연평(延平-후한 상제의 연호) 이래로 정사에 관여하는 바가 더욱 심해지고 지위도 성대하게 높아졌습니다.

그래서 담비 꼬리와 옥으로 장식한 갓을 쓰고서 늘 백작(伯爵)의 지위에 머무르며 천자의 조정 일이 그의 손에 달려 있으니 그들의 권세는 온 나라를 기울게 할 수 있습니다. 또 황제의 총애와 부귀를 누림에 끝이 없어 자식들과 친척들까지도 다 영예와 벼슬자리를 누리며, 방자하고 교만함이 흘러넘쳐 어느 누구도 그것을 막을 수가 없어 천하를 떨게 하고 백성들을 착취해 댑니다.

어리석은 신이 생각할 때 지금 환관들을 모두 다 몰아내고 처음으로 돌아가 다시 나라 안의 맑고 깨끗한 선비들을 뽑아서 나라의 골격을 밝게 세우도록 하고 그들이 지금 환관들의 자리를 차지하도록 한다면 수많은 백성들은 마침내 빼어난 황상의 다움을 통해 교화되는 은혜를 입을 수 있을 것입니다."

황제가 받아들이지 않자 주목은 다시 황상에게 알현을 청한 다음 말로 진술을 했다.

"한나라 황실의 오랜 법전[舊典(구전)]에 따르면 시중과 중상시는 각각 1명을 두어 상서성의 일을 살피도록 했고, 황문시랑 1명으로 하여금 황명을 (신하들에게) 전하고 올라오는 글들을 황제께 전달토록 했는데 다 갈은 집안 사람[1])을 썼습니다.

그런데 화희(和熹) 태후[2]) 때 태후가 스스로 황제로 칭하면서부터 공경들을 접견하지 않았고, 마침내 환관들을 상시로 삼아 소황문이 양쪽 궁의 명을 전달했습니다. 이때부터 환관의 권세가 임금을 기울일 정도가 됐고 마침내 천하를 곤경으로 몰아넣었습니다.

마땅히 이들을 모두 파직해 내보내시고 유학을 깊이 공부해 덕을 갖춘 자들을 뽑아서 정사에 참여할 수 있도록 해야 합니다."

황제는 화를 내면서 아무런 답이 없었고, 주목도 엎드린 채 일어나지를 않자 좌우의 사람들이 나갈 것을 독촉했다. 한참이 지나서야 주목은 총총걸음으로 사라졌고, 이때부터 환관들은 여러 차례에 걸쳐 조서가 내려왔다는 핑계를 대며 주목을 헐뜯었다.

주목은 평소 굳센 성품이라 뜻을 이루지 못하자 얼마 못 가서 울분으로 인해 암〔疽저=癰疽옹저〕에 걸려 세상을 떠났다.

신이 가만히 살펴보겠습니다. 환제는 내시들을 총애하고 충량한 선비들을 눌러 그로 인해 이운과 두중이 앞서 본 바와 같이 죽어야 했고, 여기서는 또 주목이 결국 죽음에 이르게 됐습니다.

나라가 망하는 정사가 하루하루 다가오고〔促촉〕 있었던 것입니다.

1) 한나라의 경우 유씨(劉氏)다.

2) 후한 화제의 두 번째 태후다.

(『자치통감』) 애초에 환제가 여오후(蠡吾侯)로 있을 때 감릉(甘陵-산둥성 칭핑현) 사람 주복(周福)에게서 학문을 배웠는데 황제로 즉위하게 되자 주복을 발탁해 상서(尚書)로 삼았다. 이때 같은 군(郡) 출신인 하남윤(河南尹) 방식(房植)은 명망이 있어 조정에 있었는데 고향 사람들이 이를 위해 노래를 지어 불렀다.

"천하의 법도〔規矩규구〕는 방백무(房伯武)요, 스승이라 벼슬을 얻은 사람은 주중진(周仲進)이구나."

두 집의 빈객들은 서로 상대방을 헐뜯고 비교하더니 마침내 각각 붕당을 만들었고 점차 서로 간의 간극이 깊어졌다. 이로 말미암아 감릉에는 남부와 북부가 생겨났고 당파 사람들의 의논은 여기서 시작됐다.

여남(汝南-허난성 루난현) 태수 종자(宗資)는 범방(范滂)을 공조(功曹)로 삼고, 남양(南陽-허난성 난양시) 태수 성진(成瑨)은 잠질(岑晊)을 공조로 삼았는데 종자와 성진 둘 다 마음을 맡기고서 범방과 잠질이 하는 일을 들어주어 아랫사람들이 잘하면 상을 주고 잘못하면 규탄하도록 해 각각 조정을 맑게 했다. 그런데 범방은 더욱 강경해져서 나쁜 짓을 미워하는 것을 마치 원수를 대하듯 했다. 범방의 조카 이송(李頌)은 평소 이렇다 할 좋은 행실을 보이지 않았는데 중상시 당형(唐衡)이 종자에게 부탁해 종자가 그를 써서 관리로 삼았는데 범방은 그 인사 청탁을 처박아두고서 이송을 부르지 않았다. 군 안에 있는 중급 이하의 관리들이 그것[1]을 원망하지 않는 사람이 없었다.

(연희 9년(166년)) 완(宛-허난성 난양시)에는 부유한 장사꾼 장범(張汎)이라는 사람이 있었는데 그는 후궁과 친척 관계였고, 또 조각을 잘해 아로새긴 노리개를 자못 환관에게 뇌물로 바치니 이리하여 드러난 직위를 얻었고 그 권세를 이용해 제 마음대로 행동했다. 이에 잠질이 성진에게 장범 등을 잡아들일 것을 권했다. 이미 그렇게 한 다음에 사면령이 내려왔으나 성진은 끝내 장범을 주살했다.

소황문 조진(趙津)은 탐욕스럽고 제멋대로 행동하며 방자해 현 전체의 큰 우환이었다. 태원(太原-산시성 타이위안시) 태수인 유질(劉瓆)은 군의 관리인 왕윤(王允)을 시켜 조진을 치게 했고, 역시 사면령이 내려온 후인데도 그를 죽였다. 이에 중상시 후람(侯覽)이 장범의 처에게 편지를 올려서 억울함을 호소토록 했고, 환관들은 이 편지를 빌미삼아 성진과 유질을 중상모략했다. 그러자 황제는 크게 화를 내며 성진과 유질을 불러들여 모두 하옥시켰다. 유사(有司)도 황제의 뜻에 맞춰 성진과 유질의 죄는 기시(棄市)에 해당된다는 주문을 올렸다.

태위 진번(陳蕃) 등이 공동으로 성진과 유질 등의 죄를 용서해 줄 것을 청하자 황제는 불쾌해했다. 이에 유사가 진번 등을 탄핵하는 주문을 올리자 (다른 사람들은 입을 다물고) 오직 진번만이 홀로 상소를 올렸다.

"도적떼는 밖에 있으니 사지(四肢)의 질병이요, 안에서 정치가 제대로 다스려지지 않는 것은 마음과 뱃속의 질병입니다. 전에 양씨 가문의 오후(五侯)[2]의 해악이 전국에 걸쳐 두루 미치자 하늘이 성스러운 뜻〔聖意〕(성의)[3]을 일깨워 그들을 잡아다가 도륙했습니다. 그래서 천하 사람들의 의논은 마땅히 조금은 안정될 것이라고 기대했습니다. 밝은 거울이 될 만한 일은 멀리에 있지 않으며 수레가 뒤집힌 것은 바로 어제 일어난 것 같은데 폐하 가까이에 있는 친숙한〔近習〕(근습) 이들의 권세가 다시 서로를 부채질하고 있습니다.

소황문 조진과 교활하기 그지없는 장범 등은 제멋대로 행동하고 탐학스러운데 폐하의 좌우 사람들에게 간사하게 아첨했습니다. 전(前) 태원태수 유질과 남양태수 성진은 그들의 잘못을 밝혀내어 죽였으니 비록 사면령이 내려진 후에 부당하게 주살했다고는 하지만 원래 그들의 진실한 마음은 악행을 제거하는 데 있었던 것이니 어찌 폐하에게까지 분한 마음을 가졌겠습니까?

그런데 (환관 같은) 소인배들은 여러 가지 수법이 뛰어난지라 빼어난 폐하의 귀를 현혹시켜 마침내 천자의 위엄이 그로 인해 성내도록 만들어 반드시 형벌을 내리고 책임을 물으려 하시니, 이미 처리하신 것도 너무 심한데 하물며 마침내 중벌을 내려 그들로 하여금 칼에 엎어지도록 하시겠습니까?

옛날에 승상 신도가는 등통을 소환해 책망했고, 낙양현령 동선(董宣)

이 공주에게 모욕을 준 적이 있으나 (각각) 문제가 따라 나와서 용서해 주도록 청했고, 광무제는 후한 상을 주었으니 그 두 신하가 명령을 자기들 마음대로 내렸다가 죽었다는 사실은 들어본 적이 없습니다.

지금 폐하의 좌우에 있는 내시들은 당류(黨類)[4]를 미워해 그들을 해코지하려고 망령스럽게도 서로 이리저리 얽어매어 이들에게 형벌이 내려지도록 하려 하고 있으니 신이 이렇게 말한 것을 저들이 듣는다면 다시 폐하께서는 그들이 울며 하소연하는 일을 당하실 것입니다.

폐하께서는 마땅히 가까이에 있어 익숙한 사람들이 정치에 관여하는 근원을 잘라 막으시고 상서와 조정의 신하들이 하는 말을 받아들이셔서 청렴하고 기개가 높은 사람들을 등용해 기르시고 망령되고 사특한 자들은 물리쳐야 합니다. 이와 같이 하신다면 하늘은 위에서 화합하고 땅은 아래에서 흡족하게 될 것이니 아름답고 상서로운 일들이 어찌 멀리에 있다고 하겠습니까?"

그러나 황제는 받아들이지 않았다. 환관들은 이로 말미암아 진번을 미워하는 것이 더욱 심해졌고, 성진과 유질은 끝내 옥중에서 죽었다. 성진과 유질은 평소 굳세고 곧으며〔剛直〕 학식이 뛰어나 당시 큰 명망을 얻었다. 그래서 천하가 그들의 죽음을 마음 아파했다.

하남 사람 장성(張成)은 풍각(風角)[5]에 능했는데 미루어 헤아려 점을 쳐서 사면령이 있을 것이라고 하고서는 자식들에게 사람을 죽이라고 가르쳤다.

사예교위 이응(李膺)이 그들을 잡아들여야 한다고 독촉했으나 이미 사면령이 내려져 그는 형벌을 면할 수 있었다. 이에 이응은 더욱 분노와 미움을 품고서 마침내 그를 잡아 조사한 다음 죽였다.

장성은 평소 각종 양생술〔方伎〕로 환관들과 내통하고 있었고, 황제 또한 자못 그가 친 점괘를 환관들에게 묻곤 했다. 그래서 환관들은 장성의 제자인 뇌수(牢脩)로 하여금 편지를 써서 이응을 고발하도록 부추겼다.

"이응 등은 태학생과 유사(游士-떠돌이 선비)를 기르고 여러 군의 학생들과 왕래하며 교결하고 다시 서로 몰려다니면서 함께 당을 결성해 조정을 비방하고 풍속을 의심해 어지럽혀 왔습니다."

이에 천자는 진노해 군과 봉국에 알려 당인들을 체포하도록 하고, 천하에 널리 알려 그들에 대해 분노하고 미워하도록 하라고 했다. 그런데 이런 내용을 담은 문건은 삼부(三府)[6]를 거쳐야 하는데 태위 진번이 이것을 물리치면서〔郤〕 말했다.

"이번에 조사하려는 사람들은 모두 나라 사람들이 칭찬하고, 나라를 걱정하고 공명정대해 충성을 다하는 신하들이니 이런 자들은 오히려 장차 10세손이라도 용서해야 하는데 어찌 드러나지도 않은 죄명으로 붙잡아 조사할 수 있단 말인가?"

진번이 서명하려 하지 않자 황제는 더욱 화가 나서 마침내 이응 등을 황문 북시의 감옥[7]으로 내려보내니 이 조서에 연루된 사람은 태복(太僕) 두밀(杜密), 어사중승(御史中丞) 진상(陳翔), 진식(陳寔), 범방의 무리 200여 명이었다. 간혹 도망쳐서 숨어 붙잡히지 않은 사람도 있었으나 모두 현상금을 내걸어 사자(使者)가 사방으로 갔는데 자기들끼리 서로 마주 볼 만큼 많았다.

진번이 다시 글을 올려 극간(極諫)했는데 황제는 그의 간절한 말이 꺼려져서 (엉뚱하게도) 그동안 진번이 뽑아서 추천한 사람들이 적절하지 못했다는 핑계를 대며 책서를 내려 그를 면직시켰다.

영강(永康) 원년(167년)에 진번이 이미 면직되자 조정 신하들은 공포에 떨면서 감히 더 이상 당인을 위해 변호해 주는 사람이 없었다. 가표(賈彪)가 말했다.

"내가 서행(西行)[8]하지 않으면 큰 재앙은 풀리지 않을 것이다."

마침내 낙양으로 들어가서 성문교위(城門校尉) 두무(竇武)를 설득해 상소를 올리도록 했다.

"폐하께서 즉위하신 이래 아직까지 좋은 정치[善政]가 이뤄졌다는 말을 들어보지 못했으며, 상시와 황문이 경쟁적으로 거짓을 행하니 망령되게도 적합지 않은 사람들에게 작위를 내렸습니다. 엎드려 서경(西京)[9]시대를 잘 짚어보면 아첨하는 신하가 정권을 잡아 끝내 천하를 잃었습니다.

지금도 과거의 일이 왜 실패했는지를 되돌아보지 않고 엎어진 수레의 궤적을 다시 반복해 가고 있으니 신은 진나라 2세 황제 때에 일어났던 어려움이 반드시 다시 오고, 조고의 변란이 내일 아침이나 오늘 저녁에 일어나게 될까 봐 두렵습니다.

최근에 간신인 뇌수가 당인에 관한 이야기를 조작해 마침내 사예교위를 지낸 이응 등을 잡아들여 고문했고 관련자가 수백 명에 이르렀으나 오랫동안 구금하고 조사했지만 그 사건을 보여줄 수 있는 증거는 없었습니다.

신은 오직 이응 등이 충성과 절개를 세우고 뜻은 왕실을 바로잡는 데 두었으니 이들은 진실로 폐하의 후직이나 후설이고 이윤이나 여상 같은 조력자들입니다. 그런데 허황되게도 간신적자들이 사태를 구부려서 무고하니 천하 사람들의 가슴을 쓸어내리게 했으며 나라 안에서는 희망을 잃었습니다. 오직 폐하께서 정신을 차리셔서 깨끗이 살피시고 즉시 이치를 보고 그들을 내보내셔서 귀신조차 바라고 있는 마음을 만족할 수 있도록 해주십시오. 이와 같이 하신다면 허물이 될 징조는 사라질 것이며 하늘의 감응도 기다릴 만합니다."

두무는 글을 올리고 나서 곧바로 병이 났다고 하고서 성문교위와 괴리후(槐里侯)의 인수(印綬)를 반환해 올려 보냈고, 곽서(霍諝)도 표문을 올려 청했다. 황제의 마음이 조금씩 풀려 중상시 왕보에게 옥중으로 가서 당인인 범방 등을 심문하도록 했다. 모두 머리와 팔, 다리를 나무에 매달고 얼굴에 자루를 씌워 계단 아래에 내버려 둔 채 왕보는 그들을 차례차례 나무라면서 말했다.

"경들이 번갈아가며 서로 뽑아주고 천거하며 교대로 입술과 이처럼 됐으니 그 의도가 무엇이오?"

범방이 답했다.

"중니(仲尼-공자)께서 말씀하시기를 '좋은 일을 보거든 그것을 미처 좇아가지 못하면 어떻게 할까라는 마음으로 따라가고, 나쁜 일을 보거든 끓는 물에서 손을 떼듯이 하라'고 했소. 나 범방이 좋은 일을 하는 사람을 보면 그 사람이 좋다고 하면서 그의 깨끗함과 똑같이 되려고 했고, 나쁜 일을 하는 사람을 보면 나쁜 일을 미워하면서 그 더러운 것을 멀리하려고 했던 것은 왕도정치를 위한다는 소리를 듣고 싶었던 것일 뿐 당을 만들었다고는 생각지 않소이다.

옛날에는 좋은 행실을 닦으면서 스스로 많은 복을 받으려고 했지만 지금은 좋은 행실을 행하면 몸이 죽음에 이르게 됐소. 이 몸이 죽는 날에 바라건대 나 범방을 수양산 근처에 묻어 위로는 하늘의 뜻을 저버리지 않게 하고, 아래로는 백이와 숙제에게 부끄럽지 않게 해주시오."

왕보는 그를 불쌍히 여기면서 낯빛을 바꾸고 손발을 묶었던 형구〔桎梏(질곡)〕를 풀어주었다. 그리고 이응 등이 (심문 과정에서) 환관의 자제들도 많이 끌어들이니 환관들이 두려워하면서 (오히려 자신들이 나서) 황제에게 하늘의 때〔天時〕를 살펴보아 마땅히 사면해 주어야 한다고 요청했다.

6월 경신일에 천하에 사면령을 내리고 연호를 (영강으로) 바꿨으며 당인 200여 명을 모두 고향으로 돌려보내는 대신 그들의 이름을 삼부에 기록해 종신토록 금고(禁錮)[10]시켰다.

신이 가만히 살펴보겠습니다. 당파를 결성했다는 주장이 생겨난 것은 본래 성진이 장범을 죽이고 유질이 조진을 죽인 데서 비롯됐을 뿐입니다. 간사하고 권세 있는 자들은 교만하고 방자해 백성들에게는 벼멸구와도 같은 도적떼〔蟊賊〕입니다. (성진이나 유질 같은) 2천 석 관리가 직무에 충실하고 법을 받들어 권간들이 백성을 못살게 구는 것을 조사해 죽인 것인데 진실로 거기에 무슨 죄가 있겠습니까?

그런데도 환제는 자신이 가까이하는 환관들의 중상모략을 받아들여 대대적으로 큰 옥사를 일으켜 천하의 좋은 선비들을 일망타진해 세상을 텅 비게 했습니다. 그나마 환관들이 나서 오로지 자신들을 위해 힘써 마땅히 사면해 줄 것을 청해 200여 명이라도 동시(東市)의 귀신[11]이 되는 것을 면할 수 있었으니 만일 환관이 아닌 사람이 청했다면 황제는 당인들을 사면해 주지 않았을 것입니다. 이리하여 환관의 자제들도 용서를 받을 수 있었습니다.

그렇지만 오히려 그들의 이름을 삼부에 기록해 종신토록 금고형을 내렸으니 예로부터 아무리 심한 무도(無道)의 시대에도 이런 일은 없었습니다.

1) 태수가 중상시에게 꼼짝 못하는 현상을 가리킨다.

2) 이들은 환관 오후와 구별되며 양윤, 양양, 양문, 양충, 양극을 가리킨다.

3) 황제가 마음을 바꿨다는 뜻이다.

4) 태학당의 맑은 선비들이 당을 만들었다고 해서 당을 금지시킨 바 있는데 여기서는 그 맑은 당류를 가리킨다.

5) 부는 바람을 보고서 길흉을 점치는 것이다.

6) 태위부, 사도부, 사공부 셋이다.

7) 이는 환관들을 가두는 감옥이다.

8) 낙양이 서쪽에 있었기 때문에 낙양으로 가겠다는 말이다.

9) 장안을 가리키는 말로 전한시대를 뜻한다.

10) 벼슬길에 나설 수 없는 형벌이다.

11) 한나라 장안 시절부터 동쪽 시장 쪽에 처형장이 있어 이런 표현을 쓴 것이다.

(『자치통감』) 영제 건녕(建寧) 원년(168년)에 성문교위 두무를 대장군으로 삼았다. 전 태위 진번을 태부로 삼고 두무, 사도 호광(胡廣)과 함께 3인이 상서의 일을 관장하도록 했다.

(이때 환제가 붕어했고) 기해일에 해독정후(解瀆亭侯) 유굉(劉宏)이 (낙양에) 도착하자 곧바로 황제에 올라 연호를 고쳤다.

애초에 두(竇) 태후가 책립될 때 진번이 힘을 썼다. 그래서 조정에 나아가면 정사는 크고 작음에 관계없이 모두 진번에게 넘겨졌으니 진번은 두무와 더불어 같은 마음이 되어 온 힘을 다해 왕실을 보필했다. 그리고 천하의 이름난 인재들인 이응, 두밀, 윤훈(尹勳), 유유(劉瑜) 등을 불러들여 모두 조정에 서게 하고 함께 정사에 참여시켰다. 이에 천하의 선비들은 목을 길게 빼고서 태평시대를 바라보게 됐다고 생각하지 않는 이가 없었다.

그런데 황제의 유모인 조요(趙嬈)와 모든 여상서(女尚書)들이 아침저녁으로 태후 곁에 있었고, 중상시 조절과 왕보 등이 함께 당우(黨友)를 맺어 아첨으로 태후를 섬기니 태후는 그들을 믿고서 자주 조명(詔命)을 내어 작위와 관직을 준 일이 있었다. 진번과 두무는 그들을 미워했는데 일찍이 조당(朝堂)에서 함께 보게 되자 진번이 사사로이 두무에게 말했다.

"조절과 왕보 등이 먼저 돌아가신 황제 때부터 나라의 권력을 쥐고서 제 마음대로 해 온 나라를 혼탁하게 하고 어지럽히니 지금 그들을 죽이지 않는다면 이후에는 반드시 그들을 도모하기가 어려울 것이오."

두무가 깊이 동의하자 진번은 크게 기뻐했다. 이에 두무는 동지인 상서령 윤훈 등을 끌어들여 함께 계책을 정했다. 마침 일식의 변고가 일어나자 진번이 두무에게 말했다.

"일식이 일어난 것을 이유로 삼아 환관들을 물리쳐 내쫓는다면 하늘의 변고를 막을 수 있을 것이오."

마침내 두무가 태후에게 아뢰었다.

"고사에 보면 황문과 상시는 다만 성(省-대궐 내 사적 공간) 안의 드나드는 곳에서만 일을 하고, 근서(近署-대궐 내 살림을 돌보는 관청들)에 있는 재물만을 관장했을 뿐입니다. 지금에 와서는 정사에 간여하니 중요한 권한을 맡아서 자신들의 자제들을 포진시켜 놓고 탐욕스럽고 포악한 짓을 마구 해대고 있습니다. 천하가 흉흉한 것은 바로 이 때문입니다. 마땅히 그들을 죽이거나 내쫓아 조정을 맑게 하셔야 합니다."

태후가 말했다.

"한나라 초부터 옛 사례들을 볼 때 대대로 환관이 있었는데 단지 죄 있는 사람만 죽여야지 어찌 다 죽여 폐출한단 말이오?"

이때 중상시 관패가 자못 재주와 지략이 있어 금중의 일을 제 마음대로 처리하니 두무가 우선 관패와 또 다른 중상시 소강(蘇康) 등을 체포하겠다고 먼저 보고한 다음 모두 죄를 물어 죽였다. 두무는 다시 조절 등을 주륙해야 한다고 건의했으나 태후는 미적거리며 차마 결단을 하지 못했다.

이에 환관들이 반대로 진번과 두무를 무고했다.

"진번과 두무가 태후에게 아뢰어 황제를 폐위시키려고 했다. 대역죄다."

이에 환관들은 평소 친하게 지내던 자들을 불러 함께 피를 마시고 맹약해 진번과 두무 등을 죽이기로 했다. 진번과 두무가 다 죽고 나자 태후는 거처를 남궁으로 옮겨야 했다. 이리하여 많은 소인배들은 뜻을 얻었고 사대부들은 모두 다 힘이 빠지게 됐다.

신이 가만히 살펴보겠습니다. 환관의 해악이 이때에 극에 이르렀습니다. 그러나 진번과 두무는 그들을 남김없이 다 죽이려 했으니 그것은 너무 심하지 않겠습니까? 태후는 일단 마땅히 죄가 있는 사람들만 제거하자고 했는데 이 말이 옳습니다.

만일 진번과 두무가 관패 등을 이미 죽였으니 곧바로 태후의 뜻을 받들어 그 죄가 심한 자 한두 명을 골라 죽인 다음 나머지에게는 궁 밖으로 나갈 것인지 개과천선해 인정을 받고서 궁에 남을 것인지를 택하도록 했다면 대궐의 질서는 다시 잡히고 권력의 기강 또한 바로 세워져 환관이 조정 일에 관여하는 일은 없었을 것입니다. 그렇게 했더라면 대궐 안은 화목을 되찾고 아무 일도 없었을 것입니다.

그런데 그렇게 하지 않고 마구잡이 식으로 도륙을 내려다가 역으로 반격을 하게 만들었으니 어찌 하늘이 한나라를 도우려 하지 않았을까요? 어찌 진번과 두무의 뛰어남으로 그 계책을 깊이 숨기지 못했을까요? 아! 슬플 뿐입니다.

(『자치통감』) 애초에 이응 등이 비록 폐출되어 금고됐다고는 하나 천하의 사대부들은 모두 그들의 도리를 높이 숭상했고 오히려 조정을 더럽다고 했으며, 이응 등을 본받으려는 자들은 오직 그들만큼 되지 못할까 봐를 두려워하면서 더욱더 서로를 독려하고 모범을 보여 그들을 위해 이름을 지어 불렀다.

두무와 진번 그리고 유숙(劉淑)을 3군(君)이라 했는데 군(君)이란 한 시대의 종주〔宗〕를 말한다. 이응과 두밀 등 여덟 사람을 8준(俊)이라 했는데 준(俊)이란 사람들의 영웅을 말한다. 또 8고(顧)[1], 8급(及)[2], 8주(廚)[3] 등이 있었다. 진번과 두무가 권세를 잡아 일을 주도하게 되자 다시 이응 등을 천거해 뽑아 썼으나 진번과 두무가 죽고 나서는 이응 등이 다시 폐출됐다.

환관들은 이응 등을 싫어하고 미워해 매번 조서를 내릴 때마다 번번이 당인이 금기로 삼아야 할 것들을 설명했다. 이때 후람(侯覽)이 장검(張儉-8급의 한 명)에 대한 원망이 더욱 심해졌는데[4] 후람의 고향 사람인 주병(朱並)이 평소 아첨에 능하고 간사해 장검으로부터 버림을 받았다. 이에 후람의 뜻을 이어받아 편지를 써서 장검과 같은 고향 사람 24명이 별도로 서로 호를 쓰면서 함께 당을 지어 사직을 위험에 빠트리는 일을 도모했는데 장검이 그들의 우두머리라고 했다. 이에 황제는 당장 장검 등을 잡아 올리라고 조서를 내렸다.

대장추(大長秋-환관의 우두머리) 조절이 이 일로 인해 넌지시 유사로 하여금 주문을 올리도록 했다.

"여러 구당(鉤黨-붕당)인 자들은 옛날 사공을 지낸 우방(虞放)과 이응, 두밀, 주우, 순익, 적초, 유유, 범방 등이니 청컨대 각 주와 군으로 내려보내서 조사해 처리하셔야 할 것입니다."

이때 황상의 나이가 14세였는데 조절 등에게 물었다.

"어찌하여 구당이라고 하는 것인가?"

조절이 답했다.

"구당이라는 것이 곧 당인(黨人)입니다."

황상이 말했다.

"당인들에게는 어찌하여 악하다고 하면서 그들을 죽이려는 것인가?"

조절이 답했다.

"불궤한 짓을 하려고 하기 때문입니다."

황상이 물었다.

"불궤하여 무엇을 하려는 것인가?"

조절이 답했다.

"사직을 도모하고자 합니다."

마침내 황상은 그 주문이 옳다고 여겼다.

이때 어떤 사람이 이응에게 말했다.

"도망갈 수 있습니다."

이응이 대답했다.

"임금을 '섬길 때는 어려움을 사양하지 않고 죄를 지으면 형벌을 피하지 않는 것'[5)]이 신하의 절개입니다. 내 나이 이미 60세이고 죽고 사는 것은 하늘의 명에 달려 있는데 도망간다 한들 어디로 가겠소?"

마침내 조옥(詔獄-칙명으로 다스리는 감옥)에 불려가서 고문을 당하다 죽었고, 문생과 옛 부하인 관리들도 함께 금고를 당했다. 범방이 감옥으로 불려가게 되자 그의 어머니가 말했다.

"너는 지금 이응이나 두밀과 이름을 나란히 했다. 죽는다 한들 무슨 한이 있겠느냐?"

범방은 꿇어앉아 가르침을 받고서는 두 번 절하며 하직 인사를 올렸다. 이때 어머니는 아들을 돌아보면서 말했다.

"내가 너에게 악을 행하게 하려 해도 너는 악을 행하지 못할 것이며, 내가 네게 선을 행하도록 가르쳤으니 내가 악을 행하지 못하는 것이다."

길 가던 사람들이 그 말을 듣고서 눈물을 흘리지 않는 사람이 없었다.

무릇 당인으로 죽은 사람이 100여 명이었고 그 처자들은 모두 변방으로 귀양을 갔다. 이때부터 천하의 호걸이나 유학자들 가운데 의리를 행하는 자가 있으면 환관들이 싸잡아서 '당인'이라고 지목했다. 원망하거나 틈이 벌어진 사람이 있으면 이 기회에 서로 중상모략하고 해악을 끼쳐서 작은 분노라도 있으면 마구잡이 식으로 당인 속에 몰아넣었다. 주와 군에서도 황제의 뜻을 받든다면서 일찍이 교분이 없었는데도 역시 재앙의 독을 만나 죽고 유배 가고 폐출당하고 금고당한 사람이 또한 600~700명이었다. 곽태(郭泰)가 당인들이 대거 죽었다는 소식을 접하고서는 개인적으로 그들을 위해 통곡하며 말했다.

"『시경』에서 말하기를 '(어진) 사람들이 없어졌다고 말하는 것은 바로 나라가 병들고 쇠했다는 것이다'[6]라고 했는데 한나라 왕실은 망하지만 '까마귀를 쳐다보며 누구의 집에 머물지'[7]를 알지 못할 뿐이다."

신이 가만히 살펴보겠습니다. 『주역』 비(否) 괘(위는 ☰ 아래는 ☷)는 소인의 도리가 자라고 군자의 도리가 쇠하는 것이니 성인께서는 이것을 갖고서 위아래〔上下(상하)〕가 서로 통하지 않고 천하에 나라가 없다〔無邦(무방)〕고 했는데 나라가 없다는 것은 나라가 망하는 것〔亡國(망국)〕을 가리킵니다.

여기서 당인이라 해 죽은 자들은 모두 충성스럽고 바르며 뜻이 깊고 의로운 선비들인데 이제 영제가 함께 나라를 이끌어갈 수 있는 사람이라고는 10여 명의 간사스런 환관들밖에 없으니 비록 망하지 않으려고 발버둥을 쳐도 망할 수밖에 없게 된 것입니다. 곽태가 그렇게 통곡한 것은 참으로 마땅하지 않겠습니까?

1) 덕행으로 다른 사람을 인도할 수 있는 사람이란 뜻이다.

2) 사람을 이끌어 으뜸가는 사람을 좇아 하게 만드는 사람이란 뜻이다.

3) 재물로써 사람을 구제할 수 있는 사람이란 뜻이다.

4) 장검이 후람 집안의 무덤과 집안을 파괴한 일이 있었기 때문이다.

5) 이 말은 『춘추좌씨전』에서 양설적(羊舌赤)이 한 말이다.

6) 『시경』 '첨앙(瞻仰)'에 나오는 구절이다.

7) 『시경』 '정월'에 나오는 구절이다.

(『자치통감』) 영제 광화(光和) 6년(183년)에 거록(鉅鹿-허베이성 핑샹현) 출신의 장각(張角)이 반란을 일으키니 중상시 봉서(封諝)와 서봉(徐奉) 등이 내응했다.

중평(中平-영제의 연호) 원년(184년)에 여러 신하들을 불러 회의를 열었다. 북지(北地-닝샤후이족자치구 링우시) 태수 황보숭(皇甫嵩)이 마땅히 당적에 이름이 올라 있는 사람들의 관직 진출을 금지시킨 일〔黨禁〕을 풀어야 한다고 했다. 황상이 중상시 여강에게 계책을 묻자 이렇게 답했다.

"당고(黨錮)가 오랫동안 쌓여 사람들의 마음에 원한과 분통함이 있으니 만일 사면하지 않는다면 쉽게 장각과 더불어 모의할 것입니다. 그래서 변란이 더 커진다면 뒤에 이를 후회한들 구원할 방법이 없습니다."

황제는 두려워하며 이 말을 따랐다. 드디어 천하의 당인들에게 사면령을 내리고 귀양 간 사람들을 돌아오게 했다. 이때 중상시 조충, 장양 등이 모두 다 열후에 책봉돼 귀한 총애를 받았는데 황제가 늘 말했다.

"장 상시는 나의 아버지이고, 조 상시는 나의 어머니다."

이로 말미암아 환관들은 꺼리거나 두려워하는 바가 없었고 나란히 저택들을 지었는데 궁궐을 본떠서 세웠다. 황상이 일찍이 영안궁(永安宮)의 누대에 오르려 하자 환관들은 그들의 거처가 멀리 바라다보이는 것이 두려워 중대인 상단(尙但)에게 간언을 올리도록 했다.

"천자가 높은 곳에 오르는 것은 마땅하지 않습니다. 천자가 높은 곳에 오를 경우 백성들이 흩어지게 됩니다."

이때부터 황상은 감히 망루에 오르려 하지 않았다. 마침 봉서와 서봉의 사건이 발각되자 황상은 여러 상시들을 질책하며 말했다.

"너희들은 항상 당인들이 불궤할 생각을 갖고 있다고 말하면서 모두 금고에 처했거나 혹 주살한 사람도 있다. 지금 당인들이 더욱 나라에 쓸모가 있고 너희들은 반대로 장각과 함께 내통했으니 목을 베는 것이 옳지 않겠는가?"

모두 머리를 조아리며 말했다.

"그것은 왕보와 후람이 한 짓입니다."

이에 상시들은 사람마다 물러나게 해달라고 청했고 각자 주와 군에 있는 종친과 자제들을 불러들였다. 조충과 하운 등이 드디어 함께 여강을 모함했다.

낭중(郎中) 장균(張鈞)이 글을 올렸다.

"가만히 생각해 보건대 장각이 능히 병사를 일으켜 난을 일으킬 수 있었던 까닭과, 많은 백성들이 그를 기꺼이 좇아 따르는 까닭의 뿌리는 모두 십상시 대부분이 아버지와 형, 아들과 동생 및 처가와 친가의 사람들 그리고 빈객들을 내보내어 주와 군을 장악하고 점거해 재물과 이권을 독점하고 백성들을 약탈하며 해악을 끼치고 있는데도 백성들로서는 원통함을 하소연해 알릴 데가 없었던 데서 비롯된 것입니다. 이런 까닭으로 그들은 불궤한 짓을 모의하고 모여서 도적떼가 됐던 것입니다.

마땅히 십상시의 목을 치시고 남쪽 교외에 목을 매달아 백성들에게 용서를 구하고 사자를 파견해 천하에 널리 알리신다면 군사가 동원될 때를 기다리지 않으셔도 큰 도적은 절로 소멸될 것입니다."

황제가 장균의 글을 여러 상시들에게 보여주자 모두 관을 벗고 맨발로 머리를 조아리며 스스로 낙양에 있는 조옥으로 나아가겠다고 했고, 서로 다투어 집안에 있는 재물들을 내놓아 군대의 비용으로 쓰게 해달라면서 빌었다. 이에 황제는 조서를 내려 모두 관을 쓰고 신발을 신고서 예전처럼 일을 보도록 했고, 오히려 장균에 대해 화를 내면서 말했다.

"이자야말로 진짜 미친 놈이구나. 십상시 가운데 진실로 한 사람이라도 선하지 않단 말인가?"

어사가 황제의 뜻을 받들어 드디어 장균이 황건도(黃巾道)[1]를 배웠다고 무고하는 글을 올려 잡아들이니 감옥 안에서 죽었다.

신이 가만히 살펴보겠습니다. 영제는 평상시에 환관을 부모처럼 대했고 충직하고 뛰어난 신하는 원수처럼 대했습니다. 그래서 중상시가 적들과 내통했다는 것을 알고서도 주살할 수 없었고, 당인들이 나라를 위해 쓸모가 있다는 것을 알면서도 나라를 새롭게 할 수 있는 자리를 주지 못했습니다.

아둔하고 어지러운 임금은 아무리 좋은 말을 해줘도 못 알아들으니 특히 이 점을 앞으로 잘 살펴야 할 것입니다.

1) 황건적의 태평도를 가리킨다.

(『자치통감』 영제 중평(中平) 6년(189년)) 영제가 붕어하고 황제의 아들 유변(劉辯)이 즉위하자 하(何) 태후가 조정에 임(臨)했다. 연호를 광희(光熹)로 했고, 대장군 하진이 조정의 권세를 장악하자 원소는 하진에게 환관들을 모두 죽이라고 권했다. 그러나 태후가 따르지 않자 하진은 원소의 계략을 써서 사방에 있는 맹장과 호걸들을 불러들여서 군사들과 함께 나란히 경성으로 향해 가서 태후를 위협하도록 했다.

이때 병주목(并州牧) 동탁(董卓)도 하진의 부름을 받았다. 시어사(侍御史) 정태(鄭泰)가 간언을 올렸다.

"동탁은 강인하나 그 뜻에 만족함이 없어 만약에 그의 힘을 빌려 조정의 명을 바로잡고서 그 후 그에게 큰일을 맡기면 장차 방자하고 흉악한 욕심을 품어 반드시 조정을 위태롭게 할 것입니다."

상서 노식(盧植)도 마땅히 동탁을 불러서는 안 된다고 했으나 하진은 다 따르지 않았다. 한편 동탁은 자신을 불렀다는 소식을 듣자마자 즉시 길을 나서며 글을 올려 자신이 장양 등 환관들을 깨끗이 청소하겠다고 했다. 이에 환관들은 두려워하면서 변고를 걱정했고, 장양은 자신의 무리 수십 명을 이끌고서 무기를 소지하고 궁궐 문 아래에 매복하며 거짓말을 해서 태후로 하여금 조서를 내리게 해 하진을 불러들였다. 이에 그들이 하진의 목을 베자 원소는 군대를 인솔해 궐문 아래에 주둔했다가 조충 등을 붙잡아 그들의 목을 베었고, 드디어 북궁의 문을 닫고 군사들을 챙겨서 모든 환관들을 붙잡도록 한 다음에 나이가 많고 적음을 가리지 않고 그들을 모두 죽이게 했으니 이때 죽은 사람만 모두 2천여 명이었는데 간혹 수염이 없어 오해를 받아 죽은 사람도 있었다.

장양 등이 곤경에 처해 절박해지자 마침내 황제를 인질로 삼아 걸어서 곡문(穀門-낙양의 정북문)을 나와 밤에 소평진(小平津-하남성 공현 북쪽 황하 가의 나루)에 이르렀는데 공경 중에서 따르는 자는 아무도 없었다. 오직 상서랑 노식과 하남 중부연 민공(閔貢)만이 밤에 황하 변에 이르렀을 뿐이었다.

민공은 성난 목소리로 장양 등을 질책하고서 또 말했다.

"지금 당장 죽지 않는다면 내가 장차 너희들을 죽일 것이다."

이어 손에 든 칼로 몇 사람을 죽이자 장양 등은 두려움에 떨다가 황하에 몸을 던져 죽었다.

신이 가만히 살펴보겠습니다. 동한(東漢-후한) 환관들의 재앙은 정중 등이 공을 세운 데서부터 시작됐습니다. 무릇 신하가 공을 세우는 것이 어찌 좋은 일이 아니겠습니까? 그런데 재앙이 그런 공을 세운 데서부터 시작됐다니 이것이 무슨 말이겠습니까?

대개 대궐 내 부인과 환관의 직분은 균형을 잡아주는 데 있습니다. 순하고 친숙하며 맑고 삼가는 것〔婉嫕淑謹〕은 부인이 갖춰야 할 바이고, 부드럽고 고분고분하며 충직하고 신실한 것〔柔順忠篤〕은 환관이 갖춰야 할 바입니다. 부인에게 있어 유능하다는 것〔能〕은 크게 중요하지 않은데 어찌 환관에게 있어서 공이 있다〔有功〕는 것이 크게 중요하겠습니까?

공이 있으면〔有功〕 총애를 받게 되고〔寵〕 총애를 받으면 교만해지고〔驕〕 교만해지면 제 마음대로 하게 되는 것〔橫〕이니 이리 되면 설사 재앙을 피하려고 해도 피할 수 있겠습니까?

따라서 안제, 순제, 환제, 영제의 시대에 환관들이 받은 총애가 날로 성했으니 총애가 성하면 해악을 저지르는 것이 더욱 심해지고, 해악을 저지르는 것이 심해지면 재앙을 당하는 것이 훨씬 가혹해지는 것입니다. 진번과 두무에 이르러서는 도모했다가 이기지 못하는 바람에 한나라는 더욱 큰 혼란에 빠졌고, 원소에 이르러서는 도모했다가 이겼지만 한나라는 드디어 망하게 됐습니다.

조절, 왕보, 조충, 장양의 무리는 그들 중에서도 뛰어난 자들이라 할 수 있는데 단 한 사람도 자신의 머리를 온전히 지키지 못했습니다. 그렇다면 결국 총애를 받아 교만해지고 교만해져서 횡포를 일삼은 것이 자신의 몸도 망치고 임금도 지켜주지 못하게 된 원인이라 하겠습니다. 어찌하여 사유(史游)와 양하(良賀)처럼 시종일관 잘 모심으로써 아무런 흠결이 없도록 행동하지 못했는지요?

아! 후대의 임금들은 반드시 이를 거울로 삼아야 할 것입니다.

이상은 대궐 내 신하들의 정치 관여로 인한 재앙에 대해 논했습니다.

『신당서(新唐書)』 '환자전(宦者傳)' 머리말에 따르면 태종은 다음과 같은 조령(詔令)을 내렸다.

"내시성(內侍省-당나라의 환관 기구)에는 3품관을 세울 수 없고 내시의 가장 높은 품계는 4품이 되도록 하며, 국사(國事)를 맡겨서는 안 되고 문각을 지키는 일, 대궐을 청소하는 업무로 녹미(祿米)를 먹을 뿐이다."

무후(武后) 때 환관의 수는 점점 늘어나 중종 때에 이르면 황의(黃衣-환관)는 2천 명에 이르렀고 7품 이상의 원외관(員外官)도 1천 명을 두었다. 그러나 자주색 옷을 입는 자(3품관)는 오히려 줄었다. 집권 초 현종(玄宗)이 치세를 이룰 때에는 재용(財用)이 넘치고 풍족했다. 그리고 이 때는 황제의 뜻이 원대했고 일도 뛰어나게 했기 때문에 주변 환관들에게 내리는 상이나 작위가 엄격했다. 하지만 개원천보(開元天寶)[1] 때에는 궁빈(宮嬪)이 크게 늘어 무려 4만 명에 달했고, (따라서 이들을 모셔야 하는) 환관 중에서 황의 이상만 3천 명이었고 자주색 옷을 입는 자도 1천여 명이었다. 그 사람들 중에서 일부는 상품 (감문)장군으로 임명해 문 앞에 창을 든 병사들을 도열시켰고, 그들이 전(殿)에 있을 때는 우두머리 공봉(供奉)으로서 중요한 일들을 위임받았으며 황명을 받들어 전하고 막는 것을 마음대로 하니 그 광채가 사방으로 크게 빛났으며, 군현을 방문하게 되면 관리들이 경쟁적으로 가져다 바치는 뇌물이 만 가지였고 병권을 쥐었으니 (지방 군대의 책임자인) 절도사도 도리어 그 아래에서 나왔다.

이에 저택, 이름난 정원, 가장 비옥한 땅 등은 환관들이 점유해 그것이 경기의 절반에 이르렀다. 숙종(肅宗)과 대종(代宗)은 용렬하고 심약해 궁궐 호위를 환관들에게 의존했다. 그래서 이보국(李輔國)을 상부(尙父)로 삼아 높이고, 정원진(程元振)은 지원해 떨치고, 어조은(魚朝恩)은 군대의 모양을 갖춰 중용했으나 이때까지는 아직 환관들이 군을 항상 좌우할 만큼은 안 됐다.

덕종은 차수(泚水) 지역의 적들을 다스리기 위해 좌우 신책군(神策軍)과 천위군(天威軍) 등 군대를 환관들에게 맡겨 주관토록 하고 호군중위(護軍中尉)와 중호군(中護軍)을 나눠 설치해 금군(禁軍-경호 부대)을 거느리게 했다. 이로써 병권의 위엄은 아래로 내려가 정사가 환관에게 있게 됐고 이들은 손을 들어 폈다 쥐었다 하면서 명의 경중(輕重)을 표시했으며, 날래고 용맹한 병사와 뛰어난 기예를 가진 병사들은 아들로 삼아 뒤를 돌봐주었고 큰 병영〔巨鎭〕과 힘센 번국은 다투어 각각 자신들의 영향권에 두려 했다. 그래서 소인의 심보가 음험하고 거리끼는 바가 없었으며 매일 저녁이면 천자를 모셨기 때문에 그들을 가벼이 여기면 아무런 위세도 부리지 못하다가 조금만 곁을 내주면 안하무인으로 행세했다. 그래서 혼미한 군주는 가깝다〔昵=親〕고 해서 그들에게 가려졌으며 영명한 군주는 (그들에 대한 관리감독을) 소홀히 하다가 재앙을 당했다. 그래서 현종은 몽진을 가는 화를 당했고, 헌종과 경종은 시해를 당했으며, 문종은 울분의 나날을 보내야 했고, 결국 소종에 이르러 천하는 망하고 말았다. 이 재앙은 개원(開元)에서 시작돼 천우(天祐-마지막 황제 애제) 때 극에 이르렀으며 온갖 흉측하고 어긋나는 일들이 한꺼번에 다 일어나 당파들은 섬멸됐고 황실은 산산조각이 났다. 이는 비유하자면 타오르는 불꽃이 (나무 속) 좀벌레를 공격해서 좀벌레가 나무에서 다 타버리는 것과 같으니 어찌 서글프지 않겠는가? 돌이켜보면 그 해치는 기운은 강하지 못했고 부드러운 기운은 쉽게 바뀌는 것이다. 또 가까이 대해주면 자기 위에 아무도 없는 듯이 했고 엄하게 하면 원한을 품었으며, 황상의 권세를 빌어 전횡을 일삼았고 화가 닥치면 (언제 그랬냐는 듯이) 비굴하게 가까운 척했으며, 느슨하면 서로 공격하다가도 급하면 서로 하나가 됐으니 이것이 바로 소인이 늘 세력을 부리는 행태다.

범조우가 말했습니다.

"예로부터 국가가 망하는 것은 자손이 조종(祖宗)의 오랜 구법(舊法)을 마음대로 바꾼 데서 비롯되지 않은 적이 없다. 창업 군주는 (처음이다 보니) 그런 법을 얻는 것이 어려우니 환란을 막는 것이 깊어야 하고 그것을 심려하는 바가 멀어야 하니 법을 세우는 것이 치밀해야 한다. 후세에 비록 귀 밝고, 눈 밝고, 재주가 뛰어나고, 사람을 볼 줄 아는〔聰明才智〕 임금이 나오고 한결 뛰어난 신하들이 나오더라도 조종의 오래고 풍부한 경험에 미칠 수는 없다. 무릇 중인(中人)이 위엄과 권세〔威權〕를 부리게 되는 것은 대개 (황제와) 가까움과 쉽게 바뀌는 것을 무기로 간사함을 행하기 때문이다.

명황제는 서리를 밟으면 점점 눈에는 보이지 않게 조금씩 변(하여 얼음이 된다)한다는 것을 경계하지 않았다. 태종이 환자를 높여 총애를 융숭히 하는 제도를 만들자 그 수는 점점 늘어났고, 그때를 기점으로 해서 (환자들이) 국정에 스며들어 간여를 하기 시작했다. 그 원천이 한번 말류를 열게 되자 그것을 되막는 것은 이제 불가능해졌으니 당나라 황실의 화는 개원에 그 뿌리를 둔 것이다. 『서경』에 이르기를 '선왕이 이루어놓은 법을 잘 살피시어 길이길이 허물을 짓지 않도록 하소서'라고 했다. 사람으로서 후사(後嗣-뒤를 잇는 임금)가 되어 (이 말을) 유념하지 않을 수 있겠는가?"

1) 당나라 현종이 다스린 개원(開元) 29년과 천보(天寶) 14년을 합친 43년간의 치세(治世, 713~756년)를 통칭하는 말이다.

(『신당서』) 고력사(高力士, 684~762년)는 현종이 번부(藩部) 저택에 있을 때[1] 자신이 먼저 마음을 쏟아 현종에게 붙어 서로 가까워졌으며, 선천(先天)[2] 때에 (태평공주의 측근인) 소지충(蕭至忠)과 잠희(岑羲)〔蕭岑(소잠)〕 등을 주살한 공으로 (내급사에서) 우감문위장군(右監門衛將軍)에 올라 내시성의 일을 주관했다. 이에 사방에서 들어오는 주청을 모두 다 그가 먼저 살핀 후에 황상에게 올렸으며 작은 일은 자기 선에서 독단적으로 결정했다. 또 일찍이 세수와 목욕을 위해서도 밖으로 나오지 않은 채 대전의 황제 거처 안에서 잠자고 쉬며 머물렀으니 요행을 바라는 자들이 어떻게든 그를 한 번이라도 만나보고 싶어 하기를 마치 신선처럼 대했다. 황제가 말했다.

"고력사가 마땅히 곁에 있어야 내가 잠을 잘 때에도 마침내 편안하다."

이런 때를 맞아 (현종 때의 실력자들인) 우문융(宇文融), 이임보(李林甫), 개가운(蓋嘉運), 위견(韋堅), 양신긍(楊愼矜), 왕홍(王鉷), 양국충(楊國忠), 안녹산(安祿山), 안사순(安思順), 고선지(高仙芝) 등은 다 나름의 재주로 총애를 얻기는 했기만 하나같이 고력사와 두텁게 연결됐던 인물들이다. 그래서 장상의 자리에 어떻게든 이르고자 윗사람의 뜻을 살펴 불으려는 자는 다 고력사를 통해 원하는 바를 얻을 수 있었다.

숙종이 태자 때는 고력사를 형님처럼 모셨고 다른 왕이나 공주들은 옹(翁)이라고 불렀으며, 황실의 친척들은 그를 높여 어르신〔爹(차)〕이라 불렀고 황제는 종종 이름을 빼고서 그냥 장군이라고 불렀다. 황제가 촉 땅으로 몽진을 갔을 때 고력사는 호종해 제국공(齊國公)에 봉해졌고 상황(-현종)이 환궁할 때 시종했으며, 서내(西内-태극궁)에서 10일간 머물고 있을 때 이보국이 무고를 해서 멀리 무주(巫州-후난성 훙장시)로 유배를 갔다.

애초에[3] 태자 이영(李瑛)이 폐위되어 죽고 무혜비가 바야흐로 총애를 받으니 이임보 등은 다 수왕(壽王)을 (다음 태자로) 지지하는 쪽에 섰다. 황상은 숙종이 장자였으나 뜻을 정하지 못하고 늘 쓸쓸하게 지내며 식사도 제대로 하지 못했다. 이때 고력사가 말했다.

"어르신〔大家(대가)〕[4]께서는 이렇게 음식을 다 못 드시니 혹시 제대로 된 음식이 없어서 그러십니까?"

황제가 말했다.

"너는 우리 집의 오래된 노인〔老(노)〕인데 내가 어찌하면 좋겠는가?"

고력사가 말했다.

"다음을 이으실 분이 정해지지 않아서입니까? 장자를 밀어서 세운다면 누가 감히 쟁론하겠습니까?"

황제가 말했다.

"네 말이 옳다."

이렇게 해서 마침내 태자의 자리〔儲位(저위)〕가 정해졌다.

(천보 13년) 천보 때에 변방의 장수들이 서로 공을 세우려고 다투자 황제가 말했다.

"짐의 춘추가 많으니 앞으로 조정의 세세한 업무들은 재상에게 맡기고 번과 오랑캐를 다스리는 일은 여러 장수들에게 맡기면 또 무슨 걱정거리가 있겠는가?"

이에 고력사가 답했다.

"신이 합문(閤門-재상들이 정사를 논하는 곳)에 이르러 일을 올리는 사람들의 말을 들어보니 운남 쪽에서 자주 군대가 대패했고, 또 북방의 우리 장군들이 거느리고 있는 군대는 사납고 강성하니 폐하께서 장차 이들을 어찌 통제하시렵니까? 신은 그로 인한 재앙이 일어나면 다시 제어할 수 없을까 봐 두렵습니다."

이것은 대개 안녹산을 염두에 둔 말이었다. 황제가 말했다.

"경은 그런 말을 하지 말라. 내가 장차 알아서 할 것이다."

천보 13년(754년) 가을에 큰비가 내렸는데 황제가 좌우를 둘러보니 (대신들이) 아무도 없었다. 황제가 말했다.

"하늘이 바야흐로 재앙을 내렸으니 경은 마땅히 그에 관해 말해 보라."

고력사가 말했다.

"폐하께서 권력을 재상들에게 넘겨준 이래 법령이 제대로 시행되지 않아 음양이 그 도리를 잃었습니다. 그러니 천하의 일이 제대로 안정될 수 있겠습니까? 신이 (국정에 관해) 입을 다물어버린 것도 그때부터입니다."

황제는 아무 말이 없었다. 그리고 이듬해 안녹산이 반란을 일으켰다.

고력사는 시사와 세력의 징후를 잘 헤아려 아래위를 잘 도왔고, 비록 황상과 가까웠으나 나라가 망하려는 지경을 당했을 때 온 힘을 다해 도우려 하지 않았다. 그래서 한평생 큰 과오를 저지른 적이 없었지만 의논하는 자들은 우문융(宇文融, ?~729년) 이래 서로 권력과 이익을 도적질했다 해서 자못 한스럽게 여겼다. 그리고 천하의 재앙이 단계단계 이루어졌으니 황제를 가까이에서 보필한 공이 있다고는 하나 황제를 도와 재앙의 뿌리는 제거하지 못했다고 할 수 있다.

범조우가 말했습니다.

"명황제(-현종)는 석현[5]의 일을 살피지 못하고서 고력사에게 총애를 주어 내시성으로 하여금 장주(章奏)를 결제토록 해 만 가지 중대사가 다 내시에게 돌아가게 했으니 임금의 도리를 잃어버렸다. 그 후에는 이임보와 양국충 두 사람도 고력사에 힘입어 크게 출세했으니 재앙과 어지러움이 일어나는 데 악영향을 미쳤다. 그 일이 진행된 바를 보면 점차(漸)였다. 전하는 말에 '(나라의) 존망은 일을 맡기는 바에 달려 있다'고 했다. 임금이 된 자라면 그 상세한 뜻을 깊이 살피지 않을 수 있겠는가?"

신이 가만히 살펴보겠습니다. 당나라 때 환관이 국정을 농락한 것은 명황제가 고력사를 임명하고부터이며, 환관이 군정을 좌우하게 된 것은 명황제가 양사욱(楊思勗)을 기용해 안남의 야만족을 토벌케 하고부터입니다. 이리하여 마침내 후세에 끝없는 우환을 남겨 주었으니 애석할 뿐입니다.

1) 이때 현종은 임치왕(臨淄王)으로 경사에 머물고 있었으며 이름은 이융기(李隆基)다.

2) 당 현종의 첫 번째 연호로 712년 한 해를 가리키며 현종이 집권 과정에서 고모인 태평공주와 권력투쟁을 벌인 끝에 마침내 승리하는 것은 713년, 즉 개원 원년의 일이다.

3) 이는 개원 26년(738년)의 일이다.

4) 고력사가 황제를 이렇게 불렀다는 것은 그만큼 가까웠다는 뜻이다.

5) 한나라 때의 환관이다. 원제가 즉위하자 크고 작은 정사를 모두 주관했다.

(『신당서』) 이보국(李輔國, 704~762년)은 환관[1]의 종〔閹奴〕으로 황실 마구간의 잔심부름꾼이었다. 숙종이 태자가 됐을 때 동궁을 모시는 환관이 됐다. 진현례 등이 양국충을 주살할 때 이보국이 모의에 참여했고, 태자를 설득해 중군(中軍)을 나눠 삭방(朔方)으로 나아가 하서(河西)와 농우(隴右)의 군대를 정비하고 당나라의 부흥을 도모했다. 태자가 영무(靈武-닝샤후이족자치구)에 이르자 이보국은 태자와 더욱 가까워져서 마침내 황위에 오르도록 해 천하의 마음을 얻었다.[2]

숙종은 이보국을 가령(家令) 겸 판원수부(判元帥府) 팔군사마로 발탁했고, 점점 더 자신이 가장 중시하는 정사〔肱膂事〕[3]를 맡겼다. 이리하여 전국에서 올라오는 장주(章奏)와 군부(軍符-군의 명령)와 금보(禁寶-임금의 도장)를 모두 이보국에게 일임하니 이보국은 맡는 일마다 빈틈없이 조심조심 비밀리에 처리해 임금의 신임을 얻었다. 속으로는 깊은 흉악한 마음을 품었지만 (겉으로는) 감히 방자하지 않았고 그런 낌새도 내비치지 않았으며, 불교를 믿었고 간혹 특이한 행동을 할 뿐이었으니 사람들은 그저 유순하고 선량한 사람으로 여기고 그를 멀리하지 않았다.

숙종은 경사(-장안)로 돌아오자 그를 전중감(殿中監-내시 최고위직)에 임명했다. 재상과 군신들이 비상시에 사건을 상주하려면 모두 이보국을 통해 보고해 뜻을 이어받았다.

항상 은대문(銀臺門)[4]에 머물면서 일을 결정했는데 자신의 일을 돕는 찰사(察事-일종의 비밀경찰)가 수십 명이었고, 관리들은 비록 털끝만한 허물만 있어도 자리에 머물러 있지 못하게 했으며, 아무 때나 그들을 조사하고 심문할 수 있었다. 그래서 각 주현의 옥송(獄訟-소송)과 삼사(三司)의 제핵(制劾-수사와 판결) 때 잡아들이고 형량을 결정하는 것이 다 사사로운 이익과 억지 증거를 잣대로 하고, 이 과정에서 마음대로 황제의 명〔制勅〕(제칙)을 칭탁했으나 처음에는 그것이 황제의 귀에 들어가지 않았다.

황제의 명이 내려오면 이보국이 자기 이름으로 서명한 다음에야 마침내 시행이 되니 여러 신하들은 자신들의 의견을 내놓지도 못했다. 대궐 밖을 나설 때는 갑옷 입은 병사〔介士〕(개사) 3백 명이 호위를 했고, 여러 신하들은 감히 그의 관직과 이름을 입에 담을 수 없어 오랑(五郞)이라 불렀다. (산동의 명문가 출신인) 이규(李揆)는 이보국을 만나면 자제로서의 예의를 갖춰 그를 오부(五父)라고 칭했다[5].

이현(李峴)이 재상이 되어 정치를 보좌하게 되자 황제에게 머리를 조아리고 말하기를 "지금은 나라가 어지럽습니다. 앞으로는 조칙(詔勅)이 중서성에서 나오도록 해야 할 것입니다"라고 하자 이보국은 불쾌해했다.

이 무렵 태상황(-현종)이 흥경궁(興慶宮)에 거처하고 있으면서 황제를 향해 망언을 하자 태상황을 겁박해 서내(西內-태극궁)로 옮기게 했다. 이 일에 대한 공으로 이보국은 병부상서를 맡았다. 이보국은 이미 뜻을 얻었다 여기고 이번에는 재상을 시켜달라고 청했다. 그리고 복야 배면(裴冕) 등을 시켜 자신을 재상으로 천거토록 넌지시 압력을 가했다. 이에 황제는 비밀리에 재상인 소화(蕭華)를 불러서 배면을 저지할 것을 명했다.

장(張) 황후는 이보국이 국정을 농단하는 것을 미워했다[6]. 이때 황상이 위독해지자 태자가 대신해 나라를 다스리고 있었는데〔監國(감국)〕, 황후가 태자를 불러 이보국과 정원진(程元振)을 주살하라고 명했으나 태자가 따르지 않았다. 이에 황후는 (태자를 죽이기로 하고) 월왕(越王) 이계(李係)와 연왕(兗王) 이한(李僩)과 더불어 그 일을 도모했다. 정원진이 그 모의를 이보국에게 알리니 이보국이 즉각 군사를 숨겨두었다가 두 왕은 붙잡아 가두었다가 죽였고 황후는 별전으로 옮겼다.

(태자였던) 대종(代宗)이 즉위하자 이보국은 스스로 큰 공을 세웠다 여겨 더욱 날뛰면서 심지어 황제에게 이렇게 말하기까지 했다.

"어르신〔大家(대가)〕[7]께서는 궁중에 가만히 앉아 계시고 밖의 일은 이 늙은 노복이 알아서 처결하는 것을 들어만 주십시오."

황제는 당혹해하면서 그를 제거하고 싶었지만 그가 병권을 장악하고 있어 겉으로는 상부(尙父)라고 존칭했고 크고 작은 모든 일을 그에게 물어서 결정했다. 여러 신하들은 대궐을 들고 날 때 반드시 먼저 이보국에게 갔고 그 역시 당연하다는 듯이 그들을 맞았다. 황제는 이보국을 사공 겸 중서령으로 높였다.

이보국의 권한이 너무 커지자 대종은 전중감 약자앙(藥子昻)으로 하여금 대판원수행군사마를 맡도록 하고 이보국에게는 대궐 밖에 큰 집을 하사했다[8]. 그리고 작위를 올려 박륙왕(博陸王)으로 삼았다.

황상이 동궁에 있을 때에 이보국이 전횡해 마음으로 아주 불편했는데 마침내 황위에 오르게 되자 (자신을 죽이려 했던 장황후를 제거한 공로가 있어) 드러내놓고 죽이고 싶어 하지는 않았다. 그러나 결국 밤에 자객을 보내 그의 머리와 한쪽 팔을 잘라 뒷간에 버렸다. 이 일을 태릉(泰陵)에 고하고 비밀로 했다. 그러고 나서 나무로 머리를 깎아서 그것을 몸에 붙여 장사를 지냈다.

범조우가 말했습니다.

"이보국은 원래 임금이 타는 말〔飛龍〕을 돌보는 자의 하인이었는데 숙종이 총애해 그를 신임했고 정사를 맡겼으며 병권도 넘겨주었다. 명황제가 근심 속에서 세상을 떠났고 숙종 자신도 그에 충격 받아 죽었으며 장황후와 두 왕은 도륙을 당했다. 위로는 아버지를 지키지 못했고 가운데에서는 자신의 몸도 지키지 못했으며 아래로는 그 처와 자식을 지키지 못했으니 이것은 전형적으로 소인이 당하는 재앙이다. 경계하지 않을 수 있겠는가?"

신이 가만히 살펴보겠습니다. 이보국은 하늘을 가득 채울 만한 죄를 지었는데도 숙종이 주살하지 못했으니 참으로 부끄러운 일입니다. 대종이 그를 주살하고서 그 욕보인 실상을 드러내려 하지 않은 것은 뭔가 당당할 수가 없었기 때문입니다.

무릇 일개 환관 따위가 황제로부터 총애를 입어 재상이 되고 존숭을 받아 상부로 불렸으니 이런 일은 환관 제도가 생긴 이래 한 번도 없었던 것입니다. 그 추하기가 참으로 얼마나 심합니까?

무릇 명황제가 애초에 태종의 법을 무너트려 이때부터 환관들을 중용해 궁궐 내의 온갖 비극적인 일들이 환관의 손에서 이루어졌으니 명황제란 사람은 참으로 반면교사로 삼아야 할 것입니다.

이보국은 두 황제에 걸쳐 권력을 농단하며 방자하게 굴다가 마침내 사지가 잘리어 머리가 뒷간에 내던져지는 참화를 면치 못했으니 이 또한 보고 배울 만한 일이겠습니까?

신이 감히 원컨대 그 내용을 글로 써서 임금이 간사스러운 자를 가까이하려는 것을 경계해야 하며, 또한 소인이 악행을 도모하는 것을 경계해야 할 것입니다.

1) 고력사를 가리킨다.
2) 이때 아버지 현종은 사천의 성도로 피신 가 있었다.
3) 肱膂(굉려)란 팔뚝과 등뼈란 뜻으로 임금이 가장 신임하는 신하를 가리킨다. 넓적다리와 팔뚝이라는 뜻의 股肱(고굉)과 같다.
4) 이 안에 한림원이 있었다.
5) 오랑은 다섯째 아들, 오부는 다섯째 아버지라는 뜻인데 이보국이 형제 가운데 다섯째였기 때문에 이렇게 불렀다.
6) 원래 두 사람은 정치적 동지 관계였는데 이보국의 힘이 커지면서 둘 사이에 틈이 생긴 것이다.
7) 이는 원래 노비가 자기 집주인을 부르는 말인데 여기에서는 황제를 낮추보는 의미로 쓰였다.
8) 그동안 이보국은 대궐 안에서 살았다.

(『신당서』) 정원진(程元振)은 어려부터 환관으로 내시성에 소속돼 있었으며 장황후가 월왕을 다음 황제로 세우려고 모의할 때 그것을 태자에게 알렸고 이보국과 함께 그 난을 토벌하는 데 도움을 주었다. 이리하여 대종이 황위에 오르자 우감문위장군 겸 지내시성사(知內侍省事) 겸 판원수행군(判元帥行軍) 사마가 됐고, 다시 벼슬이 올라 표기대장군이 되어 금병(禁兵)을 총지휘하니 1년도 안 되어 그의 권세는 천하를 떨게 했고 이보국보다 더했으며 그릇된 판결이 많았다. 그래서 군중에서는 십랑(十郞)이라 불렀다.

배면이 정원진과 어그러지는 일이 생기자 정원진은 그를 깎아내려 시주(施州) 자사로 좌천시켰고, 내진(來瑱)이 양한에 있으면서 공을 세웠는데 정원진이 일찍이 그에게 청탁을 했으나 들어주지 않았다고 해서 결국 내진을 무고해 죽음에 이르게 했고, 평소 이광필(李光弼)을 미워해 여러 차례 참소를 했다. 내진 등은 상장군이었고 배면과 이광필은 원훈(元勳)이었는데 이처럼 주살하거나 꺾어버렸다.

광덕(廣德-대종의 연호) 초에 토번(吐蕃)과 당항(黨項)이 내침을 해오자 조서를 내려 천하의 병사들이 집결토록 명했으나 단 한 사람도 황제의 명을 받들지 않았고 오랑캐가 마침내 편교(便橋-산시성 셴양시 서남쪽)를 건너니 황제는 놀라고 당황해 황급히 섬주(陝州-허난성 싼먼샤시)로 피신했고 경사는 함락됐다. 이에 태상박사 한림대조 유항(柳伉)이 상소를 올려 말했다.

"견융(犬戎)[1]이 수만 병력으로 관(關-대진관)을 침범하고 농산(隴山)을 넘어서 진산(秦山)과 위수(渭水)를 지나고 빈주(邠州)와 경수(涇水)를 마구 약탈하고서 칼에 피도 묻히지 않은 채 경사(-장안)에 쳐들어왔건만 문신들 가운데 누구 하나 나서 말 한마디 하지 못했고 무사들 가운데 누구 하나 나서 힘써 싸우지를 않았습니다.

아! 애통합니다. 궁위(宮闈)를 겁박하고 능침(陵寢)을 불질렀으니 이는 장수들이 폐하를 배반한 것입니다.

조정에서 의로움이 사라진 이래 폐하께서는 으뜸가는 공신들〔元勳〕을 멀리하고 근처의 친숙한 자〔近習〕들에게 일을 맡겼으니 날로 이지러지고 달로 자라나서 큰 재앙이 됐으며, 여러 신하들이 조정에 있으면서도 어느 한 사람도 용안을 범해 가며 폐하의 뜻을 바로잡으려 한 사람이 없으니 이는 공경(公卿)들이 폐하를 배반한 것입니다.

폐하께서 처음에 도성을 나오시자 백성들이 잔뜩 몰려나와서 나라의 창고들을 탈취하고 서로 죽였으니 이는 삼보(三輔)[2]가 폐하를 배반한 것입니다.

10월 초하루부터 여러 도의 군사들을 불렀지만 40일이 다 되도록 한 대의 수레도 관문으로 들어오는 것이 없었으니 이는 온 세상이 폐하를 배반한 것입니다.

폐하께서는 지금의 병을 보시고도 어떻게 이 지경이 되도록 그냥 따라온〔繇〕 것입니까? 천하의 마음이 마침내 폐하를 한스럽게 여기는 이유는 현량(賢良)을 멀리하고 환관을 신임해 장상(將相)을 이간질하게 했기 때문입니다. 따라서 반드시 종묘와 사직을 보존하려 하신다면 다만 정원진의 머리를 베고 말을 달려 천하에 이 사실을 알리고 조정의 환관들을 모두 내보내어 지방의 여러 주에 속하게 하고, 폐하 직속의 신책병(神策兵)은 대신들에게 속하도록 하신 이후에야 스스로 존호(尊號)를 깎고[3] 조서를 내려서 폐하의 허물을 인정하시고 다음으로 정사를 이끄시며 비빈(妃嬪)은 정치에 관여치 못하도록 하시고 장상들을 신임하십시오.

이같이 하셨는데도 군사가 이르지 않고 사람들이 감동하지 않는다면 청컨대 신을 주살하시어 (허황된 말을 올린 잘못을) 용서해 주십시오."

상소가 올라가자 황제는 더 이상 조정 의논을 들어볼 필요도 없다고 생각하고 마침내 정원진의 관작을 삭탈해 내쫓아 시골로 내려보냈다.

황제가 경사로 돌아오자 정원진은 여장을 하고서 몰래 경사로 들어와 불궤(不軌-반역)를 꾸미니 어사가 조사해 진주(溱州-쓰촨성 치장현)로 멀리 유배를 보냈다. 그리고 (황제는 그의 공로를 생각해) 다시 유배지를 바꿔 강릉(江陵-후베이성 장링현)으로 옮겼는데 이곳에서 세상을 떠났다.

신이 가만히 살펴보겠습니다. 대종은 영명한 군주〔英主〕영주가 아니었습니다. 그렇지만 능히 이보국을 죽여 두 황제의 원한을 풀어주었고, 정원진도 내쫓아 온 천하와 여러 장군들의 원한을 풀어주었으니 대개 그 보는 눈은 숙종의 앞뒤가 딱 막힘〔姑息〕고식보다는 조금 낫다고 하겠습니다.

정원진은 바야흐로 두 황제로부터 받았던 신임과 총애도 더 이상 힘을 발휘할 수 없게 되자 병권을 빼앗겼고 관직도 깎여서 외로운 새끼 새와 썩은 쥐새끼〔孤雛腐鼠〕고추부서 꼴이 되어 처벌을 받고 내쫓겼으니 더 이상 무엇을 할 수 있었겠습니까?

이를 잘 들여다보건대 간사한 자나 교활한 자는 만일 임금이 그 같은 명성과 권위〔聲光〕성광를 빌려주지 않는다면 결코 혼자서 날뛸 수는 없는 것입니다. 그런데 이미 타오를 대로 다 타오르고 나서야 뒤늦게 박멸을 하는 바람에 그 입은 피해가 컸으니 어찌 그 싹이 터오를 때 제압해 신하와 임금 양쪽을 다 온전하게 할 수 없었단 말입니까?

1) 원래 토번은 서쪽의 오랑캐라고 하여 서융(西戎)이라 했는데 이때는 더 낮추어 개 같은 오랑캐라는 의미에서 이렇게 부르고 있다.

2) 장안과 경기 일대의 백성들을 말한다.

3) 황제 스스로 겸손을 보이라는 뜻이다.

(『신당서』) 어조은(魚朝恩)은 급사(給事) 황문(黃門)이었는데 지덕(至德-숙종의 연호) 초에 지내시성사였다. 건원(乾元-숙종의 다른 연호) 2년에 황상이 곽자의(郭子儀) 등 아홉 절도사에게 명을 내려 안경서(安慶緖-안녹산의 아들)를 토벌토록 했다. 그런데 숙종은 곽자의와 이광필이 둘 다 원훈(元勳)이라 마음대로 통제하기가 어렵다고 여겨 원수(元帥)를 두지 않고서 일단 어조은을 관군용선위처치사(觀軍容宣慰處置使)[1]로 삼으니 관군용사(觀軍容使)라는 이름이 이때부터 시작됐다. 이듬해 아홉 절도사의 군대 60만 명이 상주(相州)에서 궤멸당했다.

범조우가 말했습니다.

"(춘추시대 제나라의 환관인) 숙사위(夙沙衛)가 제나라의 군사들을 뒤에서 저지하자〔殿 전〕 (제나라 대부인) 식작(殖綽)과 곽최(郭最)가 숙사위에게 말했다.

'그대가 제나라 군사들의 후미에 선다는 것은 우리 제나라의 치욕이다.'[2]

이처럼 제후의 군대를 환관이 뒤에서 통제하는 것을 치욕으로 여겼는데 하물며 천자의 군대를 환관으로 하여금 지휘토록 했으니 어떻게 됐겠는가? 그것은 천하의 백성들을 모독하는 것이다. 게다가 곽자의와 이광필은 불세출의 장수인데 어조은을 시켜 감독하도록 했으니 패배를 면치 못하리라는 것은 어리석은 자라도 알 수 있는 것이다.

숙종이 처음에 양경(兩京)을 회복하기 위해 60만 병사를 일으켰다가 모두 잃었으니 나라가 망하지 않은 것만도 참으로 다행이었다 할 것이다."

1) 말 그대로 군대의 위용을 살피고 위로하며 문제가 있으면 현장에서 조치를 취한다는 뜻으로 장군들을 감시하는 역할을 맡은 특사였으며 환관들이 맡게 되는데 어조은이 처음으로 임명된 것이다.
2) 이 일은 『춘추좌씨전』 양공(襄公) 18년에 나온다. 후미에 선다는 것은 군대를 독려하는 중대한 일이기 때문에 이렇게 말한 것이다.

(『신당서』) 대종이 토번의 침략을 피해 동쪽으로 파천할 때[1] 호위병들은 뿔뿔이 흩어졌는데 어조은이 군대의 진용을 갖춰 화주(華州-산시성 화현)에서 맞이하고 승여(乘輿)를 모시니 육사(六師)가 마침내 (적을 대파하며 위용을) 떨쳤다.

황제는 이를 고맙게 여겨 어조은의 칭호를 천하관군용처치사(天下觀軍容處置使)로 높여 바꾸고 신책군(神策軍)을 거느리게 한 다음 상을 내린 것이 끝이 없었다. 어조은은 그 자질이 소인이라 자신의 공을 믿고서 오만방자해 꺼리는 바가 없었다. 이때 곽자의가 천하를 안정시킨 공으로는 신하들 가운데 첫째라 어조은은 마음속으로 그것을 시샘했다. 그래서 상주에서의 대패를 이용해 더럽게도 거짓으로 꾸민 참소〔詆讒〕(저참)를 했으나 숙종은 그것을 받아들이지 않았다. 하지만 숙종은 곽자의의 군대를 해체하고 그를 경사로 들어오도록 했다.

대종이 즉위해 정원진과 한 입이 되어 비방을 가하는데도 황제는 여전히 깨닫지 못하고 있어 곽자의의 근심은 더욱 깊어졌는데 때마침 갑자기 토번이 경사를 함락시키자 마침내 곽자의의 힘을 빌려 왕실은 다시 안정을 찾았다. 이에 어조은은 속으로 떨떠름하게 생각하며 마침내 낙양으로 옮길 것을 권했는데 이는 오랑캐로부터 멀어지면서 동시에 근신들을 꺾을 요량이었으나 결국 받아들여지지 않았다.

어조은은 경박한 무리의 후생(後生)들을 문하에 두기를 좋아해 (유학의 경전인) 오경(五經)의 대의를 강론하고 문장을 지었으며 스스로 자신의 재주는 문무를 겸비했다고 말하니[2] 사람들은 감히 그와 맞설 엄두도 낼 수가 없었다.

영태(泳泰-대종의 연호) 2년 8월에 국자감이 완성되자 마침 석전(釋奠-공자의 제사)을 올렸다. 이때 어조은이 『주역』을 집어들고서 높은 자리에 올라가 앉아 정(鼎) 괘에 나오는 '복속(覆餗-솥이 엎어져 솥 안의 음식이 다 쏟아진다)'의 상(象)을 언급하며[3] 재상들을 비난하자 왕진(王縉)은 화를 냈고 원재(元載)는 기뻐했다. 그러자 어조은이 말했다.

"화를 내는 사람은 일정한 마음 상태〔常情〕(상정)를 갖고 있지만 웃는 사람은 그 속을 알 수가 없다〔不可測〕(불가측)."

원재가 아직 어조은을 죽이기 전인 대력 2년(767년) 어조은은 주문을 올려 예전에 상으로 내려주신 장원을 (대종의 어머니인) 장경태후(章敬太后)의 명복을 비는 데 쓰겠다면서 태후의 시호를 사당의 이름으로 쓰겠다고 하니 황상은 허락했다. 이에 축조될 장경사(章敬祠)에 지극한 장엄함과 화려함을 갖추기 위해 도성의 재목을 다해도 부족하자 어조은은 다시 주문을 올려 곡강(曲江-장안의 동남쪽) 일대 여러 궁궐과 (여산에 있는) 화청궁(華清宮) 등 여러 궁궐과 관가의 건물 그리고 장상(將相)의 오래된 집까지 헐어서 그곳에 공급하도록 했는데 그 비용이 만 억을 넘었다.

어조은은 이미 여러 차례 곽자의를 깎아내렸는데도 황상이 제대로 받아들이지 않자 마침내 도적을 보내 곽자의의 아버지 무덤〔先冢 선몽〕을 파헤쳤다. 그런데 곽자의가 황상을 알현하고서 그런 일이 일어난 것은 자기가 이끌던 병사들이 그동안 다른 사람들의 무덤을 많이 파헤쳐서 일어난 일이라고 둘러대면서 자기 탓으로 돌리자 조정과 백성들은 그 문제로 더 이상 불안해하지 않았다.

신책도우후(神策都虞侯) 유희섬(劉希暹)은 강건해 말 위에서 활을 잘 쏘았는데 어조은의 총애를 받게 되자 어조은에게 은근히 말해 북군(北軍)에 (지하)감옥을 설치하고 저잣거리의 악질 소년들로 하여금 부유한 집을 얽어매어 고발토록 하고 죄를 지었다며 신문하고 법에 따라 재산을 적몰해 군대로 들여가곤 하니 그들은 모두 다 무고에 걸린 것으로 원한을 품으며 죽어갔다. 그래서 시정 사람들은 그것을 땅속 감옥〔地牢 지뢰〕에 들어간다고 말했다.

조정에서 정사를 결정할 때 혹시라도 자신이 참여하지 못하면 어조은은 그때마다 화를 내며 말했다.

"천하의 일이 나를 통하지 않고서 될 수 있는가?"

황제가 이 말을 듣고서 기분 나빠했다.

어조은의 양자 어령휘(魚令徽)는 아직 어린데 내급사(內給事)로 삼아서 녹의(綠衣-6, 7품 관리의 옷)를 입혔다. 하루는 어령휘가 같은 반열에 있는 사람들과 싸우고서 집으로 돌아가 어조은에게 이야기했다. 어조은은 다음 날 황상을 알현하고서 말했다.

"신의 아들이 관직이 낮아 같은 반열의 벗들로부터 업신여김을 받고 있으니 원컨대 우리 아들에게 자의(紫衣-3품 이상 관리의 옷)를 내려주십시오."

황상이 아직 대답하지도 않았는데 유사(有司)가 이미 자의를 들고 앞에 있었고, 어령휘는 그것을 입고 감사의 절을 올렸다. 황상이 웃으면서 말했다.

"어린아이가 자의를 입으니 잘 어울리는구나."

그러나 황상은 속으로 더욱 불쾌해했다.

원재가 마침내 산기상시(散騎常侍) 최소(崔昭)를 경조윤으로 삼고 재물도 후하게 주어 어조은의 패거리인 황보온, 주호 등과 교결했는데 황보온은 섬주(陝州) 절도사였고 주호는 사생장(射生將-활을 소지한 경호원)이었다. 이때부터 어조은이 은밀하게 꾸미고 몰래 하는 말들이 다 황상의 귀에 들어갔으나 어조은은 이를 몰랐다. 유희섬은 황제의 속뜻을 알아차리고 비밀리에 어조은에게 이야기를 하니 어조은은 어떻게 해야 할지를 몰랐다. 그래서 황제를 알현할 때 살펴보니 아직은 총애가 사라지지 않은 듯했다. 그래서 스스로 안심하면서 역모를 계속 진행시켜 갔다.

황제가 마침내 원재에게 의탁해 결단을 내리고 어조은을 제거하기로 결심하니 얼마 후 한식날 대궐에서 열린 연회를 이용해 어조은을 목 졸라 죽인 다음 (자살했다고 속여서) 시신을 집으로 돌려보냈다.

신이 가만히 살펴보겠습니다. 어조은이 이처럼 발호할 수 있었던 것도 역시 대종이 그렇게 하도록 만든 것이라 할 수 있습니다. 그래서 (마지막에 그를 제거하기 위해) 미리 계략을 꾸몄는데도 사람을 요소요소에 배치해서 덫을 치는 것이 마치 적국을 대하는 것처럼 해서야 겨우 꺾을 수 있었으니 대종의 일은 (전체적으로 볼 때) 경계로 삼아야 할 일이지 모범으로 삼아서는 안 될 것입니다.

1) 광덕 원년(763년)의 일이다.

2) 기록에 따르면 그는 겨우 붓을 들어 문구를 지을 정도의 학식이었다고 한다.

3) 솥발[鼎足]을 부러뜨리면 솥 안의 음식이 엎질러진다 하여 소인을 대신(大臣)으로 임용하면 중책(重責)을 감당하지 못하여 나라가 뒤엎어지게 한다는 뜻이다.

(『신당서』) 두문장(竇文場)과 곽선명(霍仙鳴)이란 자들은 일찍이 동궁에서 덕종을 섬긴 적이 있었는데 그다지 이름이 있지는 않았다. 어조은이 죽은 이후 환관은 다시 군사를 관장하지 못했고, 황제는 금위(禁衛)의 일은 모두 다 (신책군 군사(軍使)인) 백지정(白志貞)에게 맡겼다. 그런데 백지정은 부자들에게 뇌물을 받고서 군대에 간 것처럼 명단에 올려주어 군역을 면하게 해주었다. 경원(涇原)의 군사들이 반란을 일으켰을 때 황제가 근위병들을 불렀으나 단 한 사람도 오지 않았고, 오직 두

문장 등이 황제의 좌우를 지키면서 봉천(奉天-산시성 첸현)까지 호종(扈從)했다. 황제는 이에 백지정을 내쫓고 좌우군을 두문장으로 하여금 지휘토록 했다.

황제가 산남(山南)으로부터 장안에 돌아오자 양군이 완전히 회복됐다. 황제는 숙장(宿將)[1]들은 통제하기가 어렵다는 이유로 꺼렸기 때문에 조서를 내려 두문장과 곽선명이 나눠서 양군을 통제토록 하고 천위군(天威軍)은 해체시켜 좌우 신책군에 포함시켰다.

이때 두문장, 곽선명 두 사람의 권세가 조정에 떨치니 여러 곳의 절도사들이 다수 그의 군에서 나왔고, (간언을 해야 하는) 대성(臺省)의 청요직 인사들은 두 사람의 문하로 달려가 자신들을 받아줄 것을 빌어 자리를 얻었으며, 이들끼리 서로 밀어주고 당겨주고 하면서 번진(藩鎭)에서 올라오는 뇌물이 수백 거만(鉅萬)에 이르렀다.

한참 뒤에 호군중위중호군이 각 2개가 설치되자 황제는 두문장을 좌신책호군중위로 삼고 곽선명을 우신책호군중위로 삼으니 중위호군(中尉護軍)이라는 군대는 두문장과 곽선명 등에서 시작됐다.

신이 가만히 살펴보겠습니다. 환관이 병권〔兵柄〕(병병)을 늘 장악한 것은 덕종 때 시작됐지만 그 단서를 연 것은 현종과 숙종, 대종 때부터였으니 네 명의 군주는 모두 당 태종에게 죄인이라 할 수 있습니다.

1) 경험과 공이 많은 노련한 장군이다.

(『신당서』) 헌종 때 (내상시) 토돌승최(吐突承璀)를 좌신책중위(左神策中尉)로 삼았다. 왕승종(王承宗)이 반란을 일으키자 다시 토돌승최를 행영병마사 및 초토처치사로 삼아 반란 세력을 토벌토록 했다. 한림학사 백거이(白居易, 772~846년)가 글을 올렸다.

"국가가 정벌이나 토벌을 할 때는 마땅히 장수에게 책임을 맡겨 일을 이루어내야 합니다. 그런데 최근에 처음으로 중사(中使-환관 중에서도 황제의 특명을 전하는 사신)를 감군(監軍-군대를 감독하는 자리)으로 삼았습니다. 예로부터 지금까지 천하의 군사를 징발하면서 오로지 중사로 하여금 전체 일을 통괄하도록 한 적은 아직 없었습니다. 지금 신책군이 이미 행영절도사를 두지 않았는데 토돌승최가 마침내 제장(制將-장군들을 통제하는 장수로 행영병마사를 가리킨다)이고, 또 제군초토처치사에 충임됐으니 토돌승최가 바로 도통(都統-총사령관)입니다. 신은 사방에서 그 소식을 들으면 조정을 엿보게 될 것이고, 사방의 오랑캐가 들으면 반드시 중국을 비웃게 될까 봐 두렵습니다.

폐하께서는 차마 후대로 하여금 중관(中官-환관)을 제장과 도통으로 삼게 된 것이 폐하로부터 시작됐다고 서로 전해 말하도록 하시겠습니까?"

헌종은 들어주지 않았다. 뒤에[1] 토돌승최가 나가서 아무런 공도 세우지 못하고 돌아오자 급사중 단평중(段平仲) 등이 그의 목을 베어야 한다고 아뢰었고, 황상은 그를 중위(中尉)에서 파직하고 강등시켜 군기사(軍器使)로 삼으니 조정 안팎이 서로 축하했다.

신이 가만히 살펴보겠습니다. 환관으로 하여금 정벌 사업을 관장하게 한 이것은 현종과 숙종과 대종의 큰 잘못입니다. 헌종은 중흥 군주임에도 불구하고 역시 잘못된 전철을 밟았으니 후세의 자손들은 헌종 같은 영무(英武)한 임금도 환관으로 군사를 통제했는데 나라고 안 될 것이 있겠는가라고 말하게 된 것입니다.

그 후에 (당나라 말에 반란을 일으킨 환관들인) 양복공(楊復恭)과 전령자(田令孜)가 모두 군율을 주관하다가 당나라를 망하게 했으니 조상들로부터 물려받은〔貽=傳〕(이 전) 계책의 잘못이라고 하겠습니다.

1) 1년 후인 원화 5년(810년) 9월의 일이다.

(『신당서』) 헌종 말년에 좌군중위 토돌승최가 풍왕(灃王) 이운(李惲)을 태자로 세우려고 모의했지만 황상이 허락하지 않았다. 황상이 병이 나서 눕게 되자 토돌승최는 오히려 모의를 그치지 않았다.

황상이 금단(金丹)을 복용하자 조급함이 커져 화를 내는 일이 많아 좌우의 환관들이 종종 죄를 얻어 죽게 되자 사람들이 스스로 위태롭게 여겼는데 정월에 황상이 중화전에서 갑자기 돌아가셨다〔暴崩〕(폭붕).

당시 사람들은 다 말하기를 내상시 진홍지(陳弘志)가 시역한 것이라고 했는데 그 무리들은 이를 꺼려서 감히 해친 사람을 찾으려 하지 아니하고 단지 약에 중독됐을 뿐이라고 하니 밖에 있는 사람들은 그것을 제대로 밝힐 수가 없었다.

중위 양수겸(梁守謙)이 여러 환관들과 함께 태자를 황제(-목종)로 세우고 토돌승최 등을 주살했다.

신이 가만히 살펴보겠습니다. 당나라 때 환관이 임금을 시해하고 임금을 세우고 하는 것은 이때부터 시작됐습니다.

헌종은 영명한 군주〔英主〕입니다만 『춘추』에서 혼(閽)이 오자(吳子) 여제(餘祭)를 시해했다고 적혀 있는 것의 뜻을 전혀 몰랐습니다. 혼은 월나라 사람인데 포로로 잡아 그의 발목을 끊은 다음 (환관 중에서) 문지기로 삼아 배를 지키는 일을 맡겼는데 오나라 군주 여제가 배를 살펴보러 갔을 때 그 문지기가 오자를 칼로 찔러 죽인 내용입니다. 가까운 사람을 함부로 대했다가 그 몸을 잃게 되는 것이니 이것이 헌종이 저지른 첫 번째 잘못입니다.

또 '고명'[1]에서 여급(呂伋)[2] 등이 거슬러 나아가 원자 소(釗)를 (남문에서) 맞아들인 일을 전혀 몰랐습니다.[3] 그래서 후계자의 즉위가 환관의 손에서 이루어지게 했으니 이것이 헌종이 저지른 두 번째 잘못입니다.

이 두 가지를 잘 살펴볼 때 임금이 (『춘추』나 『서경』 등 옛 선왕들의 훌륭한 사례들이 담긴 책들을) 배우지 않는다면 어떻게 되겠습니까?

1) 이는 『서경』 「주서」의 편 이름이자 주나라 성왕이 죽으면서 신하들에게 남긴 유명이다.

2) 성왕의 백부다.

3) 믿을 만한 신하를 얻었기에 소는 왕위에 오를 수 있었으니 그가

강왕이다. 특히 여기서는 친족인 여급의 도움이 결정적이었기 때문에 여급을 별도로 거론했다.

(『신당서』) 경종은 즉위해서 놀고 즐기는 데 절도가 없었고, 여러 소인배들과 허물없이 가까이하며 격구(擊毬)를 즐기고 수박(手搏)을 좋아하니 금군과 각 도에서 다투어 역사(力士)를 바쳤다. 그리고 밤낮으로 이들이 곁을 떠나지 못하도록 했다. 성품이 좁고 급해 역사가 혹 은총을 믿고 불손하게 굴면 유배를 보내고 적몰(籍沒)했으며, 환관이 조그만 잘못이라도 저지르면 자칫 종아리 매질을 당했기 때문에 모두가 원망하며 두려워했다.

(보력 2년(826년)) 12월에 황상이 밤 사냥을 하고서 궁궐로 돌아와 환관 유극명(劉克明)과 격구장군 소좌명(蘇佐明) 등과 술을 마셨다. 황상이 술에 취해 방으로 들어가 옷을 갈아입는데〔更衣 갱의〕[1] 전 위에 있는 촛불이 갑자기 꺼지며 소좌명 등이 황상을 방 안에서 시해했다.

유극명 등이 황상의 뜻이라고 고쳐서 말하고 강왕(絳王) 이오(李悟)로 하여금 권구당군국사(權勾當軍國事)를 맡도록 했다. 또 유극명 등이 내시 가운데 권력을 잡은 사람들을 바꿔 세우고자 하니 이에 추밀사 왕수징, 중위 위종간(魏從簡) 등이 논의를 정한 다음 위병들로 하여금 강왕(江王) 이함(李涵)을 맞이해 궁궐로 들이도록 했다. 이어 좌우 신책군과 비룡의 군사를 발동시켜 적의 무리를 토벌해 모두 다 목을 베었다. 강왕이 황제에 오르니 그가 문종이다.

신이 가만히 살펴보겠습니다. 당나라 때 환관이 임금을 시해하고 임금을 세우고 하는 것이 이때 재현됐습니다.

1) 화장실에 간다는 뜻이다.

(『자치통감』) 원화(元和-헌종의 연호)의 말기에 환관들의 횡포가 더욱 심해져 천자를 들었다 놓았다 하는 것〔逮置(체치)〕이 전적으로 환관의 손안에 있게 되어 위엄과 권세가 임금보다 더했으나 사람들은 감히 아무 말도 할 수 없게 됐다.

문종 태화(太和) 2년(828년)에 황상이 직접 대책을 물어 사람들을 뽑았는데 반듯하고 바른 현량(賢良)인 유분(劉蕡)이 대책문을 올려 그 재앙에 대해 지극히 말했다. 다음은 그 대략이다.

"폐하께서 마땅히 최우선적으로 걱정해야 할 것은 궁궐에서 장차 변란이 일어나는 것, 사직이 장차 위태로워지는 것, 천하가 장차 기울어지는 것, 온 나라 안이 장차 어지러워지는 것입니다."

또 말했다.

"폐하께서 장차 찬탈이나 시해〔簒弑(찬시)〕가 점점 이루어지는 것을 막으시려면 바른 자리〔正位(정위)〕에 머물면서 바른 사람을 가까이하시고 환관 같은 천한 자들〔刀鋸之賤(도거지천)〕[1]을 멀리하셔야 합니다. 또 뼈대 있는 (집안의) 곧은 사람〔直〕을 가까이 하시고 재상들로 하여금 맡은 바 임무를 주관할 수 있도록 해주시어 모든 직책은 그 관직을 지킬 수 있어야 하는데 어찌하여 가까이에서 총애받는 대여섯 사람으로 천하의 큰 정사〔大政〕를 총괄하게 하실 수가 있습니까? 재앙이란 소장(蕭牆)[2]에서 여물게 되고 간사함은 유악(帷幄)[3]에서 생겨나는 것이니 신은 조절과 후람[4]이 오늘날 되살아날까 봐 두렵습니다."

또 말했다.

"충성스럽고 선량한 사람〔忠良〕은 어느 누구도 폐하의 신임을 받지 못하고 있고 혼시(閽寺-환관)가 황제를 폐하고 세우는 권한을 갖는 바람에 먼저 돌아가신 황제께서는 그 마지막을 제대로 하지 못했고[5] 폐하께서는 그 시작을 제대로 하시지 못하게 됐습니다."

또 말했다.

"폐하께서는 어찌하여 어둡고 사악한 길을 막아서 가까이 있는 버릇없는 신하들을 물리치시고, (황제의 권위를) 침범하고 능욕하며 협박하는 마음을 통제하시고, (충량하고 현량한 선비들이 드나들 수 있는) 문호(門戶)를 깨끗이 쓸고 닦는 일을 다시 하시며, 그 마땅히 경계해야 할 바〔戒〕를 경계하도록 하시고, 그 마땅히 걱정해야 할 바〔憂〕를 걱정하도록 하시지 않으십니까?

이미 앞에서 제대로 다스릴 수 없었으니 마땅히 뒤에서라도 잘 다스려야 할 것이며, 이미 그 시작을 제대로 할 수 없었으니 마땅히 그 마지막이라도 바로잡아야 할 것입니다."

또 말했다.

"폐하께서는 진실로 국권을 (환관으로부터) 들어(내어) 재상에게 돌아가도록 하시고 병권을 장군들에게 돌아가도록 하신다면 (폐하의) 마음은 이르지 못할 곳이 없고 (폐하께서) 시행하시는 것마다 미덥지 않은 것이 없을 것입니다."

또 말했다.

"법의 집행은 마땅히 통일성이 있어야 하며 관직은 마땅히 이름을 바르게〔正名〕[6] 해야 합니다. 지금 (관직은) 외관(外官)과 중관(中官=內官)의 인원으로 나뉘어 있고 남사(南司)와 북사(北司)로 구분되어 세워져 있는데[7] 어떤 사람은 남사에서 금지한 것을 범했다가 북사로 도망치고, 어떤 사람은 외관에서 법에 따라 바르게 벌을 내렸는데도 중관에서 법을 깨버리니 법은 여러 문에서 나와서 사람들은 어찌해야 할 바를 모릅니다. 이는 병사와 농민의 형세가 다르고 중관과 외관의 법이 아주 다른 데서 생겨난 것입니다."

또 말했다.

"지금 하관(夏官)[8]은 병적(兵籍)을 알지 못해 봉조청(奉朝請)[9]에 그칠 뿐이고 육군(六軍)은 병사(兵事)를 주관하지 않으며 공훈의 등급이나 높이는 데 그칠 뿐입니다. 관군용사(觀軍容使)는 중관의 정사에 통합돼 버렸고 군대의 기율은 내신(-환관)의 책임 소관이 돼버렸습니다.

(이 환관들이) 머리에 일단 무관의 관〔武弁〕을 쓰면 문관들을 미워해 마치 원수처럼 대하고, 군문을 일단 발로 밟으면 농민들 보기를 지푸라기처럼 여깁니다. (그리하여) 군인〔武夫〕들의 권위를 펼쳐서 위로는 임금과 아비를 통제〔制〕하고, 또 천자의 명을 가장해 아래로는 영웅 호걸들을 통어〔御〕합니다.

간사함을 숨기고 기회를 엿보는 마음을 가지고 있을 뿐 엎어져 절개를 지키며 그 어떤 어려움이 있더라도 죽음으로 절개를 지키겠다는 의리는 없습니다."

또 말했다.

"신은 이런 말을 하게 되면 재앙이 따르게 되고 계책을 시행하려면 몸이 주륙당한다는 것을 모르는 바가 아니지만 (그럼에도 이렇게 말씀을 올리는 것은) 무릇 사직이 위급하게 된 것을 아파하고 살아 있는 사람들의 괴로움을 슬프게 생각해서일 뿐입니다. 어찌 차마 이때에 남들이 다 꺼린다고 해서 저도 입을 다물어 폐하께서 한 번 명하신 은총[10]을 도적질할 수 있겠습니까?"

반듯하고 바른 현량〔賢良方正〕 배휴(裴休) 등 23명이 급제를 했고 이들 모두 관직을 제수받았다. 시험관인 좌산기상시 풍숙(馮宿) 등이 유분의 대책문을 보고서는 탄복을 금치 못했지만 환관들이 두려워 감히 뽑지 못했다. 최종 급제자를 담은 조서를 내리니 세상의 여론〔物論〕이 시끄러웠는데 환관들에게 무릎을 꿇었다는 비평이 많았다. 간관과 어사가 이 점을 논하는 주문(奏文)을 황상께 올리려 하자 집정(執政-재상)이 이를 못하게 막았다.

호인이 말했습니다.

"유분이 대책문을 올렸을 당시 집정대신은 배도(裴度)와 위처후(韋處厚)였다. 두 대신은 여러 황제를 모시며 오랜 덕을 쌓았다. 유분의 말이 있게 되자 그를 높은 순위에 올리고 조정에 나올 수 있도록 청해야 마땅했으나 오히려 대신들이 나서 간관과 어사가 나서려는 것을 막았고, 또 실권을 장악한 환관 대여섯 명의 눈치를 살폈다.

만약에 두 대신이 태종의 고사와 근래의 잘못들을 진술해 황상을 자문함으로써 공론이 이미 정해졌더라면 이 대여섯 명은 스스로 뭔가 좋은 점을 보여주기 위해서라도 병권을 반납한다고 했을 것이고, 그럴 때 예의상 그것을 받아들이게 되면 환관들은 힘을 잃어 큰 계책은 이미 정해졌을 것이다.

마침내 작은 혐의를 받게 되는 것을 꺼리다가 일을 도모할 기회를 잃었으니 그들의 책임이 어찌 작다고 하겠는가? 유분이 말한 바도 단지 문호(門戶)를 깨끗이 쓸고 닦는 일을 다시 하시라는 것이었지 옥석을 가리지도 않고 마구 뽑거나 죽여버리라〔草薙禽獮〕는 뜻은 아니었다. 이 일은 반드시 시행됐어야 하는 것인데 참으로 애석하다.

배도와 위처후의 독서가 상세하지 못했고 사려가 정밀하지 못했도다."

1) 이는 칼과 톱으로 거세당한 천한 자들이므로 환관을 의미한다.
2) 대궐 안에 설치된 담장으로 밖에서 안을 볼 수 없게 하기 위해 높게 세우는데 여기서는 그 안의 후비들을 뜻한다.
3) 정전 안에 치는 휘장으로 천자가 정사를 행하는 곳인데 이곳에서 환관들이 들끓게 된다.
4) 두 사람은 동한(東漢-후한) 환제 때의 환관으로 권력을 제 마음대로 한 것으로 유명하다.
5) 시해당해 제 명에 죽지 못했다는 뜻이다.
6) 이것은 공자의 핵심 사상이다.
7) 일반 재상 이하 관리들은 외관이며 남사에서 근무를 했고, 환관들은 중관이며 북사에서 근무했다.
8) 병부를 말한다. 법을 다스리는 곳은 추관(秋官)이다.
9) 실권은 없이 조회에만 참석할 뿐이라는 뜻이다.
10) 관직을 받은 것을 뜻한다.

(『자치통감』) 문종 태화(太和) 4년(830년)에 황상은 환관들이 강성해지는 것을 크게 걱정했다. 헌종과 경종을 시역(弑逆)한 패거리들 가운데 아직도 황상의 좌우에 있는 사람들이 있었는데 그중에서도 특히 중위 왕수징의 전횡이 심해 권력을 이용해 뇌물을 받아먹어도 황상이 통제할 수가 없었다.

일찍이 비밀리에 한림학사 송신석(宋申錫)[1]과 더불어 그에 대해 말을 하자 송신석은 그들의 핍박을 단계적으로〔漸〕 제거할 것을 청했다. 황상은 송신석이 침착하고 중후하며 충성스럽고 삼간다〔沈厚忠謹〕고 여겨 일을 의지할 수 있다고 생각하고 발탁해 상서우승(尙書右丞)으로 삼고 얼마 후에는 동평장사(同平章事)에 제수했다.

태화 5년에 황상이 송신석과 더불어 환관을 주살하는 계획을 세우니 송신석은 이부시랑 왕번(王璠)을 끌어당겨 경조윤(京兆尹)으로 삼고 밀지를 주어 황상의 뜻을 알렸다. 그런데 왕번이 그 계획을 누설하니 (환관인) 정주(鄭注)와 왕수징이 그것을 알고서 은밀하게 그것에 대비했다.

황상의 동생인 장왕(漳王) 이주(李湊)는 어질고 사람들 사이에 명망이 있었는데 정주가 신책도우후 두로저(豆盧著)[2]로 하여금 송신석이 장왕을 옹립하려 했다고 무고토록 시켰다.

왕수징이 그것을 주문으로 올리자 황상은 그렇다고 여겨 크게 분노했고 당장 중사(中使-환관 특사)를 보내 재상들을 모두 연영전(延英殿)으로 들어오도록 했다. 재상들이 모두 도착하자 황상은 왕수징이 올린 주문을 보여주었고 재상들은 살펴보고서 눈이 휘둥그래졌다. 황상은 왕수징에게 명해 두로저가 고발한(실은 무고한) 안경칙(安敬則)과 왕사문(王師文) 등을 체포해 대궐 안에서 국문토록 했다. 왕사문은 망명해

버렸다.

다음 달인 3월에 송신석은 파면되어 우서자(右庶子)가 되니 재상과 대신들 중에 아무도 그의 억울함으로 드러내어 말하는 사람이 없었는데 오직 경조윤 최관(崔琯)과 대리경 왕정아(王正雅)가 연명해 올린 상소에서 내옥(內獄)에서 나오게 해 외정(外廷)으로 넘겨 실상을 조사할 수 있도록 해달라고 청했다[3]. 이로 말미암아 옥사는 조금 느슨해졌고 안경칙 등은 스스로 무고 내용을 승복했다. (이리하여 무고는 사실로 간주되게 됐다.)

황상은 사보(師保-태사와 태보) 이하와 대성부시(臺省府寺)[4]의 대신들을 모두 모이게 한 다음 얼굴을 마주보면서 그것에 대해 따져 물었다. 좌상시 최현량(崔玄亮) 등이 다시 연영전에서 대면하게 해달라고 요청하면서 옥사를 외정에 넘겨서 실상에 맞게 조사하게 해달라고 빌었다. 황상은 여러 차례 그것을 거부하며 물러서지 않다가 마침내 재상들을 다시 불러 들어오게 했는데 우승유(牛僧孺)가 말하기를 "송신석이 이런 지경에까지 이르지는 않았을 것입니다"라고 하자 정주는 다시 조사할 경우 자신들이 조작한 것이 발각될까 두려워 마침내 (왕수징을 통해) 진행하던 것을 멈추고 (송신석을) 깎아내려 쫓아버리게 만들었다. 송신석은 깎이어 개주(開州-쓰촨성 카이현) 사마가 됐고, 이주는 깎이어 소현공(巢縣公)이 됐다.

신이 가만히 살펴보겠습니다. 문종은 이른바 밝지 못한〔不明〕 군주입니다. 바야흐로 (그 자신이) 재상과 계책을 논의해 환관을 제거키로 했었습니다. 그런데 정작 환관을 제거하지도 못하고 참소에 이용당해 재상만 핍박한 꼴이 됐습니다.

대체로 원망하는 마음〔挾憾(협감)〕을 이용해 무고를 하게 될 경우 그 사정이나 정황을 제대로 살피기가 어렵습니다. 문종은 단 하나도 살펴볼 생각을 안 했으니 임금이 밝지 못할 때는 충성스러운 계책〔忠謀(충모)〕이라도 (어찌) 함께 할 수 있겠습니까?

1) 『자치통감』에는 송신석(宋信錫)으로 돼 있다.

2) 『자치통감』에는 두로저(杜盧著)로 돼 있다.

3) 내옥은 환관의 관할하에 있고, 외정은 조정 대신들이 공개적으로 논의하는 자리다.

4) 어사대와 삼성(三省) 그리고 대리시(大理寺)를 가리킨다.

(『자치통감』 태화(太和) 9년(835년)) 애초에 송신석이 죄를 얻게 되니 환관들은 횡포가 더욱 심해 갔다. 황상은 겉으로는 포용하는 듯했으나 속으로는 견딜 수가 없었다. 한림시강(翰林侍講) 학사 이훈(李訓)과 태복경(太僕卿) 정주는 이미 총애를 얻게 되자 황상의 속뜻을 헤아려 알아내고, 이훈은 진강하는 기회를 틈타 미묘한 말로써 황상을 움직였다. 황상은 그의 재주와 말솜씨를 보고서 속으로 이훈이라면 함께 대사를 꾀할 만하다고 생각했다. 또 황상은 이훈과 정주 두 사람 모두 왕수징을 통해 올라왔으니 환관들은 그 두 사람을 의심하지 않을 것으로 기대하고서 드디어 비밀리에 진심으로 자신의 뜻을 이훈과 정주에게 알렸다.

이에 이훈과 정주는 드디어 환관을 주살하는 것을 자신들의 책무로 생각하고서 두 사람은 서로 깊이 의지하며 아침저녁으로 머리를 짜내 의논했다. 그리고 자신들이 황상에게 올린 말은 그대로 행해지지 않는 바가 없었기 때문에 그들의 명성과 위세는 훨훨 타오르는 듯했다.

정주는 대부분 대궐 안에 있었지만 종종 휴목일(休沐日)[1]에 집에 가게 되면 빈객들이 문을 채우고 뇌물은 산더미처럼 쌓였다. 밖에 있는 사람들은 단지 이훈과 정주가 환관(-왕수징)에게 기대어 제멋대로 위엄과 복록을 만드는 것으로 생각했지 그들이 황상과 더불어 몰래 모의하고 있는지는 몰랐다.

황상이 제위에 오를 때 우령군(右領軍) 장군 구사량(仇士良)이 공을 세웠는데 왕수징이 그를 억누르자 이로 말미암아 두 사람 사이에 틈이 생겼다. 이에 이훈과 정주가 황상을 위해 계책을 내어 구사량을 올려서 발탁함으로써 왕수징의 권력을 나누게 만들었다. 5월에 구사량을 좌신책중위(左神策中尉)로 임명했다. (그러자 왕수징은 불쾌해했다.)

(같은 해 7월에) 이훈과 정주는 황상을 위해 태평의 대책을 세웠는데 마땅히 최우선적으로 환관(-왕수징)을 제거해야 한다고 하니 황상은 믿을 만하다고 여겨 총애와 신임이 날로 커졌다.

8월에 정주를 공부상서(工部尚書)로 삼아 한림학사에 충임했다. 헌종이 갑자기 붕어했을 때 사람들은 다 환관 진홍지(陳弘志)가 한 짓이라고 했는데 이때 진홍지는 산남동도감군(山南東道監軍)이었다. 이훈이 황상을 위해 계책을 만들어 진홍지를 불러 청니역(青泥驛-산시성 란톈역)에 오게 한 다음 몽둥이로 패 죽였다.

정주가 봉상(鳳翔) 절도사가 되겠다고 요청하니 이훈은 비록 자신이 정주 덕분에 진출하기는 했지만 정주의 세력과 지위가 모두 성대해지자 속으로 자못 정주를 꺼렸다. 그래서 안팎이 힘을 모아 환관을 죽이기로 모의했다. 그래서 정주를 봉상(鳳翔)으로 보냈지만 이것은 실은 먼저 환관을 주살한 다음에 정주도 아울러 도모하기 위함이었다.

(9월 26일) 왕수징이 좌우신책관군용사 겸 십이위통군(十二衛統軍)에 임명됐다. 이는 이훈과 정주가 황상을 위해 모의한 것으로 헛된 명예로 왕수징을 높이면서 실은 그의 권세를 빼앗은 것이다.

다음 날 서원여(舒元輿)와 이훈을 나란히 동평장사로 삼고 이어서 이훈에게 2~3일에 한 번 한림원에 들어와 『주역』을 강론하도록 명했다. 이훈은 유배당한 자〔流人〕에서 일어나 1년 만에 지위가 재상에 이르렀고, 천자가 뜻을 쏟아 그를 신임하자 천자의 일이 모두 이훈에게서 결정됐으니 중위(中尉), 추밀(樞密), 근위(近衛)의 여러 장수들은 이훈을 보면 모두 벌벌 떨고 두려워하며 머리를 숙여 그를 맞았다.

겨울 10월에 이훈과 정주가 비밀리에 황상에게 말해 왕수징을 제거하게 해달라고 청하자 중사(中使) 이호고(李好古)를 그의 집에 보내 짐독(鴆毒)을 하사해 그를 죽였다. 이에 원화(元和) 때 반역한 패거리들〔逆黨〕[2]은 거의 사라졌다.

12월에[3] 대리경 곽행여(郭行餘)를 빈녕(邠寧) 절도사로, 호부상서(戶部尚書) 겸 판탁지(判度支) 왕번(王璠)을 하동(河東) 절도사로, 경조소윤(京兆小尹) 나립언(羅立言)을 권지부사(權知府事)로, 태부경(太府卿) 한약(韓約)을 좌금오위대장군으로 삼았다.

애초에 정주는 이훈과 더불어 모의하고 봉상진에 도착해 장사 수백 명을 뽑아 모두 흰 몽둥이를 쥐고 도끼를 가슴에 품게 해 자신들의 친병으로 삼았다. 이 달에 왕수징을 산수(滻水-산시성 란톈현)에 장사 지내게 되어 있었다. 정주는 주청을 올려 자신이 장사 지내는 일을 호위

할 수 있게 해달라고 하고서 더불어 친위병을 데리고 갈 수 있도록 해달라고 했다. 이어서 주문을 올려 내신중위(內臣中尉) 이하 모든 사람들로 하여금 산수에서 장사 지내는 것을 배웅토록 해달라고 청했다. 정주는 이 틈에 대궐 문을 닫아걸고 친위병들로 하여금 그들을 도끼로 찍어 죽여 남은 무리가 하나도 없도록 하려 했다.

약속이 이미 정해지자 이훈은 자신의 패거리와 모의했다.

"만일 이번 일이 성공하게 되면 정주가 그 공을 모두 차지할 것이다. 이는 곽행여와 왕번으로 하여금 진소(鎭所-빈녕과 하동)로 가는 것을 명분으로 삼아 장사를 많이 모아서 부곡(部曲)으로 만들고, 금오위와 어사대의 이졸들을 함께 활용해서 먼저 환관을 죽이기를 기약하고 그렇게 한 다음에 정주도 아울러 제거하는 것만 못하다."

곽행여, 왕번, 나립언, 한약 그리고 중승(中丞) 이효본(李孝本)은 모두 이훈이 평소에 두텁게 대했던 사람들이었기 때문에 핵심 요직에 배치해 두었다. 오직 이 몇몇 사람과 서원여만이 이 일을 모의했으니 나머지 사람들은 (이런 계책에 대해 전혀) 알지 못했다.

임술일에 황상이 자신전(紫宸殿-내전)에 임했다. 백관이 다 늘어서자 한약이 말씀을 올렸다.

"좌금오청사 뒤에 있는 석류나무에 밤 사이에 감로(甘露)[4]가 내렸습니다."

재상들이 백관을 인솔하고 가서 보고는 축하하자 이훈과 서원여가 황상에게 직접 가서 보고 하늘이 내린 선물〔天貺=天賜〕을 받기를 권하니 황상은 그렇게 하겠다고 말했다.

백관들은 물러나 함원전(含元殿-대명궁의 정전)에 줄지어 섰고 해가 진시(辰時-오전 8시 무렵)를 지나자 황상은 연여(軟輿-가볍고 부드러운 수레)에 올라 자신문을 나가 함원전에 올랐다. 먼저 재상들과 양성(兩省)의 관리들에게 명해 좌장(左仗-좌금오위군 지휘소)에게 가서 그것을 살피도록 했는데 한참 지나서야 돌아왔다. 이훈이 말했다.

"신이 여러 사람들과 가서 징험을 해보니 그것은 아마도 진짜 감로가 아닌 듯합니다."

황상이 좌우를 돌아보고서 구사량과 어홍지(魚弘志)로 하여금 환관들을 인솔하고 가서 그것을 보고 오도록 했다. 환관들이 이미 떠나고 나자 이훈은 황급히 곽행여와 왕번을 불러 말했다.

"와서 황제의 칙령을 받으라!"

왕번은 다리를 떨며 감히 앞으로 나아가지를 못했고, 오직 곽행여가 함원전 아래에서 절을 했다. 그때 두 사람의 부곡 수백 명은 모두 무기를 쥐고 단봉문(丹鳳門) 밖에 서 있었고, 이훈은 이미 앞서 사람들을 시켜 그들을 불러 들어와 칙서를 받도록 했다. 다만 동병(東兵-하동의 병사)만 들어왔고 빈녕의 병사들은 끝내 도착하지 못했다.

한편 구사량 등이 좌장에 이르러 감로를 살펴보자 한약은 안색이 바뀌고 진땀을 흘렸다. 구사량이 그것을 괴이하게 여겨 물었다.

"장군께서는 어찌 이러십니까?"

그때 갑자기 바람이 불어 장막이 올라가자 무기를 든 사람들이 매우 많은 것이 보였고, 또 병장기의 소리도 들을 수 있었다. 구사량 등이 놀라 문으로 달아나니 문을 지키는 사람들이 막으려고 했으나 구사량이 그들을 꾸짖자 문을 닫지 못했다. 구사량 등은 달아나 황상에게 변고를 알렸다.

이훈이 그것을 보고서 급히 금오위사를 불러 말했다.

"와서 전에 올라가 승여를 호위하는 사람은 1인당 1백만 민(緡)을 상으로 내리겠다."

환관이 말했다.

"사태가 급합니다. 청컨대 폐하께서는 궁으로 돌아가셔야 합니다."

즉시 연거를 들어 황상을 맞이한 다음 승여에 부축해 올리고서 궁전 뒤의 그물망〔罘罳〕[부시]을 끊고 빨리 달려 북쪽으로 나갔다. 이훈이 가마에 올라타고 소리쳤다.

"신이 주청해야 할 일이 아직 끝나지 않았으니 폐하께서는 궁전으로 들어가실 수 없습니다."

금오위의 병사들이 이미 전각에 오르니 나립언은 경조(京兆)의 순찰병 300여 명을 인솔하고서 동쪽으로부터 오고, 이효본은 어사대에 종살이 하는 사람 200명을 인솔하고서 서쪽으로부터 와서 모두 전각에 올라 이리저리 공격을 해대자 환관들은 피를 흘리며 원통하다고 소리쳤다. 이때 죽고 다친 사람은 10여 명이었다.

(황제를 태운) 승여는 내리 달려 선정문(宣政門) 안으로 들어갔고, 이훈이 가마에 올라타려 하며 더욱 급하게 소리치자 황상은 그를 꾸짖었고, (황상을 호위하던) 환관 치지영(郗志榮)이 주먹으로 그의 가슴을 때려 땅에 쓰러뜨렸다. 승여가 문으로 들어가고 나서 문이 뒤이어 닫히자 환관들은 모두 만세를 불렀고 백관들은 놀라고 두려워 뿔뿔이 흩어져 버렸다.

이훈이 일이 글렀다는 것을 알고서 자신을 따라다니던 관리의 녹색 적삼을 벗겨 자신이 입고 말을 달려서 밖으로 나갔다.

구사량 등은 황상이 그 모의에 관여한 것을 알고서 원망이나 분노를 품었으나 (겉으로는) 불손한 말을 하지 않았다. 황상은 부끄럽고 두려워 더 이상 말을 하지 않았다.

구사량 등은 좌·우 신책부사인 유태륜과 위중경에게 명해 각각 금병(禁兵) 500명을 인솔하고 칼날을 드러내고 궁전 문을 나가 만나는 사람은 다 죽여버리라고 했다. 이훈은 봉상으로 달아나 잡지 못했다. 그래서 사람을 짐승처럼 여겨 닥치는 대로 목을 베었으니 왕애, 왕번, 나립언, 곽행여, 가속(賈餗), 서원여, 이효본은 모두 독류수(獨柳樹) 아래에서 요참(腰斬)당했고, 그들의 친척들은 가깝고 멀고를 불문하고 다 죽었으며 어린아이도 남겨두지 않았다. 이때 죽이고 살리는 것과 벼슬을 내리는 일은 모두 양 중위(中尉-좌우 신책군의 중위)에서 결정됐고 황상은 그것을 사전에 알지도 못했다.

구사량이 사람을 시켜 밀칙(密勅)을 갖고 가서 봉상감군(강충청)에게 주어 정주를 잡도록 하여 정주의 목을 베었고 그 가족들은 몰살시켰다. 구사량 등은 각각 품계가 올라가고 관직도 승진했는데 거기에 차등이 있었다. 이때부터 천하의 일은 모두 북사(北司-장안 북쪽에 있는 환관들의 관청)에서 결정됐고, 재상들은 문서를 기록해 행할 뿐이었다.

개성(開成-문종의 또 다른 연호) 원년(836년)에 황상은 감로의 변이 일어난 뒤부터 마음이 다른 데로 가 있어 멍하니 있으며 어떤 일에도 즐거워하지 않았다. 양군(兩軍)이 공차기〔毬鞠(구국)=蹴鞠(축국)=鞠蹴(국축)〕를 하는 모임도 열에서 예닐곱으로 줄었고, 비록 향연과 음악과 기예가 어우러져 대궐 뜰을 가득 채워도 일찍이 얼굴을 편하게 푼 적이 없었으며, 한가하게 머물거나 배회하면서 멀리 그냥 바라보기도 하고 때로는 혼잣말로 탄식을 내뱉기도 했다.

개성 4년(839년) 11월에 황상은 병에 조금 차도가 있자 사정전(思政殿)

에 앉아서 당직 학사인 주지(周墀)를 불러서 술을 하사한 다음 물었다.

"짐은 바야흐로 전대(前代)의 어떤 임금과 같다고 하겠는가?"

주지가 말했다.

"폐하는 요순과 같은 임금이십니다."

황상이 말했다.

"짐이 어찌 감히 요순에 비견되겠는가? 경에게 물은 까닭은 주나라의 난왕(赧王)[5]과 한나라의 헌제(獻帝)와 같다고 한다면 어떻겠느냐는 것을 물은 것뿐이다."

주지가 깜짝 놀라며 말했다.

"저들은 나라를 망하게 한 임금인데 어찌 폐하의 성덕과 비교할 수 있겠습니까?"

황상이 말했다.

"난왕과 헌제는 강한 제후에게 제어를 당했고 지금 짐은 집안의 노비〔家奴-환관〕에게 제어를 받으니 이로써 말한다면 짐은 거의 같다고 하지 않겠는가?"

이어서 황상이 눈물을 흘려 옷깃을 적시니 주지는 바닥에 엎드려 눈물을 흘렸다. 이때 이후로 황상은 다시는 조회를 보지 않았다.

(『신당서』) 애초에 구사량과 어홍지(魚弘志)는 문종이 이훈과 더불어 모의한 데 대해 분을 품고서 여러 차례 황제를 폐하려 했다. 최신유(崔愼由)가 한림학사가 되어 숙직을 서고 있는데 밤이 아직 깊이 않았을 때 중사가 와서 함께 가자고 해 구사량 등을 당상에서 만나보았다. 구사량 등이 최신유에게 말했다.

"황상은 병이 심해진 지〔不豫〕 오래됐고 즉위한 이래로 정령(政令)은 수시로 엉망이거나 빠트려지거나 했소이다. 황태후께서 권한을 갖고 계시어 지금 후계자를 다시 세우려 하시니 학사께서 마땅히 조서를 지어 주어야겠소."[6]

최신유는 깜짝 놀라며 말했다.

"황상께서는 고명하신 덕이 천하에 알려져 있는데 어찌 가벼이 그런 논의를 할 수 있겠습니까? 내 비록 죽는다 해도 그런 명은 받들 수가 없습니다."

구사량 등은 한동안 말이 없다가 뒷문을 열어 그를 소전(小殿)으로 데리고 가니 거기에 황제가 있었다. 구사량 등이 황제가 저질렀던 과오들을 하나하나 짚어나가자 황제는 고개를 떨구었다. 그리고 황제를 가리키며 최신유에게 말했다.

"학사께서 할 수 없다면 이자의 죄를 더 이상 물을 수가 없겠소이다."

그러면서 최신유를 나가게 하고는 "절대 이 사실을 누설하면 안 되오. 만일 누설할 경우 그 화가 당신 집안 사람들에까지 미칠 것이오"라고 경고했다. 최신유는 이때의 일을 기록해 목침 속에 숨겨두었으니 그 당대 사람들은 아무도 몰랐다. 장차 세상을 떠나게 되면서 최신유는 아들 윤(胤)에게 전해주었다. 그래서 최윤은 환관들을 미워했으며 마침내 그들을 제거하게 되니 대체로 그 재앙은 구사량과 어홍지에게서 시작됐다.

신이 가만히 살펴보겠습니다. 당나라 때 환관의 재앙은 태화(太和) 연간에 이르러 고질병처럼 됐고 이훈과 정주는 거기에다가 독약을 탄 꼴이 됐으니 두 사람은 그저 화망(禍亡)을 재촉했을 뿐입니다. 일이 이 지경에까지 이르게 됐으니 현종과 덕종이 어찌 그 과

오를 책임지지 않을 수 있겠습니까?

1) 열흘에 한 번꼴로 쉬는 날이다.

2) 헌종이 시역당했을 때의 환관 패거리를 말한다.

3) 『자치통감』에는 11월의 기사에 나온다.

4) 단 이슬은 당시에 천하태평의 조짐으로 받아들여졌다.

5) 주나라의 마지막 임금이며 진(秦) 나라에 망했다.

6) 이때 태자 이성미는 나이가 어렸다. 그대로 태자가 후계자가 될 경우 구사량과 어홍지는 공로를 세울 여지가 없었다. 그래서 태자가 어리고 또 병이 있다며 다시 태자를 세우는 문제를 추진하고 있는 것이다.

(『자치통감』) 희종(僖宗)이 보왕(普王)으로 있을 때 소마방사(小馬坊使)[1] 전령자(田令孜)가 총애를 받았는데 즉위해서는 지추밀(知樞密)을 시켰다가 드디어 발탁해 중위(中尉-신책군 중위)로 삼았다. 이때 황상은 열네 살로 오로지 노는 것을 일삼았으며 정사는 모두 전령자에게 일임하고서 그를 아부(阿父-義父와 같은 뜻이다)라고 불렀다.

전령자는 자못 책을 읽었고 기교와 술수가 많아 권력을 제 마음대로 부리면서 뇌물을 받았다. 그리고 관직을 제수하는 것과 비색(緋色-5품 이상)과 자색(紫色-3품 이상)의 관직을 내리는 것은 모두 황상에게 아뢰지도 않고 자기가 알아서 했다. 황상을 알현할 때마다 항상 스스로 과

일과 먹을 것을 두 개의 쟁반에 담아 냈고 황상과 마주하여 마시고 먹고 유유자적하면서 한참 있다가 물러나곤 했다.

황상은 내원(內園)의 어린아이들과 친하게 지내면서 악공과 기예 하는 아이들에게 상을 내렸는데 그 비용이 여차하면 만으로 계산되어 부고(府庫)에 있던 것이 텅 비어 없어졌다.

전령자는 황상을 꼬드겨 말하기를 "두 개의 저자에 있는 상인들의 보화를 적몰해 모두 내고(內庫)에 보내오도록 하고 억울함을 호소하는 자가 있으면 경조(京兆)에 보내어 매질을 해 죽게 하세요"라고 했다. 재상 이하 모든 사람들이 입에 재갈을 물리고 아무 말도 할 수가 없었다.

같은 해(건부(乾符) 2년(875년))에 원구(冤句-산둥성 둥밍현) 사람 황소(黃巢)가 반란을 일으켜 무리를 모으고 도적질을 하고 주현(州縣)들을 공격하며 산동 지방 일대를 마구 휘젓고 다니니 백성들 가운데 무거운 세금 수탈로 곤란을 겪는 사람들이 다투어 그의 수하로 들어갔다.

광명(廣明-희종의 연호) 원년(880년) 봄 2월에 좌습유(左拾遺) 후창업(侯昌業)이 상소를 올려 도적들이 관동(關東)에 가득 찼으며 황상은 친히 정사를 돌보지 않고 오로지 노는 데만 힘쓰며, 상으로 내려주는 것은 한도가 없고 전령자는 권력을 제 마음대로 해 그 위에는 아무도 없는 듯이 행동하고, 천문은 이상하게 변하니 사직이 장차 위태로워질 것이라고 극간을 했다. 황상은 크게 화가 나서 후창업을 소환해 내시성(內侍省)에 이르게 한 다음 죽음을 내렸다.

중화(中和-희종의 연호) 원년(881년) 봄 정월에 거가가 성도(成都)에 이르렀다. 황상은 밤낮으로 환관들과 함께 있으면서 천하의 일을 논의했고 외신(外臣)[2]들을 대하는 것은 더욱 소홀히 하고 야박해졌다. 이에 좌습유 맹소도(孟昭圖)가 상소를 올렸다.

"무릇 천하라는 것은 고조(-당 고조 이연)와 태종(-당 태종 이세민)의 천하이지 북사(北司-환관)의 천하가 아니고, 천자라는 것은 사해(四海) 구주(九州)의 천자이지 북사의 천자가 아닙니다. 북사라고 해서 다 믿을 수 있는 것은 아니고 남사라고 해서 다 쓸데없는 것은 아닙니다. 어찌 천자가 재상과 더불어 아무런 관련도 없게 되어 조정 신하들이 모두 다 마치 길 가는 사람들과 같을 수 있겠습니까?

만일 이와 같게 되면 (경사를) 수복하는 기대는 오히려 황상의 염려를 수고롭게 할 것이고, 시록(尸祿-아무 일도 않고서 받는 녹봉)을 받는 인사들은 연회나 열면서 편안히 있을 것입니다."

전령자가 이 상소를 차단하고서 올리지 않고 오히려 조서를 마음대로 고쳐 써서 맹소도를 깎아내려 가주(嘉州-쓰촨성 러산시) 사호(司戶)로 좌천시키고 사람을 보내 막이진(-쓰촨성 메이산시 근처 나루터)에서 익사시키니 사람들이 기가 막혀 감히 한마디도 못했다.

신이 가만히 살펴보겠습니다. 이때 큰 도적떼가 바야흐로 나라의 도성을 점령하자 희종은 대신들을 멀리하고 오직 환관들하고만 함께 있었습니다. 간관들이 그에 관해 말을 했으나 후창업은 이미 그전에 죽었고 맹소도도 또한 뒤에 죽었으니 아무리 망하지 않으려 해도 그럴 수가 있겠습니까?

1) 환관으로서 궁궐 내 말을 돌보는 직책이다.

2) 정부의 공식 관리들로 재상부터 백관들을 말한다

(『자치통감』) 소종(昭宗)은 번(藩)의 사저[1]에 있을 때 평소 환관을 싫어했다. 황제에 즉위하게 되자 양복공(楊復恭)이 자신이 황상의 즉위를 도운 공을 믿고서 불법적인 일을 많이 저지르니 황상이 불평해 정사를 처리하는 것을 대부분 재상들과 의논했으며 공위(孔緯) 등은 황상에게 대중(大中-선종의 연호)의 고사[2]를 들어 환관의 권세를 억제할 것을 권했다.

양복공이 숙위를 지휘하고 조정을 마음대로 할 수 있게 되자 그의 여러 양자들이 모두 절제사(節制使)와 자사(刺史)가 됐고, 그가 기른 자식 같은 환관 6백 명이 모두 감군(監軍)이 되니 천하의 권세가 다 그의 문으로 돌아왔다.

그의 양자인 이순절(李順節)이 이미 황상으로부터 총애를 받아 귀하게 되자 양복공과 권세를 다투며 양복공이 몰래 저질렀던 온갖 안 좋은 일들을 황상에게 낱낱이 고했다. 이에 황상은 마침내 양복공을 봉상(鳳翔) 감군으로 내보내니 양복공이 화를 내고 원망하며 임지로 가기를 거부하면서 병이 났다는 핑계로 물러나겠다고 했다. 이렇게 해서 양복공은 상장군으로 치사(致仕-벼슬에서 물러남)했다.

어떤 사람이 고하기를 양복공과 그의 양아들 양수신(楊守信)이 반란을 꾀한다고 하니 황상은 한희문(安喜門)에 나아가서 병사들을 풀어 자신을 호위토록 하고 이순절 등에게 명해 양복공의 집을 공격하도록 했으나 이길 수가 없었다. 양복공이 그의 가족들을 이끌고 흥원(興元-산시성 한중시)으로 달려가서 양수량(楊守亮) 등과 함께 병사를 일으켜 조정에 항거했다.

뒤에 화주(華州)에서 한건(韓建)의 병사들에게 붙잡혀 대궐 아래에 바쳐졌고 독류수(獨柳樹) 아래에서 참수당했다. 이무정(李茂貞)이 양복공이 양수량에게 보냈던 서신을 바쳤는데 거기서 양복공은 자신이 치사한 이유를 호소하며 말했다.

"내가 가시밭〔荊榛〕을 거치며 수왕(壽王-소종)을 옹립해 겨우 높은 자리를 얻었건만 대책을 정해준 나라의 원로〔定策國老〕를 폐하니 이와 같이 마음을 배반한 문생(門生-제자)인 천자가 있었던가?"

신이 가만히 살펴보겠습니다. 양복공은 황제를 세워준 공으로 방자하게 불법을 저지르다가 반란을 일으키기에 이르렀습니다. 여러 진들의 병사들을 일으켜 그의 집을 공격해 겨우 진압할 수 있었으니 집안의 천한 노비가 감히 저항한 것이 마치 적국과도 같았습니다. 그리고 스스로를 대책을 정해 준 나라의 원로〔定策國老〕라 생각하며 천자를 지목해 마음을 배반한 문생이라고 했으니 예로부터 환관들의 횡포가 심하기는 했지만 이보다 심했던 적은 없었습니다. 그러나 결국 독류수에서의 주살을 면치 못했으니 어찌 후세 사람들이 경계로 삼기에 부족하겠습니까?

1) 이는 왕들을 위한 장안에 있는 별채를 말한다.

2) 선종 때 빚어졌던 환관들의 횡포를 말한다.

(『자치통감』) 소종 광화(光化) 3년(900년)에 이부상서 최윤(崔胤)[1]을 동평장사로 삼아 청해(清海-광둥성 광저우시) 절도사에 충임했다. 사공(司空) 문하시랑(門下侍郎) 동평장사 왕박(王搏)은 밝고 통달한 데다가〔明達〕 도량이 넓어 당시 훌륭한 재상이라는 칭송을 받았다.

황상은 평소 환관인 추밀사 송도필(宋道弼)과 경무수(景務脩)가 전횡을 일삼는 것을 싫어했다. 그래서 최윤이 날마다 황상과 더불어 환관을 제거하려고 모의하니 환관들도 그것을 알고 있었다. 이로 말미암아 남사와 북사는 더욱 서로를 증오하고 싫어해 각각 번진(藩鎭)들과 결탁해 서로 도우면서 상대를 배척하며 쟁탈전을 벌였다.

왕박은 이러다가 나라가 어지러워지게 될까 두려워 조용히 황상에게 말했다.

"임금은 마땅히 대체(大體)를 밝히는 데 힘써야 하고 치우치거나 사사로운 바〔所偏私〕가 없어야 합니다. 환관들이 권력을 농단하는 폐단이야 누가 모르겠습니까? 잘 살펴보면 그들의 세력은 단번에 뿌리 뽑을 수 있는 것은 아니니 마땅히 다른 환난들이 점차 평정되기를 기다려서 도리를 갖고서 사그라지게〔消息〕 만들어야 합니다. 원컨대 폐하의 말씀이 쉽게 새어나가서 간사한 자들의 변란을 재촉하는 일이 있어서는 안 될 것입니다."

최윤이 이 소식을 듣고서 왕박을 헐뜯으며〔譖〕 말했다.

"왕박은 간사해 이미 송도필 무리의 외부 호응자〔外應〕가 됐습니다."

(이로 인해) 황상은 왕박에 대해 의심하는 마음을 갖게 됐다. (그 후) 최윤이 재상에서 파직되자[2] 속으로 생각하기를 왕박이 자신을 배척했다고 여겨 그를 더욱더 한스럽게 생각했다. 그래서 최윤이 (청해절도사

의 지휘부가 있는) 광주(廣州)로 떠나게 되자 주전충(朱全忠)에게 편지를 보내 왕박의 말을 구체적으로 전하면서 주전충으로 하여금 표문을 올려 그것을 논의하게끔 했다. 주전충이 황상에게 말씀을 올렸다.

“최윤은 보필하는 직위에서 떠나게 할 수 없습니다. 그리고 왕박은 칙사(勅使)[3]들과 서로 안팎이 되어 함께 사직을 위태롭게 하고 있습니다.”

표문(表文)이 연이어 올라가기를 그치지 않았다. 황상은 그 정황을 다 살피고 있었지만 주전충의 압박으로 인해 어쩔 수 없이 최윤을 다시 불러 사공 문하시랑 동평장사로 삼았고, 왕박은 파직해 공부시랑에 명했다. 송도필은 형남군(荊南軍-후베이성 장링현)을 감독하게 했고, 경무수는 청주군(青州軍)을 감독하게 했다.[4]

그리고 다시 왕박을 깎아내려 계주(溪州-후난성 융순현) 자사로 삼고, 또 깎아내려 애주(崖州-하이난성 충산구) 사호(司户)로 삼았고, 송도필은 환주(驩州-베트남 빈시)로, 경무수는 애주(愛州-베트남 탄호아성)로 멀리 유배 보내면서 모두 자진(自盡)할 것을 명했다. 이에 최윤이 조정을 제 마음대로 통제하게 되니 그 위세가 조정 안팎을 뒤흔들었고, 환관들은 모두 곁눈질을 하며 그 분통함을 이겨내지 못했다.

애초에 최윤이 황제와 더불어 환관들을 모조리 주살할 것을 비밀리에 모의했는데 송도필과 경무수가 죽자 환관들이 더욱 두려움에 떨었다. 황상이 화주(華州-산시성 화현)로부터 돌아온 이후 매사에 흥미를 잃어 대체로 멋대로 술을 마셨고 기쁨과 노여움이 일정치 않아 좌우에 있는 사람들은 특히 스스로 위태롭다고 느꼈다. 이에 좌군중위 유계술(劉季述), 우군중위 왕중선(王仲先), 추밀사 왕언범(王彦範), 설제악(薛齊偓) 등이 몰래 서로 더불어 모의해 말했다.

“주상께서는 경박하고 매몰차며 변덕스럽고 속이기를 잘하니〔輕佻變
경 조 변

詐〕 받들어 모시기가 어렵고, 오직 남사(南司) 사람들의 말만 듣고 신임하니 우리 무리들은 결국 재앙을 입게 될 것이다. (차제에) 태자를 받들어 세우고 주상은 태상황으로 높이고 기주(岐州)와 화주(華州)[5]의 군사들을 끌어들여 지원 세력으로 삼아 여러 번진들을 통제한다면 누가 우리를 해칠 수 있겠는가?"

황상이 어원(御苑-황제의 동산)에서 사냥을 하고 이어서 술자리를 마련하니 밤이 되어 술이 취해 돌아와서는 자기 손으로 환관〔黃門〕과 시녀 여러 사람을 죽였다. 다음 날 아침에 시간이 진시(辰時-7시에서 9시 사이)와 사시(巳時-9시에서 11시 사이)가 됐는데도 궁문이 열려 있지 않았다. 유계술이 금군 천여 명을 거느리고 문을 부수고 들어가 조사를 하고서는 구체적인 상황을 알 수 있었다. 그리고 나와서 최윤에게 말했다.

"주상께서 하시는 일이 이와 같은데 어찌 천하를 다스릴 수 있겠습니까? 어두운 군주는 폐위시키고 밝은 사람을 세우는 일〔廢昏立明〕은 예로부터 있어왔습니다."

최윤은 죽음이 두려워 감히 그의 말을 어길 수 없었다. 유계술이 문무백관을 불러 궁궐의 뜰에는 군사들을 늘어놓고 최윤 등의 이름을 쓴 문서를 작성했다. 이 문서는 태자를 청해 통치를 하게〔監國〕 하는 내용으로 이것을 보여준 다음 모두 서명토록 하니 최윤과 백관들은 어쩔 수 없이 모두 거기에 이름을 적어 넣었다.

환관들이 황상과 황후를 부축해 함께 연(輦-수레)에 태우니 빈어(嬪御-후궁)로 시종하는 사람은 겨우 10여 명에 불과했고 (이들 일행은) 소양원(少陽院)으로 갔다. 그곳에서 유계술은 은 막대〔銀檛〕로 땅에 그림을 그리면서 황상을 다그쳤다.

"어느 날의 어떤 일은 너〔汝〕가 나의 말을 따르지 않았으니 그 첫 번째 죄다."

이처럼 책망하기를 열을 헤아려도 그치지 않았다. 마침내 손수 소양원의 문을 잠근 다음 철을 녹여 그것을 땜질했고, 장병을 보내 그곳을 포위해 지키니 황상의 동정은 날날이 유계술에게 보고됐으며 담장에 구멍을 뚫어 음식을 들여넣어 주었다.

황상은 돈과 비단을 요구했으나 얻을 수 없었고, 종이와 붓을 청했으나 역시 들어주지 않았다. 당시 큰 추위가 찾아와 빈어와 공주들은 옷과 이불이 없어 울부짖는 소리가 밖에까지 들렸다. 유계술 등은 조서를 고쳐 써서 태자로 하여금 황위를 이어받도록 했다. 유계술 등은 최윤을 주살하려 했으나 주전충이 꺼려져서 단지 그의 탁지염철전운사(度支鹽鐵轉運使)의 직위만 빼앗을 수 있었다.

최윤은 비밀리에 주전충에게 편지를 보내 군사를 일으켜 반정(反正)할 것을 요청했다. 이때 염주(鹽州-산시성 딩볜현)의 웅의군사(雄毅軍使)인 손덕소(孫德昭)가 좌신책지휘사에 임명되었는데 유계술이 황제를 폐립시키면서부터 항상 분개하면서 불평하고 있었다. 최윤이 그 이야기를 듣고서 (탁지염철) 판관 석전(石戩)을 보내 손덕소와 교유하게 했다. 손덕소는 매번 술에 취하면 반드시 눈물을 흘렸고, 석전은 그의 진실됨을 알게 되어 마침내 비밀리에 최윤의 뜻을 그에게 알리니 손덕소는 감사하며 말했다.

"상공(-최윤)께서 명을 하신다면 감히 목숨을 아끼지 않겠습니다."

석전이 그것을 최윤에게 알리자 최윤은 옷 띠를 베어내서 손수 편지를 써서 손덕수에게 전해주었다. 손덕소는 다시 우군청원도장(右軍淸遠都將) 동언필(董彦弼), 주승회(周承誨)와 결탁하고 섣달 그믐날 밤〔除夜〕에 안복문(安福門) 밖에 군사를 매복시키고서 그들을 기다리기로 모의했다.

봄 정월 초하룻날에 왕중선이 들어가 알현하려고 안복문에 도착하자 손덕소가 그를 사로잡아 목을 베고 말을 달려 소양원에 가서 문을 두들기며 소리쳤다.

"역적이 이미 주살됐으니 청컨대 폐하께서는 나오셔서 장수와 병사들을 위로해 주십시오!"

황상과 황후가 문짝을 부수고 밖으로 나오자 최윤이 황상을 영접해 장락문(長樂門) 누각으로 모신 다음 백관을 거느리고 가서 칭송하고 축하했다.

(한편) 주승회는 유계술과 왕언범을 사로잡아서 잇달아 도착했는데 바야흐로 그들을 책망했으나 이미 마구 때린 몽둥이에 맞아 숨이 끊어져 있었다. 설제악은 우물에 뛰어들어 죽었으나 그를 다시 끄집어내어 목을 벴다. 이들 네 명의 가족들도 모두 죽이고 그들의 무리 20여 명도 함께 주살했다.

손덕소를 동평장사로 삼아 정해(静海-베트남 하노이시) 절도사에 충임하고 성씨와 이름을 하사해 이계소(李繼昭)[6]라고 불렀다. 최윤은 사도(司徒)로 승진시켰고, 황제의 최윤에 대한 총애와 대우는 더욱 두터워졌다. 주승회를 영남서도(嶺南西道) 절도사에 충임하고 성씨와 이름을 하사해 이계회(李繼誨)라고 불렀다. 동언필은 영원(寧遠) 절도사에 충임하고 이씨 성을 내려주었으며 주승회와 더불어 동평장사로 삼았다. 이들은 모두 대궐에 남아 숙직하며 호위하다가〔宿衛〕숙위 열흘이 지나서야 마침내 대궐을 나와 집으로 돌아갔는데 상으로 받은 것은 창고가 기울어질 정도였으니 당시 사람들은 그들을 삼사상(三使相)[7]이라 불렀다.

병오일에 칙서를 내렸다.

"근년에 재상이 연영전에서 일을 올리면 추밀사(-환관)들이 곁에서 시중들면서 쟁론하는 것이 분분했고, 이미 밖으로 나간 후 다시 황상의 유지(諭旨-유시하는 뜻)가 아직 윤허되지 않았다고 말하고서 또다시 고치거나 바꾸어 권력을 왜곡시키고 정사를 어지럽혔다.

지금부터는 모두 대중(大中-선종의 연호) 연간의 옛 제도에 의거해 재상이 업무를 아뢰는 일이 완료된 다음에 비로소 전에 올라 공무를 인계받을 수 있다."

최윤은 환관이 병권을 쥐는 것은 결국은 겨드랑이의 근심거리라고 여겨 대궐 밖 군사로써 그들을 견제하기 위해 이무정에게 넌지시 일러 군사 3천을 경사에 남겨놓아 숙직과 호위를 맡게 하고 이무정의 가자(假子-義子)인 이계균(李繼筠)으로 하여금 그들을 통솔하게 했다. 그런데 좌간의대부 한악(韓偓)은 불가하다고 했으나 최윤은 따르지 않았다.

이때(천복(天復) 원년(901년)) 황상은 모든 군국(軍國)의 일을 최윤에게 맡기고 매번 일을 상주할 때마다 그와 더불어 조용히 상의했는데 종종 촛불을 밝힐 때까지 계속 있기도 했다. 환관들은 그것을 두려워해 곁눈질했고, 그들은 크고 작은 모든 일들을 최윤에게 물어본 다음에 시행해야 했다. 최윤의 뜻은 환관들을 모조리 제거하는 데 있었으므로 한림학사 한악이 여러 차례 간언했다.

"(환관에게) 일을 금하는 것은 너무 심합니다. 이런 무리들 또한 전부 없앨 수는 없는 것이니 아마도 그 무리들을 너무 박절하게 할 경우 또다시 무슨 변고를 만들지 않을까 두렵습니다."

최윤은 따르지 않았다.

(천복 1년) 최윤이 황상에게 주청해 환관들을 모조리 주살하고 다만 궁인(宮人)들로 하여금 궁내의 여러 사무들을 주관토록 하자고 했는데

그것이 환관의 귀에 들어가자 자못 소문이 났다. (환관인) 한전회(韓全誨) 등이 눈물을 줄줄 흘리며 황상에게 애달프게 봐달라고 청했다. 이에 황상은 최윤에게 명했다.

"앞으로 일이 있으면 밀봉한 서한으로 하고 구두로 아뢰지 말도록 하라."

환관들이 미녀 가운데 글을 아는 몇몇을 찾아내어 궁중 안으로 들어가게 해서 몰래 정탐하고 살피게 해 최윤의 비밀 모의를 알아냈지만 황상은 그것을 깨닫지 못했다. 한전회 등이 크게 두려워하면서 매번 연회에서 모일 때마다 눈물을 흘리며 서로 작별 인사를 나누었고 밤낮으로 최윤을 제거할 수 있는 계책을 논의했다.

이때 주전충과 이무정은 각각 천자를 끼고서 제후들을 호령하려는 뜻을 갖고 있었는데 주전충은 황상이 동도(東都-허난성 뤄양시)로 행차하게 하고 싶어 했고 이무정은 봉상(鳳翔-산시성 펑샹현)으로 행차하게 하고 싶어 했다. 최윤은 비밀 모의가 누설된 것을 알고 사태가 급해지자 주전충에게 편지를 보내 자신이 황상으로부터 비밀 조서를 받았다고 말하고 주전충으로 하여금 군사를 거느리고 가서 거가(車駕)를 영접해야 할 것이라고 말했다.

주전충은 편지를 받고서 급히 대량(大梁-허난성 카이펑시)으로 돌아가 군사를 발동했다. 이에 한전회 등은 주살될까 봐 두려워 군사로써 황상을 제압할 것을 모의하고 마침내 이계소, 이계회, 이언필(李彦弼), 이계균과 깊이 서로 교결(交結)했지만 이계소만은 따르려 하지 않았다.

겨울 10월 주전충이 군사를 크게 일으켜 대량을 출발했다. 한전회는 주전충이 곧 도착한다는 소식을 듣고 이계균과 이언필 등으로 하여금 군사를 이끌고 가서 황상을 위협해 봉상으로 행차할 것을 요청하도록 했다. (며칠 후) 한전회 등이 황상으로 하여금 합문(閤門-편전의 앞문)에 들어가 백관들을 부르게 하고, 추가로 정월 병오일에 내렸던 칙서[8]를 내팽개치게 하고 모두 함통(咸通-의종의 연호) 이래의 가까운 관례[近例 근례][9]와 같게 하도록 했다. 이날 연영전을 열고 한전회 등이 바로 곁에서 시중을 들며 함께 정사를 논의했다.

주전충이 하중(河中)에 도착해 표문을 올려 거가가 동도로 행차할 것을 요청하자 한전회 등은 대전 앞에 군사를 늘어놓고 황상에게 말했다.

"주전충이 대규모 군사를 이끌고서 경사를 압박하고 천자를 겁박해 낙양으로 행차하게 하고 황위를 넘겨줄 것을 요구하려 합니다. 신 등은 청컨대 폐하를 받들고 봉상으로 행차해 군사를 수습해 그들에게 맞설 수 있게 해주십시오."

황상이 허락하지 않자 이언필은 이미 어원에 불을 놓았다. 이날은 동지였는데 황상은 홀로 사정전에 앉아 있었다. 궁정 뜰에는 신하가 아무도 없었고 곁에서 시중드는 사람도 없었다. 그래서 어쩔 수 없이 황후와 비빈들 그리고 여러 왕 100여 명과 더불어 모두 말 위에 오르니 통곡하는 소리가 끊이지 않았다. 문을 빠져나와 뒤를 돌아보니 궁중은 이미 불이 훨훨 타오르고 있었다.

주전충이 봉상에 도착해 성의 동쪽에 진을 치자 황상은 여러 차례 조서를 내려 주전충에게 진으로 돌아가라고 명하니 주전충은 마침내 절을 하고 표문을 올린 다음 작별 인사를 했다. 그리고 (수사공 문하시랑 동평장사) 최윤과 (호부시랑 동평장사) 배추(裴樞)를 파직했다.

천복 2년 4월에 최윤이 화주에서 하중으로 가서 주전충에게 울면서 호소하기를 이무정이 천자를 협박해 촉(蜀-쓰촨성)으로 행차할 것이 걱정되니 마땅히 때에 맞춰 영접해 모셔야 하는데 형세로 볼 때 늦춰서는 안 된다고 했다. 이에 주전충은 다시 군사를 일으켜 봉상에 이르니 이

무정은 성채를 굳게 지키며 나오지 않았다. 이에 주전충이 기만책〔譎計〕을 써서 유인해 내니 이무정은 문을 열고서 무리들을 모두 데리고 주전충의 군영을 공격했다. 주전충은 병사들을 풀어 맞서면서 다른 한편으로 수백 명의 기병을 파견해 성문을 점거하니 봉상의 군사들은 나아가거나 물러나거나 모두 근거지를 잃어 자기들끼리 밟아 죽거나 다치거나 해 거의 다 사라져버렸다.

이무정은 이때부터 기세를 잃고서 비로소 주전충과 화해를 논의했고, (12월에) 마침내 비밀리에 환관들을 주살하는 것으로 자신의 죄를 면해 보기로 모의하고서 주전충에게 편지를 보내 말했다.

"이번 화란이 일어난 것은 모두 한전회로부터 말미암은 것이니 저〔僕〕는 거가를 영접해 이곳에 이르게 해서 다른 도적들을 대비하려 했던 것입니다. 공께서는 이미 사직을 바로잡는 데 뜻을 두고 있으니 청컨대 공께서는 (황상을) 영접하고 호종해 궁궐로 돌아가시도록 하고 저는 낡은 무기와 피로에 지친 병사들을 갖고서 공을 따라서 힘을 펼치게 해주십시오."

주전충이 답하는 편지를 보냈다.

"제가 군사를 일으켜 이곳에 이른 것은 승여(乘輿)[10)]가 파천하는 것을 바로 하려는 것인데 공께서 협력할 수 있다고 하시니 그것은 본래 제가 바라던 바였습니다."

정유일에 황상은 이무정 등과 회의를 열어 주전충과 화해하는 문제를 의논했는데 이때 황상이 말했다.

"16개 관저의 여러 왕(-황상의 형제와 사촌들) 이하는 얼거나 굶어서 죽는 사람이 매일 여러 명이 있다. 안에 있는 여러 왕과 공주 비빈들은 하루는 죽을 먹고 하루는 면을 먹었는데 지금은 그마저 다 떨어졌다.

경 등의 생각은 어떠한가?"

모두 대답을 않자 황상이 말했다.

"서둘러 마땅히 화해해야 할 뿐이다."

천복 3년 정월에 이무정이 홀로 황상을 알현했고 중위 한전회 등은 모두 황상을 만날 기회를 가질 수 없었다. 이 자리에서 이무정은 한전회 등을 주살하고 주전충 등과 화해해야 하며 거가를 모시고 경사로 돌아가게 해줄 것을 청했다.

황상은 기뻐하면서 즉시 내양(內養-가장 가까이에서 시중 드는 환관)을 파견해 봉상의 병졸 40명을 거느리고 가서 한전회 등을 잡아 참수토록 했다. 그리고 한전회 등 20여 명의 목 벤 머리를 주머니에 담아 사신을 보내 주전충에게 그것을 보여주면서 말하게 했다.

"이전에 거가를 위협해 머물게 했고 처벌이 두려워 이간질을 하며 협력과 화해를 하지 않으려 했던 것은 모두 이 사람들이다. 오늘 짐이 이무정과 더불어 뜻을 결정해 그들을 주살했으니 경은 여러 군사들에게 알리고 일깨워서 많은 사람들의 울분을 풀어줄 수 있을 것이다."

이때 봉상에서 주살된 환관은 72명이었고, 주전충도 비밀리에 명을 내려 경조(京兆-장안)에서 은퇴했거나 (이번 황상의 파천에) 따라오지 않은 환관을 찾아내 붙잡아 90명을 주살했다.

마침내 황상이 장안에 돌아오자 주전충과 최윤이 함께 소대(召對)하고서 최윤이 주청을 올렸다.

"국가(-당나라)의 초기 승평(承平)하던 시절에는 환관들이 군사를 관장하거나 정치에 참여하지 않았는데 천보(天寶-현종의 연호) 이래로 환관들이 점점 번성하게 됐습니다. 정원(貞元-덕종의 연호) 말기에 우림위(羽林衛)를 나누어 좌우 신책군을 만들어 숙위와 수행을 편하게 하면서 비로소 환관들이 이를 주관하게 했고 2천 명을 고정된 제도로 삼았습니다.

이때부터 기밀 업무에 참여하고 관장하며 백사(百司)의 권한을 빼앗았고 상하는 이리저리 임시변통으로 꾸며대〔彌縫〕 함께 불법을 저지르니 크게는 번진들을 모함하거나 선동해 국가를 기울여 위태롭게 했고, 작게는 관직을 팔고 뇌물을 받아 옥사를 처리함으로써 조정의 정치를 좀먹고 해쳤습니다.

왕실이 쇠하고 어지러워진 것은 바로 그 때문이니 그 뿌리를 잘라내지 않으면 재앙은 끝내 그치지 않을 것입니다. 청컨대 궐 내의 여러 사사(司使-환관들이 맡았던 직책)들을 모두 혁파하시고 그들의 업무는 공식적인 정부 기구에 모두 돌려주시고 여러 도의 감군(監軍-모두 환관이 맡았다)은 모두 불러서 궁궐로 돌아오게 하십시오."

황상이 그대로 따랐다.

이날 주전충이 군사들을 동원해 환관인 제오가범(第五可範) 등 수백 명을 내시성에 몰아넣고 모조리 죽이니 억울하다며 부르짖는 소리가 안팎으로 울려퍼졌다. 환관들 중에서 지방에 사신으로 떠나 밖에 있던 사람들은 조서를 내려 그들이 있는 그곳에서 체포해 그대로 주살하고, 다만 황의(黃衣-품계가 낮은 환관이 입는 옷)를 입은 어리고 힘없는 환관 30여 명은 살려놓아 물을 주거나 청소하는 일에 대비케 했다.

이로부터 조칙을 선포하고 전달하는 것은 모두 궁인들로 하여금 들고 나게 했고 좌우 신책군을 통솔하던 안팎의 팔진(八鎭) 군사는 모두 육군(六軍)에 예속시킨 다음 최윤이 판육군십이위사(判六軍十二衛事)를 겸임토록 했다.

사마광이 말했습니다.

"환관이 제 마음대로 권세를 부려 나라에 근심이 됐던 것은 그 유래가 아주 오래됐다. 대개 궁금(宮禁-대궐 내 황실)을 출입하기 때문에 임금들은 어려서부터 장성할 때까지 그들과 가깝고 친숙해져서 삼공육경(三公六卿)처럼 나아가 알현하는 것이 때를 맞추거나 삼엄해 꺼리게 할 수 있는 것은 아니었다.

그들 가운데 또 타고난 성품이 유식하고 지혜는 날카로우며 말재주가 좋고 유창하며, 안색을 은밀히 살피고 기다리다가 속뜻과 취향을 받들어 영합하고, 명령을 받으면 어기고 거스를 걱정이 없으며, 시중들 때는 마음에 들고 만족할 만한 효과를 내는 사람이 있다. 그래서 뛰어난 안목〔上智(상지)〕을 가진 주군이어서 세상 물정을 훤하게 알고, 염려하고 근심하는 것도 깊고 원대하며, 모시고 받드는 일〔侍奉(시봉)〕 이외에는 어떤 일도 맡기지 않는 임금이 아니라면, 가까이 있는 사람은 날로 친해지고 멀리 있는 사람은 날로 소원해지며 달콤한 말이나 공손한 말로 청하니 때로는 따라주고, 또 '물이 서서히 젖어서 스며들고 살갗을 파고드는 듯한 하소연〔浸潤膚受之愬(침윤 부수 지 소)〕'[11]이 있을 때는 들어주게 된다.

이에 벼슬에서 내쫓거나 형벌이나 상을 내리는 정령(政令)들이 슬그머니〔潛(잠)〕 환관들에게 옮겨가더라도 스스로 깨닫지 못하게 되니 마치 향기로운 술을 마시다가 그 맛에 빠져서 자신이 취했음을 잊어버리게 되는 것과 같다고 하겠다. 출척(黜陟)과 형상(刑賞)의 칼자루가 (엉뚱한 데로) 옮겨갔는데도 나라가 위태롭고 어지러워지지 않은 적은 한 번도 없었다.

동한(東漢)이 쇠퇴했을 때 환관들이 교만해 제 마음대로 한 것이 가장 유명하다. 그러나 모두 임금의 권력을 가장(假裝)했고 의지했던 것은 성사(城社)[12]였으니 그들이 천하를 혼탁하게 하고 어지럽혔지만 아직은 천자를 겁박하고 위협해 마치 어린아이를 통제하는 것과 같이 하면서 폐위시키거나 남아 있게 하는 것을 손안에 두고 동쪽에 두건 서쪽에 두건 그들의 속마음에서 나오게 한 것은 아니었다. 따라서 천자들이 그들을 두려워하는 것은 마치 호랑이와 이리를 타거나 뱀과 살모사를 잡고 있는 것 같던 당나라 때와 같은 것이다. 그렇게 된 까닭은 다름이 아니라 한나라 때는 (환관이) 병권을 장악하지 않았으나 당나라 때는 병권을 장악했던 까닭이다.

무릇 시인(寺人)이라는 직책은 삼왕(三王)의 시대부터 구체적으로 『시경』과 『예기』에 실려 있다. 따라서 규달(閨闥-여자들이 거처하는 작은 문)의 금기를 신중히 하고 안팎의 말을 소통하게 하기 위한 것이니 어찌 없을 수 있겠는가? 다만 임금은 마땅히 그들과 정사를 의논하고 사대부들을 진퇴시키며 위엄과 복을 갖게 해 사람들을 움직이기에 충분하게 해서는 안 될 뿐이다. 결과적으로 어떤 사람이 죄를 졌는데 그 죄가 적다면 그에게 맞는 형벌을 내리고 크다면 그를 주살하며 너그럽게 용서하지 말아야 한다. 이와 같이 한다면 비록 그들에게 전횡하라고 하더라도 어느 누가 감히 할 수 있겠는가?

어찌 착하고 착하지 않음을 살피지 않고 옳고 그른 것을 택하지 않으며 풀을 깎고 날짐승을 사로잡듯이 한다면 난을 일으키지 않을 수 있겠는가? 이리하여 원소가 앞에서 그것을 시행하니 동탁이 한나라를 약하게 했고, 최창하(崔昌遐)가 뒤에서 그들을 이어받으니 주씨(朱氏-주전충)가 당나라를 찬탈하게 해 비록 한때의 분한 마음은 통쾌하게 해주었지만 나라는 결국 멸망했다.

이것은 마치 옷에 때 묻은 것을 싫어해 그것을 태워버리고, 나무의 해충을 걱정해 그것을 베어버리는 것이니 그 해로움이 어찌 더 많아지지 않겠는가? 공자가 (『논어』「태백」에서) 말하기를 '사람이면서 어질지 못한 것을 너무 미워하는 것도 난을 일으킨다〔人而不仁疾之已甚亂也〕'고 했는데 이것을 말하는 것이다."

구양수가 (자신이 편찬한 『오대사기』「환자전론(宦者傳論)」에서) 말했습니다.

"예로부터 환관은 선비의 나라〔人之國〕[13]를 어지럽혔는데 그 뿌리는 여색으로 인한 재앙〔女禍〕보다 더 깊다.

여자는 색(色)에 빠져들게 할 뿐이지만 환관의 폐해는 한 가지만이 아니다. 대개 환관이 하는 일이란 임금과 가까이에서 매우 친숙하게 굴기 때문에 그 마음 씀씀이가 제 마음대로인 데다가 잔인하기까지〔專以忍〕하다.

별 것도 아닌 좋은 일〔小善〕로 능히 윗사람의 비위를 맞추고〔中〕 한 줌도 안 되는 신임〔小信〕으로 사람들의 마음을 얻어내어 임금으로 하여금 반드시 자신을 믿고 가까이하게 만든다. 일단 임금이 자신을 믿음으로 대하게 한 이후에는 화복(禍福)으로 임금을 겁주어 임금을 완전히 잡아 쥔다.

비록 조정에는 충성스러운 신하와 뛰어난 선비들이 많이 있어도 임금은 그들에게 거리를 두어 소원하기 때문에 늘 함께 지내고 식사까지 같이 하는 환관들만 못하다고 여기며 전후좌우에서 늘 달라붙어〔親〕 있는 환관들이야말로 믿을 만하다〔可恃〕고 생각하게 된다. 그러다 보니 전후좌우에 있는 자들은 날로 더 가까워지는 반면 충성스러운 신하와 뛰어난 선비들은 날로 더 멀어지니 임금의 세력은 날로 더 고립된다.

임금의 세력이 이처럼 고립되면 재앙을 두려워하는 마음은 날로 더 심해지고 임금을 잡아 쥔 자는 날로 더 강고해진다〔牢=固〕. 이리하여 임금의 안위(安危)는 환관의 기쁨과 성냄에서 나오게 되는 것이다.

재앙에 대한 불안이 임금의 마음속〔帷闥〕에 자리하게 되면 예전에 이른바 믿을 만했던 충신과 현신〔忠賢〕들이 마침내 근심거리로 다가오게 된다. 그리고 근심이 깊어져 그것을 깨닫게 되면 그때서야 멀리했던 신하들과 함께 좌우의 측근에 있는 환관들을 (제거하려) 도모한다. (하지만 그 도모함이) 느리면 재앙을 더 키워 더욱 심해지고, 서둘면 임금을 잡아서 인질로 삼는다. 이렇게 되면 제아무리 뛰어난 지혜를 갖고 있더라도 제대로 도모할 수가 없게 된다. 즉 계책을 세우더라도 행할 수가 없고 행하더라도 성공할 수가 없으며 심한 경우에는 양측이 다 다치고 망하게 된다. 그래서 일이 크게 잘못될 경우 나라가 망하게 되고, 작게 잘못되더라도 임금의 몸을 망치게 된다.

그리고 간웅〔奸豪=奸雄〕이 이 기회를 틈타 일어나서 환관의 무리들을 남김없이 죽여 천하의 마음을 통쾌하게 한 이후에야 그런 일은 끝이 나게 된다. 그동안 역사에 실려 있는 환관의 재앙이란 늘 이와 같았으니 그것은 어느 한 세대에 한정되는 것이 아니다. 따라서 임금 된 자는 안에서 재앙을 길러서는 안 되고, 밖으로는 충성스러운 신하와 뛰어난 선비들을 멀리해서는 안 된다. 이는 대개 점점〔漸〕 쌓이다 보면 형세가 그렇게 만들어가는 것이다.

무릇 임금이 여색에 빠져 불행하게도 깨닫지 못할 경우 재앙이 생겨나지만 한순간 깨닫고서 여자의 머리채를 잡아 내쫓으면 그걸로 그만이다.

그러나 환관이 빚어내는 재앙은 (뒤늦게) 후회하고 깨닫는다 해도 세력상으로 그들을 제거할 수가 없게 되니 당나라 소종 때의 일이 딱 그랬다. 그래서 '(환관의 재앙은) 여색으로 인한 재앙〔女禍〕보다 더 깊다'고 한 말은 바로 이것을 가리키는 것이니 경계하지 않을 수 있겠는가?"

신이 가만히 살펴보겠습니다. 한나라와 당나라의 환관들은 대단한 충성스러움과 부지런함을 갖고 있었기에 일찍이 없었던 복을 누릴 수 있었고, 동시에 교만하고 방자하게 정치를 제 마음대로 했기에 일찍이 없었던 화를 당하지 않을 수 없었습니다. 임금들이 이를 잘 알아서 능히 그 나라를 온전히 할 수 있다면 집안도 온전히 할 수 있을 것이요, 환관들이 이를 잘 알아서 능히 자신의 몸을 온전히 할 수 있다면 나라도 온전할 수 있을 것입니다.

그래서 그것들을 상세히 갖춰 드러내어 말씀드렸습니다.

이상은 대궐 내 신하들의 정치 관여로 인한 재앙에 대해 논했습니다.

1) 앞서 나왔던 최신유의 아들이다.

2) 동평장사 직에서 해임됐다는 뜻이다.

3) 일반적으로는 황제의 명을 받은 사신인데 여기서는 환관을 뜻한다.

4) 두 사람 모두 감군사(監軍使)였다.

5) 기주의 절도사는 이무정(李茂貞), 화주의 절도사는 한건(韓建)이었다.

6) 아마도 이는 당나라 이씨 황실을 계속 이어주었다는 의미에서 이(李)와 계(繼)를 쓴 듯하다.

7) 사상(使相)이란 절도사이면서 재상이라는 뜻으로 이계소, 이계회, 이언필 세 사람을 가리킨다.

8) 앞서 본 대로 재상과 환관이 동시에 연영전에 들어오지 못하도록 하는 내용으로 환관을 정사에서 원칙적으로 배제하는 것이다.

9) 재상이 상주할 때 환관이 추밀사가 되어 곁에서 시중을 드는 관례를 말한다.

10) 황상의 수레로 곧 황상을 지칭한다.

11) 이 부분은 『논어』 「안연」 편에 나오는 공자의 말이다. 특히 『논어』에서 유일하게 '밝다〔明(명)〕'의 의미를 밝히는 것이라 전문을 인용한다. 자장이 밝음〔明(명)〕에 관해 묻자 공자는 말했다. **"물이 서서히 젖어드는 참소와 살갗을 파고드는 듯한 하소연이 행해지지 않는다면 그 정사는 밝다〔明(명)〕고 이를 만하다. 그런 참소와 하소연이 행해지지 않는다면 원대하다〔遠(원)〕고 이를 만하다〔子張問明(자장 문명) 子曰(자왈) 浸潤之譖(침윤 지 참) 膚受之愬(부수 지 소) 不行焉(불행 언) 可謂明也已矣(가위 명 야이의) 浸潤之譖(침윤 지 참) 膚受之愬(부수 지 소) 不行焉(불행 언) 可謂遠也已矣(가위 원 야이의)〕."** 잘 보면 진덕수는 참소 부분은 생략한 채 둘을 합쳐 표현했음을 알 수 있다.

12) 이는 성호사서(城狐社鼠)의 준말로 성벽의 동굴에 사는 여우와 사직단에 있는 쥐라는 뜻으로 권세에 의지해 숨거나 뒤에서 간사한 행위를 하는 사람을 비유하는 것이다.

13) 그냥 나라라고 하지 않고 인(人)의 나라라고 한 것은 주목할 필요가 있다. 이런 경우는 인(人)과 민(民)을 구분한 것으로 볼 수 있는데 이때의 인은 지배계층, 민은 피지배계층이라는 점에서 넓게 인을 선비로 풀이한 것이다. 환관은 인이 아니라 민임을 강조하는 표현으로 볼 수 있다.

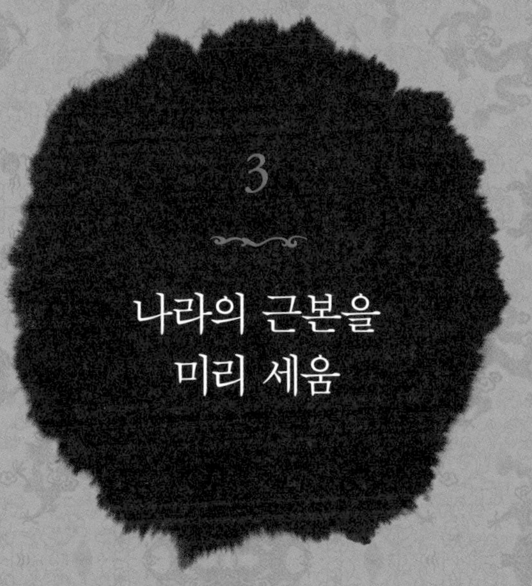

3

나라의 근본을 미리 세움

근본을 세우는 계책은 마땅히 일찍 이뤄져야 함

『춘추』 (노나라) 환공(桓公) 6년(기원전 706년) 9월 정묘일에 아들 동(同)[1]이 태어났다.

호안국이 말했습니다.

"경(經-『춘추』)에 '아들 동이 태어났다〔子同生(자동생)〕'라고 (굳이) 적어 넣은 이유는 나라의 근본이 바로잡혔기 때문이며, 후세에 적자의 자리를 빼앗으려는 것을 막기 위함이니 그 깨우쳐주는 뜻이 크다고 하겠다. 이 아이가 세자(世子)인데 세자라고 하지 않은 (즉 그냥 아들 동이라 한) 까닭은 무엇인가? 천하에 날 때부터 귀한 자는 없기 때문이다. 천자에게 고한 연후에야 세자가 된다."

신이 가만히 살펴보겠습니다. (한나라 때의) 가의의 책[2]에 이런 말이 있습니다.

"세력이 분명하면 백성이 안정되어 (정사가) 하나의 도리에서 나오게 된다. 따라서 사람들이 다투어 재상은 되려 하면서 세자가 되려는 간사함을 부리지 않는 것은 재상이 높고〔貴(귀)〕 세자가 낮아서〔卑(비)〕가 아니라 세자라는 자리는 지략으로써 구할 수 있는 것이 아니고 힘으로써 다툴 수 있는 것도 아니기 때문이다."

신이 말씀드리자면 옛날에 세자가 태어나면 그것을 드러내고 높여서 나라 사람들이 다 알 수 있게 했던 것은 그것이 중망(衆望)과 연계

돼 있는 까닭입니다. 이는 곧 나라의 근본〔國本=세자〕을 정하는 일은 세자를 세우는 날에 정해지는 것이 아니라 이미 애초에 태어날 때 바로 정해진다는 뜻입니다.

이것이 아들 동이 태어났을 때 『춘추』에 반드시 삼가 그 내용을 기록한 이유입니다.

1) 훗날의 장공(莊公)이다.

2) 『신서(新書)』를 가리킨다.

(『춘추좌씨전』) (노나라) 희공(僖公) 17년(기원전 643년)이다. 제(齊)나라 후(侯-환공)에게는 부인이 세 명 있었다. 왕희(王姬), 서영(徐嬴), 채희(蔡姬)였는데 모두 아들을 낳지 못했다.

환공은 여색을 밝혀〔好內=好色〕 총애하는 여인이 많았고, 특히 아끼는 여인〔內寵〕 중에 부인과 같은 대우를 받는 여인이 여섯 명이었다. 장위희(張衛姬)는 무맹(武孟)[1]을, 소위희(少衛姬)는 혜공(惠公)[2]을, 정희(鄭姬)는 효공(孝公)[3]을, 갈영(葛嬴)은 소공(昭公)[4]을, 밀희(密姬)는 의공(懿公)[5]을, 송나라 화씨(華氏)는 공자 옹(雍)을 낳았다.

환공은 관중과 함께 효공을 송나라 양공(襄公)에게 부탁하면서 태자로 삼았다.

그때 옹무(雍巫)[1)]는 위공희(衛共姬)[2)]의 총애를 받고 있었다. 그래서 시인(寺人) 초(貂)를 통해 환공에게 맛있는 요리〔羞=饈〕를 올리니 환공이 위공희도 총애해 무맹을 태자로 세우는 것을 허락했다.[6] 관중이 세상을 떠나자 다섯 공자 모두 자신을 태자로 세워줄 것을 요구했다.

겨울 10월 을해일에 제 환공이 세상을 떠났다. 역아가 궁으로 들어가 시인 초와 함께 내총(內寵) 장위희를 위해 여러 관리들을 죽이고 공자 무휴를 옹립했다. 효공은 송나라로 달아났다.

희공 18년(기원전 642년) 봄에 송나라 양공이 제후들을 이끌고 제나라를 쳤다. 3월 제나라 사람들이 무휴(즉 무맹)를 죽였다.

제나라 사람들은 장차 효공을 옹립하려 했으나 다른 네 공자[7]의 무리를 이기지 못해 드디어 송나라와 전쟁을 했다.

여름 5월에 송나라 군사가 제나라 군사를 언(甗)에서 꺾고 효공을 옹립한 다음 돌아갔다.

1 공자 무휴(無虧)다.

2 공자 원(元)이다.

3 공자 소(昭)다.

4 공자 반(潘)이다.

5 공자 상(商)이다.

6 역아는 이미 환공의 총애를 받고 있었기 때문에 장위희를 위해 청해서 허락을 얻어낸 것이다.

7 무휴는 이미 죽었기 때문에 네 공자라 한 것이다

신이 가만히 살펴보겠습니다. 관중은 환공을 도와 제후들 사이의 패권을 확립해 천하를 바로잡았습니다만 정작 죽음을 앞두고서 다섯 공자들이 서로 왕이 되겠다고 싸워 국내적으로는 20년간 큰 혼란이 생겼으니 그것은 다 (태자를) 일찍〔蚤=早〕 정하지 않은 때문입니다. 그렇게 일찍 정하지 못한 까닭은 환공이 젊은 여자들에게 빠진 때문입니다.

대체로 환공과 그 신하(-관중)는 부국강병(富國彊兵)이 시급하다는 것은 알았으나 수신제가(修身齊家)가 그 근본이 된다는 것을 몰랐습니다.

따라서 그 재앙이 이 지경에까지 이르게 됐으니 경계하지 않을 수 있겠습니까?

1) 자는 역아(易牙)이며 궁중 요리사 무(巫)를 가리킨다. 옹(雍)에는 주방장이란 뜻이 있다.

2) 장위희를 가리킨다.

『사기』

제나라 경공의 적자가 죽었다.[1] 경공의 애첩 예희(芮姬)가 낳은 아들 도(荼)가 있었지만 도는 어렸고 그 어머니는 출신이 비천한 데다가 행실도 안 좋았다. 여러 대신들은 도가 뒤를 잇게 될까 두려워해 마침내 아들들 가운데 나이가 많고 어진 아들을 태자로 세워야 한다고 말했다.

경공은 연로해 후계 문제를 말하는 것을 싫어했고, 또 도의 어머니를 총애했기에 도를 태자로 세우고 싶어 했지만 입 밖으로 말을 꺼내기를 꺼렸다. 이에 대부들에게 일러 말했다.

"즐길 뿐이지 나라에 어찌 태자가 없을까 봐 걱정이오?"

가을에 경공이 병이 들자 국혜자(國惠子)와 고소자(高昭子)에게 막내 아들 도를 태자로 세우라고 명하고 나머지 여러 공자들을 내쫓았다.

경공이 드디어 숨지자 태자 도가 왕위에 올랐으니 그가 안유자(晏孺子)다. 여러 공자들은 주살될까 두려워 나라 밖으로 도망쳤다.

안유자 원년에 전기(田乞)[1]가 고소자를 쳐서 죽이고 마침내 노나라에 사람을 보내 공자 양생(陽生)을 불러 왔다. 양생이 제나라에 와서 전기의 집에 숨어 있었다.

10월에 전기가 대부들을 초청해 말했다.

"제 아들 항(恒)의 어미가 제사 음식을 준비했으니 행차하시어 모두 맛보시기를 바랍니다."

전기는 양생에게 자루를 씌워 한가운데 앉혀두었다가 자루를 벗겨 양생을 보이면서 말했다.

"이 분이 제나라의 임금이십니다."

대부인 포목(鮑牧)이 화를 내며 말했다.

"그대는 경공의 명을 잊었는가?"

여러 대부들이 서로를 쳐다보면서 막 뉘우치려 하자 양생이 앞으로 나가 머리를 조아리며 말했다.

"가능하다면 세워주시고 그렇지 않다면 그치셔도 좋습니다."

포목은 화가 미칠까 두려워 이내 다시 말했다.

"모두가 경공의 공자들인데 안 될 것이 무엇입니까?"

이에 함께 맹약해 양생을 세우니 이 사람이 도공(悼公)이다. 도공이 대궐로 들어가 안유자를 태읍(駘邑)으로 옮기도록 한 다음 그를 죽이고 마침내 안유자의 어머니 예희도 내쫓았다. 예희는 원래 미천했고 안유자는 어렸기에 아무런 권력이 없어 나라 사람들이 그들을 가벼이 여겼다.

1 제나라 대부다.

신이 가만히 살펴보겠습니다. 경공의 잘못도 역시 후사(後嗣)를 일찍 정하지 않은 것 때문입니다. 그리고 그렇게 늦어진 것은 사사로이 도(荼)를 세우려 했던 욕심 때문입니다. 비록 고소자와 국혜자 두 신하가 그릇된 명령〔亂命〕(난명)을 굽혀 따랐으나 전기(田乞)의 간사한 마음에 의해 좌절됐고, 뒤이어 도를 죽이고 양생을 세우니 제나라의 정사는 마침내 전씨에게로 넘어가 제나라 왕실은 사실상 끊어졌으며 전씨가 제나라를 대신했으니, 아! 경계해야 할 것입니다.

1) 부인 연희(燕姬)와의 사이에 낳은 아들이다.

(『사기』 무후 16년, 혜왕 원년) 위(魏) 나라 무후(武侯)가 죽었을 때 자앵(子罃-혜왕)과 공중완(公中緩)이 서로 태자가 되려고 다투었다. 한(韓) 나라 의후(懿侯)가 조(趙) 나라 성후(成侯)와 연합군을 결성해 위나라를 정벌해 탁택(濁澤)에서 전투를 벌여 위씨를 크게 패배시켰다. 조나라가 한나라에게 일렀다.

"위나라 임금을 없애고 공중완을 즉위시킨 다음 위나라 땅을 분할하고서 물러나면 우리에게도 유리할 것입니다."

한나라가 답했다.

"그럴 수 없습니다. 위나라 군주를 죽이면 사람들은 반드시 우리를 난폭하다〔暴〕고 할 것이고, 땅을 분할하고 물러나면 사람들은 반드시 우리를 탐욕스럽다〔貪〕고 할 것입니다. 그러니 (아예) 둘로 나누는 것이 더 낫습니다. 위(魏) 나라를 나누어 둘로 하면 송나라와 위(衛) 나라보다도 강하지 못하니 우리는 영원히 위나라로 인한 걱정거리로부터 벗어나게 될 것입니다."

조나라는 이 말을 받아들이지 않았다. 한나라 의후는 기분 나빠하면서 그의 병졸들을 거느리고 한밤중에 돌아가버렸다. 혜왕이 (이때의 일로) 죽지 않고 나라가 쪼개지지 않은 이유는 두 집안(-조나라와 한나라)이 모의를 하다가 불화를 일으켰기 때문이다. 만일 한나라의 모의를 따랐더라면 위나라는 반드시 나눠졌을 것이다. 그렇기 때문에 "왕이 죽었는데 왕위를 이을 아들〔適者〕이 없으면 그 나라는 쳐부술 만하다"고 하는 것이다.

신이 가만히 살펴보겠습니다. 왕위를 이을 아들〔適嗣〕을 일찍 정하지 않는 것은 적국을 도와주는 것이니 이 일을 글로 써서 경계로 삼아야 할 것입니다.

(『사기』) 한나라 문제 원년(기원전 179년) 정월에 유사가 말했다.

"일찍 태자를 세우는 것은 종묘를 높이는 이치입니다. 청컨대 태자를 세우소서."

황상이 말했다.

"짐은 이미 덕이 부족하고 상제와 신명께서 (나의 제사를) 흠향하지 않으시며 천하의 백성들도 아직 만족스럽게 여기지 않고 있다. 지금 천하의 현명하고 성스러우며 덕이 있는 사람을 널리 구해, 천하를 그에게 선양(禪讓)해 주지는 못할망정 태자를 미리 세우는 것은 나의 부덕함을 가중시키는 것이니, 천하를 어찌하겠는가. 천천히〔安=徐〕 추진하라."

유사가 말했다.

"태자를 미리 세우자는 것은 종묘와 사직을 존중하고, 천하를 잊지 않는 길입니다."

황상이 말했다.

"초왕(楚王)은 짐의 계부(季父-막내 숙부)이신데 춘추도 높으시고 세상일을 많이 경험하셨으며 나라를 다스리는 중요한 이치에 대해서도 밝으시다. 또한 오왕(吳王)은 짐에게 형이 되는데 은혜롭고 어질며 유덕하시고, 회남왕(淮南王)은 동생인데 출중한 재주와 다움〔才德〕으로 나를 보좌하고 있다. 이들이 있으니 어찌 후계자를 미리 세운 것이 아니겠는가?

제후왕과 종실의 형제, 공신들 중에는 현명하면서도 덕을 갖춘 자들이 많이 있으니 이들 가운데 임금이 될 만한 재목을 발탁해서 짐이 완성하지 못한 사업을 이어가게 한다면 이는 사직의 행운이요 천하의 복이라 할 것이다. 지금 그러한 자들을 골라서 발탁하지 않고 반드시 내 아들을 태자로 세우겠다고 한다면 사람들이 짐이 어질고 덕 있는 자들을 다 잊고서 오로지 자기 자식만 생각하느라 세상 사람들에 대해서는 걱정도 하지 않는다고 할 것이다. 짐은 그런 짓을 하지 않겠노라."

유사의 관리들이 모두 나서 굳게 청했다.

"옛날에 은나라와 주나라가 건국했을 때 다스림과 안녕〔治安〕이 1천여 년간이나 유지됐으니 일찍이 천하의 나라들 중에서 이보다 오래 유지된 나라는 없었습니다. 그것은 바로 태자를 일찍 세우는 법을 썼기 때문입니다. 그리고 반드시 자기 자식을 후사로 세우는 것은 이미 오래전부터 해오던 것입니다. 고제(高帝)께서는 사대부들을 통솔하고서 천하를 평정하신 초기에 제후들을 봉하시고 태조(太祖)가 되셨습니다. 제후왕들과 열후들 중에서 처음으로 나라를 받은 자들은 모두 그 나라(-봉국)의 시조가 됐습니다. 자손들이 후사를 끊임없이 이어가는 것은 천하의 큰 의리〔大義〕입니다. 그래서 고제께서는 태자를 세우는 조처를 취해 나라 전체를 안정시켰던 것입니다. 지금 마땅히 태자로 옹립해야 할 사람을 놓아두고 다시 제후나 종실에서 선발한다면 이는 고제의 뜻이 아닙니다. 이를 또다시 의논하는 것은 마땅하다고 할 수가 없습니다. 아드님 계(啓-경제(景帝)의 이름)는 나이도 가장 위이고, 마음이 맑고 두터우며 자애롭고 어지니〔純厚慈仁〕 바라옵건대, 그를 태자로 세우소서."

상은 마침내 그리하라고 했다.

신이 가만히 살펴보겠습니다. 문제는 겸손하게 힘주어 사양하고 유사는 마땅히 의논해 굳건하게 청한 연후에야 문제가 뜻을 굽혀 그것을 따랐으니 임금과 신하 사이에 모두가 이긴 경우〔兩得〕라고 하겠습니다.

이상은 (나라의) 근본을 세우는 계책은 마땅히 일찍 이뤄져야 함에 대해 논했습니다.

어떤 사람이 말했습니다.

"나라의 근본을 마땅히 일찍 세워야 하는 것은 너무나도 당연한〔固〕 일입니다만 만일 황제께서 재위하신 지가 아주 오래됐는데도 후계자가 태어나지 않을 경우 어떻게 해야 합니까?"

그래서 (저는) 이렇게 답했습니다.

"우리 송나라〔本朝〕에서도 그런 일이 있었습니다. 인종(仁宗)의 춘추 44세인데 후사〔聖嗣〕가 없었으니 (황우(皇祐-인종의 연호) 5년) 태상박사 장술(張述)이 청했습니다.

'황실 종친 중에서 자질이 뛰어나고 현능한 자를 잘 골라 예질(禮秩)을 바꾸고[1] 직무를 맡겨 시험해 황상의 마음이 어디에 있는지를 조정 안팎의 모두가 알도록 하셔야 할 것입니다.'

그 후에도(가우(嘉祐-이것도 인종의 연호다) 원년) 간관 범진(范鎭)이 말했고, 어사 조변(趙抃)도 말했으며, 병주통판으로 있던 사마광도 또한 말했습니다. 이때부터 문언박(文彦博), 구양수, 왕요신(王堯臣), 오규(吳奎) 등 여러 신하들이 말하지 않은 바가 없었고, 마침내〔迄〕 (당대의 명재상) 한기(韓琦, 1008~1075년)까지 나선 이후에 비로소 의논이 정해졌습니다. 이리하여 태산 반석의 기초가 이루어졌으니 아, 얼마나 훌륭한 일입니까?

우리 황실〔祖宗〕이 (이처럼) 천하의 마음과 떳떳하게 합쳐진 것〔公〕은 삼대 이래로 없었던 일입니다. 그래서 이처럼 여기서 드러내어 보였습니다.

신이 엎드려 살펴보건대 고종(高宗) 황제께서는 건염(建炎-고종의 연호) 3년(1129년) 원의태자(元懿太子)[2]께서 돌아가시자 아무 벼슬도 없는 선비〔布衣（포의）〕 이시우(李時雨)가 황족 중에서 현능한 사람 한 명을 고를 것을 청했지만 이때 고종황제의 보령은 23세였으니 서둘러 태자를 세우는 것을 그릇된 일〔忤（오）〕로 여겨 듣지 않았습니다. (그러나) 소흥(紹興-고종의 연호) 원년(1130년)에 (재상) 장준(張浚)이 그것을 말하고, 누인량(婁寅亮)이 또 말하니 황상께서는 누인량의 글을 읽으시고는 크게 깨닫고서 5년 후에 효종(孝宗) 황제를 (양자로 삼아) 봉하셨습니다.

고종께서는 25세에 의논을 정하셨고 29세에 태자를 정하는 명을 내리시는 바람에 그 (서둘러 태자를 정하는) 종묘사직의 계책이 어진 황실에 더욱 뿌리내렸으니 참으로 훌륭했다고 하겠습니다.

1) 종친 서열을 바꿔 태자의 자리를 이을 수 있도록 높인다는 뜻이다.

2) 고종의 외아들이며 네 살 때 죽었다.

책봉의 명을 내리는 법도는 마땅히 미리 이뤄져야 함

(『예기』) 「문왕세자(文王世子)」[1]

무릇 하나라의 우왕, 은나라의 탕왕, 주나라의 문왕〔三王〕이 세자들을 가르치는 데는 반드시 예와 악〔禮樂〕으로 했다.

악은 내면을 닦는 것이고, 예는 외면을 닦는 것이기 때문이다. 그래서 예악은 마음속〔中〕에서 서로 어우러져 겉으로 형체를 드러내는 것이다. 이 때문에 그것이 이루어지면 기쁘고 공경하게 되며 따뜻함이 온 몸을 통해 우러나오는 것이다.

태부(太傅)와 소부(少傅)를 설치해 세자를 길러주는 것은 아버지와 자식의 도리, 임금과 신하의 도리를 알게 해주려는 것이니 태부는 아버지와 자식의 도리, 임금과 신하의 도리를 깊이 파고들어 그 뜻을 보여주어야 하고, 소부는 세자를 받들어 태자의 다움과 행실〔德行〕을 잘 살펴보도록 해서 자세하게 깨우쳐주어야 한다.

(세자가 태학에 들어갈 때) 태부는 앞에 있고 소부는 뒤에 있으며 들어가면 보(保)가 세자를 돕고 나오면 사(師)가 세자를 돕는다.[2] 이렇게 해서 가르치고 깨우쳐 다움을 이루어낸다〔德成〕.[3] 사(師)는 일〔事〕로써 세자를 가르쳐 여러 가지 다움을 깨우칠 수 있도록 해줘야 하고, 보(保)는 그 몸을 삼감〔愼=敬〕으로써 세자를 도와 여러 가지 도리를 몸에 익히도록 해줘야 한다.

옛 기록에 적혀 있기를 "우(虞), 하(夏), 상(商), 주(周) 시대에 사(師)와 보(保)가 있었고 의(疑)와 승(丞)이 있었다. 이 사보(四輔)와 삼공(三公)을 둔 것은 반드시 갖추어야 하는 것은 아니다. 오직 그 적당한 능력이 있는 사람이 있을 때 그리하는 것이다"라고 했다. 이는 곧 능력이 있는 사람〔能〕을 써야 한다는 뜻이다.

군자란 곧 다움〔德〕을 갖춘 사람을 뜻한다. 다움이 갖춰지면 가르침이 높아지고 가르침이 높아지면 관직은 바르게 되고 관직이 바르게 되면 나라는 다스려지는 것이니 그래서 군자(-임금)는 임금다움〔德〕을 갖춘 사람이라고 했던 것이다.

중니가 말했다.

"옛날에 주공이 천자의 지위에 올라〔踐阼〕 (성왕을 대신해서 섭정으로) 다스리실 때 백금(伯禽)[4]에게 세자의 도리를 가르쳤던 것은 (조카인) 성왕을 잘 이끌기 위함이었다.

이 때문에 다른 사람의 자식이 된 연후에야 다른 사람의 아버지가 될 수 있고, 다른 사람의 신하가 된 연후에야 다른 사람의 임금이 될 수 있으며, 다른 사람을 섬겨본 연후에야 능히 다른 사람을 부릴 수 있다고 했다. 성왕은 나이가 어려 천자의 자리에 오를 수는 없었으나 그렇다고 세자가 하는 일을 할 수도 없었다. 이 때문에 백금에게 세자의 도리를 가르쳐 그로 하여금 성왕과 함께 있게 함으로써 성왕이 아버지와 자식, 임금과 신하, 윗사람과 아랫사람의 의리를 알 수 있도록 했던 것이다.

임금이 세자에게 친하기로는 아버지요, 높이기로는 임금인 것이니 아버지로서의 제 몸같이 여김〔親〕이 있고, 임금으로서의 높임〔尊〕이 있은 다음에야 천하를 겸해 그것을 가질 수 있는 것이다. 이 때문에 세자를 기르는 것은 삼가지 않을 수 없는 것이다.

한 가지 일〔物=事〕을 행해 세 가지 좋은 것〔善〕을 다 얻을 수 있는 사람은 오직 세자뿐이니 배움에 나아가 나이의 순서를 따르는 것〔齒〕이 그 하나다. 그래서 세자가 배움에 나아가 나이의 순서를 따르게 되면 나라 사람들 중 일부가 그것을 보고서 '장차 우리의 임금이 되실 분인데 우리와 마찬가지로 나이에 따라 예양을 갖추시니〔齒讓〕 어째서인가?'라고 말하면 어떤 이는 이렇게 말한다.

'아버지가 계시면 예는 그러해야 하기 때문에 그리 하시는 것이다.'

이리하여 많은 사람들은 아버지와 아들의 도리〔道〕를 알게 된다.

그 두 번째는 이것이다. 나라 사람들 중 일부가 그것을 보고서 '장차 우리의 임금이 되실 분인데 우리와 마찬가지로 나이에 따라 예양을 갖추시니 어째서인가?'라고 말하면 어떤 이는 이렇게 말한다.

'임금이 계시면 예는 그러해야 하기 때문에 그리 하시는 것이다.'

이리하여 많은 사람들은 임금과 신하의 의리〔義〕를 알게 된다.

그 세 번째는 이것이다. 나라 사람들 중 일부가 그것을 보고서 '장차 우리의 임금이 되실 분인데 우리와 마찬가지로 나이에 따라 예양을 갖추시니 어째서인가?'라고 말하면 어떤 이는 이렇게 말한다.

'웃어른〔長〕을 어른으로 모셔야〔長〕 하기 때문에 그리 하시는 것이다.'

이리하여 많은 사람들은 윗사람과 아랫사람〔長幼〕의 맺고 끊어짐〔節〕을 알게 된다.

그래서 아버지가 계실 때는 아들이 되고 임금이 계시면 신하가 되는 것이니 아들과 신하로서의 맺고 끊음〔節〕을 다해야 하는 것은 임금을 높이고〔尊君〕 아버지를 내 몸과 같이 여겨야 하기〔親親〕 때문이다. 고로 부자(父子)(의 도리)를 가르치는 것이고 임금과 신하(의 의리)를 가르치는 것이며 윗사람과 아랫사람(의 맺고 끊어짐)을 가르치는 것이다.

이리하여 부자, 군신, 장유의 도리를 (세자가) 몸에 익히게 되면 나라는 (절로) 다스려지게 된다. 옛말에 이르기를 '악정(樂正-벼슬 이름)이 (세자의) 학업을 담당하고 부사(父師)는 덕행을 담당한다. 한 사람이 으뜸으로 뛰어나게 되면〔元良〕(원량) 온 나라가 곧게〔貞〕(정) 다스려진다'고 했는데 그 한 사람이란 곧 세자를 이르는 것이다."

1 『예기』의 편 이름이다.

2 보와 사는 평소 생활할 때 그렇게 해야 한다는 것이다.

3 태부와 소부, 보와 사는 항상 세자 곁을 지켜야 한다.

4 주공의 맏아들로 노공(魯公)이다.

신이 가만히 살펴보겠습니다. 삼왕이 세자를 가르칠 때 반드시 예악을 썼던 이유는 (먼저) 예라는 것이 사람의 삼가는 마음〔敬心〕(경심)을 불러일으키기 때문이니 삼가는 마음이 생겨나면 오만한 마음〔慢心〕(만심)이 막히게 되는 것이요, (다음으로) 악이라는 것이 사람의 화합하는 마음〔和心〕(화심)을 깨닫게 해주기 때문이니 화합하는 마음이 생겨나면 빗나간 마음〔戾心〕(여심)이 사라지게 되는 것입니다. 다움과 본성〔德性〕(덕성)을 도야하고〔薰陶〕(훈도) 그 기운과 바탕〔氣質〕(기질)을 바꾸어 감화시키는 것 중에 이것만큼 절묘한 방법은 없습니다.

그런데 악이 비록 내면을 닦아주기는 하지만 안을 말미암아 밖에 이르는 것이고, 예가 비록 외면을 닦아주기는 하지만 밖을 말미암아 마음속으로 들어가는 것이기 때문에 이 둘은 독한 술에 취한 듯〔醺醲〕(훈농) 젖어들듯이 통해〔涵暢〕(함창) 서로가 아무런 간격도 없게 되는 것입니다. 그래서 그것이 이루어지게 될 때에 기쁘고 공경하게 되고 따뜻함이 온몸을 통해 우러나오는 것일 뿐이라고 했던 것이니 공경함/공손함〔恭〕(공)이란 삼감〔敬〕(경)이 겉으로 드러난 것이요 삼감은 공경함이 마음속을 다스리는〔主〕 것이며, 따뜻함〔溫〕은 난폭하지 않음〔不暴〕이요 온몸을 통해 우러나옴〔文=애씀〕은 거칠지 않음〔不野〕이니 이것들은 모두 다 예악으로써 가르쳤을 때 얻어지는 효험입니다.

예악이 세자를 가르치는 도구라고 한다면 사부는 세자를 가르치는 사람입니다. 그래서 태부와 소부를 세워 세자를 기르는 것〔養〕이니 이때 기른다고 하는 것은 조용히 (바른) 길을 가도록 밝혀줌으로써〔啓迪〕 본래 타고난 좋은 점들을 길러내어 스스로 널리 깨닫도록 하는 것입니다.

그런데 그 길이란 다른 것이 아니고 아버지와 자식, 임금과 신하의 큰 순서〔大倫〕일 뿐입니다. 태부는 세자를 깊이 살피며 솔선수범을 통해 그 몸을 닦아주어야 하고, 소부는 세자를 깊이 일깨워서 그 의리를 열어 밝혀주어야 합니다. 그래서 태부와 소부는 다 가르친다는 점에서는 똑같지만 태부는 몸으로써 가르치는 것이고 소부는 말로써 가르치는 것이니 둘은 서로 키워주는 것〔相發〕이라 하겠습니다.

세자 한 사람의 몸에 태부는 앞에 있고 소부는 뒤에 있으며 들어가서는 보(保)가 있고 나가서는 사(師)가 있어 이 네 사람이 지탱하며 좌우에 있으니 그 가르침이 어찌 제대로 되지〔達〕 않을 것이며, 그 다움이 어찌 이루어지지〔成〕 않겠습니까?

사(師)란 세자를 일〔事〕로써 가르쳐 여러 가지 다움〔諸德〕을 깨우칠 수 있도록 해주는 것이니 이는 곧 부모를 섬기는 일을 가르쳐 효도〔孝〕의 다움을 알게 해주고, 윗사람을 섬기는 일을 가르쳐 공순함〔弟〕의 다움을 알게 해주는 것입니다. 왜냐하면 천하에 모든 다움이라는 것은 다 일 안에 있기 때문입니다.

보(保)란 세자의 몸을 편안하게 지켜주어 세자를 인도하고〔輔〕 이끌어줌〔翼〕으로써 여러 가지 도리〔諸道〕를 깨우칠 수 있도록 해주는 것이니 눈과 귀와 입과 몸을 욕망에 따라 움직이지 않도록 하는 것입니다. 천하에 모든 도리라는 것은 다 몸 안에 있기 때문입니다.

옛날에 있었던 사와 보라는 직책은 대개 이와 같은 것이었습니다.

"주공이 백금(伯禽)에게 세자의 도리를 가르쳤다"라고 한 것은 대개 성왕이 아직 어리기는 했지만 이미 임금의 자리에 있기 때문에 다시 세자를 가르치듯이 가르칠 수는 없었습니다. 그래서 아들인 백금에게 세자를 가르치듯이 함으로써 성왕으로 하여금 그것을 보게 한 것이니 주공이 백금을 세자의 도리로 가르쳤다는 것은 (세상에서 오해하듯 아들 백금이 임금이 되기를 바라서가 아니라) 이 길만이 당시 임금인 성왕을 바르게 이끌어줄 수 있는 것이었기 때문입니다. 그래서 『예기』에서 "성왕에게 허물이 있으면 백금에게 회초리를 들었다"고 한 것도 성왕에게 회초리를 들 수는 없으니 백금을 때림으로써 성왕으로 하여금 경계시킨 것입니다.

그렇지만 결국 주공이 가르치고자 했던 내용은 자식다움〔爲人子〕과 신하다움〔爲人臣〕 그리고 윗사람을 섬김〔事人〕, 이 세 가지 도리였을 뿐입니다. 만일 이 세 가지만 제대로 갖춘다면 나머지 것들은 다 이로부터 유추해서 잘할 수 있을 것이기 때문입니다.

옛날에는 천자, 공, 후, 경, 대부, 선비의 자식들은 모두 학교에 들어갔는데 (아무리 존귀한) 세자라 하더라도 나이에 따라 예양을 갖춰야〔齒遜=齒讓〕 했습니다. 무릇 천자의 세자는 장차 임금이 될 분임에도 이때에는 공, 후, 경, 대부, 선비의 자식들과 나이로써 선후를 가렸던 것은 어째서이겠습니까? 임금이 있기 때문이며 아버지가 있기 때문이며 어른이 있기 때문입니다. 몸은 비록 세자이지만 임금을 높이고〔尊君〕 아버지를 제 몸과 같이 여기고〔親親〕 어른을 공경하는〔敬長〕 도리로 천하를 대한다면 사람들이 그 어찌 화합해 본받으려 하지 않겠습니까?

진한(秦漢) 이래로 예와 악이 이미 다 폐기되고, 또 사보(師保)가 다움과 도리를 가르치는 예가 사라져 세자는 날 때부터 귀하고 교만한 습성을 버리지 못하니 『예기』에 이런 내용의 편이 있다 한들 아무도 그것을 살펴보려 하지 않습니다. 그렇기 때문에 그 이후 임금들의 다스림은 옛날의 다스림과 같지 못하다고 할 수 있을 것입니다.

(『신서(新書)』)[1] 「보부(保傅)」 편에서 가의는 이렇게 말했다.

“하나라에서는 10여 세대가 천자 노릇을 했는데 은나라가 그것을 이어받았고, 은나라에서는 20여 세대가 천자 노릇을 했는데 주나라가 그것을 이어받았다. 주나라에서는 30여 세대가 천자 노릇을 했고 진(秦)나라가 그것을 이어 받았는데 진나라는 천자가 된 지 두 세대 만에 멸망했다. 사람이 타고난 본성은 서로 크게 다르지 않은데 어찌해서 삼대(三代)의 임금들은 그처럼 오래도록 도리를 지켜갈 수 있었는데 진나라는 그렇게도 빨리 도리를 잃어버린 것일까? 그 까닭을 알지 않으면 안 된다.

옛날의 제왕들은 태자가 태어나면 반드시 예로서 태자를 기르고, 인품과 학식이 빼어난 사람으로 하여금 그를 책임지게 하며〔負〕, 담당 관리는 목욕재계하고 의복을 단정히 입고서 그를 수도의 남쪽 근교에 데려가 하늘을 알현토록 했다. 대궐 문을 지날 때는 수레에서 내리고 종묘를 지날 때는 종종걸음으로 지나야 했던 것은 효자라면 반드시 행해야 할 도리였기 때문이다. 그러므로 갓난아이 때부터 가르침은 이미 제대로 행해졌다.

옛날 주나라 성왕이 포대기에 싸인 아기였을 때 소공(召公)이 태보(太保)가 되고 주공(周公)이 태부(太傅)가 되고 태공(太公)이 태사(太師)가 됐다. 보(保)는 태자의 몸을 평안하게 지키는 것이고〔保〕, 부(傅)는 태자의 다움과 의로움〔德義〕을 펴는 것이고〔傳〕, 사(師)는 가르치고 일깨워서 태자를 잘 인도하는 것〔導〕이니 이것은 삼공(三公)의 맡은 바 일이다.

이에 태자를 위해 삼소(三少)를 두었는데 모두 상(上)대부들로서 소보, 소부, 소사라고 부르며, 이들은 항상 태자와 함께 지내야 했다.

이랬기 때문에 태자는 어렸을 때 이미 식견이 생겨난다. 삼공과 삼소는 반드시 효와 인과 예와 의를 밝혀줌으로써 태자가 그것을 잘 익힐 수 있도록 인도하며, 간사한 사람은 쫓아버리고 나쁜 행동은 아예 볼 수 없도록 했다. 그리고 천하의 반듯한 선비〔端士〕와 효심이 깊고 우애가 있으며 식견이 넓고 도리를 갖춘 사람을 골라 그들로 하여금 태자를 지키고 돕게 했으며 태자와 함께 거처하면서 드나들게 했다. 그래서 태자는 나면서부터 바른 일을 보고 바른 말을 듣고 바른 도리를 행했으니 전후좌우에 있는 사람들이 모두 바른 사람들〔正人〕이었다.

대체로 바른 사람들과 함께 지내는 것이 익숙해지면 자신도 당연히 바르지 않을 수 없으니, 이는 마치 제나라에서 태어나 자란 사람이 제나라 말을 하지 않을 수 없는 것과도 같다. 그러나 바르지 못한 사람들과 함께 지내는 것이 익숙해지면 자신도 바르지 못한 행실이 없을 수 없으니 이는 마치 초나라에서 태어나 자란 사람이 초나라 말을 하지 않을 수 없는 것과도 같다.

따라서 태자가 좋아하는 것을 고를 때는 반드시 먼저 가르침을 받은 다음에라야 그것을 얻을 수 있도록 하고, 그가 즐겨 하는 일을 고를 때는 먼저 익숙해진 다음에라야 할 수 있게 했다. 공자는 말했다.

'어려서 형성된 행실은 타고난 천성과 같으며, 익숙해진 습관은 본래 그러했던 것〔自然〕과 같다.'

태자가 점점 자라서 여색을 좋아하게 되는 때가 되면 학교〔太學〕에 들어가서 스승을 따라 도리를 묻고 물러 나와서는 배운 것을 익혀 태부에게 시험을 친다. 태부는 제대로 본받지〔則=法〕 못한 것은 벌하고 미치지 못한 것이 있으면 바로잡아준다. 이렇게 하면 다움과 지혜〔德智〕가 자라나고 나라를 다스리는 도리〔理道=治道〕를 터득하게 된다.

태자가 관례(冠禮)를 치르고 어른이 되어 보부(保傅)들의 엄격한 관리 통제에서 벗어나게 되면 태자의 잘잘못을 날날이 기록하는 사관〔史〕을 두고, 또 음식을 담당하는 관리〔宰〕를 두었다. 이에 좋은 행동〔善〕을 권하는 의견을 올리는 깃발〔旌〕이 설치되고, 비판하는 글을 적는 나무를 세우며, 감히 북을 두드리며 간언을 올리게 된다.

이때 맹인 악사〔瞽史〕는 시(詩-『시경』에 나오는 시)를 낭송하고 악공(樂工)은 경구〔箴諫〕를 읊조리며 대부는 계책을 아뢰고 선비들은 백성들의 여론〔民語〕을 전달한다. 이렇게 하는 가운데 습관과 지혜가 늘어가서 절실해짐에 따라 부끄럽지 않게 되고 교화가 마음속에서 이루어지니 마치 타고난 본성처럼 도리에 들어맞게〔中道〕 된다.

삼대의 예법에 따르면 천자는 봄날 아침에 해를 맞이하고 가을 저녁에 달을 맞이했으니 이는 삼가야 할 대상〔敬〕이 있다는 것을 밝힌 것이다. 봄가을에 태학에 나아가 나라의 원로들을 모시고 손수 음식을 대접했으니 이는 효도해야 할 대상〔孝〕이 있다는 것을 밝힌 것이다. 행차할 때에는 난화(鸞和-제왕의 수레에 다는 방울) 소리에 맞추고, 걸을 때에는 채제(采齊-옛 음악)의 박자에 맞추고, 잰걸음을 걸을 때에는 사하(肆夏-옛 음악)의 박자에 맞추었으니 이는 법도〔度〕가 있다는 것을 밝힌 것이다. 새나 짐승이라도 살아 있는 것을 보고는 차마 죽이지 않으며, 그 소리를 듣고서는 차마 그 고기를 먹지 않는다. 그런 까닭에 주방을 멀리했으니 이는 은덕을 기르고 또한 어짊〔仁〕이 있다는 것을 밝힌 것이다.

무릇 삼대가 장구하게 이어질 수 있었던 까닭은 태자를 돕고 기르는 데에 이와 같은 방법이 잘 갖춰져 있었기 때문이었다.

(하지만) 진나라에 이르러서는 그렇지 못했다. 진나라의 풍속은 진실로 사양하는 덕을 귀하게 여기지 않았고, 남의 잘못을 고발하는 것을 숭상했다. 또 진실로 예의(禮義)를 귀하게 여기지 않았고, 형벌을 숭상했다. 조고가 호해의 태부가 되어 그에게 벌주는 방법만 가르쳤으니 그가 배운 것이라고는 사람의 목을 베거나 코를 자르는 일이 아니면 사람들의 삼족을 멸하는 것밖에 없었다. 그래서 호해는 오늘 즉위하자 내일부터 당장 사람을 쏘아 죽였던 것이다. 충성스러운 간언〔忠諫〕을 비방한다고 하고, 사려 깊은 계책을 요망한 말이라고 했으며, 사람 죽이기를 구경하는 것을 마치 풀베기를 보듯 했다. 그렇다고 어찌 호해의 본성이 악해서였겠는가? 그를 그렇게 인도한 것이 제대로 된 이치가 아니었기 때문이다.

속담〔鄙諺〕에 '관리 노릇을 어떻게 해야 할지 모르겠거든 지난 일을 돌아보라'는 말이 있다. 또 '앞서 가던 수레가 뒤집히면 뒤에 오는 수레는 (절로) 조심한다'고 했다.

삼대가 장구하게 이어질 수 있었던 까닭은 지난 일들을 보면 알 수 있다. 그런데도 이를 따르지 못하는 이유는 성인들의 지혜를 본받지 않기 때문이다. 진나라가 그렇게 빨리 멸망한 까닭도 그 지나온 자취를 보면 알 수 있다. 그런데도 이를 피하지 않는다면 뒤에 오는 수레도 뒤집히게 된다.

무릇 (나라의) 존망의 엇갈림과 치란의 관건은 바로 여기에 달려 있다. 천하의 명운은 태자에게 달려 있고, 태자가 훌륭하게 되는 것은 어려서부터의 교육과 좌우에서 보필할 인재를 잘 뽑는 데 달려 있다. 마음이 아직 어지러워지기 전에 먼저 타이르고 가르친다면 교화는 쉽게 이뤄질 것이다. 도리에 관한 학술〔道術〕을 열어 밝혀주고 의로운 이치〔義理〕의 뜻을 알게 해주는 것은 모두 가르침의 힘이다. 계속 익혀서 습관으로 만드는 것은 좌우에서 태자와 함께 지내는 사람들의 역할이다.

북방과 남방의 오랑캐는 원래 태어날 때는 울음소리가 똑같고 좋아하는 바도 다르지 않다. 그러나 그들이 자라면서 서로 다른 습속을 이루고 나면 여러 차례의 통역을 거치고서도 의사소통이 불가능하게 되며 죽을 때까지 서로의 행동 양식을 바꾸지 못하게 된다. 이것은 (다) 가르치고 익혀서 그렇게 된 것이다. 그래서 나는 '좌우에서 보좌할 사람을 잘 선택하고 일찍부터 깨우쳐 가르치는 것이 가장 시급하다'고 말한다. 제대로 교육하고 좌우에 있는 보좌가 바르게 되면 태자는 바르게 될 것이요, 태자가 바르게 되면 천하가 안정될 것이다."

1 한나라 가의가 지었다.

신이 가만히 살펴보겠습니다. 「보부」 편은 비록 한나라 때의 가의가 지었다고는 하지만 대체적으로는 옛날부터 전해오는 말이었습니다. 세자를 가르쳐서 일깨워주고자 하는 방법의 차원에서 보자면 (『예기』의) 「문왕세자」가 그 첫째라 할 것이고, 이 「보부」 편이 그 다음이며, 그 밖의 다른 방법은 없다고 해도 과언이 아닐 것입니다.

(『신서』) 주나라 문왕이 태공망(太公望)을 태자의 부(傅)로 삼았는데 태자가 전복을 좋아하자 태공망이 그것을 금하며 말했다.

"전복은 제사 때 올릴 수 없는 것이니 어찌 예가 아닌 것으로 태자를 기를 수 있겠습니까?"

신이 가만히 살펴보겠습니다. 옛 사람들이 태자를 가르칠 때의 엄함이 이와 같았으니 이는 만세의 모범으로 삼을 만하다 하겠습니다.

(『한서(漢書)』) 한나라 때 조조(鼂錯)는 신불해(申不害)와 상앙(商鞅)의 형명가(刑名家)를 배웠고, 효문제는 태상(太常)에게 명해 조조를 보내 복(伏) 선생이란 자에게 가서 『상서』를 배워오게 했다. 그 후 조조는 글을 올려 말했다.

"임금이 공명(功名)을 드러내게 되고 만세의 뒤까지 찬사를 받게 되는 까닭은 술수(術數)를 잘 알아서입니다. 그래서 임금이 신하들을 잘 눌러서〔制〕 그 무리들을 다스리는 이치를 안다면 여러 신하들은 두려워하고 복종할 것〔畏服〕이고, 말을 제대로 듣고 정확히 일을 내려주는 이치를 안다면 (신하들은) 숨기거나 덮으려 하지 않을 것이고, 만민을 편안하고 이롭게 하는 이치를 안다면 온 나라는 복종할 것이고, 충효로써 윗사람을 섬기는 이치를 안다면 신하들의 행실은 다 갖춰질 것이니 신은 남몰래 황태자를 위해 이 네 가지를 서둘러 행하고자 합니다.

신하들이 논의할 때 보면 어떤 사람은 황태자께서는 굳이 세세하게 일을 알 필요가 없다고 말합니다. 신의 어리석음으로 볼 때는 결코 그렇지 않습니다. 남몰래 옛날 임금들을 상고해 보면 종묘를 제대로 받들 수 없었고 신하들에게 협박당해 시해된 임금들은 하나같이 술수를 몰랐습니다. 황태자께서 책을 많이 읽으시지만 술수를 깊이 알지 못하시는 이유는 그 책들에 담긴 핵심 술수에 관해 관심을 쏟지 않으시기 때문입니다.

무릇 많이 읽고서도 그 술수를 알지 못한다면 그것은 고생만 하고 공을 이루지 못하는 것과 똑같습니다. 신이 감히 몰래 황태자의 자질과 지혜를 살펴보면 탁월하고 뛰어나며 특히 말〔馬〕을 다루는 기술은 누구도 따라갈 수 없지만 술수에 있어서는 아직 이렇다 할 수준에 이르지 못하고 있는데 그 이유는 폐하께서 그런 데 마음을 두시지 않기 때문입니다. 몰래 원컨대 폐하께서 다행히 성인의 술수를 잘 고르시어 지금 이 시대에 쓰심으로써 황태자께 모범을 보이시고 또 때때로 황태자로 하여금 황상 앞에서 그에 관한 생각을 밝게 진술토록 하시고 폐하께서는 살피기만 하셔도 황태자께서는 날로 좋아지실 것입니다."

이에 조조를 태자가령(太子家令)으로 삼았다.

신이 가만히 살펴보겠습니다. 조조와 가의는 둘 다 이른바 신불해와 한비자의 가르침에 밝은 사람들입니다. 그런데 가의가 태자를 가르치는 것은 하나같이 효도와 어짊, 예의와 의로움〔孝仁禮義〕에서 나왔는데 조조의 경우에는 술수를 위주로 했으니 (두 사람 사이에) 순수함과 잡스러움〔醇駁〕의 차이가 이와 같았습니다. 그러니 어찌 두 사람이 같은 공부를 했다고 할 수 있겠습니까?

문제는 동궁의 사부〔傅〕를 고르면서 결국 가의를 버리고 조조를 썼는데, 제왕학이 어찌 황로(黃老)[1]에서 나올 수 있겠습니까? 그러니 조조의 글을 잘 들여다보면 마음에 깊이 새겨야 할 말이 과연 있겠습니까? 또 이때에 조조는 바야흐로 복생(伏生)으로부터 『서경』을 배웠다고 하는데 과연 그의 글에 (『서경』에 나오는) 이윤, 부열, 주공, 소공〔伊傅周召〕의 말이 있습니까? 그 글에는 이들의 말과 합치되는 바가 단 하나도 없습니다. 그런데 어찌 『서경』을 배웠다 합니까? 그저 나오는 것은 고지식한 자구풀이〔訓詁〕뿐이고 의로운 이치〔義理〕는 처음부터 일찍이 풀어내는 바가 전혀 없기 때문입니다.

그 후에 조조는 경제(景帝)를 섬겼는데 나라에 해로운 의견만 올리다가 결국 칠국(七國)의 변란을 불러들였으니 그 원천은 대개 이 글에서 이미 조짐이 드러나 있다고 하겠습니다.

그렇다면 결국 세자를 보도(輔導)하는 책임을 맡은 자가 이치와 의리〔理義〕로 열어 밝혀주지 않고 심술로 이끌 경우 일을 그르치지 않을 수가 없으니 그것은 모든 재앙의 뿌리가 된다고 하겠습니다.

1) 황은 황제(黃帝), 로는 노자(老子)를 의미하며, 황제와 노자를 시조로 하는 도가계의 사상이다.

(『자치통감』) (애초에) 한나라 무제가 태자 거(據)를 위해 박망원(博望苑)을 세웠는데 빈객들과 서로 통하게 하고 태자가 좋아하는 것을 따르게 했다. 그래서 빈객들은 대부분 이단(異端)으로 나아갔던 것이다.[1]

1 태자 거가 참소를 당하는 내용은 앞의 참신(讒臣) 편에서 살펴본 바 있다.

사마광이 말했습니다.

"옛날에 밝은 임금〔明王〕은 태자를 가르치고 기를 때 그를 위해 반듯하고 바르며 꼿꼿하고 뛰어난〔方正端良〕 선비를 골라서 보부(保傅)와 사우(師友)로 삼아 아침저녁으로 함께 어울려 지내게 했으니 전후좌우에 바르지 않은 사람은 올 수가 없었습니다. 그렇게 했는데도 오히려 음란하고 방탕하며 사특하고 편벽되어 재앙의 패란〔禍敗〕에 빠지는 자들이 없지 않았습니다.

이때 마침내 태자로 하여금 스스로 빈객들과 통하게 하고 태자가 좋아하는 것을 따르게 했으니 무릇 바르고 곧은 사람〔正直〕은 태자와 가까이하기 힘들고 알랑거리며 아첨하는 자들은 쉽게 어울리고 있습니다. 이것은 진실로 보통 사람들의 정리〔情〕이기 때문에 마땅히 태자의 끝이 좋지 못했던 것입니다."

(『자치통감』) 진(晉) 나라 원제(태흥(太興) 원년(318년))가 아들 사마소(司馬紹)를 태자로 삼았는데 황제가 형명가를 좋아해 한비자의 책을 태자에게 하사했다. 이에 유량(庾亮)이 간언을 올렸다.

"신불해와 한비자는 (그 학설이) 각박해 교화에 해를 끼쳤으니 빼어난 마음〔聖心〕(성심)에 머물러 있게 하기에는 부족한 책입니다."

태자는 그것을 받아들였다.

신이 가만히 살펴보겠습니다. 신불해와 한비자의 학설은 단지 각박할 뿐만 아니라 또한 임금을 교만하고 방자하게 이끄는 요설입니다. 그래서 이사(李斯)는 일찍이 그것으로 (진나라) 2세 황제를 잘못 이끌었던 것입니다. 그런데 어찌 그런 것들로 세자를 가르칠 수 있겠습니까?

유량은 비록 (도교를 좋아하는) 청담의 무리이기는 하지만 이 말만은 세상에 유익한 것이니 받아들여야 하겠습니다.

(『자치통감』) 진(陳) 나라 선제(宣帝) 때 (태건(太建) 8년(576년)) 태자 진숙보가 좌호부상서 강총(江摠)[1]을 첨사(詹事-태자를 보필하는 일)로 삼고 싶어서 관기(管記) 육유(陸瑜)로 하여금 이부상서 공환(孔奐)에게 말하도록 했다. 공환이 육유에게 말했다.

"강총은 반악(潘岳)과 육기(陸機)[1] 갈은 화려함〔華〕을 가졌으나 동원공(東園公)과 기리계(綺里季)[2] 같은 알맹이〔實〕가 없으니 저궁(儲宮-세자)을 보필하기에는 가만히 생각해 볼 때 어려울 듯하오."

태자가 직접 황제에게 말씀을 올려 황제가 장차 그것을 허락하려 하는데 공환이 황제에게 상주했다.

"강총은 문장이 화려한 선비〔文華之士〕입니다. 지금 황태자께서는 이미 문장의 화려함이 적지 않은데 어찌 강총에게 의지하려 하십니까? 만일 신의 어리석은 의견대로라면 바라건대 돈독하고 중후한 인재를 골라 함께 머물며 보도(輔導)하는 직책에 있도록 하셔야 합니다."

황제는 결국 강총을 첨사로 삼았다.

얼마 후에 강총과 태자는 밤새 술을 마셨고, 태자는 미복으로 갈아입고 미행하기를 좋아하여 강총의 집에 가서 놀았다. 이에 황상은 화가 나서 강총을 면직시켰다.

1 두 사람 다 전 시대의 유명한 문사(文士)다.

신이 가만히 살펴보겠습니다. 공환의 말은 참으로 충성스럽다고 하겠습니다. 태자 숙보의 자질이 비록 어둡고 용렬하다고 해도 꼿꼿하고 뛰어나며 충직하고 믿을 만한〔端良忠信〕 선비로 하여금 보필하도록 했다면 이런 지경에 이르지는 않았을 것입니다. 그런데 결국 숙보의 청대로 강총을 썼고, 그 후에 즉위해서는 강총과 같은 무리들을 터놓고 지내는 무리〔狎客〕로 삼아 황음을 일삼다가 마침내 나라가 망하게 됐습니다.

대개 문사(文士)란 대부분 겉으로 화려하되 속이 없으니 이들을 보도(輔導)하는 자리에 앉히게 되면 손해는 있어도 이익 될 것이 없는 것은 당연하다고 하겠습니다.

1) 강총은 남조 제나라에서 풍류로 이름을 날렸던 강담(江湛)의 아들이다.

2) 두 사람이 한나라의 태자 유영을 보좌해 고제는 마침내 태자를 바꾸지 않았다.

(『자치통감』) 당나라 헌종(憲宗) 원화(元和) 초(806년)에 우습유(右拾遺) 원진(元稹)은 정원(貞元-덕종의 연호) 연간에 왕비(王伾)와 왕숙문(王叔文)이 작은 재주로 동궁(東宮)[1]의 총애를 얻어서 영정(永貞-순종의 연호) 연간에 거의 천하를 어지럽혔기 때문에 편지를 올려 황상에게 몸을 닦고 바른 인사를 일찍 가리어 그로 하여금 여러 아들들을 보도해야 한다고 권했다.

"태종은 번왕으로 있을 때 유학을 공부한 깨끗하고 수양이 이루어진 인사 열여덟 명과 더불어 늘 함께 지냈습니다. 후대의 태자와 여러 친왕은 비록 소속된 관리들이 있었으나 날로 더욱 멀리하고 천하게 여겨 사부(師傅)의 관직에 이르러서는 눈과 귀가 어둡고 못쓰게 된 병자가 아니면 일을 맡기지 않았으니 쉬고 있는 군인과 파면된 장수 그리고 글을 모르는 사람들이 그 일을 했습니다.

그에 속한 우(友), 유(諭), 찬의(贊議)[2]의 무리는 더욱 쓸데없고 한심한 사람들이어서 진신(縉紳-지체 높은 사대부)들이 모두 부끄러워했으니 다 그 때문이었습니다. 가끔 늙은 유생(儒生)을 얻었다 하더라도 달을 넘기고 계절을 지나야 겨우 한 번 만나보게 되는데 또 어느 겨를에 다움과 의로움〔德義〕으로써 태자를 가르치며 법도를 몸에 심어줄 수 있겠습니까?

무릇 평범한 사람도 자신의 아들을 사랑해 오히려 밝은 스승을 찾아 가르칠 줄 아는데 하물며 만승의 후계이고 온 나라의 목숨이 달려 있는데 어떠해야 하겠습니까?"

황상은 그 말을 자못 아름답게 여기고 받아들였다.

신이 가만히 살펴보겠습니다. 원진은 태자와 여러 왕들을 위해 제대로 된 관리들을 소속시켜야 한다고 했으니 그 논의는 마땅한 것입니다. 그리고 헌종은 비록 그 말을 자못 아름답게 여기고 받아들였다고 했으나 그 후에 (원화 7년) 수왕을 세워 태자로 삼았고, 당대 최고의 현명하고 뛰어난 인재〔賢俊〕들을 신중히 골라 태자를 보도하는 자리에 앉혔다는 이야기를 들어보지 못했습니다.

결국 태자는 황위에 오른 지 얼마 안 돼 향락과 여색을 마구 일삼다가 마침내 헌공이 어렵사리 이룩해 놓은 업적마저 다 무너트려〔隳=壞〕 버렸으니, 아! 애석한 일이 아닐 수 없습니다.

이상은 책봉의 명을 내리는 법도는 마땅히 미리 이뤄져야 함에 관해 논했습니다.

1) 헌종의 아버지 순종이 태자였던 때를 말한다.

2) 모두 태자를 보도 보필하는 관직명이다.

적서의 분간은 마땅히 명확해야 함

『춘추좌씨전』

노나라 환공 18년(기원전 694년)에 주공이 (주나라) 장왕(莊王-천자)을 시해하고 왕자 극(克)을 (천자로) 세우려 했다.[1]

(이를 알아챈) 신나라 왕〔辛伯-주나라 대부〕이 장왕에게 알리고는 마침내 장왕과 함께 주공 흑견(黑肩)을 죽여버렸다.

왕자 극은 연(燕) 나라로 달아났다.

애초에 자의(子儀-왕자 극)는 환왕(桓王)에게 총애를 받았는데 환왕은 주공 흑견에게 그를 부탁해 두었다. 이때 신백이 (주공에게) 간언을 올렸다.

"(후궁을) 황후와 나란히 세우고〔幷后〕 (서자를) 적자에 맞서게 하며〔匹嫡〕 (신하가 권력을 제 마음대로 해서 임금과 신하가) 나란히 정사에 참여하고〔兩政〕 제후국이 천자국과 대등해지려는 것을 내버려두는 것〔耦國〕은 어지럽힘〔亂〕의 근본입니다."[1)]

주공은 이 말을 따르지 않았다가 화를 당한 것이다.

1 장왕은 환왕의 태자이며, 왕자 극은 장왕의 아우다.

신이 가만히 살펴보겠습니다. 장왕은 적자이고 자의는 서자입니다. (그런데도) 환왕은 주공에게 자의를 부탁했으니 이는 사사로운 마음이 개입된 것이요, 주공은 장왕을 죽여서 자의를 세우려 했으니 이는 환왕의 사사로움을 이루려 했던 것입니다. 이처럼 임금과 신하가 함께 그 사사로움을 이루려 하면서 천하의 바른 이치〔正理〕는 돌아보지도 않았으니 마땅히 주공이 화를 입게 되는 것을 면할 수가 있었겠습니까?

1) 幷, 匹, 兩, 耦는 모두 나란히 하다, 짝하다는 뜻으로 차례가 다른 데도 대등하게 맞서려 하는 것을 가리킨다.

(『춘추좌씨전』 노나라 장공 8년(기원전 686년)) 제(齊) 나라 후(侯)[1]가 연칭(連稱)과 관지보(管至父)[2]로 하여금 규구(葵丘)를 지키도록 하고서 참외가 익어갈 때 그곳을 지나며 이렇게 약속했다.

"내년 참외가 익을 때면 교대시켜 주겠다."

(약속했던) 그 기한이 끝났는데도 임금으로부터 아무런 소식도 없었다.

교대를 청했지만 허락이 떨어지지 않았고 그 때문에 난을 모의했다.

(제나라) 희공(僖公-양공의 아버지)의 친동생〔母弟=同母弟〕 이중년(夷仲年)[3]이 아들 공손무지(公孫無知)를 낳았는데 희공의 총애를 입어 그의 의복과 예우가 희공의 적자인 양공(襄公)과 똑같았다.

양공은 왕위에 오르자마자 공손무지에 대한 예우를 낮추어 깎아버렸다. 그러자 연칭과 관지보 두 사람은 공손무지와 어울려 반란을 일으켰다. 연칭의 사촌동생이 대궐〔公宮〕에 있었는데 총애를 받지 못했다. 공손무지는 그녀로 하여금 양공의 동태를 살피도록〔間=察〕 하면서 이렇게 말했다.

"성공하면〔捷=克〕 내 너를 부인으로 삼겠다."

겨울 12월에 임금은 시해됐고, 무지가 왕위에 올랐다.

1 양공이다.

2 두 사람 다 제나라의 대부다.

3 중(仲)은 자고, 년(年)은 이름이다.

신이 가만히 살펴보겠습니다. 형제의 자식도 자식이니 자신의 자식처럼 사랑하는 것은 얼마든지 있을 수 있는 것이지만 의복과 예우까지 다 적자와 똑같이 하는 것은 있을 수 없는 일입니다. 그런데 희공이 무지를 총애한 것은 마땅히 형제의 자식들에게도 두텁게 해주어야 한다는 것을 알면서도 옛사람들이 남의 자식들을 존중하되 자신의 적통으로 하여금 뒤를 잇게 한 것이 자신의 사사로움 때문이 아니라 높고 낮은 것의 분별〔尊卑之分〕을 밝힘으로써 참람된 마음이 생겨나는 원천을 막기 위함이었다는 것은 몰랐기 때문입니다. 그러니 훗날 이런 참화를 당한 것은 지극히 마땅하다고 하겠습니다.

(『자치통감』) 한나라 원제 때 부소의(傅昭儀)와 아들 정도왕(定陶王)[1)] 유강(劉康)이 아낌을 받았는데 그 총애가 황후와 태자 유오(劉驁)를 뛰어넘었다. 승상 광형이 상소를 올려 말했다.[2)]

"뛰어난 군주라면 반드시 비(妃)와 후(后)의 사이〔際〕를 신중히 하고 적장자의 지위를 구별하니 이는 집안 내에서 예에 맞도록 하기 위함입니다. 낮은 사람〔卑〕은 높은 사람〔尊〕을 뛰어넘을 수 없고, 새로 들어온 사람은 옛 사람을 앞서 가지 못하게 하니 이는 사람의 정〔人情〕을 통합하고 음기(陰氣)를 잘 다스리기〔理〕 위함입니다.[1] 적(장)자가 계단 위에서 관례를 치르고 예식을 치를 때는 예주(醴酒)를 사용하지만 나머지 여러 아들이 그와 같은 반열에 더불어 설 수 없으니 이는 바른 예〔正禮〕를 귀하게 여기고 의심스러운 바〔嫌疑〕를 분명히 밝히기 위함입니다.

그렇게 하는 것은 헛된 예의상의 꾸밈〔禮文〕을 덧붙이는 것이 아니라 마음속에서도 이미 구별과 차이〔殊異〕를 두고 있습니다. 따라서 예라는 것은 그 속마음〔情〕을 깊이 파고들어 그것을 겉으로 드러내어 보이는 것입니다.

만약에 마땅히 제 몸처럼 여겨야 할 사람〔親者〕을 멀리하고, 마땅히 높여야 할 사람〔尊者〕을 낮추게 되면 아첨에 능한 간사한 자〔佞巧之姦〕가 이때다 하면서 움직여 나라를 어지럽힐 것입니다. 그래서 성인들은 그 단서를 신중하게 막아내고 아직 그리 되지 않았을 때 금함으로써 사사로운 은혜〔私恩〕가 공적인 의리〔公義〕를 해치지 못하도록 했습니다."

1 예는 음에 속하기 때문에 예에 맞아야 음기는 순해진다.

신이 가만히 살펴보겠습니다. 광형은 옛 사람들의 관례(冠禮)를 끌어들여서 적장자의 중함과 나머지 아들들이 그와 나란히 맞서려 해서는 안 됨을 밝혔으니 아름답다고 하겠습니다. 임금들은 이 말을 알지 못하면 안 될 것입니다.

1) 그전에는 제양왕(濟陽王)이었다.

2) 이 상소는 광형이 태자소부로 있던 영광(永光) 5년(기원전 39년)에 올린 것이고, 그가 승상이 된 것은 3년 후인 건소(建昭) 3년(기원전 36년)이니 진덕수의 착오로 보인다.

(『자치통감』) 삼국시대 오(吳) 나라 대제(大帝)는 적오(赤烏) 5년(242년)에 아들 손화(孫和)를 세워 태자로 삼았고 손패(孫霸)를 노왕(魯王)으로 삼았다. 손패는 손화의 친동생인데 오나라 주군 손권으로부터 총애를 받는 것이 특별해 손화와 다를 바 없었다. 이때 상서복야(尙書僕射) 시의(是儀)가 노왕의 사부를 맡게 되자 글을 올렸다.

"노왕은 타고나기를 문무의 자질을 고루 갖추었으니 마땅히 (변경으로 나가서) 사방을 진압하고, 나라를 위해 변방의 울타리〔藩屛〕가 되어 황제를 보필하고, 또 두 궁(태자와 노왕) 사이에서는 마땅히 (예법상) 깎아내림이 있어야 위아래의 순서가 바로잡힐 것입니다."

그러나 오의 주군은 듣지 않았다.

적오 8년(245년) 봄에 오의 태자 손화와 노왕이 궁궐을 같이 썼는데 예우와 녹질〔禮秩〕이 똑같아서 여러 신하들이 이것에 관한 말을 많이 하였다. 오의 주군이 마침내 명을 내려 궁궐을 나누었고 소속하는 관리들도 별도로 하라고 하니 두 아들은 이로 말미암아 틈이 생겼다.

노왕은 이로 인해 마음이 비뚤어져서 당시의 명사들과 관계를 맺으면서 사귀었다. 이에 서로 원망하는 패거리가 생겨 서로 상대방을 의심하는 풍조가 온 나라 안에 퍼졌다.

태자에 대한 오나라 주군의 총애가 날로 시들해지자 노왕의 패거리들은 태자를 헐뜯기 시작했고, 오의 주군도 이에 현혹됐다. 육손(陸遜)이 간언했다.

"태자는 정통이며 노왕은 번신(藩臣)이니 마땅히 총애와 녹질〔寵秩〕에 차별이 있어야 하며 피차간에 각자가 마땅히 있어야 할 자리에 있게 해야 위아래가 다 편안해질 것입니다."

육손의 글이 서너 차례 올라갔고 그 말과 마음은 홀로 절실했으나 손권은 기뻐하지 않았다. 이에 태상(太常) 고담(顧譚)[1)]이 다시 상소문을 올렸다.

"나라를 거느린 사람은 반드시 적서(嫡庶)의 단서를 밝히고 높고 낮은 데 따른 예를 달리해 높고 낮음에 차별을 둠으로써 등급을 뛰어넘을 수 없게 해야 합니다. 이렇게 해야만 골육 간에 베푸는 은혜가 온전할 수 있고 분수에 넘치는 욕망을 끊을 수 있습니다.

지금 신이 진술한 바는 한쪽으로 기울어진 논의가 아니라 진실로 태자를 안전하게 하고 노왕을 편안케 하려는 데서 나온 것입니다."

이 일로 말미암아 손패는 고담을 미워했고, (노왕을 지지했던 위장군) 전종(全琮)도 역시 고담을 미워했다. 그래서 두 사람이 서로 짜고 고담을 헐뜯으니 오의 주군은 고담을 교주(交州)로 유배 보냈다.

오나라 주군 손권(孫權)이 노왕 손패와 양축(楊竺)의 참소를 이유로 여러 차례 중사(中使)를 보내 육손에게 책임을 물으니 육손이 분노에 떨다가 마침내 죽었다.

애초에 반부인(潘夫人)이 오의 주군 손권에게 총애를 받아 아들 손량(孫亮)을 낳았는데 손권은 그 아이를 아꼈다. 전공주(全公主)[2]는 이미 태자 손화와 틈이 생겼기 때문에 미리 연결을 맺어두려는 속셈으로 자주 손량이 훌륭하다고 칭찬했다. 손권은 노왕 손패가 붕당을 맺어 형을 해치려 했기에 마음속으로 손패도 미워하면서 시중 손준(孫峻)에게 말했다.

"임금의 자식들이 화목하지 않으면 신하들이 나뉘어져서 장차 원씨(袁氏)와 같은 실패가 있게 되어 천하의 웃음거리가 될 것이오. 만약 (지금처럼) 한 사람을 세워놓는다면 어찌 혼란하지 않을 수 있겠소?"

마침내 손화를 폐위시키고 손량을 세우고자 하는 뜻을 갖게 됐지만 오히려 침묵하고 가만히 있으면서 몇 년을 보냈다. 그리고 이때에 이르러 드디어 손권은 태자 손화를 유폐시키니 표기장군 주거(朱據)가 간언을 올렸다.

"태자는 나라의 근본이 되는 뿌리〔本根〕입니다. 게다가 단아한 성품에 어질고 효성스러우니 천하 사람들의 마음은 다 태자에게로 가 있습니다. 옛날 진나라 헌공이 여희의 참소를 받아들이니 신생이 남아 있지 못하게 됐고, 한나라 문제는 강충을 믿었다가 여태자를 억울하게 죽게 만들었습니다.

신이 가만히 생각해 볼 때 태자께서 그 울분을 참아내지 못할까 걱정스럽습니다. 비록 (죽은 뒤에) 아들을 생각하는 궁〔思子之宮〕[3]을 뒤늦게 세운다 한들 다시 되살릴 수는 없을 것입니다."

손권은 듣지 않았다. 주거는 상서복야 굴황(屈晃)과 문무백관들을 거느리고 머리에 진흙을 바르고 스스로 결박하고서 매일같이 궁궐에 나아가 손화를 용서해 달라고 청했다. 무난독(無難督) 진정(陳正)과 오영독(五營督) 진상(陳象)도 각각 글을 올려 간절하게 간언했으나 오히려 오의 주군은 크게 화를 내며 진정과 진상의 전 가족을 주살했다. 또 주거와 굴황을 끌어다가 궁전으로 데리고 오니 주거와 굴황 두 사람은 입으로 간하면서 머리를 조아리다가 이마에서 피가 흘러내렸는데도 말투가 조금도 꺾이지 않았다. 손권은 두 사람에게 장 100대를 때리게 했다. 마침내 손화를 폐해 서인으로 삼고 고장(故鄣-저장성 창싱현)으로 귀양보냈으며 노왕 손패에게는 죽음을 내렸다. 그러고 나서 손량을 세워 태자로 삼았다.

신이 가만히 살펴보겠습니다. 오나라 주군은 (서자를) 적자에 맞서게 해서는[匹嫡 필적] 안 된다는 교훈을 제대로 살피지 못하고서 이미 태자를 세워놓고서 노왕을 총애해 두 사람의 예우와 녹질[禮秩 예질]을 똑같이 했고, 육손과 고담이 힘써 간했는데도 듣지 않더니 마침내 이런 재앙이 일어나 두 아들 모두 폐하는 지경에 이르렀습니다.

따라서 이는 임금이라면 마땅히 경계해야 할 점이라 하겠습니다.

1) 육손의 생질이다.

2) 전종에게 시집간 손권의 맏딸이다.

3) 한나라 무제는 여태자가 죽은 다음에야 그 억울함을 알게 돼 아들을 그리워한다는 뜻에서 사자궁(思子宮)을 세웠다. 이는 우리 역사에서 사도세자를 떠올리게 한다.

(『자치통감』) 당나라 무덕(武德) 9년(626년)에 태종이 아들 중산왕 이승건을 세워 태자로 삼았다.

정관 7년(633년)에 태자가 노는 것을 좋아해 자못 예법을 훼손했는데 좌서자(左庶子) 우지녕(于志寧)이 우서자 공영달(孔穎達)과 더불어 자주 곧게 간언을 하니 황상이 그 소식을 듣고서 그들을 가상히 여겨 각각 금 한 근과 비단 500필씩을 하사했다.

정관 14년(640년)에 태자가 오랫동안 동궁 소속 관리들을 만나보지 않자 우서자 장현소(張玄素)가 간언했다.

"조정에서는 뛰어나고 현능한 인재들〔俊賢(준현)〕을 뽑아 지극한 덕치를 이루도록 보필하고 있는데 (정작) 태자께서는 지금 움직이시며 세월을 흘려보내시기만 하고 동궁 관리들을 만나보지 않으시니 장차 만 가지 가운데 하나라도 무슨 유익함이 있겠습니까?"

태자는 들어주지 않았다.

정관 15년(641년)에 태자는 궁실을 짓고 수리하느라 농사일을 방해했고, 또 정(鄭) 나라와 위(衛) 나라의 음악을 좋아했다. 이에 우지녕이 간언했지만 듣지 않았다. 또 환관을 믿고 좋아해 항상 좌우에 있게 했고, 게다가 돌궐의 달가우(達哥友)를 사사로이 가까이해 궁궐에 들어오게 하였다. 이에 우지녕이 간절하게 간언했는데 태자는 자객 두 명을 보내 우지녕을 죽이라고 했다. 그러나 두 사람은 (우지녕이 부모상을 당해 거적과 흙덩어리로 만든 베개를 베고서 잠들어 있는 모습을 보고는) 차마 죽이지 못하고 중지했다.

정관 16년(642년)에 위왕(魏王) 이태(李泰)가 『괄지지(括地志)』[1]를 지어 올렸다. 이태는 배움을 좋아했는데 사마 소욱(蘇勖)이 이태에게 옛날의 현명한 임금들은 다 선비들을 초빙해 책을 지었다고 말하자 이태가 황상께 청해 허락을 받은 다음에 이 책을 지었던 것이다. 이에 이태는 문호를 크게 열어 당대의 뛰어난 인재들을 널리 부르니 사람들이 물밀듯이 몰려들어 그 집 문 안의 뜰은 마치 시장통 같았고, 이태가 매월 받는 급여는 태자를 뛰어넘었다. 그래서 간의대부 저수량이 상소했다.

"성인께서 예를 만드시며 적자를 높이고 서자를 낮추었고, 또 세자가 쓰는 물품은 계산하지 않도록 해 제왕 된 사람과 같이 하도록 했습니다. 서자를 사랑하되 적자를 뛰어넘지 못하도록 하신 것은 혐의가 조금씩〔漸〕 스며드는 것을 막으려 한 때문이고 화란의 원천〔源〕을 없애려 한 때문입니다.

옛날에 한나라 두(竇) 태후가 양효왕(梁孝王) 유무(劉武)를 총애해 끝내 걱정하다 죽었으며, 선제(宣帝)는 회양왕(淮陽王) 유흠(劉欽)을 총애해 역시 거의 실패하기에 이르렀습니다. 지금 위왕은 궁궐 문을 나선 지 얼마 되지 아니했으니 마땅히 예칙(禮則)을 보이셔야 하고 겸손과 검약으로 자신을 일깨워야만 좋은 그릇이 될 것입니다. 이것이 이른바 '성인의 가르침은 엄숙하지 않아도 이루어진다'[2]는 것일 것입니다."

(황상은 이를 따랐다.)

황상이 또 이태로 하여금 무덕전(武德殿)으로 옮겨서 살도록 하자 위징이 글을 올려 말했다.

"폐하께서는 위왕을 아끼셔서 항상 그로 하여금 안전하게 하고자 하시는데 마땅히 매번 그의 교만과 사치를 억눌러 혐의를 받을 만한 곳에 있지 않도록 하셔야 할 것입니다."

황상은 서둘러 이태를 그의 저택으로 돌아가도록 했다.

(같은 해) 가을 8월에 황상이 말했다.

"오늘날 나라에서 가장 시급한 일이 무엇인가?"

저수량이 말했다.

"지금 사방에 큰 걱정거리는 없습니다. 다만 태자와 여러 왕들 사이에 마땅한 분수를 정해주는 일이 가장 시급하다 하겠습니다."

황상이 말했다.

"그 말이 옳다."

이 무렵 태자 이승건은 다움을 잃었고〔失德〕 위왕 이태는 총애를 받으니 여러 신하들이 날로 (태자를) 믿지 못하는 의견을 갖게 됐다. 황상이 이를 듣고서 싫어하며 가까이 있는 시중드는 신하들에게 말했다.

"지금 여러 신하들 중에 충성스럽고 곧기로 위징을 뛰어넘을 사람이 없다. 내가 그를 보내 태자를 가르치게 해 천하 사람들이 의심하는 바를 끊도록 하겠다."

9월에 위징을 태자태사로 삼자 위징은 사양하는 표문을 올리니 황상이 친필 조서〔手詔〕를 내렸다.

"주나라 유왕과 진나라 헌공은 적자를 내쫓고 서자를 세워 나라를 위태롭게 하고 집안을 망하게 했다. 한나라 고조는 태자를 거의 폐위시켰다가 사호(四皓)[3]에 의지한 다음에야 편안해졌다. 내가 지금 공에게 의지하는 것이 바로 그런 뜻이다."

위징은 마침내 조서를 받았다.

정관 17년(643년) 봄 정월에 황상이 여러 신하들에게 말했다.

"내 들어보니 밖에 있는 선비와 백성들은 태자에게는 발병이 있고 위왕은 영특하니 그를 따라서 몰려다니는 일이 많게 되자 갑자기 다른 의논〔異議=疑議〕이 생겨나서 요행을 바라는 무리들이 이미 붙어서 모이고들 있다고 한다.

태자가 비록 발에 병을 가졌으나 걸을 수 없는 것이 아니다.[4] 또 『예기』에 따르면 적자가 죽으면 적손을 세운다고 돼 있는데 태자의 아들은 이미 다섯 살이다. 짐은 끝내 서얼로 적자를 대신함으로써 (간사한 자들이) 틈을 엿보려 하는〔窺覦〕 원천을 열어두지 않을 것이다."

애초에 태자 이승건은 성색과 사냥을 좋아했고 사치와 낭비를 좋아했다. 반면 위왕 이태는 재주와 능력이 많아 황상의 총애를 받으니 태자가 발병이 있는 것을 보고서 몰래 적자의 자리를 빼앗을 뜻을 갖고 있어서 절조를 꺾고 선비들에게 자신을 낮추어 명성을 얻으려 했다. 황상은 황문시랑 위정(韋挺)에게 명해 이태의 왕부 업무를 관장하게 했고, 후에는 공부상서 두초객(杜楚客)에게 그 일을 대신하도록 했는데 두 사람 모두 이태를 위해 조정 인사들과의 관계를 긴밀하게 맺어주려 했다.

(특히) 두초객은 혹 가슴에 금덩어리를 품고 가서 권력 있고 높은 사람에게 뇌물로 주고, 이어서 위왕은 총명하니 마땅히 황상의 후계자가 되어야 한다고 유세했는데 문신과 무신들은 각각 기대어 의탁할 만한 사람들을 갖고 있었으니 이들이 다 몰래 붕당을 만들었다.

태자는 이들의 핍박이 두려워서 사람을 보내 거짓으로 이태의 왕부의 전첨(典籤-문서 수발하는 자리)이 되게 해 봉함 상소〔封事〕를 올리도록 했다. 그 내용은 모두 이태의 죄악을 말하는 것이었는데 칙령으로 그를 불잡게 했으나 결국 잡지 못했다.

태자는 몰래 자객을 길러 위왕 이태를 죽이려고 모의했는데 마침 이부상서 후군집(侯君集)의 사위 하란초석(賀蘭楚石)이 태자를 호위하는 천우(千牛)였다. 태자는 후군집이 자신에게 원망하는 마음을 품고 있다는 것을 알고서 자주 하란초석에게 명을 내려 후군집을 동궁으로 들어오게 해 스스로 안전할 수 있는 길이 무엇인지를 물었다. 후군집은 태자가 어둡고 용렬하다고 여겨 틈을 엿보아〔釁〕 일을 도모할 꿍꿍이를 품고 있으면서 태자에게 반란을 일으킬 것을 권했다. 한왕(漢王) 이원창(李元昌)도 태자에게 반란을 권했고, 부마도위(駙馬都尉) 두하(杜荷)는 태자가 가까이 했던 인물이라 반란 모의에 참여했다.

태자는 제왕(齊王) 이우(李祐)가 제주(齊州)에서 반란을 일으켰다는 말을 듣고 흘간승기(紇干承基)에게 말했다.

"내 궁의 서쪽 담장은 대내(大內-황궁)에서 바로 스무 발짝밖에 안 된다. 경과 더불어 큰일을 하는데 어찌 제왕 따위와 비교할쏘냐."

여름 4월에 흘간승기가 변고가 있음을 아뢰면서 태자가 반란을 모의했다고 황상에게 고하니 장손무기 등에게 칙령을 내려서 대리시(大理寺), 중서성, 문하성과 함께 참여해 이 사건을 국문케 했다. 그 결과 반란의 형체가 이미 갖춰진 것으로 드러나자 황상은 시중드는 신하들에게 말했다.

"장차 이승건을 어떻게 처리해야 하겠는가?"

여러 신하들이 감히 대답을 하지 못하고 있을 때 통사사인(通事舍人) 내제(來濟)가 나아가 말했다.

"폐하께서 자애로운 아버지가 되심을 잃지 않으면서 태자가 천년을 다할 수 있다면 좋을 것입니다."

황상이 이를 따랐다. 조서를 내려 이승건을 폐태자해 서인으로 삼아 우령군부(右領軍府)에 유폐시켰고, 한왕 이원창은 자진을 명했으며, 후군집 등은 모두 복주됐다.

이승건이 이미 죄를 얻게 되자 위왕 이태가 매일 들어와 가까이에서 황상을 받들었다. 황상이 그를 대면하고서 태자로 세우겠다고 하자 장손무기는 진왕(晉王) 이치(李治)를 세워야 한다고 굳게 청했다. 이에 황상이 시중드는 신하들에게 말했다.

"어제 청작(靑雀)[5]이 내 품에 와서 말하기를 '신이 오늘에야 드디어 폐하의 아들이 될 수 있었으니 마침내 제가 다시 탄생한 날입니다. 신에게 한 아들이 있으니 신이 죽는 날에 마땅히 폐하를 위하여 그 아이를 죽이고 자리를 진왕에게 전하겠습니다'라고 했다. 사람이라면 누가 그 자식을 아끼지 않겠는가? 짐은 청작이 그처럼 하는 것을 보고 아주 가련하게 생각했다."

간의대부 저수량이 말했다.

"폐하의 말씀에는 큰 잘못이 있습니다. 바라건대 살피고 또 생각하시어 사태를 그르치지 마시옵소서. 어찌 폐하께서 만세가 지난 다음에 위왕이 천하를 쥐고 나서 자신의 아들을 죽이고 진왕에게 자리를 전해 주는 일이 있겠습니까? 폐하께서 지난번에 이승건을 세워 태자로 삼고서 또 위왕을 총애하셨고 예법과 녹질〔禮秩〕이 이승건보다 높게 되어 지금과 같은 화가 생겨났습니다. 지난번의 일은 먼 옛날 이야기가 아니니 충분히 거울삼을 만합니다. 폐하께서 지금 위왕을 세우신다면 그에 앞서 진왕을 조치하시기를 바라며, 그런 연후에야 비로소 (종묘사직이) 편안히 보전될 수 있을 뿐입니다."

황상이 눈물을 흘리며 말했다.

"나는 그리할 수 없다."

그러고는 일어나서 황궁으로 들어갔다. 한편 위왕 이태는 황상이 진왕 이치를 세울까 두려운 마음에 이치에게 말했다.

"너와 이원창은 좋은 사이였는데 이원창이 이번에 실패했으니 우환이 없을 수 있겠는가?"

이치는 이로 말미암아 안색에 근심하는 빛이 드러났다. 황상이 이상하게 여겨 이치에게 근심하는 이유를 물으니 이치가 마침내 그 전후 사정을 다 고했다. 이에 황상은 이치를 어루만지면서 비로소 자신이 이태를 세우겠다고 한 말을 후회했다.

황상이 이승건을 불러 질책하자 이승건이 말했다.

"신은 태자였는데 다시 무엇을 구했겠습니까? 다만 이태가 저를 도모하려 했기 때문에 종종 조정 신하들과 저를 편안하게 할 수 있는 술책을 도모했고, 때마침 좋지 않은 사람들이 나타나 드디어 신에게 불궤(不軌)를 저지르도록 부채질했을 뿐입니다. 지금 만약에 이태를 태자로 삼으신다면 이른바 그가 파놓은 함정에 떨어지는 것입니다."

이승건이 이미 폐위되고 나서 황상이 양의전(兩儀殿)에 임했을 때 다른 신하들은 모두 나가고 다만 장손무기, 방현령, 이세적, 저수량 등이 남아 있었다. 황상이 그들을 보고 말했다.

"내 세 아들과 한 명의 동생[6]이 한 짓이 모두 이와 같으니 내 마음을 참으로 기댈 곳이 없구나."

그러고 나서 자신의 몸을 평상 쪽에 내던지니 장손무기 등이 다투어 앞으로 나아가 겨우 부축해 잡았는데 황상이 다시 패도(佩刀)를 꺼내 자신을 찌르려 하니 저수량이 칼을 빼앗아 진왕 이치에게 건네주었다. 그리고 장손무기 등이 황상이 바라는 바가 무엇인지를 말씀해 달라고 청하자 황상이 말했다.

"나는 진왕을 세우고 싶다."

장손무기가 말했다.

"삼가 조서를 받들겠습니다. 다른 의논을 하는 자가 있으면 청컨대 그의 목을 치게 해주십시오."

황상은 마침내 태극전에 나아가 문무 관리 6품 이상을 소집하고서 말했다.

"이승건은 패역했고 이태 또한 음흉하고 사나워 둘 다 세울 수가 없다. 짐이 여러 아들들 가운데 뽑아서 내 뒤를 잇게 하려 하는데 누구를 세워야겠는가? 경들은 분명하게 말해 달라!"

무리들이 모두 환호성을 지르며 말했다.

"진왕께서 어질고 효성스러우니 마땅히 후사가 되어야 합니다."

황상이 기뻐했다.

드디어 진왕 이치를 세워 태자로 삼았다. 황상이 시중드는 신하들에게 말했다.

"내가 만약에 이태를 세웠다면 이것은 태자의 자리를 도모〔經營〕(경영)해 얻을 수 있는 자리로 만들어버리는 것이다. 지금부터 태자가 도리를 잃거나 번왕이 틈을 엿본다면 그 두 사람 모두 버리도록 하라. 그리고 이것을 여러 자손들에게 전해 영원토록 후세의 법도로 삼게 하라."

신이 가만히 살펴보겠습니다. 태종은 좀처럼 세상에 나기 힘든〔不世出〕(불세출) 군주였습니다만 태자와 위왕의 일에서는 그 잘못이 손권의 그것과 본말(本末)이 그대로 똑같아서 둘 다 거의 나라를 위태롭게 하는 지경에 이르렀습니다.

그나마 저수량이 글을 올려 태자와 여러 왕들의 분수를 마땅히 정해야 한다고 했을 때 황제는 그 말이 진실로 옳다고까지 했습니다. 만일 그로 인해 적서(嫡庶)의 나뉨을 크게 바로잡고 수레와 의복, 예법과 녹질〔禮秩〕을 바로잡고 위왕은 단속해 빈객들과 교결하는 것을 엄중히 금했더라면 태자의 뜻은 편안해 불궤를 도모하는 것은 처음부터 일어나지 않았을 것입니다.

그런데 그렇게 하지 않고 마침내 위왕을 총애함에 있어 예법과 녹질 등을 전혀 줄이지 않았으니 이로 말미암아 이승건은 날로 의심을 품어 매사 꺼리게 됐고, 이태는 날로 틈을 엿보았으니 이래가지고 아무리 화란이 일어나지 않기를 바란다 한들 그렇게 될 수가 없습니다.

원래 일이 이렇게까지 된 근본 바탕은 다 태종이 (위왕에 대한) 사사로운 사랑〔私愛〕에 빠져 스스로를 이겨내지〔自克〕 못한 때문입니다.

그러나 이승건은 폐위됐지만 이태 또한 태자가 되지 못했고, 또 이 일로 인해 후세의 법도를 분명하게 드러내어 말하기를 "태자가 도리를 잃거나 번왕이 틈을 엿본다면 그 두 사람 모두 버리도록 하라"고 했으니 불행 중 다행이라고 하겠습니다.

그럼에도 불구하고 끝에 가서 정상을 회복했다고는 하지만 만일 처음부터 그런 잘못을 하지 않았다면 어떠했겠습니까? 따라서 임금은 집안을 바로 하는 도리를 삼가서 엄숙하게 하지 않으면 안 될 것입니다.

이상은 적서의 분간은 마땅히 명확해야 함을 논했습니다.

1) 당나라 초기 각 주의 지리 정보를 담은 책이다.

2) 『효경』에 나오는 말이다.

3) 한나라 때 네 명의 백발이 성성한 은둔자들로 동원공, 녹리선생, 기리계, 하황공이 그들이다.

4) 아마도 태자는 소아마비였던 것으로 보인다.

5) 이태의 어릴 때 자(字)다.

6) 세 아들은 이우, 이건승, 이태이고, 한 명의 동생이란 이원창을 가리킨다.

작위를 폐하고 신분을 빼앗는 잘못은 엄격하게 살펴야 함

『사기』(「주본기(周本紀)」)

유왕이 포사를 아끼고 총애해 아들 백복을 낳으니 유왕은 태자를 폐하려 했다. 태자의 어머니는 신나라 왕〔申侯〕의 딸로서 왕후가 됐는데 뒤에 유왕이 포사를 얻어 사랑하게 되자 신후(申后)를 폐하려 했고, 또 태자 의구도 쫓아내려 했다. 그렇게 해서 포사를 왕후로 삼고 백복을 태자로 삼으려 했던 것이다.

이때 태사 백양(伯陽)이 말했다.

"재앙이 생겨나는구나!"

유왕이 괵석보(虢石父)를 경으로 삼아 정사를 쥐락펴락하게 하니〔用事〕 나라 사람들이 모두 다 원망했다. 그리고 마침내 신후를 폐하고 태자를 내쫓자 신나라 왕은 분노해 (주변 오랑캐들인) 증(繒), 서이(西夷), 견융(犬戎) 등과 연합해 유왕을 공격했다. 유왕은 봉화를 올려 병사들을 불러 모았지만 병사들은 아무도 오지 않았다. 마침내 유왕은 여산(驪山) 아래에서 살해당했고 포사는 포로가 됐다. 이에 여러 제후들이 마침내 신나라 왕에게 찾아가 원래 유왕의 태자였던 의구를 함께 세우니 그가 평왕(平王)이다.

신이 가만히 살펴보겠습니다. 유왕이 정후(正后)를 폐위시키고 태자를 바꾸어 그 화가 이 지경이 됐습니다. 그래서 그것을 기록해 본 편[1]의 첫머리로 삼았습니다.

1) 이제부터는 본부인이나 태자를 폐위하는 등의 문제를 다룬다

『춘추』

희공 5년(기원전 655년)에 희공이 제나라 후, 송나라 공, 진(陳) 나라 후, 위(衛) 나라 후, 정(鄭) 나라 백, 허(許) 나라 남, 조(曹)나라 백과 함께 왕세자[1]를 수지(首止)에서 만났다.[1)]

1 주나라 혜왕(惠王)의 태자 희정(姬鄭)으로 뒤에 양왕(襄王)이 됐다.

『춘추좌씨전』에서는 "수지에서 모인 것은 주나라의 안녕을 도모하기 위함이었다"라고 했습니다.

두예가 말했습니다.

"혜왕이 혜후를 총애했기에 태자 희정을 폐하고 혜후가 낳은 왕자 대(帶)를 세우려 했기 때문에 제나라 환공이 제후들을 거느리고 가서 왕세자를 만남으로써 그 지위를 안정시켰다."

호안국이 말했습니다.

"혜왕이 장차 사랑하는 아들(-대)로 태자를 바꾸려 하자 환공이 근심해 큰 나라를 끌어들이고 작은 나라는 밀어서 수지에서 회합함으로써 그 지위를 안정시켜 태자가 즉위하게 되니 그가 양왕이다. 이렇게 함으로

써 한꺼번에 아버지와 아들, 임금과 신하의 도리가 다 지켜질 수 있었다. 그래서 공자는 (『논어』에서) '관중이 환공을 도와 제후의 패자가 되게 해 한 번 천하를 바로잡아〔匡=正〕 백성들이 지금까지 그 혜택을 받고 있으니, 관중이 없었다면 나(우리)는 머리를 헤쳐 풀고 옷깃을 왼편으로 하는 오랑캐가 됐을 것이다'라고 했던 것이다. 중국이 중국일 수 있는 것은 아버지와 아들, 임금과 신하의 큰 도리〔大倫〕가 있기 때문이니 한 번 잃게 되면 곧장 오랑캐가 된다. 그래서 수지에서의 회맹은 그 아름다움이 큰 것이다."

1) 이들은 혜왕이 태자 희정을 폐하고 다른 아들을 세우려 하자 제나라 환공이 주동해 시위를 한 것이다.

(『춘추좌씨전』 장공 28년(기원전 666년)) 진나라 헌공이 제강(齊姜)과 사통하여 진목부인(秦穆夫人)과 태자 신생을 낳고, 또 융(戎)에서 두 여자를 맞아들여 두 아들 중이(重耳)와 이오(夷吾)를 낳았다. 그리고 여융을 정벌하고서 여융 임금의 딸 여희를 데리고 와서 해제를 낳았고, 여희의 여동생은 탁자(卓子)를 낳았다.

여희는 헌공의 총애를 받았기 때문에 그의 아들을 태자로 세우고 싶어 총애받는 대부 양오(梁五)와 동관폐오(東關嬖五)에게 뇌물을 주어 헌공에게 이렇게 말하도록 시켰다.

"곡옥(曲沃)은 임금님의 종묘가 있는 곳이고 포(蒲)와 굴(屈) 두 읍

(邑)은 나라의 변경이니 주관하는 사람이 없어서는 안 됩니다. 종묘가 있는 고을에 주관하는 사람이 없으면 백성들이 두려움을 갖고서 복종하지 않습니다. 변경에 주관하는 사람이 없으면 융적(戎狄-서쪽과 북쪽의 오랑캐)에게 침범하고 싶은 마음을 갖도록 유도하는 것입니다. 융적이 침범할 생각을 갖고 백성들이 임금의 정령(政令)을 가볍게 보는 것은 나라의 우환이니 만약에 태자에게 곡옥을 주관케 하고 중이와 이오에게 포와 굴을 주관케 하신다면 백성들을 위엄으로 굴복시키고 융적을 두렵게 할 뿐만 아니라 임금님의 공덕을 드러낼 수 있습니다.

이에 진나라 임금은 기뻐하면서 여름에 태자를 곡옥에 가서 머물도록 했고 중이와 이오는 각각 포와 굴로 보냈고, 여러 공자들을 모두 변방으로 보내어 그곳에 머물게 하니 오직 여희와 그 동생의 아들만을 강(絳-진나라 수도)에 남아 있게 했다. 양오와 동관폐오가 마침내 여희와 함께 여러 공자들을 참소해 해제를 태자로 세우니 진나라 사람들이 이를 이오우(二五耦-두 오(五)의 짝이라는 뜻)라 불렀다.[1)]

민공(閔公) 원년(기원전 661년)에 진나라 헌공이 2군을 편성해[1] 자신이 상군(上軍)을 지휘했고 태자 신생이 하군(下軍)을 지휘했다. 조숙(趙夙)이 헌공의 전차 왼쪽에 타고 필만(畢萬)은 오른쪽을 담당해 경(耿)나라와 곽(霍) 나라를 멸하고 위(魏) 나라까지 멸망시켰다.

귀국해 태자를 위해 곡옥에 성을 쌓고 조숙에게는 경나라 땅을, 필만에게는 위나라 땅을 주어 대부로 삼았다.

이때 사위(士蔿)가 말했다.

"태자는 임금 자리에 오르지 못할 것이다. 도성을 나누어주고 경의 지위에 올라 이미 최고 자리에 이르렀으니 어찌 다시 임금 자리에 오를 수 있겠는가? 다른 나라로 도망쳐 스스로 죄에 빠지지 않도록 하는 것만 못할 것이다. 저 태백(大伯=泰伯)처럼 한다면 진실로 좋지 않겠는가?[2] 오히려 그것이 이름을 아름답게 하는 것이라면 재앙을 당하는 것보다는 훨씬 나을 것이다. 게다가 속담에 '마음에 진실로 허물이 없다면 집이 없다 해서 무슨 근심을 하겠는가?'라고 했다. 하늘이 태자에게 복을 내리고자 한다면 진나라에 있지 않다 해서 무슨 근심이겠는가?"

민공 2년(기원전 660년) 12월에 진나라 헌공이 태자 신생으로 하여금 동산(東山)의 고락씨(皐落氏)를 정벌토록 하자 이극이 간언했다.

"태자는 종묘와 사직에 제사 음식을 올리며 아침저녁으로는 임금의 진지를 살펴야 합니다. 그 때문에 태자를 총자(冢子)[3]라고 하는 것입니다. 그리고 임금께서 밖으로 행차하시면 도성에 남아 지키고, 그마저 대신할 사람이 있다면 임금을 따라 함께 나갑니다. 이렇게 따라 나서는 것을 무군(撫軍)이라고 하며, 도성에 남아 나라를 돌보는 것을 감국(監國)이라고 하는데 이는 옛날부터 전해져 오는 법도입니다.

무릇 군사를 거느리고 홀로 결단을 하며 군령을 내리는 일 등은 오직 임금만이 할 수 있는 것이며 정경(正卿)들이 참여해 국정을 함께 도모하는 것이지 태자가 할 일은 아닙니다.

군사에는 반드시 임금의 제명(制命)이 있어야 합니다. 그런데 (정작 태자가 전쟁터에 나아가) 명령을 여쭈어 행한다면 위엄이 서지 않을 것이고, 그렇다고 단독으로 명을 내린다면 불효가 됩니다. 그러므로 임금을 잇게 될 적자는 군사를 이끌 수 없는 것입니다. 태자의 군사 통솔은 그 능력을 발휘할 장수를 잃는 것이요, 아래의 건의를 받아 하게 되면 위엄을 잃는 것이니 어찌 태자를 그런 처지에 놓이게 하겠습니까?

또 신이 듣기에 고락씨도 이미 싸움에 대비해 만반의 준비를 갖추고 있다고 합니다. 임금께서는 그 명을 거두어주십시오."

헌공이 말했다.

"과인은 아들이 많아 아직 누가 (최종적으로) 태자가 될지 알 수 없다."

이극은 아무런 대답도 않고 물러 나왔는데 태자와 마주치니 태자가 물었다.

"나는 그예 태자의 자리를 잃게 될 것 같소?"

이극이 대답했다.

"백성들을 다스리는 법〔臨民〕[2]을 일러주신 것이며 군대를 이끄는 법[3]을 가르치고 계신 것이니 공경을 하지 못할까 봐만 걱정하시면 됩니다. 어찌 자리를 잃게 되겠습니까? 또한 태자께서는 혹시라도 불효를 저지르면 어떡하나만을 두려워하셔야지 즉위하지 못할까 봐 걱정해서는 안 됩니다. 자신을 닦으시고 남 탓을 하지 않는다면 어려움은 면하실 것입니다."

태자가 군사를 거느리고 나서자 헌공은 태자에게 편의(偏衣)[4]를 입혀주고 금결(金玦)[5]을 채워주었다.

태자가 장차 싸우려 하자 호돌(狐突)이 간언했다.

"아니 됩니다. 옛날에 주나라 대부 신백이 주 환공에게 '후궁을 총애하는 것이 왕후와 나란하고 환관을 아끼는 것이 정경(正卿)에 맞서며, 총애받는 서자가 적자와 대등하고 큰 고을 도성이 나라의 도성과 그 크기가 비슷하면 나라가 어지러워지는 원천이 됩니다'라고 간언했습니다. 지금 그 어지러움의 뿌리〔亂本〕가 이루어지고 있는데 태자께서 어찌 반드시 후계자가 될 수 있겠습니까? 효도하시어 (끝내 왕위에 올라) 백성들을 편안케 하셔야 합니다. 태자께서는 대책을 세우셔야 합니다. 싸움에 뛰어들어 몸을 위태롭게 한다면 그것은 죄를 급히 불러들이는 것밖에 안 됩니다."

희공 4년(기원전 656년)에 헌공이 장차 해제를 세우려 할 때는 이미 중대부(中大夫)[6]와 함께 계책을 만들었다.

여희가 태자에게 말했다.

"임금께서 지난밤 꿈에 (그대의 모친) 제강을 보셨다 하니 반드시 제사를 올리도록 하시오."

태자는 곡옥에 가서 제사를 지내고서 돌아올 때 제사 고기를 올렸다. 헌공은 그때 사냥 중이어서 도성에 없었다. 여희는 신생이 가져온 제사 고기를 받아 궁중에 두었다가 6일 만에 헌공이 사냥에서 돌아오자 그 제사 고기에 독을 쳐서 올렸다.

헌공이 땅에 술[4]을 봉헌하자 땅이 끓어올랐다. (여희가) 그 술을 개에게 먹이자 개가 그 자리에서 죽었고, 소신에게 먹이자 그 또한 그 자리에서 죽었다. 여희가 울면서 말했다.

"이 모든 게 태자에게서 나왔습니다."

태자는 신성(新城)으로 달아났다. 어떤 사람이 태자에게 말했다.

"태자께서 가서 말씀드리시면 임금께서 반드시 가려주실 것입니다."

태자가 말했다.

"임금께서는 여희가 없으면 편히 지내시지 못하고 음식을 드셔도 배불리 드시지를 않는다. (그렇다고) 나의 무죄가 밝혀진다면 여희는 반드시 죄를 입게 될 것이다. 임금께서는 늙으셨으니 여희를 잃으면 반드시 즐거워하지 않으실 것이고 이렇게 되는 것을 나도 즐거워하지 않는다."

그 사람이 말했다.

"그러면 태자께서 도망가십시오."

태자가 말했다.

"임금께서 실로 나에게 죄가 없음을 살피지 못하시니 이런 죄명을 쓰고서 도망간다면 누가 나를 받아주겠는가?"

12월에 태자가 신성에서 스스로 목매어 죽었다.[5]

1 진나라의 군대는 원래 1군이다.

2 곡옥에 가서 머물도록 한 것을 가리킨다.

3 하군을 지키도록 한 것을 가리킨다.

4 좌우의 색깔이 다른 옷으로 공복(公服)과 비슷하다.

5 금으로 만든 고리다.

6 중대부는 이극을 말한다. 이극은 이미 중립이라는 이름으로 허락했으니 이로써 태자를 죽이려는 계책은 이루어진 것이다.

신이 가만히 살펴보겠습니다. 진나라 헌공은 여희의 참소를 받아들여 태자 신생을 죽였으니 이는 장차 여희의 자식을 세우려 함이었습니다. 훗날 헌공이 세상을 떠나고 해제가 즉위했지만 이극이 그를 시해하고서 탁자를 세웠습니다. 그러나 이극은 다시 탁자를 시해했으니 결국 여희 자매의 아들들은 마침내 진나라를 제대로 향유할 수 없었습니다. 이로 인해 진나라는 어지럽게 되어 다섯 임금이 바뀌고 20여 년이 지난 후에야 겨우 안정이 될 수 있었습니다.

그러니 나라의 근본〔國本〕을 가벼이 흔들어서야 되겠습니까?

1) 이 대목은 앞에서도 나온 바 있지만 여기서는 좀 더 생략돼 있다.

2) 태백은 주나라 태왕의 적자 지(知)인데 아버지가 계력(季歷)을 태자로 세우고 싶어 하자 태자의 자리를 양보하고 떠나버렸다.

3) 왕실의 주요 행사를 챙기는 사람이라는 뜻이다.

4) 여희는 이 술에도 독을 탔다.

5) 이 대목도 앞에서도 나온 바 있지만 여기서는 후반부가 좀 더 생략돼 있다.

(『자치통감』) 한나라 고제 10년(기원전 197년)에 척희(戚姬-후궁)가 황상의 총애를 받아 조왕(趙王) 유여의(劉如意)를 낳았다. 황상은 태자가 어질기는 한데 나약한 반면 여의는 자신과 비슷하다고 말하곤 했다. 비록 책봉해 (봉국으로 가야 하는) 조왕으로 삼았지만 항상 그를 장안에 머물러 있게 했다. 황상이 관동(關東)에 갈 때면 척희가 늘 따라갔는데 그때마다 밤낮으로 울면서 자기가 낳은 아들을 태자로 세워달라고 간청했다.

여후(呂后-본부인)는 나이가 많아 늘 장안에 머물러 있다 보니 더욱더 황제와 소원해졌다. 황상은 태자를 폐하고 조왕을 세우려 했는데 대신들이 이를 두고 간쟁하여 도저히 어떻게 할 수가 없었다. 어사대부 주창(周昌)이 조정에서 간쟁하여 강한 의견을 내자 황상이 그에게 생각을 물었다. 주창은 사람됨이 말을 더듬고〔吃〕 화를 버럭 냈다. 그가 말했다.

"신이 비록 입으로 말을 잘하진 못합니다. 그러나 신은 그, 그〔期期〕

그것이 옳지 않다는 것은 대략 알고 있습니다. 폐하께서 태자를 폐위하려 하셔도 신은 조, 조〔期期〕 조서를 받들 수가 없습니다."

황상이 기뻐하며 웃었다. 여후가 동상청(東廂廳)에서 벽에 기대어 귀 기울여 듣고 있었다. 이미 파하고 나자 여후는 주창을 보고서 무릎을 꿇고 감사하며 말했다.

"그대가 아니었다면 태자는 거의 폐위될 뻔했소."

고제 12년(기원전 195년) 11월에 황상이 반란자 경포(黥布)를 격파하고 돌아왔는데 병이 점점 더 심해지니 더욱 태자를 바꾸고자 했다. 장량(張良)이 간언을 했지만 듣지 않았고 (이에 유후(장량)는) 병을 이유로 정사를 돌보지 않았다. 숙손통(叔孫通)이 간언했다.

"옛날에 진(晉) 나라 헌공이 여희 때문에 태자를 폐위하고 해제를 세웠다가 진나라가 혼란에 빠진 것이 수십 년이나 되어 천하의 웃음거리가 됐습니다. 진(秦) 나라는 일찍이 부소(扶蘇)로 확고하게 정하지 않았다가 조고로 하여금 속여서 호해를 세울 수 있게 해 결국 스스로 제사가 끊어지게 되었습니다, 이는 폐하께서 몸소 목격하신 바입니다. 지금 태자가 어질고 효성스러운 것을 천하가 다 보고 있습니다. 여후와 폐하는 같이 고생하면서 맛없는 식사를 함께 하셨는데 과연 배신할 수 있으시겠습니까? 폐하께서 꼭 적자를 폐하고 작은 아들을 세우려 하신다면 신은 원컨대 먼저 신을 엎어 죽이시어 목의 피로써 땅을 더럽히게 해주십시오."

황제가 말했다.

"그만 두어라. 내가 그냥 농담을 했을 뿐이다."

숙손통이 말했다.

"태자는 천하의 근본이니 근본이 한 번 흔들리면 천하는 뒤흔들리게 됩니다. 그런데 어찌하여 천하를 갖고서 장난을 하실 수 있으십니까?"

(『사기』) 황상이 태자를 폐하고 척부인(戚夫人-척희)의 아들 조왕 유여의를 세우고 싶어 했다. 그러나 대신들이 대거 다투어 간언을 올리니 황상은 자신의 뜻을 이룰 수가 없었다. 여후가 두려워 어찌할 바를 몰라하고 있을 때 어떤 사람이 여후에게 말했다.

"유후(留侯-장량)는 계책을 잘 세우기 때문에 황상께서 그를 믿어 중용하셨던 것입니다."

여후가 건성후(建成侯) 여택(呂澤)을 시켜 유후를 겁박해 말했다.

"당신은 항상 황상의 계책을 세우는 신하〔謀臣모신〕였으면서도 지금 황상께서 태자를 바꾸려 하시는데 어찌하여 베개를 높이 하고 누워만 있을 수 있는 것이오?"

유후가 말했다.

"이는 말로써 논쟁하기는 힘듭니다. 돌이켜 생각해 보니 황상께서 마음대로 불러올 수 없었던 사람으로 천하에 네 사람이 있습니다. 이들 네 사람은 다 연로한데 그들은 모두 황상께서 사람을 업신여긴다고 생각해 산속으로 달아나 숨어 살며 절개를 지켜 한나라의 신하가 되지 않았습니다. 그러나 황상께서는 지금도 이 네 사람을 높이 평가하고 계십니다. 지금 공께서 진실로 금옥과 비단을 아끼지 않고 태자로 하여금 편지를 쓰도록 해서 말을 공손하게 하고 쾌적한 수레를 준비해 말 잘하는 선비로 하여금 간곡히 청한다면 그들은 반드시 올 것입니다. 그들이 오거든 귀한 손님으로 대우하고 수시로 태자를 따라 조정으로 들어가 조회하게 함으로써 황상으로 하여금 그들을 보시게 한다면 반드시 놀라워하시면서 그들에 대해 물어보실 것입니다. 물어보면 황상께서는 이들 네 사람이 현명하다는 것을 아시게 될 것이니 그러면 그것은 태자에게 분명 도움이 될 것입니다."

이에 여후는 여택으로 하여금 사람을 보내 태자의 편지를 받들어 공손한 말씀과 후한 예물로 이 네 사람을 맞이해 오도록 했다. 이에 이들 네 사람이 이르자 그들은 건성후의 집에 빈객이 됐다.

황상이 경포를 격파하고 돌아왔는데 병이 점점 더 심해지니 더욱 태자를 바꾸고자 했다. 장량(張良)이 간언을 했지만 듣지 않았고 병을 이유로 업무도 보지 않았다.[1] 태자태부 숙손통이 옛날과 지금의 일을 인용해 설득하며 목숨을 돌보지 않고 태자를 보위해야 한다는 간언을 했다. 황상은 거짓으로 그렇게 한다고는 했으나 오히려 더 바꾸려 했다. 그러다가 연회의 술자리가 마련됐을 때 태자가 황제를 모시게 됐다. 네 사람이 태자를 모시고 있었는데 모두 나이가 여든이 넘었고 수염과 눈썹이 희었으며 의관이 상당히 위의를 갖추었다. 황상이 이상하게 여기고서 물었다.

"저들은 뭐하는 자들인가?"

네 사람이 앞으로 나아가 대답하며 각각 이름과 성을 말하기를 동원공(東園公), 녹리(甪里), 기리계(綺里季), 하황공(夏黃公)이라고 했다. 이에 황상은 크게 놀라며 말했다.

"짐이 공들을 가까이하려고 했던 것이 몇 년이나 됐건만 공들은 짐을 피해 달아나더니 이제 공들이 어찌하여 스스로 내 아들을 따라서 어울리는가?"

네 사람이 모두 말했다.

"폐하께서는 선비를 가벼이 여기시고 욕도 잘하시니 신들이 의로움에 욕을 먹지 않을까 하는 두려운 마음에 달아나 숨었던 것입니다. 저희들이 듣건대 태자께서는 사람됨이 어질고 효성스러우시며 사람을 공경하고 선비를 아끼셔서 천하에는 목을 빼고 태자를 위해서라면 죽지 않으려 하는 자가 없다고 하므로 신들이 이렇게 찾아왔을 뿐입니다."

황상이 말했다.

"번거롭겠지만 공들이 끝까지 태자를 잘 보살펴 지켜주시오."

네 사람이 축수(祝壽)를 마치고 마침내 떠나가자 황상은 눈짓으로 그들을 전송하면서 척부인을 불러 그 네 사람을 가리키며 말했다.

"짐이 태자를 바꾸고자 했으나 저 네 사람이 보좌해 태자의 우익(羽翼)이 이미 성장했으니 그 지위를 바꾸기는 어렵게 됐소."

끝내 태자가 바뀌지 않은 것은 근본적으로는 장량이 이 네 사람을 불러온 힘 덕분이다.

(『자치통감』) 이 해에 고제가 붕어하자 태자가 황제에 즉위하고 황후를 높여 황태후라 했다. 황태후는 영항(永巷-궁정 감옥 관리)으로 하여금 척부인을 구금토록 한 다음에 머리를 깎고 붉은 죄수옷을 입혀 방아를 찧게 했다. 그리고 조왕을 장안으로 불러들였다.

혜제 원년(기원전 194년) 겨울 12월에 황제가 아침 일찍 사냥을 나갔다. 조왕은 아직 어려서 일찍 일어나지를 못했는데 태후가 사람을 시켜 짐독(鴆毒)을 가져다 먹이니 황제가 사냥에서 돌아왔을 때 조왕은 이미 죽어 있었다. 태후는 마침내 척부인의 손발을 자르고 눈알을 빼고 귀를 지지고 벙어리 되는 약〔瘖藥(음약)〕을 마시게 해 변소 안에 있도록 하고 '사람 돼지〔人彘(인체)〕'라고 이름을 불렀다.

정이가 말했습니다.

“(『주역』의) 감(坎) 괘(위 아래 다 ☵) 육사(六四)에서 ‘맺음〔約=結〕을 드릴 때에는〔納〕 남쪽 창〔牖〕으로부터〔自〕 해야 한다’고 했다. ‘남쪽 창으로부터〔自牖〕’라고 하는 것은 통해 밝은〔通明〕 곳으로부터라는 뜻이니 신하가 충직과 믿음〔忠信〕으로 잘 인도해 임금의 마음과 굳게 맺으려〔結=約〕 한다면 반드시 임금이 밝은 곳〔明處〕으로부터 (시작)해야 마침내 (신하도) 들어갈 수가 있다. 사람의 마음은 가려진 바〔所蔽〕가 있고 통한 바〔所通〕도 있는데 가려진 바는 어두운 곳이고 통한 바는 밝은 곳이니 마땅히 그 밝은 곳에 나아가 일을 아뢰어 신임을 얻으려 한다면 쉬울 것이다. (중략)

예로부터 간언을 잘하는 신하는 임금의 밝은 바〔所明〕에 바탕을 두지 않은 적이 없다. 한나라 때 고조가 척희를 총애해 장차 태자를 바꾸려 했으니 이는 (사사로운 사랑에) 가려진 바다. 여러 신하들이 다투어 간언한 것이 많았으니 적서의 의리〔嫡庶之義〕와 장유의 차례〔長幼之序〕가 밝혀지지 않았던 것은 아니었음에도 불구하고 임금이 사랑에 가려져 그것을 제대로 살피지 않으니 어쩌겠는가?

네 명의 노인은 고조가 평소 그들의 현명함을 알고서 소중하게 여겼으니 이것이 바로 가려지지 않은 밝은 마음〔不蔽之明心〕이다. 그래서 (고조가) 밝게 아는 마음을 바탕으로 해서 그 일을 언급하자 깨우쳐주는 것이 마치 손바닥을 뒤집듯〔反手〕 쉬웠던 것이다. 또 네 노인의 힘이 어찌 장량 등의 여러 공경과 천하의 선비만 하겠으며, 말의 간절함이 어찌 주창과 숙손통만 했겠는가? 그런데도 (고조가) 신하들을 따르지 않고 네 노인을 따른 것은 그 가려진 것을 공격하는 것과 그 밝음으로 나아가는 것의 차이 때문이었다.”

호인이 말했습니다.

"장량이 사호(四皓)를 초치해 저궁(儲宮-태자)을 보필케 했으니 사람들은 이를 제나라 환공이 (수지에서) 8개 나라와 회합해 세자를 안정시킨 것과 비교하기를, 일은 훨씬 간소했고 힘은 덜 들였으나 그 결과는 (장량이) 더 뛰어났다고 하니 세상의 군자들도 헷갈리는 지경에 이르렀다. 그런데 (사마천이) 말하기를 '이를 잘 들여다보면 이 일은 장량이 자식을 위해 (사호와) 당을 맺어 아버지를 물리친 것이다'라고 했다.

따라서 (장량이 더 뛰어났다는 식의) 그 같은 견해는 성인(-공자)께서 수지에서의 회맹은 깊이 인정해 주시면서 '관중이 제나라를 도와 천하를 단번에 바로잡았다'고 하신 말씀의 깊은 뜻을 알지 못한 때문이다."

1) 이 문장은 앞의 『자치통감』과 일부 겹친다.

(『자치통감』) 수나라 문제는 북주(北周)의 선위를 받아 황제에 올랐고 태자 양용(楊勇)을 황태자로 삼았다.

개황(開皇-문제의 연호) 20년(600년), 애초에 황상은 태자 양용으로 하여금 군국(軍國)의 정사에 참여해 결정토록 했는데 경우에 따라 잘잘못〔損益〕이 있었으나 황상은 그것을 다 받아들여주었다.

양용의 성품은 너그러우며 두터웠고〔寬厚〕 솔직하게 감정대로 하면서 교만하거나 꾸며대는 행동이 없었다. 황상은 성품이 검약했는데 태자가 일찍이 촉나라 사람이 만든 방패를 문장으로 꾸미니 황상이 그걸 보고서 불쾌해하며 타일렀다.

“옛날부터 제왕 중에 사치를 좋아하면서 오래갈 수 있었던 사람은 없었다. 너는 저후(儲后-태자)가 됐으니 검약을 우선으로 해야만 마침내 종묘를 받들고 이어갈 수 있다. 나는 옛날에 입던 옷을 각각 한 가지씩 남겨두고 종종 그것을 다시 쳐다보면서 나 자신을 스스로 경계한다.”

뒤에 동지가 되어 문무백관이 모두 다 양용을 찾아가자 양용은 음악을 베풀고 축하를 받았다. 황상이 이것을 알고서 조정의 신하들에게 물었다.

“내 들으니 내외 백관들이 서로 인솔해 동궁에 조현〔朝〕을 갔다는데 이것은 무슨 예인가?”

태상소경(太常少卿) 신단(辛亶)이 말했다.

“동궁에서 축하를 받은 것이니 조현(朝見-국왕의 행사)이라는 말을 쓸 수 없습니다.”

황상이 말했다.

“축하라는 것은 그냥 서너 명 혹은 수십 명이 인정에 따라 각자 가면 되는 것이지 어찌 유사가 징소(徵召)해 일시에 두루 모았는가? 그리고 태자가 법복(法服) 차림으로 음악을 베풀고서 그들을 기다렸다는데 이는 (예법상) 옳은 것인가?”

이로 인해 조서를 내려 그 축하 행사를 즉각 중단시켰다. 이때부터 태자에 대한 은총이 시들기 시작했고 점점〔漸〕 의심해 막히는 일〔猜阻〕들이 생겨났다.

양용은 여러 여인들을 총애했는데 소훈(昭訓-태자의 후궁 칭호) 운씨(雲氏)를 더욱 아꼈다. 그의 본부인인 비 원씨(元氏)가 총애를 받지 못하다가 마음의 병이 생긴 지 이틀 만에 훙하니 독고황후는 거기에 다른 이유가 있을 것으로 생각하고 양용을 크게 꾸짖었다. 이때부터 운소훈이 내정(內政)을 제 마음대로 하고 아들 양엄(楊儼) 등 여럿을 낳으니 황후는 더욱 불평하면서 자못 사람을 보내 살피도록 해 양용의 허물을 찾아내려 했다.

진왕(晉王) 양광(楊廣)은 이런 저간의 사정들을 두루 알고 있었으면서도 겉으로는 아닌 척하면서 오직 소비(蕭妃)와 더불어 거처하면서 후궁에게서 아들이 생길 경우에는 모두 다 기르지 않았다. 이로 인해 황후는 자주 양광이 어질다고 칭찬했다. 대신들 중에 권력을 쥐는 자가 있으면 양광은 모두 다 마음을 기울여 사귀었다. 황상과 황후가 매번 좌우에 있는 사람을 보내 양광의 처소에 이르게 되면 귀천을 막론하고 양광은 반드시 소비와 함께 문에서 맞이해 접대하고 맛있는 반찬을 베풀어 두터운 예를 갖추었으니 비첩과 노비들 중에서 왕래하는 사람으로서 양광의 어질고 효성스러움에 대해 칭찬하지 않는 자가 없었다.

황상과 황후가 일찍이 양광의 집에 행차하자 양광은 아름다운 후궁들은 모두 다른 방으로 보내 숨기고 오직 늙고 추한 사람만 남겨두고 아무런 무늬도 없는 비단옷을 입혀 좌우에서 시중들게 했고, 병풍과 휘장은 합사로 짠 흰 비단으로 바꾸어 사용했으며 일부러 악기의 줄을 끊고 먼지는 털어내지 못하도록 했다. 황상은 그것을 보고 양광이 음악과 여색을 좋아하지 않는다고 여겼고 궁궐로 돌아와서는 시중드는 신하들에게 말하면서 속으로 아주 기뻐하니 신하들은 모두 경사스러운 일이라며 칭송했다. 이로 말미암아 그를 총애하는 것이 다른 아들들과 특별히 달라지기 시작했다.

양광이 양주(揚州) 총관에 임명되어 임지로 떠나기에 앞서 궁전에 들어가 황후에게 인사를 하며 땅에 엎드려 눈물을 흘리니 황후 역시 눈물을 줄줄 흘렸다. 양광이 말했다.

"신은 성품이 어리석고 모자람을 알아서 항상 형제의 뜻을 평생 지키려 하고 있으나 무슨 죄로 동궁에게 사랑을 잃어 항상 격노한 생각을 쌓으면서 저를 죽이려는 함정에 빠뜨리려 하는지 알지 못하겠습니다. 늘 헐뜯어서 베틀의 북을 던지는 일[1])을 만들어낼까 두렵습니다."

이에 황후는 화를 냈고 이로부터 양용을 폐하고 양광을 세우기로 뜻을 정했다.

양광은 안주(安州-후베이성 안루시) 총관 우문술(宇文述)과 평소 친했기 때문에 우문술에게 계책을 물으니 우문술이 답했다.

"황태자는 총애를 잃은 지 이미 오래됐고 천하의 기대는 실로 대왕(-양광)께로 돌아갔습니다. 그러나 (태자를) 폐하고 세우는 일은 나라의 큰일이고 아버지와 아들, 골육지간의 일이라 참으로 쉽게 모의할 수 있는 것은 아닙니다. 하지만 주상의 생각을 바꿀 수 있는 사람은 오직 양소(楊素)뿐이고, 양소가 함께 일을 꾀하는 사람은 오직 그의 동생 양약(楊約)뿐입니다. 저 우문술이 양약을 평소 잘 알고 있으니 경사에 조현하기를 청하고 양약과 더불어 서로 만나서 함께 일을 도모해 보도록 하겠습니다."

양광은 크게 기뻐하며 금과 보물을 많이 싸가지고 우문술에게 주어 함곡관으로 들어가게 했다.

양약은 이 당시 대리시 소경(少卿)으로 있었는데 양소는 평소 할 일이 있으면 모두 일단 양약과 모의한 후에 그것을 실행했다. 우문술은 양약을 초청해 기구와 완구들을 많이 늘어놓은 채 양약과 함께 유쾌하게 술을 마셨고 이어 함께 바둑과 장기를 두었는데 일부러 져주면서 싸가지고 간 금과 보물을 양약에게 주었다. 양약은 얻은 것이 너무 많아지자 우문술에게 미안해하니 그 틈을 타서 우문술이 말했다.

"이것은 진왕께서 하사한 것으로 저 우문술을 시켜 공과 더불어 기쁘게 즐길 수 있게 해준 것일 뿐입니다."

양약이 크게 놀라며 말했다.

"어쩌자고 이러는 것이오?"

우문술은 양광의 속마음을 그대로 전하면서 그를 설득했다.

"공의 형제께서는 공로와 명예가 세상을 덮었고 권세를 장악한 지가 여러 해 됐으니 조정의 신하들 가운데 족하(足下)의 집안에 굴욕을 당한 사람들을 이루 다 헤아릴 수 있겠습니까? 또 저후(儲后)는 바라는 바가 실행되지 않으면 권세를 잡은 사람에게 이를 갈 터이니 공은 비록 스스로 주군과 관계를 맺고 있지만 주변에서 공을 위태롭게 하려는 사람은 참으로 많습니다.

주상께서 하루아침에 여러 신하들을 버리게 되면 공 또한 누구를 비호할 사람으로 삼겠습니까? 지금 황태자는 황후에게 총애를 잃었고 주상은 평소 황태자를 폐해 내보낼 생각을 갖고 계시니 이것은 공께서도 잘 아시는 바일 것입니다. 지금 만일 진왕을 세우자고 청한다면 그것은 오직 어지신 대형(大兄)의 입을 통해서만 가능합니다. 진실로 이때를 이용해 큰 공로를 세울 수 있다면 왕께서는 반드시 골수에 영원히 새길 것이며, 이는 바로 계란을 쌓아놓은 듯한 위태로움〔累卵之危〕(누란지위)을 제거하고 태산과도 같은 편안함을 이루게 되는 길입니다."

양약은 그렇다고 생각하고 이어 양소에게 말했다. 양소는 그 소식을 듣고 크게 기뻐하면서 손바닥을 어루만지며 말했다.

"나의 꾀와 생각은 전혀 여기까지 미치지 못했었구나!"

양약은 그 계책이 행해질 것임을 알고서 다시 양소에게 말했다.

"지금 황상께서는 황후의 말이라면 받아들여 쓰지 않는 것이 없으니 마땅히 기회를 틈타 빨리 우리 쪽에서 결탁을 해야 영화와 복록이 오래 보존되고 그 복을 자손에게도 전할 수 있습니다. 형님께서 만일 늦추고 의심해 하루아침에 변고가 생기고 태자가 용사(用事)하게 되면 재앙이 하루도 안 지나 이르게 될까 두려울 뿐입니다."

양소가 동생의 말을 따랐다. 그로부터 며칠 후에 양소가 들어가서 황후를 모시고 잔치를 할 때 은밀하게 진왕을 칭찬했다.

"진왕께서는 효성스럽고 윗사람을 잘 섬기며 공손하고 검약해 지존과 닮으신 데가 있습니다."

이것으로 황후의 속마음을 헤아려 본 것이다. 황후는 눈물을 흘리면서 말했다.

"공의 말이 옳도다! 내 아이는 크게 효성스럽고 남을 사랑하는 마음이 있어 지존과 내가 환관을 파견해 가게 하면 반드시 문 앞에서 영접하고 말이 이별하자는 데 이르게 되면 일찍이 울지 않은 적이 없었다. 또 그의 신부 역시 크게 가련해 내가 비녀로 하여금 가보게 했는데 항상 비녀와 함께 자고 같이 먹었다. 어찌 현지벌(睍地伐-태자의 어릴 때 이름)이 아운(阿雲-태자의 후궁)과 마주 앉아 종일토록 잔치를 즐기고 소인과 허물없이 지내며 혈육을 의심해 막는 것과 같겠는가? 내가 아마(阿麼-양광의 어릴 때 이름)를 더욱 가련하게 여기는 이유는 항상 그가 몰래 죽임을 당할까 두려워하기 때문이다."

양소는 이미 황후의 뜻을 알아차렸고, 이어 태자는 재목이 되지 않는다는 점을 부풀려 말했다. 황후는 마침내 양소로 하여금 황상이 태자를 폐립시키려는 뜻을 도우라고 했다.

양용은 자못 그런 모의가 진행되고 있다는 것을 알고서 근심하고 두려워했지만 내놓을 만한 계책이 없었다. 황상은 양용이 스스로 불안해하고 있음을 알고서 인수궁에 있으면서 양소로 하여금 양용이 무엇을 하는지를 살피도록 했다.

양소가 동궁에 도착해서는 누워서 쉬느라 들어가지 않았다. 양용은 허리띠를 묶고 그를 기다렸으나 양소는 고의로 오랫동안 나아가지 않아 일부러 양용을 격노하게 만들었다. 양용이 이를 악물었으나 그것이 말과 얼굴빛에 드러나니 양소가 황상에게 돌아와서 고했다.

"양용이 원망하고 있어 무슨 변고라도 생길까 두려우니 바라건대 깊이 살펴서 미리 막아야 합니다."

황상은 양소가 동궁을 비방하고 헐뜯으니 처음에는 양소의 말을 심히 의심했다. 그래서 황후가 또 사람을 보내어 동궁을 엿보고 아주 작은 일까지도 모두 상주해 알리도록 하니 결국 속이고 꾸며서 그 죄를 만들어냈다.

황상은 마침내 양용을 멀리하고 꺼려서 이에 현무문(玄武門-대흥궁 정북문)에서 지덕문(至德門-대흥궁 동북문)에 이르기까지 정탐꾼을 가득 풀어 동정을 살피게 했고 모두 일에 따라 상주해 보고하도록 했다. 또 동궁을 숙위하는 사람 가운데 시관(侍官) 이상은 명적(名籍-관리명부)을 다 여러 위부(衛府)에 소속시키고 용맹하고 건장한 사람은 모두 물리치도록 했다. 태사령(太史令) 원충(袁充)이 황상에게 말했다.

"하늘의 움직임〔天文〕(천문)을 살피건대 황태자는 마땅히 폐위되어야 합니다."

황상이 말했다.

"어두운 움직임〔玄象〕(현상)이 오랫동안 보였지만 여러 신하들이 감히 말하지 못했을 뿐이다."

진왕 양광은 또 독왕부군사(督王府軍事-번왕의 군사 책임자) 단달(段

達)로 하여금 동궁이 총애하는 궁녀 희위(姬威)에게 사사로이 뇌물을 주도록 하고서 태자의 동정을 살펴 몰래 양소에게 알리도록 했다. 이에 안팎에서 떠들썩하게 비방하고 실수한 일들이 매일 보고되니 단달은 이 틈을 타서 희위를 위협해 말했다.

"동궁의 과실은 주상께서 이미 다 아신다. 이미 밀조(密詔)를 받들어 응당 폐립하기로 결정됐으니 그대가 태자의 잘못을 위에 알릴 수 있으면 크게 부귀해질 것이다."

희위는 허락하고서 즉시 글을 써서 이런 사실들을 위에 올렸다.

가을 9월 임자일에 황상이 인수궁(仁壽宮-산시성 린여우현)에서 돌아왔다. 다음 날 대흥전에 임해 시중드는 신하들에게 말했다.

"내가 새로이 경사로 돌아왔으니 마땅히 마음을 열고 기쁘고 즐거워야 할 것인데 어찌하여 마음이 도리어 근심 걱정에 휩싸이는지 모르겠다."

이부상서 우홍(牛弘)이 답했다.

"신 등이 맡은 바 일을 제대로 수행하지 못해 지존께서 근심하시고 수고로우신 것입니다."

황상은 이미 태자를 참소하고 비방하는 소리를 자주 들었으므로 조정 신하들도 다 그 사실을 알고 있을 것이라고 의심하고서 신하의 무리 가운데서 질문을 꺼내어 자연스럽게 태자의 허물을 보고하기를 바라고서 그런 말을 했던 것이다. 그런데 우홍의 대답이 자신의 속뜻을 알아차리지 못하자 황상은 이어 안색을 바꾸고서 동궁의 관속들에게 말했다.

"인수궁은 여기서 거리가 멀지 않은데[2] 내가 매번 경사에 돌아올 때마다 엄중하게 병장기를 갖추고 호위하게 하니 마치 적국에 들어오는 것 같다. 나는 설사병이 나도 옷을 벗고 눕지 못한다. 어젯밤 측간에 가까이 가고 싶어서 뒷방에 있었으나 급변이 있을까 두려워 돌아서 이동해 앞전으로 갔으니 어찌 너희들이 나의 집안과 나라를 부수려고 하는 것이 아니겠는가?"

이에 태사부 좌서자 당령칙(唐令則) 등 몇 명을 붙잡아 소관 관아에 보내 국문하게 하고 양소로 하여금 동궁에서 있었던 일과 상황을 진술토록 해 시중드는 신하들에게 알렸다.

마침내 양소가 저간의 일들을 들춰내어 일일이 말하니 황상이 다음과 같이 말했다.

"이 아이는 후사를 잇는 것을 감당하지 못한 지 오래됐고, 황후는 항상 나에게 그 아이를 폐하라고 권했다. 내가 포의(布衣-일개 평민) 시절에 낳은 아이이고 또 장자의 자리에 있으니 그 아이가 점점 고치기를 바라면서 숨기고 참으며 지금에 이르렀다. 내 비록 임금다움에서는 요순(堯舜)에게 부끄러울지라도 끝내 만백성을 불초한 아들에게 주지는 않겠다. 나는 항상 그 아이가 해를 가할까 두려워 큰 적을 막는 것과 같이 했는데 지금 그 아이를 폐해 천하를 안정시키겠다."

좌위대장군 원민(元旻)이 간언했다.

"폐하고 세우는 것은 나라의 큰일인데 조서로 내린 뜻을 일단 행하게 되면 후회하셔도 다시 고칠 수가 없습니다. 헐뜯는 말이란 한이 없는 것이니 오직 폐하께서는 그것을 제대로 살피셔야 할 것입니다."

황상은 이에 대답을 않고 희위에게 명해 태자의 죄악을 다 털어놓도록 했다. 희위가 이러쿵저러쿵 말하자 황상은 눈물을 줄줄 흘리며 말했다.

"부모도 없는 자식인지 어쩌다가 마침내 이 지경에 이르렀는가? 짐이 최근에 제나라 역사서를 보았는데 고환(高歡)이 자기 자식을 풀어놓은 것을 보고 분노를 이길 수가 없었다. 그런데 어쩌다가 내가 다시 그것을 본받을 수 있겠는가?"

이에 양용과 그의 아들들은 따로 가두고 그의 무리들은 나누어 체포하니 양소가 법률의 조문을 멋대로 해석해 교묘하게 속이고 짜맞춰 그 옥사를 완성했다.

그에 앞서 양용이 늙고 마른 괴목(槐木)을 보면서 물었다.

"이것은 어디에 쓰이는가?"

누군가가 말했다.

"늙은 괴목은 불을 얻는 데 아주 적합합니다."

당시에 위사들은 모두 불쏘시개 나무를 차고 있어서 양용이 공인(工人)으로 하여금 수천 개를 만들어 그것을 좌우에 있는 사람들에게 나누어주려고 했던 것인데 이때에 이르러 창고에서 찾아냈다.

또 약장국(藥藏局)에는 쑥을 수북이 쌓아두었는데 이를 찾아서 (증거라고) 거둬들이니 아주 이상하게 여기며 희위에게 묻자 희위는 이렇게 답했다.

"태자가 이렇게 한 속마음은 다른 데 있습니다. 지존께서 인수궁에 계시니 태자는 항상 말 천 필을 먹이고 '빨리 가서 성문을 지키면 자연히 굶어 죽는다'고 말했습니다."

양소가 희위의 말을 갖고서 양용을 힐책했으나 양용은 인정하지 않으면서 말했다.

"가만히 듣건대 공의 집안에는 말이 수만 필이나 되는데 나 양용이 분에 넘치게도 태자의 신분을 갖추고 말 천 필을 가지고 있었다고 해서 그것이 곧 반란인가?"

양소는 또 동궁의 옷과 완구를 꺼내어 거기에 새기고 수식을 덧붙인 것과 비슷한 것은 다 정원에 늘어놓고 문무백관에게 보여서 태자의 죄를 만들었다. 황상과 황후는 자주 사자를 보내어 양용에게 묻고 책망했으나 양용은 복종하지 않았다.

겨울 10월 을축일에 황상이 사람을 시켜 양용을 부르니 양용이 그 사람을 보고서 놀라며 말했다.

"나를 안 죽일 수는 없을 것이다."

황상이 군복 차림〔戎服〕을 하고서 병사들을 세워놓고 무덕전(武德殿)에 임해 문무백관들을 모아 동쪽에 세우고 여러 황족들은 서쪽에 세운 다음 양용과 그의 아들들을 끌어내어 대궐 뜰에 열 지어 놓았다. 그리고 내사시랑 설도형을 시켜 조서를 선포토록 해 양용과 그의 아들인 왕들과 딸들인 공주를 폐했다. 이에 양용은 두 번 절하고 말했다.

"신은 마땅히 시체가 되어 큰 저잣거리에 엎어져 장래의 귀감과 경계가 되어야 할 것입니다만 다행히 애틋해하고 불쌍해하는 마음을 입어 목숨만은 보전할 수 있게 됐습니다."

말을 마치자 눈물이 소매로 흘러내렸다. 그러고 나서 손을 휘젓고 발을 구르면서〔舞蹈〕 물러나니 좌우에 있는 사람들은 모두 민망해 입을 다물었다.

애초에 운소훈의 아버지 운정흥(雲定興)이 동궁에 출입하면서 절도가 없었고 자주 특이한 옷과 이상한 기구들을 바쳐서 기쁨과 총애를 구했는데 좌서자 배정(裵政)이 여러 차례에 걸쳐 간언을 올렸으나 듣지 않았다.

당령칙은 양용이 믿어서 허물없이 대하는 사이였는데 매번 현가(絃歌)[3]를 가지고서 내인에게 가르치니 우서자 유행본(劉行本)이 그것을 꾸짖으며 말했다.

"서자는 마땅히 바른 도리로써 태자를 보좌해야 하는 자리인데 어찌

방 안의 휘장(-내인을 가리킨다) 사이에서 아첨해 귀여움을 받습니까?"

당령칙은 대단히 부끄러웠지만 고치지를 않았다.

양용이 일찍이 좋은 말을 얻자 유행본으로 하여금 이 말을 타라고 하고서 그것을 구경하고 싶어했는데 유행본이 낯빛을 바로 하며 말했다.

"지존께서 신을 서자의 자리에 둔 것은 전하를 보필해 바르게 이끌게 하려는 것이지 전하가 저를 데리고 놀라고 한 것이 아닙니다."

양용은 부끄러워하면서 중지했다. 양용은 폐태자가 됐지만 두 사람은 이미 죽었다. 황상이 탄식하며 말했다.

"만약에 배정과 유행본이 살아 있었다면 양용이 여기에까지 이르지는 않았을 것이다."

양용이 일찍이 궁정의 신하들에게 잔치를 베푸는데 당령칙이 직접 비파를 타면서 '무미랑(娬媚娘)'을 불렀다. 세마(洗馬) 이강(李綱)이 일어나 양용에게 고해 말했다.

"당령칙은 그 몸이 궁경(宮卿)[4]이고 하는 일은 태자를 조절하고 보호하는 일인데 마침내 넓은 자리에서 스스로를 광대에 빗댔고 음란한 음악을 바쳐서 귀와 눈을 더럽혔습니다. 이 일이 만일 황상께 보고되면 당령칙의 죄는 헤아리지 못할 정도이니 어찌 전하께 누가 되지 않겠습니까? 신은 청컨대 당장 그의 죄를 다스려야 합니다."

양용이 말했다.

"내가 즐기고 싶었을 뿐이니 그대는 너무 끼어들지 말라!"

이강은 마침내 빠른 걸음으로 나갔다. 양용이 폐위되기에 이르자 황상이 동궁의 관리들을 불러 통렬하게 그들을 질책하니 모두 두려워하며 감히 답하는 사람이 없었는데 이강만이 홀로 말했다.

"있던 태자를 폐하고 새롭게 세우는 큰일은 지금 문무대신이 모두 그것이 옳지 않다는 것을 알면서도 말을 꺼내려 하지 않습니다만 신이 어찌 감히 죽음을 두려워해 단 한 번이라도 폐하를 위해 따로 이 문제를 말씀드리지 않을 수 있겠습니까? 태자의 성품은 본래 평범한 사람이어서 더불어 좋은 일을 행할 수도 있고 더불어 나쁜 짓도 행할 수 있습니다. 만일 폐하께서 올바른 사람을 가려서 태자를 보필토록 했다면 충분히 뒤를 이어서 큰 토대를 지킬 수 있었을 것입니다. 이제 마침내 당칙령을 좌서자로 삼고 추문등(鄒文騰)을 가령(家令)으로 삼았는데 두 사람은 오로지 비파를 뜯고 노래하며 매와 개를 가지고 태자를 즐겁고 기쁘게 했으니 어찌 지금에 이르지 않을 수 있었겠습니까? 이것은 곧 폐하의 허물이지 태자의 죄가 아니옵니다."

이어서 이강은 땅에 엎드려 눈물을 흘리며 오열했다. 황상은 오랫동안 슬픈 표정을 짓고 있다가 마침내 말했다.

"이강이 나를 나무라는 것이 이치에 맞지 않는 것은 아니다. 다만 그는 하나만 알고 아직 둘은 모르는 것이다. 내가 너를 택해 궁신(宮臣)으로 삼았는데 양용이 너를 가까이해 일을 맡기지 않았으니 비록 또다시 올바른 사람을 얻는다 한들 무슨 도움이 되겠는가?"

이강이 대답했다.

"신이 가까이에서 신임을 받지 못한 까닭은 진실로 간악한 사람이 곁에 있었던 때문입니다. 폐하께서는 다만 당령칙과 추문등의 목을 베고서 다시 현능한 인재를 선발해 태자를 보필하게 하셨다면 어찌 신이 끝내 거리낌을 받아 버림받을 것을 아셨겠습니까? 예로부터 나라와 집안이 적장자를 내치고서 기울어지고 위태롭지 않은 경우가 드물었으니 바라건대 폐하께서는 뛰어난 생각을 깊이 남기셔서 후회할 일을 남기시지 않기를 바라옵니다."

황상은 불쾌해했다.

11월 무자일에 진왕 양광을 세워 황태자로 삼으니 천하에 지진이 있었다. 그로 인해 태자 양용을 동궁에 가두고 태자 양광에게 책임을 맡겨 그를 관장하도록 했다. 양용은 자신이 폐위된 것이 자신의 죄라고 생각지 않고 자못 황상을 만나 원통함을 풀기를 청했으나 양광이 막아서 고할 수가 없었다. 양용은 이에 나무에 올라가 큰 소리를 내어 황제의 처소에 들리게 해서 알현할 수 있게 되기를 바랐다. 이에 양소는 양용의 마음과 뜻은 어둡고 어지러워 미친 귀신한테 씌었으니 다시 거둬들일 수 없다고 고했다. 황제는 그럴 것이라고 여겨 끝내 (양용은 황상을) 알현을 할 수 없었다.[1]

1 양광이 결국 수 양제가 됐고, 마침내 그 당대에 수나라는 망했다.

신이 가만히 살펴보겠습니다. 수나라 문제는 술수(術數)로 천하를 갖다 보니 아랫사람들을 움직이고 누르는 것〔操制〕(조제)도 역시 술수로 했습니다. 그러다 보니 신하들은 사실 (황제를) 능히 속일 수 없었는데도 태자 양용이 감정에 충실해 솔직하게 하는 것은 의심했고, 진왕 양광이 속마음〔情〕(정)은 숨긴 채 거짓을 꾸며대도 그것을 전적으로 믿었습니다.

무릇 양용의 타고난 자질은 중간 정도〔中人〕(중인)였을 뿐입니다. 만일 황제가 이름 있는 유학자〔名儒〕(명유)를 제대로 잘 골라서 책임을 갖고서 태자를 잘 돕고 이끌도록〔輔導〕(보도) 해 절차탁마(切磋琢磨)시켰다면 반드시 좋은 다움〔令德〕(영덕)을 행하지 않을 수 없었을 것이요, 양광은 그냥 큰 도적

〔大賊〕이 됐을 것입니다.

(수문제가 그러지 않았기에) 양광은 바야흐로 평상시에 황제와 황후에게 아첨해 적자의 자리를 빼앗으려고 꾀를 부린 지가 아주 오래됐습니다. 어느 순간 태자에 대한 황후의 뜻이 썩 좋지 않다는 것을 알아차리고서는 이에 자신의 겉을 꾸며대는 것〔緣飾〕은 빼어난 공인처럼 했고, 태자를 기울게 하고 밀쳐내는 것〔傾擠〕은 교묘하게 행했으니 양광이 우문술에게서 계책을 취하고 양약을 뇌물로 구워삶아 자연스럽게 양소와 통하게 한 것을 보건대 그 사람을 안배하고 배치하는 바〔按排布置〕가 전국시대 종횡가(縱橫家) 무리와 정확히 일치합니다.

그러다 보니 황제는 양용을 마땅히 폐해야 하는 이유들은 쓸데없이 알면서도 양광의 이른바 죄를 지으며 횡포를 부리는〔罪戾〕 성품이 여러 사람들이 치밀하게 짜내는 손〔織組之手〕에서 이루어지고 있다는 것은 알지 못했습니다. 또 양광을 (새로운 태자로) 세울 수 있다는 것은 쓸데없이 알면서도 이른바 좋고 아름다운 것이 여러 사람들이 열고 닫는 입〔闡闔之口〕에서 결정된다는 것은 알지 못했으니 그 실상은 어디에 있다고 하겠습니까?

이 지경에 이르면 귀가 먹을 대로 먹어〔如聾如聵=不聰〕 더 이상 스스로 옳고 그름〔是非〕을 분별할 수 없게 되어버려 이제 한 명을 폐하고 한 명을 세우는 일이 다만 양소 등에게는 식은 죽 먹기처럼 쉬운 상황〔鬻賣之地〕이었을 뿐입니다. 그런데 평소에 (양용처럼) 이른바 술수라는 것을 알지 못하는 자는 과연 어찌 되겠습니까? 술수면에서 양광은 이미 태자를 훨씬 능가하고 있었는데 또 (황상은) 양용을 그의 손에 맡겨 관장토록 했습니다. 수 문제는 죽기 직전에 가서야 마침내 양광은 양용을 맡아줄 만하지 못하다는 것을 깨닫고서 양용을 풀어

줄 것을 명했다가 자신의 몸만 죽게 만들었을 뿐입니다.[1 5)]

아! 후세의 임금들은 중상모략[讒言]이 끝도 없이 횡행할 때 그것을
참언
깊이 잘 살피지 않을 수 있겠습니까?

1 이 일은 『자치통감』 수 문제 말년에 나온다.

1) 공자의 제자인 증삼의 어머니가 아들이 사람을 죽였다는 말을 세 번 듣고는 마침내 그 말이 사실인가 싶어 베를 짜다가 북을 내던지며 일어났다는 고사다. 반복해서 참소나 모함을 들으면 결국은 의심이 생겨난다는 뜻이다.
2) 지금 거리로 120km 정도다.
3) 거문고를 타면서 시를 읊는 놀이다.
4) 좌서자와 우서자를 가리킨다.
5) 훗날의 수 양제, 즉 양광이 사람을 보내 아버지를 죽였다는 것이 정설이다. 수 문제는 죽기 직전 '짐승 같은 놈에게 어찌 대사를 맡길 수 있겠는가? 독고씨(-이미 세상을 떠난 황후)가 나를 오도했다'면서 폐위된 양용을 다시 부르려다가 양광이 보낸 사람에 의해 죽게 된 것이다.

(『자치통감』) 당나라 현종 개원(開元, 712~741년) 말년[1)]에 무혜비가 황상에게 태자 이영(李瑛)을 참소했다.

"태자가 몰래 당파를 만들어 장차 첩의 모자를 해치려고 합니다만 결국은 지존을 지목해 물리치려는 것입니다."

황상이 크게 화를 내며 재상들에게 말하니 모두 태자를 폐위하려고 했다. 이때 장구령(張九齡)이 간언을 올렸다.

"태자는 천하의 근본이니 가볍게 흔들 수 없습니다. 옛날에 진나라 헌공이 여희의 중상모략을 듣고 신생을 죽이니 3대에 걸쳐 큰 혼란이 있었습니다. 한나라 무제가 강충의 무고를 믿고 여(戾) 태자에게 죄를 주어 장안이 피로 가득했습니다. 진(晉) 나라 혜제는 가(賈) 황후의 거짓말을 받아들여 민회(愍懷) 태자를 폐해 중원이 도탄에 빠졌습니다. 수나라 문제는 독고황후의 말을 받아들여 태자 양용을 내몰고 양제를 세웠다가 결국 천하를 잃었습니다. 이런 일들을 볼 때 (태자 교체 문제는) 신중하지 않으면 안 됩니다. 폐하께서 반드시 이 일을 하시고자 한다면 신은 감히 그 조서를 받들 수가 없습니다."

무혜비가 몰래 궁노 우귀아(牛貴兒)를 시켜 장구령에게 말했다.

"폐하는 일이 있으면 흥하는 일도 있소이다.[1] 공께서 내 아들을 후원해 준다면 재상에 오랫동안 있게 될 것이오."

장구령은 그 자리에서 우귀아를 꾸짖고 그 말을 황상에게 고하니 황상은 그것에 깜짝 놀랐다. 이 때문에 장구령은 바로 재상에서 파직됐으나 태자는 무사할 수 있었다.

장구령이 좌천돼 있을 때 다시 (현종과 무혜비 사이에서 난 함의공주의 남편인 양회가) 태자 이영, 악왕(鄂王) 이요(李瑤), 광왕(光王) 이거(李琚) 등이 몰래 수상한 음모를 꾸몄다고 참소했다. 황상이 재상들을 불러 모아 그 대책을 논의하니 이임보가 답했다.

"이번 일은 폐하 집안의 일이니 신 등이 마땅히 참여할 수 있는 일은 아닙니다."

황상의 뜻이 마침내 정해졌다. 환관으로 하여금 궁중에 제서(制書)를 선포케 해 이영, 이요, 이거를 폐위해 서인으로 삼았고 얼마 지나지 않아 태자 이영 등은 사사됐다.

태자 이영이 이미 죽고 나자 이임보는 여러 차례 황상에게 수왕(壽王) 이모(李瑁)를 태자로 세워야 한다고 권했다. 황상은 충왕(忠王) 이여(李璵)가 연장자인 데다가 또 어질고 효심이 깊으며 공손하고 삼가며 배움을 좋아했기 때문에 그를 세우고 싶었지만 결단을 내리지 못하고 1년여를 끌었다.

황상은 스스로 생각해 볼 때 춘추는 많은데 세 아들을 같은 날 죽이고 뒤를 이을 태자는 아직 결정되지 못했다고 생각하니 늘 쓸쓸하고 즐거울 일이 없어 잠도 줄고 식사량도 줄었다. (환관) 고력사가 틈을 타서 그 이유를 말해 달라고 하자 황상은 말했다.

"너는 우리 집의 오래된 종〔家老奴〕인데 어찌 내 뜻을 헤아리지 못하느냐?"

고력사가 말했다.

"낭군(郎君)[2]이 아직 결정되지 못해서 그렇지 않습니까? 단지 맏아들을 세운다면 누가 감히 쟁론을 하겠습니까?"

황상이 말했다.

"네 말이 옳다."

그리고 마침내 이여를 세워 태자로 삼았다.[3]

1 이는 태자 이영을 폐하면 수왕(壽王) 이모(李瑁)가 반드시 태자가 될 것이라는 말이다.

범조우가 말했습니다.

"명황제의 세 아들이 폐위된 것은 이임보의 한마디 말 때문이었고, (그에 앞서) 태자가 폐위되지 않을 수 있었던 것은 장구령의 한마디 말 때문이었으니 재상이 현능하면 아버지와 자식이 서로를 지켜줄 수 있고, 재상이 망녕되면 하늘이 준 본성을 잃고 서로 원수가 되는 것이다. 그러니 재상을 명할 때 신중하지 않을 수 있겠는가?"

1) 개원 24년(736년) 10월의 일이다.

2) 현종이 우리 집의 오래된 종이라고 부른 데서 알 수 있듯 두 사람은 공식적인 군신 관계라기보다는 사사로운 주인과 종의 관계다. 그래서 주인집 아들을 부르는 낭군이라는 표현을 썼다.

3) 그가 훗날의 숙종이다.

(『자치통감』) 당나라 대력(大歷-대종의 연호)에 14년(779년)에 덕종이 즉위하자 선왕(宣王) 이송(李誦)을 세워 황태자로 삼았다.

정원(貞元-덕종의 연호) 3년(787년), 애초에[1] 고국(郜國) 대장공주가 부마도위 소승(蕭升)에게 시집을 갔는데 공주가 성품이 조심스럽지 못해 첨사(詹事) 이승(李昇) 등이 공주의 집에 드나들었다. 공주의 딸이 태자비가 되자 어떤 사람이 공주가 음란하며 염도(厭禱-저주의 기도)를 행했다고 고했다. 황상은 크게 노해 공주를 궁중에 가두고 태자를 심하게 질책했다. 태자는 어찌할 바를 몰라 소비(蕭妃)와 이혼을 할 수 있게 해달라고 청했다.

황상이 이필(李泌)을 불러 이를 전하며 또 말했다.

"서왕(舒王-이의(李誼))이 이미 장성했는데, 효도하고 우애하는 마음이 깊으며 온화하고 어진 듯하오."

이필이 말했다.

"폐하께서는 오직 한 분의 아들(-적자)만 계신데 어찌하여 하루아침에 의심하여 폐하고 조카를 세우고자 하시니 잘못된 계책이 아니겠습니까?"

황상이 말했다.

"경은 가족을 사랑하지 않소?"

이필이 답했다.

"신은 진실로 가족을 사랑하니 감히 말씀을 다 드리지 않을 수가 없습니다. 만일 폐하께서 크게 성내시는 것을 두려워해 뜻을 굽혀 폐하를 따른다면 폐하께서는 훗날 후회하실 것이며, 반드시 원망해 말씀하시기를 '내가 너에게 재상을 맡겼는데 힘써 간언을 하지 않아 이 지경에 이르렀으니 반드시 너의 자식도 죽이겠다'고 하실 것입니다. 신은 이미 늙었으니 남아 있는 세월이 아까울 것은 없습니다만 만일 신의 아들이 억울하게 죽게 되고 신으로 하여금 조카로 뒤를 잇도록 하신다면 신은 아직 그 제사를 받을 수 있을지 알지 못하겠습니다."

이어서 소리 내어 눈물을 흘리니 황상 역시 눈물을 흘리며 말했다.

"일이 이미 이렇게 됐으니 짐은 앞으로 어떻게 하는 것이 좋겠소?"

"이는 큰일이오니 원컨대 폐하께서 깊이 살펴가며 꾀하셔야 할 것입니다. 예로부터 아버지와 자식이 서로 의심하면 망하지 않는 나라가 없고 뒤집어지지 않는 집안이 없었습니다."

황상이 말했다.

"정관(貞觀-당 태종)과 개원(開元-당 현종)에 모두 태자를 바꾸었는데 어째서 망하지 않았는가?"

이필이 답했다.

"옛날에 이승건은 일찍이 누차 감국(監國)했으므로 부탁하고 아부하는 사람이 많았고 동궁에도 무장한 병사가 매우 많았으며 재상 후군집과 더불어 반란을 꾸몄는데 일이 발각되자 태종께서는 장인인 장손무기로 하여금 조정의 신하 수십 명과 더불어 그를 국문토록 했고 일의 상황이 드러나 명백히 밝혀진 뒤에 백관들을 모아놓고 이를 의논했습니다.

당시 간언을 맡은 자들은 오히려 말하기를 '바라건대 폐하께서 자애로운 아버지가 되심을 잃지 않으면서 태자가 천년을 다할 수 있다면 좋을 것입니다'라고 했고, 태종은 이를 따르며 아울러 위왕 이태도 내치셨습니다.

바라건대 폐하께서는 조용히 사흘을 지내시며 그 단서를 깊이 생각하신다면 반드시 해법이 떠오르면서 태자 이외에 다른 선택이 없다는 것을 아시게 될 것입니다. 만약 과연 그런 흔적이 있을 경우 마땅히 의리를 아는 대신 20명을 부르셔서 신과 더불어 그 좌우에 있는 사람들을 국문하신다면 반드시 그 실상이 드러나게 될 것입니다. 바라건대 폐하께서는 정관 시절의 법도대로 행하고 아울러 서왕을 폐하고 황손을 세우신다면 백 세대 뒤에도 천하를 소유한 자는 오히려 폐하의 자손일 것입니다.

개원 연간에 무혜비가 태자 이영 형제를 참소해 살해하니 온 나라가 억울해하고 분개했는데 이것이야말로 마침내 백 세대가 마땅히 경계로 삼을 바인데 또 다른 모범이 있을 수 있겠습니까? 또 폐하께서는 예전에 일찍이 태자에게 명령을 내려 신을 봉래지(蓬萊池)에서 만나도록 하셨는데 태자의 용모와 모습을 살피니 벌의 눈을 하고 승냥이의 목소리를 가졌던 상신(商臣)[2]의 모습이 아니었으며 다만 부드럽고 어진 것〔柔仁〕이 (지나쳐서 오히려) 허물이 될까 걱정스러웠습니다.

또 태자께서는 정원(貞元) 이래로 항상 소양원(少養院-대명궁 내에 있다)에 머무셨는데 (폐하의) 침전의 측면에 있으니 일찍이 밖에 있는 사람을 접촉하거나 밖의 일에 참여한 것이 없는데 어찌 다른 모의를 한 것이 있겠습니까? 저 참소하는 자들은 교묘하게 속이는 것이 백 가지이니 비록 진나라의 민회(愍懷) 세자처럼 손으로 쓴 편지가 있거나 태자 이영처럼 갑옷을 입어도 오히려 아직 믿을 수가 없는데 하물며 다만 처의 어머니가 죄를 지은 것이 허물이 되겠습니까?

다행히도 폐하께서 신에게 말씀하셨으니 신은 감히 제 집안을 걸고 보증하건대 태자께서는 반드시 모의한 것을 알지 못했을 것입니다. 근래에 양소, 허경종,[3] 이임보 같은 무리들로 하여금 이 뜻을 받들도록 하셨다면 이미 서왕에게로 가서 대책을 확정하는 공로를 세우고자 했을 것입니다."

황상이 말했다.

"이는 짐의 집안일인데 어째서 경이 관여해 온 힘을 다해 이처럼 다투어 말하는 것인가?"

이필이 답했다.

"천자는 사해를 집으로 삼고 있습니다. 신이 지금 홀로 재상이라는 무거운 책임을 맡았으니 하나의 물건이라도 잃어버리게 되면 책임이 신에게로 돌아옵니다. 하물며 앉아서 태자께서 억울하게 얽히는 것을 보면서 말을 하지 않는다면 신의 죄가 클 것이옵니다."

황상이 말했다.

"경으로 인해 내일까지 잘 생각을 해보겠소."

이필은 홀(笏)을 뽑아들며 머리를 조아리고 눈물을 흘리면서 말했다.

"만일 제 말씀대로 하신다면 신은 폐하 부자가 자애롭고 효성스러움〔慈孝자효〕이 처음과 같은 것으로 알겠습니다. 그러나 폐하께서는 궁으로 돌아가셔서 마땅히 스스로 헤아려 생각하시고 이러한 뜻을 좌우에 드러내지 마셔야 합니다. 만일 이것이 드러난다면 모두 서왕에게 공을 세우고자 해 태자께서 위태로워질 것입니다."

황상이 말했다.

"경이 뜻하는 바를 다 알겠다."

태자가 사람을 보내 이필에게 감사하며 말했다.

"만일 내가 구원받을 수 없다면 먼저 스스로 약을 마시고자 하는데 어떻겠소?"

이필이 말했다.

"반드시 그렇게 우려할 필요는 없습니다. 바라건대 태자께서는 삼가시고 효도를 다하십시오. 만일 이 이필의 몸이 없게 된다면 사태가 어떻게 될지 알 수 없을 뿐입니다."

하루가 지나 황상이 영연전에서 조정 회의를 열고 이필을 홀로 불렀는데 눈물을 뿌리는 것이 마치 난간에서 빗물 떨어지듯 하자 황상은 그의 등을 어루만지며 말했다.

"경의 간절한 말이 아니었다면 짐은 오늘 후회해도 따라잡을 수가 없었을 것이오. 모두 경의 말과 같아서 태자는 어질고 효성스러우며 실제로도 다른 것이 없었소. 지금부터는 군대와 나라의 일 그리고 짐의 집안일은 모두 마땅히 경과 의논하리다."

이필은 축하의 절을 올리고 이어서 말했다.

"폐하께서는 뛰어나시고 밝으셔서〔聖明성명〕 태자가 죄가 없다는 것을 살피셨으니 신은 나라에 보답을 다한 것입니다. 원컨대 재상의 자리에서 물러나 평민으로 돌아갈 수 있게 해주시옵소서."

황상이 말했다.

"짐의 부자가 경에게 힘입어 온전할 수 있었으니 바야흐로 후손들에게 부탁해 경을 대대로 부귀하게 해 은덕에 보답하도록 해야 할 판에 어찌 그런 말을 꺼내는가?"

이승 등과 공주의 다섯 아들들을 모두 영남과 멀리 있는 주로 유배를 보냈다.[1]

1 이리하여 태자가 뒤를 이을 수 있었으니 그가 순종(順宗)이다.

신이 가만히 살펴보겠습니다. 예로부터 태자〔儲貳〕를 가벼이 폐하는 일은 재상의 잘못된 사람됨〔非人〕에서 비롯되지 않은 것이 없었습니다. 그래서 이극이 계략을 이루니 신생은 목매어 죽었고, 양소(楊素)가 간사한 마음을 품으니 태자 양용이 갇혀 지내야 했고, 이임보가 자기 이익을 좇다 보니 이영과 이거가 도륙됐습니다. 그나마 처음에 이영이 폐위되지 않았던 것은 장구령 덕분이었고, 서왕이 적자의 자리를 빼앗지 못한 것은 이필 덕분이었습니다. 그렇다면 나라를 다스림에 있어 충성스럽고 현능한〔忠賢〕 재상이 없으면 어떻게 되겠습니까? 이필이 덕종에게 고하는 말을 보면 충직하고 열렬하며〔忠誠〕 간절하고 돈독하니〔懇篤〕 마땅히 끝에 가서 능히 (덕종을) 감동시켜 깨우쳐줄 수 있었던 것입니다.

뒤에 재상이 되는 사람들은 불행히도 이 정도에 이르지는 못하겠지만 그래도 마땅히 이필을 모범으로 삼아야 할 것입니다.

이상은 작위를 폐하고 신분을 빼앗는 잘못은 엄격하게 살펴야 함에 대해 논했습니다.

1) 덕종 건중 2년(781년)의 일이다.

2) 춘추시대 초나라 성왕 때의 태자다.

3) 당나라 초기의 대신으로 고종 때 무측천을 옹립해 황후로 만들었고 장손무기를 죽게 한 장본인이다.

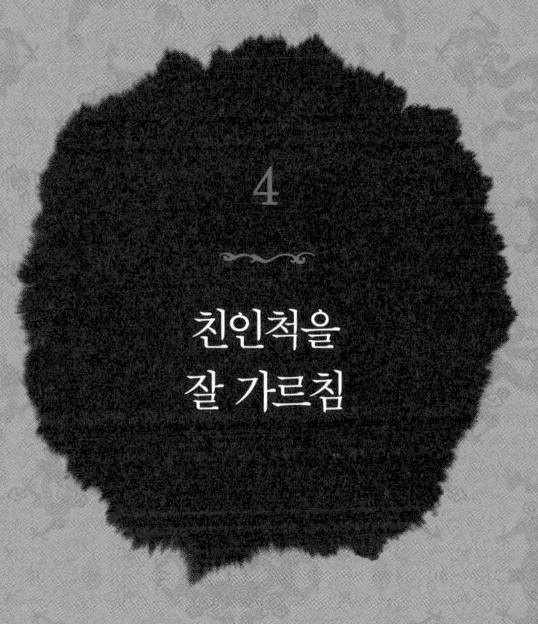

4

친인척을 잘 가르침

외척이 겸손하고 삼가는 복됨

(『한서』) 한나라 문제 때 두후(竇后-훗날 두태후)의 오빠 장군(長君)과 남동생 광국(廣國)[1)]은 후가 세워졌다는 소식을 듣고서 자발적으로 글을 올려 후에게 말했다. 이에 황제가 불러서 묻자 그 연유를 낱낱이 다 말했다. 이에 두후는 두 사람을 잡고서 눈물을 흘리고 큰 선물을 내린 다음 장안에 집을 장만해 주었다.

강후[1]와 관(灌) 장군[2] 등은 말하기를 "우리 집안은 결코 죽지 않는다"면서[3] 이어 말하기를 "이 두 사람은 출신이 미천하기 때문에 스승을 잘 골라서 가르치지 않으면 안 된다. 또다시 여씨(呂氏)를 본받는다면 큰일이기 때문이다"라고 했다. 이에 곧 나이 많은 사람들 가운데 절도와 행실이 있는 자를 골라 함께 지내도록 하니 장군과 소군(少君-광국)은 이로 말미암아 물러서며 양보할 줄 아는 군자가 됐고, 감히 부귀를 믿고서 사람들에게 교만을 부리지 않았다. 뒤에 경제가 즉위하자 황후는 황태후가 됐고, 이내 광국을 장무후(章武侯)에 봉했으며, 장군은 먼저 죽었기 때문에 그의 아들 팽조(彭祖)를 남피후(南皮侯)에 봉했다.

1 이름은 주발이다.

2 이름은 영(嬰)이다.

3 두후 쪽이 권력을 잡게 되면 장상이나 대신들은 피해를 입게 될 것을 두려워했기 때문이다.

신이 가만히 살펴보겠습니다. 두후의 오빠 장군과 남동생 소군은 원래 가난하고 미천했습니다. 그런데 하루아침에 누이가 왕후가 된 덕택에 갑자기 모든 것이 부귀해졌습니다. 늘 사람의 마음이란 그렇게 되면 교만해지고 사치에 물들지 않는 자가 드물게 됩니다. 이에 당시 강후나 관장군 같은 대신들은 곧바로 스승을 잘 골라주고 또 나이 많은 사람들 가운데 절도와 행실이 있는 사람으로 하여금 (그 두 사람과) 함께 지내도록 조치를 취했습니다. 그래서 두 사람은 마침내 물러서며 공손해하는 군자가 됐으니 이 어찌 가르침의 힘이 아니라고 하겠습니까? 역사서에 나오는 대로 경제가 즉위하고 나서야 비로소 광국 등을 후에 봉한 것이 사실이라면 문제 때는 아직 봉하지 않았다는 뜻이 됩니다. 문제가 이처럼 태후의 혈족들을 (자신의 부인과 가깝다고 해) 사사로이 높이지 않았다는 것은 어찌 후세의 모범이 되기에 부족하겠습니까?

1) 자(字)가 소군(少君)이다.

(『한서』) 사단(史丹, ?~기원전 14년)은 아버지(-사고(史高))의 직임을 이어받아 태자 중서자(中庶子-태자를 보필하는 관직명)가 되어 10여 년간 (태자 시절의 원제를) 시종했고, 원제가 즉위하자 부마도위시중(駙馬都尉侍中)이 되어 가까이에서 황제의 결말을 이끄니 총애가 깊었다. 원제는 사단이 옛 신하(-사고)의 아들이자 황고(皇考-선제의 조모가 사

고의 고모)의 친척이라 하여 깊이 신뢰하고, 사단을 불러 태자의 집을 호위토록 했다.

이때 (후궁격인) 부소의의 아들 정도공왕(定陶恭王)[1]이 재예(材藝)가 있다 하여 아들과 어머니가 함께 (원제의) 사랑을 받는 행운을 누렸다. 반면 태자(-유오)는 자못 원제로부터 총애를 잃었고, 그의 어머니인 황후도 (원제로부터) 아무런 총애를 받지 못하고 있었다. 건소(建昭)[2] 말엽 원제가 질병에 시달려 정사(政事)를 가까이하지 않고 오직 음악을 즐기거나 혹은 전(殿) 아래에 각종 북들〔鼙〕(비)을 설치해 두고서 난간에 나와 거기에 기대어 위로부터 구리 구슬〔銅丸〕(동환)을 떨어트려 북을 쳤는데 그 소리 속에는 장엄한 북소리의 절제가 들어 있었다. (주변의) 후궁이나 좌우 신하들은 그 소리를 아는 것이 불가능했지만 정도왕은 진실로 그것을 들을 수 있었으니 원제는 여러 차례에 걸쳐 정도왕의 (음악에 대한) 재예를 칭찬했다. 이에 사단이 글을 올렸다.

"모름지기 소위 재주라고 하는 것은 민첩하게 행하며 배우기를 좋아하고〔敏而好學〕(민이호학) 옛것을 두터이 하여 새로운 것을 아는 것〔溫故知新〕(온고지신)이니[3] 황태자가 바로 그런 사람입니다. 만약에 마침내 줄(-현악기)이나 대나무(관악기), 북 사이에 있는 기인(器人-악기 연주자)이라면 진혜(陳惠)와 이미(李微)의 재주가 광형(匡衡)보다 뛰어나니 나라의 재상을 맡길 만할 것입니다."[1]

이에 원제는 아무 말 없이 미소만 지었다. 그 후 중산애왕(中山哀王)[4]이 세상을 떠나자 태자는 애왕을 조문하러 갔다. 애왕은 원제의 나이 어린 동생으로 어려서 태자와 함께 놀고 공부했으며 함께 성장했다. 원제는 조문을 온 태자를 보면서 당연히 태자가 애왕에 대해 슬퍼하는 마음이 스스로 그칠 수 없을 정도일 것이라고 생각했는데 태자는 그다지 슬퍼하지 않았다. (이를 본) 원제는 크게 화가 나서 말했다.

"어찌 사람으로서 자비로움과 어진 마음이 없는데 종묘사직을 받들고 백성과 부모를 위하겠는가?"

그리고 같은 말로 사단을 꾸짖자 사단은 관을 벗어 원제에게 사죄하며 이렇게 말했다.

"신은 진실로 성상 폐하께서 중산왕의 죽음을 애통해해 성체를 상하는 데까지 이를까 봐 걱정이 되어 사전에 몰래 태자께서 너무 흐느끼면 폐하의 감정을 상하게 할 수 있다고 경계의 말씀을 올렸던 것입니다. 죄는 (태자가 아니라) 신에게 있으니 신은 마땅히 죽어야 할 것입니다."

그제서야 원제는 오해를 풀었다. 사단이 임금을 보필하고 돕는 것은 모두 이와 같았다.

경녕(竟寧) 원년에 원제의 질병이 또 심해지자 부소의와 정도왕이 항상 (원제의) 좌우에 있었고, 황후와 태자는 원제를 나아가 뵐 기회가 드물었다. 원제의 병세가 점점 더 악화되자 의식이 왔다 갔다 하면서 평정심을 잃어 여러 차례 상서(尙書)에게 한나라 경제 때 교동왕(膠東王)을 세웠던 옛일을 물어보았다.[2] 사단은 왕실의 친척일 뿐만 아니라 원제 즉위를 뒷받침한 최측근 신하였기 때문에 원제를 가까이 모시며 수발을 들 수 있었다. 그는 원제가 혼자 침실에 있는 때를 틈타서 곧장 침상으로 달려 들어가 머리를 조아리고서 황제와 황후만이 밟을 수 있는 푸른색 자리〔青蒲(청포)〕[3]에 엎드려 눈물로 호소했다.

"황태자께서는 적장자로서 그 자리에 세워진 후 이미 10여 년의 세월이 쌓였고, 그 이름은 백성들 사이에 다 퍼져 천하에서는 황태자께 마음이 돌아가 신하가 되려고 하지 않는 사람이 없습니다. (그런데도 폐하께서는) 정도왕을 평소에 아끼고 자주 찾으니, 지금 거리에는 태자에게 동요하는 논의가 있다는 유언비어가 떠돌고 있습니다. 이와 같은 것들을 살펴볼 때 분명 공경(公卿) 이하의 사람들은 (설사 폐하께서 정도왕에게 제위를 물려주려 하더라도) 반드시 목숨을 걸고 반대하며 (폐하의) 조서(詔書)를 받들지 아니할 것입니다. 신이 바라옵건대 먼저 (신에게) 죽음을 내려주셔서 폐하의 본뜻을 여러 신하들에게 보여주십시오."

천자(天子, 즉 원제)는 평소 어진 성품이어서 사단이 눈물을 펑펑 흘리는 것을 차마 보지 못했고, 사단의 말 또한 절절해 원제의 마음속에 깊은 감동을 주었다. 이에 원제는 크게 숨을 들이마시고 장탄식을 낸 다음 이렇게 말했다.

"나는 날로 힘들어지고 병약해지는데 태자와 두 왕은 아직도 나이가 어려서 내 마음속이 애틋하니 이 또한 어찌 걱정스럽지 않겠는가? 하지만 그러한 의논[5]을 한 일은 없다. 그리고 (태자의 모친인) 황후는 성품이 삼가고 신중하며, 또 먼저 돌아가신 황제께서도 태자를 아끼셨는데 내 어찌 그 지침을 어기겠는가? (그런데) 부마도위는 어디서 그런 말을 들었는가?"

사단은 즉각 (청포 위에서) 물러나 머리를 조아린 채 말했다.

"미욱한 신이 망령되게도 그런 유언비어를 들었으니 그 죄는 죽어 마땅할 것입니다."

(그러나) 원제는 사단의 주청을 받아들이면서 그에게 이렇게 말했다.

"나의 병세가 점점 더해가서 아마도 스스로 돌아올 수 없을 듯하니 태자를 잘 보도하여 나의 이런 뜻을 어기지 말라."

사단은 흐느껴 울다가 눈물을 훔치며 일어났다. 태자는 이 일로 말미암아 마침내 후사(後嗣)가 됐다.

사단의 사람됨은 족히 지음(知音)[6] 할 수 있었고 용모와 기상 또한 화평하고 단아했으며, 사람을 사랑할 줄 알았고 행동에는 조금도 구애되거나 거리끼는 바가 없었다. 그러면서도 마음은 늘 삼가고 생각이 깊었기 때문에 원제로부터 그만큼 더 총애를 얻을 수 있었다.

부희(傅喜)는 한나라 애제의 조모인 정도부태후(定陶傅太后)의 사촌동생으로 어려서부터 배우고 묻기를 좋아했고 뜻하는 바와 행동도 훌륭했다. 애제가 즉위하자 부희를 위위(衛尉)로 삼아 우장군(右將軍)으로 옮기고 부태후는 비로소 정사에 관여했다. 이에 부희가 여러 차례 간하니 이로 말미암아 부태후는 그로 하여금 정치를 보필하지 못하도록 하고 싶어 했다. 그래서 부희에게 황금 100근을 하사하고 인수(印綬-관직의 직급)를 광록대부(光祿大夫)로 높여 병을 요양토록 했다. 이에 대사공(大司空) 하무(何武)와 상서령(尙書令) 당림(唐林) 두 사람이 글을 올렸다.

"부희는 행동이 의롭고 마음가짐이 깨끗하며 충성스럽고 애국심이 큰 인물이기 때문에 가까이에서 폐하를 보필해야 할 신하입니다. 지금 병으로 누웠다고 하루아침에 집으로 돌아가게 했으니, 많은 사람들이 실망해 모두 이렇게 말하고 있습니다. '부희는 현명한 사람인데 논의하는 바가 정도태후와 맞지 않아 그 때문에 물러났다.' 많은 관리들 가운데 나라를 위하여 이를 한탄하지 않는 사람이 없습니다.

충신이란 사직(社稷)을 보위하는 사람입니다. 노나라는 계우(季友) 때문에 어지러워지거나 다스려졌고, 초나라는 자옥(子玉) 때문에 가벼워지거나 무거워졌으며, 위나라는 무기(無忌) 때문에 외교의 성패를 얻었습니다. 백만 명의 무리가 현명한 사람 한 명만 못하니 부희는 반드시 조정에 (다시) 서야 합니다. 폐하의 통치가 빛을 내느냐 여부는 부희의 폐흥(廢興)에 달려 있습니다."

황제도 부희를 중하게 여겼기에 이듬해 부희를 불러들여 대사마(大司馬)로 삼고 고무후(高武侯)에 봉했다. 정녕 부희는 교만과 사치를 다 싫어했고 공손했으며 검소했다. 그리고 부태후가 자신의 존호(尊號)를 높이려 하자[4] 부희는 승상 공광(孔光), 대사공 사단(師丹)[7]과 함께 힘을 다해 의논을 바로잡았다.[5] 부태후는 크게 화를 내며 먼저 사단을 관직에서 내쫓았고 이어 부희를 설득하려 했으나 부희가 끝내 뜻을 굽히지 않자 몇 달 후 부희도 결국 내쫓았다. 부태후는 또 스스로 조칙을 내려 승상(-주박)과 어사(-조현)를 부희에게 보내 자신의 봉국(封國)으로 돌아갈 것을 명했고, 뒤에는 부희의 후(侯) 봉작마저 빼앗으려 했으나 (할머니 부태후의 눈치를 보았던) 애제도 그것은 들어주지 않았다.

평제가 즉위하자 실권을 장악한 왕망(王莽)은 부씨(-부태후)의 관작을 빼앗고 고향으로 내려가게 한 다음 명을 내렸다.

"고무후 부희는 풍모와 성품이 단정하고 훌륭하며 국정에 관한 의논이 충성스럽고 강직했다. 그래서 정도태후와 그 무리들〔有屬〕은 끝내 황명을 따르지 않고 사사로움을 따랐으나 (부희는) 단호하게 절의를 지키면서 그들을 물리치고 봉국으로 돌아가 있으면서 아무런 말도 하지 않았다. (『논어』「자한(子罕)」에서 공자가 말하기를) '날씨가 추워진 뒤에야 소나무와 잣나무가 뒤늦게 시듦〔後彫〕을 알 수 있다'고 했다."

마침내 부희가 장안으로 돌아가자 지위는 특진해 봉조(奉朝)에 올랐다. 뒤에 봉국으로 돌아갈 것을 청해 천수를 누리다가 세상을 마쳤다.

1 진혜와 이미는 당시 음악을 아는 사람들이었고, 광형은 원제의 재상이다.

2 경제는 태자 유영(劉榮)을 폐해 임강왕(臨江王)에 봉하고, 교동왕을 세워 태자로 삼았다.

3 황제의 침상 주변에 깔린 자리로 황후가 아니면 그 자리에 올라가서는 안 된다.

4 애제는 정도왕의 아들로서 황통을 계승했고 성제를 이었으며 부태후는 정도왕의 어머니였다. 따라서 사안 자체로 볼 때 정도태후는 제태후(帝太后)를 칭할 수 없었는데 이때 부태후가 그 칭호를 받고 싶어 했으니 그것은 예가 아니었다.

5 부당하게 제태후를 칭하려 했던 것을 바로잡았다는 말이다.

반고는 다음과 같이 높이 평가했습니다.

"사단 부자는 서로 이어 높은 중책의 자리에 있었으며 지위는 삼공(三公)에 이르렀다. 사단이 도리를 돕고 주군을 보필한 것은 모자란 사람을 덮고 좋은 사람을 끌어올리는 것이었고, 부희가 좋은 뜻을 한데 모으는 것은 설사 학식이 뛰어난 유학자나 통달한 선비라 하더라도 거기에 더할 수는 없다.

그리고 황제와 황후만이 머무는 깊은 곳까지 들어가 지극한 정성을 담아 황제의 안색까지 범해가면서 간언을 올려 마침내 깨우침을 주어 큰 계책〔大謀〕이 바로잡히도록 해 마침내 태자는 제위를 잇고 모후의 지위까지 안전하게 해주었으니 무슨 말로 그 공로를 다 치하하겠는가? 그리하여 그도 마침내 충직하고 곧다〔忠貞〕는 평가를 얻을 수 있었다.

부희(傅喜)는 절의를 지켜 황실을 기울지 않게 했으니 그 또한 (소나무와 잣나무처럼) '뒤늦게 시들었다'는 찬사를 받을 수 있었다."

신이 가만히 살펴보겠습니다. 두 사람 다 뛰어난 척속이었습니다만 부희가 처했던 상황이 훨씬 더 어려웠다고 할 수 있습니다. 무릇 부희는 부태후에게 아주 가까운 친척이었고, 일반적인 사람의 정이라는 게 누군들 그 친족을 친근하게 대하고 싶지 않겠습니까? 그러나 (부희는) 부태후가 정사에 참여하고 싶어 했을 때 그에 반대했고, 또 부태후가 존호를 올리고 싶어 했을 때에도 역시 반대했습니다. 그 때문에 태후의 분노를 사서 내쫓기는 책망을 당했고, 조정에서 (존호를 올려야 한다는) 아부의 주장이 판을 칠 때에도 수긍하지 않고 다수의 논의를 거스르는 선택을 보여주었습니다. 그 후에는 왕씨가 권력을 장악하고 정치를 좌지우지했는데 그로 인해 부씨 집안은 모두 다 우환과 박해를 당했지만 오직 부희만이 온전했을 뿐만 아니라 포상까지 받았으니 어찌 올바름을 지킨 데 따른 복이라고 아니할 수 있겠습니까?

1) 정도왕 혹은 공왕이라고도 하는데 이름은 유강(劉康)이다.
2) 원제의 세 번째 연호로 기원전 38~34년이다.
3) 둘 다 『논어』에 나오는 말이다.
4) 중산왕이라고도 하며 이름은 유경(劉竟)이다.
5) 태자를 폐하거나 정도왕에게 태자위를 넘겨주는 등의 의논을 말한다.
6) 음악을 통해 속마음을 읽어낸다는 뜻인데 여기서는 황상의 뜻을 정확히 살필 줄 알았다는 뜻이다.
7) 앞에 나온 사단(史丹)과는 다른 사람이다.

(『후한서』) 번굉(樊宏)은 (후한) 세조(世祖)의 외삼촌인데[1] 세조가 즉위하자 광록대부의 벼슬을 받았다. 지위는 특진을 거듭해 삼공(三公)에 이르렀고 수장후(壽張侯)에 봉해졌다. 그의 사람됨은 겸손하고 부드럽고 두려워할 줄 알고 신중했다. 억지로 높은 자리를 구하지 않았고 항상 경계해 그 아들에게 말했다.

"부귀가 가득 차서 넘쳐흘러도 그것을 끝까지 보존할 수 있는 사람은 없다. 나도 영화와 권세를 좋아하지 않는 것은 아니지만 하늘과도 같은 도리는 넘치는 것을 싫어하고 겸손한 것을 좋아하니 옛날의 귀했던 외척들이 다 밝은 경계가 된다. 몸을 보전하고 자기를 온전히 하는 일이 어찌 즐겁지 않겠는가?"

조정에 나아갈 때는 한번도 빠짐없이 늘 때가 되면 먼저 도착해 부복(俯伏)하고서 정사가 진행되기를 기다렸다.

광무제가 이를 듣고서 기마부대에 명해 조회가 있을 때마다 그를 모시고 오도록 조치했다. 번굉은 정사의 득과 실을 말할 때에는 항상 자신이 손으로 직접 글을 썼으며 초본(草本)은 깎아서 없애버렸다.[1)] 공적인 조회에 참여했을 때에는 감히 많은 사람들 앞에서는 황제에게 말대답을 하지 않았다.

번씨 집안 사람들은 그의 감화에 물들어 일찍이 법을 어기는 일이 없었다. 병이 들어 (더 이상 살기가) 어렵게 되자 광무제가 행차를 해 번굉을 살펴본 다음, 말하고 싶은 바가 무엇인지를 물었다. 번굉은 자못 머리를 조아리고 이렇게 말했다.

"큰 나라에 태어나 아무런 공도 없이 밥만 축냈으니 자손들이 폐하의 두터운 은혜를 능히 보존하지 못할까 봐 진실로 두려울 따름입니다. 지금 신의 혼신은 부끄러움만을 안고서 황천으로 돌아가니 원컨대 오래오래 천수를 누리십시오. 신은 고향의 자그마한 정자에 머무르며 하루하루를 보냈겠습니다."

광무제는 그 말을 듣고서 마음을 상할 만큼 슬퍼하다가 끝내 (그의 사직을) 불허했다.

광무제 건무 27년(51년)에 세상을 떠나면서 자식들에게 유언하기를 박장(薄葬)[2]을 하도록 하고 단 하나라도 (부장품 등을) 쓰지 말라고 했다. 관구(棺柩)는 한번 땅에 묻으면 당연히 두 번 다시 볼 수 없겠지만 혹시라도 부패하게 되면 효를 다하려는 자식들의 마음을 상하게 할까 걱정해 부인과 같은 봉분에 묻되 다른 혈(穴) 자리에 장사를 지내라고 했다.

광무제는 이 유언을 훌륭하게 여겨 백관들에게 보이고 이어 이렇게 명했다.

"지금 내가 수장후의 뜻을 따르지 않는다면 그의 다움〔德 덕〕을 널리 드러낼 수가 없을 것이다. 또 만세가 지난 뒤에[3] 나도 그의 방식대로 하고 싶다."

그리고 돈 천만 금과 포 만 필을 하사했고, 공후(恭侯)라는 시호를 내려주었다. 또 광무제는 번굉을 애도해 다시 봉하는 데 그치지 않고 그의 어린 아들 번무(樊茂)를 평망후(平望侯)로 삼았다.

번굉의 아들 번조(樊鯈)는 매사에 삼가고 검약했으며 아버지의 풍모를 이어서 갖고 있었다. 아버지가 돌아가신 후에도 어머니에게 지극한 효를 다했으며 어머니가 돌아가시자 슬픈 마음이 예에 지나쳐서 몸을 상하고 병이 들어 혼자서는 버티고 서 있을 수 없는 지경에까지 이르렀다. 세조는 늘 대궐 밖으로 중황문(中黃門-환관)을 시켜서 아침저녁으로 각종 죽들을 보내주었다.

건무(建武) 때에 번조는 매사에 삼가고 자신에게 엄격하며 고매하고 관대한 성품이어서〔禁綱尚闊〕 여러 왕들이 이미 성장하자 서로 외척인 번조를 빈객(賓客)으로 모셔가려고 사람들을 보내왔다. 하지만 번조는 몸가짐을 맑고 깨끗하게 하며 자신을 지켰고 (그들과) 서로 교결하는 바가 없었다. 그래서 패왕(沛王) 유보(劉輔)의 사건이 터졌을 때 귀척(貴戚) 자제들이 수없이 걸려들었지만 번조는 병으로 물러나 있어 화를 면할 수 있었다.[4]

그 후 아우 번유(樊鮪)가 아들 번상(樊賞)을 위해 초왕 유영(劉英)의 딸 경향공주(敬鄕公主)와 혼인할 수 있게 해달라고 청하자 번조는 이를 듣고서 저지하며 말했다. "건무 시절에 우리 집안은 나란히 (황제로부터) 영예와 총애를 입어 우리 한 집안에서 5명이 후(侯)의 작위를 받았고, 그때 특진(特進)[5]이셨던 아버지께서 말씀하셨다.[2] '(물론) 딸을 왕에게 시집보낼 수 있고 아들은 공주를 아내로 모실 수 있다. 다만 황제께서 내리시는 귀한 은총이 지나치게 성대하게 되면 재앙이나 우환이 될 것이다. 그러니 그렇게 하지 않도록 하라.' 그리고 너는 아들이 하나뿐인데 어찌하여 초왕에 얽혀 그 아이를 버리려 하는가?"

번유는 형의 충고를 따르지 않았는데 얼마 후 초왕의 어떤 일이 발각되어 초왕 유영은 모반 혐의로 주살됐다. 그러나 현종(顯宗)[6]은 뒤늦게 번조가 늘 근신하고 삼갔다는 점을 떠올리고, 또한 번유의 혼사를 만류했었다는 이야기를 들었다. 그 때문에 그의 아들들은 죄를 면할 수 있었다.

음흥(陰興)은 광무제 음(陰) 황후(-광렬황후)의 동생이다. 건무 2년(26년)에 기문복야(期門僕射)로 임명됐고 기병부대〔武騎〕 장군을 말아

(황제의) 정벌 사업을 수종했으며 여러 군국(郡國)들을 평정했다.

음흥은 매번 수종할 때마다 (황제의 주변을) 들고 날 때는 항상 조심하면서 휴대품은 검소하게 챙기고 다녔다. 그래서 장예(障翳-수레의 가림막)는 비바람으로부터 몸만 겨우 가릴 정도의 것을 썼고 진흙 벌을 직접 밟으며 솔선해서 기문을 이끌었다. 광무황제가 어딘가로 행차를 하게 되면 그는 늘 먼저 가서 그곳을 깨끗이 하니 황제도 깊은 신뢰와 총애를 보여주었다.

음흥은 주변에 베풀고 빈객들을 맞아 접대하기를 좋아했으나 그의 집안에 협객(俠客)들은 들이지 않았다. 또 같은 군(郡) 출신인 장종(張宗)이나 상곡(上谷-허베이성 화이라이현의 마을) 출신인 선우포(鮮于褒)와는 서로 좋아하지 않았으면서도 그들의 쓰임새를 알고서 오히려 (황제 앞에서) 그들의 장점을 높이 평가함으로써 황제의 발탁을 받을 수 있도록 해주었다. 친구인 장기(張紀)와 두금(杜禽)은 음흥과 아주 잘 지냈으나, 화려해 보였지만 실속이 적어 음흥은 개인적으로 재물을 통해 도움을 주었을지언정 끝내 황제에게 두 사람에 관한 이야기는 하지 않았다. 이를 들어 세상에서는 그의 충직스러움을 칭찬했다. 그의 집은 평범하기 그지없어 겨우 비바람을 가릴 정도였다.

황제는 건무 9년(33년)에 그를 시중(侍中)으로 임명하고 관내후(關內侯-열후 바로 다음의 작위)의 작위를 내려주었다. 황제는 또 그 후에 음흥을 불러 봉작을 주고 그에게 인수(印綬)를 내려주려 했으나 음흥은 한사코 사양하며 이렇게 말했다.

"신은 (과거 정벌 사업을 할 때) 남들보다 앞서 올라 적의 진지를 함락시킨 공이 없는 데다가 우리 집안의 여러 사람들이 겹쳐서 작위와 봉토를 받아 세상 사람들이 서운해하는 마음이 진실로 흘러넘치고 있습니다."

황제는 음흥의 사양을 아름답게 여겨 그의 뜻을 존중해 주었다. 이에 음귀인(陰貴人)[3]이 그 연유를 묻자 음흥은 이렇게 말했다.

"귀인께서는 아직 서책들을 두루 섭렵하지 못하셨습니다. (『주역』에) '하늘 끝까지 올라간 용에게는 후회함이 있게 된다〔亢龍有悔〕'라고 했습니다. 무릇 외척 집안이 고난을 겪는 것은 겸손과 물러섬을 알지 못하기 때문입니다. 딸을 후(侯)나 왕(王)에게 배필로 보내려 하고, 공주를 며느리로 받아들이려고 곁눈질하는 것은 어리석은 내 마음으로 볼 때 실로 편안치가 않습니다. 부귀란 한계가 있는 것이어서 사람이라면 마땅히 만족할 줄을 알아야 하고, 지나친 사치는 보고 듣는 데 있어 사람들이 꺼리는 바입니다."

귀인은 그 말에 깊이 감동해 자신을 낮추었고 끝내 자신의 친정 식구들을 위해 자리를 구해주는 일 따위를 하지 않았다.

건무 19년(43년)에 황제는 음흥을 위위(衛尉)로 임명해 황태자를 보도(輔導)하도록 했고, 이듬해 여름에 황제의 병이 심해지자 음흥에게 영시중(領侍中)을 맡기고 운대광실(雲臺廣室)[7]에서 고명(顧命)[8]을 내려주었다. 마침 질병에 차도가 있어 회복되자 음흥을 불러 인견하고서 음흥으로 하여금 오한(吳漢)이 맡고 있던 대사마를 잇도록 하려 하자 음흥은 머리를 조아리고 눈물까지 흘리며 한사코 사양하며 이렇게 말했다.

"신은 감히 이 몸을 아낄 생각은 없습니다만 진실로 폐하의 빼어난 다움〔聖德〕을 훼손시킬 것이므로 이 직책을 억지로라도 맡는 일을 무릅쓸 수가 없습니다."

지성으로 속내를 털어놓아 좌우 신하들을 크게 감동시켰다. 황제도 마침내 그 말을 들어주었다.

건무 23년(47년)에 음흥이 세상을 떠났다. 음흥은 평소 사촌형 음숭

(陰嵩)과 막역하고 서로 거리낌이 없는 사이였음에도 불구하고 음승은 음흥의 위엄과 진중함을 존경했다. 음흥이 병이 들자 황제는 몸소 찾아와서 정사(政事)와 여러 신하들의 유무능을 물었다. 이에 음흥은 머리를 조아리고서 대답했다.

"신은 본디 어리석어서 사람을 제대로 볼 줄 모릅니다만 엎드려 말씀드리건대 의랑 석광(席廣)과 알자 음승이 나란히 경학을 공부했고 행실이 밝고 깊어 공경을 뛰어넘는 바가 있습니다."

뒤에 황제는 그의 말을 생각하고 마침내 석광을 발탁해 광록훈에, 음승은 중랑장에 임명해 천자를 호위하는 금위군〔羽林〕을 지휘토록 했다. 음승은 10여 년간 삼가고 조심하며 관운을 누렸다.

현종이 즉위하자 다음과 같은 명을 내렸다.

"고(故) 시중 위위 관내후 음흥은 금병(禁兵)을 지휘하는 직책을 맡아 (무제의) 천하 평정을 수종했으니 마땅히 군공(軍功)이 뛰어나 봉작을 수여했고, 또 (국왕의) 외삼촌들에 준해 은택을 내렸는데 모두 다 한사코 사양했으며 시골에서 편안히 머물렀다. 그리고 짐의 몸을 보호하고 길러줌에 있어 주창[9]의 곧음〔直〕이 있었고, 집안에서 어짊과 효를 행한 것에는 증자와 민자건〔曾閔〕[10]의 행실〔行〕을 보여주었건만 불행하게도 일찍 세상을 떠났으니 짐은 깊이 마음 아파한다.

현능한 이의 자손은 마땅히 남다른 우대를 해주어야 하니 여남(汝南-허난성 주마뎬시)의 동양(鮦陽)을 식읍으로 삼아 음흥의 아들 음경(陰慶)을 동양후(鮦陽侯)로 삼고, 음경의 아우 음박(陰博)은 은강후(濦強侯)에 봉하며, 음박의 아우 음원단(陰員丹)은 낭(郞)에 임명한다."

그리고 음경이 아우들에게 나라에서 받은 땅과 재물을 나눠주자 황제는 이를 의롭게 여겨 음경을 뽑아 올려 황문시랑으로 삼았다.

음식(陰識)은 광무제 음(陰) 황후의 이복오빠다. 건무 원년(25년)에 음향후(陰鄕侯)에 봉해졌고, 건무 2년에는 정벌 사업에서 군사적인 공로를 세웠으므로 작위와 채읍을 높여주려 하자 음식은 머리를 조아리고 사양하면서 이렇게 말했다.

"천하가 처음으로 평정되어 장수들 가운데 공로를 세운 사람들이 많습니다. 신은 궁궐의 척속인데 그 위에 작위와 채읍을 더해주시는 것을 천하 사람들에게 보일 수 없습니다."

황제는 이를 심히 아름답게 여겼다. 그리고 현종이 황태자로 세워지자 음식으로 하여금 집금오(執金吾)를 맡아 동궁을 보도하게 했다. 황제가 군국을 순회할 때면 음식은 항상 수도의 군사 기지에 머물러 있었다. 그리고 일이 있어 조정에 들어오면 비록 극언을 하며 의논을 바로잡았지만 빈객들과 말을 할 때는 일찍이 나라에 관한 일은 언급하지 아니했다. 황제가 그를 중히 생각해 항상 음식을 가리키며 모범으로 하라고 귀척들에게 경계시키며 좌우의 사람들 앞에서 그를 격려했다.

1 세조는 광무제(光武帝)다.

2 특진은 번굉이다.

3 이때는 아직 후(后)의 자리에 오르지 않아 귀인이라 불렀다.

신이 가만히 살펴보겠습니다. 번씨와 음씨 두 집안은 다 한나라를 중흥[11]시킨 외척이면서도 능히 충성스러움과 조심스러움〔忠謹〕으로 스스로를 지켜내어 은총과 봉록을 보전했습니다.

번굉은 말하기를 "부귀가 가득 차서 넘쳐흘러도 그것을 끝까지 보존할 수 있는 사람은 없다"고 했고, 음흥은 말하기를 "부귀란 한계가 있는 것이어서 사람이라면 마땅히 만족할 줄을 알아야 한다"고 했으니 두 사람의 말은 다 후세에 외척들이라면 모범으로 삼아야 할 것들입니다. 그래서 신이 그것을 드러내어 밝힌 것입니다.

1) 당시에는 아직 종이가 없어 글을 목간이나 죽간에 썼기 때문에 그것을 깎아 없앴다는 뜻이다
2) 검소하게 장례를 치르는 것이다.
3) 자신이 죽은 후라는 것을 에둘러 표현하는 것이다.
4) 이 일은 황제의 아들인 패왕 유보의 총애를 받던 한 황실 인사가 다른 황실 인사를 죽인 사건으로 패왕은 사흘 동안 옥에 갇혔고 여러 왕들의 빈객 1천여 명이 사건에 연루되어 죽었다. 건무 28년(52년)의 일이다.
5) 공을 많이 세운 사람에게 주는 칭호로 삼공에 버금가는 높은 자리다.
6) 후한의 두 번째 황제인 명제를 가리킨다.
7) 황궁의 전각인 운대전 안에 있는 넓은 내실이다.
8) 뒷일을 부탁하는 유언이다.
9) 한나라 고조 유방의 신하로 직언에 능했다
10) 공자의 제자인 증자와 민자건을 가리키는 말로 두 사람 다 행실에 뛰어났다.
11) 후한이 일어난 것을 가리킨다.

(『자치통감』) 당나라 오서(吳溆)는 장경황후의 동생이다.[1] 덕종 때 금오대장군(金吾大將軍)이 됐다.

이때 주차(朱泚)가 장안을 근거지로 삼아 반란을 일으키자 노기(盧杞)와 백지정(白志貞)이 황제께 말씀을 올렸다.

"신들이 주차의 속마음을 헤아려 보니 반드시 반역을 꾀하겠다는 데까지 이른 것 같지는 않습니다. 원컨대 대신을 골라 경성으로 들어가게 해 그를 도닥거려주면서 살펴보면 될 듯합니다."

이에 대해 황제가 묻자 따르던 신하들이 모두 다 경성에 들어가기를 두려워하고 꺼리어 감히 행동에 나서는 자가 없었는데 오서가 홀로 행동에 나서기를 청하자 황제는 기뻐했다. 오서는 물러 나와 다른 사람들에게 말했다.

"황제의 녹을 먹으면서 나라가 위급에 처했는데 이를 피하려 한다면 어찌 신하 된 자의 도리라 할 수 있겠는가? 나는 다행히 폐부(肺腑)에 의탁한 바[1)] 어디로 가야 하는지를 모르지 않으나 죽는다 하더라도 반드시 일어나 난을 일으킨 자들을 제거하고 성상의 마음을 더 이상 걱정시키지 않게 할 뿐이다."

드디어 오서가 황명을 받들어 주차를 만났는데 주차는 이미 반역할 뜻을 굳혔기 때문에 겉으로는 황명을 받는 것처럼 했으나 오서를 객관에 머물게 한 다음에 얼마 후 살해했다.

1 장경은 숙종의 황후다.

신이 가만히 살펴보겠습니다. 오서는 진실로 임금과 신하의 의리를 안다고 할 수 있습니다. 예로부터 외척이 죽음으로써 그 나라를 위했다는 말을 들어본 적이 없는데 오서야말로 그것을 능히 행했으니 뛰어난 자〔賢〕라고 하겠습니다.

1) 즉 자신은 아주 가까운 외척이라는 말이다.

(『자치통감』) 목종은 질병이 점점 심해지자 태자에게 명해 나랏일을 살피도록 했다. 그런데 환관들이 곽(郭) 태후에게 조정에 임해 칭제(稱制)할 것을 청했다.[1] 이에 태후가 말했다.

"옛날에 무씨(武氏)가 칭제하다가 사직이 거의 전복될 뻔했다. 우리 집안은 대대로 충성과 의리를 지켜왔으니[2] 무씨와는 비할 바가 아니다. 태자가 비록 어리긴 하지만 현명한 재상과 경들이 잘 보필한다면 조정에 어떤 우환도 없을 것이며 국가도 불안하지 않을 것이다. 자고로 어찌 여자가 천하의 주군이 되어 요순〔唐虞〕[1]의 치세를 이룩할 수 있단 말인가?"

그러고는 제(制)라고 쓴 글을 가져다가 손으로 찢어버렸다. 태후의 오빠인 태상경 곽쇠(郭釗)가 이런 논의가 있었다는 말을 전해 듣고서 비밀리에 전(牋)[2]을 올렸다.

"만약에 끝내 환관의 청을 따르시게 된다면 신이 청컨대 먼저 여러 아들들을 이끌고 관작을 반납한 다음 고향 마을로 돌아갈 수 있게 해주십시오."

태후가 눈물을 흘리면서 말했다.

"조상들께서 쌓으신 공덕〔慶〕이 내 오라버니에게 다 모였구나."

1 태후는 헌종의 정비다.

2 태후는 분양왕(汾陽王) 곽자의(郭子儀)의 손녀다.

신이 가만히 살펴보겠습니다. 태후의 지위에 있으면서 큰 정사〔大政〕에 관여를 하고 외척으로서 조정 권력을 좌우하는 것은 나라의 아름다운 법이 아닙니다. 그래서 의안(懿安) 태후는 조정에 임해야 한다는 환관들의 청을 따르지 않았고, 또한 곽쇠도 (그렇게 할 경우) 관작을 반납하고 고향 마을로 돌아가겠다는 청을 올렸으니 그 두 사람의 뛰어남은 참으로 크다고 하겠습니다.

이상은 외척이 겸손하고 삼가는 복됨에 대해 논했습니다.

1) 당(唐)은 요임금이 다스렸던 나라의 이름이고, 우(虞)는 순임금이 다스렸던 나라의 이름이다.

2) 전은 황후나 태자에게 올리는 글이다. 천자에게 올리는 글은 표(表), 제후에게 올리는 글은 계(啓)라고 한다.

(『자치통감』) 한나라 선제 감로(甘露) 3년(기원전 51년), 태자가 아끼던 사마양제(司馬良娣-태자의 첩)가 죽자 태자는 슬픔이 지나쳐 병이 들어 매사에 즐거움을 잃어버렸다. 이에 황제는 황후를 시켜 후궁 집안 가운데에서 태자를 즐겁게 모실 수 있는 사람을 고르다가 원성(元城-하북성 대명현의 고을) 출신의 왕정군(王政君)을 얻어 태자궁에 보냈다. 왕정군은 옛날 수의어사(繡衣御史)였던 왕하(王賀)의 손녀다. 이 해에 (태자와 왕정군 사이에) 갑관화당에서 성제가 태어나니 세적(世適) 황손이다. 황제가 이 아기를 사랑해 자신이 직접 오(驁)라는 이름을 지어 주고 자(字)는 대손(大孫)이라 했다.

(『한서』) 원제 초원(初元) 원년(기원전 48년), 태자 오는 황태자 경녕(竟寧)이 됐다. 원년 5월에 황제(-선제)가 붕하자 6월 기미일에 태자가 황제의 자리에 올라 왕정군의 오빠인 시중(侍中) 위위(衛尉) 양평후(陽平侯) 왕봉(王鳳)을 대사마 대장군 영상서사(領尙書事)[1]로 삼았다.

1 영상서사는 재상의 우두머리 직책이다.

신이 가만히 살펴보겠습니다. 이 일은 왕씨 집안이 정사를 좌지우지하게 되는 시초입니다.

(『자치통감』) 한나라 성제 건시(建始) 원년(기원전 32년) 봄 정월에 외삼촌이자 제리(諸吏) 광록대부(光祿大夫) 관내후(關內侯)인 왕숭(王崇)을 안성후(安成侯)로 삼고, 또 다른 외삼촌인 왕담(王譚), 왕상(王商), 왕립(王立), 왕근(王根), 왕봉시(王逢時)에게는 관내후의 봉작을 하사했다.

여름 4월에 누런 안개가 사방을 가리니 공(公), 경(卿), 대부(大夫)를 불러 널리 묻고 꺼리는 바 없이 답하도록 했다. (이에) 간대부(諫大夫) 양흥(陽興), 박사(博士) 사승(駟勝) 등이 모두 이렇게 대답했다.

"(지금의 정국은) 음기(陰氣)가 성해 양기(陽氣)를 범하는 형상입니다. 고조(高祖)께서 약속하시기를 '공을 세운 신하가 아니면 후(侯)로 삼지 않겠다'고 하셨습니다. 그런데 지금은 태후의 여러 동생들이 다 아무런 공도 없이 후가 됐으니 (지금까지) 외척에게는 아직 없었던 일입니다. 그러니 하늘이 이상함을 보이는 것입니다."

이에 대장군 왕봉은 두려워하며 글을 올려 물러나겠다며 사직했으나 성제는 도탑게 여기는 조서를 내리고서 사직을 허락하지 않았다.

신이 가만히 살펴보겠습니다. 이때는 왕씨의 권력이 점차[寖(침)] 융성해지던 시기이기는 했지만 전권(全權)을 장악하지는 못했습니다. 그랬기 때문에 여러 외삼촌들이 공도 없이 후가 된 것에 대해 양흥 등이 능히 간할 수 있었던 것입니다.

(『자치통감』) 건시 3년(기원전 30년), 성제는 왕봉에게 전권을 위임하겠다고 했다. 8월에는 거기(車騎) 장군 허가(許嘉)[1]를 면직시킨 다음 특진(特進)과 후(侯)의 자격으로 조회에 나올 수 있는 자리를 부여했다.

건시 4년 여름, 성제는 미리 천거를 받은 직언하는 선비들을 모두 불러 (미앙궁의) 백호전에서 만나보고 (각자의) 대책을 물었다. 이때 황제는 왕봉에게 정사를 위임했기 때문에 의논하는 자들은 거의 다 허물을 다른 데로 돌렸다. 곡영(谷永)은 왕봉이 바야흐로 권병(權柄-권력의 칼자루)을 잡아 쓰고 있다는 것을 알고 은밀하게 스스로 (왕봉에게) 의탁하려 하면서 이에 다음과 같이 말했다.

"바야흐로 지금 사방의 오랑캐들은 복종해 모두 다 (폐하의) 신첩이 되어 북쪽으로는 훈육(薰粥)과 묵돌(冒頓)의 우환이 없어졌고 남쪽으로는 조타(趙佗)와 여가(呂嘉)의 환란이 없어졌으며, 세 곳의 변방 국경 지대는 안정되어 군사적인 변란의 가능성이 없어졌고 후(侯)들 중에서 큰 후는 여러 현(縣)들을 식읍으로 삼고 있지만 한나라의 관리들이 그 권한의 칼자루를 쥐고 있어 무슨 일을 일으킬 수 없으니 (전국시대의) 오(吳), 초(楚), 연(燕), 양(梁) 나라와 같은 세력은 있을 수 없습니다. 그리고 백관(百官)은 바둑판처럼 서로 (종횡으로) 얽혀 있고 친소(親疎)는 서로 잘 섞여 있어 (황실의) 골육과도 같은 대신들은 신백(申伯)[2] 같은 충성심만 있을 뿐 공경하고 조심해 매사 두려워하고 꺼리니 중합(重合), 안양(安陽), 박륙(博陸)[3] 때와 같은 혼란은 없을 것입니다.

이처럼 (왕봉은) 모든 면에서 터럭만큼의 허물도 없으니 가만히 살펴보건대 폐하께서는 너무나도 명백한 허물은 버려두시고, 하늘과 땅 사이의 분명한 경계를 소홀히 하시고, 어둡고 몽매해 앞을 못 보는 맹인의 이야기를 들으시어 죄 없는 사람에게 허물을 돌리시고[4] 정사를 기이한 사람에게 의탁해 하늘의 뜻을 거듭 잃을까 걱정이니 (그것은) 해서는 안 될 큰 일입니다."

황제는 곡영을 발탁해 광록대부로 삼았다.

신이 가만히 살펴보겠습니다. 이때 왕씨 집안의 권세가 점점 독점화되고 있었습니다. 그 때문에 곡영처럼 은밀하게 스스로 (왕봉에게) 의탁하려 했던 것입니다.

1) 성제의 본부인 허황후의 아버지다.

2) 서주시대 신나라의 제후로 주나라 유왕의 장인이다. 유왕이 신백의 딸인 신후를 버리고 포사를 왕후로 삼자 유왕을 살해했다. 그런 점에서 이는 적절한 인용이라 할 수 없다.

3) 세 사람은 모두 한나라의 후(侯)다. 중합후는 망통(莽通)이고 안양후는 상관걸(上官桀)이며 박륙후는 곽우(霍禹)다.

4) 천재지변의 책임을 왕봉에게 물어서는 안 된다는 뜻이다.

(『자치통감』) 하평(河平) 2년(기원전 27년) 6월, 황상(-성제)이 여러 외삼촌들을 모두 책봉해 왕담은 평아후(平阿侯), 왕상은 성도후(成都侯), 왕립은 홍양후(紅陽侯), 왕근은 곡양후(曲陽侯), 왕봉시는 고평후

(高平侯)로 삼았다. 다섯 사람을 같은 날 책봉하니 세상에서는 그들을 '오후(五侯)'라고 불렀다.

하평 3년(기원전 26년), 유향(劉向)은 왕씨의 권력과 자리가 크게 번성하고 황제는 바야흐로 『시경』과 『서경』 등의 고문에 관심을 가지니 마침내 '상서홍범(尙書洪範)'을 통해 상고시대부터 춘추시대, 6국 시대를 거쳐서 진(秦)과 한대(漢代)의 상서로웠던 일과 재이(災異)에 관한 기록을 다 모으고, 일의 진행을 미루어 추적하고 연이어진 화복을 덧붙여놓았으며, 그 점(占)의 들어맞음을 드러내어서 비슷한 것끼리 함께 늘어놓고 각기 조목을 만드니 무릇 11개의 편이라 이름을 '홍범오행전론(洪範五行傳論)'이라고 붙이고 그것을 올렸다. 천자는 유향의 충성스러움과 정성스러움을 마음으로 알 수 있었다. 왕봉의 형제들 때문에 이런 책이 만들어졌으나 결국 왕씨들의 권력을 빼앗지는 못했다.

신이 가만히 살펴보겠습니다. 왕씨의 권력과 자리는 이처럼 점점 더 번성하는 지경에 이르렀습니다. 유향이 비록 그것을 말로 하고 천자 또한 그 점을 잘 알고 있었지만 결국 그것을 잘라내지 못하고 그것을 빼앗을 수 없었습니다. 『주역』(곤(坤) 괘(위 아래 모두 ☷)에 대한 풀이)에서 "서리를 밟으면 단단한 얼음에 이르게 된다는 것은 음(陰)이 처음으로 응어리지는 것이니 그 도리를 점차 이루어 단단한 얼음이 된다는 것이다〔履霜堅氷陰始凝也 馴致其道至堅氷也〕"라고 했습
이상 견빙 음 시 응 야 순치 기도 지 견빙 야
니다. 음(陰)이 처음으로 응어리지려 할 때는 조치를 취할 수 있지만 일단 단단하게 얼고 나면 조치를 취할 수 없게 됩니다.

건시 초에 왕씨 여섯 사람이 아무런 공훈도 없이 후의 작위를 받게 되자 하늘이 재앙을 보였습니다. 이때에는 왕씨의 권세가 아직 왕성하지 못했으니 오히려 빼앗을 수 있었지만 뒤에는 설사 황제가 다시 권력을 되찾으려 했다 하더라도 할 수가 없었습니다.

이런 점을 볼 때 임금이 가벼이 자신의 권력을 다른 사람에게 맡겨서야 되겠습니까?

(『자치통감』) 양삭(陽朔) 원년(기원전 24년) 겨울에 경조윤(京兆尹)인 태산(泰山-산둥성 타이안시) 출신의 왕장(王章)이 하옥되어 죽었다. 그때 대장군 왕봉이 정권을 좌우했고 성제는 겸양을 보이며 아무것도 하는 바가 없었다. 좌우 신하들이 일찍이 광록대부 유향의 어린 아들 유흠이 (시서에) 통달하고 뛰어난 재주가 있다 하여 천거하였다. 성제가 유흠을 불러 보고서 유흠으로 하여금 시(詩)와 부(賦)를 소리내 읽도록 했다. 성제가 이를 심히 기뻐해 중상시(中常侍-황제의 시종관)로 삼기 위해 사람을 불러 관복과 관모[衣冠 의관]를 가져오게 해 그 자리에서 벼슬을 내리려 했다. 이에 좌우 신하들이 모두 다 말하기를 "아직 대장군께서는 모르고 계십니다"라고 하자 성제는 "이거야 작은 일인데 어찌 반드시 대장군이 관여해야 한다는 말인가?"라고 말했다. 좌우 신하들은 머리를 조아린 채 갑론을박을 벌였고, 이에 성제는 이를 왕봉에게 말했다. 그런데 왕봉이 불가하다고 하자 마침내 유흠을 중상시로 삼으려던 뜻을 중지했다.

신이 가만히 살펴보겠습니다. 일개 중상시를 임명하는 일도 천자가 마음대로 할 수 없었습니다. 이에 권세(祿)는 왕실을 떠난 것입니다.

(『자치통감』 양삭 원년) 왕씨의 자제들이 모두 경(卿), 대부(大夫), 시중(侍中), 제조(諸曹)를 나눠 맡아서 관직을 장악해 조정을 가득 채웠다. 두흠(杜欽)은 왕봉이 전권을 장악하고 좌지우지하는 것이 크게 위중한 일이라 보고서 그것을 경계하는 말을 했다.

"원컨대 장군께서는 주공(周公)께서 늘 겸손해하고 두려워하던 것을 거울로 삼아 양후(穰侯)[1]와 같은 위세를 덜어내시고, 무안후(武安侯)[2]와 같은 욕심을 버리시어, 범휴(范睢)[3]와 같은 무리들이 그들을 흉내 내게 하지 마소서."

(그러나) 왕봉은 듣지 않았다.

신이 가만히 살펴보겠습니다. 범휴가 말하기를 진나라 소왕이 이렇게 말했습니다. "신하가 일단 권력의 관문을 넘어서게 되니 사람들은 양후(穰侯)는 알아도 임금은 알지 못하는구나."

(마찬가지로) 한나라가 이에 이르자 사람들은 왕씨가 있다는 것은 알아도 천자가 있다는 것은 알지 못했습니다. 그 때문에 두흠이 이로써 경계의 말을 했던 것입니다.

1) 위염(魏冉)을 가리킨다. 진나라 소왕의 외삼촌으로 진나라 때 10년간 정권을 잡았다.

2) 전분(田蚡)을 가리킨다. 한무제 때 재상이 되어 탐욕을 부린 것으로 유명하다.

3) 위나라에서 어려움에 처했다가 진나라로 와서 재상이 되어 위에 보복했다.

(『자치통감』) 이때 성제에게는 뒤를 이을 후사(後嗣)가 없었고 옥체는 늘 불안했다. 정도공왕(定陶共王)[1]이 와서 알현하자 태후와 성제는 돌아가신 황제〔元帝〕의 뜻을 이어받아 공왕을 심히 후하게 대우하여 상을 내려준 것도 다른 왕들에 비해 열 배나 됐으며, 그를 수도〔京師〕에 머물게 하면서 그의 봉국〔定陶國〕으로 되돌아가지 못하게 붙잡았다. (그리고) 성제가 공왕에게 말했다.

"나에게는 아들이 없는데 사람의 목숨이란 어찌 될지 누가 알겠는가? 하루아침에 무슨 일이 있으면 또다시 서로 볼 수 없으니 그대는 내 곁에 오래 머물러 있으면서 나를 보살펴 달라."

그 후 천자의 질환에 조금씩 차도가 생기자 공왕은 국저(國邸)[2]에 머물면서 아침저녁으로 성제를 모셨고, 성제도 그를 아주 가까이 중하게 여겼다.

대장군 왕봉은 공왕이 경사에 머물고 있는 것에 마음이 편안치 않았다. 때마침 일식이 일어나자 왕봉은 그것을 핑계 삼아 이렇게 말했다.

"일식은 음기가 성하다는 것을 상징적으로 나타내는 것입니다. 정도왕이 비록 (황제의) 지친(至親)이기는 하지만 예법에 따르면 (왕이나 후는) 마땅히 번국(藩國)을 다스리기 위해 그 나라에 있어야 하는데 지금 경사에서 (황제를) 모시고 있으니 이는 정상이라고 할 수 없습니다. 그렇기 때문에 하늘이 경계의 뜻을 보여주는 것이니 (따라서) 마땅히 왕을 자신의 번국으로 돌아가도록 해야 합니다."

성제는 어쩔 수 없이 왕봉이 하자는 대로 할 수밖에 없었다. 공왕이 하직 인사를 올리고 떠나가려는데 (이때 그는) 황제와 더불어 서로 마주 보면서 눈물을 흘리며 작별했다.

왕장(王章)은 평소 강직한 품성으로 과감하게 할 말은 하곤 했다. 그는 비록 왕봉의 천거를 받아 자리에 올랐지만 왕봉이 권력을 제 마음대로 하는 것〔專權〕을 비판하고 왕봉을 가까이하려 하거나 아부하지도 않다가 마침내 (성제에게) 밀봉한 상소문을 올렸다. "일식의 허물은 왕봉이 권력을 제 마음대로 하고 황제를 가리는 잘못을 나타내는 것입니다"라는 내용이었다.

이에 성제는 왕장을 불러서 보고는 일에 관해 연이어 물었다. 왕장은 이렇게 대답했다.

"하늘의 도리는 귀 밝고 눈 밝아서〔聰明〕 좋은 일은 돕고 나쁜 일에는 재앙을 내림으로써 상서로운 이적(異蹟)은 (인간사와) 서로 상응하는 인과관계가 있다는 것을 보여줍니다.

지금 폐하께서 뒤를 이을 후사(後嗣)가 없어 정도왕을 끌어 가까이 두시는 것은 종묘를 이어받고 사직을 두터이 하려는 것이고, 또한 위로는 하늘의 마음에 순종하고 아래로는 백성들을 편안케 하려는 것이니, 이는 좋은 일을 바르게 의논하는 것이어서 마땅히 상서로운 징조가 있어야 하는 것입니다. 어떤 이유로 (왕봉의 말처럼) 재이(災異)가 나타날 수 있다는 말입니까?

재이가 나타난 것은 대신이 정사를 제 마음대로 하기〔顓權=專權〕 때문입니다. 지금 듣기로 대장군은 일식이 나타난 허물을 정도왕 탓으로 돌리고 번국으로 돌아가도록 건의를 했다 하는데 (이는) 진실로 천자를 위에다 고립시키고 조정의 일을 제멋대로 해〔顓斷〕 자신의 사사로움을 편안케 하려는 것이니 충직한 신하라고 할 수가 없습니다. 또 일식은 음기가 양기를 침범한 것으로 신하가 임금을 제 마음대로 한 허물입니다. 지금 정사는 크건 작건 모두 다 왕봉으로부터 나오기 때문에 천자께서는 일찍이 손 한번 제대로 들어보지 못하셨습니다. 그런데도 왕봉은 스스로 반성하고 자책하기는커녕 오히려 허물을 좋은 사람 탓으로 돌려 정도왕을 멀리 밀어냈습니다.

또 왕봉이 무고하고 속이며 불충한 일들이 이 한 가지만이 아닙니다. 예전에 승상이던 낙창후(樂昌侯) 왕상(王商)은 본래 먼저 돌아가신 황제의 외가 친척인데 내면적으로 행실이 돈독하고 위엄과 진중함을 갖췄으며 지위로는 장상(將相)을 지낸 나라의 기둥돌〔柱石〕과도 같은 신하였습니다. 그런데 그 사람됨은 올바른 것을 지키고, 절개를 꺾어가며 왕봉의 굽어진 행태를 따르려 하지 않다가 끝내 집안 일을 빙자한 왕봉의 음모로 인해 파출됐고, 그 후 온몸으로 나라 걱정을 하다가 죽으니 많은 사람들이 그를 불쌍하게 생각했습니다.

또 왕봉은 자기 첩의 여동생인 장미인(張美人)이 이미 일찍이 다른 사람에게 시집갔다는 것을 알고 있었습니다. (그렇다면) 예법에 따를 경우 마땅히 지존이신 황제에게 짝으로 보내서는 안 되는데도 의당 아들을 낳게 될 여인이라며 그를 후궁으로 받아들이도록 했으니 진실로 자신의 처제를 사사롭게 다룬 것입니다. 듣건대 장미인은 아직도 임신을 하지 못해 관사에 들어가지 못하고 있다고 합니다. 심지어 강족(羌族)이나 호족(胡族)은 첫째 아들은 죽여 내장을 깨끗이 한 다음에 후계를 바로 잡는데 하물며 천자에게 이미 출가했던 여인을 가까이하게 했다는 것이 무엇이겠습니까?

이 세 가지는 모두 다 큰일〔大事〕로서 폐하께서 몸소 보셨던 바입니다. 그 나머지 일들이나 직접 보시지 못한 것들도 (다 미루어) 아실 수 있을 것입니다. 왕봉은 이제 오래 일을 맡아서는 안 되니 마땅히 물러나서 자신의 사저로 돌아가도록 하고 충성스럽고 뛰어난 인재를 골라 그 자리를 대신하게 해야 합니다."

왕봉이 왕상을 파직해야 한다고 말하고, 또 그 후에 정도왕을 번국으로 되돌려 보내고 나서 성제는 마음의 평온을 찾을 수 없었는데 왕장의 말을 듣게 되자 성제는 자신이 어리석었음을 깨닫고 그 말을 받아들인 후 왕장에게 말했다.

"경조윤의 직언이 아니었다면 나는 사직을 회복할 수 있는 계책을 듣지 못했을 것이오. 그리고 현명한 사람만이 현자를 알아보는 것이니 그대는 진실로 짐을 위하여 잘 보필할 수 있는 사람을 구해보도록 하시오."

이에 왕장은 밀봉한 상소문을 올려 신도왕(信都王)의 외삼촌인 낭야태수 풍야왕(馮野王)이 충성스럽고 믿음직하며 바탕이 곧고 지모가 풍부하다 해 천거했다. 성제는 태자가 됐을 때부터 풍야왕의 이름은 여러 차례 들었으므로 바야흐로 풍야왕에게 의지키로 하고 왕봉을 대신하게 하려고 했다. 그리고 왕장이 매번 황제의 부름을 받고 나아갈 때마다 좌우의 신하들을 물리쳤는데 이때 태후의 사촌동생의 아들인 시중(侍中) 왕음(王音)이 홀로 옆에서 몰래 듣고는 왕장이 말하는 것을 다 알아내어 왕봉에게 말해 주었다. 왕봉은 이 말을 듣고는 심히 걱정하고 두려워했다.

두흠은 왕봉에게 당장 병이 났다고 하고서 집으로 돌아가 상소를 올려 모든 자리를 해직해 달라고 빌 것을 주문했는데 그 말과 뜻이 참으로 애절했다. 태후는 이를 전해 듣고서 눈물을 흘리며 식사를 하려 하지 않았다. 황제는 어려서부터 왕봉에게 의지했던 터라 차마 폐출하지는 못하고 마침내 우대하는 내용의 조서를 보내어 왕봉으로 하여금 억지로 일어나게 하니 이에 왕봉은 일어나 (다시) 일을 보았다. 성제는 상서(尙書)로 하여금 왕장을 탄핵하는 상주문(上奏文)을 올리라고 명했다. 상주문이다.

"왕장은 풍야왕이 전에 왕의 외삼촌으로서 관리에 보임됐다는 것을 알면서도 사사로이 그를 천거해 조정에 있도록 함으로써 제후들에게 아부했고, 또 장미인은 그 몸이 이미 지존에게 나아갔음을 알면서도 망령되게 강족과 호족이 아들을 죽여 내장을 깨끗이 한다는 말을 인용했으니 이는 마땅히 해서는 되는 말이 아닙니다."

그리고 왕장을 옥리에게 내려보냈다. 정위는 그가 대역죄에 해당된다며 이렇게 말했다.

"황제 폐하를 오랑캐와 비교해 후계를 이을 수 있는 단서를 잘라버렸으니 이는 천자를 배반한 것이며 사사로이 정도왕을 위하려 했던 것입니다."

왕장은 결국 옥중에서 죽었고 처자식은 합포로 귀양을 갔다. 이때부터 공경들은 왕봉을 볼 때면 곁눈으로 보았다.

신이 가만히 살펴보겠습니다. 성제가 원래 왕장으로 하여금 먼저 차마 하기 힘든 왕봉의 사퇴를 이야기하도록 해놓고 마침내 상서로 하여금 왕장을 탄핵하도록 이렇게 유도해 죄의 함정에 빠트렸습니다. 또 어찌 권력을 농단하는 신하에게는 차마 하지 못하면서 나라를 위해 충언을 하는 선비에게는 차마 할 수 있단 말입니까?

충언을 했던 선비는 누구를 위하여 계책을 세운 것인데 아껴주지 않았으니 안타까운 마음입니다.

1) 성제의 이복동생인 유강으로 공왕은 시호다. 선황인 원제는 한때 성제 대신 유강을 태자로 삼으려 한 바 있다.

2) 제후들은 황제나 중앙 정부와 연락하기 위해 수도를 찾는 사람을 위해 각 봉국별로 수도에 각자의 저택을 마련해 두었는데 그 저택을 말한다.

(『자치통감』 양삭) 2년 여름 4월에 시중(侍中) 태복(太僕) 왕음을 어사대부로 삼았다. 이에 왕씨는 더욱 번성해 군국(郡國)의 수상과 자사(刺史-지방관리)가 모두 다 그 집안 문하에서 나왔다. 오후(五侯)의 여러 동생들은 앞다투어 사치를 일삼았으며 뇌물로 보내오는 진귀한 보배들이 사방에서 도착했는데, 왕음은 인사에 능통해 민첩했고, 선비를 좋아해 똑똑한 사람들을 길렀으며, 재산을 기울여 사람들에게 주는 것을 서로 고상하다고 했다. 이에 빈객들이 문에 가득했고 경쟁적으로 이들을 칭송하는 소리가 높았다.

유향이 진탕(陳湯)[1]에게 말했다.

"지금 재앙과 이변[災異]이 이와 같은데도 (황실의) 외가는 날이 갈수록 번성하니 그것은 점차로 반드시 유씨(劉氏-황실)를 위태롭게 할 것이다. 나는 다행히 동성(同姓)이라 하더라도 끄트머리에 있으니 여러 세대에 걸쳐 한나라의 두터운 은혜를 입었는데 몸은 종실의 늙은 신하이며 역대로 세 분의 황제(-선제, 원제, 성제)를 모셨다. 황제 폐하께서는 내가 돌아가신 황제의 옛 신하라고 하여 매번 나아가 알현할 때마다 항상 두터운 예를 베풀어주셨으니 내가 말하지 않는다면 누가 말하는 일을 맡아서 할 것인가?"

그리고 드디어 밀봉한 상소를 올려 지극한 말로 이렇게 간했다.

"무릇 신하가 권병을 쥐고서 나라의 정사를 다스리게 될 경우 해악을 끼치지 않은 자가 지금까지 없었습니다. 지금 왕씨 하나의 성(姓)으로 붉은 바퀴와 화려한 채색 비단을 친 수레를 타는 사람이 23명이고 푸른색, 자주색, 담비 꼬리와 매미 무늬도 궐 내에 가득 차서 물고기 비늘처럼 좌우에 늘어서 있습니다. 대장군은 일을 쥐고서 권력을 제 마음대로 휘두르고, 오후의 교만과 사치는 흘러넘칩니다. 더불어 위엄과 복락을 만들어내고 (정적을) 공격하고 잘라내기를 자기 마음대로 하고 있습니다. 행실은 더러운데 통치에 의탁하고 몸은 사사로운데 공적인 것에 의탁합니다. 또 동궁(東宮)[2]의 귀한 지위에 의탁하고 (황제와) 생질과 외삼촌이라는 가까움을 빌려 위엄과 권위를 누립니다. 상서, 구경(九卿), 주목(州牧), 군수가 모두 그들의 문하에서 나오고 추기(樞機-국가의 중요 업무)를 관장해 꽉 쥐고 있으니 붕당들이 주변을 둘러싸게 되어 (그들을) 칭찬하고 예찬하는 자는 등용되어 올라가고 (반대로) 그들을 거스르거나 원한을 산 사람들은 주살되거나 피해를 입게 되며, (관가에) 놀러다니듯 하며 말하기 좋아하는 사람들은 그들에게 도움이 되는 말만 하고 정사를 집행하는 사람들도 그들을 위하는 말만 합니다.

종실을 배척해 공족(公族-皇族)을 고립시키고 쇠약하게 만드니 그 가운데 지혜나 능력이 있는 사람이 있으면 더욱 비방하고 훼방을 놓아 나아가지 못하게 하고 종실의 책임으로부터 멀리 떨어지게 해 조정의 일을 아예 할 수 없도록 하니 이는 분명 자신들과 권력을 나눠 갖게 될 것을 걱정해서일 것입니다. (그들은) 수시로 연왕(燕王)과 개주(蓋主)[3]를 언급함으로써 황제 폐하의 마음속에 의심이 들게 만들고, 여후(呂后)나 곽씨(霍氏)의 이야기는 피하고 꺼려서 말을 하지 않습니다.

(저들은) 속으로는 관숙과 채숙의 맹아를 갖고 있으면서 겉으로는 주공(周公)의 논리[4]를 그럴싸하게 빌려 자기 형제들을 요직에 앉게 하고 자신의 종족들은 서로 반석처럼 탄탄하게 자리 잡고 있으니 상고(上古)시대로부터 진나라와 한나라를 거칠 때까지 외척으로 (황제를) 참칭해 귀하게 된 경우로 왕씨 같은 집안은 없었습니다. 모든 일은 번성하게 되면 반드시 비정상적인 변화가 먼저 보이게 되는데 그것은 해당되는 사람에게서 미미하게나마 드러나기 시작합니다. 효소제(孝昭帝) 때에는 태산에서 맨 위에 있는 돌이 벌떡 일어섰고, 상림에서는 죽은 버드나무가 일어났는데 효선제(孝宣帝)가 즉위했습니다. 지금 왕씨들의 선조의 분묘가 제남(濟南-산둥성 리청구)에 있는데 그 대들보와 기둥에서 가지와 잎이 나오고 그것이 옆으로 내려와 땅속에 뿌리를 내렸으니 이는 돌이 일어난 것보다 훨씬 심한 재이임이 분명합니다. 사세로 볼 때 두 개로 커질 수가 없고 왕씨와 유씨도 병립할 수 있는 것이 아니니 마치 밑으로 태산과 같은 안정이 있다 하더라도 위에는 달걀을 쌓아놓은 듯한 위태로움〔累卵之危〕을 가진 것과 같습니다.

폐하께서는 유씨의 자손으로 태어나 종묘를 지키고 유지해야 하는데 지금 나라의 운명이 외친으로 옮겨가 (이대로 가다가는) 비천한 노예의 길로 떨어질 것이니 자신을 위하지 않는 것은 그렇다고 쳐도 종묘는 어찌할 것입니까? 부인은 지아비의 집안을 받아들이고 자기 부모의 집을 밖으로 내놓아야 하는데 이 역시 황태후[5]의 복이 아닙니다. 효선황제(孝宣皇帝)는 외삼촌인 평창후(平昌侯)에게 권력을 주지 않았는데 이는 그를 보전하기 위함이었습니다. 무릇 명철한 사람은 아무런 형체가 없는 곳에서 복을 일으키고, 아직 그리되지 않은 데〔未萌(미맹)=幾微(기미)=兆朕(조짐)〕서 우환을 미리 제거하는 것이니, 마땅히 밝은 조서를 내리시어 덕음(德音)을 토해 내시고 종실 지친들을 도와 가까이하시고 신의로 받아들이시고, 외척은 축출해 멀리하시고 정권을 주지 말며 모두 다 파직시켜 각자의 집으로 돌아가도록 하신다면 이는 돌아가신 황제가 행하셨던 바를 본받아서 외척을 편안케 하고 그 집안을 온전하게 해주는 것이니 진실로 동궁의 뜻이며 외가의 복이라 하겠습니다.

왕씨는 영원히 남아서 그 작록을 보존케 하고 유씨는 장안에서 사직을 잃지 않게 하는 것이 외가와 친가의 성(姓)을 서로 화목하게 하는 이치이며 자자손손 끝없는 복을 누리게 하는 계책입니다. 만일 이런 계책을 행하지 않을 경우 전씨(田氏)[6] 같은 사람들이 다시 나타날 것이며, 필시 육경(六卿)[7]과 같은 사람들이 한나라에서도 일어날 것이니 후사를 위해 걱정스러움이 크고도 심하며 아주 분명합니다. 오직 폐하께서는 거룩한 생각에 깊이 머무르소서."

글이 올라가니 성제는 유향을 불러 보고서 그의 뜻에 대해 탄식하고 슬퍼하며 이렇게 말했다.

"그대는 가서 좀 쉬고 있으시오. 내 장차 깊이 생각해 보겠소."

그러나 결국 유향의 말을 채택해 시행하지 못했다.

신이 가만히 살펴보겠습니다. 왕씨가 권력을 제 마음대로 하는 허물에 대한 유향의 배척 발언은 참으로 절절함이 극에 이르렀다고 하겠습니다. 지금 이 글을 읽는 사람도 눈물이 날 것 같은데 하물며 그 당일에야 어떠했겠습니까? 그러나 성제는 헛되이 탄식하고 슬퍼만 했을 뿐 그 말을 채택해 쓰지를 못했습니다.

이것은 천자가 되어 종묘와 천하를 즐겁게 하고, 또 그런 즐거움을 세상 사람들과 더불어 즐겨야 하는데 그 길로 나아가지를 못했으니 애석할 뿐입니다. 참으로 이해하기가 힘듭니다.

1) 당대의 명장으로 유향과 돈독한 교분이 있었다.

2) 한나라의 동궁은 태자나 세자가 아니라 태후를 가리킨다.

3) 한나라 소제 때 황족이면서 모반을 했던 사건이다.

4) 주나라 때 성왕이 열두 살에 즉위하자 주공이 그를 보좌해 정사를 지휘했으며 이때 그의 형제들인 관숙과 채숙이 반란을 일으켰다.

5) 유씨 집안으로 시집온 왕정군이다.

6) 춘추시대에 전씨들이 진(陳) 나라에서 제(齊) 나라로 도망왔다가 결국 기원전 378년 정권을 탈취했다.

7) 춘추시대 말기에 진(晉) 나라는 임금의 권력이 약화돼 지씨, 범씨, 중행씨, 한씨, 위씨, 조씨 등 6명의 대부가 공동으로 권력을 행사했는데 이들 6명의 대부를 가리키는 말이다.

(『자치통감』) 양삭 3년(기원전 22년) 가을에 왕봉이 병이 나자 천자는 여러 차례에 걸쳐 몸소 가서 문병을 하고 친히 그의 손을 잡고서 눈물을 흘리며 말했다.

"장군이 지금 병이 들었는데 만일 말을 할 수 없는 일[1]이 있게 되면 평아후(平阿侯) 왕담이 후임 장군이 될 것입니다."

왕봉은 머리를 조아리고 울면서 말했다.

"왕담 등은 비록 신에게는 지친입니다만 행실이 하나같이 사치스럽고 참람하니 백성들을 솔선해서 이끌 수 없고, 어사대부 왕음처럼 부지런하거나 삼갈 줄도 모르니 신은 감히 죽음으로써 이 점을 보증합니다."

왕봉이 드디어 죽음에 임박하자 성제에게 상소를 올려 감사 인사를 하고 다시 굳게 왕음을 추천해 자신을 대신하라고 하면서 왕담 등 5인은 결단코 써서는 안 된다고 말했다. 천자도 그렇게 했다. 애초에 왕담은 거만해 왕봉을 섬기려 하지 않았는데 왕음은 왕봉을 공경해 자신을 낮추고 깍듯이 하는 것이 마치 아들과 같았다. 그래서 왕봉은 왕음을 추천했던 것이다.

8월에 왕봉이 죽자 9월에 왕음을 대사마 거기장군으로 삼고 왕담의 지위는 특진(特進-삼공 바로 다음의 지위)으로 하여 영성문병(領城門兵)[2]을 맡겼다.

신이 가만히 살펴보겠습니다. 유향의 절절한 말이 있었으나 성제가 왕봉을 물러 앉히지 못한 것은 오히려 기대하기 힘든 것이었다고 할 수 있을 것입니다. 그런데 다행히 왕봉이 죽게 됐으니 일

거에 권세의 칼자루[威柄]를 되찾아오고 뜻있는 재상들과 깊이 의논
위병

해 그를 대사마 대장군 영상서의 자리에서 내쫓아 조정을 바로잡을 수 있는 절호의 기회가 찾아왔습니다. 하지만 성제는 다시 왕봉이 천거하는 자를 써서 정사를 맡겼으니 이것은 나라의 큰 권력[大柄]을 통째로 넘겨준 것이고 한나라의 왕업이 마침내 왕씨에게로 넘어가게 한 것일 뿐입니다. 아!
대병

1) 이는 죽음이라는 말을 피하기 위해 에둘러서 한 표현으로 그만큼 왕봉을 어려워했다는 뜻이다.

2) 장안 12개 성문을 지키는 병사들을 총괄하는 장수의 지위다.

(『자치통감』) 홍가(鴻嘉) 원년(기원전 21년)에 왕음을 봉해 안양후(安陽侯)로 삼았다.

홍가 3년, 왕씨의 오후(五侯)들이 앞다투어 사치를 숭상했다. 성도후(成都侯) 왕상은 일찍이 병이 나자 더위를 피하기 위해 황제로부터 명광궁(明光宮)을 빌렸다. 뒤에는 또 장안성을 뚫어 풍수(灃水)를 끌어들여서 자기 집 가운데에 있는 큰 호수에 배를 띄웠는데 성제가 마침 왕상의 집에 행차를 했다가 성을 뚫어 물을 끌어들인 것을 보고서 분노했으나 속으로 이를 다문 채 아무런 말을 하지 않았다. 또 성제가 미행에 나섰다가 곡양후(曲陽侯) 왕근의 저택을 지나가는데 정원에 있는 토산과 점대(漸臺-호수 가운데에 있는 섬)의 모양이 마치 미앙궁의 백호전과 닮았다.

(이에 성제가 크게 책망하자) 거기장군 왕음은 용서를 빌었다.

왕상과 왕근 형제는 스스로 얼굴에 묵(墨)을 뜨고 코를 자르겠다고 하면서 태후에게 사죄하였다. 황상이 이를 듣고서 크게 화가 나 마침내 상서(尚書)로 하여금 사예교위와 경조윤에게 책임을 물었다. 죄목은 성도후 왕상 등이 사치하여 참월(僭越)하고 불궤(不軌)한 것을 알면서도 간사함과 교활함을 숨긴 채 모두 (왕상 등에게) 아부하여 그냥 내버려두고, 들추어내어 상주(上奏)하여 법을 올바르게 시행하지 않았다는 것이었다. 이에 두 사람은 궁궐문 아래에서 머리를 조아렸다. 또 거기장군 왕음에게는 책서를 내려 말했다.

"외가에서 어찌하여 재앙과 실패를 즐겨 자초하는가! 스스로 얼굴에 묵을 뜨고 코를 자르겠다고 하면서 태후 앞에서 서로 육욕(戮辱)하며[1] 자애로우신 어머니의 마음을 상하게 해서 국가를 위험과 어지러움에 빠트렸다. 외가의 종족이 강하고 위로 나 한 사람이 고립되어 있은 지 오래되었다. 이번에 한 번 (그 형벌을) 그들에게 시행코자 하니 그대는 그 들 여러 후(侯)들을 불러 그들의 관부 청사에서 기다리도록 하라."

이날 상서에게 조서(詔書)를 내려 문제 때 장군 박소(薄昭)[2]를 주살한 고사를 상주토록 했다. 거기장군 왕음은 풀로 만든 멍석 위에서 죄를 청하였고 왕상, 왕립, 왕근은 모두 참형에 쓰이는 도끼와 받침대를 짊어지고서 사죄하였는데 아주 오랜 후에야 마침내 그쳤다. 황상은 다만 그들을 겁주려 했을 뿐이지 실제로 주살할 뜻은 없었다.

신이 가만히 살펴보겠습니다. 성제는 이미 외가의 사치가 지나치다는 것을 알았으니 즉각 주살하지는 않더라도 참으로 마땅히 그 직임을 빼앗고 각자 자신들의 봉국으로 돌아가도록 조치를 취해야 했습니다. 그런데도 가볍게 경고만 하고 아무 일도 없었던 것처럼 넘어갔습니다.

일찍이 이런 일은 기대할 수도 없었고 헛되이 속만 끓였을 뿐이니 단지 이렇게 해서야 과연 무슨 나아짐이 있겠습니까?

1) 얼굴에 묵을 뜨고 코를 자르는 것은 각각 묵형(墨刑)과 의형(劓刑)을 가리키는데 이 형벌을 거론한 것 자체가 태후에게 욕을 보였다는 뜻이다.

2) 한나라 문제의 외삼촌이다.

(『자치통감』) 영시(永始) 원년(기원전 16년), 태후의 형제는 여덟 명이었는데 오직 동생 왕만(王曼)만이 홀로 일찍 죽는 바람에 후(侯)가 되지 못했다. 태후는 늘 이를 불쌍하게 생각했다. 왕만의 과부인 거(渠)는 동궁을 공양했고, 아들 왕망(王莽)은 어리고 외롭기가 같은 또래들과 비할 바가 아니었다. 그의 (사촌) 형제들은 모두 장군이나 오후의 아들이어서 부귀한 때를 만났기 때문에 대단히 사치스러웠고 수레와 말, 성색(聲色)을 가지고 놀고 즐기면서 서로를 높였으나 왕망은 절의를 지키면서 공손하고 검소하며, 몸을 부지런히 하면서 널리 배웠고 유생과 같은 옷을 입었으며, 어머니와 과부가 된 형수를 섬기고 아버지가 없는 형의 아들들을 잘 길러주었으며 행실은 참으로 잘 갖춰져 있었다. 또 밖으

로는 뛰어난 인재들과 교류를 했고 안으로는 여러 삼촌들을 섬겼는데, 곡진하게 예의를 차리려는 뜻이 있었다.

대장군 왕봉이 병들자 왕망은 병 수발을 들면서 직접 약을 맛보고 머리카락을 헝클어뜨린 채 세수도 하지 않고 의대도 풀지 않은 채 이러기를 여러 달을 이어갔다. 그리고 왕봉이 죽으면서 태후와 황제에게 부탁해 황문랑(黃門郞)이라는 벼슬을 내렸으며 얼마 후 사성(射聲) 교위로 옮겼다. 세월이 한참 흐른 후에 그의 숙부인 성도후 왕상은 황제에게 편지를 올려 왕망에게 호구와 채읍[戶邑(호읍)]을 나눠주어 책봉해 주기를 간청했다. 장락궁 소부인 대숭(戴崇), 시중 금섭(金涉), 중랑 진탕(陳湯) 등은 모두 당대의 명사들이었는데 하나같이 왕망을 위하는 말들을 하니 황제는 이로 말미암아 왕망을 현명한 인재라고 생각했고 태후도 여러 차례 그를 거드는 말을 했다.

같은 해 5월, 왕망을 책봉해 신도후(新都侯)로 삼고 기도위(騎都尉) 광록대부 시중으로 승진시켰다. 그때마다 근무하는 자세가 부지런하고 공손했으며 작위가 더 귀해질수록 절조는 더욱 겸손해져서 수레와 마차와 의복을 베풀어 빈객들에게 나누어주어 집에는 남는 것이 아무것도 없게 했다. 그리고 명사들을 지원하고 도와주면서 장군, 재상, 경, 대부들과 교류를 맺어 왕래하는 일이 아주 잦았다. 그래서 높은 자리에 있는 사람들은 또다시 그를 천거했고 헛된 명성까지 일어나 뒤섞이니 그의 여러 숙부들도 그에게 기울게 됐다.

신이 가만히 살펴보겠습니다. 이것은 새로 등장한 왕망이 이름을 꾸미고 사기 치고 도적질하는 시초입니다.

(『자치통감』) 영시(永始) 2년(기원전 15년) 봄 정월에 안양후 왕음이 죽었다. 3월에 성도후 왕상이 대사마 위(衛) 장군이 됐다.

신이 가만히 살펴보겠습니다. 왕봉이 죽자 왕음이 그를 이었고, 왕음이 죽자 왕상이 그를 이었습니다. 이는 한나라의 장상 자리가 왕씨들이 세습하는 사사로운 물건이 됐다는 뜻입니다.

(『자치통감』) 영시 2년[1] 12월, 옛날 남창위(南昌尉)였던 구강(九江-안후이성 서우현) 출신 매복(梅福)이 글을 올렸다.

"바야흐로 지금 군주의 명령은 침해를 당하고 주군의 위엄은 빼앗겨 외척의 권세는 날로 더 융성하고 있습니다. 폐하께서는 그 형세〔形〕를 보지 못하시지만 원컨대 모습〔景〕이라도 살피셔야 합니다. 건시(建始-성제의 또 다른 연호) 연간 이래로 일식과 지진이 이어졌는데 전체적으로 춘추시대의 세 배이고 수재(水災)는 그 수를 비교할 수 없을 정도입니다. 음기가 성하고 양기가 약해져 금과 철〔金鐵〕이 날아다니고 있으니 이 무슨 모습입니까?

한나라가 흥한 이래로 사직이 세 번 위태로움에 처했는데 여씨(呂氏), 곽씨(霍氏), 상관씨(上官氏)이며 모두 다 모후의 집안이었습니다. 집안 종친들을 내 몸같이 여기는〔親親〕 길은 이들을 온전하게 하는 것이 최상입니다. 마땅히 이들에게 현명하고 선량한 사부를 붙여주어 충효의 도리로써 인도해야 합니다. 그런데 지금은 그들의 지위만 높여 총애하고 큰 칼자루를 주어 그들을 교만하게 만들고 반역하게 하여 결국 몰살당하는 지경에 이르렀으니 이는 집안 종친들을 내 몸같이 여기는 대체〔大=大體〕를 잃은 것이라 하겠습니다. 곽광의 뛰어난 지혜로도 그 자손들을 위해 염려하는 것이 불가능했습니다. 그래서 권신은 세월이 바뀌면 위태로워지는 것입니다. 옛말에 이르기를 '불처럼 다뤄서는 안 된다. 그것도 시작은 아주 미미했다'고 했습니다. 세력이 임금을 능가하고 권력이 주상보다 융성해진 연후에 이를 막으려고 해봤자 진실로 그것을 그치게 할 수 있는 방법은 없습니다."

성제는 이것을 받아들이지 않았다.

신이 가만히 살펴보겠습니다. 왕장이 목숨을 걸고 왕씨의 폐단을 말한 이후 먼저 유향이 왕실의 원로로서 할 말을 다했고, 뒤에는 매복이 일개 위(尉)로서 할 말을 다했으나 성제는 그 말들을 모두 다 쓰지 못했으니 이것이 이른바 (맹자가 말한) "(장차 나라와 집안과 자기 자신을) 망하게 만들 일들만 좋아한다〔樂其所以亡者〕"는 것이 아니겠습니까? 통탄스러울 뿐입니다.

1) 원문의 3년은 잘못이다.

(『자치통감』) 원연(元延) 원년(기원전 12년) 12월에 왕상은 대장군이 됐다. 그가 죽자 동생 광록훈 곡양후(曲陽侯) 왕근을 발탁해 대사마 거기장군에 임명했다.

안창후(安昌侯) 장우(張禹)는 비록 집에 머물러 있었지만 특진(特進)으로써 천자의 스승이었기 때문에 나라에 큰 정사가 있을 때마다 반드시 함께 의논해 대책을 정했다. 이때 관리들 중에서 많은 사람들이 글을 올려 재앙과 이변을 경계해야 할 것을 말하며 왕씨 집안의 정치 농단을 절절하게 비판하자 성제의 뜻도 그런 것처럼 보였으나 명확하게 드러나지는 않은 상황이었다. 이에 마침내 황제의 거가가 장우의 집에 이르렀다. (황제는) 좌우를 물리친 다음 친히 장우에게 하늘의 이변이 일어난 원인을 묻고서 관리들이 왕씨들에 대해 말한 편지들을 보여주었다.

장우는 자신이 나이도 많고 자손도 미약한 데다가 곡양후와 사이가 좋지 않아 원망을 받게 될까 봐 두려워하며 황제에게 말했다.

"춘추의 일식과 지진 때에는 혹 제후들이 서로 죽이거나 오랑캐들이 중국을 침범했습니다. 재변이 일어나는 뜻은 깊고 멀어서 눈으로 보기 어렵습니다. 고로 성인(聖人-공자)도 이익〔利이〕과 천명〔命명〕에 대해서는 드물게 말하고[1] 괴이한 일과 귀신에 관한 일에 대해서는 말하지 않는다[2]고 했습니다. 또 본성과 하늘 같은 도리에 대해서는 자공(子貢-공자의 제자)과 같은 자들도 들을 수가 없었는데[3] 하물며 얕은 견해와 천박한 유자(儒者)들이 말한 것들에서야 뭐가 있겠습니까? 폐하께서는 마땅히 정사를 잘 닦아서 그것들에 잘 대응하고 아랫사람들과 더불어 그 복과 선을 함께 하는 것이 이 경서(經書-『논어』)의 뜻입니다. 새롭게 배우는 소인들이 도리〔道〕를 어지럽히고 다른 사람들을 오도하고 있으니 마땅히 이들을 믿고 써서는 안 되며 오직 경술(經術)로써 그들의 어짊 여부를 판단해야 합니다."

황제는 장우를 훌륭하게 여겨 믿고 아끼니 이로부터는 왕씨를 의심하지 않았다. 뒤에 가서 곡양후 왕근과 여러 왕씨의 자제들은 장우가 했다는 말을 들어서 알고 난 다음 모두 기뻐하고 마침내 장우를 아주 가깝게 대했다.

옛날 괴리(槐里-산시성 싱핑시) 현령을 지낸 주운(朱雲)이 글을 올려 황제의 알현을 청하고 공경들이 앞에 있는 데서 말했다.

"지금 조정 대신들은 위로는 군주를 바로잡지 아니하고 아래로는 백성들에게 이익을 주지 못하면서 모두 자리만 지키면서 녹만 먹고 있습니다〔尸位素餐〕. 공자가 말한 이른바 '비루한 사람과는 함께 임금을 섬길 수 없고, 만약에 그것을 잃을까 걱정한다면 이르지 않는 바가 없다'[4]고 한 바로 그런 사람들입니다."

신은 바라건대 상방(尙方)의 참마검(斬馬劍)을 내려주시면 간사한 인간 한 명의 머리를 잘라서 그 나머지 사람들에게 경고하도록 하겠습니다."

황제가 "그 사람이 누구인가?"라고 묻자 "안창후입니다"라고 답했다.

황제가 크게 화를 내며 말했다.

"품계가 낮은 신하가 아랫자리에 있으면서 윗사람을 비방하고 조정에서 스승을 욕되게 했으니 그 죄는 죽음으로도 용서해 줄 수 없다."

어사가 주운을 아래로 내려보냈는데 주운이 전의 난간에 올라가니 난간이 부러졌다. 주운이 울부짖으며 이렇게 말했다.

"신은 내려가서 지하에서 용봉(龍逢)과 비간(比干)을 따라서 노닐면 그만입니다. 다만 거룩한 왕조가 어떻게 될지를 모를 뿐입니다."

어사가 마침내 주운을 데리고 나갔다. 이에 좌장군 신경기(辛慶忌)가 관모를 벗고 인수(印綬)를 풀어놓고는 전 아래에서 머리를 조아리며 말했다.

"이 신하는 평소 세상에서 미친 듯이 곧은 말을 하기로 이름이 나 있습니다. 그의 말이 옳다면 주살해서는 안 되고, 그의 말이 잘못됐다면 마땅히 그것을 용납해야 합니다. 신은 감히 죽음을 무릅쓰고 아뢰옵니다."

신경기가 머리를 땅에 두드리다가 피가 흐르자 황제의 화난 뜻은 풀어졌다. 그 후에 기회가 되어 난간을 수리하려고 하면서 황제가 말했다.

"바꾸지 말고 이어서 그것을 한데 모아 곧은 신하를 기리고자 한다."

신이 가만히 살펴보겠습니다. 장우는 황제의 사부이면서도 이처럼 아래에 아부하고 위를 기망했으니 충성스럽지 못하다 할 것입니다. 마땅히 주운처럼 공정하게 했어야 합니다.

1) 『논어』「자한」에 나오는 말의 일부다. "공자께서는 이익〔利〕(이)과 천명〔命〕(명) 그리고 어짊〔仁〕(인)에 대해서는 아주 드물게만 언급하셨다."

2) 『논어』「술이(述而)」에 나오는 말의 일부다. "공자께서는 괴이한 일과 힘쓰는 일과 도를 어지럽히는 일과 귀신에 관한 일〔怪力亂神〕(괴력난신)은 말씀하지 않으셨다."

3) 『논어』「공야장(公冶長)」에 나오는 말의 일부다. 자공이 다른 사람에게 말했다. "스승의 문장(文章)은 알아들을 수 있지만 본성〔性〕(성)과 하늘같은 도리〔天道〕(천도)에 대해 말씀하신 것은 알아들을 수 없다."

4) 『논어』「양화(陽貨)」에 나오는 말의 일부다. 여기서 공자는 이렇게

말했다. "비루한 사람과 함께 임금을 섬기는 것이 과연 가능할 수 있을 것인가? 얻기 전엔 그것을 얻어보려고 걱정하고, 이미 얻고 나서는 그것을 잃을까 걱정한다. 정말로 잃을 것을 걱정할 경우 (그것을 잃지 않기 위해) 못하는 짓이 없을 것이다."

(『자치통감』) 원연(元延) 3년(기원전 10년) 봄 정월에 촉군(蜀郡-쓰촨성 청두시)의 민산(岷山)이 무너져서 장강을 사흘 동안 막으니 강물이 말라버렸다. 유향은 이를 크게 걱정해 이렇게 말했다.

"옛날에 주나라의 기산(岐山)이 무너져서 삼천(三川)이 말라버렸는데 유왕이 죽었습니다. 기산은 주나라가 일어난 곳입니다. 한나라 유씨 집안은 본래 촉과 한에서 일어났는데 지금 일어난 땅에서 산이 무너지고 강이 말랐으며 패성이 섭제와 대각에 이르렀고 삼(參=三川)에서부터 진(辰)에 이르렀으니 거의 반드시 망할 것입니다."

수화(綏和) 원년(기원전 8년) 10월에 왕근이 병으로 면직됐다. 왕근은 자신을 대신해 왕망을 추천하니 왕망이 대사마가 됐다. 이때 38세이던 왕망은 이미 같은 항렬에서 훨씬 앞서 나갔고 네 명의 백부나 숙부를 이어 정치를 보필하게 되니 명예를 앞사람들보다 더욱 높이고 싶어 해 마침내 자신을 이겨내어〔克己〕 매사에 게을리함이 없었다. 여러 뛰어나고 좋은 사람들을 불러 하급관리인 연(掾)이나 사(史)로 삼아 후한 상을 내려주었고, 봉읍에서 나오는 읍전(邑錢)을 선비들에게 나누어

주면서 그 자신은 더욱 검약하는 척했다. 어머니가 병이 나자 공경과 열후들이 부인을 보내 문병을 했다. 이때 왕망의 처가 그들을 영접하는데 옷은 땅에 끌리지 않았고 겉옷은 겨우 무릎을 가릴 뿐이었으니 이를 본 사람들은 처음에는 하녀로 생각하다가 주변에 물어보고서야 그 사람이 왕망의 부인인 줄 알고서 모두가 놀랐다. 왕망이 그 이름을 꾸며 만들어 낸 것이 이와 같았다.

수화 2년 3월에 성제가 붕하고, 4월에 애제가 즉위했으며, 7월에 왕망이 파직되어 사저로 돌아갔고, 건평(建坪) 2년(기원전 5년)에 왕망은 자신의 봉국으로 나아갔다.

원수(元壽) 2년(기원전 1년) 6월, 애제가 (미앙궁에서) 붕하자 태황태후는 바로 그날 가마를 타고 미앙궁으로 가서 옥새와 인수를 거둬들인 다음 공경에게 명을 내려 대사마로 삼을 사람들을 천거하라고 했다. 왕망은 옛 대사마였는데 자리를 사양하고 정씨(丁氏)와 부씨(傅氏)를 피하니 많은 사람들이 그를 현명하다고 생각했다. 또 태황태후의 가까운 친족이므로 대사도(大司徒) 공광(孔光) 이하로부터 온 조정 사람들이 다 왕망을 천거했다. 다만 전장군(前將軍) 하무(何武)와 좌장군 공손록(公孫祿) 두 사람은 서로 이렇게 모의했다.

"지난 시절 혜제와 소제의 시대에 외척[1)]이 권력을 쥐고서 사직을 거의 위태롭게 한 바 있다. 지금 효성제와 효애제가 계속해서 후사가 없어 바야흐로 마땅히 가까운 종친 가운데서 뽑아 어린 군주를 세워야 할 것이니 (이런 상황에서) 외척 대신이 권력을 쥐게 하는 것은 마땅하지 않다. 가까운 사람과 먼 사람은 서로 뒤섞어야 하는 것이 나라를 위한 계책상 편안할 것이다."

이에 하무는 공손록이 대사마를 맡을 수 있다고 천거했고, 또 공손록도 하무를 천거했다. 태황태후는 스스로 결정을 내려 왕망을 대사마 영상서사(혹은 상서영사)로 기용하고, 중산왕을 맞아들여 즉위시키니 그의 나이 9세였다.

신이 가만히 살펴보겠습니다. 하무와 공손록의 말은 충성이 담긴 말입니다. 태후로 하여금 청단(聽斷-정치)하게 하면서 (외척이 아닌) 외부에서 인재를 골라 대사마의 임무를 맡도록 하고, 종실의 뛰어난 인물로 하여금 애제의 뒤를 잇게 했다면 일거에 유씨(의 황실)는 안정됐을 것입니다. (그러나) 태후는 끝내 사사로이 친족이면서 아부하는 왕망으로 하여금 정치를 맡아서 하도록 하고 어린 군주를 맞아 세웠습니다. 왕망은 이에 나라의 칼자루〔國柄(국병)〕를 오롯이 움켜쥐어 백관을 총괄하며 정사를 좌우하게 됐습니다. 원시(元始) 원년(기원전 1년) 왕망은 안한공(安漢公)에 봉해졌고, 원시 2년에는 자신의 딸을 황제의 배필로 삼았으며, 원시 4년에는 재형(宰衡)[2]이라는 칭호를 더했습니다. 원시 5년에는 황제의 책명으로 왕망을 천자의 의전에 준하는 구석(九錫)[3]으로 대우하도록 했고, 이듬해에는 거섭(居攝)이라는 독자 연호를 사용했으며 태후는 왕망에게 가황제(假皇帝)를 칭하도록 했고, 그 이듬해에는 진짜 황제로 즉위했습니다.

이 지경에 이르러 유향과 매복의 말이 단 하나도 실증되지 않은 것이 없어 한나라 400년 전통이 이에 중간에 끊어지기에 이르렀으니 원래 그 시초로 거슬러 올라가보면 성제가 여러 외삼촌들에게 권력을 맡기고 태후가 사사로이 친정 식구들에게 정사를 넘겨 보위 세력을 넓힘으로써 결국은 (왕망이) 황제의 자리를 빼앗고 도둑질하는〔簒盜 찬도〕 계략이 이루어지게 됐던 것입니다.

그러나 황제의 자리에 있은 지 얼마 안 돼 하늘이 사람이 일으킨 반란〔人畔 인반〕에 분노해 의병들이 사방에서 일어났고, 왕망은 (미앙궁 내) 점대(漸臺)에서 (부하 군인에 의해) 살해당해 사지가 갈갈이 찢겼으며, 집안도 멸족을 면치 못했습니다. 따라서 후대의 임금들은 이를 잘 살펴서 한나라 성제를 반면교사로 삼아야 할 것이며, 또 가까운 척리(戚里)들은 왕망을 반면교사로 삼아 스스로를 경계한다면 임금과 신하 모두 자신들을 온전히 지킬 수 있는 도리를 얻게 될 것입니다.

왕망의 일은 앞서 이미 나라를 빼앗는 신하〔簒臣 찬신〕를 다루면서 살펴보았으니 여기서는 개략적으로만 드러내어 언급했습니다.

1) 여씨, 곽씨, 상관씨를 말한다.

2) 이는 주공의 칭호인 총재(冢宰)와 이윤의 칭호인 아형(阿衡)에서 각각 한 자씩 따온 것이다.

3) 천자와 관련된 아홉 가지 의전 절차를 가리킨다.

(『자치통감』) 후한 장제(章帝) 건초(建初) 2년(77년)에 황제는 두훈(竇勳)의 딸을 귀인으로 맞아들였고, 건초 3년에 귀인 두씨를 세워 황후로 삼았다.[1)]

건초 8년, 황후의 오빠 두헌(竇憲)이 시중 호분(虎賁) 중랑장이 되고 동생 두독(竇篤)은 황문시랑이 되어 둘이서 나란히 궁성(宮省)을 지켰으니 위에서 내려준 상이 층층이 쌓일 정도였고, 두 사람은 이를 즐겨 빈객들과 교유했다. 사공 제오륜(第五倫)이 상소문을 올렸다.

"엎드려 뵈옵니다. 호분중랑장 두헌은 초방(椒房)[2)]의 지친으로 궁궐의 병사들을 지휘하고 있으면서 궁궐을 출입하고 있습니다. 나이도 들었고 가진 뜻도 아름다운 데다가 자신을 낮춰 겸양할 줄 알고 좋은 일을 하기를 즐기니 이는 참으로 선비와 좋은 교분을 쌓는 방도입니다.

그런데 듣고 나는 귀한 척속들을 보면 그중 다수는 하자가 있거나 금고(禁錮)를 당했던 인물들이고, 소수만이 자신을 다잡아 가난을 편안히 여길 줄 아는 절개 있는 인물들입니다. 사대부들 가운데 아무런 뜻도 세우지 못한 무리들과 서로를 팔아먹는 자들이 그 집 문에 구름처럼 몰려드는 데 대개 교만과 안일함이 그들에게서 생겨나는 것입니다.

삼보(三輔-수도 장안 시내 전체)에서 의논하는 자들이 찾아와 말하기를 '귀척들은 금고의 죄를 없애주고 다시 귀척으로 봉해 그 죄를 씻어주니 이는 마치 술에서 깨자마자 곧장 술을 퍼 마시는 것과 같다'고 합니다. 음험하게 세력을 쫓아다니는 무리들은 진실로 친근하게 해서는 안 될 것입니다.

폐하께 바라옵건대 두헌 등에게 칙령을 내리시어 집안 문을 닫고 스스로를 지켜 망령되이 사대부들과 교유를 갖지 않음으로써 (패란의) 싹이 나기 전에 막고 형체가 아직 생기지 않았을 때 깊이 염려하시어 두헌으로 하여금 영원히 복록을 유지할 수 있도록 해 군신의 즐거움을 나누시고 실오라기만 한 틈도 생기지 않도록 하십시오. 바로 이것이 신이 간절하게 원하는 바입니다."

신이 가만히 살펴보겠습니다. 이때 두씨의 세력은 아직 커지지 않았습니다. 그런데도 제오륜은 이미 장황제에게 글을 올려 충신의 마음을 담아 아직은 미미한 싹이 점점 더 자라기 전에 미리부터 잘라내고 막아야 한다고 역설했습니다. 그런데 이 점을 그 임금은 살필 수가 없었던 것입니다.

1) 두훈의 부인은 동해왕 유강의 딸이다.

2) 황후의 방으로 사실상 황후를 가리킨다.

(『자치통감』) 두헌은 궁액(宮掖-황후)의 명성과 세력을 믿고 의지했기에 왕이나 공주는 물론이고 음씨와 마씨 집안 사람들 중에서 그를 두려워하고 꺼리지 않는 사람이 없었다. (예를 들어) 두헌이 헐값으로 심수(沁水) 공주(-명제의 딸)의 전원을 빼앗다시피 하겠다고 (공주에게) 직접 청하자 공주는 압박을 못 이겨 감히 제값대로 계산을 하지 못했다. 뒤에 황제가 궐 밖을 나서 그 전원을 지나가다가 두헌에 대해서 물었다. 그러나 두헌은 (이미) 뒤로 으름장을 놓아 제대로 대답을 할 수 없게 해놓았는데 훗날 이 사실이 발각되자 황제는 크게 노해 두헌을 불러 심하게 질책하며 이렇게 말했다.

"일전에 공주의 빼앗긴 전원을 지나며 깊이 생각해 보니 이는 조고가 사슴을 가리키며 말이다〔指鹿爲馬 지록위마〕라고 말하게 했던 일보다 얼마나 더 심각한 일인가? 오래 생각할수록 사람을 놀랍고 두렵게 하는 짓이었다.

옛날 영평(永平) 연간에 항상 음당(陰黨), 음박, 등첩(鄧疊) 세 사람을 시켜 서로 규찰토록 명을 내렸더니 여러 힘 있는 척속들이 감히 법을 어기지 못했다. 지금 귀한 신분의 공주조차도 오히려 억울하게 전원을 빼앗긴 판에 하물며 평범한 백성들은 어떻겠는가? 국가가 두헌을 버리는 것은 마치 외로운 새 새끼나 썩은 쥐새끼를 버리는 것과 같을 뿐이다."

두헌은 크게 두려워했고 황후도 허름한 옷으로 갈아입고 깊이 사죄했으며, 겨우 전원을 공주에게 되돌려주게 하고 나서야 황제의 분노가 오래 지나서 풀렸다. 비록 두헌에게 죄를 물어 포승줄로 매지는 않았지만 그 후 끝내 중책을 맡기지 않았다.

사마광이 (이 일에 대해) 말했습니다.

"신하의 죄 가운데 임금을 기망하는 것만큼 큰 죄는 없다. 그래서 명철한 군주는 이를 싫어한다. 효장제가 두헌에게 사슴을 가리키며 말이라고 하게 한 것과 무엇이 다르냐고 말했으니 이는 훌륭하다. 그러나 끝내 두헌을 죄줄 수 없었으니 이런 간악한 신하는 어디에서 징벌을 받겠는가? 무릇 임금이 신하를 다룸에 있어 걱정해야 할 일은 그들의 간악함을 모르는 데 있는 것이지만, 만일 혹시라도 그것을 알고서도 다시 그를 용서해 준다면 이는 알지 못하는 것만도 못한 것이다. (그렇다면) 뭐하러 그런 말을 한단 말인가?

저들은 혹여 간악스러운 짓을 하고서도 윗사람이 모른다면 오히려 두려워하는 바가 있겠지만 이미 알면서도 죄를 주지 않는다면 저들은 두려워할 바가 없다는 것을 알게 됐으니 방종하고 좌우를 전혀 살피지 않을 것이다. 고로 훌륭한 인재임을 알면서도 쓰지 않고, 나쁜 사람임을 알면서도 제거할 수 없는 것이야말로 (모든) 임금들이 심히 경계해야 할 일이다."

신이 가만히 살펴보겠습니다. 성제가 오후의 죄를 알고 있으면서도 토죄하지 못하자 왕씨는 점점 더 거리낌 없이 행동했고, 효장제가 두헌의 죄를 알고 있으면서도 토죄를 하지 못하자 두씨 집안은 점점 더 횡포를 부렸습니다. 그렇기 때문에 간악한 자를 용인해 주고 나쁜 인재를 키우는 일은 임금이라면 크게 경계해야 할 바입니다.

(『자치통감』) 원화(元和) 3년(86년) 3월에 태위(太衛) 정홍(鄭弘)이 여러 차례 시중 두헌의 권세가 너무 번성했다고 진술했는데 그 말이 심히 쓰라리고 절절해 두헌은 그것을 대단히 아파했다. 때마침 정홍이 두헌의 무리〔憲黨〕인 상서 장림(張林)과 낙양현령 양광(楊光)이 관직을 이용해 재물을 탐하고 잔학한 짓을 일삼고 있다고 상주문을 올렸다. 이 글이 올라가자 어떤 관리가 예전부터 양광과 아는 사이라 그것을 양광에게 일러주었고 양광은 이를 즉시 두헌에게 보고했다. 두헌은 정홍이 대신이면서 극비의 사안을 누설했다고 상주했고, 이에 황제는 정홍을 힐난했다. 이어 여름 4월에 정홍의 인수를 거둬들이자 정홍은 자진해서 정위에게 찾아갔으나 황제는 조칙을 내려 감옥에서 내보내주었다. 이어 정홍은 사직을 청하면서 (고향으로) 돌아가기를 원했으나 황제는 허락하지 않았다. 병이 깊어지자 정홍은 글을 올려 사죄했다.

"두헌의 간악함은 하늘을 뚫고 땅에 이르렀으며 세상 모든 사람들이 모두 다 의혹을 품고 있으니 현명하거나 어리석거나 사람들은 그를 몹시 싫어하며 '두헌이 무슨 술책을 써서 주상을 미혹시키는가? 최근 왕씨들의 화가 훤히 보일 텐데'라고들 말하고 있습니다.

폐하께서는 천자의 높은 지위에 처해 있으면서 만세의 왕조를 이어가셔야 하는데 참소하고 아첨하는 신하를 믿고서 존망의 기틀은 헤아리지 못하고 계십니다. 비록 목숨이 경각에 달려 있지만 죽더라도 충성하는 마음을 잊을 수 없습니다. 원컨대 폐하께서는 사흉(四凶)[1]과 같은 자들은 주살하시고 사람과 귀신이 맺은 분통을 되갚으려는 소망을 충족시켜 주시기 바랍니다."

황제는 이 글을 살펴보고서 의원을 보내 정홍의 병을 돌봐주도록 했는데 막상 의원이 도착했을 때는 그가 이미 세상을 떠난 후였다.

신이 가만히 살펴보겠습니다. 정홍은 죽음을 바로 앞에 두고서 두씨의 우환을 진술했으니 옛사람들에게는 주검이 되어서도 간하던 풍조가 있었습니다. 장제는 마침내 그것을 제대로 살피지 못했으니 슬플 뿐입니다.

1) 요임금 시절 환두, 공공, 사곤, 삼묘 네 명을 가리킨다.

(『자치통감』) 장화(章和) 2년(88년) 봄 정월, 황제가 붕하고 태자가 즉위하니 나이 열 살이었다. 황후를 높여 황태후(-두태후)로 불렀다. 태후가 조정에 임석하니[1] 두헌이 시중으로서 내부에서 기밀을 주관하고서 밖으로 나와 고명(誥命)을 공표했고, 동생 두독은 호분중랑장이 됐으며, 두독의 동생 두경(竇景)과 두괴(竇瓌)는 나란히 중상시가 되어 두씨 형제들이 모두 다 황제의 측근 요직을 맡았다. (이때) 두헌의 빈객인 최인(崔駰)이 글을 올려 두헌에게 경계할 것을 촉구했다.

"전해 내려오는 말 중에 날 때부터 부자는 교만하고 날 때부터 귀한 사람은 오만하다고 했습니다. 즉 날 때부터 부귀한 자치고 교만하지 않거나 오만하지 않은 자는 없습니다. 지금 총애와 녹봉이 비로소 넘쳐흘러 백료들이 행실을 지켜보고 있으니 어찌 '거의 모든 일을 밤낮으로 게을리하지 아니해 영원토록 아름다운 영예를 끝까지 지켜내는 일'[2]을 하지 않을 수 있겠습니까?

옛날에 풍야왕[3]은 외척으로서 높은 지위에 있으면서도 훌륭한 신하〔賢臣〕로 불렸습니다. 근래에는 위위 음흥이 자신을 이겨내고 예로 돌아가〔克己復禮〕 끝까지 많은 복을 누렸습니다. 외척이 당대에 비방을 당하고 후세에 허물을 드리우게 되는 것은 대개 가득 채우기만 하고 몸을 굽히지 않으며, 지위는 여유로운데 어짊이 부족해서입니다. 한나라가 일어선 이래 애제와 평제에 이를 때까지 외가 20명 가운데 집안을 보존하고 자신의 몸을 온전하게 했던 사람은 네 명뿐입니다. (그래서) 『서경』에 이르기를 '거울은 은나라에 있다'[4]고 했으니 삼가지 않을 수 있겠습니까?"

신이 가만히 살펴보겠습니다. 최인이 말한 네 명이란 경제의 왕(王) 황후,[1] 선제의 허(許) 황후와 왕(王) 황후 그리고 애제의 어머니인 정희(丁姬)입니다. 그런데 일찍이 신이 이를 잘 살펴보니 전분(田蚡)[5)]의 경우 교만하고 횡포가 심했지만 요행히 화를 면했고, 정희의 경우에는 죽은 후에 변을 당했으니[2] 온전하게 아무런 화를 당하지 않은 사람은 선제의 허황후 집안과 왕황후 집안 둘뿐입니다.

따라서 황제의 척리가 되어 은총을 입게 될 경우 두려워하고 또 두려워하는 마음〔兢兢(긍긍)〕으로써 자신을 지켜야 하지 않겠습니까?

1 황후는 무제를 낳았다.

2 왕망이 정희의 능을 파헤쳤다.

1) 소제가 어렸기 때문에 태후가 섭정을 했다는 뜻이다.

2) 이는 『시경』의 「주송」에 있는 시에 나오는 말이다

3) 전한 시대 원제의 비빈이었던 풍첩여의 오빠다.

4) 『서경』 '소고'에 나오는 말로 은나라 말에 주왕이 포악한 짓을 일삼다가 주나라 무왕에게 멸망당한 일을 가리킨다.

5) 경제의 왕황후의 이부동모(異父同母) 동생이며 무안후(武安侯)에 봉해졌다.

(『자치통감』) 가을 7월, 남흉노의 선우(單于)가 글을 올려 함께 출병해 북흉노를 토벌할 것을 청하자 태후는 의논 끝에 그것을 따르려 했다. 마침 제상왕(齊殤王)의 아들 도향후(都鄉侯) 유창(劉暢)이 국상〔國憂=國喪〕[1]에 조문하기 위해 수도에 들어오자 태후는 그를 여러 차례 불러 만나보았다. 이에 두헌은 궁궐의 권력이 유창에게 나눠질 것을 두려워해 자객을 보내 둔위부대에서 유창을 살해하고, 그 죄는 유창의 동생인 이후(利侯) 유강(劉剛) 탓으로 돌리고서 시어사와 청주자사로 하여금 유강과 주변 인물을 여러 가지로 조사토록 했다. 상서(尚書) 한릉(韓稜)은 "범인은 경사(京師-수도를 뜻하는 말로 여기서는 낙양이다)에 있는데 가까운 곳은 버리고 먼 곳을 탐문하는 것은 사리에 맞지 않다"며 "간신들의 웃음거리가 될까 두렵다"고 말했다. 태후는 화를 내며 한릉을 질책했으나 한릉은 자신의 의견을 고집했다. (이때) 태위부 적조(賊曹) 하창(何敞)이 상서 송유(宋由)에게 자기 홀로 이 사안을 수사할 수 있게 해달라고 청하자 송유는 허락했다. 두 부서에서는 하창이 수사를 맡게 됐다는 소식을 듣고 각각 담당자를 파견해 하창을 따르도록 했다. 이렇게 해서 추론하고 증거를 찾아내어 사실의 전모를 파악할 수 있었다. 태후는 화를 내며 두헌을 내궁에 가두었다. 하지만 태후는 두헌이 그 안에서 주륙될 것을 두려워해 (두헌이) 북흉노를 공격하는 것으로 스스로 속죄토록 조치를 취했다.

화제(和帝) 영원(永元) 원년(89년) 봄, 두헌이 장차 흉노를 정벌하겠다고 하자 삼공구경(三公九卿)이 조당에 나아가서 글을 올려 간했다.

"흉노가 변경의 요새들을 침범하지 아니했음에도 아무런 이유 없이 병사들을 멀리까지 나아가게 하는 수고를 하도록 해 나라의 재용을 덜어내고 만리 밖에서 공을 세우려는 것은 사직을 위하는 계책이라 할 수 없습니다."

비슷한 글이 계속해서 올라갔으나 그때마다 그것을 잠자게 하니 송유는 두려워서 감히 더 이상 서명하는 논의에 참여치 못했고, 다른 경들도 차츰 스스로 움츠러들어 논의를 그쳤다. 다만 원안(袁安)과 임외(任隗)만이 견결하게 다투면서 전후로 열 차례나 글을 올려 말했다.

"많은 신료들과 백성들은 모두 정벌을 해서는 안 된다고 하는데 폐하께서는 홀로 단 한 사람의 계략을 채택하면서 만 명의 목숨은 버리십니까? 그들의 말이 불쌍하지도 않으십니까?"[2)]

그러나 태후는 받아들이지 않았다.

신이 가만히 살펴보겠습니다. 두태후는 사사롭게도 한 동생의 사연으로 인해 군사를 일으켜 멀리 오랑캐 원정에 나서도록 했습니다. 공경들이 간언을 했지만 전혀 들으려 하지 않고 도리어 속죄의 수단으로 두헌에게 공을 세울 수 있도록 했으니 이는 그 죄를 더욱 중하게 하는 것임을 모른 데서 나온 처사입니다.

1) 장제 유달의 장례식이다.

2) 『자치통감』에 이 말은 원안이나 임외가 아니라 시어사 노공(魯恭)이 올린 상소문 중에 나온다.

(『자치통감』) 여름 6월, 두헌이 삭방(朔方)에 있는 계록(雞鹿-내몽고 지역명)의 요새 밖으로 나아가 부교위(副校尉) 염반(閻盤) 등을 나누어 파견해 계락산에서 북선우(北單于)를 대파했다.

가을 9월, 두헌을 대장군으로 삼았다. 두씨 형제들은 교만하고 방종했는데 특히 집금오(執金吾) 두경(竇景)이 더욱 심해 그의 노비와 문객, 제기(緹騎-경호원)들까지 다른 사람의 재화를 강탈하고 죄인들을 마음대로 빼돌리고 부녀자들을 빼앗아 처첩으로 삼으니 상가들은 문을 닫고서 마치 도적떼나 원수를 피하듯 했다. 또 자기들 멋대로 변경에 있는 여러 군(郡)의 돌기(突騎-돌격 기병)들 가운데 재주와 힘이 있는 자들을 징발했다. 유사(有司-해당 담당 부서)는 감히 이런 일들에 대해 보고서를 올리지 못하고 있었는데 원안(袁安)이 두경을 탄핵했다.

"변경의 병사들을 마음대로 징발해 관리와 백성들을 놀라게 하고 의혹을 갖게 했으며 2천 석의 녹을 받는 관리가 (조정의) 부신(符信)이 오기를 기다리지도 않고서 번번이 두경의 격문을 따르니 마땅히 목을 베어 죄를 드러내야 할 것입니다."

그리고 또 주문을 올렸다.

"사예교위(司隸校尉) 하남윤(河南尹)이 귀척들에게 아부했음에도 그를 탄핵하지 않고 있습니다. 청건대 그를 관안에서 삭제하시고 죄를 주어야 합니다."

둘 다 나란히 내버려두고 회답하지 않았다. 이에 상서 하창이 밀봉한 상소를 올렸다.

"옛날에 정(鄭) 나라 무강(武姜)이 아들 숙단(叔段)을 무척 아꼈고

위장공(衛莊公)은 서자인 주우(州吁)를 너무 아꼈습니다. 그러나 아끼기만 했고 가르치지를 않아서 결국 흉한 꼴에 이르게 됐습니다. 이를 통해 볼 때 아들을 아끼되 이처럼 (가르치지 않고) 내버려둔다는 것은 마치 쫄쫄 굶게 했다가 독을 먹이는 것과 같으니 그 아이에게 곧바로 해악을 끼치는 것이라 하겠습니다.

엎드려 생각건대 대장군 두헌은 처음에 국상〔大憂=國憂〕을 만났을 때 공경들이 여러 차례 상주해 그가 나라의 일을 총괄해야 한다고 했었습니다. 이에 두헌은 깊이 생각하며 겸손을 보이면서 뒤로 물러나 성대한 지위들을 한사코 사양했으니 매사에 정성을 다하고 부지런히 하는 모습과 그 하는 말이 아주 깊었습니다. 온 세상에서는 이 이야기를 전해 듣고서 기뻐하지 않는 사람들이 없었습니다.

(그런데) 지금은 한 해를 넘긴 지 얼마 되지도 않았는데 대례가 끝나기도 전에 갑자기 중간에 태도가 돌변해서 형제가 조정을 제 마음대로 하고 있습니다. 두헌은 삼군의 중책을 장악하고 있으며, 두독과 두경은 궁궐 수비를 총괄하는 권한을 갖고서 백성들에게 잔학하게 휘둘러대면서 사치와 월권을 일삼고 죄 없는 사람을 주륙하며 방자한 마음으로 자기 기분 내키는 대로 행동하고 있습니다.

지금 사람들이 말하는 것들이 흉흉하니 하나같이 숙단과 주우가 한 나라에 다시 태어났다고 합니다. 신이 살펴보건대 공경들이 마음속에 두 끝〔兩端〕을 품고 있으면서 어느 한쪽의 이야기를 하지 않는 이유는 만약에 두헌이 게으르지 않고 열심히 일을 하려는 뜻을 갖고 있다면 자신들이 윤길보(尹吉甫)가 신백(申伯)[1]을 찬양했던 것과 같은 공로를 받을 수 있을 것이라 생각하기 때문입니다. (반대로) 만약에 두헌이 죄에 빠진다면 스스로 진평과 주발이 여후의 권력에 순종했던 것과 같은 태도를 취하다가 끝내 두헌 등이 저지르게 될 길흉(吉凶)으로 인한 걱정을 하지 않으려는 때문입니다.

신 하창은 구차스러울지 모르지만 진실로 두 편을 다 편안케 하기 위한 계책을 마련하여 그 면면히 이어지는 악습을 끊고 그 후환을 막아서 위로는 황태후께서 문모(文母-주나라 문왕의 어머니)라는 칭호를 받게 하고 싶고, 또 폐하께서는 서천(誓泉)하셨다는 비난을 받지 않게 하고 싶습니다.[2] 그리고 아래로는 두헌 등으로 하여금 오랫동안 그 복록을 누릴 수 있도록 하고 싶습니다.

부마도위 두괴는 몸을 뒤로 물려서 자기 집안의 권력을 억제하고 싶어 하니 그와 더불어 계책을 생각하시어 그의 뜻을 듣고 따르는 것이 진실로 종묘를 위한 지극한 계책이며 두씨 집안의 복도 될 것입니다."

마침 이 무렵 제남왕(濟南王) 유강(劉康)이 존귀해 교만이 심했으므로 두헌이 이에 하창을 내보내 제남왕의 태부로 삼을 것을 건의했다. 유강은 도리를 어기고 잘못을 범했지만 하창이 그때마다 간쟁했다. 비록 유강이 제대로 하창의 말을 따를 수는 없었지만 평소 하창을 깊이 존경했기 때문에 그의 말을 싫어하거나 크게 어기는 일은 없었다.

신이 가만히 살펴보겠습니다. 하창의 말은 한나라 황실에 대한 충성에만 그치는 것이 아니라 진실로 두씨 집안을 위한 충언이기도 합니다. 그런데 두헌은 공손홍이 급암을 제거하던 옛 수법을 본받아〔祖(조)=法(법)〕 하창으로 하여금 제후왕의 존귀해 교만함〔貴驕(귀교)〕을 다스리도록 했으니 그 본뜻은 그를 함정에 빠트려 죽이려는 것이었습니다. 이처럼 어질지 못한 사람과 더불어 정사를 논할 수 있겠습니까?

1) 신백은 주나라 선왕의 외삼촌으로 윤길보가 시를 지어 그를 찬양했다.

2) 정나라 장공이 자신의 어머니가 숙단을 불러들여 자신을 습격하게 한 것을 알고서 자기 어머니를 성영에다 가두고 황천(泉)에 가지 않는 한 어머니 얼굴을 보지 않겠다고 맹세한(誓) 사실에서 따온 말이다.

(『자치통감』 영원) 3년 봄 2월, 두헌은 좌교위 경기(耿夔) 등을 파견해 금미산(金微山-알타이산)에서 북선우를 격파했다. 두헌은 이미 큰 공을 세워 위엄과 명성이 더욱 높아졌고 경기와 임상(任尚) 등을 조아(爪牙)[1]로, 등첩(鄧疊)과 곽황(郭璜)을 심복으로 삼고, 반고(班固)와 부의(傅毅)의 무리로 하여금 문장(文章)을 주관토록 하니 자사, 태수, 현령은 대부분 그 문하에서 나왔고, 관리와 백성들로부터 경쟁적으로 세금을 거둬들여 함께 두헌에게도 뇌물을 바쳤다.

사도 원안과 사공 임외가 상주문을 올려 2천 석의 녹봉을 받는 여러 사람들과 그에 연루된 사람들을 거명하자 그들의 녹봉과 품질(品秩)이 깎이고 관직에서 쫓겨난 사람이 40여 명에 이르게 되니 두씨는 크게 가슴 아파했다. 하지만 원안과 임외는 평소 행실이 고결해 그들에게 해코지를 할 수는 없었다. 상서복야 악회(樂恢-변회(邊恢)라고도 한다)도 죄지은 자를 검거할 때 회피하는 바가 없었기 때문에 두헌 등은 그를 몹시 싫어했다. 악회가 상소를 올렸다.

"폐하께서는 춘추가 어리시지만 대업을 계승하셨으니 여러 외삼촌들은 마땅히 왕실을 바르게 함으로써 천하에 사사로움을 보여서는 아니 됩니다. 바야흐로 지금 마땅히 해야 할 일은 위에 있는 사람들은 의리〔義〕에 따라서 스스로를 도려내는 것이고, 아래에 있는 사람들은 겸손하게 스스로를 거둬들이는 것입니다. 네 분의 외삼촌은 오래도록 작위와 봉토를 보전하는 영예를 누리시고 황태후께서는 영원토록 종묘에 부끄럽고 부담스러운 걱정거리를 없게 하는 것이 진실로 상책 중의 상책입니다."

글이 올라갔으나 황제는 살펴보지 않았다. 악회는 병을 빙자해 사직하고서 장릉(長陵-산시성 셴양시 인근)으로 돌아갔다. 두헌은 그가 속한 풍려주군(風厲州郡)에 압박과 위협을 가해 악회로 하여금 약을 먹고 죽게 만들었다. 이에 조정 신하들은 두려움에 떨었고, 들리는 풍문으로도 그 뜻을 받들어 감히 어기는 자가 없었다.

원안은 천자가 외로운 데다가 약하고 외척들에 의해 마구 흔들리자 매번 조회 때마다 나아가서 알현하고는 공경들과 나랏일을 말하면서 일찍이 속으로 흐느끼고 눈물을 흘리지 않는 때가 없었다. 천자로부터 대신들에 이르기까지 모두 그를 크게 믿고 의지했다.

신이 가만히 살펴보겠습니다. 두씨 집안의 권세 장악이 이 지경에 이르러 횡포가 더욱 심해지니 원안과 임외라 하더라도 바른 도리〔直道〕로써 조정을 중하게 할 수가 없어 간사스러운 싹들만 일부 잘라낼 뿐이었고, 두헌이 둘러싸서 숨겨놓은 것〔包藏〕을 다 알아낼 수는 없었습니다. 그러나 원안과 임외가 이처럼 일부만을 잘라낼 수 있었을 뿐 그것을 근본적으로 제거하지 못한 것은 삼공(三公-태위, 사마, 사공)의 권한이 평소 너무 약했기 때문이니 광무제가 남긴 계책[2]이 잘못됐음을 어찌 다 통탄할 수 있겠습니까?

1) 손톱과 이빨이란 뜻으로 악역을 맡은 행동대장 정도의 의미다.
2) 후한 광무제는 중앙집권화를 시도하며 삼공의 지위를 약화시키고 상서(尙書) 중심으로 관제를 개편했다.

(『자치통감』) 영원 4년(92년) 초, 여강(廬江-안후이성 루장현) 출신의 주영(周榮)이 (당시 재상급인 사도) 원안의 사도부(司徒府)에 불려갔는데 원안이 두경을 거론하며 상소를 올린 것과 북선우의 일로 쟁론을 벌인 것은 다 주영이 소상하게 기초를 잡았다. 두씨 집안의 식객인 태위(太尉)의 하급 벼슬아치 서기(徐齮)가 이를 못마땅하게 여겨 주영을 협박하며 말했다.

"그대는 원공의 복심 책사가 되어 두씨 집안을 배척하는 상소문을 써주었소. 지금 두씨 집안의 무뢰배와 자객들이 성 안에 가득하니 평소 몸조심하는 게 좋을 거요."

주영이 대답했다.

"나 주영은 장강(長江)과 회수(淮水)에서 외로이 태어나 재상의 사람이 될 수 있었으니 두씨 집안이 해를 끼친다 해도 진실로 달게 받을 것이오."

그로 인해 주영은 부인과 자식들에게 경계의 말을 했다.

"만일 (내가) 갑자기 비화(飛禍-갑자기 일을 당해 죽게 됨)를 당하게 되면 시신을 거두어 염을 해서 장사를 지내지 말고 그냥 이 작은 몸뚱이를 썩게 해 조정으로 하여금 깨닫게 하라."

신이 가만히 살펴보겠습니다. 두씨 집안은 큰 권세를 손에 쥐고서 또한 무뢰배와 자객들을 도성에 깔아놓고 자신의 뜻과 다른 자들을 위협했으니 과연 이게 무엇을 하자는 것입니까? 고로 그 둘러싸서 숨겨놓은 것이 무엇인지를 알 수가 없다고 하겠습니다.

(『자치통감』) 여름 4월에 두헌이 경사로 돌아왔다.

신이 가만히 살펴보겠습니다. 두헌은 이미 흉노를 대파하고 개선의 축하 속에 돌아왔으니 그 세력의 불꽃이 점점 더 활활 타올라 그것을 제어할 수가 없게 됐습니다.

(『자치통감』) 두씨의 부자와 형제들이 나란히 경(卿)과 교위(校尉)가 돼 조정을 가득 채웠다. 양후(穰侯) 등첩과 등첩의 동생인 보병교위

등뢰(鄧磊), 그의 어머니 원(元), 두헌의 사위인 사성(射聲) 교위 곽거(郭擧), 곽거의 아버지 장락궁의 소부(少府) 곽황(郭璜)은 서로 결탁했고 등원과 곽교는 나란히 대궐을 출입하면서 태후의 총애를 받았다. 두 사람은 또 (황제) 시역(弑逆) 음모를 꾸몄는데 황제는 이런 음모를 암암리에 알고 있었다.

이때는 두헌의 형제가 권력을 자기들 마음대로 할 때라 황제는 내외의 신하들과 마음대로 만날 수도 없었고 함께 있는 사람이라고는 환관들뿐이었다. 황제가 보니 조정 신하들은 상하를 막론하고 두헌에게 붙지 않은 자가 없었는데 다만 중상시 구순령(鉤盾令) 정중(鄭衆)이 홀로 삼가고 민첩하며 나름의 심기가 있어 힘 있는 자라고 해도 섬기지 않았다. 마침내 (황제는) 정중과 더불어 두헌을 주살하기로 의논을 정했지만 두헌이 변방에 나가 있으니 그가 난을 일으킬 것을 우려해 일단 기다리며 실행에 옮기지는 않고 있었다. (그런데) 때마침 두헌과 등첩이 다 경사로 돌아왔다.

이때 청하왕(淸河王) 유경(劉慶-황제의 형)이 황제의 은우(恩遇)를 입어 깊은 총애를 받으면서 늘 대궐에 들어와 자면서 머물고 있었다. 황제는 장차 그 모의를 실행에 옮기기 위해 '외척전(外戚傳)'[1]을 구해보려 했는데 주변 사람들도 믿을 수 없어 감히 이들에게 시키지 못하고, 유경으로 하여금 은밀히 천승왕(千乘王) 유항(劉伉)으로부터 구해올 것을 명했고 밤에 몰래 대궐로 들일 수 있었다. 또 황제는 유경에게 명을 내려 정중에게 가서 (황제가 외척을 제거한 결단 등과 관련된) 고사(故事)를 찾아보도록 했다.

경신일에 황제는 북궁으로 행차해 집금오와 다섯 교위에게 조서를 내려 병사들을 이끌고 남궁과 북궁에 주둔하며 호위토록 했고 성문을 닫아 곽황, 곽거, 등첩, 등뢰 등을 잡아들이게 해 하옥시켰다가 죽였다. 또 알자복야(謁者僕射)를 보내 두헌이 갖고 있는 대장군 인수(印綬)를 회수하고 다시 책봉해 관군후(冠軍侯)로 삼았으며[2)] 두독, 두경, 두괴도 모두 함께 자신들의 봉국으로 돌아가도록 명했다.

황제는 태후 때문에 두헌은 명목상 주살하지 않으려 했고 대신 엄정하고 유능한 재상을 선발해 그를 감시 감독하도록 했다. 하지만 두헌, 두독, 두경 등이 자신들의 봉국에 도착하자 이들 모두를 압박해 자살하도록 명을 내렸다.

하남윤(河南尹) 장포(張酺)는 그 전에 여러 차례 바른 법 적용을 통해 두경을 잡아 다스린 바 있었다. 그리고 두씨 집안이 몰락하자 상소를 올렸다.

"바야흐로 두헌 등이 총애를 받고 귀하게 되어 뭇 신하들이 아부하면서 오직 그에게 닿지 못할까 봐만을 걱정했고, 모두 다 두헌이 고명(顧命-황제가 죽으면서 유언으로 부탁한 명)을 받아 이윤이나 여상과 같은 충심을 갖고 있다고 말했으며, 심지어는 또 등(鄧) 부인을 문왕의 어머니에 비유하는 데까지 이르렀습니다.

이제 (폐하의) 위엄이 이미 행해져서 (두씨와 관련된 자들은) 모두 다 죽여야 한다고 말들 하고 각자가 가진 전후 사정은 돌아볼 생각을 않고 있습니다. (그 와중에도 바른 태도를 잃지 않았던) 여러 사람들의 충정을 잘 헤아리셔야 할 것입니다.

신이 엎드려서 보건대 하양후(夏陽侯) 두괴는 항상 충성심과 선한 마음을 간직한 인물입니다. 전에 신과 말을 할 때 보니 자신은 언제나 충절을 다할 마음을 갖고서 빈객들을 단속해 일찍이 자신의 빈객들 중에 법을 어기는 자는 없었다고 했습니다.

신이 듣건대 '왕도정치에서는 골육지친에게 형벌을 내릴 때는 세 번 용서하는 논의가 있어야 한다'[3]고 했습니다. 이는 두터움이 지나칠지언정 야박함이 지나쳐서는 안 된다는 뜻일 것입니다. 지금 의논하는 자들은 두괴에게도 엄정하고 유능한 재상을 뽑아 감시를 맡기려 하는데 그 박절함으로 인해 반드시 두괴의 죽음을 면해주지는 못할 것 같아 신은 두려울 뿐입니다. 마땅히 용서하는 결단을 내리시어 두터운 덕을 더욱 높이소서."

황제는 이 상소에 감동했다. 그래서 두괴만은 홀로 온전할 수 있었다. 두씨의 빈객들 중에서 두헌을 통해 벼슬을 했던 사람들은 모두 면직되어 고향으로 내쫓겼다.

신이 가만히 살펴보겠습니다. 두씨 집안의 나쁜 행태를 키워주고 그 기미를 제어하지 못한 것은 장제입니다. 두씨들이 마구잡이로 사람을 죽이는 죄를 지어도 그것을 다스리지 못하고 오히려 속죄를 대신해서 공을 세울 기회를 주고 결국 공을 세우게 함으로써 더욱 교만하게 만들어 횡포를 일삼도록 만든 것은 두후(竇后)입니다. 그리고 역모의 싹을 미리 끊어내지 못했을 뿐만 아니라 그들을 주살하는 과정에서도 황제는 마치 대적(大敵)을 방어하듯이 병사를 이끌어 주둔시켜 겨우 이겨낼 수 있었으니 이 어찌 위태롭지 않았다 하겠습니까? 하물며 공경(公卿)이나 근신(近臣)과 모의하지 않고 환관들과 그 일을 모의했으니 두헌이 비록 제거됐다고는 하나 환관의 권세가 결국 이로 말미암아 생겨나서 그 화는 외척보다 더 심했다고 하겠습니다. 따라서 신이 이상의 내용을 통해 판단할 때 결국 이 모든 것은 장제와 두후의 죄라고 하겠습니다.

1) 『한서』「외척전」을 뜻한다.

2) 이는 두헌으로 하여금 해당 봉국으로 돌아가게 하기 위한 조치다.

3) 『예기』에 나오는 말이다.

(『자치통감』) 순제 양가(陽嘉) 원년(132년) (정월, 귀인) 양씨(梁氏)를 황후로 삼고 황후의 아버지 양상(梁商)의 지위를 특진(特進)으로 높이고 얼마 지나지 않아 집금오에 제수했다. 양가 2년 3월에 집금오 양상의 아들 양기(梁冀)를 양읍후(襄邑侯)로 삼자 상서령 좌웅(左雄)이 간하여 말했다.

"양기를 후에 봉하는 일은 화급을 다투는 일이 아니니 마땅히 재앙의 운세가 지나간 뒤에 공정하게 그 가부를 의논해야 한다."

이에 양기의 아버지 양상은 아들의 책봉을 사양하며 다시 거두도록 청하는 밀봉 상소를 10여 차례 올렸다. 황제도 이에 따랐다.

여름 6월, 황제는 공경(公卿)이 천거한 덕 많고 질박한 선비들을 인견해 당대의 폐단이 무엇인지 그리고 정치를 위해 마땅히 해야 할 것이 무엇인지를 물었다. 그중 이고(李固)가 대답했다.

"무릇 비와 후의 집안에서 온전하게 지킨 사람이 드문 까닭이 어찌 타고난 성품이 마땅히 그러했기 때문이겠습니까? 단지 작위를 높여 드러나게 함으로써 권세의 칼자루를 장악하게 한 때문입니다. 하늘의 도리란 넘치는 것을 싫어하는데 (그런 사람들은) 스스로 덜어낼 줄을 모르기 때문에 결국 뒤집어지고 마는 것입니다.

돌아가신 황제께서는 염씨(閻氏)를 지극히 총애해 지위와 칭호를 너무도 지나치게 베푸시는 바람에 돌아설 틈을 잡지도 못한 채 화를 고스란히 입었습니다. 맹자는 말하기를 '그 나아감이 빠르면 그 물러남도 빠르다'고 했습니다. 지금 양씨의 척족이 초방(-황후)이 됐으니 예로 볼 때 양상을 신하 삼을 수는 없어도 높은 작위를 주어 존숭하는 것은 오히려 그럴 수 있을 것입니다만 자제나 여러 따르는 무리들까지 더불어 영화를 드러내도록 이런저런 벼슬을 주고 있는 것은 영평(永平)과 건초(建初) 때(-장제 때를 가리킨다)의 고사에서도 거의 볼 수 없는 일입니다.

마땅히 지금 보병교위 양기와 여러 시중들은 황문(黃門)의 관리로 되돌리시고 권력을 외척으로부터 떼어내 정사를 나라로 되돌리는 것이 어찌 아름답지 않겠습니까?"

신이 가만히 살펴보겠습니다. 양씨 집안이 귀해져서 번성한 것이 채 1년도 되지 않았는데 영화를 드러내고 벼슬을 더하려 했습니다. 그래서 좌웅은 이미 (아버지 양상은 몰라도) 양상의 아들 양기를 후에 봉하는 것은 금지해야 한다고 간했고, 이고 또한 충성스러운 신하의 마음으로 아직 그 병폐가 모양을 드러내기도 전에 황제의 지나친 은총을 억제하려 했습니다. 대체로 보아서 만일 순제가 이런 간언과 충언을 일찍부터 따랐더라면 나라는 필시 시역을 도모하는 화가 없었을 것이고, 양씨 집안 또한 온 집안이 주살되는 것을 면했을 것이니 그 간언과 충언이야말로 어찌 아름답지 않겠습니까?

(『자치통감』) 영화(永和) 원년(136년), 집금오 양기를 하남윤으로 삼았다. 양기는 성품이 술을 좋아하고 게으르며 놀기를 좋아하고 제멋대로여서 직무를 수행할 때 대부분 폭력과 불법을 일삼았다.

6년에 양상이 죽자 하남윤 양기를 대장군으로 삼았고, 양기의 동생 양불의(梁不疑)를 하남윤으로 삼았다.

사마광이 말했습니다.

"성제는 현명하고 뛰어난 인물을 뽑아서 임명하지 못했고, 정사를 외가에 넘겨주었으니 아둔하다〔闇〕고 말할 수 있다. (그런데도) 오히려 왕립이 재목이 안 되는 것을 알고서는 내치고 쓰지 않았다.

순제는 대권을 잡은 뒤 그것을 황후의 친척들에게 넘겨주면서 양기의 사람됨이 완악스럽고 간사하며 흉포한 것이 평상시에 이미 현저하게 드러났는데도 그로 하여금 자기 아버지의 지위를 잇게 해 끝내 패역(悖逆)을 일으키게 만들어 한나라(-후한) 왕실을 뒤엎게 만들었다. 성제와 비교한다면 아둔함이 훨씬 심했다고 할 수 있다."

(『자치통감』) 한안(漢安) 원년(142년), 시중 두교(杜喬)와 주거(周擧), 수(守) 광록대부 주허(周栩)와 풍선(馮羨), 난파(欒巴)와 장강(張

綱) 그리고 곽준과 유반 등을 주군에 나눠서 파견해 현량한 관리들에게는 표창을 하고 충성스럽고 부지런한 관리들은 드러내어 현창하도록 했다. 그리고 탐오한 죄를 지은 자들 중에서 자사(刺史)와 이천석(二千石) 관리는 역마를 통해 그 사항을 위에 보고하고, 검은색 인수를 차는 사람(-현령에 해당함) 이하의 관리는 그 즉시 잡아들여 관직에서 내쫓았다. 두교 등은 명령을 받아 해당 부서로 갔으나 장강만이 홀로 마차를 낙양의 도정(都亭-지방의 여관)에 파묻고서 이렇게 말했다.

"이리와 승냥이떼가 길을 가득 메우고 있는데 어찌해서 여우와 너구리만을 잡아 족치란 말인가?"

그러고서 마침내 탄핵 상소문을 올렸다.

"대장군 양기와 하남윤 양불의는 외척으로서 크나큰 은혜를 입어 아형(阿衡-황제를 보좌하는 요직)의 자리에 있으면서 오로지 거리낌 없이 재물을 탐하고 방종 방자하기 이를 데 없으니 저들이 임금이 없다는 못된 심정으로〔無君之心(무군 지심)〕 자행한 열 다섯 가지 일들을 조목조목 삼가 올리오니 이는 모든 신하 된 자들이 절치부심하는 내용들입니다."

이 상소가 황제에게 올라가자 경사에 있는 사람들은 누구 할 것 없이 덜덜 떨며 두려워했다. 하지만 이때 황후의 총애가 바야흐로 성대해 양씨의 (친족은 물론이고) 여러 인척들까지도 조정을 가득 채우고 있는 상황이었기 때문에 황제는 장강의 말이 맞다는 것을 알면서도 그것을 쓸 수가 없었다.

여덟 사자〔八使(팔사)〕가 상소에서 탄핵 대상으로 지목했던 자들은 대부분 양기와 환관들이 친했던 당류들이었기 때문에 이들은 서로 구원을 청하고 해서 이 사건은 중간에서 막히거나 흐지부지 끝나버렸다.

하지만 양기는 장강에게 원한을 품게 됐고 늘 마음속으로 그를 중상모략할 생각만 했다. 그때 마침 광릉(廣陵)에서 일어난 도적 장영(張嬰)이 양주와 서주 사이를 공격하며 혼란을 가져온 지 10여 년째였고 이천석 관리는 이를 제압하지 못하고 있었다. 이에 양기는 장강을 광릉태수로 삼았다. 장강은 홀로 임지에 나아가 장영에게 편지를 보내 타이르니 장영은 곧바로 면박(面縛)[1]을 한 채 귀부해 투항했다.

신이 가만히 살펴보겠습니다. 이때 황후가 받는 총애가 바야흐로 성대해 인척들까지 조정을 가득 채웠으니 그 세력은 점점 통제가 불가능해졌습니다. 그래서 황제는 장강의 말이 곧고 맞다는 것을 알면서도 그 말을 쓸 수가 없었던 것입니다. 전해오는 말에 "아주 작을 때는 막는 것이 쉽지만 뒤로 갈수록 억제하는 것이 어렵다〔禁微者易抑末者難〕"고 했습니다.[2] 이 점을 신이 특히 애석하게 여기는 것은 이고(李固)의 말이 양가(陽嘉) 연간에 제대로 행해지지 않았기 때문입니다. 뒤에 오는 임금들은 마땅히 이것을 깊이 경계해야 할 것입니다.

1) 두 손을 등 뒤로 묶고 얼굴을 앞으로 기울인 채 항복하는 자세다.

2) 이 말은 범엽의 『후한서』에 나오는 말인데 거기서는 抑이 아니라 救로 돼 있다. 그리고 뒤이어 그 뜻을 "아주 작은 일도 소홀히 하지 않아야 마침내 큰 일을 이룰 수 있다"고 풀고 있다.

(『자치통감』) 건강(建康) 원년(144년) 가을 8월에 황제가 붕하고, 태자가 황제에 즉위했는데 이때 나이 두 살이었다. 황후를 높여 황태후로 삼고 태후는 조정에 임해 섭정했다. 9월에 태원(太原-산시성 타이위안시)과 안문(雁門-산시성 다이현)에 지진이 일어나자 조서를 내려 현능하고 양심적인 올바른 선비들을 천거하도록 하고 이들에게 정사의 대책을 물었다. 이에 그들 중 황보규(皇甫規)가 답을 지어 올렸다.

"엎드려 살피건대 효순황제께서는 즉위 초기에 삼가 왕도의 정치를 펴시니 멀고 가까움 없이 백성들 마음도 하나가 되어 태평성대를 바라보고 있습니다. 다만 재앙과 이변이 그치질 않고 도적들이 종횡으로 누비며 나라를 위태롭게 했으니 이는 간신들이 요직들을 차지한 때문입니다. 그중에서도 상시(常侍-환관)들의 횡포는 뭐라 표현할 길이 없을 정도로 무도하니 마땅히 서둘러 쫓아버리시고 흉악한 무리들은 발본색원해야 하며 뇌물로 받은 재산은 거두어 들이시어 백성들의 원통함을 막아서 하늘의 경계에 성심으로 응답하셔야 합니다.

대장군 양기와 하남윤 양불의 또한 마땅히 겸양과 예절을 더욱 닦아야 할 것으로 보이니 그들에게 유학의 가르침으로 도움을 받도록 해주시고 놀이나 오락과 같은 급하지 않은 일들은 줄이며 집을 사치하게 꾸미는 백해무익한 습속은 대폭 줄이도록 해야 합니다.

대개 임금이란 배요 백성은 물이며, 여러 신하들은 배에 타고 있는 자요 장군의 형제들은 노를 젓는 자입니다. 그래서 만일 폐하께서 뜻을 평온하게 가지시어 온 힘을 다해 백성들을 건너게 해준다면 그것은 백성들에게 큰 복이 될 것입니다만 만일 게으르고 해이해지신다면 장차 파도에 휩쓸려 빠지게 될 것이니 (어찌) 신중하지 않을 수 있겠습니까?

대개 사람됨〔德〕이 그 녹(祿)에 어울리지 않을 경우 이는 마치 담 아래에 구멍을 뚫어가면서 그 담을 더 높이고자 하는 것과 같으니 어찌 (임금으로서) 사람의 힘을 헤아리고 그가 이룬 공을 심사하는 것이 쉽고 편안한 길이겠습니까?

결론적으로 총괄해서 말씀드리자면 아주 교활한 자, 술주정뱅이, 익살꾼 등은 모두 쳐내어 도리에 벗어난 자들은 엄하게 다스리고 양기에게는 명을 내려 심사숙고해서 훌륭한 인재들을 얻도록 하시고 복과 인재를 잃게 되는 폐단에 대해 유념하게 해주십시오."

이에 양기는 분통을 터트리며 황보규를 좌천시켜 낭중(郎中)에 임명하니 병을 칭탁해 사직하고 귀향했다. 그런데 주군에서는 양기의 뜻에 맞춰 두세 차례 죽음의 함정으로 몰아넣었고, 결국 황보규가 집안에 죽은 듯 숨어지내야 했던 기간이 10여 년이나 됐다.

신이 가만히 살펴보겠습니다. 황보규의 배와 노〔舟楫〕의 비유는 충성스럽다고 할 만합니다. 양기로 하여금 나라를 지키고 집안을 온전히 하는 데 마음을 쏟아 좋은 길로 가도록 권유했고, 그리하여 오로지 자신을 혁신하는 마음〔惟新=維新〕으로 나라를 위험에서 구제한다면 같은 배에 타고 있는 사람들 중에 불안한 자가 있겠습니까? 같은 배에 탄 사람들이 편안하면 노를 젓는 사람이 인정을 받지 않을 수 있겠습니까? 그런데도 바야흐로 황보규의 충성스러운 말에 울분을 품고서 그를 죽이려 했으니 이것이 이른바 (맹자가 말한) "위태로운 것을 편안히 여기고 재앙이 될 것을 이롭게 여겨 (장차 나라와 집안과 자기 자신을) 망하게 만들 일들만 좋아한다〔安危利災 樂其

所以亡者〕”는 것입니다. 이처럼 어질지 못한 사람과 더불어 정사를 논할 수 있겠습니까?

(『자치통감』) 충제(冲帝) 영가(永嘉) 원년(144년) 봄 정월, 황제가 붕하고 청하왕(清河王) 유산(劉蒜)과 발해효왕(渤海孝王) 유홍(劉鴻)의 아들 유찬(劉纘)을 징소(徵召)하니 둘 다 곧 경사에 들어왔다. 청하왕은 사람됨이 위엄 있고 중후하며 행동거지에 법도가 있어 공경들은 모두 그에게 마음이 돌아가 있었다. 이고가 대장군 양기에게 말했다.

“지금 황제를 세우는 일을 당해 마땅히 나이가 들고 재주가 고명하며 군주의 다움을 갖춰 친히 정사를 볼 수 있는 분을 골라야 합니다. 바라건대 장군께서는 큰 계책을 아주 면밀하게 살피셔야 합니다. 주발과 곽광이 문제와 선제를 세우신 일을 고찰하고 등씨 집안과 염씨 집안이 자신들의 유불리만 따져 나이 어리고 힘 없는 황제를 세웠던 일을 경계해야 합니다.”

양기는 이 말을 따르지 않고 (조정이 아니라) 대궐에서 (대신들이 아니라) 태후와 더불어 계책을 정했다. 양기는 부절을 지니고서 황제용 푸른 덮개 수레〔青蓋車〕를 몰고 가서 유찬을 영접해 남궁으로 모시고 와 다음 날 건평후(建平侯)로 봉하고 그날로 황제에 즉위시켰다. 이때 유찬의 나이 8세였다.

질제(質帝) 본초(本初) 원년(146년), 황제는 어렸지만 귀 밝고 지혜를 갖춰 일찍이 조회를 하는 자리에서 양기를 쳐다보며 이렇게 말했다.

"이 사람이 발호(跋扈-이리저리 날뛰는) 장군이군!"

양기는 이를 듣고서 아주 싫어했다. 윤6월에 양기는 황제의 주변 인사들을 시켜 황제가 좋아하는 뜨거운 국수에 짐독을 넣어 올리도록 했다. 이를 먹은 황제가 고통과 답답함이 심해져 급히 태위 이고를 불렀다. 이고가 황제 앞으로 나아와 병을 얻게 된 연유를 물었다.

"뜨거운 국수를 먹었는데 지금 배가 아프고 가슴이 답답하다. 물을 마실 수만 있다면 살 수 있을 것 같구나."

이때 양기도 옆에 있다가 말했다.

"토할까 걱정이니 물을 마시면 안 되옵니다."

이 말이 끝나기도 전에 황제는 붕했고, 이고가 엎드려 시신을 향해 큰 소리로 통곡을 하는 바람에 시의로 하여금 조사를 시키려 했다. 이에 양기는 그 일이 탄로날까 두려워해 이고를 크게 미워했다.

그 후 후사를 세우는 문제를 논의하게 되자 이고는 사도 호광(胡廣)과 사공 조계(趙戒)와 더불어 먼저 양기에게 편지를 보내 이렇게 말했다.

"멀게는 옛날에 황제를 폐하고 세우던 절차들을 살피고 가깝게는 황제가 등극하던 일들을 보면 일찍이 공경들을 찾아가 조언을 구하지 않은 적이 없고 널리 여러 신하들의 의논을 구하지 않음이 없어 위로는 하늘의 뜻에 부응하고 아래로는 만백성들의 기대에 부합하도록 힘썼습니다."

양기는 편지를 받고서 이내 삼공, 중(中) 이천석 관리, 열후를 모이게 해 후사를 세우는 문제에 대해 대대적인 의논을 벌였다. 이고, 호광, 조계, 대홍려(大鴻臚) 두교 등은 모두 청하왕 유산이 공명정대한 덕으로 이름이 자자하고 또 황족 중에서는 가장 가깝고 신망이 두터운 친척이라 생각해 마땅히 그를 후사로 세워야 한다고 하니 조정 신하들 중에서 그쪽으로 마음이 돌아가지 않는 사람이 없었다. 그러나 중상시 조등(曹騰)이 일찍이 유산을 알현한 적이 있는데 그때 유산이 조등을 예로써 대하지 않았고 그런 이유로 환관들은 유산을 싫어했다.

애초에 평원왕(平原王) 유익(劉翼)은 이미 강등되어 하간(河間-나라 이름이며 허베이성 허젠시)으로 돌아가 있었는데 그의 아버지는 여오현(蠡五縣)을 분할해 그를 열후(列侯)로 삼아줄 것을 청했고 순제는 그것을 허락해 주었다. 유익이 세상을 떠나고 아들 유지(劉志)가 뒤를 이었다. 양태후(梁太后)는 자신의 여동생을 유지의 처로 삼고 싶어 유지를 불러 하문정(夏門亭)[1]으로 오게 했다. 그때 마침 황제가 붕했고 양기는 유지를 새 황제로 세우고자 했다. (하지만) 여러 사람들이 논의한 조정 중론이 이미 다르고 자기 뜻대로 되지 않는 것을 분해했지만 아직은 억지로 일을 추진할 생각은 없었다. 조등 등은 이 이야기를 전해 듣고는 한밤중에 양기에게 가서 그를 설득했다.

"장군은 여러 대에 걸쳐 초방의 근친으로서 만기(萬機)를 장악하고 있었는데 빈객들이 종횡으로 설쳐대 많은 허물과 과실이 있었습니다. 청하왕은 위엄이 있고 공명정대해 만약 결과적으로 그를 세우게 될 경우 장군께서 화를 입게 되는 것은 그리 멀지 않을 것입니다. 여오후를 세워 부귀를 오랫동안 보존하는 것이 훨씬 낫지 않겠습니까?"

양기도 그 말이 맞다고 생각했다. 다음 날 다시 공경들을 모아 모임을 가졌다. 이때 양기의 뜻과 기세가 흉악하기 그지없고 말투와 그 내용 또한 과격해 호광과 조계 이하의 관리들은 두려움에 떨며 하나같이 이렇게 말했다.

"오로지 대장군께서 명령만 내려주십시오."

오직 이고와 두교만이 원래 건의했던 주장을 견지하자 양기는 매우 성난 목소리로 "회의를 끝냅시다"라고 말했다.

이고는 오히려 많은 사람들의 지지를 받는 원래 안(案)대로 세울 수 있기를 바라면서 다시 편지로 양기에게 권하자 양기는 불같이 화를 내면서 태후를 설득해 우선적으로 이고를 면직시키고 사도 호광을 태위로 삼고 사공 조계를 사도로 삼아 대장군 양기와 더불어 상서의 일에 참여토록 했다. 그리고 여오후 유지를 맞아들여 남궁으로 들어오게 하고 그날 황제에 즉위시켰다. 이때 유지의 나이 8세였다. 태후는 여전히 조정을 다스렸다.

신이 가만히 살펴보겠습니다. 양기는 질제의 나이 어리고 힘 없음을 이롭게 생각해 추대했으나 그의 귀 밝음과 지혜로움〔聰慧(총혜)〕을 싫어해 그를 시해했고, 새롭게 황제를 세우는 과정에서는 청하왕을 버리고 여오를 취했으니 임금을 내치는 것이 모두 그 한 손에서 나왔습니다. 비록 이고 한 사람이 있기는 했지만 이런 상황에서 이고라고 해서 어떻게 하겠습니까?

1) 낙양 북성 밖에 있는 일종의 별장이다.

(『자치통감』) 가을 7월, 대장군 연리 주목(朱穆)이 양기에게 경계할 것을 권하는 글을 올렸다.

"바라건대 장군께서는 공적인 조정 일에만 전념하시고 사사로운 욕심을 잘라내고 제거해 널리 현명하고 능력 있는 인재들을 구하고 아첨이나 하며 심사가 나쁜 자들은 멀리 배척하십시오. 황제를 위해 사부를 설치하고 조심조심 충성과 독실함과 돈후함과 예의를 갖춘 선비들을 얻어 장군께서는 이들과 함께 참여해 황제로 하여금 강의를 받도록 권하고, 또 장군께서도 현자를 스승으로 삼고 옛것을 본받아야 합니다. 이는 마치 남산에 기대어 평원에 앉은 것과 같으니 누가 이를 뒤엎을 수 있겠습니까?"

이어 충고(种暠)와 난파 등 여러 인재를 천거했으나 양기는 쓰지 않았다.

신이 가만히 살펴보겠습니다. 주목의 말은 참으로 훌륭합니다. 그리고 사부를 삼가 선발해 임금을 열어 밝히고 인도하는 것은 충신이 임금을 진실로 사랑하는 이치입니다. 양기의 마음은 바야흐로 임금의 어리석음을 자신에게 유리한 것으로 여기고, 또 뒤에 가서 홀로 전횡을 일삼게 됐으니 어찌 충성스럽고 뛰어난 인재를 나아오게 해 임금의 다움을 보필하려 했겠습니까? 마땅히 그런 사람은 쓸 수 없었던 것입니다.

(『자치통감』) 환제 건화(建和) 원년(147년), 광록훈 두교를 태위로 삼았다. 이고가 폐출된 이후 조정 안팎에서는 기가 꺾여 여러 신하들은 옆으로 비켜서 있기만 했는데 오직 두교만이 정색을 하고 조금도 굽히려 함이 없었다. 이로 인해 조정 신하들은 모두 그를 의지하며 우러러보았다.

가을 7월, 조서를 내려 황제를 옹립한 데 대한 논공(論功)을 통해 양기에게 1만 3천 호를 추가로 봉했고, 양기의 동생 양불의는 영양후(潁陽侯)로 삼자 두교가 글을 올려 간언했다.

"옛날의 명군(明君)들은 훌륭한 인재들을 기용함으로써 상벌에 힘을 썼습니다. 폐하께서는 번신(藩臣)으로 계시다가 즉위해 천하 사람들이 폐하께 마음을 귀속하고 있는데 (정작 폐하께서는) 충성스럽고 훌륭한 인재들에 대한 예를 차리는 일은 서두르지 않으면서 좌우 측근 사람들을 우선적으로 봉하고 계시니 양씨 한 집안과 환관들 가운데 참으로 별 볼 일 없는 자들까지 나란히 아무런 공도 세우지 않은 채 관대를 차고 있는 반면 정작 공로가 있는 신하들의 땅은 (그들에게 주기 위해) 갈기갈기 찢어버렸습니다. 그 어그러지고 그릇됨을 어찌 말로 다할 수 있겠습니까? 무릇 공이 있음에도 상을 내리지 않고 좋은 일을 하고도 기대를 배반당한 반면 간사한 짓을 하고도 힐난을 받지 않고 나쁜 짓을 하고도 (반성은커녕) 흉악한 일을 자행했습니다."

글이 올라갔으나 황제는 그것을 살펴보지 않았다.

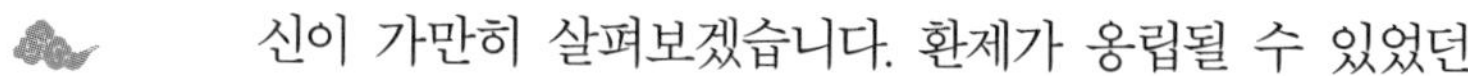

신이 가만히 살펴보겠습니다. 환제가 옹립될 수 있었던

것은 양기의 힘입니다. 그런데 두교는 그로써 상을 주는 것은 부당하다고 했으니 어째서이겠습니까? 대개 임금이 천자의 자리를 얻게 되는 것은 하늘이 내린 명입니다. 천명(天命)은 하늘에서 나오는 것인데 신하된 자가 그것을 몰래 훔쳐서 자기 마음대로 임금을 세우고 그 공을 신하들에게 돌아가게 했으니 이는 모두 천명이 있다는 것을 모르기 때문입니다. 그러니 두교의 말은 진실로 바르다 하지 않겠습니까?

(『자치통감』) 8월에 황후 양씨(-황태후 양납의 동생 양여영)를 책립했다. 이때 양기는 두터운 예를 통해 황후를 맞으려 했지만 두교는 예로부터 내려오는 예의 전거들을 내세워 양기의 말을 듣지 않았다. 이로 말미암아 (두교는) 양기에게 아주 거슬리게 됐다. 9월에 경사에 지진이 있었는데 두교는 재이(災異)를 핑계로 면직당했다.

환관 당형(唐衡)과 좌관(左悺)이 함께 두교를 황제에게 참소했다.

"폐하께서 전에 즉위를 앞두고 계실 때 두교와 이고는 반대하는 의견을 냈는데 그 이유는 (폐하께서는) 감히 한나라 종묘사직을 감당할 수 없기 때문이라는 것이었습니다."

이에 황제 또한 두교에게 원망하는 마음을 갖게 됐다.

때마침 청하(清河) 출신의 유문(劉文)이 남군(南郡-후베이성 장링현)의 요망한 도적 유유(劉鮪)와 모의해 청하왕 유산을 옹립할 것을 결의했다가 발각되어 주살을 당했다. 양기는 이 일을 끌어들여 "이고와 두교가 유문과 유유 등과 서로 왕래했다"고 무고해 이고와 두교 두 사람을 감옥에서 죽게 만들었다.

신이 가만히 살펴보겠습니다. 이때 공경과 대부들 중에서 양기와 입장을 같이하거나 달리하거나 할 수 있는 사람은 이고와 두교 두 사람뿐이었습니다. 그런데 이고와 두교 두 사람이 죄 없이 죽게 되자 나머지 사람들은 전부 다 아첨하며 비굴하게 비위를 맞추느라 그 죄지은 자가 누구인지를 바르게 말하는 사람이 아무도 없었으니 당연히 양씨 집안의 권세와 횡포는 더해갔던 것입니다.

(『자치통감』) 화평(和平) 원년(150년) 봄 정월에 태후가 명을 내려 정사를 황제에게 되돌려주고 비로소 태후의 명을 제(制)[1]라고 부르던 것을 폐지했다. 2월에 태후 양씨가 붕하자 대장군 양기에게 1만 호를 더해 증봉(增奉)했고 이로써 모두 3만 호가 됐다. 그리고 양기의 처 손수(孫壽)를 양성군(襄城君)에 봉했다. 손수는 요태를 잘 부려 양기를 유혹했고 양기는 이런 손수를 깊이 총애하면서도 꺼리는 바가 있었다. 양기와 손수는 길을 마주 대하며 저택을 지었고, 토목 공사도 크게 일으켜 서로 과시하듯 경쟁을 벌였으며, 황금이나 옥과 같은 진기하고 기이한 물건들을 창고에 가득 쌓아두었다. 또 원포(園圃-농장)를 크게 열어 흙을 파서 산을 만들었는데 10리에 걸쳐 아홉 개의 산등성이를 조성해 깊

은 숲과 산간 계곡이 마치 자연의 그것과 같았으며 기이한 새들과 길들인 짐승들이 그 사이를 날고 달렸다.

양기와 손수가 함께 연거(輦車-손으로 끄는 수레)를 타고서 집안을 유람하면 많은 창기들이 뒤를 따랐고 술 마시고 노래하는 자들이 도로를 가득 메웠으며, 어떤 때는 여러 날 계속해서 밤을 이어가며 말 타고 놀며 멋대로 장난쳤다. 빈객들은 문 앞까지 와서도 안으로 들어갈 수 없자 문지기들에게 뇌물을 주어 문지기들도 천금을 쌓아놓았다. 또 많은 숲이나 동산을 개척하는 것이 인근 현에까지 두루 미쳐 토끼 동산〔兎苑(토원)〕만 하더라도 하남성 서쪽에서 시작해 그 지름이 수십 리를 뻗었고, 토끼가 있는 마을에는 격서를 붙여 그곳으로 옮겨오도록 한 다음 털을 깎아 표시를 해두었다가 사람들 중에서 이런 토끼를 잡는 자에 대해서는 그 죄를 물어 사형까지 시켰다.

양기는 손수의 말을 채택해 양씨들 가운데 관직에 있는 많은 사람들을 내쫓고 땅을 빼앗았다. 이는 겉으로는 겸양을 보이는 것이었지만 실상은 손씨를 높이는 것이었다. 손씨의 종친들 중에서 손수의 이름을 내세워 시중과 경, 교(校), 군수, 장리(長吏) 등이 된 사람이 10여 명이었는데 하나같이 탐오하고 음흉했다. 그들은 각각 사사롭게 자신들의 빈객을 시켜서 속현에 사는 부자들의 실태를 조사하고 기록했다가 엉뚱한 죄를 덮어씌워 감옥에 가두고 매질을 해 돈으로 대속하도록 했고 심지어 재물이 적은 사람은 죽음에 이르기도 했다.

양기는 또 빈객을 사방에 두루 보내어 멀리는 변방 밖에까지 가서 기이한 물건들을 널리 구했고, 이 빈객들은 다시 그 권력에 편승해 횡포를 부리고 부녀를 빼앗아 처로 삼고 말단 관리들을 구타하기 일쑤였다. 그래서 그들이 있는 곳에는 원한과 고통이 기다리고 있었다. 이에 시어사 주목이 자신은 양기의 옛 동료 관리임을 강조하며 글을 써서 간언했다.

"무릇 장군과 재상 그리고 대신들은 원수(元首-양기)와 한 몸이어서 함께 수레를 타고 달리고 함께 배를 타고 건너는 것이니 수레가 넘어지거나 배가 뒤집어지면 근심도 이들과 함께 해야 합니다. 그런데 어찌 밝음을 버리고 어둠으로 나아가고, 험한 길을 가면서 스스로 편안해할 수 있으며, 주군은 외롭고 시국은 어려운데 이를 슬퍼하지 않을 수 있겠습니까?"

양기는 주목의 간언을 받아들이지 않았다. 양기는 이미 조정을 장악해 전횡을 하면서도 오히려 주위의 환관들과 교결해 그들의 자식과 빈객들을 주군의 요직에 임명해 줌으로써 자신이 내려주는 은총을 더욱 공고히 하려고 했다. 주목은 다시 글을 올려 극간했지만 양기는 끝내 깨닫지 못하고 답서에서 이렇게 말했다.

"그대 말대로라면 나는 정말 하나도 옳은 것이 없다는 말인가?"

그러면서도 평소 주목을 중하게 여겼기 때문에 심한 벌을 주지는 않았다.

신이 가만히 살펴보겠습니다. 양씨의 죄악은 하도 많고 커서 저 하늘에까지 닿을 것입니다. 주목은 오히려 조심 또 조심하면서 그 폐단을 막아보려 했으니 충성스럽고 뛰어난 마음이 굳건하기가 이러했습니다. (그러나 주목은 양기가) 더불어 (정사에 관해) 말할 수 없는 사람이라는 것을 알아차리지 못하고서 (계속) 더불어 말을 하고 있으니 참으로 통탄하지 않을 수 없습니다.

양기는 원래가 이런 사람입니다. 만일 그가 능히 충직한 말을 받아들여 문득 자신의 잘못을 고쳤다면 좋은 사람은 못 되더라도 얼마 후에 본인은 물론이고 집안까지 멸족되는 화는 면했을 텐데 끝내 그 점을 스스로 깨닫지 못했습니다. 양기야말로 (공자가 말한) 이른바 "지극히 어리석은 자는 변화하지 않는다〔下愚不移〕"[2)]에 딱 해당되는 자입니다.

1) 황제의 명을 대신하는 명을 부르는 말이다.

2) 이 말은 『논어』「양화(陽貨)」에 나오는 말의 일부다. 공자는 말했다. "오직 지극히 지혜로운 자〔上知〕와 지극히 어리석은 자〔下愚〕만이 변화하지 않는다."

(『자치통감』) 원가(元嘉) 원년(151년), 황제는 양기를 포상하고 작질(爵秩)을 높이고 싶어 조정의 이천 석 이상 관리들은 모여 그에 관한 예를 논의하라고 명했다. 이에 특진 호광 등이 다같이 양기의 공훈과 공덕을 칭찬하면서 마땅히 주공(周公)에 준해 산천과 논밭, 부용(附庸)을 하사해야 할 것이라고 했으나 황경(黃瓊)만이 홀로 "양기는 등우(鄧禹)[1)]에 비추어 4개 현만 식읍으로 하는 것이 예에 합당하다"고 말했다. 조정 신료들도 황경의 의견을 따랐다. 이에 해당 관청〔有司〕에서 상소를 올렸다.

"양기는 조정에 들어올 때 총총걸음을 하지 않아도 되고 칼을 차고 나막신을 신은 채 어전으로 들어와도 되며 알현할 때도 자신의 성명을 밝히지 않아도 되니 예법상으로는 소하(蕭何)에 비견할 수 있습니다. 또 정도(定陶)와 양성(陽成)에 있는 나머지 호구 수를 늘려주면 4현이 되어 등우와 견줄 수 있습니다. 그리고 상으로 내려주시는 돈과 노비, 채백(綵帛), 거마(車馬), 의복, 일류 저택 등은 곽광(霍光)과 견줄 수 있습니다. 따라서 이것만으로도 이미 특별하게 최고의 공신〔元勳〕으로 대우하고 있는 것입니다. 조회 때마다 삼공과는 다른 자리에 앉고 열흘 중에 하루 들어가 상서(尚書)의 업무를 처리합니다. 그리고 양기가 천하에 선포하는 것은 만세의 모범으로 삼고 있습니다."

그런데도 양기는 오히려 상소에 담긴 자신에 대한 예가 박하다고 생각해 속으로 기뻐하지 아니했다.

신이 가만히 살펴보겠습니다. 예로부터 권신(權臣)이 일을 장악해 마음대로 주물럭거리면〔用事〕 반드시 아첨꾼들이 자신들의 공과 덕을 크게 과장해 임금을 현혹시키고 온 세상을 속입니다. 그러고 나면 권신의 불꽃은 더 활활 타올라 막을 길이 없게 됩니다. 따라서 왕망이 있을 때라면 공광(孔光) 같은 자가 있어 왕망을 주공에 비견할 수 있다고 했을 것입니다. 왕망은 그것을 계기로 삼아 거섭(居攝-섭정)했고 나아가 황제의 자리를 찬탈하는 데 성공했습니다. 양기의 못된 마음〔凶愎〕도 왕망과 한가지였을 것인데도 호광(胡廣)과 같은 자가 있어 양기를 주공에 비견할 수 있다고 했으니 이는 장차 거섭과 찬탈의 일을 다시 이끌어들이는 것이라 할 수 있습니다.

다행히〔賴〕 황경이 홀로 바른 의론을 견지해 그 예는 낮추었으나 찬후(酇侯-한나라 개국 공신 소하를 가리킨다), 고밀후(高密侯-후한 광무제의 공신 등우를 가리킨다), 박륙후(博陸侯-한 무제 때의 공신 곽광을 가리킨다) 세 공신이 받은 총애를 다 합친 은혜를 더해주자 했으니 이 또한 지나쳤다고 하겠습니다.

그런데도 양기는 스스로를 헤아릴 줄 모르고 오히려 그것을 박하다고 생각했습니다. 이는 분명 주공보다 더 해주기를 기대한 것이니, 아! 양기야말로 지극히 어리석은 자〔至愚〕라고 하겠습니다.

1) 후한을 세운 광무제의 측근이다.

(『자치통감』) 연희(延熹) 원년(158년) 여름 5월 갑술일에 일식이 있었다. 태사령 진수(陳授)가 소황문 서황(徐璜)을 통해 진술했다.

"일식의 변은 그 허물이 대장군 양기에게 있습니다."

양기는 이를 전해 듣고 낙양(雒陽)에게 넌지시 일러주어 진수를 잡아다가 고문해 감옥에서 죽게 했다. 이 때문에 황제는 양기에게 분노했다.

신이 가만히 살펴보겠습니다. 양기는 일찍이 임금을 시해했는데도 황제는 화를 내지 못했습니다. 또 대신을 죽였는데도 황제는 역시 화를 내지 못했습니다. 진수의 죽음에 대한 보고가 올라가고 나서야 분노한 것은 황문(-환관)을 통해 일식의 변을 진술한 때문입니다. 이는 필시 진수가 평소에 중상시(-환관)와 잘 지냈기 때문일 것입니다. 진수가 죽었을 때 중상시 중에서 누군가가 그 연유를 이야기해 주었기 때문에 황제는 이제 처음으로 화를 내게 된 것입니다. 그렇다면 황제는 진수(의 죽음) 때문에 분노한 것이 아니라 황문과 연결이 돼 있었기 때문에 화를 낸 것입니다.

신은 일찍이 후한의 환제와 영제는 그 임금다움〔爲君〕(위군)이 천하의 임금감이 아니라 환관들의 임금감이라고 말씀드린 바 있습니다. 이 일도 역시 그렇게 말씀드린 이유 중의 하나라 할 만합니다.

(『자치통감』) 겨울 12월에 황제가 경조윤(京兆尹) 진구(陳龜)를 도요장군(度遼將軍)으로 삼았다. 대장군 양기는 평소 진구와 틈이 벌어져 있었던 터라 그가 나라의 위신을 훼손시키고 공적과 영예를 혼자 다 차지해 북쪽의 오랑캐 군사들이 두려워하는 바가 없다고 헐뜯었다. 진구는 이 일에 연루되어 소환당했다가 결국 해직됐다. 그래서 진구는 고향으로 돌아가려 했지만 다시 부름을 받고서 상서가 됐다. 양기의 포학스러움은 날로 심해졌고, 이에 진구는 상소를 올려 양기의 죄상을 말하며 그를 주살할 것을 청했으나 황제는 받아들이지 않았다. 진구는 그로 인해 양기가 반드시 위해를 가할 것을 스스로 알고 있었기에 단식 7일 만에 세상을 떠났다.

2년 6월에 양황후는 언니와 오빠[1]가 비호해 주는 것을 믿고서 극에 달한 방자함과 심해진 사치가 전 시대보다 두 배에 이르렀고, 황제의 총애를 독차지하며 시기와 질투가 심해서 육궁(六宮-후비)은 나아가 황제를 볼 수조차 없었다. 태후가 죽자 은총이 점점 줄었다. 황후는 자식이 없었는데 궁인들은 다들 아이를 낳아 길렀지만 온전한 자를 찾을 수 없었다. 황제가 비록 양기의 협박을 받아 두려워하면서 감히 꾸짖거나 화를 내지는 못했지만 침소는 원하는 대로 정할 수 있었기 때문에 황후는 더욱 걱정이 되어 화를 내곤 했다. 가을 7월에 황후가 죽었을 때 양기의 한 집안에서만 이때를 전후로 7명의 후(侯), 3명의 황후, 6명의 귀인, 2명의 대장군, 부인과 딸이 식읍을 받고 군(君)으로 불린 사람이 7명, 공주와 결혼한 사람이 3명, 그 밖에 경(卿-구경), 장(將-중랑장), 윤(尹), 교(校-교위)가 57명이었다.

양기는 위세를 마구 흔들어대며 흉악 방자함이 날로 쌓여갔다. 황궁의 위병이나 황제의 시종들은 모두 다 친한 사람을 심어놓아 궐내 움직임은 아무리 작은 것이라도 반드시 알고 있었다. 그래서 온 사방에서 긁어모은 것과 세시(歲時) 때마다 올라오는 공물은 다 양기에게 최우선적으로 보내지고 승여(乘輿-황제의 마차란 뜻으로 여기서는 황제를 말한다)에게는 그다음에 갔다. 관리와 백성들 중에서 재물을 싸들고 와서 벼슬을 구하거나 죄의 사면을 청하는 자들이 도로에서 서로 바라볼 정도였고, 백관들은 승진을 하거나 부름을 받으면 모두 다 우선적으로 양기의 집에 찾아가 사은 편지를 전하고 그다음에야 감히 인사를 책임지는 상서(尚書)를 찾아갈 수 있었다.

하비(下邳-장쑤성 쑤첸시) 출신 오수(吳樹)가 원(宛-허난성 난양시)의 현령이 되자 양기에게 감사 인사를 하러 찾아갔다. 당시 그 현에는 양기의 빈객들이 많았는데 그들이 다정하게 다가와 오수에게 자신들의 청을 부탁하자 오수가 말했다.

"소인배들은 간사하고 해악이 크니 줄줄이 주살해도 상관이 없을 것이다. 밝으신 장군이 상장(上將)의 자리에 있어 마땅히 현명하고 선한 인재를 높여 조정의 빠진 부분을 채워야 할 것인데 내가 (양기를) 곁에서 모신 이래 누가 어른스럽다고 칭찬하는 사람을 단 한 번도 들어본 적이 없고 대부분은 적절치 못한 사람을 부탁하시니 내가 실로 감히 들어줄 수가 없다."

(옆에서 이를 듣고 있던) 양기는 가만히 있으면서도 불쾌감을 감추지 않았다. 오수는 원현에 도착해 마침내 양기의 빈객 중에서 백성들에게 해악을 끼치는 자 수십 명을 잡아 사형에 처했다. 훗날 오수가 형주자사가 되어 양기에게 인사를 하러 갔을 때 양기가 그에게 짐독(鴆毒)을 먹이니 문밖을 나서 집으로 가다가 수레에서 숨을 거뒀다.

여남(汝南-허난성 루난현) 출신의 낭중 원저(袁著)는 19세인데 대궐을 찾아가 글을 올렸다.

"무릇 사계절의 운행을 통해 볼 때 공을 이루면 물러나게 되고, 높은 작위과 두터운 총애를 받게 되면 재앙에 이르지 않는 경우가 드뭅니다. 지금 대장군의 지위가 최정점에 이르렀고 공도 이루어서 지극히 경계해야 할 때인 듯하니 (양기로 하여금) 마땅히 70세가 되면 관직에서 물러나는 예법을 따르게 하시어 베개를 높이 하고 정신을 수양하게 하셔야 합니다.

전하는 말에 따르면 나무의 열매가 무성해지면 가지를 다치게 해서 나무의 중심(줄기)을 해친다고 했습니다. 만약에 성할 대로 성한 권력을 눌러서 덜어내지 않는다면 장차 그 몸을 온전히 지킬 수 없을 것입니다."

양기가 이를 전해 듣고서 비밀리에 사람을 보내 그를 체포하려 했으나 원저는 곧장 이름을 바꾸고 병을 핑계로 삼아 죽었다고 거짓을 퍼트린 다음 버들을 꼬아서 인형을 만들고 관을 구해 장례를 치렀다. 양기는 뒤에 그가 속인 것을 알고 잡아낸 다음 매를 쳐서 죽여버렸다.

탁군(涿郡-허베이성 줘저우시) 출신의 최기(崔琦)는 문장력이 뛰어나 양기가 아꼈다. 최기가 외척잠(外戚箴)과 백곡부(白鵠賦)를 지어 풍자하자 양기가 화를 냈다. 이에 최기가 말했다.

"옛날에 관중이 제나라의 재상으로 있을 때 충고하고 간하는 말을 듣는 것을 좋아했고, 소하는 한나라를 보필하면서 (윗사람의) 허물을 기록하는 관직을 설치했습니다. 지금 장군께서는 여러 대에 걸쳐 태보(台輔-재상)를 지내셨으니 그 맡은 바의 중요성은 이윤이나 주공과 나란히 하지만 덕스러운 정치를 했다는 말은 아직 듣지 못했고, 백성들〔黎元〕은 도탄에 빠졌는데도 곧고 선량한 인재들을 끌어들여 화패(禍敗)를 구하지 못했고, 오히려 선비의 입을 막고 군주의 귀를 막으려 하니 장차 검은 것과 누런 것의 색깔을 바꾸고[2] 사슴과 말의 모양도 바꾸시려는 겁니까?"[3]

할 말을 찾지 못한 양기는 최기로 하여금 고향으로 돌아가도록 했다. 최기는 두려움에 떨며 숨었으나 양기는 기어코 그를 찾아내 죽여버렸다.

신이 가만히 살펴보겠습니다. 신하 된 자의 죄로 임금을 시해하는 것보다 큰 죄는 없습니다. 양기는 이미 그 짓을 범한 자라 사대부를 때려 죽이는 것은 지극히 작고 미미한 일일 뿐이었습니다.

신이 악회의 죽음과 진구의 죽음과 오수의 죽음과 원저 및 최기의 죽음을 간단히 처리하지 않고 이처럼 상세하게 적은 것은 이를 통해 후한 초 광무제부터 명제, 장제를 거치며 절개와 의리〔節誼〕를 숭상하는 풍속이 크게 이뤄지는 바람에 권세를 지닌 신하가 자기 마음대로 죽이고 살릴 수 있다 하더라도 조금도 두려워하는 마음 없이 바른말과 굳건한 의논〔昌言勁論〕을 통해 그들의 잘못을 곧게 지적할 수 있었음을 보인 것입니다. (바른말을 하다가) 앞에서 줄줄이 죽어나갔어도 뒤따르는 자들이 바로 복구됐으니 후한의 황실이 비록 미약하기는 했지만 간사스러운 신하들이 오히려 꺼리는 바가 있어 자기들 마음대로 행동할 수 없었던 것은 바로 이와 같은 이유 때문일 것입니다.

1) 언니는 순열황후이고 오빠는 대장군 양기다.

2) 玄黃은 하늘과 땅을 각각 가리키기 때문에 천지가 뒤집어진다는 말이다.

3) 지록위마(指鹿爲馬)의 일화를 가리키는 것으로 진나라 때 조고가 진시황의 아들 2세 황제에게 했던 유명한 말이다.

(『자치통감』) 양기는 정권을 쥐고서 거의 20년 동안 안팎으로 위세를 부렸고, 천자는 팔짱을 낀 채 친히 할 수 있는 것이라고는 아무것도 없었다. 그래서 황제는 이미 이에 대해 편안치 않은 마음을 갖고 있었는데 진수가 죽자 더욱 진노했다. 이로 말미암아 홀로 측간에 가서 소황문사 당형을 불러 물었다.

"좌우 측근(-여기서는 환관들을 뜻함)들 중에서 외척과 서로 통하지 않는 자가 누구냐?"

당형이 답했다.

"중상시 선초와 소황문사 좌관은 양불의와 틈이 벌어져 있습니다. 중상시 서황과 황문령 구원은 늘 개인적으로 외척의 방만한 횡포에 분노와 혐오를 갖고 있으면서도 감히 입으로 드러내어 말하지는 못하고 있습니다."

이에 황제는 선초와 좌관을 들도록 해 말했다.

"양장군 형제가 조정을 마음대로 쥐락펴락하고 안팎을 협박해 대니 공경 이하는 그가 은근히 이르는 뜻까지 다 따르고 있다. 지금 그들을 주륙하고자 하니 상시의 뜻은 어떠한가?"

선초와 좌관이 답했다.

"진실로 (저들은) 나라의 간사한 도적들이니 마땅히 주륙했어야 함이 오래이나 신 등이 힘이 약하고 용렬해 폐하의 뜻이 어떠한지를 몰랐을 뿐입니다."

황제가 말했다.

"심사숙고하느라 그리된 것이니 상시는 극비리에 일을 도모하도록 하라!"

이에 선초 등이 답했다.

"일을 도모하는 것이야 어려울 바가 없습니다. 다만 저희들은 폐하께서 뜻을 바꾸지 않을까[狐擬(호의)=狐疑(호의)][1]만이 두려울 뿐입니다."

황제가 답했다.

"간신들이 나라를 위협하고 있으니 마땅히 그 죄를 받아야 한다. 어찌 추호의 의심함이 있겠는가?"

이에 다시 서황과 구원 등 다섯 사람을 불러 함께 의논해 결정한 다음 황제가 선초의 팔을 깨물어 피가 나게 하고서 맹세했다. 선초 등이 말했다.

"폐하께서 이제 드디어 계책을 정하셨으니 두 번 다시 말씀하시면 아니 될 것입니다. 다른 사람들로부터 의심을 받게 될까 두려워 드리는 말씀입니다."

양기는 내심 선초 등을 의심해 8월 정축일에 중황문 장운(張惲)을 시켜 대궐 안으로 들어가 잠을 자면서 변에 대비토록 했다. 구원은 황제의 칙령을 내려 장운을 잡아넣고 "함부로 밖에서 들어와 불궤(不軌-반란)를 도모했다"고 밝혔다. 황제는 전(殿)으로 나아가 상서들을 불러 그 일을 발표했다. 더불어 상서령 윤훈(尹勳)에게는 부절을 지니고서 승랑(丞郎) 이하 사람들을 데리고 모두 다 무기를 들게 해 대궐을 지키도록 하면서 여러 부절들을 거두어 대궐 안으로 보내주었다. 또 구원에게는 황제의 최측근 기구인 구추(廐騶)[2], 호분(虎賁)[3], 우림(羽林)[4], 도후(都侯)[5]에 속한 칼과 창을 쓰는 병사 총 1천여 명을 데리고 사예교위 장표(張彪)와 함께 양기의 집을 포위토록 했다. 또 광록훈 원우(袁盱)에게는 부절을 지니고서 양기의 대장군 인수를 회수하고 양기와 그의 처 손수를 옮기도록 했다.

양기와 그의 처 손수는 바로 그날 자살했다. 양씨와 손씨의 안팎 종친들은 모두 잡아다가 감옥으로 보내라고 명한 다음 나이가 많고 적음을 가리지 않고 모두 다 죽여 저잣거리에 내버려두었다〔棄市(기시)〕. (삼공인) 태위 호광과 사도 한연, 사공 손랑은 모두 양기에게 아부한 죄를 물었고 사형은 면해 서인(庶人)으로 삼으니 백성들 가운데 칭찬하고 경하하지 않는 사람들이 없었다. 양기의 재산은 환수해 정부에서 헐값에 매각하니 모두 30여억 전이나 돼 황실의 쓰임으로 충당했고 천하의 조세를 반으로 줄였으며 양기의 원유를 쪼개 가난한 백성들의 삶의 터전으로 삼았다.

선초, 서황, 구원, 좌관, 당형을 모두 현후(懸侯)로 삼으니 세상에서는 이들을 '오후(五侯)'라 불렀다.

신이 가만히 살펴보겠습니다. 환제는 어둡고 용렬한〔昏庸(혼용)〕 군주입니다. 그런데 능히 자신이 황제가 되는 데 양기가 결정적으로 도와준 사사로운 은혜 관계가 있음에도 불구하고 천하의 대적인 양기를 제거하는 용기를 부린 점은 평가할 만합니다.

그러나 애석하게도 그는 그것을 공경과 근신들과 도모하지 않고 환관들과 모의를 했습니다. 따라서 양기가 비록 주살됐다고는 하나 오후(五侯)가 다시 전횡을 부리게 되어 결국 한나라를 망하게 이끌었으니, 아! 통탄할 일입니다.

1) 여우처럼 의심이 많아 이러지도 저러지도 못한다는 뜻으로 狐疑未決(호의미결) 혹은 狐疑否決(호의부결)이라는 말로 사용된다.
2) 대궐에서 쓰는 말을 기르는 관아다.
3) 천자를 호위하는 부대다.
4) 천자를 호위하는 부대다.
5) 대궐의 야간 순찰을 담당하던 관아다.

(『자치통감』) 진(晉) 나라(-사마염이 선위를 받아 세운 나라다) 무제(武帝) 태시(泰始) 10년(274년)에 황후 양씨(楊氏)가 죽었다〔殂(조)〕. 진국(鎭國) 대장군 호분(胡奮)의 딸이 귀빈이 되어 황제의 총애를 받고 있었는데 황후는 병이 깊어지자 황제가 귀빈을 세워 황후를 삼게 될까 두려워 황제의 무릎을 베고서 눈물을 흘리며 말했다.

"숙부 양준(楊駿)의 딸 양지(楊芷)가 덕과 미모를 겸했으니 원컨대 폐하께서는 그 아이로 육궁에 대비하세요."

이에 황제가 그렇게 하겠노라고 했다.

함녕(咸寧) 2년(276년) 겨울 10월에 양씨를 세워 황후로 삼았다. 황제가 처음에 황후를 맞이하는 빙례(聘禮)를 행할 때 황후의 숙부 양요(楊珧)가 표문을 올렸다.

"예로부터 한 집안에서 두 명의 황후가 나오게 되면 그 집안이 제대로 온전했던 적이 없었습니다. 빌건대 이 표문을 종묘에 소장하시었다가 어떤 뒷날에 신이 드린 말씀과 똑같은 일이 벌어질 경우 화를 면할 수 있게 해주십시오."

이에 황제는 그렇게 하겠노라고 했다.

12월에 황후의 아버지인 양준(楊駿)을 거기(車騎) 장군으로 삼고 임진후(臨晉侯)에 봉했는데 상서 저략과 곽혁이 둘 다 글을 올려 양준의 그릇이 작으니 사직의 중책을 맡겨서는 안 된다고 했다. 황제는 이를 따르지 않았다.

태강(太康) 2년(281년)에 황제는 이미 오나라를 평정하자 자못 놀이와 연회를 즐기면서 정사를 게을리하였다. 황후의 아버지 양준과 그의 동생인 양요와 양제(楊濟)가 비로소 일을 제 마음대로 하기 시작하여 이리저리 연결을 맺어 청탁하고 만나게 되니 세력은 안팎에서 모두 그들에게로 기울어져 당시 사람들은 이들을 '삼양(三楊)'이라 불렀다.

신이 가만히 살펴보겠습니다. 양요가 한 집안에서 두 명의 황후가 나오게 되면 그 집안이 제대로 온전했던 적이 없었다는 것을 알고 있었다면 무엇보다 참으로 경계하고 두려워하며 자신을 성찰함으로써만 스스로를 재앙으로부터 구할 수 있었을 것입니다. 그런데 결국은 권력을 쥐더니 일을 제 마음대로 하기 시작하여 이리저리 연결을 맺어 청탁하고 사람들을 만나고 다녔습니다. 그래서 삼양(三楊) 중의 한 명에 들었으니 훗날 당하게 될 재앙은 바로 그 자신이 취한 것인데 누구를 탓하겠습니까?

(『자치통감』 태강) 10년(289년)에 황제가 풍류와 여색을 극단적으로 좋아하다가 마침내 병이 들었다. 양준은 여남왕(汝南王) 사마량(司馬亮)을 꺼려해 그를 조정에서 내쫓았다.

영희(永熙) 원년(290년) 봄 3월에 무제의 병이 위독한 지경에 이르렀는데 아직 고명(顧命)이 없었다. 시중 겸 거기장군인 양준이 홀로 대궐 안에서 황제의 병을 보살피니 대신들은 모두 황제의 근처에 갈 수가 없었다. 이에 양준은 문득 자기 마음대로 핵심 근신들을 바꿔 거기에 자신의 심복들을 심어놓았다.

여름 4월에 무제가 붕하자 태자가 황제의 자리에 올랐고 황후를 높여 황태후로 했으며 (태자비) 가씨(賈氏)[1]를 세워 황후로 삼았다.

1 가충(賈充)의 딸이다.

신이 가만히 살펴보겠습니다. 양준은 홀로 고명을 받았고 자기 마음대로 핵심 근신들을 바꿔 심복들을 심었으니 양씨 집안의 화가 여기서부터 시작됐습니다.

(『자치통감』) 양준이 들어가서 태극전에서 살았는데 재궁(梓宮-임금의 관)을 함장전에서 태극전으로 옮겨 빈소를 마련하니 육궁들이 나와 작별 인사를 하는데도 양준은 태극전에서 내려오지도 않은 채 호분(虎賁) 무사 100명으로 하여금 자신을 호위토록 했다.

신이 가만히 살펴보겠습니다. 태극전은 천자가 정사를 듣는 정전〔路寢(노침)〕이기 때문에 신하들은 살 수 없는 것입니다. 호분무사는 천자를 지키는 군인〔爪牙(조아)〕이기 때문에 신하들이 자신을 호위하는데 동원할 수 없는 것입니다. 양준의 행태가 이 지경에 이르렀으니 주륙을 면할 수 있겠습니까?

(『자치통감』) 여남왕 사마량은 양준을 두려워해 감히 재궁에 나아오지 못하고 대사마부의 문밖에서 곡을 했다.[1] 그리고 나가서 성 밖에 군영을 만들고 표문을 올려 장례를 치르고 나서 (자신의 봉지인 허창으로) 떠날 수 있게 해달라고 청했다.

양준의 동생 양제가 양준에게 사마량을 더 머물러 있게 하라고 권고했으나 양준은 따르지 않았다. 양제가 상서좌승(尚書左丞) 부함(傅咸)에게 말했다.

"우리 형님께서 만약에 대사마를 징소(徵召)한다면 물러나서 몸을 피해야 우리 집안을 온전히 지킬 수 있을 것이오."

부함이 말했다.

"종실과 외척은 서로 신뢰해야만 편안하게 됩니다. 그러나 대사마를 불러 돌아온다면 함께 지극히 공정함을 높여 정치를 보좌하면 되는 것이니 피하실 것까지 없을 것입니다."

양제는 또 시중 석숭(石崇)으로 하여금 양준을 만나서 같은 내용을 말하도록 했는데 양준은 따르지 않았다.

신이 가만히 살펴보겠습니다. 종실과 외척이 함께 조정을 보좌하는 것은 비록 선왕의 아름다운 전범은 아니지만 만일 종실이 함께할 수만 있다면 외척 홀로 그 직임을 독단하는 것보다는 좀 더 공적이라고 하겠습니다. 그러나 양준이 일단 큰 정사에 대한 야심을 품게 되자 여남왕 사마량을 경사에 머물지 못하게 하려고 했으니 그 마음은 기본적으로 권력에 눈이 멀어 화란(禍亂)으로 나아가는 사다리가 이로 말미암아 시작되고 있다는 것을 모른 것입니다. 아! 경계해야 할 일입니다.

1) 이때 사마량은 대사마를 겸하고 있었다.

(『자치통감』) 5월에 조서를 내려 태위 양준에게 태부 대도독 가황월(假黃鉞) 녹조정(錄朝政)을 맡게 하니[1] 백관들은 모두 그에게 보고를 해야 했다. 부함이 양준에게 말했다.

"양암(諒闇)[2]은 시행하지 않은 지 오래됐습니다. 지금의 주상께서는 겸손하셔서 공에게 정사를 맡기셨지만 천하는 그것을 잘한 일이라고 여기지 않으니 밝으신 공께서도 이를 감당하기 쉽지 않을까 봐 걱정이 됩니다.

주공은 위대한 성인이었는데도 오히려 유언비어가 돌아다녔는데 하물며 지금 성상의 춘추가 (주공의 섭정을 받은) 성왕(成王)처럼 어리지도 않은 경우에야[3] 더 말할 것이 있겠습니까?

산릉(-묘지 조성)의 작업이 이미 끝났으니 밝으신 공께서 스스로 나아가고 물러남의 마땅한 길을 깊이 생각하십시오."

양준은 따르지 않았다.

신이 가만히 살펴보겠습니다. 부함의 말은 진정으로 양준을 위한 것이라 하겠습니다. 그러나 양준은 그 말을 따르지 않았으니 이는 스스로 재앙과 패망[禍敗]을 맞아들이고 있는 것이라 하겠습니다.
화패

1) 가황월은 황제의 권위를 대신해 주살할 수 있는 권한을 갖는 직책이고, 녹조정은 상서의 업무를 총괄하는 것이다.
2) 임금이 상을 당하면 갖게 되는 복상 기간으로 이 기간에 상주인 임금은 말을 해서는 안 된다. 한나라 문제가 3년간의 복상 기간을 단축한 이후 3년간 양암하는 제도는 거의 시행되지 않았다.
3) 성왕은 즉위할 때 12세였고, 진나라 2대 황제 사마충은 32세에 제위에 올랐다.

(『자치통감』) 양준은 가후(賈后)의 성품이 험하고 사나우며 권모술수와 지략이 많아서 그녀를 꺼렸기 때문에 자신의 생질 단광(段廣)을 산기상시로 삼아 기밀에 관한 일을 주관하도록 했고, 장소(張劭)를 중호군으로 삼아 금군(禁軍)을 관장하도록 했다. 무릇 조서를 내릴 경우에는 황제가 슬쩍 본 다음에 태후에게 보내졌고, 그러고 나서야 시행될 수 있었다.

신이 가만히 살펴보겠습니다. 오로지 지극히 공적일 때에만 능히 천하 사람들의 마음을 복종시킬 수가 있습니다. 그런데 양준은 몸소 큰 정사를 장악하고 있으면서 또 장상(將相)의 임무를 두 조카에게 맡겼으니 이는 양준이 능히 가후의 마음에 들어보겠다는 것 아니겠습니까? 하지만 이처럼 주도면밀하게 자기 사람들을 심고 배치했어도 결국은 재앙을 불러올 뿐이었습니다.

(『자치통감』) 양준이 왕창(王彰)을 불러들여 사마로 삼자 왕창은 도피해 그 벼슬을 받지 않았다. 그의 친구가 이상하게 여겨 왕창에게 묻자 그는 이렇게 대답했다.

"예로부터 한 집안에서 두 명의 황후가 나오게 되면 그 집안이 제대로 온전했던 적이 없었다네. 하물며 양태부는 소인들을 가까이하고 군자를 멀리하면서 권력을 오로지 자기 마음대로 하고 있으니 패망할 날이 며칠 남지 않았다. 나는 바다를 건너 요새를 나와 그를 피하고 있으면서도 오히려 화가 미칠까 봐 걱정하는데 어찌 그의 부름에 응할 수 있겠는가?

또 무제는 사직의 보존이라는 큰 계획을 생각하지 아니했고 후계자 또한 이미 그 짐을 질 수 없는 상황인 데다가 무제의 유명(遺命)을 받은 사람 또한 적임자가 아니니 천하가 혼란해지는 것을 서서 기다려도 충분할 것이네."

신이 가만히 살펴보겠습니다. 진나라 황실이 겪는 어지러움은 왕창의 이 몇 마디로 충분히 다 설명할 수 있습니다. 대개 혜제

(惠帝)의 어둡고 용렬함으로 인해 그는 이미 대업을 잇기에는 역부족이고, 양준의 어리석음과 비뚤어짐〔愚愎〕으로 인해 그 또한 큰 정사를 맡기에는 역부족입니다. 따라서 어리석은 신하가 어두운 임금을 보필하고 있는 형국이니 제아무리 어지럽게 되지 않으려 한다 한들 그것이 될 수 있는 일이겠습니까? 이것은 결국 무제가 남겨놓은 그릇된 계책의 책임이라 하겠습니다.

(『자치통감』) 가을 8월에 광릉왕 사마휼(司馬遹)을 세워 황태자로 삼았고, 태자의 어머니 사씨(謝氏)에게 벼슬을 내려 숙원(淑媛)으로 삼았다. 가후는 사씨를 항상 별실에 머물게 하고서 태자와 서로 만나보는 것을 허락하지 않았다.

원강(元康) 원년(291년), 애초에 가후가 태자비가 됐을 때 일찍이 질투가 심해 손수 몇 사람을 죽였다. 또 임신한 시첩〔孕妾〕에게 창을 던져 그 아이가 창날에 맞아 낙태됐다. 무제가 크게 화가 나서 장차 가후를 폐하려 했다. 이에 순욱(荀勗), 풍담(馮紞), 양요(楊珧)가 함께 나서 그녀를 구원하려 했다.

그리고 양후(楊后)도 거들며 말했다.

"가공려(賈公閭)[1]는 사직에 큰 공훈을 세웠고 가비는 그의 친딸입니다. 투기를 바로잡아주면 되는 것이지 어찌 그 아버지의 은덕을 잊을 수가 있겠습니까?"

이로 인해 가비는 폐위를 면할 수 있었다. 황후는 수시로 가비를 타일러주었지만 가비는 황후가 자신을 도우려 한다는 것을 모르고 도리어 황후에게 원한을 품었다. 남편인 태자가 황제에 즉위하게 되자 가후는 지어미의 도리로써 태후를 섬기려 하지 않고, 또한 정사에도 관여하려 했지만 태부 양준에게 제압당했다. 마침내 가후는 양준을 주살하고 태후를 폐위하도록 모의한 다음 양준을 마구간에서 죽이고, 양준의 동생 양요와 양제 등을 잡아들여 모두 삼족을 멸했으며, 태후는 영녕궁(永寧宮)으로 호송해 폐위한 다음 서인으로 만들었다.

이때 (당대의 유명한 은둔자) 동양(董養)이 태학에 와 있었는데 강당에 올라가서 탄식해 말했다.

"조정에서 이 강당을 세운 것은 장차 무엇을 하기 위함이었는가? 하늘과 사람의 이치가 이미 사라져버렸으니 장차 큰 혼란이 일어나게 될 것이다."

신이 가만히 살펴보겠습니다. 외척이 당한 재앙 중에서 양씨 집안이 당한 것만큼 처참한 경우는 예전에 없었습니다. 원인을 거슬러 올라가보면 양준이 사람답지 못한 짓을 하면서 방자하게 굴었으니 양준이 입은 화는 오히려 스스로 불러들인 것이라고 할 수 있습니다. 그런데 황제의 모후(母后)까지 폐위를 당하고 모욕을 당했으니 그 어머니의 심정이 어떠했겠습니까? 하늘과 사람의 이치가 이에 소멸돼 버렸으니 이를 통해 당대의 식자(識者)는 큰 혼란이 장차 일어나리라는 것을 알 수 있었던 것입니다.

1) 가후의 아버지 가충의 자가 공려다.

(『자치통감』) 가후의 친척 오빠인 거기사마 가모(賈模)와 외당숙인 우위장군 곽창(郭彰)과 여동생의 아들인 가밀(賈謐)이 나란히 조정 일에 참여하니 빈객들이 문 앞을 가득 채웠다. 가밀은 교만하고 사치스러웠지만 손님 맞는 것을 좋아하고 사대부들과 교유하는 것을 즐겼기 때문에 석숭, 육기(陸機), 육기의 동생 육운(陸雲), 반악(潘岳) 등이 다 가밀에게 의지하니 이들을 '스물네 명의 벗〔二十四友〕'이라고 불렀다. 이중에서 석숭과 반악은 특히 가밀을 아첨하며 섬겼는데 매번 가밀이 나오는 것을 기다렸다가 모두 수레에서 내려 먼지를 바라보며 절을 했다.

신이 가만히 살펴보겠습니다. 예전에 양씨 집안이 누리던 영예와 총애가 지금은 가씨와 곽씨 집안으로 옮겨졌다면 예전에 양씨 집안의 빈객들 또한 가씨와 곽씨의 문으로 옮겨갔습니다. 이것은 두려워할 일이지 결코 기뻐할 일은 아닙니다. 하지만 가밀과 같은 교만한 호걸〔驕豪〕이 능히 알 수 있는 바이겠습니까?

(『자치통감』) 태재(太宰) 여남왕 사마량과 태보(太保) 위관(衛瓘)은 둘 다 녹상서사(錄尙書事-상서녹사)를 맡아 정사를 보좌하고 있었다. 가후는 이 두 공(公)이 정사를 집행하게 되면 자신이 마음대로 할 수 없게 될 것을 걱정해 황제로 하여금 수조(手詔)를 내리게 했다. 그래서 초

왕 사마위(司馬瑋)로 하여금 그들을 죽이게 했는데 두 사람이 죽자 임의대로 사람을 죽였다 하여 사마위를 주살했다. 이에 가후는 조정을 손아귀에 장악하고서 친척의 무리에게 정사를 맡기니 가모는 산기상시로 임명하고 시중을 더해주었으며, 장화(張華)는 시중 겸 중서감으로 삼았고, 배위(裴頠)를 시중으로 삼아 나란히 주요 핵심 기밀 업무를 주관하도록 했다.

원강 9년(299년), 가후의 음란함과 잔학스러움이 날로 심해지자 가모는 재앙이 자신에게도 닥칠까 봐 몹시 두려워했다. 배위는 아침저녁으로 자신의 이모인 광성군(廣城君-가후의 어머니 곽괴)에게 말하기를 가후를 잘 타일러 태자를 보다 가까이하고 두텁게 대하도록 하라고 했다. 가모도 또한 가후에게 화복(禍福)에 대해 말했지만 가후는 받아들일 생각이 없었고, 도리어 가모가 자신을 헐뜯는다고 여겨 그를 멀리했다. 가모는 뜻을 이루지 못하자 걱정과 울분으로 몸을 상해 세상을 떠났다.

신이 가만히 살펴보겠습니다. 가씨 집안에서는 유일하게 가모만이 말이 통할 수 있었는데 가모가 걱정과 울분으로 세상을 떠났으니 이제 가후의 집안에서는 두 번 다시 뛰어난 이가 나올 수 없게 되어버렸습니다.

(『자치통감』) 혜제의 사람됨이 어리숙하고 바보 같아〔戇騃〕 일찍이 화림원(華林園)에서 청개구리 소리를 듣고서는 좌우 사람들에게 말했다.

"이것들이 우는 것은 관에서 시켰기 때문인가, 아니면 홀로 우는 것인가?"

그때 천하에 기근이 들어 백성들이 굶어 죽어가자 황제는 그 소식을 듣고서 말했다.

"왜 고기죽을 먹지 않는가?"

이로 말미암아 권력은 여러 신하들에게 있었고, 정사는 여러 집안에서 나왔으며, 세력 있고 지위가 높은 집안에서는 끼리끼리 천거하고 부탁하니 무슨 시장과 같았다. 특히 가씨와 곽씨는 방자하고 전횡을 일삼아 뇌물이 공공연하게 행해졌다.

남양 사람 노포(魯褒)가 '돈귀신론〔錢神論〕'이라는 글을 지어 이런 세태를 비판했다.

"돈의 생김새는 건곤(乾坤)의 형상[1]을 갖고 있으며 이것을 가깝게 생각하는 것은 친형과도 같아서 돈의 자(字)를 공방(孔方)[2]이라고 했습니다. 아무런 다움을 쌓지 않았는데도 존중을 받고 세력을 갖지 않았는데도 뜨겁게 맞아주는데 금문(金門)을 밀치고 자달(紫闥)로 들어가서[3] 위태로운 것을 안전하게 만들어주고 죽을 것도 살려내며, 귀한 사람이지만 천하게 부릴 수 있고 산 것이지만 죽일 수도 있습니다.

이런 이유 때문에 분쟁이 일어나도 돈이 아니면 이기지 못하고, 한쪽 구석에 틀어박혀서 꽉 막혀 있어도 돈이 아니면 그곳에서 빠져나올 수 없으며, 원수를 졌어도 돈이 아니면 풀어지지가 않고, 아름다운 소문도 돈이 아니면 퍼지지가 않습니다. 낙중(洛中-낙양)에서 붉은 옷을 입은 사람(-관리)들과 일을 처리하는 인사들은 우리 집 형님을 사랑해 모두가 그치지 못하고 나의 손을 잡고 나를 처음부터 끝까지 끌어안고 있습니다. 무릇 오늘날 사람들은 오로지 돈뿐입니다."

신이 가만히 살펴보겠습니다. 이때 임금의 다움은 용렬하며 어두웠고〔庸闇(용암)〕 외척은 권세를 제 마음대로 휘둘러 뇌물이 횡행해 형정(刑政)이 날로 문란해지기가 이와 같았으니 제아무리 어지럽게 되지 않으려 한다 한들 그것이 될 수 있는 일이겠습니까? 노포의 글은 비록 동네에 떠도는 속담 수준이기는 하지만 뒤에 오는 사람들에게 경계가 될 만하다 생각해 기록해 본 것입니다.

1) 옛날 엽전에서 동그란 것은 하늘, 즉 건(乾)을 뜻하고 네모난 구멍은 땅, 즉 곤(坤)을 뜻한다.
2) 네모난 구멍이라는 뜻이다.
3) 금문은 금색 칠을 한 대궐의 큰 문이고, 자달은 자색 칠을 한 대궐의 작은 문이다.

(『자치통감』) 처음에 광성군 곽괴(郭槐)가 가후에게 아들이 없으므로 늘 황후에게 권하기를 태자를 인자하고 사랑스럽게 대해야 한다고 했다. 또 가밀이 교만해 자주 태자에게 무례를 범하니 광성군이 늘 그를

심하게 질책했다.

광성군이 병들어 죽음에 이르게 되자 황후의 손을 꼭 쥐고서 태자에게 진심을 다해 대하라고 했는데 그 말이 심히 간절했다. 또 말했다.

"조찬(趙粲-무제의 후비)과 가오(賈午)는 반드시 가씨 집안을 어지럽히는 일을 할 것이니 내가 죽은 다음에 다시는 받아주어서는 안 된다. 내 말을 깊이 기억하거라."

황후는 따르지 않고 다시 조찬 및 가오와 더불어 태자를 해칠 모의를 했다.

태자는 어려서는 훌륭하다는 말을 들었으나 크면서 배우기를 좋아하지 않았고 늘 주변 사람들과 놀이에만 몰두했다. 가후도 황문의 무리로 하여금 그를 유인해서 사치스럽고 위엄을 부리며 포학한 짓을 하도록 했다. 이로 말미암아 그의 명예는 점점 줄어들었고 교만함은 더욱 드러나게 됐다.

태자는 성품이 강한 편이라 가밀이 중궁(-가후)을 믿고서 교만하고 귀해졌다는 것을 알고서 그것을 그대로 둘 수가 없었다. 가밀이 시중으로 있을 때 무슨 일로 태자궁에 왔는데 어느 때는 태자가 그를 못 본 척하면서 그냥 후원에서 놀았다. 이에 첨사 배권(裴權)이 간언을 올렸다.

"가밀은 황후가 아주 가까이하는 사람이니 만일 하루아침에 그와 원한관계를 맺게 되면 일이 위태로워질 것입니다."

태자는 이를 따르지 않았다.

가밀이 황후에게 태자를 헐뜯으며 말했다.

"태자가 사사로이 재물을 많이 비축하고 소인들과 연결을 맺고 있는 것은 우리 가씨 집안 때문입니다. 만일 황제께서 돌아가신다면 저 사람은 대위(大位)에 오를 것인데 양씨의 옛 사건에 따라서 신 등을 죽이고 황후를 폐위시켜 금용성(金墉城)에 두는 것은 손바닥 뒤집듯 분명한 일입니다. 일찍 이를 도모해 다시 부드럽고 고분고분한 사람을 세워서 우리 스스로를 안전하게 하는 것이 최선입니다."

황후가 그 말을 받아들여 마침내 태자의 단점을 드러내어 멀고 가까운 사람들에게 확산시켰다. 또 거짓으로 자신이 임신했다고 하면서 각종 산구(産具)들을 들여오고, 제랑 한수(韓壽)의 아들 한위조(韓慰祖)를 데려다가 기르면서 그 아이로 하여금 태자를 대신하게 하려고 했다.

이때 조야(朝野)에서는 모두 가후가 태자를 해칠 뜻이 있다는 것을 알았다. 그래서 중호군 조준(趙俊)은 태자에게 가후를 폐위시킬 것을 청했으나 태자는 이 말을 듣지 않았다.

12월에 태자의 맏아들 사마반(司馬虨)이 위독해지자 태자는 아들을 위해 기도하고 제사를 지내면서 복을 빌었다. 가후는 이 소식을 듣고 마침내 거짓으로 황제가 몸이 불편하니 태자가 들어와 조현하라고 명을 내렸다.

태자가 들어가자 황후는 그를 만나보지도 않고 별실에 머물게 하고는 시비를 보내 황제의 명령이라고 하면서 술 석 되를 하사해 이를 다 마시게 하니 마침내 크게 취했다. 이에 황후는 황문시랑 반악으로 하여금 글의 초안을 만들게 하고 태자가 취한 틈을 타 황제가 조서를 내렸다고 하면서 그 글을 베껴 쓰게 하니 그 글의 반도 제대로 쓰지 못했는데 황후가 나머지를 보충한 다음 황제에게 올렸다.[1] 황제는 식건전에 행차해 공경들을 불러 그것을 보여준 다음 태자를 폐위해 서인으로 만들어 금용성에 유폐시키고 태자의 어머니 사숙비(謝淑妃)도 죽였다.

1 보다 상세한 내용은 앞서 참소하는 신하[讒臣(참신)] 편에서 살펴본 바 있다.

신이 가만히 살펴보겠습니다. 가밀은 황후의 척속이면서 태자를 중상모략해 폐위시켰으니 이것은 나라의 근본을 뒤흔들어놓은 것입니다. 따라서 그 죄를 어찌 면할 수 있겠습니까?

(『자치통감』) 영강(永康) 원년(300년), 태자가 이미 폐위되자 많은 사람들이 속으로 분노했다. 우위독(右衛督) 사마아(司馬雅)와 상종독(常從督) 허초(許超)는 둘 다 일찍부터 태자궁에서 일을 했기 때문에[1] 전중(殿中)중랑 사의(士猗) 등과 함께 가후를 폐위시키고 태자를 복위하려고 모의를 했다.

장화나 배위는 일상의 편안함이나 지키면서 자신들의 자리나 유지하려는 사람들이기 때문에 그들과는 행동을 같이하기가 어려웠고, 우장군인 조왕 사마륜(司馬倫)은 병권을 쥐고 있는 데다가 성품도 모험을 좋아해 그의 손을 빌려야 이 일을 처리할 수 있을 것으로 보았다. 그래서 마침내 손수에게 말했다.

"중궁은 흉악하고 질투심이 많은 데다가 도리를 잃어 가밀과 작당해 태자를 무고해 폐위시켰소. 지금 나라에 적통의 계승자가 없으니 장차 사직이 위태로워질 것이고, 대신들 가운데 장차 큰 일을 일으킬 사람이 나오게 될 것이오. 그런데 공께서는 중궁을 잘 받들어 일하고 있다고 이름이 나 있고 가씨 및 곽씨들과도 아주 가깝게 잘 지내니 태자를 폐위한 일에 대해 모든 사람들이 미리부터 알고 있었을 것이라고들 말하고 있소. 장차 어느 날에 일이 생긴다면 그 화가 반드시 그대에게 미칠 것인데 어찌하여 먼저 도모하려 하지 않는 것이오?"

손수는 이를 허락하고서 사마륜에게 말하니 사마륜도 이 말을 받아들였다. 그런데 얼마 후 손수와 사의는 (거사를 앞두고) 사마륜에게 말했다.

"태자는 똑똑하고 강한 성격에 용맹하기도 합니다. 만약에 태자궁으로 돌아오게 되면 반드시 다른 사람의 통제는 받으려 하지 않을 것입니다. 이번 일은 연기하는 것이 상책일 듯합니다. 그리고 가후는 반드시 태자를 해칠 것이니 그 다음에 가후를 폐위시키고 태자를 위한 복수를 한다면 화를 면할 수 있을 뿐만 아니라 다시 뜻을 얻을 수가 있을 것입니다."

사마륜도 그렇게 생각했다. 그래서 손수는 사람들을 시켜 상대를 이간질하는 반간계(反間計)를 행하도록 했다. 그래서 전중(殿中)의 어떤 사람이 황후를 폐위시키고 태자를 세우려 한다고 소문을 퍼트리니 가후가 그 소식을 듣고 아주 두려워했다. 사마륜과 손수는 이때를 틈타 가밀 등에게 미리 태자를 제거해 백성들의 기대를 잘라버리라고 권했다.

가후는 태의령(太醫令) 정거(程據)에게 독약을 조제하게 한 다음 조서를 조작해 황문 손려(孫慮)에게 허창으로 가서 태자를 독살하게 했다. 태자가 독약을 마시려 하지 않자 손려는 약 빻는 쇠공이로 태자를 내리쳐 죽였다. 유사(有司)에서 서인(庶人)의 예에 따라 장례를 치르겠다고 보고하자 가후는 표문을 올려 광릉왕(廣陵王)[2]의 예로써 장례를 치르도록 청했다.

여름 4월에 조왕 사마륜이 조서를 조작해 군사를 이끌고 궁궐로 들어가 서쪽의 종루 밑에서 가밀의 목을 베고, 가후도 붙잡아 폐위해 서인으로 삼은 다음 건시전(建始殿)에 유폐시켰다. 이어 상서에 조서를 내려

가씨와 가까운 무리들을 모두 체포토록 해 목을 베었다.

얼마 후 상국(相國) 사마륜이 조서를 조작해 상서 유홍(劉弘)을 보내어 금설주(金屑酒)[3]를 갖고 가 폐위된 가후에게 하사하게 해 금용성에서 죽게 했다. 그리고 옛 태자에게는 시호를 내려 민회(愍懷)[4]라고 했다.

신이 가만히 살펴보겠습니다. 진나라 사마씨는 어질지 못한 방법으로 천하를 얻었으니 그 나라를 세운 기반은 견고하지 않았습니다. 그래서 외척들이 서로 연이어 제 마음대로 권력을 부리며 흉악하고 잔혹한 짓을 무도하게 일삼다가 결국 나라를 망하게 만들었습니다. 민회는 가후가 폐위시킨 다음 죽였고 가후는 조왕이 죽인 다음에 찬탈했습니다. 이로 말미암아 여러 왕들이 군사를 일으켜 서로 공격하고 토벌해 유연(劉淵)과 석륵(石勒)이 이때를 틈타 일어나서 드디어 중원을 근거지로 삼았습니다.[5] 진나라 황실에서 시작된 골육상잔으로 말미암아 융적(戎狄)이 먼저 중원으로 진출했고, 이어 융적은 진나라를 멸망시켰습니다. 그렇다면 이 난을 불러온 것은 양씨와 가씨가 아니고 누구이겠습니까?

1) 우위독은 일종의 수도 경비 부사령관이고, 상종독은 경호 대장에 가깝다.
2) 태자가 되기 전에 사마휼은 광릉왕이었다.
3) 뜻은 황금 가루가 들어간 술인데 여기에 독을 탔다.
4) 근심을 품고 살았던 사람이라는 뜻이다.
5) 이때부터 중국의 큰 혼란기인 5호16국 시대가 열린다.

(『신당서』「열전(列傳)」) '외척전(外戚傳)' 머리말에서 이렇게 말하고 있다.

"모든 외척의 성공과 실패는 으뜸가는 다움〔主德=元德〕이 있는지 없는지를 보면 된다. 현명하면 더불어 번영을 누리게 되고 그렇지 못하면 우선적으로 화를 입는다. 그래서 (당나라) 태종은 귀하고 아끼는 사람일수록 잘 단속을 하고 상을 내리는 데도 절제를 해 정관 때에는 척리(戚里)로서 집안이 망한 집이 없었다. 그런데 고종과 중종 두 황제는 권력의 칼자루를 아름다운 부인에게 맡겼다가 조정을 혼란에 빠트리고, 각각 (처가인) 무씨와 위씨 집안 사람들은 남녀노소 할 것 없이 같은 날 모두 목이 달아났다.

현종 초에는 가까운 친척들에게도 법도가 행해져 안팎이 서로 단속을 잘 했는데 천보 연간에 총명을 잃고서 정사를 양귀비의 친족들에게 맡겼다가 반란을 불러일으켜 결국은 나라를 거의 잃을 뻔했다. 그리고 양귀비의 주륙은 거의 인간사에서 유례가 없는 참혹한 일이었다.

대개 수십 년 누린 총애도 단 하루의 참극을 보상할 수 없으며, 대궐 같은 집이나 제아무리 많은 재물을 가졌었다 하더라도 같은 날 같은 구덩이에 파묻히는 비극을 당한다면 무슨 의미가 있겠는가? 참으로 슬프지 않은가?

대종과 덕종 이후로는 환관들이 총애를 얻었다. 그래서 후궁이 많았으나 (환관에 눌려) 자기 집안을 빛낼 수는 없었지만 또한 칼과 창으로 인한 큰 참사도 없었다. 그래서 복을 심하게 누리는 자는 화를 당할 때 혹독하고, 명예를 조금만 취하는 자는 책임 또한 가벼운 것이니 세상 이치란 바로 그러한 것이다."

(『자치통감』) 당나라 무후는 이미 스스로를 황제로 칭하면서 나라 이름도 당(唐)을 주(周)로 바꿨고, (조카) 무승사(武承嗣)를 세워 위왕(魏王)으로 삼았으며, (무후의 이복오빠 무원경의 아들) 무삼사(武三思)를 양왕(梁王)으로 삼았고, 그 밖에 무씨 집안 사람 중에 군왕(郡王)이 된 자는 여러 명이었다. 무승사와 무삼사는 친왕(親王)이면서 또 재상이 됐고 이에 더해 태자가 되려 하자 적인걸(狄仁傑)이 나서서 말해 그것을 중지시켰다.

여러 무씨들은 제각각 벼슬자리를 말아 오만방자하기가 이를 데 없었는데 훗날 장간지(張柬之, 625~706년)가 태자를 받들기 위해 무후의 총애를 받던 장역지(張易之)와 장창종(張昌宗)을 주살하고 태자를 맞아들여 복위시켜 나라 이름을 다시 주에서 당으로 바꾸고 연호도 신룡(神龍) 원년(705년)으로 고쳤다. 이에 낙주(洛州) 장사 설계창(薛季昶)이 장간지와 경휘(敬暉)에게 말했다.

"두 흉적이 비록 제거됐다고는 하나 여산과 여록[1]이 아직 살아 있으니 풀을 제거하면서 뿌리를 제거하지 않으면 끝내는 당연히 되살아날 것입니다."

두 사람이 말했다.

"큰일은 이미 정해졌으니 그들은 도마 위에 있는 고깃덩어리일 뿐인데 도대체 무엇을 할 수 있겠는가?"

설계창이 탄식해 말했다.

"나는 아직도 내가 죽을 곳을 알지 못하게 됐구나."

조읍(朝邑-섬서성 대려현 조읍진)의 현위인 유유구(劉幽求) 또한 환언범(桓彦範)에게 말했다.

"무삼사가 아직껏 살아 있으니 공들은 끝내 묻힐 땅이 없을 것입니다. 만일 서둘러 도모하지 않을 경우 배꼽을 물어뜯으려 해도 따라잡을 수가 없을 것입니다."

그러나 듣지 않았다.

상관완아(上官婉兒-상관의의 손녀)는 무후 때 첩여(婕妤)[2]가 되어 금중에서 일을 제 마음대로 했기 때문에 무삼사와 내통하고 있었다. 그래서 무씨의 당류에 속했고, 또 무삼사를 위후(韋后)에게 천거해 궁궐 안으로 불러서 들어가게 하니 황상이 마침내 무삼사와 더불어 정사를 의논하게 됨으로써 장간지 등은 모두 무삼사의 통제 하에 놓이게 됐다. 황상은 위후로 하여금 무삼사와 더불어 도박의 일종인 쌍륙(雙六) 놀이를 하도록 하고 자신은 옆에 머물면서 산가지로 점수를 매겼다. 그리고 마침내 무삼사가 황후와 더불어 정을 통하게 되니 이로 말미암아 무씨의 세력은 다시 떨치게 됐다.

장간지 등은 수시로 황상에게 여러 무씨들을 주살할 것을 권했으나 듣지 않았다. 장간지 등이 다시 말했다.

"혁명(革命)을 했을 때 종실의 여러 이씨들은 주살되어 거의 없어졌는데 지금 하늘과 땅에 있는 신령의 도움을 입어 폐하에게로 바르게 돌아올〔反正〕(반정) 수 있었습니다. 그런데 지금 무씨의 넘치는 관직과 참람된 작위는 그들을 예전처럼 만들어주었으니 어찌 멀고 가까운 곳에서 희망을 찾을 수 있겠습니까? 바라옵건대 자못 그들의 봉록과 작위를 억누르고 덜어내서 천하를 위로하셔야 합니다."

그래도 황상은 듣지 않았다. 장간지 등은 어떤 때는 평상을 어루만지면서 탄식하고 분통을 터트렸고, 어떤 때는 손으로 쳐서 피를 흘리며 말했다.

"주상께서 옛날에 영왕(英王)으로 계실 때는 용감하고 굳세다는 칭송을 들었다. 내가 여러 무씨를 주살하지 않은 것은 황상으로 하여금 스스로 주살하도록 해 천하의 권위를 펴게 하고자 한 것이었다. 그런데 지금은 도리어 이 꼴이 됐으니 사세는 이미 흘러갔다. 다시 어찌 될 것을 누가 알겠는가?"

황상이 수시로 무삼사의 집에 행차를 하자 감찰어사 최교(崔皎)가 비밀리에 상소를 올려 간언했다.

"나라의 운명이 지금에야 비로소 되돌아왔지만 측천께서 그대로 서궁에 계시니 사람들의 마음이 오히려 그쪽으로 가서 붙어 모이고 있으며 주나라(-측천무후의 국호)의 옛 신하들이 지금 조정에 그대로 늘어서 있는데 폐하께서는 어찌하여 가벼이 밖으로 놀러 다니시며 곧 닥칠지 모를 재앙을 살피지 않으시는 것입니까?"

그런데 황상이 이 말을 누설하는 바람에 무삼사의 당류는 최교에게 이를 갈았다.

무삼사를 사공(司空) 겸 동(同) 중서문하 3품[1]으로 삼았다.

경휘 등이 백관을 거느리고 표문을 올렸다.

"천수(天授-측천무후의 연호) 연간에 혁명을 할 때 종실은 주살되거나 귀양을 간 것이 거의 다였는데 어찌 다시 여러 무씨들에게 나란히 책봉해 주는 것입니까? 오늘날 하늘의 명을 오로지 새롭게 하는데〔天命惟新〕 여러 무씨들을 봉해 세우는 것이 옛날과 같고 나란히 경사에 살게 하시니 세상이 열린 이래로 이런 이치는 없었습니다. 그러니 원하옵건대 폐하께서는 사직을 위한 계책으로 그들의 왕작(王爵)을 깎아내시어 안팎을 편안하게 해주시옵소서."

황상은 불허했다.

무삼사와 위후는 낮밤으로 (황상에게) 경휘 등을 헐뜯으며 말했다.

"공로를 믿고서 권력을 제 마음대로 하니 장차 사직에 이롭지 아니합니다."

황상은 이를 믿었다. 무삼사 등은 이로 인해 황상을 위한다며 계획을 올렸다.

"경휘 등을 왕으로 책봉해 그의 정사를 그만두게 한다면 밖으로는 공신을 높이고 총애한다는 명예를 잃지 않으면서 실제로는 권력을 빼앗는 것이니 이보다 좋은 것은 없을 것입니다."

황상은 그렇다고 생각해 경휘를 평양왕(平陽王)으로, 환언범을 부양왕(扶陽王)으로, 장간지를 한양왕(漢陽王)으로, 원서기(袁恕己)를 남양왕(南陽王)으로, 최현휘(崔玄暉)를 박릉왕(博陵王)으로 삼고 동시에 이들을 모두 지정사(知政事-정치를 담당하는 자리) 직에서 그만두게 했다. 무삼사는 백관들에게 명해 다시 측천의 정치를 복구토록 하고 무씨에 붙지 않는 사람은 배제했으며, 오왕(五王)[3]에게 쫓겨난 사람들을 다시 불러들여 나라의 큰 권력은 모두 다 무삼사에게로 돌아갔다.

장간지는 양주(襄州-후베이성 샹양시)로 돌아가 병 치료나 할 수 있게 해달라고 청했다.

같은 해 11월에 측천이 (상양궁에서) 붕했다. 죽으면서 유제(遺制-유언명령)를 남겼다.

"황제의 칭호는 떼어버리고 측천대성황후(則天太聖皇后)라 칭하라."

신룡 2년(706년) 봄 정월에 무삼사는 경휘, 환언범, 원서기가 여전히 경사에 있자 이를 꺼려 각각 활주(滑州-허난성 화현), 낙주(洛州-허베이성 융녠현), 예주(豫州-허난성 루난현) 세 곳의 자사(刺史)로 삼았다.

무삼사와 위후가 낮밤으로 (황상에게) 경휘 등을 헐뜯기를 그치지 않으니 그들을 모두 좌천시켰다.

처사 위월장(韋月將)이 글을 올려 무삼사가 몰래 궁궐에서 황후와 정을 통했다고 아뢰며 반드시 역모를 일으키는 어지러움이 있을 것이라고 하자 황상은 크게 화를 내며 그의 목을 베도록 명했다. 이때 황문시랑 송경(宋璟)이 그 실상을 추적해 조사할 것을 청하자 황상은 더욱 화를 내며 건(巾)도 바로 쓰지 않은 채로 신발을 질질 끌며 옆문으로 나가 송경에게 말했다.

"짐이 이미 참(斬)하라고 했는데 어찌 아직도 하지 않는 것인가?"

송경이 말했다.

"어떤 사람이 대궐 안에서 무삼사가 사사롭게 간통한 것을 말씀드린 것인데 폐하께서 그 실상을 묻지 않으시고 그 사람을 주살하신다면 신은 아마도 천하에서 반드시 몰래 논의하는 것이 생기지 않을까 두려울 뿐입니다."

그리고 굳게 이 사건을 조사할 수 있도록 해달라고 했으나 황상은 허락하지 않았다. 이에 송경이 말했다.

"반드시 위월장을 참하고자 하신다면 바라건대 먼저 신의 목을 베십시오! 그렇지 않으면 신은 끝내 감히 조서를 받들 수가 없습니다."

황상의 화가 조금 풀렸다. 그리고 마침내 위월장에게 장형(杖刑)을 내린 다음 영남으로 귀양을 보낼 것을 명했다. 그런데 추분이 지나자마자 광주(廣州-광둥성 광저우시) 자사가 그의 목을 베었다.

무삼사가 송경을 미워해 그를 검교 패주(貝州) 자사로 내보냈다.

무삼사가 정음(鄭愔)으로 하여금 경휘 등이 역모를 했다고 고발토록 했다. 경휘는 애주(崖州) 사마로, 환언범은 농주(瀧州) 사마로, 장간지는 신주(新州) 사마로, 원서기는 두주(竇州) 사마로, 최현휘는 백주(白州) 사마로 삼아 원외관으로 두었다.[4]

무삼사가 몰래 사람을 시켜 황후의 더러운 행각을 상소토록 하고서 천진교(天津橋-낙양성 남쪽 낙수교)에 황후를 폐위시켜 내쫓아야 한다는 내용의 방을 써 붙여놓았다. 황상은 크게 화가 나서 어사대부 이승가(李承嘉)에게 명해 끝까지 그 사실을 밝혀내도록 했다. 이승가가 글을 올렸다.

"경휘, 환언범, 장간지, 원서기, 최현휘가 사람을 시켜 그렇게 하도록 한 것입니다. 황후를 폐하라고 말하고 있으나 실은 대역(大逆)을 꾀한 것이니 청컨대 그들을 족주(族誅)하셔야 할 것입니다."

황상은 일찍이 경휘 등에게 철권(鐵券)[5]을 내린 바 있기 때문에 사형은 허락하지 않고 마침내 경휘 등을 멀리 경주(瓊州-하이난성 딩안현), 양주(瀼州-광시좡족자치구 상쓰현) 등으로 귀양을 보냈다.

무삼사는 또 태자에게 바람을 잡아 표문을 올리도록 넌지시 일러 경휘 등의 삼족을 멸하도록 청하게 했으나 황상이 허락하지 않았다. 중서사인 최식(崔湜)이 무삼사에게 유세했다.

"경휘 등이 훗날 북쪽으로 돌아오게 되면 끝내 뒷날의 재앙이 될 것이니 사신을 보내 제서(制書)를 고쳐서라도 살해하는 것이 상책입니다."

무삼사가 누구를 사신으로 보낼 만한가라고 묻자 최식은 대리정(大理正) 주이용(周利用)을 천거했다. 마침내 주이용을 섭우대(攝右臺) 시어사로 삼아 남쪽으로 보냈는데 그가 도착했을 때 정간지와 최현휘는 이미 죽은 뒤였고, 환언범은 귀주(貴州-광시좡족자치구 구이강시)에서 만났는데 그 죽인 방법이 참혹하고 악독했으며, 경휘와 원서기 또한 그런 식으로 살해했다.

무삼사가 이미 오왕을 죽이고 나자 그 권세는 임금을 능가했는데 그 때부터 늘 이렇게 말하곤 했다.

"나는 세상에서 어떤 사람을 좋은 사람이라 하고, 어떤 사람을 나쁜 사람이라 하는지를 모르겠다. 단지 나에게 잘하는 사람은 곧 좋은 사람이고, 나에게 못하는 사람은 곧 나쁜 사람일 뿐이다."

경룡(景龍) 원년(707년), 황후는 태자 이중준(李重俊)을 자기가 낳지 않았기 때문에 미워했는데 무삼사는 그보다 더 태자를 꺼렸다. 상관첩여는 무삼사 때문에 매번 제칙을 내릴 때에 무씨를 높이 받들었다. (무삼사의 며느리와 아들인) 안락(安樂) 공주와 부마인 무숭훈(武崇訓)도 항상 태자를 업신여겼는데 어떤 때는 노비처럼 부르기도 했다. 무숭훈은 또 공주로 하여금 황상에게 태자를 폐하고 자신을 세워 황태녀(皇太女)로 삼아달라고 청하게 하였다. 태자는 이런 일이 쌓이다 보니 편안할 수가 없었다.

가을 7월, 태자는 좌우림(左羽林) 대장군 이다조(李多祚) 등과 함께 제서(制書)를 고쳐서 우림천기병 300여 명을 움직여 무삼사와 무숭훈을 그의 집에서 살해하고 그들과 가까운 무리 십여 명을 함께 살해했다. 이중준은 또 (상관)첩여를 주살하려 했는데 이기지 못하고 오히려 자신의 위병들에게 살해당했다.

경룡 2년(708년), 황상은 안락공주를 좌위중랑장 무연수(武延秀)에게 시집을 보냈다. 애초에 무승훈이 공주를 모셨는데〔尙〕[6] 무연수는 자주 잔치에서 근무를 섰다. 무연수는 용모가 멋있고 노래와 춤을 잘해 공주가 그를 좋아했다. 무승훈이 죽자 드디어 무연수로 하여금 공주를 모시게 했다.

경룡 3년(709년)[7], 정주(定州-허베이성 딩저우시) 사람 낭급(郎岌)이 글을 올렸다.

"위후가 장차 반역해 반란을 일으킬 것입니다."

위후는 황상에게 그를 곤장을 쳐서 죽여야 한다〔杖殺〕고 아뢰었다. 허주(許州-허난성 옌스시)의 사병(司兵) 참군 연흠융(燕欽融)이 다시 글을 올렸다.

"위후는 음란하고 나라의 정치에 관여하며 그 집안이 강성합니다. 또 안락공주, 무연수, 종초객(宗楚客)은 종묘와 사직을 위태롭게 하려고 도모하고 있습니다."

황상은 연흠융을 불러 마주하고서 그에게 힐문했다. 그러나 그는 머리를 조아리면서 꼬박꼬박 항변했는데 정신과 안색이 조금도 꺾이지 않았고, 황상은 잠자코 있었다. 종초객이 제서를 고쳐서 비기(飛騎)로 하여금 그를 패서 죽이도록 명하자 대궐 뜰의 돌 위에 집어던져 목을 꺾어 죽였다. 황상은 이 일을 더 이상 캐묻지는 않았지만 속으로 자못 우울해하고 불쾌해했다. 이로 인해 위황후와 그의 당류는 비로소 걱정과 두려움을 갖게 됐다.

안락공주는 위황후가 조정에 나아가 직접 통치를 함으로써 그 자신도 황태녀가 되고 싶어 했는데 마침내 서로 함께 모의해 떡에 독을 넣어 올리니 6월 임오일에 중종이 붕어했다. 위후는 이를 비밀로 해 상(喪)을 발표하지 않고 스스로 모든 정사를 총괄하면서 여러 관부의 병사 5만 명을 징발해 경성에 주둔시켰고 위첩(韋捷), 위선(韋璿), 위기(韋錡), 위파(韋播) 등으로 하여금 나누어 그들을 관장하도록 했다.

황후가 조정에 나와 섭정을 하니 무연수 등과 여러 위씨들은 공동으로 위후에게 무후의 옛일들을 그대로 따를 것을 권했고, 남북 위군(衛軍)과 대각(臺閣-상서대)의 핵심 부서는 모두 위씨의 자제들이 맡도록 해 함께하는 무리들을 널리 모아 안팎으로 서로 연을 맺었다. 그리고 깊이 꺼려오던 상왕(相王-예종)을 제거하기로 모의했다.

상왕의 아들인 임치왕(臨淄王) 이융기(李隆基)는 예전에 노주(潞州-산시성 창즈시)의 별가에 쫓겨나 있으면서도 경사에서 은밀하게 재주 있고 용맹한 선비들을 모아 사직을 바로잡고 회복시킬 방안을 모의했다.

위파 등은 자주 만기(萬騎)[8]를 매질하고 채찍질해 위엄을 세우려 하는 바람에 만기가 모두 그들을 원망했다. 과의(果毅-당나라 무관직) 갈복순(葛福順)과 진현례(陳玄禮)가 이융기를 찾아와 그것을 하소연하니 이융기는 여러 위씨들을 죽일 것을 넌지시 알렸다. 이에 만기는 모두 기뻐 날뛰면서 죽음으로써 힘을 다할 수 있도록 해달라고 청했다.

이에 이융기는 군사를 불러 모아 대궐로 들어가서 위선 등의 목을 베어 기세를 올렸고, 드디어 위후, 안락공주, 무연수, 상관첩여 등도 목을 베었다. 이어 이융기는 위씨들 가운데 대궐 안에 있거나 여러 궁문을 지키고 있는 자들을 찾아서 체포토록 했고, 더불어 평소 위후가 가까이하고 신임했던 자들도 모두 잡아들여 목을 베었다. 위후의 시신을 시장에 내걸었고, 또 무씨 종족들은 주살하거나 유배를 보낸 다음 자살하도록 했다.

이리하여 예종(睿宗)이 즉위하여 임치왕 이융기를 태자로 삼았다. 무삼사와 무승훈의 작위와 시호를 추삭했으며, 관을 부수고 시신을 드러내어 그 분묘를 평지로 만들어버렸다. 그리고 옛 태자 이중준을 추복해 작위와 명호를 회복시켰고 경휘, 환언범, 최현휘, 장간지, 원서기 등의 죄를 깨끗이 하고 그들의 관작을 회복시켜 주었다. 위후는 추폐(追廢-죽고 나서 폐위함)해 서인으로 삼았고, 안락공주는 패역서인(悖逆庶人)으로 낙인찍었다.

1 재상급이다.

신이 가만히 살펴보겠습니다. 무조(武曌)[1]는 하늘의 한결같은 이치를 거슬러 그 참람됨이 극에 이르렀는데 바야흐로 그때 여러 무씨들이 왕작(王爵)을 꿰차고 재상의 도장〔相印〕(상인)을 주렁주렁 달고 다닐 만큼 많아 조정 안팎 곳곳에 포진해 제 마음대로 흉폭하고 더러운 짓을 해대는 것이 끝이 없었습니다. 특히 그중에서도 무승사와 무삼사는 최악이었다고 하겠습니다. 심지어 태자의 자리까지 노리면서 신기(神器)를 엿보았으나 다행히 충성스럽고 뛰어난 이들이 들고일어나 중종은 다시 태자의 자리를 지킬 수 있었습니다. 그리고 얼마 후 오왕(五王)이 충성심을 떨쳐 두 젖비린내〔二孺〕(이유)를 주살했고, 황제를 맞아들여 천명을 바로 돌려놓았습니다.

그러나 이런 때를 맞아 무조가 당나라의 사직을 (주나라로) 옮기고 종실 사람들을 죽인 죄를 마땅히 구묘(九廟)에 고하고 무조를 내쳐 별궁에 처박아두고서 그 종족들을 주살했어야 합니다.

하지만 여러 뛰어난 이들이 기회를 놓치는 바람에 중종은 무삼사를 주살하지 못한 채 그대로 두었을 뿐만 아니라 오히려 그의 도움을 받았으니 얼마 안 가서 위후를 디딤돌로 삼아 다시 진출하게 해주었습니다. 무삼사는 자신의 집안을 패망시킨 위후에게 아첨하면서 다시 권력을 제 마음대로 휘두르게 됐습니다. 결국 충성스럽고 공훈이 큰 오왕 등을 도륙했으며 궁액(宮掖-황후)과도 더러운 짓을 일삼다가 마침내 위후도 서인으로 전락하고 시역을 당하는 화를 입게 만들었으니 대개 무조가 하늘의 명을 뒤엎은 이래로 임금이 하늘을 볼 수 없게 가린 것이 무릇 20여 년이었습니다.

다행스럽게도 명황제(-현종)가 여러 왕들 중의 한 명으로 있다가 분연히 궐기해 내부의 어려움을 토벌하고 제거하니 이때에 무씨와 위씨 두 집안이 동시에 깨끗이 몰살을 당했습니다. 사람과 귀신의 분노가 마침내 처음으로 터져 나온 것이라 하겠습니다.

앞으로 천고(千古)가 지나더라도 황후의 무리들은 영원히 경계로 삼아야 할 것이기에 신은 그 내용들을 상세하게 잘라내어 이 편에 드러내었던 것입니다.

이상은 외척이 교만하고 넘치는 재앙에 대해 논했습니다.

1 무후의 이름이다.

1) 여산과 여록은 한나라 고조의 황후였던 여후의 조카들인데 여기

서는 이들과 비슷한 처지에 있는 무삼사 등을 가리키는 것이다.

2) 황제의 첩에게 주는 높은 관직이다.

3) 경휘, 환언범, 장간지, 원서기, 최현휘 다섯 사람을 말한다.

4) 원외관으로 두었다는 것은 장기간 승진 없이 보직 이동도 하지 않는 것이다.

5) 열 번 사형을 면해준다는 특권으로 사실상 사형을 시키지 않겠다는 뜻이며 공신들에게 내려지는 특혜의 하나다.

6) 결혼했다는 뜻이다.

7) 『자치통감』에 이 기사는 1년 후인 경운(景雲) 원년(710년)에 실려 있다. 중종이 이해 6월에 세상을 떠났기 때문이다.

8) 일종의 특수 부대로 황명을 받드는 군인들인데 주로 황제의 사냥에 동원됐으며 이융기는 이들과 돈독한 관계를 맺어두고 있었다.

신이 가만히 살펴보겠습니다. 서한(西漢-전한이라고도 한다)의 외척들 중에서 권력과 총애〔權寵(권총)〕를 누리다가 패망에 이른 집안은 모두 16개 가문인데 신이 드러내어 논한 것은 단지 여씨(呂氏)와 왕씨(王氏)뿐이었습니다.[1]

후한부터 당나라에 이르기까지 척리들 중에서 스스로를 이겨내어 좋은 끝맺음을 보여주지 못한 집안들은 훨씬 많지만 신은 동도(東都-후한의 수도 낙양)에서는 양씨(梁氏)와 두씨(竇氏)만을 드러내어 논했고, 진(晉) 나라에서는 양씨(楊氏)와 가씨(賈氏)만을 논했으며, 당나라에서는 무씨(武氏)와 위씨(韋氏)를 드러내어 논했습니다. 대체적으로 이 집안들은 특히 심하다고 생각되어 고른 사례들입니다.

(후세의) 임금들이 이것들을 능히 잘 살펴 깊이 깨우친다면 반드시 스스로를 온전히 하는 이치를 알게 될 것이니 지나간 일들을 온 힘을 다해 체화한 이후라야 이것들은 영원한 귀감〔永鑑 영감〕이 될 것입니다.

1 여씨의 일은 앞에서 별도로 살펴본 바 있다.

찾아보기

도서명

인명

지은이 | 진덕수 眞德秀(1178~1235년)

중국 송(宋) 나라의 유학자이자 정치가로 지금의 푸젠성[福建省]인 건녕부(建寧府) 포성(浦城) 출신이다. 영종(寧宗) 때인 1199년에 진사(進士)가 됐고, 1205년에 현직 관료들을 대상으로 시행하던 시험인 박학굉사과(博學宏詞科)에 합격했다. 1225년 이후 이종(理宗)의 총애를 받아 중서사인(中書舍人), 예부시랑(禮部侍郞) 등에 임명됐지만, 재상 사미원(史彌遠)의 탄핵으로 파직됐다. 벼슬자리를 떠나 있으면서 '황제의 다움을 닦고 다스림을 보필하기 위해'『대학연의』를 집필했다. 사미원 사망 후 1234년에 다시 정계에 복귀하여 황제에게『대학연의』를 바쳤고, 호부상서(戶部尙書)를 거쳐 한림학사지제고(翰林學士知制誥)가 됐으나, 다음 해 참지정사(參知政事)에 오르고 1년이 채 되지 않은 58세에 병으로 세상을 떠났다.
조선 전기에는『대학연의』가 널리 읽혔고 조선 후기에는 그의 다른 저작인『심경(心經)』이 선비들의 필독서로 각광받았다. 그 밖의 저서로는『당서고의(唐書考疑)』『독서기(讀書記)』『문장정종(文章正宗)』『서산갑을고(西山甲乙稿)』『서산문집(西山文集)』등이 있다.

옮긴이 | 이한우

1961년 부산에서 태어나 고려대 영문과를 졸업하고 동 대학원 철학과 석사 및 한국외국어대 철학과 박사과정을 수료했다.《뉴스위크》《문화일보》를 거쳐 1994년《조선일보》로 옮겼다. 2002~2003년 논설위원을 지낸 후 문화부 기자로 학술과 출판 관련 기사를 썼고, 지금은 문화부장으로 근무 중이다.
10여 년에 걸쳐『조선왕조실록』을 탐독하며 조선 군주의 리더십 연구에 몰두해 온 저자는 인문학적 깊이와 감각적 필치가 돋보이는〈이한우의 군주열전〉시리즈, 즉『태종, 조선의 길을 열다』『세종, 조선의 표준을 세우다』『성종, 조선의 태평을 누리다』『선조, 조선의 난세를 넘다』『숙종, 조선의 지존으로 서다』『정조, 조선의 혼이 지다』를 펴냈고, 조선의 사상적 기반을 추적하는 데 있어 공자 사상에 주목해『논어』로 사서삼경을 풀이하는〈이한우의 사서삼경〉시리즈를 기획,『논어로 논어를 풀다』『논어로 중용을 풀다』『논어로 대학을 풀다』를 세상에 내놓아 한문학에서 정치학까지 학계의 주목을 두루 받고 있다.
또 조선 당쟁의 숨은 실력자인 구봉 송익필의 생애를 생생하게 복원하고 그 사상을 입체적으로 조명한『조선의 숨은 왕』, 조선사의 다양한 이면을 다루는『조선사 진검승부』『왜 조선은 정도전을 버렸는가』『왕의 하루』『조선을 통하다』, 고려사의 역동적 순간을 담은『고려사로 고려를 읽다』, 공자의 생애와 사상을 정리한『슬픈 공자』등도 그간의 연구 성과 중 하나다. 그 외에도『우남 이승만, 대한민국을 세우다』와 사회비평서『한국은 난민촌인가』『아부의 즐거움』등을 출간했다.
역서로는『해석학이란 무엇인가』『역사의 의미』『여성 철학자』『폭력사회』『안전의 원칙』등 역사와 사회철학 분야를 아울러 20여 권이 있다.

대학연의 下

초판 1쇄 2014년 7월 10일
초판 4쇄 2018년 1월 20일

지은이 | 진덕수
옮긴이 | 이한우
펴낸이 | 송영석

편집장 | 이진숙 · 이혜진
기획편집 | 박신애 · 박은영 · 한지혜 · 서희정 · 이수정
디자인 | 박윤정 · 김현철
마케팅 | 이종우 · 허성권 · 김유종
관리 | 송우석 · 황규성 · 전지연 · 황지현 · 한승민

펴낸곳 | (株)해냄출판사
등록번호 | 제10-229호
등록일자 | 1988년 5월 11일(설립일자 | 1983년 6월 24일)

04042 서울시 마포구 잔다리로 30 해냄빌딩 5 · 6층
대표전화 | 326-1600 **팩스** | 326-1624
홈페이지 | www.hainaim.com

ISBN 978-89-6574-446-7
ISBN 978-89-6574-444-3(세트)